第七卷

冯契文集

中国近代哲学的革命进程

增订版

冯 契 ○ 著

华东师范大学出版社

·上海·

哲学系十周年系庆暨冯契铜像揭幕仪式（1996年）

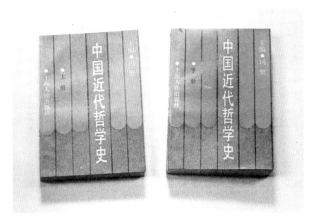

1 《中国近代哲学的革命进程》初版书影

2 《中国近代哲学史》

1　在青岛参加逻辑会议，左起苏天辅、周礼全、冯契、
　徐孝通（1979 年）

2　在衡阳参加船山会议，于船山故居湘西草堂合影留念，
　前排左三为冯契（1982 年）

会见比利时根特国立大学中文系主任魏查理（1993 年 5 月）

与美国杜维明教授（左一）和王元化教授（右一）合影（1994 年）

提　要

　　本书是《中国古代哲学的逻辑发展》的续篇，论述了中国近代哲学(1840—1949年)的发展历程。这实际上是整个中国哲学史上继先秦和秦汉至明清之际以后的第三个大圆圈。全书除绪论外，分为四章。

　　中国近代哲学革命在"古今中西"之争的制约下，主要围绕着历史观、认识论、逻辑和方法论问题以及人的自由和理想问题等四个方面展开，既受到西方近现代哲学的影响，又是中国传统哲学的"理气(道器)"之辩、"心物(知行)"之辩、"名实"之辩、"天人"之辩在近代的发展。

　　西方哲学传到中国来的众多流派中，影响最大的是进化论和马克思主义哲学。前者的输入标志着中国近代哲学革命的开始，即形成了进化论阶段；后者的被接受标志着中国近代哲学革命进入了唯物辩证法阶段。除此之外，还有两种在中国影响较大的西方哲学思潮：实证主义思潮和非理性主义思潮。

　　宋明时期的"理气(道器)"之辩，首先是关于天道观的问题，其次是历史观的问题。这个论争到近代，演变成首先是历史观的问题，然后才是天道观或一般发展观的问题。从龚自珍、魏源至郑观应等，都沿用"道器"范畴来表达他们的变易史观；由此发展到用进化论来解释历史的演变；再进一步发展到唯物史观以及一般的辩证发展观。中国近代哲学的认识论，仍以"心物（知行）"之辩为中心。魏源提出了有近代气息的知行学说，章太炎和孙中山在这一争论中对知行关系的论述都包含有辩证的见解。在这个过程中，历史观和认识论的论争在"心物"之辩上逐渐结合起来，成了中国近代哲学发展的主线，最后由马克思主义的"能动的革命的反映论"作了总结。"名实"之辩演变到近代主要是逻辑学和方法论上的讨论；"天人"之辩在近代主要是讨论人的自由和理想问题；这两方面的论争，中国近代哲学未能作出系统的总结。历史留下了进一步发展中国近代哲学革命的任务。

Summary

As a continuation of the *Logical Development of Ancient Chinese Philosophy*, this volume discusses the development of modern Chinese philosophy from 1840 to 1949, which is virtually the third circle succeeding the pre-Qin period and the period from the Qin-Han to Ming-Qing in the whole history of Chinese philosophy. The whole book is composed of an introduction and four chapters.

The revolution of modern Chinese philosophy, conditioned by the controversies on "the ancient v. the modern"and"the Chinese v. the Western", went on chiefly around issues belonging to the four areas: issues concerning the conception of history, issues of the theory of knowledge, issues of logic and methodology, and issues concerning human freedom and ideal. All of these issues and discussions were both influenced by modern Western philosophy and preceded by the discussions of traditional Chinese philosophy over the problems of "principle v. material force(Dao v. concrete things)", "mind v. matter (knowledge v. action)","names v. actualities",and "Heaven and man".

Of all schools of Western philosophy introduced into modern China, the theory of evolution and Marxism were the most influential ones. The philosophical revolution of modern China started with the introduction of the theory of evolution into China; the phase of evolutionism is one of the major phases of the development of modern Chinese philosophy as a whole. The phase of dialectical materialism is another of its major phases, which started when Marxist philosophy was introduced into China. In addition to these two philosophies from the West, two other trends of Western philosophy were also quite influential in modern China: positivism and irrationalism.

The debate of the Song-Ming period on "principle v. material force(Dao v. concrete things)" was originally more an issue concerning the conception of Dao of Heaven than an issue concerning the conception of history. In the modern times, the second dimension of the debate appeared in foreground. Chinese thinkers, to begin with, expressed their conception of history in traditional categories of "Dao" and "concrete things", then explained changes of history in terms of the theory of evolution, and finally, saw history from the perspective of the materialist conception of history and the conception of general dialectical progress. The theory of knowledge in modern Chinese philosophy was still focused on the debate on "mind v. matter(knowledge v. action)". At first Wei Yuan put forth his doctrine of the relation between knowledge and action with a modern overtone. Then Zhang Taiyan and Sun Yatsen advocated some dialectical views on the relation between knowledge and action. Gradually discussions in the areas of the conception of history and the theory of knowledge converged with each other around the problem of the relation between "mind" and "matter", and became the main line of development of modern Chinese philosophy. Chinese Marxists summed up this development with the dynamically revolutionary theory of reflection. The ancient debate on "names v. actualities" developed in the modern times when Chinese thinkers discussed logical and methodological problems, and the ancient debate on "Heaven v. man" developed in the modern times through discussions on the problem of human freedom and ideal. No systematic summing-up, however, were made of the two debates by modern Chinese philosophy of the period discussed in this book. To accomplish this task, however, is a precondition for further development of the philosophical revolution of modern China.

目　录

THE REVOLUTIONARY COURSE OF MODERN CHINESE PHILOSOPHY

Contents

Chapter III

The Heated Argument between New and Old Trends of Thought and the Stage of the Philosophical Revolution Entering into Materialist Dialectics / 281

Chapter IV

The Chinese Marxist Philosophy and Some Professional Philosophers'

Contributions / 442

绪　论

　　本书所说的"中国近代"，是指自 1840 年鸦片战争起至 1949 年中华人民共和国成立这个历史时期。在此期间，中国经历了空前的民族灾难和巨大的社会变革，同时在思想领域也经历了一场"古今中西"之争和一次伟大的哲学革命。

第一节　"古今中西"之争与中国近代哲学革命

　　中国封建社会自明代中叶以后，开始出现了资本主义的萌芽。明清之际的一些大思想家，对中国古代哲学进行了批判总结，提出了民主主义的启蒙思想。但是，由于中国封建的自然经济特别稳固，封建统治力量根深蒂固，资本主义因素的生长步履艰难，因而民主主义思想不仅得不到发展，反而遭到了摧残。所以，中国尽管有了资本主义的萌芽，有了民主主义的启蒙思想，却一直未能像欧洲那样迅速地发展为资本主义的近代社会。

　　1840 年鸦片战争失败以后，中国逐步地由封建社会变为半殖民地半封建社会。外国资本主义的侵入，对中国封建社会自给自足的自然经济起了解体作用，而对中国城乡的商品经济则起了促进作用。但帝国主义列强侵入中国，并不是要让中国成为资本主义国家，而是要奴役中国人民，使中国成为殖民地和半殖民地。外国帝国主义与国内封建势力相勾结，成为阻碍中国社会进步的主要力量。随着经济结构的变化，阶级关系也发生了巨大的变化。原来，中国封建社会的主要矛盾是地主阶级和农民阶级的矛盾。进入了半殖民地半封建社会以后，新的阶级，即中国的资产阶级和无产阶级就出现了。原有的封建地主阶级，再加上后来产生的官僚资产阶级，就成了帝国主义统治中国的重要的社会基础。于是，帝国主义和中华民族的矛盾，封建主义和人民大众的矛盾，成了近代中国社会的主要矛盾。而帝国主义和中华民族的矛盾乃是各种矛盾中的最主要的矛盾。这些社会矛盾日益尖锐，便造成了中国的社会革命运动。中国近代的革命是一个民族解放运动，革命的主要对象是帝国主义、封建主义和官僚资本主义，革命的任务是推翻帝国主义和封建主义在中国的反动统治。中国人民反帝反封建的革命，在"五四"以前是属于旧民主主义革命的阶段，在"五四"以后则属于新民主主义革命的阶段。1949年，中国人民在中国共产党的领导下，打败了帝国主义、封建主义和官僚资本主义，取得了新民主主义革命的胜利，解决了中国近代社会即半殖民地半封建社会的主要矛盾，建立了中华人民共和国。这样，中国近代社会的半殖民地半封建性质就根本改变了，中国社会进入了一个新的历史时代。

本书要论述的就是自1840年至1949年这一段时期的中国近代哲学的革命进程。

一、"古今中西"之争制约着中国近代哲学的发展

我认为,哲学史是根源于人类社会实践、主要围绕着思维与存在关系问题而展开的认识的辩证运动。[①] 这可以看作是对哲学史下的一个定义。所谓根源于社会实践,是说社会阶级斗争、生产斗争和科学实验是哲学思想产生和发展的源泉。社会斗争制约着哲学的发展,通常是通过政治思想斗争这一环节来实现的,而生产斗争、科学实验制约着哲学的发展,通常是通过自然科学这一环节来实现的。这两方面是相互联系、相互影响着的,它们统一于社会实践。一般的情况是这样:在革命的时代,政治思想斗争对哲学的影响更显著一些;而在社会稳定发展的时代,科学的进步与哲学的关系就显得更重要一些。中国近代是一个革命的时代,所以,我们要着重考察中国近代的社会矛盾如何通过政治思想领域的斗争而制约着哲学的发展。同时,也不能忽视科学的进步对哲学的影响。

那么,中国近代社会的主要矛盾,是怎样通过政治思想斗争来制约哲学的演变的? 在中国近代,时代的中心问题就是"中国向何处去?"——灾难深重的中华民族,如何才能获得自由解放,摆脱帝国主义的压迫、欺凌和奴役? 一百多年来,无数志士仁人前仆后继,浴血奋战,就是为了解决这个问题。这个时代的中心问题在政治思想领域表现为"古今中西"之争,其内容就是如何向西方学习,并且对传统进行反省,来寻求救国救民的真理,以便使中华民族走上自由解放的道路。这一政治思想领域中的关于"古

---

① 冯契:《中国古代哲学的逻辑发展》上册,上海人民出版社1983年版,第11页。

"今中西"的论争,实质上是中国人民反帝反封建的现实斗争的反映。

当然,对"古"和"今"、"中"和"西",不同的阶级有不同的理解。同时,在不同的历史阶段,这几个概念也有不同的含义。近代一开始,魏源提出了"师夷之长技以制夷"的口号,主张向西方学习技术,特别是军事技术。他认为,中国的"道"是用不着变的。后来有人提出"中学为体,西学为用"的口号,也是指学习西方的技术。严复认为,"中西事理,其最不同而断乎不可合者,莫大于中之人好古而忽今,西之人力今以胜古"。[①] 在他看来,中西之争与古今之争实际上是一回事,中学与西学,好古与力今,是不可调和的。他说:"中学有中学之体用,西学有西学之体用,分之则并立,合之则两亡。"[②]在严复那里,中学就是中国固有的封建制度和封建文化,西学则是资本主义制度与资本主义文化,二者是根本对立的。"五四"时期展开关于中西文化的论战,胡适等人赞成"西化",实即主张资本主义化;梁漱溟、张君劢等人强调继承中国儒家的传统,则是变相的"中体西用"论。他们各执片面,都是形而上学观点。孙中山则随着时代前进,起初主张学习西方的革命民主主义,后来又强调"以俄为师"。所以,在孙中山那里,"西"的具体内容是在发展的。对中国的马克思主义者来说,马克思主义是西方文化的最高成就,但也必须同中国的革命实践和中国的优秀传统相结合,使它中国化,取得民族的形式。至于对西方的资本主义文化,则应采取分析的态度。一方面要学习他们科学的、

---

① 严复:《论世变之亟》,王栻主编:《严复集》第1册,中华书局1986年版,第1页。
② 严复:《与外交报主人书》,《严复集》第3册,第559页。

先进的东西,另一方面又要抵制帝国主义的腐朽的东西。对"中"也要具体分析。对于中国传统文化中科学性、民主性的精华,必须继承和发扬,而对于封建性的糟粕则非坚决剔除不可。以上说明,"古今中西"之争的内涵是在变化着的。但不管怎样变化,它始终贯穿于整个中国近代。

在中国近代史上,许多有成就的思想家并不是专门研究哲学的,他们研究哲学主要是为了回答"中国向何处去"的问题。正如毛泽东所说的,自从鸦片战争失败那时起,先进的中国人为了寻找救国的真理而经历了千辛万苦,确实是可歌可泣的。所以,研究中国近代哲学,首先要看到这一特点:中国近代史上很多思想家是爱国者,是革命家,他们代表了中华民族的希望,代表了中华民族的优秀传统。他们的热情、意志、思想都集中在解决"中国向何处去"的问题。而"中国向何处去"的问题,就表现为政治思想领域的"古今中西"之争。这一"古今中西"之争又制约着哲学的发展。为了解决"古今中西"之争,就必须认识人类历史和中国历史如何从过去演变到现在、又如何向将来发展这样的规律性,因此历史观的问题在中国近代就显得非常突出。同时,要回答"古今中西"之争,就必须把从西方学到的先进理论与中国的具体实际结合起来,以便付之于实践,这里就牵涉到一个很重要的认识论问题,即知与行、主观与客观的关系问题。在中国近代,关于思维与存在的关系问题的哲学论争,集中地表现在历史观和认识论这两个领域,这是同哲学要回答"古今中西"之争密切相关的。而中国近代哲学革命的伟大成果,就表现为马克思主义与中国革命实践相结合,正确地解决了中国近代社会的"古今中西"之争,也就是正确地回答了一定历史阶段上的"中国向何处去"的问题，于是哲学革命就成了政治革命的先导。

二、西方哲学和中国古代哲学对中国近代哲学的影响

从哲学的相对独立的发展，即从思想资料的批判继承的关系来考察中国近代哲学，就既要注意它与中国传统哲学的纵向联系，也要注意它与西方近现代哲学的横向联系。但这种思想联系却因各家各派见仁见智而颇为不同，因此这方面也有"古今中西"之争。一般地说，凡是在中国近代史上起了积极影响的哲学家，总是善于把西方先进思想与中国的优秀传统思想结合起来，以回答现实问题和理论问题，从而作出了创造性的贡献。

西方哲学传到中国来，真正发生了重大影响的是两种哲学：旧民主主义革命阶段的进化论，它与当时资产阶级民主主义的文化相联系；新民主主义革命阶段的马克思主义哲学，它与科学社会主义的文化联系着。达尔文进化论的输入标志着中国近代哲学革命的开始。从戊戌变法时期到"五四"前夕，整整一代的革命者，都信奉进化论。而在"五四"以后，中国的先进人物找到了马克思主义，便以辩证唯物主义和历史唯物主义作为观察国家命运的工具。马克思主义哲学与中国革命实践相结合，使中国近代哲学革命获得了积极的成果。

传入中国的其他西方哲学流派，其影响虽然不能与进化论和马克思主义相比，但也要作具体分析。其中较有影响的哲学思潮有两种：一是实证论的思潮，二是非理性主义的思潮。马赫主义、实用主义、新实在论、逻辑实证论等，属于实证论的流派。叔本

华、尼采、柏格森以及克罗齐等,属于非理性主义的流派。在这些资产阶级哲学家中间,有些人是认真研究学术的,而且还提供了一些科学的东西。例如罗素,他是新实在论和逻辑实证论的主要代表人物之一,但他在数理逻辑上有划时代的贡献。罗素的逻辑,通过金岳霖的介绍,在中国的影响是积极的,这一点应该肯定。当然,他的唯心主义在中国的影响(通过梁启超、张东荪等)也有消极的一面。所以,对罗素哲学要一分为二。同时,外来的哲学理论传到中国来,它能起什么样的作用,会发生什么样的影响,固然要看它本身是否有合理的东西,但也取决于中国社会对它的需要程度。就是说,不仅仅取决于外来的东西本身,而且取决于中国的社会历史条件。如尼采的唯意志论哲学,柏格森的直觉主义,它们在中国近代是颇有影响的。对这种影响应作具体的历史的分析。在马克思主义传入中国以前,一些先进的人物也介绍过它们,如鲁迅翻译尼采的作品,李大钊推崇柏格森的创造进化论。他们这样做,目的是为了反对封建主义。应该看到,尼采、柏格森的哲学在中国所起的冲击封建主义的作用,决不是它们在西方所具有的。当然,后来梁漱溟讲柏格森的直觉主义,则是为了替被打倒的"孔家店"辩护;而中国的法西斯主义者宣传尼采哲学,则是完全反动的。

中国近代哲学虽然受了西方哲学的影响,但它不可能离开中国固有的传统。所以,我们还应把中国近代哲学同古代哲学的传统联系起来加以考察。

首先,近代思想家大多向往着先秦儒、道、墨诸子蜂起,百家并作的局面。先秦是民族文化的"童年时代",它揭开了中国哲学史的光辉灿烂的一页，近代中国人又一次回顾了这个具有"永久的魅力"的时代，从中吸取了丰富的营养。

其次，明清之际的大思想家黄宗羲、顾炎武、王夫之等对中国近代哲学有很大的影响。这些大思想家已经具有不少的反对封建专制主义的、带有民主主义色彩的思想因素。他们继承了先秦的朴素唯物主义和朴素辩证法思想。这些人在中国近代的革命者的心目中，享有崇高的威望。中国人能比较快地接受马克思主义哲学，也与中国固有的朴素唯物主义和朴素辩证法传统有关。哲学史的螺旋式发展，总是表现为仿佛是向出发点的复归。中国近代哲学就是向明清之际的大思想家复归，向先秦复归。

再次，哲学的近代化就是对经学的否定。自汉以来，儒术独尊，形成了经学，正统派儒家用天命论和经学的独断论（权威主义）来维护名教，长期居于支配的地位。这是近代哲学革命的主要对象。但近代哲学在否定经学形式和抛弃封建糟粕的同时，对经学也有其继承的一面。例如，乾嘉学派的治学方法，在近代还是继续发生影响。这种方法虽然有它的局限性，但与近代实证科学的方法有相通之处。今文经学讲微言大义，讲经世致用，特别是"公羊三世"说，对龚自珍、康有为等人，都产生了重大的影响。陆王心学在近代的影响更具有明显的两重性。在戊戌变法时期，康有为提倡心学。"五四"时期，吴虞反对封建礼教，推崇李贽。李贽的哲学是王学向左的发展，可见王学在当时还有它积极影响的一面。但是，后来有人用王学来为所谓"力行哲学"作辩护，那就是王学影响的消极面了。至于程朱理学，因为它自宋代以来就占统治地位，对维护封建专制主义的统治起了不小的作用，所以，在近代哲学革命的过程中,先进人物对程朱大都持批评的态度。但是,对于程朱理学中所包含的理性主义精神在近代的积极影响,却也不能完全抹煞。

　　此外,佛学也在一定程度上复兴了。在龚自珍、魏源、康有为、梁启超、谭嗣同、章太炎等人身上,都可以看到佛学的影响。欧阳竟无①在复兴佛学方面起了比较大的作用。后来汤用彤②、吕澂③对佛学的研究也很有成绩。佛学在中国近代复兴的原因大致有:一、佛学不讲天命而讲佛性,禅宗等流派说自心是佛,提倡自尊无畏。近代一些进步思想家为了反对儒家的天命论,便主张发扬"心力",解放个性。他们以为可以从佛学中吸取思想资料。二、从世界思潮来考察,19 世纪末 20 世纪初流行的叔本华哲学,是接受了印度吠檀多、佛教哲学的影响的;也可以说,他在佛教那里找到了东西文化、东西哲学的交接点。而寻找这种交接点,正是近代思想家最感兴趣的主题之一。三、佛学在近代的复兴,最

①　欧阳竟无(1871—1943),居士,名渐,江西宜黄人,人称"宜黄大师"。34 岁随杨文会学佛学。杨去世后,承其遗志去经营金陵刻经处,并附设佛学研究部,创立支那内学院。一生刻佛典达 2000 卷。著作有《竟无内外学》26 种,30 余卷,均由支那学院蜀院刻印,今则有金陵刻经处新版本流通。
②　汤用彤(1893—1964),字锡予,原籍湖北黄梅,著名的哲学家、教育家、国学大师。曾留学美国,先后在北京大学、西南联合大学等校任教。解放后,曾任北京大学副校长。学术上主要研究佛教史和哲学史,把考据之学的实事求是传统与西方分析哲学的方法结合起来。对玄学和佛学的关系、佛教史的发展规律、魏晋玄学的言意之辩和本末有无之争等问题,均有创见。主要著作有《汉魏两晋南北朝佛教史》、《印度哲学史略》、《魏晋玄学论稿》、《隋唐佛教史稿》等,均收入河北人民出版社出版的《汤用彤全集》(全七卷)。
③　吕澂(1896—1989),原名吕渭,字秋逸,或秋一,鹫子,江苏丹阳人,是二十世纪中国有名的佛学家、佛教居士,与其师欧阳竟无共同创办支那内学院,复兴了唯识学。曾在金陵刻经处和支那内学院研究佛学,并协助欧阳竟无辑印《藏要》3 辑。改变过去仅就汉译经典进行研究的方法,利用梵、藏、巴等各种文字资料,对勘汉译经论进行研究,在方法上有所创新。主要著作有《印度佛教史略》、《因明纲要》、《佛教研究法》、《印度佛学源流略讲》、《中国佛学源流略讲》等。

可注意的是唯识宗复兴，这与唯识宗重视因明有关。近代中国人意识到了形式逻辑的重要性，因此注意从佛学中去发掘因明学，并拿它同墨辩、西方逻辑学进行比较研究。

总之，中国近代的"古今中西"之争与近代哲学发展的关系问题，包括两方面：从哲学根源于社会实践来说，中国近代的社会矛盾，通过政治思想领域的古今中西之争，制约着哲学的发展；从哲学本身的相对独立发展来说，哲学家就是把来自西方和中国传统的思想资料结合起来进行加工，来回答现实问题。我们把这两方面结合起来把握"古今中西"之争，便可以进而把握哲学根本问题在中国近代的表现形式。

第二节　中国近代哲学的主要论争

哲学史作为根源于人类社会实践的认识的辩证运动，主要是围绕哲学的根本问题即思维与存在的关系问题而展开的。但这个根本问题在不同的时代和不同的民族，有着不同的表现形式。那么，哲学的根本问题在中国近代是通过什么形式表现出来的呢？也就是说，中国近代哲学论争的主要问题是什么呢？

回答这一问题，仍然应该把中国传统哲学与西方近代哲学联系起来加以考察。中国近代哲学是从中国传统哲学演变而来的；同时，它又在一定意义上重复了西方近代哲学发展史。中国近代哲学发展史与西方近代哲学发展史有共同的特征和相似的规律性。然而，决不能忽视这两者之间的差别。中国有自己的现实和传统，它不可能简单地重复西方的历史。中国哲学已经经历了几

千年的独立发展,有着深厚的传统和民族特点。中国近代哲学是
中国传统哲学在近代的合乎逻辑的发展。

我在《中国古代哲学的逻辑发展》一书中,将思维与存在的关
系问题在中国传统哲学中的表现概括为四方面的哲学论争:即天
人之辩、名实之辩、心物(知行)之辩、理气(道器)之辩①。而中国
近代哲学是在新的历史条件下,在更高的发展阶段上,对上述的
问题展开了具有近代特色的论争。这些论争与西方近代的哲学
有着密切的联系,但它们又是合乎逻辑地从中国传统哲学中演变
出来的。

一、从道器之辩演变到进化论和唯物史观

宋明时期的理气(道器)之辩,首先是关于天道观的问题,其
次是历史观的问题。这个论争演变到近代,首先就是历史观的问
题,然后才是天道观或一般发展观问题。从历史观来说,中国古
代哲学家已经达到了什么水平呢? 王夫之说:"无其器则无其
道。""洪荒无揖让之道,唐、虞无吊伐之道,汉、唐无今日之道,则
今日无他年之道者多矣。"②他把历史看作是发展变化的,不同的
时代有不同的规律,所以人道是发展的。如何发现这些历史规律
呢? 王夫之说,"在势之必然处见理。"③他提出了"理"、"势"合一
的历史观。他继承和发展了荀子、柳宗元的观点,认为不能用天
命和自然界现象的变异,来解释社会的治乱,而应从历史本身来

---

① 冯契:《中国古代哲学的逻辑发展》上册,第9页。
② 王夫之:《周易外传》卷五,《船山全书》第1册,岳麓书社2011年版,第1028页。
③ 王夫之:《读四书大全说》卷九,《船山全书》第6册,第994页。

解释历史。"势因乎时,理因乎势"[1],时代条件不同了,历史就有不同的发展趋势,因而就有不同的历史规律。这种观点,在 17 世纪,应当说是了不起的成就。那么,历史的规律到底是什么? 历史发展的根本动力到底是什么? 王夫之、黄宗羲以至章学诚都还不可能作出回答。

　　近代一开始,因为要回答"中国向何处去"的问题,要解决"古今中西"之争,于是历史观问题就突出了。龚自珍重新提出了"公羊三世"说。他利用旧的形式,朦胧地(不能说是明确地)试图探索历史演变的规律。他还说:"天地,人所造,众人自造,非圣人所造。""众人之宰,非道非极,自名曰我。"[2]他把众人的"自我"同天命(道、太极)和圣人的权威鲜明地对立起来,这就有了近代人文主义思想的开端。所以,龚自珍的历史观,具有近代的气息。它揭示了中国近代哲学的一个很重要的领域,即历史观领域,召唤哲学家们去探索,去拓宽和展开。不过,龚自珍还只是凭借诗人的敏感猜测到了这一点。龚自珍、魏源讲变易,都认为器是变的,而道是不变的,这也是洋务派和早期的改良派的共同观点。早期改良派讨论"道器"、"体用"、"本末",用"中学为本,西学为末"来论证改良的必要,这本来具有进步性。但后来洋务派官僚却用"中体西用"论来反对变法,这就同历史前进的步伐唱反调了。

　　太平天国对封建专制主义进行了武器的批判,洪秀全要求在地上建立一个平等的、平均的"天国"。这虽然只是一种空想,但

---

① 王夫之:《读通鉴论》卷十二,《船山全书》第 10 册,第 458 页。
② 龚自珍:《壬癸之际胎观第一》,王佩诤校《龚自珍全集》,上海古籍出版社 1999 年版,第 12 页。

它也是以一种强调变易的历史观作为理论根据的。洪秀全讲"乱极则治,暗极则光,天之道也"①。他认为人类的历史就是这样按物极必反的"天道"变易的。

在戊戌变法时期,中国的资产阶级首次显示了自己的政治力量。康有为把"公羊三世"说与《礼运》讲的"大同"、"小康"联系起来,以为历史从据乱世到升平世,再进到太平世,这是人类社会进化的普遍规律。康有为已经是用进化论来解释历史了。戊戌变法的一些代表人物,如谭嗣同批评"器变道不变"的理论,严复批判"中体西用"的理论,他们都以进化论作武器来反对天命史观。严复翻译了《天演论》,把西方的进化论系统地介绍到中国。他认为只有实现社会历史观和世界观的根本转变,用"力今胜古"、"日进无疆"的进化论思想来武装中国人的头脑,才能树立中华民族的自主、自强、自立的信心。从戊戌变法到五四运动以前,中国的先进人物在历史观上都主张进化论。当然,在进化论的范围内,还有革命和改良的斗争。改良派认为进化是渐变;革命派则认为进化包含有跃进。但二者都讲进化论,这一点是相同的。

进化论作为一种哲学学说,它以近代的科学(首先是生物学)为根据。在自然观上,进化论是唯物论的。它把人类社会看作为自然发展的产物,看作是一个进化的过程,这也是合理的见解。当时一些革命者以进化论作武器,起了推动历史前进的积极作用。但是,以进化论来解释社会历史的演变,归根到底是不科学的。他们把人类社会进化的动力或者归之于"物竞天择"、"适者

---

① 洪秀全:《原道醒世训》,《中国近代史资料丛刊:太平天国》第 1 卷,上海人民出版社 1957 年版,第 92 页。

生存"，或者归之于社会有机体的各部分的互助合作。但不论哪一种说法，都不能真正科学地解释历史的进化，因此，也就不能正确地回答"古今中西"之争。为了探索历史进化的动因，梁启超已开始考察群体意识，明确地提出了历史领域中的心物关系、群己关系问题。章太炎用"竞以器"来解释群的起源，可以说已有了唯物史观的端倪。从哲学革命来说，进化论这个阶段是重要的，它为中国人接受唯物史观吹响了前奏曲。

进化论不能回答"中国向何处去"的问题，于是中国人就进一步向西方寻求真理。"五四"时期，中国的先进人物终于找到了马克思主义，首先由李大钊、陈独秀等人系统地介绍了唯物史观。历史观上的心物之辩突出了。通过"问题与主义"的论战、所谓"科学与玄学"的论战等一系列论战，唯物史观战胜了"五四"时期有重要影响的实用主义和柏格森哲学等唯心主义哲学流派，得到了广泛的传播。后来，马克思主义者就深入到群众革命斗争中去，运用唯物史观的理论，具体地分析中国的情况，总结中国革命的经验，对中国社会的性质、中国革命的性质和道路有了愈来愈清楚的认识，终于找到了"中国向何处去"这一问题的科学的答案。唯物史观是关于社会历史的发展观。社会历史的发展观不能脱离一般的发展观，不能脱离宇宙观。在革命阵营内部，有的人片面强调斗争，有的人片面强调联合、统一，有的人片面强调不断革命，不懂得革命要分阶段，有的人片面强调革命的现阶段，不懂得革命的转变。这种片面性是产生"左"、右倾错误倾向的认识论根源。在批判了这些"左"、右倾错误思想并克服了它们之后，中国共产党人才取得了对中国社会性质的正确认识，制定了正确

的革命策略。从理论上来说,这也就是实际地而不是抽象地掌握
了对立统一规律,掌握了辩证发展观。辩证发展观肯定一切事物
由于其内部矛盾而引起必然的自己的运动,这也可说是传统的
"体用不二"、"道在器中"的思想的发展。

　　这是中国近代哲学论争的第一个方面的问题。由历史变易
观对"道器"、"本末"、"体用"关系的考察,进而发展到进化论,再
发展到唯物史观以及一般的辩证发展观。这就使得中国近代哲
学的革命进程显现出阶段性来。进化论、唯物史观都是从西方传
来的,它们与中国的实际和传统相结合了,都有了中国的特色,这
显然是中国哲学合乎逻辑的发展结果。

二、关于认识论上的"心物(知行)"之辩

　　"心物(知行)"之辩,是唐宋以来中国哲学论争的中心之一。
近代哲学讲认识论,仍然以此为论争中心。它与"古今中西"之争
密切联系着,有了近代的特点,并逐渐和历史观上的社会存在与
社会意识的关系问题结合在一起了。

　　以往在心物(知行)之辩上,已经达到了什么水平呢? 王夫之
从唯物主义出发,讲"行第一"和"知行相资以为用"[①],即认为知行
两者互相依赖、互相作用,但行是第一位的。他把格物和致知看
作是人类认识的两个阶段,互相促进,不可分割。他在唯物主义
的前提下把认识过程了解为知和行、理性和感性的统一。应该
说,这在古代是很高的成就。不过,古代哲学家讲的"行",还不是

---

① 王夫之:《礼记章句》卷三一,《船山全书》第 4 册,第 1256 页。

马克思主义所说的社会实践；他们讲认识的辩证法，还具有朴素性质，缺乏近代实证科学的论证。

近代伊始，魏源重新对知行问题作了考察。他说：过去的诗人发愤而写诗，《易经》的作者有忧患而著述，"愤与忧，天道所以倾否而之泰也，人心所以违寐而之觉也，人才所以革虚而之实也"①。中华民族遭受深重灾难，引起人们的愤和忧，促使人们发愤图强，要觉悟过来，不要沉沉昏睡，要多做实际工作，不要空谈。魏源反对理学空谈性理，也不满汉学专搞训诂，他非常注重实践、观察，他说："及之而后知，履之而后艰。"②认为要获得真正的知识，必须通过亲身经历和观察。他强调要广泛地做调查研究，要考察群众的意见，他说："合四十九人之智，智于尧、禹。"③他所说的注重"实事实功"，也包括向西方学习技术，学习船坚炮利。显然，这种态度已颇不同于传统经学的权威主义。魏源讲知行关系问题，是与"中国向何处去"的问题和"古今中西"之争密切联系着的，具有了近代的气息。

后来严复、康有为、谭嗣同、章太炎、孙中山都探讨了知与行的问题。

一般说来，改良派强调知，以为首要的问题是开民智。严复说："民智者，富强之源。"④他在认识论上主张知先于行，又有经验

① 魏源：《海国图志原叙》，《魏源全集》第4册，岳麓书社2011年版，第1、2页。
② 魏源：《默觚上》，《魏源全集》第13册，第8页。
③ 魏源：《默觚下》，《魏源全集》第13册，第32页。
④ 严复：《原强》，《严复集》第1册，第29页。本文引用的《原强》，均指《侯官严化丛刊》所刊的该文修改稿。修改稿和发表在《直报》的原文相较，不仅在文字上有较大的改动，而且增补了近一半的文字。

论的倾向。而革命派则强调行。章太炎提出"竞争生智慧，革命开民智"的命题。他说："人心之智慧，自竞争而后发生，今日之民智，不必恃他事以开之，而但恃革命以开之。"[①]这话包含有社会实践观点的萌芽，是可贵的。他在认识论上主张行先于知，不过又有思辨哲学的倾向。但是，不论是严复还是章太炎和孙中山，都没有真正解决知与行、感觉经验与理性思维的关系问题。

从"五四"时期到30年代，非马克思主义的哲学家仍然是各自强调认识过程的某一环节，导致了唯心主义。胡适讲实用主义，这是经验论；梁漱溟讲王学和柏格森主义，这是一种直觉主义；冯友兰讲新实在论、新理学，比较强调逻辑思维。他们分别夸大了认识过程中的经验、直觉（意欲）或理智（思维）的环节，却不懂得认识的辩证法。只有金岳霖具有唯物主义倾向。他在《知识论》中比较辩证地阐明了感觉和概念的关系。不过，他没有社会实践的观点，未能从人的历史发展来考察认识问题。

马克思主义与中国革命实践相结合，才科学地回答了"中国向何处去"的问题，从而在认识论上也科学地回答了"心物（知行）"之辩。辩证唯物主义以实践标准作为认识论的基础，并把辩证法运用于认识论，这样就反对了资产阶级哲学的各个流派（包括经验论、理性主义、直觉主义等），同时也克服了革命阵营内部的经验主义和教条主义，以及"左"的和右的倾向。在马克思主义者那里，认识论上的心物之辩和历史观上的心物之辩结合为一。《新民主主义论》用"能动的革命的反映论"来概括辩证唯物主义

---

① 章太炎：《驳康有为论革命书》，沈延国等点校：《章太炎全集》第4卷，上海人民出版社1982—1994年版，第180页。

的认识论关于思维与存在关系的规定，同时也用它来概括历史唯物主义关于社会存在与社会意识关系的规定。"能动的革命的反映论"这一概念，极好地体现了辩证唯物论与历史唯物论的统一。

三、关于逻辑和方法论的问题

中国传统哲学中的"名实"之辩，既是围绕名教展开的辩论，也是认识论和逻辑学问题的论争。这个论争演变到近代，仍然和名教问题有关，但这里我们只注意它作为逻辑思想和方法论上的争论。

拿中国传统哲学与西方哲学比较，在逻辑思想上有一个明显的差别：中国人比较早地发展了朴素的辩证逻辑，而西方人则比较早地发展了形式逻辑。中国人的形式逻辑在先秦的《墨经》中有很高的成就，决不亚于亚里士多德的逻辑和印度的因明。但墨学到了汉以后成了绝学，《墨辩》的逻辑未能得到发展。唐代的玄奘系统地介绍了因明，但很快也被人遗忘了。明末徐光启翻译了《几何原本》，李之藻翻译了《名理探》，但是在思想界也没有产生多大的影响。在明代中叶以前，中国古代科学在很多领域中在世界上处于领先地位，这些科学往往从朴素的辩证逻辑中取得方法论的指导。从宋到明清这一段时期来看，像张载、沈括、王夫之、黄宗羲、顾炎武等在辩证逻辑和科学方法上，是很有成就的。[①] 但是，在西方近代，已经有了由培根、笛卡儿、伽利略等制定的近代实验科学方法，促进了自然科学的迅速发展，而中国人却未能及

---

① 参见冯契著：《中国古代哲学的逻辑发展》下册，《冯契文集》第6卷中的有关章节。

时地进入近代实验科学的殿堂。所以，与西方相比，中国是明显地落后了。为什么中国在明清之际未能制定出实验科学方法？当然首先是社会的原因，即由于封建势力的强大，资本主义萌芽难以成长，社会没有提供强大的动力来促使人们研究科学；同时也因为占统治地位的理学或经学，只教人空谈性理，钻故纸堆，严重地禁锢着人们的头脑。除此之外，中国人在形式逻辑传统方面不及西方，也是一个重要的原因。

　　中国人一旦接触到西方的文化，就不能不意识到逻辑思维方式上的差异和中国人的弱点。徐光启就已意识到了这一点，所以他翻译《几何原本》，强调数学方法的重要。康有为也注意到了方法论的近代化问题。严复更清楚地看到了这一点，他认为，西方近二百年来学运昌明，要归功于培根的归纳法；他批评中国人用名词、概念不精确，缺乏科学的分析。在他看来，中国人要自强，就必须抛弃从"子曰"、"诗云"出发的经学方法，学习西方的形式逻辑。于是，他就翻译了《穆勒名学》。自此，传统的名实之辩便演变为近代的逻辑学论争了。章太炎也很重视形式逻辑。不过，他不像严复那样强调归纳，而是比较注重演绎。他写《原名》，对亚里士多德的三段论、印度因明的三支作法和《墨辩》的推理形式作了比较研究。梁启超、王国维以至"五四"时期胡适、丁文江、王星拱等在科学方法上也作了一定的努力，当然他们也有局限性。20世纪30年代，金岳霖对形式逻辑的一些基本理论问题作了较深入的探讨。他将逻辑分析方法运用于哲学研究，是有成绩的。可以说，中国近代哲学与中国古代哲学的一个明显的差别，就在于形式逻辑已经逐渐地为人们所重视，而不是像过去那样，把它冷漠地丢弃在一旁。当然，我国早期的马克思主义者对形式逻辑仍然注意得不够，甚至有人错误地把它同辩证法截然对立起来。

毛泽东在辩证逻辑方面作出了重要贡献。他的《新民主主义论》、《论持久战》等著作可以说是运用辩证逻辑的典范。马克思主义者在运用辩证法研究社会问题以及社会历史的一些领域，也取得了显著的成绩。不过，一般说来，人们对辩证逻辑的研究还很不够，对已经取得的成绩，尚未作系统的总结。现在，形式逻辑已不可能像过去那样被丢掉，但也应承认，目前我们的逻辑水平还不高。有些研究辩证逻辑的人，过去有一种忽视形式逻辑的错误倾向；有些研究形式逻辑的人受实证论的影响，以为辩证法是"形而上学"，辩证逻辑不是逻辑，这种观点也不能认为是正确的。我们需要的是全面地阐明辩证逻辑与形式逻辑的关系，使两者互相促进，以便更好地发展中国人的逻辑思维，既发挥自己的长处，又吸取西方的优秀的东西。遗憾的是，中国近代哲学并没有能做到这一点。

四、关于人的自由和理想问题

中国传统哲学的天人之辩，包括自然界和精神、天道和人道的关系，涉及的面比较广。在人道观上，主要是从天人关系（自然和人为、命和力、性和习等关系）来探讨人的自由问题，什么是人的自由？最一般的意义就是人的理想化为现实，人与自然经过交互作用而达到统一。人的自由问题包括两方面，即：怎样来建立人类的理想的"自由王国"？怎样来培养理想的自由人格？

中国古代哲学家早已提出大同理想，但他们认为理想的"自由王国"是在尧舜时代或远古的原始社会。这种复古主义以天命史观为其理论根据。到了近代，洪秀全讲大同，则表达了对"新世界"的朦胧的憧憬。康有为写《大同书》，依据进化论原理，认为理想社会不是在远古，而是在未来。这是哲学思想的一个根本性的变化。此后，如何才能到达世界大同，便成了思想家讨论的重要问题。

至于如何培养理想人格，更是古代哲学史上长期争论的问题。占统治地位的儒家强调把培养道德品质放在第一位，朱熹教人"以醇儒自律"，专心做"存天理、灭人欲"的工夫，以求达到无我、无欲的圣贤境界。反理学的思想家则不同，如陈亮以为，理想人格应是具有"推倒一世之智勇"的英雄，应能担负国家的重任。近代先进的思想家都不赞成朱熹培养"醇儒"的主张，而是要求培养"新人"、造就"人才"。龚自珍期望"不拘一格降人材"，以为不论是皮匠、木工，还是冶金工人，只要有所发明、有所创造，就都是"天下豪杰"。后来梁启超写《新民说》，以为民众之"自新"在于既养成独立自尊的人格，又树立国家、群体的观念。显然，他们的理想人格已经平民化了，不再是高不可攀的圣贤。在整个近代，如何树立新的人生理想，一直是哲学家们热烈讨论的问题。

不论是社会理想还是人生理想，都需要探讨如何根据人性的要求来提出理想并实现理想的问题。这就牵涉到自然与人为、必然（当然）与自由的关系问题；而在这方面，我们可看到中国传统哲学与西方哲学既有共同之处，又有明显的差别。

这里着重从伦理学意义上的自由来加以说明。道德理想体现于行为的当然之则（即规范），人们在行为中自愿地选择和自觉地遵循当然之则就是自由。这是古代哲学家已提出了的观点。在中国古代，可以说，从孔、孟、荀到后来的柳宗元、刘禹锡、王夫之、黄宗羲等都已这样那样地提到了这个观点：道德行为既要求自觉，即要遵循理性原则，按照理性认识来办事；又要求自愿，即要出于意志的自由选择，如果意志不是自由的，那就谈不上道德责任。自觉是理智的品格，自愿是意志的品格。在道德行为中，理智与意志、自觉原则与自愿原则应当是统一的。这是过去一些大哲学家（不仅是中国的荀子、王夫之等，而且有西方的亚里士多德等）已经达到的结论。当然，他们没有唯物史观，没有社会实践的观点，因而其结论还不是建立在严格的科学基础上的。

尽管东方的哲学家和西方的哲学家在这方面有共同的认识，但中国的传统与西方的传统仍然有很大的差别。中国自秦汉以后，在长期的封建专制主义的统治下，儒术独尊。儒家强调德教，认为道德是可以教育的，道德准则是出于理性的认识，道德行为应该是自觉的，杀身成仁，舍生取义，都是自觉的。儒家讲自觉，显然对民族文化和民族性格有积极影响的一面。但是，占统治地位的儒学，即儒学正统派，从董仲舒到程朱理学，都忽视了自愿的原则。他们认为，道德出于天命、天理，对于天命、天理，只能认识它，自觉地顺从它、服从它，而决不能抗拒。不管你愿意与否，都得服从。这是一种宿命论。他们在讲到通过德教和修养来培养理想人格的时候，最后总是归结到所谓"反本"、"复性"。天命之谓性，道德的原则在天命之性中都已具备了，通过教育使人恢复其本性，即"复其初"、"复如旧"，便能自觉地顺从天命。这种理论，片面地强调了自觉的原则，完全忽视了道德行为应当出于自愿的原则。

中国的大哲学家,如荀子、王夫之等是强调自觉与自愿的统一的。所以,他们都批评天命论和复性说。荀子讲"制天命而用之"(《荀子·天论》),又说"化性起伪"(《荀子·性恶》),"积善成德"(《荀子·劝学》),"长迁而不返其初"(《荀子·不苟》)。王夫之认为,人可以"造命",性则是"日生则日成","习成而性与成"①。这是一些具有朴素唯物主义和朴素辩证法思想的哲学家得出的结论。中国哲学的优秀传统就体现在他们身上。但是,在二千多年的封建专制统治下,占统治地位的意识形态是董仲舒和程朱理学那一套,他们一直讲顺命、复性,而且理论越来越精致,欺骗性很大。这造成了中国传统思想中一个很坏的方面,即长期被天命论统治,养成了一种听天由命的心理。

西方的情况与中国有所不同。西方在中世纪基督教占统治地位,而中国是儒学占统治地位。基督教要人信仰上帝,信仰上帝往往是盲目而自愿的。儒学教人遵守礼教,遵守礼教可以出于理智而并不情愿。这是一个显著的不同。西方人到了近代,尤其强调了道德行为中的自愿原则和意志自由这一方面,强调得过分便导致唯意志论。因此,在西方哲学中形成了一个比较深远的唯意志论的传统。而在中国古代哲学中,没有强大的唯意志论的传统;占统治地位的是一个宿命论的传统。为了逃脱宿命论而走到"随遇而安"的人也不少,真正的唯意志论则较少。中国人与西方

---

① 王夫之:《尚书引义》,《船山全书》第 2 册,第 299 页。

文化一接触，就看到了：与自由、平等、博爱的观念相联系，西方人强调意志自由，还有不少哲学家讲唯意志论。在中国近代，政治上的自由问题很突出，这与民主革命、民族解放斗争联系在一起。要解放，要自由，要实现大同理想，就必须去斗争，就必须发挥意志的力量，发挥人的主观能动性。中国近代哲学与古代哲学有一个很大的不同，就是许多人强调斗争，强调意志力量，强调意志自由，这就容易走向唯意志论。如果说中国古代没有一个强大的唯意志论的传统，那么在中国近代却确实形成了唯意志论的传统，而且首先在许多先进者、革命者身上体现了这一倾向。龚自珍讲"天地，人所造，众人自造"和崇扬"心之力"①，谭嗣同主张以"心力挽劫运"②，章太炎强调"依自不依他"③，便是明证。

在西方近代，从卢梭、费希特到叔本华、尼采，唯意志论的形态及其社会作用前后大不相同。中国近代也是如此。起初，一些先进者、革命者为了反对长期占统治地位的宿命论而导致唯意志论倾向，接着有一些并不革命的人提倡唯意志论（如王国维），而20世纪30年代和40年代封建法西斯主义则是利用唯意志论来作统治工具。马克思主义开始在中国传播时，实用主义者讲非决定论，张君劢之流讲唯意志论。他们攻击马克思主义是"宿命论"。陈独秀、瞿秋白等马克思主义者从理论上驳斥了资产阶级学者对马克思主义哲学的歪曲。在实际工作中，共产党人要求贯

---

① 龚自珍：《己亥杂诗》，《龚自珍全集》，第521页。
② 谭嗣同：《仁学》四十二，蔡尚思、方行编：《谭嗣同全集》（增订本）下册，中华书局1981年版，第356页。
③ 章太炎：《答铁铮》，《章太炎全集》第4卷，第369页。

彻群众观点和群众路线。可以说,群众观点的基本精神,也包含有尊重群众的自觉与自愿的意思。但是,对伦理学上的自由问题,我们从理论上探讨得还很不够。几千年来的中国封建专制主义的影响是不容易清除的。在今天的社会中还存在着封建遗毒和资本主义腐朽思想的影响,这是宿命论和唯意志论的客观基础。在十年动乱中,唯意志论泛滥,宿命论也同时泛滥,群众观点却被抛到了一边,根本不是按照自觉原则和自愿原则相结合来进行工作。这个沉痛的教训正说明近代哲学中的这方面的问题没有很好地得到解决。

上面主要讲了伦理学上的自由问题。它同认识论上的自由和美学上的自由是互相联系着的。中国近代哲学同西方哲学一样,开始把认识论、伦理学、美学分别开来加以研究,并作出了成绩,这是一个进步。但如何把哲学的各个领域联系起来考察真、善、美及其相互关系,以便更全面而深入地阐明人的自由和价值的问题,以利于提高民族的精神素质,这却是近代哲学所没有达到的。

以上是中国近代哲学论争的四个主要问题。历史观和认识论两个方面的论争,后来在心物之辩上结合起来了。这是中国近代哲学的主要线索。本书就是按此主线的演变,将中国近代哲学划分为四个阶段,并根据这四个阶段分为四章来论述的。逻辑方法和自由理论两个方面的论争也很重要,中国近代哲学在这两方面都作出了新的贡献,但是有待于总结。总的来看,四个论争都反映了"古今中西"之争,既继承了传统而又有近代的特色,既受西方影响而又有中国的特点。在这些论争中,进步思想家的批评矛头，首先集中在反对天命论（天命史观和宿命论的人生观）和经学的独断论（独断论的认识论和经学方法）——这就是近代哲学革命的主要批判对象。

第一章
中国近代哲学的前驱

在整个世界史的范围内,中国自明代中叶以后,便渐渐处于落后于欧洲的态势。这期间,西方在文艺复兴时代之后,普遍经历了资产阶级革命和工业革命。随着资本主义的迅猛发展,欧美列强不断向外扩张和掠夺殖民地,他们贪婪地窥视着中国的大门。

当时中国的最后一个封建王朝——清朝的统治,已由盛而衰,危机四伏。在鸦片战争前的几十年中,农民起义此起彼伏,严重地威胁和动摇了清王朝的统治。同时,封建社会内部滋生的资本主义因素的成长(尽管非常艰难),外国资本主义的侵入,日渐促使封建自然经济的解体,这是不可抗拒的趋势。而清朝统治者不顾时势,因循守旧,继续奉行传统的闭关政策。虽处于"被强力排斥于世界联系的体系之外而孤立无依"的地位,但仍然"竭力以天朝尽善尽美的幻想自欺"。[①] 1840 年,终于爆发了鸦片战争。英国侵略者以鸦片和大炮打开了中国的大门。中国的近代史的帷幕自此揭开。

---

① 马克思:《鸦片贸易史》,《马克思恩格斯选集》第 1 卷,人民出版社 1995 年版,第 716 页。

在这封建社会急剧解体以及中国开始向半殖民地半封建社会过渡的转折时期，社会思潮发生了巨大的变化。在鸦片战争中以林则徐为首的抵抗派，与当时的守旧派、投降派的斗争很尖锐。在鸦片战争前后，产生了龚自珍、魏源两个哲学家。他们都是林则徐的挚友，政治上属于地主阶级改革派，对近代哲学起了"创榛辟莽，前驱先路"①的作用。

他们重新提出了"经世致用"的口号，面向现实，大声呼唤变革的风雷（这使人很自然地联想起明清之际的黄宗羲对豪杰之士、风雷之文的召唤）。龚自珍在1839年写道："九州生气恃风雷，万马齐暗究可哀。我劝天公重抖擞，不拘一格降人材。"魏源在1842年《海国图志原叙》中说："寐患去而天日昌，虚患去而风雷行。"②龚、魏呼唤风雷，就是希望社会来一个大的震动，希望能够出现真正的豪杰之士来打破"万马齐暗"的局面，改变沉寂、空虚的现实状况，实现富有生气的改革。为了抵抗外国的侵略，林则徐主持编译了旨在了解世界大势的《四洲志》③，魏源在此基础上扩充为《海国图志》。他们开始认真地研究外国的情况，主张学习西方的科学技术。这种要求社会改革和出于爱国主义立场而放眼世界，向西方学习技术的态度，代表了当时中国社会的发展方向，客观上有利于资本主义因素的发展。但是，反对改革和主张闭关自守的传统势力也是很强大的。于是，围绕"中国向何处去"

---

① 魏源：《海国图志原叙》，《魏源全集》第4卷，第1页。
② 魏源：《海国图志原叙》，《魏源全集》第4卷，第2页。
③ 《四洲志》是林则徐主持编译的一部世界地理著作，简要叙述了世界四大洲（亚洲、欧洲、非洲、美洲）30多个国家的地理、历史和政治状况，是近代中国第一部相对完整、比较系统的世界地理志书。

这个时代的中心问题,展开了持久的"古今中西"之争,而这一争论从一开始便制约着中国近代哲学的演变过程。

从龚自珍、魏源开始,洪秀全、洪仁玕和郑观应等早期改良派继其后,他们对"中国向何处去"的问题作了种种理论的探索,构成了中国近代哲学的前驱。

第一节　龚自珍:"众人之宰,自名曰我"
——近代人文主义的开端

在欧洲,当历史由中世纪向近代过渡时,兴起了人文主义(即人道主义)[①]思潮,展开了反对教会统治和封建专制的斗争,表现出所谓"我"之自觉。这对欧洲近代哲学产生了深刻的影响。中国也经历了类似的过程。在鸦片战争前夕,龚自珍在对"衰世"的揭露批判中,提出了"众人之宰,自名曰我"的命题,标志着"自我"开始觉醒,个性强烈要求挣脱封建束缚,这是中国近代人文主义的开端。正因为此,龚自珍成了中国近代哲学的第一个先驱。

龚自珍(1792—1841),字璱人,号定庵,又名巩祚,浙江仁和(今杭州)人。他年轻时就究心于经世时务,思想洒脱,好放言高论,21岁时撰写《明良论》等文章,针砭时弊。曾经跟从刘逢禄[②]学

[①] 本书按中国传统哲学用语,以"人道"与"天道"相对,"人道观"与"天道观"相对。而用"人文主义"或"人道主义"一词,则按现在的习惯用法,大体与英文 Humanism 相当。

[②] 刘逢禄(1776—1829),字申受,江苏常州人。清代经学家,常州学派的奠基人。治《春秋公羊传》,主西汉董仲舒、东汉何休的学说,恪守今文师法,反对许慎、郑玄的烦琐考证,主张研究微言大义。著《春秋公羊经何氏释例》,据何休《公羊解诂》,发挥"张三世"的改制思想。对近代资产阶级维新派颇有影响。又撰《左氏春秋考证》,排斥《左传》,攻击刘歆的古文经学,康有为《新学伪经考》受其启发。著作尚有《论语述何》等。

《公羊春秋》，钻研其中的微言大义，以考史论经的形式，批判专制统治，阐发更法改制思想。在任京官的 20 年中，撰写了不少"讥切时政"的诗文，是晚清思想界开风气的人物。晚年崇佛，尤喜天台宗。道光十九年（1840）春龚自珍因受权贵排挤，辞官南归。在以后不到一年中，写成了大型组诗《己亥杂诗》，以洋溢的诗才，深刻地反映了社会风貌，袒露了诗人的内心世界。著作编为《定庵文集》。①

一、对"衰世"的揭露批判——近代"古今"之争的开始

龚自珍是杰出的诗人，他凭着诗人的敏感，意识到当时社会已不是盛世，而是衰世。因而他反对泥古不化，"率由旧章"②，强调重视现实，"通乎当世之务"③。这是近代"古今"之争的开始。

龚自珍对当时社会的现状作了深刻的揭露和批判。他说："痹痨之疾，殆于痈疽，将萎之华，惨于槁木。"④指出当时社会就像一个中了风、生了痨病的病人一样，像将要凋谢的花一样，已陷于日暮途穷的境地。这个衰世尽管貌似盛世，"文类治世，名类治世，声音笑貌类治世"⑤，其实维护着盛世假相的名教已成了摧残人才的软刀子。龚自珍认为，名教对人才的摧残在于"戮其心"。

---

① 《定庵文集》：龚自珍自刻文集 3 卷，另有《四部丛刊》、《四部备要》本。1999 年 9 月上海世纪出版股份有限公司、上海古籍出版社出版发行《龚自珍全集》（王佩诤校），辑录龚氏文、诗、词编为 11 辑。
② 程含章：《复林若州言时务书》，贺长龄、魏源编：《清经世文编》上册，中华书局 1992 年版，第 306 页。
③ 龚自珍：《对策》，《龚自珍全集》，第 114 页。
④ 龚自珍：《乙丙之际箸议第九》，《龚自珍全集》，第 7 页。
⑤ 龚自珍：《乙丙之际箸议第九》，《龚自珍全集》，第 6 页。

他说：

> 戮之非刀、非锯、非水火；文亦戮之，名亦戮之，声音笑貌
> 亦戮之。……徒戮其心，戮其能忧心、能愤心、能思虑心、能
> 作为心、能有廉耻心、能无渣滓心。[1]

就是说，人们的真实的情感、思想、创造能力、道德意识，全被扼杀
了；能忧能思、敢作敢为之"心"，亦即真实的"我"，受尽了折磨、摧
残。他认为，在这样的社会中，既不能产生有作为的官吏将帅，也
不能产生才士、才民，甚至连有才干的强盗都产生不了（"薮泽无
才盗"）。

龚自珍非常蔑视当时那些没有"自我"意识的庸人，比之为
"缚草为形，实之腐肉，教之拜起，以充满于朝市"[2]。他很不满意
那些没有"忧愤心、作为心"的文人学士，在题名《咏史》的诗篇中
描写道：

> 避席畏闻文字狱，著书都为稻粱谋。[3]

就是说，他们谨小慎微，十分害怕触犯法网，著述只是为谋求衣
食。这种可悲的情况是怎样造成的呢？龚自珍认为，首先应归咎
于专制统治者的高压政策和笼络政策。他说，王者取天下，"必有

---

① 龚自珍：《乙丙之际箸议第九》，《龚自珍全集》，第 6—7 页。
② 龚自珍：《与人笺五》，《龚自珍全集》，第 339 页。
③ 龚自珍：《咏史》，《龚自珍全集》，第 471 页。

阴谋"，商汤就已经是如此了。① 统治者为了保住王位，还须施行愚民政策，用阴谋来对付知识分子。因为知识分子总是喜欢发议论，说古道今。"留心古今而好论议，则于祖宗之立法，人主之举动措置，一代之所以为号令者，俱大不便。"②为了"箝塞天下之游士"③，历来的统治者采取了八股取士、兴文字狱等一系列办法。龚自珍借京师设"乐籍"一事来揭发这种"阴谋"，以为乐籍棋布于京师，正是为了牢笼文人学士："使之缠绵歌泣于床笫之间，耗其壮年之雄材伟略，则思乱之志息，而议论图度，上指天下画地之态益息矣；使之春晨秋夜为袯体词赋、游戏不急之言，以耗其才华，则论议军国臧否政事之文章可以毋作矣。"④显然，他表面上指责的是"乐籍"，而实际上是抨击统治者的整套阴谋权术。

那么，是不是天下的文人学士全部都入其牢笼了呢？

> 曰：如是则唐、宋、明岂无豪杰论国是，掣肘国是，而自取戮者乎？曰：有之。人主之术，或售或不售，人主有苦心奇术，足以牢笼千百中材，而不尽售于一二豪杰，此亦霸者之恨也。吁！⑤

不怕死的豪杰之士还是有的，这是专制统治者（"霸者"）所抱恨而又无可奈何的。他这里虽然讲的是"唐、宋、明"，但读者一目了

---

① 见龚自珍：《葛伯仇饷解》，《龚自珍全集》，第124页。
② 龚自珍：《京师乐籍说》，《龚自珍全集》，第118页。
③ 龚自珍：《乙丙之际箸议第七》，《龚自珍全集》，第6页。
④ 同上注。
⑤ 同上注。

然,其矛头所向直指清代统治者。他实际上是呼唤豪杰之士起来议论国是、臧否政事,不要害怕杀身之祸。龚自珍在年轻时便写了《尊隐》一文,他以诗的语言,揭露了清王朝统治者的腐朽,描写了当时社会已经到了"京师如鼠壤"的形势。他写道:

> 如是则豪杰轻量京师;轻量京师,则山中之势重矣。……朝士寡助失亲,则山中之民,一啸百吟,一呻百问疾矣。……俄焉寂然,灯烛无光,不闻余言,但闻鼾声,夜之漫漫,鸮旦不鸣,则山中之民,有大音声起,天地为之钟鼓,神人为之波涛矣。①

他把"豪杰"与"朝士"、"山中"与"京师"尖锐地对立起来,一方是生气勃勃,一方是尸居余气。虽然他没有也不可能明确地指出"山中之民"是一种什么样的社会力量,但他清楚地告诉人们:清王朝的统治已经陷入了严重危机,社会将要发生暴风雨般的动荡,而他祝祷这个大动荡早日来临。

但龚自珍实际上并没有超出地主阶级改革派的立场。他对当时的清王朝统治者发出警告:"无八百年不夷之天下,天下有万亿年不夷之道。"②"一祖之法无不敝,千夫之议无不靡,与其赠来者以劲改革,孰若自改革?"③他认为,道是不变的,但祖宗之法则必须随形势的发展而改革。现在法制已敝,众人不满,与其让别

---

① 龚自珍:《尊隐》,《龚自珍全集》,第87—88页。
② 龚自珍:《乙丙之际箸议等七》,《龚自珍全集》,第5页。
③ 龚自珍:《乙丙之际箸议第七》,《龚自珍全集》,第6页。

人来革掉你，不如自己改革。所以他说是"为一姓劝豫也"①。那么，如何来改革？他说：

> 何敢自矜医国手？药方只贩古时丹。（自注：己丑殿试，大指祖王荆公上仁宗皇帝书。）②

他医治"衰世"的药方基本上是拾取了以往地主阶级改革派的方案。他认为改革"可以虑，可以更，不可以骤"③。他把希望寄托在更法、改良上，而不是从根本上进行"骤变"。

以上可以表明龚自珍在"古今"之争中的进步立场。就"中西"关系问题来说，则因他去世早，不像后来魏源那样能放眼世界，要求了解西方。但龚自珍在他那篇《送钦差大臣侯官林公序》中，坚决支持林则徐抵抗外国侵略，严禁鸦片，并且向他提出许多具体建议，叮嘱林则徐"此行宜以重兵自随"④，即以武力作为禁烟的后盾，对于"不逞夷人及奸民"必须"就地正典刑"⑤。龚自珍并表示愿意随林则徐同行，直接参加严禁鸦片的斗争。林则徐在回信中肯定了他的好友的种种建议："非谋识宏远者不能言，而非关注深切者不肯言也。"⑥此外，龚自珍还研究了西北地理，写了《西域置行省议》，要求在新疆建省，移民实边。说明他对沙俄的侵略

---

① 龚自珍：《乙丙之际箸议第七》，《龚自珍全集》，第 6 页。
② 龚自珍：《己亥杂诗》，《龚自珍全集》，第 513 页。
③ 龚自珍：《平均篇》，《龚自珍全集》，第 79 页。
④ 龚自珍：《送钦差大臣侯官林公序》，《龚自珍全集》，第 169 页。
⑤ 龚自珍：《送钦差大臣侯官林公序》，《龚自珍全集》，第 170 页。
⑥ 林则徐：《复札》，见《龚自珍全集》，第 171 页。

早有所警惕。

二、"天地，众人自造"——从哲学的高度推崇"自我"

龚自珍对"衰世"的揭露批判，归结到一点，就是封建专制统治扼杀了众人真实的"心"（真实的"我"）。他进而从哲学的高度来推尊"自我"。写道：

> 天地，人所造，众人自造，非圣人所造。圣人也者，与众人对立，与众人为无尽。众人之宰，非道非极，自名曰我。①

在这里，他把"众人"与"圣人"对立起来，把作为"众人之宰"的"我"与"道"、"极"对立起来。在他看来，第一原理不是道，不是太极，而是"我"。人人都有一个"自我"，即主观精神，世界就是无数"自我"的创造。在中国哲学史上，突出地把"我"作为世界第一原理提出来，使哲学具有如此鲜明的唯意志论色彩，是前所未有的。这是彻底的主观唯心主义。但是应该看到："众人之宰，自名曰我"是一个近代的命题，具有鲜明的反封建的性质，它标志着中国近代人文主义思想的开端。

龚自珍接着写道：

> 我光造日月，我力造山川，我变造毛羽肖翘，我理造文字言语，我气造天地，我天地又造人，我分别造伦纪。②

---

① 龚自珍：《壬癸之际胎观第一》，《龚自珍全集》，第12页。
② 龚自珍：《壬癸之际胎观第一》，《龚自珍全集》，第12—13页。

在龚自珍看来，作为"众人之宰"的"我"是万能的，具有光和力、理和气，能创造一切。自然界的"日月旦昼"等现象，是"人所造，众人自造，非圣人所造"。人类是倮人，而后有"毛人、羽人、角人、肖翘人"等，是"人自所造，非圣造，非天地造"[①]。整个世界，包括演变着的人类本身及其文化、制度，都是"我"的创造。

龚自珍又说：

> 既有世己，于是乎有世法。民我性不齐，是智愚、强弱、美丑之始。民我性能记，立强记之法，是书之始。……民我性能测，立测之法，是数之始。……日月星地既可测，则立之分限，以纪人之居世者，名之曰岁。曰春夏秋冬，是历之始。民我性能分辨，立分辨之法有四：名之曰东西南北，……是方位之始。[②]

就是说，"我"创造世界，同时也就为世界立法。一切"法"（现象世界及其法则）均出于"民我性"（即作为"众人之宰"的"我"之本性）。在他看来，众人之"我"在本性上是统一的，又是千差万别的。这种差别造成了人们之间的智慧、才能、体态的不齐。"我"按本性具有记忆能力，为了帮助记忆，便创造出文字。"我"能测量、分辨，于是便创造出数，还产生了天文历法、几何学等科学。此外，因"民我性善病"，于是便产生医药学；因"民我性能类"，于是便产生宗法，进而形成礼教和政治制度，而人的行为便有了善

---

① 龚自珍：《壬癸之际胎观第一》，《龚自珍全集》，第 13 页。
② 龚自珍：《壬癸之际胎观第二》，《龚自珍全集》，第 14 页。

恶之分。①

龚自珍把"我"作为创造世界一切的原动力,从这个基本观点出发,他批判了推崇"天命"、扼杀个性的正统派儒家思想。

关于天与人的关系,龚自珍不赞成儒家的天人感应说,尤其讨厌好用阴阳灾异推算时政得失的京房、刘向、班固之流。他说:"最恶京房之《易》,刘向之《洪范》,以为班氏《五行志》不作可也。"②那么,他对"天命"是如何看的呢?他说:

> 夫天,寒、暑、风、雨、露、雷必信,则天不高矣;寒、暑、风、雨、露、雷必不信,则天又不高矣。③

必信,含有必然性之意。寒、暑、风、雨都是有因果必然性而可以预测的,但是如果完全"必信",没有不测的风云,人就不会推崇天了。反之,如果风、雨、寒、暑"必不信",完全不可预测,则"天又不高"了。就是说,自然界既有必然性,又有偶然性,故自然界"有可知,有弗可知,而范围乎我之生"。④

天命是如此,君命又如何呢?儒者说圣君"通古今之故","烛万物之隐","赏罚予夺不爽于毫发",把君命说成完全是合理的,完全是必然的。龚自珍指出,这实际上是儒者为了"自售其学"⑤。他认为自然的变化有必然,有偶然,所以常使人怨,君命也是这

---

① 龚自珍:《壬癸之际胎观第二》,《龚自珍全集》,第14页。
② 龚自珍:《与陈博士笺》,《龚自珍全集》,第346页。
③ 龚自珍:《尊命》,《龚自珍全集》,第83页。
④ 同上注。
⑤ 龚自珍:《尊命》,《龚自珍全集》,第84页。

样。皇帝的命令哪能使人人都无憾？哪能使匹夫匹妇都满意？
皇帝的命令，决不是样样都合理的。这个说法反对了正统派儒家
把专制君主神圣化。

从理论上说，龚自珍关于天命、君命的看法包含着这样的意
思：不论是天命还是君命，都有着不合理的、非决定论的成份，并
不是什么都是决定论的。龚自珍不懂得必然和偶然的辩证关系，
他说"使正者受，不正者亦受，无如何者亦受，强名之曰命"①，实际
上他也未能冲破天命论的束缚。但他说："吾之术，使君无日不与
天下相见以尊君。天命曰流行，君命曰出内。"②以为应该让君主
跑出宫廷去与天下百姓相见，这是具有民主气息的思想。

龚自珍也反对儒家"性善论"，认为善恶并非出于天性。他采
取了告子的说法："龚氏之言性也，则宗无善无不善而已矣，善恶
皆后起者。"③认为善恶都是后起的，它们并非人性所固有的。他
阐释告子在与孟子辩论时提出的观点说：人性犹如杞柳，杞柳既
可以作栲栳，做门户，也可以为桎梏、便桶等。造成的器物有美
丑、高下，并不能影响杞柳的本性。同样，人可以成为善人，也可
以成为恶人，这并不是天性本善或本恶。

龚自珍还拿儒家和佛家作比较来阐明他的思想，反对儒家的
天命论。他说：

　　有域外之言，有域中之言，域外之言有例，域中之言有

---

① 龚自珍：《尊命二》，《龚自珍全集》，第85页。
② 龚自珍：《尊命》，《龚自珍全集》，第84页。
③ 龚自珍：《阐告子》，《龚自珍全集》，第129页。

例。有以天为极，以命为的；有不以天为极，不以命为的。域外之言，善不善报于而身，历万生死而身弥存；域中之言，死可以休矣，善不善报于而胤孙。[1]

　　域中之极言曰神，乃曰立元神，乃曰元神返而已矣，元神得养而已矣，去非元神而已矣。域外之言曰：返之去之，不如因之，不如从而尊之；因之无所祛而已矣，尊之无所加而已矣；……[2]

这里的"域中之言"是指儒家，"域外之言"是指佛家。两段话的大意是：儒家讲天命，说"天命之谓性"，以为肉体死了，精神便归天；"我"即"元神"，为了"立元神"（董仲舒用语），便须通过修养工夫去欲，以求返本或复性。佛家不讲天命，认为法身即佛性，是历万劫而永恒的；认为像儒家那样讲"返本"、"去欲"，不如自尊其心，因其自然。在龚自珍心目中，佛家比儒家要高明些。

　　龚自珍以为，《诗经》以及司马迁把"妃匹之际、帷房之故"归之于命，这是有道理的。但他又说：

　　三百篇之世暨迁之世，天竺法未东，命之正，命之无如何，又各有其本，因是已，缘是已，宿生是已，诗人、司马迁，惜乎其皆未闻之。[3]

————————

[1] 龚自珍：《壬癸之际胎观第六》，《龚自珍全集》，第 17 页。
[2] 龚自珍：《壬癸之际胎观第九》，《龚自珍全集》，第 19 页。
[3] 龚自珍：《尊命二》，《龚自珍全集》，第 85 页。

就是说，所谓男女匹配有"命"，其实即指因缘凑合，恍若宿生。因此他以为，用儒家的天命论来解释人事之千变万化，不如用佛家的缘起说。龚自珍最服膺的是天台宗。天台宗讲"性具"。智顗说"一念三千"，以为一念心中具备三千世间，只是由于业感缘起而有隐有显。湛然说"无情有性"，以为草木、瓦石、纤尘皆具佛性，法性即佛性。龚自珍说，"十方、三世，所有微尘非他，知见而已矣。自佛知见，乃至地狱知见，皆遍一切处"①。显然，龚自珍完全接受了天台宗的理论。

龚自珍自称在丁酉岁（46 岁）曾"证法华三昧"（见《己亥杂诗》），魏源在《定庵文录叙》中也说他"晚尤好西方之书，自谓造深微云"②。龚自珍醉心于佛学的原因可能有两方面：一方面，佛家不讲天命，而讲自尊其心，这和龚自珍的思想确有相通之处。他说："心尊，则其官尊矣，心尊，则其言尊矣。官尊言尊，则其人亦尊矣。"③强调人格的尊严是近代人文主义的本质特征，而人的尊严首先在于自尊其心。所以佛学中有可以为近代进步哲学家吸取的思想资料。另一方面，龚自珍在政治上不得意，要求改革的意志遭到挫折，其唯意志论走向反面，便到佛家的寂灭境界中去求安慰。他说："或问圣众以何为依止？答以心为依止。真心邪？妄心邪？答以妄心为依止，全妄即真故。"④这是佛学虚无主义的情感。

---

① 龚自珍：《法性即佛性论》，《龚自珍全集》，第 371 页。
② 魏源：《定盦文录叙》，《魏源全集》第 13 册，第 214 页。
③ 龚自珍：《尊史》，《龚自珍全集》，第 81 页。
④ 龚自珍：《定庵观仪》，《龚自珍全集》，第 377 页。

总之,龚自珍推崇"自我",强调"自尊其心",提出了具有近代意义的新思想。但他未能完全冲破形而上学的天命论的束缚,并陷入了佛学虚无主义的泥坑,又有其历史的局限性。

三、"自尊其心"与历史变易观

"众人之宰,自名曰我"的命题,在社会历史观上尤其具有重要意义。这可以从两个方面来说明:一方面,从人们对社会历史的认识来说,龚自珍以为,为史者必须"自尊其心",然后才能"出于史,入于道";另一方面,从社会历史本身来说,龚自珍以为正因为历史是众人的创造,所以它不断变易,他对历史变易的规律性作了探索。下面我们分别加以论述。

第一,为了从史中见道,史家必须"自尊其心"。

在历史领域,宋明以来展开了关于道器(理事)关系问题的争论。王阳明提出"六经皆史"[①]的命题,浙东史学进一步发展了这个命题。章学诚说:"六经皆史也。古人不著书,古人未尝离事而言理,六经皆先王之政典也。"[②]章学诚认为理在事中,道不离器。"六经皆史"即"六经皆器"[③]。在他看来,六经是一定历史条件下的政教典籍,这些典籍所记载的是"器",说明了当其"时会"应采取的措施,这就是"当然"。但他说:"道者万事万物之所以然,而非万事万物之当然也。"[④]他认为学者不但应知其"当然",还应把

---

① 王守仁:《传习录上》,吴光等编校:《王阳明全集》上册,上海古籍出版社 2011 年版,第 11 页。
② 章学诚:《易教上》,叶瑛校注:《文史通义校注》上册,中华书局,1985 年版,第 1 页。
③ 章学诚:《原道中》,《文史通义校注》上册,第 132 页。
④ 章学诚:《原道上》,《文史通义校注》上册,第 120 页。

握其"所以然"，这就要求在"器"中，亦即在"史"中，来认识"道"。

　　龚自珍继承并发展了章学诚的论点。他在《阮尚书年谱第一序》中说："道载乎器，礼征乎数……莫遁空虚，咸就绳墨，实事求是，天下宗之。"①认为要实事求是，就必须承认道载于器，礼征于数，不能离开具体的事物去讲空虚的道。他在《与江子屏笺》中又说："夫读书者实事求是，千古同之。"②真正的读书人自古以来就讲究实事求是，即器言道。那么，怎样才能即器言道呢？他说：

　　　　出乎史，入乎道，欲知大道，必先为史。③

为什么"必先为史"？因为在龚自珍看来，不仅六经皆史，而且诸子百家皆史。他说："孔子述六经，则本之史。"④又说："五经者，周史之大宗也。""诸子也者，周史之小宗也。"⑤他认为，每一种学说都是一定历史条件下提出的一种主张，每一个学派都是一定历史条件下的产物。对一切历史文献，都应以历史的观点来加以考察，历史地对待它们。只有这样，才能从六经诸子和史籍中把握"大道"。

　　正是根据这一历史主义观点，他提出了"一代之治，即一代之学"⑥的著名论点。一代之学是为了一代之治，所以要为经世致用

①　龚自珍：《阮尚书年谱第一序》，《龚自珍全集》，第 226 页。
②　龚自珍：《与江子屏笺》，《龚自珍全集》，第 346—347 页。
③　龚自珍：《尊史》，《龚自珍全集》，第 81 页。
④　龚自珍：《古史钩沉论四》，《龚自珍全集》，第 28 页。
⑤　龚自珍：《古史钩沉论二》，《龚自珍全集》，第 21 页。
⑥　龚自珍：《乙丙之际箸议第六》，《龚自珍全集》，第 4 页。

之学,要为"天地东西南北之学"。真正要精通一代之学,就必须
对一代的山川形势、人物风情等等都加以研究。而研究史,研究
经,正是为了通"当世之务",为了解决现实问题。他说:"不研乎
经,不知经术之为本源也;不讨乎史,不知史事之为鉴也。不通乎
当世之务,不知经、史施于今日之孰缓、孰亟、孰可行、孰不可行
也。"①所以,只有立足当前的现实来研究历史,把"经"、"史"与"当
世之务"结合起来把握道,这才是即器言道,实事求是。

真正要"出乎史,入乎道",关键在于为史者"自尊其心"。龚
自珍说:

> 史之尊,非其职语言、司谤誉之谓,尊其心也。心何如而
> 尊? 善入。……又如何而尊? 善出。②

他以为,研究历史的人"自尊其心",就表现在他"善入"而又"善
出"。所谓"善入",就是对历代的"山川形势,人心风气,土所宜,
姓所贵",以至礼制、军事、刑法、政令、掌故、文体等等,经过深入
的考察研究,熟悉得"如其言家事,可谓入矣"。③ 所谓"善出",就
是对上述种种,不但熟知,而且好像看优人演戏歌舞,虽哀乐万
千,而"堂上观者,肃然踞坐,眄睐而指点焉,可谓出矣"④。这样既
"善入"又"善出","心尊","人亦尊",最后便能达到"大出入"。

---

① 龚自珍:《对策》,《龚自珍全集》,第 114 页。
② 龚自珍:《尊史》,《龚自珍全集》,第 80 页。
③ 龚自珍:《尊史》,《龚自珍全集》,第 80—81 页。
④ 龚自珍:《尊史》,《龚自珍全集》,第 81 页。

　　尊之之所归宿如何？曰：乃又有所大出入焉。何者大出入？曰：出乎史，入乎道。[1]

　　龚自珍在给魏源的信中也说过："于一物一名之中，能言其大本大原，而究其所终极；综百氏之所谭，而知其义例，遍入其门径，我从而筦钥之，百物为我隶用。"[2]这段话也是讲"善入"、"善出"的意思：穷究名物度数而能说明其本原和目标，遍入九流百家而能加以综合、贯通，掌握其锁钥。这样，"我"就成了役使百物的主人了。

　　以上是就人对历史的认识来说要"自尊其心"，以求"出乎史，入乎道"。龚自珍在这方面继承和发展了黄宗羲、章学诚的历史主义，包含有实事求是的精神。

　　第二，"天地古今之续为虫之为"。

　　既然"欲知大道，必先为史"，道出乎史，那么这个"道"到底是什么呢？章学诚讲要知"所以然"，但他没有指明"所以然"到底是什么。这个"所以然"的问题在龚自珍那里就显得更加重要了。因为他要变革，就必须依据历史演变的规律。

　　龚自珍说的"天地，人所造，众人自造"，包含着社会历史是众人创造的意思。他在《释风》一文中写道：

　　且吾与子何物？固曰：倮虫。……天地至顽也，得倮虫而灵；天地至凝也，得倮虫而散；然而天地至老寿也，得倮虫

① 龚自珍：《尊史》，《龚自珍全集》，第81页。
② 龚自珍：《与人笺一》，《龚自珍全集》，第336—337页。

而死；天地犹旋转簸荡于虫，矧虫之自为旋转而簸荡者哉？……谓天地之有死，疑者半焉；谓天地古今之续为虫之为，平心察之弗夺矣。①

人类被称为倮虫之长。因为有了人类，就使天地"旋转簸荡"，而人类本身也"自为旋转簸荡"以形成历史。按正统派儒家的说法，是圣人制订了各种制度，创造了文化，创造了历史。龚自珍则说"天地古今之续为虫之为"，历史是我们这些普通人创造的。而随着人类这种倮虫一代一代地更替，社会历史便不断地变化："古人之世，倏而为今之世；今人之世，倏而为后之世。"②正因为这样不断变化，所以他认为：

> 自古及今，法无不改，势无不积，事例无不变迁，风气无不移易。③

就是说，从国家的法制、时代的趋势，到政事条例、社会风气，一切都在不断变化。龚自珍赞美变化，并认为变化成"势"，"史家不能逃古今之大势"。④ 重"势"，这是与柳宗元、叶适、王夫之等一脉相承的观点。

王夫之已提出要"于势之必然处见理"。龚自珍把公羊"三

① 龚自珍：《释风》，《龚自珍全集》，第128页。
② 同上注。
③ 龚自珍：《上大学士书》，《龚自珍全集》，第319页。
④ 龚自珍：《与徽州府志局纂修诸子书》，《龚自珍全集》，第334页。

世"说重新提出来，把它解释为历史演变的一般规律。公羊"三
世"说渊源于董仲舒。董仲舒把春秋十二世分为三等，即所谓"所
见"（指孔子亲自见过），"所闻"（指孔子听亲自见过的人说的）和
"所传闻"（指孔子听来的传闻）。后来公羊学者何休进而提出"三
世"之说。他说："于所传闻之世，见治起于衰乱之中。……于所
闻之世，见治升平。……至所见之世，著治太平，夷狄进至于爵，
天下远近小大若一。"①龚自珍对公羊"三世"说作了新的解释。
他说：

> 通古今可以为三世，《春秋》首尾，亦为三世。大挠作甲
> 子，一日亦用之，一岁亦用之，一章一蔀亦用之。②

就是说，不仅春秋二百四十年分三世，而且每天、每年、每一个时
代都是三世，整个历史都是三世。他认为"万物之数括于三"③。
一个瓜、一个枣、一个枣核，都可概括为"初、中、终"。他说：

> 哀乐爱憎相承，人之反也；寒暑昼夜相承，天之反也。万
> 物一而立，再而反，三而如初。④

这种说法包含着变化是对立的展开的辩证法思想，而以为"三而

---

① 何休：《春秋公羊传注疏》，《十三经注疏》第 20 册，北京大学出版社 2000 年版，第 31—32
　页。
② 龚自珍：《五经大义始终答问八》，《龚自珍全集》，第 48 页。
③ 龚自珍：《壬癸之际胎观第五》，《龚自珍全集》，第 16 页。
④ 同上注。

如初",这就导致了循环论。在龚自珍看来,历史表现为各种不同层次上的循环,都是"一而立,再而反,三而如初",但总的趋势是不断地变易。他十分强调变易,但没有认识到"变"是前进运动。再向前一步,把"三世"看成是一个前进运动,那便是康有为的历史进化论了。

除了"三世"说之外,龚自珍还以"人皆有私"作根据来提出"先有下,而渐有上"的论点,以解释国家制度的起源。这也是对历史演变规律的一种探索。

龚自珍认为每个人都有"我",所以都有"私"。私并不等于恶。禽兽才是真的无私,它们不知父子,不分亲疏。而人则不同,即使圣帝贤后,也在考虑如何"庇我子孙,保我国家";忠臣是忠自己的君,孝子是孝自己的父母,寡妇是替自己的丈夫守节,都有自己的私,而并非"大公无私"[①]。这一论点和李贽、黄宗羲之说相似,反对了道学家以"存天理、灭人欲"为"大公无私"的虚伪说教。

龚自珍的独特之处,尤在于他试图从人皆有私的观点出发来解释宗法制度的起源。他说:

> 天谷没,地谷苗,始贵智贵力,有能以尺土出谷者,以为尺土主。……上古不讳私,百亩之主,必子其子。[②]

就是说,原始人脱离采集"天谷"的阶段,便靠自己的智力与体力在土地上进行耕作,于是开始占有土地,并把自己的土地传给子

---

① 龚自珍:《论私》,《龚自珍全集》,第91—93页。
② 龚自珍:《农宗》,《龚自珍全集》,第49页。

孙,这当然是出于私。于是,在农业生产的基础上,就产生了宗法制度。他说:"惟农为初有宗。"又说:"农之始,仁孝悌义之极,礼之备,智之所自出,宗之为也。"①仁义礼教等制度都基于宗法,而宗法则出于农,即它是在农业生产的基础上产生的。龚自珍说:

> 儒者失其情,不究其本,乃曰天下之大分,自上而下。吾则曰:先有下,而渐有上。下上以推之,而卒神其说于天。②

意思是说,在农业生产的基础上产生宗法,在宗法的基础上又产生各种政治伦理的制度,形成"礼法之大分",这便是"先有下,而渐有上"。但儒者把事情弄颠倒了,以为先有上,后有下,说礼法之大分出于圣君、天命,并且"卒神其说于天",这便是"失其情不究其本"。龚自珍关于国家制度起源的解释并不科学,他在《农宗》和《平均篇》中提出的解决土地问题的方案也只是空想,但他接触到了宗法制度的经济根源,比前人进了一步。这是与他的人文主义思想相联系的。

四、要求个性解放的人生理想

"众人之宰,自名曰我"的命题,也包含有一种具有近代气息的要求个性解放的人生理想。

关于什么是理想人格和如何培养理想人格的问题,在宋代,朱熹和陈亮曾展开了争论:朱熹教人作"存天理,灭人欲"的醇儒,

---

① 龚自珍:《农宗》,《龚自珍全集》,第49页。
② 同上注。

而陈亮则要造就具有"推倒一世之智勇"的豪杰。陈亮在《上孝宗皇帝第一书》中说："人才以用而见其能否，安坐而能者不足恃也。""今世之儒士自以为得正心诚意之学者，皆风痹不知痛痒之人也。"[1]后来反理学的进步思想家，如黄宗羲、颜元等，都肯定陈亮的见解。龚自珍也说：

> 千古论晦庵者，当以陈同甫对孝宗之言为定评定谳，此外不足较也。[2]

但时代不同了。龚自珍处于"万马齐喑"的衰世，他呼唤风雷，祝愿天公"不拘一格降人才"[3]。他强调人才的"不拘一格"，固然期望能出现视"京师如鼠壤"的豪杰，同时还说："古未曾有范金者，亦无抟埴者，亦无削楛、揉革、造木几者，其始有之，其天下豪杰也。或古有其法，中绝数千岁，忽然有之，其天下豪杰也。"[4]可见在他看来，所有的有所发现、有所创造的劳动者都是豪杰。这显然是站在"众人"的立场说话。

这样的豪杰之士或人才又是怎样造成的呢？他说：

> 各因其性情之近，而人才成。[5]

---

[1] 陈亮：《上孝宗皇帝第一书》，邓广铭点校：《陈亮集（增订本）》上册，中华书局1987年版，第3、9页。

[2] 龚自珍：《语录》，《龚自珍全集》，第434页。

[3] 龚自珍：《己亥杂诗》，《龚自珍全集》，第521页。

[4] 龚自珍：《纵难送曹生》，《龚自珍全集》，第172页。

[5] 龚自珍：《与人笺五》，《龚自珍全集》，第338页。

正如在自然界中，山川之气自然地孕育出各种材物："怪者成精魅，和者成参苓，华者成梅芝，戾者成棘刺，朴者成稻桑，毒者成砒附"①等等，同样，人们的气质不同、性情各异，因而也只有顺其自然，才能造成各色各样人才。所以，他以为，要造就人才，最重要的是给人们解除束缚，去掉"一切琐屑牵制之术"。②　他举例说：

> 庖丁之解牛，伯牙之操琴，羿之发羽，僚之弄丸，古之所谓神技也。戒庖丁之刀曰：多一割亦笞汝，少一割亦笞汝；韧伯牙之弦曰：汝今日必志于山，而勿水之思也；矫羿之弓，捉僚之丸曰：东顾勿西逐，西顾勿东逐。则四子者皆病。③

即使是庖丁、伯牙、羿和僚，如果对他们强加以种种清规戒律，那么，他们的神技也不能施展。为了造就人才，发挥人们的创造性才能，就必须去掉封建专制主义强加于人们的种种"约束"、"羁縻"。为此，他写了《病梅馆记》这篇脍炙人口的散文，大意说：由于文人画士以"梅之欹、之疏、之曲"为美，鬻梅者便"斫其正，养其旁条，删其密，夭其稚技，锄其直，遏其生气，以求重价，而江、浙之梅皆病"。他买了三百盆病梅，为之哀泣三日，决心"疗之、纵之、顺之，毁其盆，悉埋于地，解其棕缚；以五年为期，必复之全之"④。梅要解除束缚，在泥土中自然生长，人也要挣脱枷锁，在自由的天

---

① 龚自珍：《与人笺五》，《龚自珍全集》，第338—339页。
② 龚自珍：《明良论四》，《龚自珍全集》，第34页。
③ 同上注。
④ 龚自珍：《病梅馆记》，《龚自珍全集》，第186页。

地中发展个性。因此，他欣赏《大戴礼记·四代》篇中的话：

> "子曰：平原大薮，瞻其草之高丰茂者，必有怪鸟兽居
> 之。……高山多林，必有怪虎豹蕃孕焉，深渊大川，必有蛟龙
> 焉，民亦如之。君察之，此可见器见才焉。"先生（即龚自珍）
> 曰：孔子之观人如此，今之观人者，喜平原之无草木者，见虎
> 豹，则却走矣。①

高山密林育虎豹，深渊大川生蛟龙，说明大器、雄才的诞生要有一
定的环境条件。

但是，龚自珍更加强调要造就人才，成就大事业，尤其在于发
挥主观精神力量。他说：

> 心无力者，谓之庸人。报大仇，医大病，解大难，谋大事，
> 学大道，皆以心之力。②

这里说的"心之力"，即指精神力量，特别是意志力。为君父报大仇，
为国医大病，为民解大难，谋画大事，学习大道，都要有坚强的意志。
龚自珍很强调意志的作用，说："惟未逮之志，不可以假，亦不可以
止。何以止之？曰臣昔死矣。"③志未逮而中止，那就等于死亡。

他还讨论了身体和精神（心力）之间的关系，说：

---

① 龚自珍：《语录》，《龚自珍全集》，第 424 页。
② 龚自珍：《壬癸之际胎观第四》，《龚自珍全集》，第 15—16 页。
③ 龚自珍：《定庵八篇》，《龚自珍全集》，第 417 页。

> 蠢也者,灵所籍力者也;暂也者,常所籍力者也;逆旅也
> 者,主人所籍力者也。生亦多矣,大人恃者此生;身亦多矣,
> 大人恃者此身。恃焉尔,欲其留也;留焉尔,欲其有为也;有
> 为焉尔,不欲以更多也。是之谓大人之志。①

他以身体为暂居的逆旅,而精神为常存的主人,这是唯心论观点。
但他认为,大人之志就是要让精神依靠自己的生命、凭借自己的
身体而发挥力量,有所作为,这就否定了传统的"无为"之说,鼓励
人们去"谋大事,学大道",去做豪杰之士,这是有进步意义的。

　　龚自珍作为思想家,他"善入善出";而作为诗人,他哀乐过
人,歌哭无端。一个要"报大仇,医大病,解大难"的人,当然不会
像道学家那样讲"忘情"、"无欲"。他说:"情之为物也,亦尝有意
乎锄之矣;锄之不能,而反宥之;宥之不已,而反尊之。"②他对情感
持肯定的态度,而且善于使之"畅于声音",写成诗词。但是哀乐
也给人以苦恼。"道则有出离之乐,非道则有沉沦陷溺之患。"③他
想求"出离之乐",于是便到佛学中去找"无住"、"无寄"的境界。
他写了《又忏心一首》来表达他痛苦的心境:

> 佛言劫火遇皆销,何物千年怒若潮?
> 经济文章磨白昼,幽光狂慧复中宵。
> 来何汹涌须挥剑,去尚缠绵可付箫。

---

① 龚自珍:《壬癸之际胎观第九》,《龚自珍全集》,第19—20页。
② 龚自珍:《长短言自序》,《龚自珍全集》,第232页。
③ 同上注。

心药心灵总心病,寓言决欲就灯烧。①

他并不因为皈依天台宗而能得到"出离之乐"。"怒如潮"的激情使他白天奋笔写经济文章,而晚上又发为"幽光狂慧",使他不能成眠。豪侠之气(剑气)与缠绵之情(箫心)伴随着他的一生。他在《己亥杂诗》中写道:

少年击剑更吹箫,剑气箫心一例消。
谁分苍凉归棹后,万千哀乐集今朝。②

对于这万千哀乐,他不止是无法排遣,而且是尊重和珍惜。他说:"虽曰无住,予之住也大矣;虽曰无寄,予之寄也将不出矣。"③他既尊情、寄情而不出,又认未逮之志不可以止,这样高度重视情感和意志的力量,使得龚自珍的哲学思想具有非理性主义的色彩,而这是同他反对程朱理学相联系着的。

当然,他内心也是矛盾的。他的外祖父段玉裁④曾教导他:"博闻强记,多识蓄德,努力为名儒,为名臣,勿愿为名士。"⑤他也用这话来教导他的儿子:"多识前言蓄其德,莫抛心力贸才名。"

---

① 龚自珍:《又忏心一首》,《龚自珍全集》,第445页。
② 龚自珍:《己亥杂诗》,《龚自珍全集》,第518页。
③ 龚自珍:《长短言自序》,《龚自珍全集》,第232页。
④ 段玉裁(1735—1815),字若膺,号茂堂,江苏金坛人。清代经学家、文字训诂学家。师事戴震。所著《说文解字注》为研究文字训诂学的重要参考书。另著《六书音韵表》,颇多创见。还著有《古文尚书撰异》《诗经小学》《经韵楼集》等。
⑤ 段玉裁:《与外孙龚自珍札》,钟敬华点校:《经韵楼集》,上海古籍出版社2008年版,第222页。

"五经烂熟家常饭，莫似而翁啜九流。"[1]他把他的"万千哀乐"、"剑气箫心"表现于瑰丽的文辞，写成著名的《己亥杂诗》315首，最后却哀幽地写道：

> 吟罢江山气不灵，万千种话一灯青。
> 忽然搁笔无言说，重礼天台七卷经。[2]

总起来看，龚自珍作为中国近代哲学的第一个"前驱"，有其重要历史地位。中国近代哲学有不同于古代哲学的特点，如突出"自我"，颂扬"心力"，重视历史规律的探索等，可以说都是从龚自珍发端的。他提出"众人之宰，非道非极，自名曰我"的新命题，来同正统派理学相对立，不仅在当时有其进步意义，而且影响了整个近代哲学。梁启超曾以自己的亲身感受，在《清代学术概论》中写道："晚清思想之解放，自珍确与有功焉；光绪间所谓新学家者，大率人人皆经过崇拜龚氏之一时期。初读《定庵文集》，若受电然。"[3]

不过，"万马齐喑"的局面却非少数"自我"所能冲破。唯意志论碰了壁，便走向反面而导致虚无主义。龚自珍企图从佛教中找到精神寄托和安慰，但是佛教也没有使得他解脱苦恼，找到出路。同时，他有非理性主义倾向，他的著作中，掺杂着一些神学的呓

---

① 龚自珍：《己亥杂诗》，《龚自珍全集》，第537页。
② 龚自珍：《己亥杂诗》，《龚自珍全集》，第538页。
③ 梁启超：《清代学术概论》，林志钧编：《饮冰室合集》专集之三十四，中华书局1989年版，第54页。

语。例如,他认为圣人有一种"凡民"所不可企及的神秘的"先觉",说:"圣人神悟,不恃文献而知千载以上之事"①,孔子"不乞灵文献而心通禹、汤,此不可知者也"②等等。然而这些糟粕并不影响其开近代哲学风气的历史地位。

第二节　魏源:"善言我者,必有乘于物"

和龚自珍齐名的另一位近代哲学的先驱是魏源。

魏源(1794—1857),湖南邵阳人。原名远达,字默深(一字墨生),晚年因为皈依佛教,改名为承贯。少年时爱好研读史书。15岁开始研究王守仁的学说。清朝政治黑暗、民不聊生的状况刺激他转向研究今文经学,跟龚自珍一起向刘逢禄学习《公羊春秋》,提倡经世致用的"实学",主张兴利除弊。先后编辑了《皇朝经世文编》和《明代食兵二政录》。他坚决支持林则徐严禁鸦片和抵抗英国的武装侵略,并曾亲身参加过抗击侵略军的战斗。因而更加痛感亟待变法图强。他在《海国图志》③中,提出"师夷之长技以制夷"的主张。魏源的著作较多,最主要的是《古微堂集》④。

---

① 龚自珍:《语录》,《龚自珍全集》,第 421 页。
② 龚自珍:《辩知觉》,《龚自珍全集》,第 127 页。
③ 《海国图志》:魏源于 1842 年编成,以后又两次增补。是最早的一部由中国人自己编写的介绍世界各国历史、地理、政治、经济、军事、科技、文化、宗教等方面情况的巨著,对当时中国人了解西方起了很大的作用。该书曾传入日本,对于日本明治维新运动,发生过很大的影响。
④ 1976 年北京中华书局以清宣统元年国学扶轮社《古微堂集》和清同治九年《古微堂诗集》为底本,出版了《魏源集》。2004 年,由湖南长沙岳麓书社出版《魏源全集》(共 20 册),2011 年岳麓书社依照 2004 年版重印《魏源全集》。

一、"师夷长技以制夷"——近代"中西"之争的开始

和龚自珍一样，魏源对清王朝的腐朽统治也作了揭露和批判。他在鸦片战争前夕（1837 年）写的《明代食兵二政录叙》中说：

> 夷烟蔓宇内，货币漏海外，漕艒以此日敝，官民以此日困，此前代所无也；……举天下人才尽出于无用之一途，此前代所无也。①

意思是说，当时英国人走私输入的鸦片烟毒害了全中国，大量白银流向海外，漕运、盐政日益败坏，造成国家财政拮据，老百姓陷入极度穷困，这是历代所没有的。同时，士大夫的进身之途只有一条：从做八股文应科举到做官熟悉"胥史文例"，以至入翰林院以书艺、声律侍奉皇帝，使得他们毕生"罔知朝章国故为何物，……罔知漕、盐、河、兵得失何在"②，这样，便使天下士人都成为无用之才，这也是历代所没有的。

魏源十分鄙视当时的各级官僚，指斥他们"以推诿为明哲，以因袭为老成，以奉行虚文故事为得体"③；说他们都是一些鄙夫，"而鄙夫胸中，除富贵而外不知国计民生为何事，除私党而外不知人材为何物"；魏源还指出他们以"阘熟为才，模棱为德"，"以宴安鸩毒为培元气，以养痈贻患为守旧章，以缄默固宠为保明哲"。魏源以为，这种官僚政治所造成的祸害，甚至"在强藩、女祸、外戚、

---

① 魏源：《明代食兵二政录叙》，《魏源全集》第 13 册，第 175 页。
② 魏源：《明代食兵二政录叙》，《魏源全集》第 13 册，第 177 页。
③ 魏源：《太子太保两江总督陶文毅公神道碑铭》，《魏源全集》第 13 册，第 224 页。

宦寺、权奸之上”^①。

鸦片战争给中华民族带来了空前的灾难,也给“天朝”的腐朽统治以沉重的打击。在鸦片战争中,魏源参加过浙江的战役。他热烈支持林则徐抵抗英国的侵略,后来写了《道光洋艘征抚记》(上、下),翔实地记述了此次战争的经过,客观地总结了经验教训。他热情地歌颂广州三元里人民反对英国侵略者的英勇斗争:

> 同仇敌忾士心齐,呼市俄闻十万师。^②

魏源把林则徐编辑的《四洲志》扩充为《海国图志》,并把林则徐在战争期间提出的“师敌之长技以制敌”^③的口号发展为“师夷之长技以制夷”的主张,以之作为《海国图志》的指导思想,并从多方面作了阐述和论证。这是一种新的思想,是中国近代史上最早提出的放眼世界、向西方学习的主张。这标志着近代“中西”之争的开始。

正如魏源在《海国图志》所揭露的,当时那些顽固派只知闭关自守,如果你要造船械,“师夷长技”,他们便说“糜费”;如果你要翻译西书,了解外国,他们便说“多事”;如果你建议征用西洋兵船,他们便说“借助外夷,恐示弱”。而一旦有事,这些人却连英国与俄国在哪个方向、相去多远都不知道,张皇失措,岂止是“示弱”而已。

---

① 魏源:《默觚下》,《魏源全集》第 13 册,第 58 页。
② 魏源:《寰海》,《魏源全集》第 14 册,第 207 页。
③ 魏源:《圣武记》,《魏源全集》第 3 册,第 462 页。

　　魏源认为，不了解外国的情况，是无法战胜外国侵略者的。他说：

　　　　然则欲制外夷者，必先悉夷情始。①

为了抵抗外国侵略者，首先必须对外国的情况有所知晓。"同一御敌，而知其形与不知其形，利害相百焉；同一款敌，而知其情与不知其情，利害相百焉。"②不论是抗敌还是和谈，不了解敌情，不认识外国的真实情况，就一定要吃亏。

　　他还指出，要富国强兵，抵抗外国的侵略，就必须学习西方的先进技术。他驳斥顽固派把西方的机器生产技术说成是"奇技淫巧"、学习使用会"坏我人心"的谬论，义正辞严地指出："有用之物，即奇技而非淫巧。"③这种重视科学技术的观点，是与儒家的传统观点根本不同的近代意识。魏源有高度的民族自豪感，认为中国人具有优异的智慧和才能，早就有很多发明创造，今天经过努力，一定会出现"风气日开，智慧日出，方见东海之民，犹西海之民"④的繁荣昌盛景象，在科学技术上达到与西洋人同样的高度。这种充满爱国热情而面向世界的宽广胸怀，与顽固派的鼠目寸光相比，真有天壤之别。

　　魏源指斥那些闭关自守者说：

_____

① 魏源：《海国图志》，《魏源全集》第 4 册，第 35 页。
② 魏源：《海国图志原叙》，《魏源全集》第 4 册，第 2 页。
③ 魏源：《海国图志》，《魏源全集》第 4 册，第 39 页。
④ 同上注。

　　彼株守一隅,自画封域,而不知墙外之有天,舟外之有地;适如井蛙蜗国之识见,自小自蔀而已。[①]

　　魏源在《海国图志》中还颂扬俄国彼得大帝向西欧学习工艺,称赞瑞士、美国的民主政治,还主张沿海商民可自办民用工业,如此等等,都足以说明他视野的开阔,反映他在"中西"之争中的进步立场。当然,魏源仍是个地主阶级改革派,他所说的"师夷之长技"主要是指学习和引进西方的"船坚炮利"以及养兵练兵之法。

二、"善言古者,必有验于今"

　　魏源的进步立场也表现在"古今"之争上。

　　针对那些因循守旧的"鄙夫",魏源强调了改革。他说:"天下无数百年不弊之法,无穷极不变之法。"[②]当然,他所谓"变法",主要是指在盐政、漕运、水利等方面进行改革,并非根本制度的变革。

　　改革与守旧之争,即"古今"之争。魏源在论述"古"和"今"的关系时说:

　　　　今必本夫古。轩、挠上之甲子,千岁可坐致焉。然昨岁之历,今岁而不可用,高、曾器物,不如祖、父之适宜;时愈近,势愈切,圣人乘之,神明生焉,经纬起焉。善言古者,必有验

---

① 魏源:《海国图志》,《魏源全集》第 7 册,第 1889 页。
② 魏源:《筹鹾篇》,《魏源全集》第 13 册,第 356 页。

于今矣。[①]

这是说，把握了古今沿革的规律，由今天可以推知远古的历法。但去年的老皇历却不适用于今年，人们制作的器物总是一代一代地更新。真正的智慧就在于力求认识切近的时势，以便因势利导，治理万物，经纬天地。这里的"善言古者必有验于今"，显然是向荀子的观点复归。

不过，这是在更高阶段上向荀子复归。在荀子的时代，"古今"之争是和"礼法（王霸）"之争相联系着的，而到魏源这里，则开始和"中西"之争相联系了。在近代刚开始，魏源重新提出"善言古者必有验于今"，显然具有新的时代意义。

"时愈近，势愈切。"立足于中国当前现实形势来处理古今、中西关系，这是魏源的基本态度。正是着眼于顺应时势，所以"善言古者必有验于今"；也正是着眼于顺应时势，所以提出"师夷之长技以制夷"的主张。他说："尽收外国之羽翼为中国之羽翼，尽转外国之长技为中国之长技，富国强兵，不在一举乎？时乎时乎，惟太上能先时，惟智者能不失时；又其次者，过时而悔，悔而能改，亦可补过于来时。"[②]

这种强调立足当今、不失时机的主张包含着一种社会历史观。

魏源和龚自珍一样，认为人类历史是不断变化的。"五帝不

---

① 魏源：《皇朝经世文编叙》，《魏源全集》第 13 册，第 172 页。
② 魏源：《圣武记》，《魏源全集》第 3 册，第 486 页。

袭礼,三王不沿乐。"①中国历史上的皇、帝、王、霸,就好像春、夏、秋、冬,是一个演变的过程,即使伏羲、黄帝复生,也不能"返于太古之淳"。② 气化日禅,无一息不变,促使社会历史由皇而帝、由王而霸,太古不能不演变为唐虞三代,唐虞三代不能不演变为春秋战国,这种历史不断演变的趋势是不可阻挡的。"势则日变而不可复者也"③。

魏源的历史变易观包含有某些历史进化观念,但还没有发展到历史进化论。他认为不能迷信古代,后世之事胜过"三代"的,至少有三件大事:第一件,汉文帝废肉刑,这表明三代残酷,后世比较仁慈。第二件,柳宗元写《封建论》,说明三代实行分封制是私,后世改行郡县制是公。第三件,"世族变为贡举",后世以贡举来选拔官吏,这比三代的世袭制要好得多。④ 他认为这三个重大变化都是不可以"复"的。那么,什么样的变化"可复",而什么样的变化"不可复"呢? 这要看是否"便民"。他说:

> 变古愈尽,便民愈甚,……天下事,人情所不便者变可复,人情所群便者变则不可复。⑤

魏源认为,所谓"人情所群便者"就是势、利、名三者。他说:"治天下之具,其非势、利、名乎! ……人所聚而势生焉,财所在而人聚

① 魏源:《默觚下》,《魏源全集》第 13 册,第 43 页。
② 魏源:《默觚下》,《魏源全集》第 13 册,第 37 页。
③ 魏源:《默觚下》,《魏源全集》第 13 册,第 43 页。
④ 参见魏源:《默觚下》,《魏源全集》第 13 册,第 53 页。
⑤ 魏源:《默觚下》,《魏源全集》第 13 册,第 43 页。

焉,名义所禁遏而治乱生焉。"①和龚自珍一样,魏源也说历史的"势"是众人造成的,统治者应出于公心,"以势、利、名公天下",使"天下之庶人"都能从事生产,得到利益,并利用名教使"天下之君子"知所劝勉和禁遏,从而能让众人形成"势",这样就可以治天下。他又说:"天子者,众人所积而成。"②众人集聚于天子周围,就能造成"势",使天子成为英明的天子。"故天子自视为众人中之一人,斯视天下为天下之天下。"③这里也表现了近代人文主义思想的开端。

魏源的历史变易观也是和"道器"之辩相联系的。他说:"人积人之谓治,治相嬗成今古,有洿隆、有敝更之谓器与道。"④又说:"曷谓道之器?曰'礼乐'。……道形诸事谓之治;以其事笔之方策,俾天下后世得以求道而制事,谓之经。"⑤他认为人类历史就是"器"的推陈出新("敝更"),体现了道有"洿隆"。道不离器,即贯串于礼乐、兵刑、食货等事业中,而《六经》把它们记载下来,就在于使后人能由此"求道而制事"。魏源认为"气化无一息不变者也,其不变者道而已"⑥,但器与道、变易与不易是不可割裂的。他把历史比喻为"一大弈局",说:

> 自三代之末至于元二千年,所谓世事理乱、爱恶、利害、

---

① 魏源:《默觚下》,《魏源全集》第13册,第39—40页。
② 魏源:《默觚下》,《魏源全集》第13册,第40页。
③ 同上注。
④ 魏源:《皇朝经世文编叙》,《魏源全集》第13册,第172页。
⑤ 魏源:《默觚上》,《魏源全集》第13册,第22页。
⑥ 魏源:《默觚下》,《魏源全集》第13册,第43页。

情伪、吉凶、成败之变,如弈变局,纵横反覆,至百千万局,而其变几尽;而历代君相深识远虑之士载在史册者,弈谱固已详矣。……故废谱而师心,与泥谱而拘方,皆非善弈者也;有变易之易而后为不易之易。[①]

魏源反复强调的是"道存乎实用"[②],不能"泥谱而拘方",所以首先要重视"变易之易"。不过,他以为"变易"之中有"不易",载在史册中的"谱",记在经书中的"道",已经详备,那是不能废弃的。

所以,总的说来,他没有超出地主阶级改革派的立场。虽然他说"天下无百年不弊之法",但他又说"君子不轻为变法之议,而惟去法外之弊,弊去而法仍复其初矣"。[③] 他认为道是不变的,法可变,但也不能轻易讲变法。这反映了他的时代和阶级的局限性。

三、"我有乘于物"和"及之而后知"——在"心物(知行)"之辩上的近代命题

魏源在哲学上的贡献,就在于他为了回答古今中西之争,把认识论上的"心物(知行)"之辩引向深入,提出了具有近代意义的命题。这可以分四点来讲。

第一,"违寐而之觉,革虚而之实"。

魏源强调要唤醒人们的觉悟,面对现实。他批评当时占统治

---

① 魏源:《默觚下》,《魏源全集》第 13 册,第 69 页。
② 魏源:《皇朝经世文编五例》,《魏源全集》第 14 卷,第 243 页。
③ 魏源:《默觚下》,《魏源全集》第 13 册,第 41 页。

地位的理学空谈性理。他说，理学家们"动言万物一体，而民瘼之不求"，实际上他们这些心性迂谈，"上不足制国用，外不足靖疆圉，下不足苏民困……无一事可效诸民物"①。魏源也不满意汉学埋首于搞训诂。他斥责汉学家"锢天下聪明知慧使尽出于无用之一途"②。他要求像清初顾炎武、黄宗羲那样，治经世致用之学，注重现实问题。

现实有忧患，民族有灾难。但是，魏源认为"多难兴邦"，忧患出人才。他说：

> 草木不霜雪，则生意不固；人不忧患，则智慧不成。③
> 天下无事，庸人不庸人；天下非多难，豪杰不豪杰。④

就是说，天下无事时，庸人暴露不了他的庸人之相；天下无危难，则豪杰也显示不出他的豪杰才能。正是国家处于危难之际，才能产生杰出人才、英雄人物。在《海国图志叙》中，他特别讲了这个道理。他说：

> 故君子读《云汉》、《车攻》，先于《常武》、《江汉》，而知二《雅》诗人之所发愤；玩卦爻内外消息，而知大《易》作者之所忧患。愤与忧，天道所以倾否而之泰也，人心所以违寐而之

---

① 魏源：《默觚下》，《魏源全集》第 13 册，第 33 页。
② 魏源：《武进李申耆先生传》，《魏源全集》第 13 册，第 246 页。
③ 魏源：《默觚下》，《魏源全集》第 13 册，第 35 页。
④ 魏源：《默觚下》，《魏源全集》第 13 册，第 48 页。

　　觉也,人才所以革虚而之实也。①

就是说,《三百篇》是诗人发愤之所作,《易》是文王有忧患而作。
正是愤与忧,促使人觉醒过来,鄙弃空谈,讲求真实的学问,从而
努力改变现状,由"否"而之"泰"。怎么样才能"违寐而之觉"、"革
虚而之实"呢? 他说:

　　　　去伪、去饰、去畏难、去养痈、去营窟,则人心之寐患祛,
　　其一;以实事程实功,以实功程实事,艾三年而蓄之,网临渊
　　而结之,毋冯河,毋画饼,则人材之虚患祛,其二。②

这是说,要去掉老大帝国的伪饰,去掉畏难的心理,去掉种种因循
不决、营私牟利的做法,这样便是"人心之寐患祛"。还要讲实事
实功,了解敌情,切切实实地有所准备,不冒险行事,不画饼充饥,
这样就是"人材之虚患祛"。"寐患去而天日昌,虚患去而风雷
行。"③民族就能因此而复兴,国家就能因此而昌盛。
　　魏源所说的去寐患与虚患,既是政治上的要求,也是思想认
识上的要求。可以说,这两个要求,制约着中国近代哲学的发展
方向。中国近代哲学的认识论,就是要求人们"违寐而之觉","革
虚而之实",即促使中国人觉悟过来,不尚空谈,面对现实,寻求救
国救民的真理。所以中国近代的认识论与民族解放运动是紧密

---

① 魏源:《海国图志原叙》,《魏源全集》第 4 册,第 2 页。
② 同上注。
③ 同上注。

地联系着的。

第二，"善言我者，必有乘于物"。

魏源在《皇朝经世文编叙》中讲到了事与心，法与人，今与古，物与我的关系。关于今与古的问题，上面已说了，其余三项都是讲认识论上的心物关系。他说：

> 事必本夫心。玺一也，文见于朱者千万如一，有玺籀篆而朱鸟迹者乎？有朱籀篆而玺鸟迹者乎？然无星之秤不可以程物，故轻重生权衡，非权衡生轻重。善言心者，必有验于事矣。
>
> 法必本于人。转五寸之毂，引重致千里；莫御之，跬步不前。然恃目巧，师意匠，般、尔不能闭造而出合。善言人者，必有资于法矣。……
>
> 物必本夫我。然两物相摩而精者出焉，两心相质而疑难形焉，两疑相难而易简出焉。《诗》曰："秩秩大猷，圣人莫之。他人有心，予忖度之。"又曰"周爰咨度"，"周爰咨谋"。古人不敢自恃其心也如是，古之善入夫人人之心又善出其人人之心以自恢其心也如是。切焉劘焉，委焉输焉。善言我者，必有乘于物矣。①

我们说过，龚自珍提出了"自我"的新概念，强调"自尊其心"。魏源也讲到这一点：正如朱印千万，出于同一玉玺，因而"事必本

---

① 魏源：《皇朝经世文编叙》，《魏源全集》第 13 册，第 172 页。

于心";正如车马引重致远,一定要有认识道路的御者,因而"法必本于人";所以,他也肯定"我"是"物"的本源。但是,魏源还强调心要有验于事,人要有资于法,我要有乘于物。从心与事的关系来看,"轻重生权衡,非权衡生轻重"。人在心中(思维中)作权衡、判断,必须由事实、行为来验证,这就是"善言心者,必有验于事矣"。从人与法的关系来看,如果匠人不依据法(规矩),而只凭借眼力、想象("恃目巧,师意匠")来制作,那么,连公输般、王尔也不可能使闭门所造之车能够出门合辙。要发挥人力,必须凭借法则,这就是"善言人者,必有资于法矣"。从我与物的关系来看,我有了意见,只有通过与不同意见的争论,才能使疑难之所在显著起来("两心相质而疑难形焉")。只有通过互相切磋,才能使真理明白起来("两疑相难而易简出焉")。所以一个人不能主观地"自恃其心",为要发挥"我"的主观力量,就必须凭借客观的事物,依靠别人的帮助(切劘、委输),这就是"善言我者,必有乘于物矣"。

这里所说,涉及"心物"之辩的三项,即心(我)、物(事)、理(法)三者的关系,还涉及"群己"(人我)关系问题。群己之辩和心物之辩相结合,成了认识论(以及社会历史观)的论争中心,这是中国近代哲学发展的重要特点。龚、魏讨论"我"与"物"的关系问题,便是其开端。

和龚自珍的"我光造日月,我力造山川"等等相比,魏源所强调的"善言我者,必有乘于物",具有唯物主义的倾向。不过,把"物必本夫我"和"我有乘于物"联系起来看,魏源的整个哲学体系是泛神论的。他说:"人知地以上皆天,不知一身内外皆天也。"①他认为内外是统一的，"人之心即天地之心"②，"己之灵爽，天地之灵爽也"③。他说："诗书礼乐皆外益之事，而性情心术赖焉，无外之非内也。"④诗书礼乐是外部的，而这些外物可以帮助内心，人的性情和思想正是依靠它们来培养的，可见"无外之非内"。在讲到身和心的关系时，他又说：

> 人知心在身中，不知身在心中也。"万物皆备于我矣"，是以神动则气动，……大哉神乎！一念而赫日，一言而雷霆，一举动而气满大宅。⑤

一方面，"心在身中"，精神在形体之中；另一方面，"身在心中"，形体即在精神之中，万物皆备于我，我即是上帝。这种即神即气、身心统一的泛神论思想，使我们很自然地联想起黄宗羲。

第三，"及之而后知"。

魏源说："'及之而后知，履之而后艰'，乌有不行而能知者乎？"⑥在知行之辩上，他肯定行而后知，要接触实际事物方能获得认识，这是唯物主义的论点。他举例说：

> 披五岳之图以为知山，不如樵夫之一足；谈沧溟之广以

---

① 魏源：《默觚上》，《魏源全集》第 13 册，第 13 页。
② 同上注。
③ 魏源：《默觚上》，《魏源全集》第 13 册，第 7 页。
④ 魏源：《默觚上》，《魏源全集》第 13 册，第 17 页。
⑤ 魏源：《默觚上》，《魏源全集》第 13 册，第 14 页。
⑥ 魏源：《默觚上》，《魏源全集》第 13 册，第 8 页。

为知海,不如估客之一瞥;疏八珍之谱以为知味,不如庖丁之一啜。[1]

就是说,只有通过亲身的经验,接触实际的事物,才能获得真切的认识。樵夫、估客、庖丁,才是真正知山、知海、知味的人。那些空谈图谱而不去实践的人则是无知的。魏源明确指出,没有生而知之的圣人。"圣其果生知乎,安行乎? 孔何以发愤而忘食? 姬何以夜坐而待旦? 文何以忧患而作《易》? 孔何以假年而学《易》乎?"[2]文王、周公、孔子那么勤奋地学习和创作,说明他们并不是"生知",并不是"安行"。

就批评生而知之的先验论这 ·点而言,以前的唯物论者已经讲过,这里需要特别注意的,是魏源在讨论知识才能的来源问题上,表现了新的时代特点。他说:

人有恒言曰"才情",才生于情,未有无情而有才者也。……无情于民物而能才济民物,自古至今未之有也。[3]

一个人如果对人民没有情感,对现实无动于衷,那就不可能有才能来济民物,不可能解决实际问题。理学家声称圣人无情、忘情,以为只有无情无欲才能认识天理。魏源强调,只有忧国忧民,对于国家人民怀有热情,才能成为济世之才,才能真正有智慧。他

---

[1] 魏源:《默觚上》,《魏源全集》第 13 册,第 8—9 页。
[2] 魏源:《默觚上》,《魏源全集》第 13 册,第 10 页。
[3] 魏源:《默觚下》,《魏源全集》第 13 册,第 32 页。

又说：

> 人有恒言曰"学问"，未有学而不资于问者也。……独得
> 之见，必不如众议之参同也。①

学资于问，要善于向众人学习、询问，善于听取别人的意见，这样才能得到真正的学问。他说："合四十九人之智，智于尧、禹。"②所以不能闭门造车，以独得一孔之见而沾沾自喜。真正"欲任天下之重，必自其勤访问始"③。首先要通过调查访问，广泛吸取众人意见，来提高认识，增长才智，才能挑起救国救民的重任。魏源关于"才生于情，学资于问"的思想，散发出近代人文主义的气息。

魏源还强调指出，在听取意见时，"当以执两为兼听"，要从两端即对立面来把握，而不是"狐疑"。④他说："一攻一守墨与输；相反相成狷与狂，相嘲相得惠与庄。"⑤墨子守而公输般攻，狂者进取而狷者有所不为，惠施与庄子相互嘲讽而相与为友，都是相反相成的例子。所以学道者要自知其所短，取别人之所长。这些是有辩证法因素的思想。

但是同他的泛神论相联系，魏源还是拖着一条先验论的尾巴。他说："人之心即天地之心，诚使物交物引之际，回光反顾，而

---

① 魏源：《默觚下》，《魏源全集》第 13 册，第 32 页。
② 同上注。
③ 魏源：《默觚下》，《魏源全集》第 13 册，第 33 页。
④ 魏源：《默觚下》，《魏源全集》第 13 册，第 45 页。
⑤ 同上注。

天命有不赫然方寸者乎？"①在他看来，认识就是"回光反顾"或"回光反照"以唤醒心中固有的天赋，这是先验论的旧观点。

第四，"人定胜天，造化自我"。

龚自珍对儒家以天为宗有所不满，魏源则肯定"以天为本，以天为归"②，把天看作是最高原理，把认识看作是向天命复归。从天人关系来说，魏源也主张"天人合一"论，以为人通过学习、修养，回光反照，达到与天为一，就是觉悟。"敏者与鲁者共学，敏不获而鲁反获之；敏者日鲁，鲁者日敏。岂天人之相易耶？曰：是天人之参也。"③魏源以为，认识与觉悟的提高，不是人与天相易，而是要求人与天相参，达到"灵魂忽自悟"而"与天地合德"的境界。他以为，一个人只要"用志不分，乃凝于神"，④最后就可达到"彻悟心源，万物备我"⑤，成为"大知大觉"，⑥于是"能与造化相通，则可自造自化"。⑦ 这样的人就可以"造命"，可以"胜天"。

造命的思想，在魏源以前的泰州学派、王夫之那里都已有了。但魏源讲"造命"，正如龚自珍讲"心之力"，具有新的时代特征。他说：

> 匹夫确然其志，天子不能与之富，上帝不能使之寿，此立命之君子，岂命所拘者乎？人定胜天，……祈天永命，造化自

---

① 魏源：《默觚上》，《魏源全集》第13册，第13页。
② 魏源：《默觚上》，《魏源全集》第13册，第7页。
③ 同上注。
④ 同上注。
⑤ 魏源：《默觚上》，《魏源全集》第13册，第14页。
⑥ 同上注。
⑦ 魏源：《默觚上》，《魏源全集》第13册，第7页。

我,此造命之君子,岂天所拘者乎?[1]

他十分强调意志的力量,认为匹夫只要有真正坚强的意志力,那么,他如不愿富,皇帝也不能让他富,他如自愿杀身成仁,上帝也不能使他寿。可见人能靠意志选择道路,战胜命运,即能"造命",而非"天所拘"。这样强调意志力量,当然可能引导到唯心主义和神秘主义去。但我们应该看到,这种观点是与呼唤风雷、唤起民族自救相联系的,具有时代特征和近代色彩。

同龚自珍一样,魏源晚年皈依佛教。他还有一些落后思想,如说"鬼神之说,其有益于人心,阴辅王教者甚大"[2]等。魏源的哲学,从总体上说是一个泛神论的体系,保留有某些天命论、复性说的旧思想。但从他开始,哲学才真正与"古今中西"之争相联系,在龚自珍提出"自我"的新观念之后,他补充了"善言我者,必有乘于物"这一具有唯物主义因素的论点,因而成为中国近代哲学的先驱之一。

第三节   洪秀全、洪仁玕:神学外衣下的革命世界观

鸦片战争失败后,中国人民的灾难愈来愈深重。广大农民群众和手工业者受外国侵略者和本国封建势力的双重剥削压迫,日益流于破产。社会阶级矛盾更加激化了。龚自珍、魏源呼唤风雷,希望来一个大的震动,但迎来的并不是地主阶级改革派所期

① 魏源:《默觚上》,《魏源全集》第13册,第20页。
② 魏源:《默觚上》,《魏源全集》第13册,第5页。

望的那种变革,而是洪秀全领导的太平天国起义。太平天国既是
2000 年来农民革命战争的发展高峰,也是中国近代开始进入资产
阶级民主革命时期发生的一次农民和平民的革命运动,因而不同
于以往的农民起义。

从洪秀全、洪仁玕的著作中我们可以看到,作为太平天国革
命运动的指导思想,是一种裹着神学外衣的革命世界观。

洪秀全(1814—1864),原名仁坤,后改名秀全。祖籍广东潮
州,后定居广东花县。自幼好学,18 岁时被聘为本村塾师。屡试
不第,终于同封建科举道路决绝。后来在《劝世良言》的影响下,
成为基督教徒,并决定自己建立一种新宗教——拜上帝教来普渡
众生。他勇敢地将村中学塾供奉的"至圣先师孔子"牌位打翻,掷
于野外。1851 年 1 月 11 日,洪秀全率众在广西金田村起义,建立
太平天国,自称天王。太平军定都天京(南京)后,先后颁发《天朝
田亩制度》和《资政新篇》。他的主要著作有《原道救世歌》、《原道
醒世训》、《原道觉世训等》。①

洪仁玕(1822—1864),字益谦,号吉甫,广东花县人,洪秀全
的族弟。1843 年参与创立拜上帝会。1851 年到广西桂平,因未
赶上太平军,中途折回,以后逗留在香港、上海等地。1858 年到达
天京(南京),受封为干王,总理政事,是太平天国后期的重要领导
人。他向天王洪秀全提出《资政新篇》,主张学习西方科学技术,

---

① 《原道救世歌》、《原道醒世训》、《原道觉世训》、《天朝田亩制度》均有北京大学出版部
1926 年影印本,并收入 1956 年上海人民出版社排印的《太平天国文选》(罗尔纲辑)。
1957 年收入由中国史学会主编,上海人民出版社出版的《中国近代史资料丛刊:太平
天国》。

革新政治,发展资本主义经济。另有重要著作《英杰归真》。[①]

洪秀全不同于以前的农民起义的领袖,他从西方学到一种宗教形式,创立了"拜上帝会",利用它来发动农民和组织农民。恩格斯在《德国农民战争》中说:"社会的最下层要发展自己的革命毅力,要明确自己和社会其他一切阶层对立的地位,要集结成一个阶级,必须从何下手呢?……所有的起义预言者都用他的忏悔说教来开始活动。事实上,只有猛烈的振臂一呼,只有突然一下抛弃了全部习以为常的生活方式,才能把毫无联系、散居四方、并且从小就惯于盲目服从的农民发动起来。"[②]恩格斯讲的是德国的情况,但是中国的情况与此十分类似。洪秀全找到了一种可以把农民集结成为一个阶级的方式,即拜上帝教。他的"上帝"是农民革命意志的化身,所谓"阎罗妖"则是封建统治者的代名词,因此他宣传"皇上帝"与"阎罗妖"的斗争,实际上是用宗教语言号召农民群众拿起武器,推翻清王朝的封建统治。

洪秀全把原始基督教教义中的平等思想,同中国固有的大同思想和农民革命传统中的"等贵贱,均贫富","均田免粮"等革命要求结合起来,发展成为相当完备的农民革命纲领。他在《原道醒世训》中写道:

> 天下多男人,尽是兄弟之辈;天下多女子,尽是姊妹之

---

① 《资政新篇》,有太平天国九年(1859)原刻本;《英杰归真》,有太平天国十一年(1861)刻本。以上两书收入上海人民出版社 1956 年出版的《太平天国文选》(罗尔纲辑)。1957年收入由中国史学会主编,上海人民出版社出版的《中国近代史资料丛刊:太平天国》。
② 恩格斯:《德国农民战争》,《马克思恩格斯全集》第 10 卷,人民出版社 1998 年版,第503—504 页。

群。何得存此疆彼界之私,何可起尔吞我并之念? 是故孔丘曰:"大道之行也,天下为公,⋯⋯是谓大同。"①

这里,他借重《礼记·礼运》来阐发自己的平等思想。而1853年颁布的《天朝田亩制度》,则是一个更为具体的农业社会主义的纲领,它规定不分男女、按人口分田,天下之田由天下人同耕,要求实现"有田同耕,有饭同食,有衣同穿,有钱同使,无处不均匀,无人不饱暖"②的理想社会。当然,要在小农经济基础上消灭贫富差别,只是一种空想。

太平天国后期,洪仁玕草拟的《资政新篇》则是一个带有资本主义色彩的改革方案。它提出了建立近代工业,开发中国资源的宏大计划,主张有探明矿藏者,"准其招民采取";技艺上有发明创造,"准自专其利";还主张与外国自由通商,等等。由《天朝田亩制度》到《资政新篇》,说明太平天国革命已不同于过去的农民革命运动,它不仅反对封建制度,而且具有某些资本主义色彩,它揭开了近代民主革命的序幕。

从哲学史的角度说,太平天国的革命思想有什么样的历史地位? 这可以从两个方面来分析。

首先,从对封建统治思想的破坏方面来看,它对封建的纲常名教作了有力的批判。在起义前,洪秀全虽然曾砸烂孔子牌位,也批判过孔孟,但儒家思想对他仍有相当的影响。起义以后,随着革命的发展,他对孔孟的批判越来越坚决。《原道救世歌》等文

---

① 洪秀全:《原道醒世训》,《中国近代史资料丛刊:太平天国》第1卷,第92页。
② 洪秀全:《天朝田亩制度》,《中国近代史资料丛刊:太平天国》第1卷,第321页。

的最初稿本，就明显地表露出儒家思想的烙印，甚至还有称赞孔孟的话，可是后来这些内容被删去了。例如，《原道救世歌》中的"孔颜疏水箪瓢乐，知命安贫意气扬"①等，《原道觉世训》中引《中庸》"天命之谓性"等，《原道醒世训》中引《礼记·礼运》关于"大同"的论述等，在《太平诏书》②修改本中，均被刊落。曾国藩咒骂太平天国："举中国数千年礼仪人伦，诗书典则，一旦扫地荡尽。此岂独我大清之变，乃开辟以来名教之奇变，我孔子、孟子之所痛哭于九原，凡读书识字者，又乌可袖手安坐，不思一为之所也。"③这说明太平天国对封建的纲常名教的打击是多么沉重。过去历次农民起义都打击了名教，但没有一次达到太平天国这样的规模。过去的具有初步民主思想的进步思想家已对封建的纲常名教严重阻碍社会进步的腐朽性作了揭露、批判，太平天国革命则进而对封建制度和纲常名教作了武器的批判，成了近代民主革命的前奏。当然，武器的批判不能代替思想的批判，拜上帝教也不能从根本上推倒孔教。但纲常名教代表了中国封建宗法的思想体系，是近代民主革命在思想战线上的主要批判对象，太平天国革命运动造成"名教之奇变"，所以它对近代哲学革命或世界观的革命产生了重大的影响。

其次，从对近代哲学革命的建树方面来看，洪秀全和洪仁玕所提出的革命纲领中，潜在地包含着一种革命的世界观，不过它

---

① 洪秀全：《原道救世歌》，《中国近代史资料丛刊：太平天国》第 1 卷，第 89 页。
② 《太平诏书》，民国 15 年（1926）北京大学出版部影印排印《太平天国史料第一集》。后被收入罗尔纲辑《太平天国文选》，上海人民出版社 1956 年出版。
③ 曾国藩：《讨粤匪檄》，李瀚章编，李鸿章校：《曾文正公全集》第 7 册，中国书店出版社 2011 年版，第 293 页。

披着神学的外衣，缺乏科学的形态。

洪秀全的《原道醒世训》说：

> 乱极则治，暗极则光，天之道也。于今夜退而日开矣。惟愿天下凡间我们兄弟姊妹跳出邪谋之鬼门，循行上帝之真道，时凛天威，力遵天诫，相与淑身淑世，相与正己正人，相与作中流之底柱，相与挽已倒之狂澜。行见天下一家，共享太平，几何乖漓浇薄之世，其不一旦变而为公平正直之世也！几何陵夺斗杀之世，其不一旦变而为强不犯弱、众不暴寡、智不诈愚、勇不苦怯之世也！[①]

洪仁玕在《英杰归真》中写道：

> 夫云净而月明，春来而山丽，衣必洗而垢去，物必改而更新，理之自然者也。……若人人能悔罪改过，弃恶归善，弃伪归真，力求自新，转以新民，改邪术而行真理，去偶像而拜上帝，……凡能见此者，必受天父上帝圣神感化，而真信基督救世主者，乃有此慧眼，始能认识新天、新地、新人、新世界也。[②]

这两段话当然都是神学的说教。不过，其中包含着一种革命的思想，一种新世界观的萌芽，其要点为：世界是一个运行不息的、新陈代谢的过程，物极必反，一切都不断地除旧更新，这是自

---

① 洪秀全：《原道醒世训》，《中国近代史资料丛刊：太平天国》第 1 卷，第 92 页。
② 洪仁玕：《英杰归真》，《中国近代史资料丛刊：太平天国》第 2 卷，第 589 页。

然规律，此其一；物必改而更新，人也要不断地改过自新，"力求自新，转以新民"，"相与淑身淑世"，即通过共同努力来改善自身、改造世界，此其二；通过这种"相与淑身淑世，相与正己正人"的活动，人类就能实现"新天、新地、新人、新世界"的理想，达到"天下一家，共享太平"的美好境界，此其三。总之，在洪秀全、洪仁玕看来，客观世界是不断推陈出新的过程，人的活动就是革故鼎新，人的使命就是要通过群众的革命斗争来改造世界，在地上建成"天国"。中国过去的哲学家以为理想社会是尧舜三代或更古的原始社会，而那是要靠圣人的教化才能恢复的。太平天国讲"新天、新地、新人、新世界"，包含有理想在未来，要靠群众的斗争来实现的意思，这确实是不同于旧世界观的新思想。

在封建社会中，每次大规模的农民革命战争，都对封建社会进行了武器的批判，这种斗争总是深刻地揭露了占统治地位的官方的意识形态的弊端，并给予沉重的打击，从而迫使继起的统治者不得不改换统治思想的形态。如黄巾起义后，两汉时期占统治地位的经学就被玄学所代替；唐末农民起义后，三教鼎立就转化为理学独尊。农民战争深刻影响了哲学的演变，但农民阶级不是新的生产力的代表，不可能有科学的哲学体系。在中国古代，通过群众革命斗争来改造世界这样一种观念，始终未取得科学形态。

这种情况在近代则有了改变。农民是近代民主革命的主力军，中国民主革命经过曲折的发展过程，最后由无产阶级领导农民走农村包围城市的道路而取得胜利。这一革命实践的过程，在很大程度上制约着中国近代哲学革命。中国近代哲学革命的进程,不妨说是中国人民的革命世界观由自发发展到自觉的过程。在太平天国革命时期,革命的世界观还是潜在的,或者说自在的。但随着社会实践的发展,随着民主革命运动的深入,这种革命的世界观就逐步取得了科学的形态,使中国人民的反帝反封建的斗争达到了自觉。

当然,太平天国的革命世界观是披着神学外衣的,其内容也包含着农民革命所必具的平均主义思想和皇权主义倾向。《天朝田亩制度》中的平等观念,是小生产者理想中的财产平均。它规定:任何个人不得享有超出最低生活水平之外的生活资料和钱财;一切多余产品,全上交国库,由"上主"统一"运用",以保证"天下大家处处平均,人人饱暖"。为了推行这种平均主义,《天朝田亩制度》设计了一套等级严格的官阶,要求建立以天王个人独裁为中心的集权制。虽说太平天国革命曾一度造成"名教之奇变",但洪秀全等人在地上建立的"天国",仍然是一个封建宗法的等级制度。特别在后期,更是借助于正统派儒学的说教。洪仁玕说:"孔丘作《春秋》,首正名分,大书直书曰天王,盖谓系王于天,所以大一统也。"[1]这显然是董仲舒以来的"天子受命于天"的皇权主义的老调。这些落后的方面对后世也产生了不容忽视的消极影响。

第四节 "中西"论争中的"道器"、"本末"之辩

太平天国革命风暴的袭击,两次鸦片战争的失败,使清王朝

---

① 洪仁玕:《英杰归真》,《中国近代史资料丛刊:太平天国》第2卷,第571页。

的统治岌岌可危，从 19 世纪 60 年代初开始，统治集团内部发生了分化，出现了一批主张办"洋务"的官僚，开展了历时 30 年的洋务运动。顽固派继续坚持"祖宗之法不可变"，他们"以不谈洋务为高，见有讲求西学者，则斥之曰名教罪人"①。而洋务运动的倡导者曾国藩、左宗棠、李鸿章等，则以"自强新政"为标榜，向外国购买枪炮船舰，兴办了一些近代化的大机器生产的企业，虽然它们由封建官僚经营，并具有浓厚的买办性，但已不同于封建时代的手工业生产，客观上是向近代化方向跨出了一步。同时，从 19 世纪 70 年代起，中国近代民族资本也产生了，不过它在外国资本主义和本国封建主义的双重压迫下，很难得到顺利发展。

这时期（19 世纪 60 年代至戊戌变法以前），出现了一批被称为早期改良派的思想家，如冯桂芬②、王韬③、薛福成④、马建

---

① 郑观应：《盛世危言》，夏东元编：《郑观应集》，上海人民出版社 1982 年版，第 272 页。

② 冯桂芬（1809—1874），字林一，号景亭，江苏吴县人。1853 年（咸丰三年），奉旨在乡办团练，抵抗太平军。1862 年（同治元年），在上海参与江浙官绅组织的"会防局"，主张借用外国军队"以复宁苏"，又上书曾国藩乞援。后入李鸿章幕府。曾主讲金陵、上海、苏州诸书院。重视经世致用之学，研习过数学、天文学。提倡向西方学习，建议采西学、制洋器、筹国用、改科学。他提出的"以中国之伦常名教为原本，辅以诸国富强之术"的主张，对洋务派有很大影响，并被资产阶级维新派奉为变法思想的先导。著作有《校邠庐抗议》《显志堂集》等。

③ 王韬（1828—1897），初名利宾，字紫诠，号仲弢，别号弢园老人，江苏长洲（今吴县）人。1849 年（道光二十九年），应英国传教士麦都思（Walter Henry Medhurst，1796‑1857）的邀请，赴上海任职于英国教会筹办的"墨海书馆"。1862 年初（咸丰十一年底）回乡，化名"黄畹"，上书太平军将领刘肇钧，事为清政府获悉，下令缉拿。在英国领事麦华陀（Sir Walter Henry Medhurst，1823—1885，即传教士麦都思之子）庇护下，逃往香港，为英国传教士翻译中国经书。后曾游历英、法、俄诸国。1874 年，在香港主编《循环日报》，评论时政，主张变法图强。著作有《弢园文录外编》《弢园尺牍》等数十种。

④ 薛福成（1838—1894），字叔耘，号庸庵，江苏无锡人。1867 年（同治六年），充曾国藩幕僚，后随李鸿章办外交。1888 年，任湖南按察史，次年出任英、法、比、意四国公使。1897 年（光绪五年），作《筹洋刍议》，提出变法主张。著作有《庸庵全集十种》。

忠①、陈炽②、郑观应、何启与胡礼垣③等，他们大多是和洋务运动有联系的知识分子，但其中有些人后来也对洋务派提出了这样那样的批评，反映了民族资产阶级的要求。他们著书立说，从爱国主义出发鼓吹采纳西学，并运用"道器"、"体用"、"本末"、"主辅"等范畴来论述中学与西学的关系。19世纪60年代初，冯桂芬在《校邠庐抗议》中说："以中国之伦常名教为原本，辅以诸国富强之术。"④他以为应以中国之道（伦常名教）为"本"、为"主"，而以西学（富强之术）为"末"、为"辅"。到了19世纪70—80年代，王韬说："形而上者中国也，以道胜；形而下者西人也，以器胜。如徒颂西人，而贬己所守，未窥为治之本原者也。"⑤他以"道器"、"本末"来

① 马建忠（1844—1900），字眉叔，江苏丹徒（今镇江）人。1876年（光绪二年），被派赴法国留学，兼任驻法公使郭嵩焘的翻译。1879年，得博士学位回国，为李鸿章办理洋务，并任轮船招商局会办、上海机器织布局总办。撰《适可斋纪言纪行》，认为"讲富者以护商为本，求强者以得民心为要"，"学校建而智士日多，议院设而下情可达"，提出对外通商是"求富之源"。还著有《马氏文通》，是中国第一部较全面系统的语法著作。

② 陈炽（？—1899），字次亮，号瑶林馆主，江西瑞金人。历任户部郎中、刑部章京、军机处章京。遍游沿海各地，又到香港、澳门考察，"留心天下利病"，积极钻研西学，主张学习西方以求自强。1893年（光绪十九年），发愤撰成《庸书》内外百篇。1895年，与康有为在北京组织强学会、主张变法。1898年，维新变法失败，受到很大打击，经常"高歌痛哭"，次年忧愤而死。另著有《续富国策》。

③ 何启（1859—1914），字迪之，号沃生，广东南海人。香港中央书院（后改为皇任书院）毕业后，1872年赴英就读于帕尔玛学校，1875年进阿伯大学学医，1879年入林肯法律学院。1882年（光绪八年），回香港业律师。1887年，创办香港雅丽氏医院，并附设西医书院。自1887年起，发表不少政治论文，认为洋务派的"自强新政"，是"不择其本，而齐其末"，"非惟无益而有伤"，主张发展私人资本主义和建立资产阶级议会制，提出国家"长治久安"的根本之策在于"行选举以同好恶，设议院以布公平"。1890年，任香港立法局华人议员。1895年，参与孙中山筹划的广州起义活动，起草对外宣言。1900年义和团运动时，在港督卜力（N. A. Blake）的授意下，建议兴中会与两广总督李鸿章"合作"，据两广"独立"。著作多用英文写成，由其同学胡礼垣（1847—1916年）译为中文，后汇编为《新政真诠》出版。

④ 冯桂芬著、戴扬本评注：《校邠庐抗议》，中州古籍出版社1998年版，第211页。

⑤ 王韬：《弢园尺牍》，大文书局清光绪十三年（1887年）版，第30页。

区分中学与西学，以为"器"是可变的，"道"是不变的，主张"器则取诸西国，道则备自当躬。盖万世而不变者，孔子之道也。"①这些说法，后来到19世纪90年代便被概括为更流行的用语："中学为体，西学为用。"②

正是在"中道西器"或"中体西用"说的指引下，中国人逐步汲取西学，对西学的认识经历了一个由浅入深的过程。魏源提出"师夷之长技"，首先是指"船坚炮利"。洋务运动正是从引进西方的军事技术开始的。但随着洋务运动的开展，人们进一步认识到，"求强"必须"求富"，于是提出了"商战"的口号（郑观应），提出了"以工商立国，工实尚居商之先"的主张（薛福成）。而不论是学军事技术还是学工业技术，都离不开近代科学。化学家徐寿说："格致之学必借制器以显，而制器之学原以格致为阶。"③数学家李善兰说："今欧罗巴各国日益强盛为中国边患，推原其故，制器精也；推原制器之精，算数明也。"④他们都强调要向西方学习近代数学与自然科学。认识由此更进一步，便看到发展科学技术以培养人才为前提，而真要发展工商业，便必须进行政治制度的改革，这便达到了如郑观应所说："乃知其治乱之源，富强之本，不尽在船坚炮利，而在议院上下同心，教养得法。"⑤也就是说，真正要"采西学"，求富强，就必须学习西方国家的教育制度和议院制。他以为

---

① 王韬：《杞忧生〈易言〉跋》，《弢园文录外编》，上海书店出版社2002年版，第266页。
② 参见陈旭麓：《论"中体西用"》。该文收在作者《近代史思辨录》（广东人民出版社1984年版）中。
③ 傅兰雅辑，《徐志村先生像序》，见《格致汇编》，清光绪十八年（1892）。
④ 李善兰：《重学·序言》，金陵机器制造局本，1866年。
⑤ 郑观应：《盛世危言》，《郑观应集》，第233页。

应从政治制度和人才培养方面向西方学习,实际上就是要触动中学之"体"。

郑观应(1842—1922),字正翔,号陶斋,别号杞忧生,广东香山(今中山)人。1858 年应童子试未中,旋遵父命到上海学商。此后 20 年左右,先后在英商宝顺洋行、太古轮船公司任买办,亦自营商务。其后又任上海机器织布局总办、轮船招商局帮办、总办等职。早年即注意研究时务,热心西学。主张全力经营中国的资本主义工商业与洋人"商战"。要求设议院,实行"君民共主"。他的《盛世危言》一书,大体可以代表早期改良派在 19 世纪 90 年代初所达到的认识水平。①

郑观应说:"中学其本也,西学其末也。主以中学,辅以西学。"②又说:"道为本,器为末;器可变,道不可变;庶知所变者富强之权术,非孔孟之常经也。"③郑观应也以"道器"、"本末"、"主辅"来区分中学与西学,主张器变道不变,合于当时流行的观点,而说"器由道出"④则显然受着理学唯心主义的束缚。不过,郑观应的思想是包含着矛盾的,他的"道器"论也提供了某种新的东西。这可以分三点来说明。

首先,他认为"道器"("虚实")应是统一的,但中学"堕于虚",而西学则"征诸实"。

---

① 郑观应的著作有《救时揭要》、《易言》、《盛世危言》、《盛世危言后编》等,由今人夏东元编为《郑观应集》,1982 年上海人民出版社出版。2013 年 12 月,由中华书局出版《郑观应集》,全书共八册,该书为中华书局"中国近代人物文集丛书"中的一种。
② 郑观应:《盛世危言》,《郑观应集》,第 276 页。
③ 郑观应:《〈盛世危言〉增订新编凡例》,《郑观应集》,第 240 页。
④ 郑观应:《盛世危言》,《郑观应集》,第 241 页。

　　按传统的说法，"形而上者谓之道，形而下者谓之器"，道是虚的，器是实的。郑观应却说：

　　　　虚中有实，实者道也；实中有虚，虚者器也。合之则本末兼赅，分之则放卷无具。①

　　郑观应的这句话，使人想起王夫之提出的"实道而虚器"的命题。②在郑观应看来，虚与实是互相依存，互相渗透的。虚中有实才是道，实中有虚才成器。所以二者结合，才是本末全备；若把二者分割，那便既不能"放"之成"用"，也不能"卷"之得"体"了。

　　他以为，中学与西学各有所偏："我穷事物之理，彼研万物之质"；"我堕于虚，彼征诸实"。③由于我偏于"道"，便造成了"堕于虚"的弊病，学者"骛虚而避实"，竟至读书十余年或数十年，不知地理、算学为何物，甚至"不识权衡斗量数目，惟专攻八股而已"。这样"汩没灵性，虚费时日，率天下而入于无用之地"④，怎么能不使国家贫穷落后呢？而西方人偏于"器"，却养成了"征诸实"的学风，发展出各种科学，于是到一定阶段，就可以"由博返约"。他说：

　　　　夫博者何？西人之所骛格致诸门，如一切汽学、光学、化

① 郑观应：《盛世危言》，《郑观应集》，第243页。
② 王夫之：《周易外传》卷五，《船山全书》第1册，第1027页。
③ 郑观应：《盛世危言》，《郑观应集》，第242—243页。
④ 郑观应：《盛世危言》，《郑观应集》，第275页。

学、数学、重学、天学、地学、电学，而皆不能无所依据，器者是也。约者何？一语已足以包性命之原，通天人之故，道者是也。今西人由外而归中，正所谓由博返约。[①]

西方人依据具体的"器"而建立近代各门自然科学，所以"实中有虚"，循"由博返约"的途径，可以达到"性命之原"的"道"。虽然郑观应出于民族自尊心，列举出中国古代有许多科学发现和创造，并说西人由博返约，必将"折入于孔孟之正趋"[②]，但他对中学"堕于虚"的批评是严厉的，而对西学"征诸实"则表示了赞赏。

其次，他认为"本末"（"体用"）是相对的，西学亦自具本末。《盛世危言》写道：

> 故善学者必先明本末，更明所谓大本末而后可。以西学言之：如格致制造等学其本也；语言文字其末也。合而言之，则中学其本也，西学其末也。[③]

意思是说，从"中道西器"来说，"中学其本，西学其末"，这是讲的"大本末"。而从西学自身来说，科学是其本，语言文字是其末，如果只是粗通语言文字，而并未深入研究其精微广大之学，那只是逐"末"而并未知"本"。郑观应认为，从"本末"、"体用"是相对的

---

① 郑观应：《盛世危言》，《郑观应集》，第 243 页。
② 同上注。
③ 郑观应：《盛世危言》，《郑观应集》，第 276 页。此从《盛世危言》8 卷本。《盛世危言》14 卷本作："故善学者必先明本末，更明大本末，而后可言西学。分而言之，如格致制造等学其本也，语言文字其末也。合而言之，则中学其本也，西学其末也。"

观念来说，西人立国也是"体用兼备"的，他在《盛世危言·自序》中引了张树声的一段话，说：

> 善夫张靖达公云："西人立国具有本末，虽礼乐教化远逊中华，然其驯致富强亦具有体用。育才于学堂，论政于议院，君民一体，上下同心，务实而戒虚，谋定而后动，此其体也。轮船、火炮、洋枪、水雷、铁路、电线，此其用也。中国遗其体而求其用，无论竭蹶步趋，常不相及。就令铁舰成行，铁路四达，果足恃欤！"①

就是说，西方国家之所以富强，其根本原因或根据（体）在于：议院制体现了民主精神（而不是君主专制），由学校培养人才（而不是科举），学者具有"务实而戒虚"的科学态度（而不是"骛虚而避实"）等。"体"立而"用"行，就表现为船坚炮利、铁路四达等等。而当时办洋务的官僚却是"遗其体而求其用"，不识西学之体，而求仿效西学之用，实际上只能学得一些皮毛而已。

第三，在方法论上，他主张会通"古今"、"中西"，"践迹以穷神"。

关于"古今"、"中西"的关系问题，郑观应写道：

---

① 郑观应：《盛世危言》，《郑观应集》，第 234 页。这是两广总督张树声在 1884 年病危时写的遗折中的话。原文见《张靖达公奏议》第 8 卷。郑观应在同年《南游日记》中也有类似的话："余平日历查西人立国之本，体用兼备，育才于书院，论政于议院，君民一体，上下同心，此其体；练兵、制器械、铁路、电线等事，此其用。中国遗其体效其用，所以事多扞格，难臻富强。"

> 今之公卿大夫，墨守陈编，知古而不知今；游士后生，浪读西书，知今而不知古。二者偏执，交相弊也。夫中国生齿四百兆，其中岂无一、二通才洞悉古今利弊，统筹中外局势，思欲斟酌损益，为国家立富强之基？①

他认为必须反对当时的两种"偏执"：一种人知古而不知今，因循守旧，"回护己短"，看不起西学；另一种人知今而不知古，读了一点西书，"震惊他人之强盛，而推崇过当"②，其学也并不知西方国家之所以强盛的原因何在。中国正处危急之秋，急需博古通今、学贯中西的"通才"，以便审时度势，对症下药，为国家立富强之基。

要克服"偏执"而成为"通才"，关键在于必须真正了解西学。郑观应说：

> 六十年来，万国通商，中外汲汲，然言维新，言守旧，言洋务，言海防，或是古而非今，或逐末而忘本，求其洞见本原，深明大略者有几人哉？孙子曰："知己知彼，百战百胜。"此言虽小，可以喻大。应虽不敏，幼猎书史，长业贸迁，愤彼族之要求，惜中朝之失策。于是学西文，涉重洋，日与彼都人士交接，察其习尚，访其政教，考其风俗利病得失盛衰之由。乃知其治乱之源，富强之本，不尽在船坚炮利，而在议院上下同

---

① 郑观应：《盛世危言》，《郑观应集》，第 315 页。
② 郑观应：《盛世危言》，《郑观应集》，第 273 页。

心,教养得法。①

在"古今"、"中西"的论争中,郑观应出于爱国热情,力求"知己知彼",既涉猎了中国古代书史,又亲自到西方各国进行调查研究,经过艰苦的探索,才认识"西人立国亦具有体用",于是"洞见本原,深明大略"。这一认识过程,从"道器"关系来看,就如郑观应所说:

> 《易》独以形上形下发明之者,非举小不足以见大,非践迹不足以穷神。②

形而下之"器"虽小,但只有通过"器"才能见"道"之大,只有通过亲身实践、考察,与形而下者接触,才能穷究神妙之理。这种"践迹以穷神"的方法,要求"征诸实"而"由博返约"、"由用求体",是具有唯物主义精神的。

总之,龚、魏讲"器变道不变"以后,早期改良派接着运用"道器"、"体用"、"本末"等范畴来讨论中学与西学的关系,用"中道西器"说或"中体西用"说来论证采纳西学和进行改良的必要,在当时历史条件下是有进步意义的。随着现实的发展,人们的认识逐步深化了。洋务运动"遗其体而求其用",在 19 世纪 80 年代已受到批判。到郑观应写《盛世危言》,指出西学"征诸实"而"实中有虚",它自具"体用",中国人应通过"践迹以穷神"的途径来认识其

---

① 郑观应:《盛世危言》,《郑观应集》,第 233 页。
② 郑观应:《盛世危言》,《郑观应集》,第 242 页。

富强之"本"。这样一些论点，肯定西学也有其"虚"、"体"、"本"的一面，显然已开始突破"中体西用"说的界限。

　　但为什么近代这些先进人物把"器变道不变"和"中体西用"说作为指导思想达半个世纪之久？这有其历史的理由。鸦片战争以来，中华民族遭受空前未有的外来侵略，全民族感到莫大屈辱，爱国人士都认为必须维护民族尊严，保卫民族传统，所以主张"中学为本"。而中学的传统中，确也有一种源远流长的思想，即历史变易观，它为主张更法、改制的人提供了理论根据。"穷则变，变则通，通则久"，"天行健，君子以自强不息"，"虽有智慧，不如乘势，虽有镃基，不如待时"，"孔子，圣之时者也"，这些古训一再地被引用来作为进行改革和采纳西学的论据。但是，民族传统中虽然有历史变易观和自强不息精神，在长期封建专制统治下，占支配地位的却是"天不变，道亦不变"的形而上学和闭关自守的心理。所以"中体"之说，实际上也是对守旧派的妥协，这种妥协，正说明保守势力的强大和新兴力量的软弱。但新旧力量的对比在变化，历史变易观对形而上学不变论的冲击在增长，当新兴的民族资产阶级作为独立的政治力量登上历史舞台时，"中体西用"说便被维新派所否定。而洋务派大官僚张之洞继续大肆鼓吹的"旧学为体，新学为用"，则成了反对变法维新的反动言论了。

　　以上几节我们论述了中国近代哲学的几位前驱者，他们从爱国主义出发，但根据不同的阶级立场，对"中国向何处去"这个时代中心问题作出自己的回答。这些回答虽有很大差别，却有其重要的共同点，即从"古今中西"之争来说，他们都主张变革和放眼世界；而从哲学来说，他们这种主张的理论依据就是历史变易观。

从龚自珍重新提出公羊"三世"说到郑观应的包含矛盾的"道器"论，对历史变易观从不同角度作了探讨，对形而上学的不变论作了不同程度的批判，为哲学向进化论阶段跃进准备了前提。这是个重要的贡献。此外，龚、魏对"我"与"物"的关系、知与行的关系提出了具有近代意义的命题，太平天国领袖们的言论中潜在地包含有革命世界观的萌芽，这些虽然尚未展开，对后世的影响却是深远的。

第二章
哲学革命的进化论阶段

　　甲午战争的惨败，宣告洋务运动的破产。马关条约签订后，帝国主义列强掀起了瓜分中国的浪潮。国家民族面临空前严重的危机，危机感激发人们进行反思，迫使人们起来进行救亡图存的斗争。于是发生了戊戌变法运动。尽管这是一次失败的变法运动，但它在中国历史上第一次显示了民族资产阶级的政治力量，标志着这一阶级登上了政治舞台。戊戌维新同时也是中国人民的爱国救亡运动和思想解放运动。在这期间，展开了新学与旧学、西学与中学、学校与科举的热烈争论，对封建顽固派与洋务派都是一次猛烈的抨击。

　　从中西文化交往来说，帝国主义的文化随大炮侵入中国，滋长了一部分人的洋奴思想。但同时，西方的科学也陆续介绍到中国来了。①

---

① 据统计，自咸丰三年(1853)到宣统三年(1911)近60年间，共有468部西方科学著作被翻译成中文出版。这些出版物可分为6大类：总论及杂著有44部；天文气象有12部；数学有164部；理化有98部；博物有92部；地理有58部。(见周昌寿《译刊科学书籍考略》，转引自杜石然《中国科学技术史稿》(修订版)，北京大学出版社2012年版，第381页。)

以李善兰①、华蘅芳②、徐寿③等为代表的科学家，翻译了几十种书，介绍了西方的几何学、微积分、哥白尼学说、牛顿力学、近代化学等等，打开了中国人的眼界。西方近代科学的介绍，推动了中国哲学的近代化。地质学、生物学等方面的进化论思想影响尤大。严复译述《天演论》等著作，则标志着中国人对西学的认识已由"器"而进于"道"，达到了一个新的阶段。

在这样的历史条件下，随着古今中西之争的发展，主要是为了替变法维新运动寻找哲学的根据，也受到了西方科学文化的启发，中国近代哲学进入了进化论阶段。中国资产阶级的代表人物在这一时期开始形成了自己的哲学思想体系。这种哲学体系以进化论为主要特征，并逐渐摆脱经学的外壳而取得了近代的形

---

① 李善兰（1811—1882），字壬叔，号秋纫，浙江海宁人，是 19 世纪中叶积极介绍西方自然科学技术的著名翻译家、数学家。梁启超说："十九世纪欧洲科学之输入，自壬叔始也。"（《近三百年学术史》）李善兰的译著包括数学、力学、天文等，在中国第一个比较系统地介绍和宣传微积分等近代数学成就以及从哥白尼的太阳中心说开始到由牛顿集大成的近代自然科学体系及其观点和方法。这在当时被称为"皆西人至精之旨，中土未有之奇"。译有《几何原本》（后半部）、《代数学》、《代微积拾级》、《谈天》（即《天文学大纲》）、《重学》（即《力学》）等。翻译多与外国传教士合作。著有《则古者斋算学》十三种（附《考数根法》一卷），于数学颇多创见。

② 华蘅芳（1833—1902），字若汀，江苏金匮（今无锡）人。我国近代著名的数理学家。著有《行素轩算学》六种，二十三卷。译有《代数学》、《微积溯源》、《合数术》、《金石识别》、《地学浅释》等（大都与傅兰雅合译）。

③ 徐寿（1818—1884），字雪村，江苏无锡人，是比较系统地将西方近代化学知识介绍至我国的一位学者。在当时学习和介绍西方近代科学技术的学者中间，他和李善兰、华蘅芳等人齐名。咸丰十一年（1861 年）入安徽安庆军械所，曾与华蘅芳等合制我国第一艘汽船。后转入上海江南制造局，"对船炮枪弹多所发明，自制强水，棉花（即硝棉），药汞（雷汞），爆药"等。光绪元年（1875）左右在上海与傅兰雅等创办格致书院，开始化学实验的演示工作，对我国近代化学的发展起过先驱作用。他对中国近代科学发展的贡献还在于译书。他编译的书籍，计 13 种，近 120 卷。其中《化学鉴原》是比较重要而且影响较广的一部，出版于 1871 年。徐寿在国际上也颇有名望，日本就曾派遣柳原前光等人来向他学习。

式。从戊戌变法时期以后,整整一代求进步的中国人,都认为西学即西方的资产阶级民主主义可以救中国,就世界观而言,他们都是进化论者。康有为把公羊"三世"说改造为历史进化论,严复倡导"天演哲学",他们用进化论作武器,来反对顽固派、洋务派那种"天不变,道亦不变","中学为体,西学为用"的理论。这标志着中国近代哲学革命的开始。

第一节　康有为的"三世"说
——历史进化论的提出

在近代哲学的革命进程中,率先迈向进化论阶段的,是康有为。

康有为(1858—1927)是中国 19 世纪末资产阶级维新派的领袖。原名祖诒,号长素,字广厦,广东南海人。幼年受过儒家传统思想的教育,后在上海、香港等地接触了比较多的西方资本主义文化,转而学习西学。自 1888 年到 1898 年,他七次上书光绪皇帝,要求变法。其中最有名的是 1895 年联合 1300 多名在北京应试的举人上书皇帝,即所谓"公车上书"。戊戌变法失败后,逃亡国外,逐渐走向保守,反对孙中山领导的民主革命。辛亥革命后,主张尊孔读经,站在"五四"新文化运动的对立面。主要著作有:《新学伪经考》、《孔子改制考》、《诸天讲》、《春秋董氏学》、《礼运注》、《大同书》等[①]。

————————

① 《新学伪经考》初刊于 1891 年,曾三次遭封建顽固派毁版,现有 1956 年北京古籍出版社排印本。(转下页)

一、为变法维新提供哲学根据

康有为在著名的反对《马关条约》的"公车上书"中，提出了拒和、迁都、变法等项主张，说："伏乞皇上下诏鼓天下之气，迁都定天下之本，练兵强天下之势，变法成天下之治而已。"[①]并指出，其中最主要的一条是要变法。康有为满怀爱国热情，为清王朝敲警钟说："方今当数十国之觊觎，值四千年之变局，盛暑已至，而不释重裘，病症已变，而犹用旧方，未有不暍死而重危者也。"[②]他认为当时中国处于空前未有的变局，面临着被列强瓜分的危险。只有改变"旧方"，施行新法，才能挽救危机。他驳斥了顽固派"祖宗之法不可变"的论调。在《上清帝第六书》中说："法者所以守地者也，今祖宗之地既不守，何有于祖宗之法乎？"[③]他又批评洋务派，认为洋务派不从"根本"着手，办招商局、制造局等，只能起"饰粪墙、雕朽木"的作用。[④]　康有为提出了一个比较完整的变法纲领：在政治上，主张实行君主立宪，要求设"议郎"，即立议院，以改变

（接上页）《孔子改制考》刻于 1897 年，也四次遭毁版，现有 1958 年北京中华书局排印本。

《诸天讲》有 1926 年中华书局仿宋聚珍本。《春秋董氏学》有 1898 年上海大同译书局刻本。

《礼运注》有民国年间排印本。《大同书》的成书年代说法不一，据梁启超《南海康先生传》，成书在 1901、1902 年之间，现有 1956 年北京古籍出版社排印本。

2007 年，由姜义华，张荣华编校，中国人民大学出版社出版了《康有为全集》，共十二册。

① 康有为：《上清帝第二书》，姜义华、张荣华编校：《康有为全集》第 2 集，中国人民大学出版社 2007 年版，第 33 页。

② 康有为：《上清帝第二书》，《康有为全集》第 2 集，第 37 页。

③ 康有为：《上清帝第六书》，《康有为全集》第 4 集，第 17 页。

④ 康有为：《上清帝第四书》，《康有为全集》第 2 集，第 83 页。

君主专制的政体；在经济上，主张"以商立国"，并鼓励民办，亦即鼓励资产阶级经营工商企业；在文化上，主张废科举、办学校、大译西书、派人出国留学。这一资产阶级维新派的纲领，对"中国向何处去"问题提出了一个初步方案，在当时无疑是进步的。

那么，康有为用来倡导变法维新和批判顽固派、洋务派的哲学根据是什么？梁启超说："先生之哲学，进化派哲学也。"①康有为的哲学武器就是进化论，特别是以公羊学派的"三世"说形式出现的历史进化论。他这种进化学说，其来源确实如梁启超所说，是"不中不西，即中即西"之学。一方面，康有为曾大量阅读西书译本，包括介绍西方国家的历史、地理和各种自然科学知识的普通读物等。当时他所能学到的"西学"虽然粗浅，但其中包含有关于资产阶级民主主义和进化论的思想材料，那正是他所需要的。另一方面，康有为不满于在清代占统治地位的程朱理学和引导人钻故纸堆的考据之学，他一度热衷于陆王心学和佛学，后来受了廖平②的启发，便公开站到今文经学一边，对古文经学展开猛烈攻击，并进而把公羊学派的"三世"说改造成为历史进化论。这样，经过艰苦的探索，他终于汇通中西，用旧瓶装新酒的办法，建成了一个披着经学外衣而以进化论为内容的独特的哲学体系，用它作思想武器，反对了"天不变，道亦不变"的形而上学，反对了复古主义和循环论的历史观，为变法维新提供了哲学根据。

---

① 梁启超：《南海康先生传》，《饮冰室合集》文集之六，第72页。
② 廖平（1852—1932），字季平，四川井研人。早年受学于王闿运，治今文经学，尤重《春秋》。主张分析今文古文。其学多变。在《今古学考》中，提出用礼制判别经学中今古文学的方法，并认为古文经曾由刘歆窜改，其论点为康有为在《新学伪经考》中所继承和发展。著作有《四益馆丛书》，后又增益为《六译馆丛书》。

二、破"天地"旧说

在宇宙论上，康有为说，"变者，天道也"，认为自然与社会"无一不变，无刻不变"，"故孔子系《易》，以变易为义"①。这里所说的是古代哲学家已有的观念。康有为提供的新东西，在于他运用了西方近代自然科学的资料，来论证"变者，天道也"，并反对了中国传统的古老的宇宙结构学说。

在《诸天讲》中，康有为介绍康德-拉普拉斯的星云假说，"谓各天体创成以前，是朦胧之瓦斯体，浮游于宇宙之间，其分子互相引集，是谓星云，实则瓦斯之一大块也"②。根据星云假说，最初是由星云的旋转，渐至冷却、分离，才逐步地形成太阳及诸行星，所以太阳系也有一个演化过程。康有为又根据哥白尼的学说与牛顿力学来讲宇宙的结构，于是他就破了"天下古今公共之天地说"。他说：从前人没有汽船、望远镜，"无以测知地球之域"，他们只凭肉眼测天，于是：

> 因肉眼所限之力，仰观苍苍者则为天，俯视搏搏者则为地也。不知地之至小，天之大而无穷也，故谬谬然以地配天也，又谬谬然以日与星皆绕吾地也。开口即曰天地，其谬惑甚矣！曰父天而母地也，乾父而坤母也，郊天而坛地也，虽大地诸圣，未能无蔽焉。③

① 康有为：《进呈〈俄罗斯大彼得变政记〉序》，《康有为全集》第4集，第35页。
② 康有为：《诸天讲》，《康有为全集》第12集，第20页。
③ 康有为：《诸天讲》，《康有为全集》第12集，第19页。

康有为认为,古人错误地把宇宙的结构说成上天下地,是受了技术的限制。他在谈到"道"与"器"的关系时说,显微镜、望远镜都是粗的器,但用望远镜即可以看到土、火、金诸星与地球一样,都是"绕日之游星",用显微镜就可以看到人体上的毛细管,可以看到水里的小虫跟大象那么大。"道尊于器,然器亦足以变道。"[①]有了新的工具,科学技术进步了,就可以使人改变宇宙观。

认识到地球也是一颗星,古老的"天地"说就被否定了。星皆运行于天,既然地球是一颗星,那么从别的星球上看,地球也是光华灿烂地在天上运行的。"吾人既生于星中,即生于天上。然则吾地上人皆天上人也。"[②]因为地上人皆"天上人",人人都在"天游",所以康有为自称"天游化人"。他说:"吾之谈天也,欲为吾同胞天人发聋振聩,俾人人自知为天上人,知诸天之无量,人可乘为以太而天游。"[③]人日日夜夜在无穷宇宙中乘以太而遨游天空,大家都同天仙一样,所以"人之生也,与乐俱来"。这给人一种诗的意境,恰如毛泽东所描写的那样:"坐地日行八万里,巡天遥望一千河。"

康有为这样讲"变者,天道也"和破"天地"旧说,表现了他的新的宇宙论观念。但他仍用老观念来论述变的本体。他在《自编年谱》中写道:"其道以元为体,以阴阳为用。"[④]这种认为本体是"元"的思想来自公羊学派。他说:

---

① 康有为:《日本书目志卷七目录》,《康有为全集》第 3 集,第 366 页。
② 康有为:《诸天讲》,《康有为全集》第 12 集,第 11 页。
③ 康有为:《诸天讲》,《康有为全集》第 12 集,第 13 页。
④ 康有为:《我史》,《康有为全集》第 5 集,第 64 页。

　　　　夫浩浩元气，造起天地。天者，一物之魂质也；人者，亦
　　一物之魂质也。虽形有大小，而其分浩气于太元，挹涓滴于
　　大海，无以异也。孔子曰：地载神气，神气风霆，风霆流形，庶
　　物露生。光电能无所不传；神气能无所不感。神鬼神帝，生
　　天生地，全神分神，惟元惟人。①

　　他把世界第一原理称为"元"。"元者气也"，元气造天地万物。但
"元"又是一种精神实体，是"神气"，是"魂质"，是有知之电，能"神
鬼神帝"。他还说："夫神者，知气也，魂知也，精爽也，灵明也，明
德也，数者异名而同实。"又说，"有觉知则有吸摄，磁石犹然，何况
于人？"②他把磁石之吸力也看作是一种精神力量，而人的精神力
量也就同磁、电一样，不过更大罢了。他比附说："其欧人所谓以
太耶？其古所谓不忍之心耶？"③"不忍人之心，仁也，电也，以太
也。"④这类的牵强附会，是很天真的，显得幼稚可笑。从本体论来
说，康有为的"以元为体"体系是唯心论的，其中也有泛神论的倾
向。尽管康有为以电和以太等近代科学的名词来附会，但这种本
体论仍然是传统的旧观念。
　　康有为认为要改制，就要托古，还必须凭借神道设教。他把
孔子的儒家学说变成孔教，把孔子尊为教主，认为自己也是教主。
所以他虽然采用了一些新的科学材料，却又断言世界上是有上帝

---

① 康有为：《大同书第一》，《康有为全集》第 7 集，第 4 页。
② 同上注。
③ 同上注。
④ 康有为：《孟子微》卷一，《康有为全集》第 5 集，第 414 页。

的。他说:"天有上帝者,各国各教所公有也。中国凡称天,即有主宰之意,主宰者上帝也。"①他甚至说:"以奈端(牛顿)、拉伯拉室(拉普拉斯)、达尔文之知至少,而欲尽知天乎? 而可决无上帝乎? 多见其不知量也。"②

总之,康有为在宇宙论上提出了一些新思想,破了"天地"旧说,但从本体论来说则是唯心论的,而且错误地认为"上帝之必有",最后归结到神学。这种两重性是康有为整个体系的特征,他的体系有新的东西,但又有老古董。

三、历史进化论和大同思想

康有为的进化论突出地表现在社会历史观上。他把公羊"三世"说与《礼记·礼运》中讲的大同、小康联系起来,提出了他的历史进化论和人道主义的大同理想。以下我们分三点来论述。

第一,"三世"说:

康有为的"三世"说的基本观点是:人类历史从据乱世进而为升平世,即达到小康,再进而为太平世,即达到大同,这是人类历史进化的普遍规律。他说:

> "三世"为孔子非常大义,托之《春秋》以明之。所传闻世为据乱,所闻世托升平,所见世托太平。乱世者,文教未明也。升平者,渐有文教,小康也。太平者,大同之世,远近大

---

① 康有为:《诸天讲》,《康有为全集》第 12 集,第 93 页。
② 康有为:《诸天讲》,《康有为全集》第 12 集,第 94 页。

小如一，文教全备也。①

> 大道者何？人理至公，太平世大同之道也。三代之英，升平世小康之道也。孔子生据乱世，而志则常在太平世，必进化至大同，乃孚素志。至不得已，亦为小康。而皆不逮，此所由顾生民而兴哀也。②

这两段话都是把公羊"三世"说与《礼运》联系起来，说明人类社会的进化历程。康有为以为孔子深明"古今进化之故"③，他的志愿是要引导人类走向大同之世，达到"大道之行也，天下为公"的理想境界。但是孔子生当乱世，当时"世犹未升，乱犹未拨"，④循序渐进，只能先求实现小康之道。所以"顾生民而兴哀"，只好把"三世"说的微言大义寄托在《春秋》一书。但是孔子的微言大义后来却被埋没了。康有为说："吾中国二千年来，凡汉、唐、宋、明，不别其治乱兴衰，总总皆小康之世也。凡中国二千年儒先所言，自荀卿、刘歆、朱子之说，所言不别其真伪、精粗、美恶，总总皆小康之道也。"⑤为什么会造成这情况，他把主要原因归之于刘歆造伪经，亦即归之于古文经学。他以为这样泥守小康之旧方，不求进化至大同，只能造成极大祸害。正是由于不明孔子的"三世"之说，"中国之民遂二千年被暴王、夷狄之酷政"⑥。幸而在二千五百年之

---

① 康有为：《春秋董氏学》卷二，《康有为全集》第2集，第324页。
② 康有为：《礼运注》，《康有为全集》第5集，第554—555页。
③ 康有为：《礼运注》，《康有为全集》第5集，第553页。
④ 同上注。
⑤ 同上注。
⑥ 康有为：《孔子改制考》，《康有为全集》第3集，第3页。

后，他康有为才又重新发见了孔子的"三世"之说，于是"辟新地以殖人民，揭明月以照修夜，以仁济天下，将纳大地生人于大同之域，令孔子之道大放光明，岂不异哉！"①

这里所说，半是神话和梦呓，半是天才的猜测。正如梁启超所指出：过去中国的学者大抵"以为文明世界在于古时，日趋而日下"，所以主张复古；或者以为"天下之生久矣，一治一乱。其说主于循环"②。《礼记·礼运》美化原始社会为"大道之行也，天下为公"；而演变到夏商周三代，"大道既隐，天下为家"，只能行小康之道了。这是历史退化论。汉代公羊学派讲"三统"、"三世"，董仲舒说"《春秋》之道，奉天而法古"③，"王者有改制之名，无易道之实"④，也是一种主张复古的历史循环论。康有为的"三世"说则有了根本不同的内容，认为社会经历据乱世、升平世再到太平世，历史是进化的，"以为文明世界在于他日，日进而日盛"⑤。这种历史进化论，在政治上为变法维新提供了理论根据；就理论本身而言，也确实提供了新的观念：理想在未来，而不在古代，应遵循历史进化规律前进。

前面说过，龚自珍已利用公羊"三世"说来探索历史规律，但不能克服循环论；魏源有比较多的历史进化观念，但还没有达到历史进化论。龚、魏认为器变道不变，早期改良派也认为道不变。

---

① 康有为：《礼运注》，《康有为全集》第 5 集，第 553 页。
② 梁启超：《南海康先生传》，《饮冰室合集》文集之六，第 72 页。
③ 董仲舒：《楚庄王第一》，钟肇鹏主编：《春秋繁露校释（校补本）》上册，河北人民出版社 2005 年版，第 25 页。
④ 董仲舒：《楚庄王第一》，《春秋繁露校释》上册，第 29 页。
⑤ 梁启超：《南海康先生传》，《饮冰室合集》文集之六，第 72 页。

康有为则说：

> 《春秋》发三世之义，有拨乱之世，有升平之世，有太平之世，道各不同。①

就是说，"世"不同则道不同，升平之道将取代拨乱之道，大同之道将取代小康之道，所以道并非是凝固不变的，这就反对了"器变道不变"之说。

进化论不同于形而上学，就在于指明"类"（如各类天体、生物物种、社会形态等）并非一成不变，"类"各有其本质和独特的规律性，但各类事物又不断演变，一类向另一类转化，构成由低级到高级的发展系列，这就是进化过程。康有为的"三世"说，就是讲三种社会形态（更确切地说是三种政治制度）构成了由低级到高级的进化过程。他说：

> 或民主，或君主，皆因民情所推戴，而为天命所归依，不能强也。乱世、升平世、太平世，皆有时命运遇，不能强致。……即如今大地中，三法并存，大约据乱世尚君主，升平世尚君民共主，太平世尚民主矣。②

可见"三世"说的内容，实际上是把当时世界上并存的三种政治制度（君主专制、君主立宪和民主制）看作人类社会进化的三个不同

---

① 康有为：《日本书目志》，《康有为全集》第 3 集，第 263 页。
② 康有为：《孟子微》卷三，《康有为全集》第 5 集，第 464 页。

阶段,并说这是"天命"决定的,因而是历史的必然。但天命又从何而知呢？他说:"以民情验天心","民之所归,即天之所与也"。①"天命"、"天心"是古代的传统观念,但是在神学的外衣下,这些传统观念表述的是民主观念和进化论的新思想。

正如康有为把地球看作是天上的一颗星,否定了古老的"天地"旧说一样,在历史观上,他把中国看作是世界上的一个国家,把中华民族看作是世界上的一个民族,所以他的眼界比前人开阔了。他不仅看到了"大地中三法并存",而且在《礼运注》中,提到了人类曾经过一个原始社会,举了腾越野人、婆罗洲各岛生番、非洲野人等等为例,说明起初是采集经济,以后又经历了渔猎的阶段,然后有了农业生产,并知道铸金等等。康有为力图用近代的科学资料来作论证,他的眼光超出了中国的范围,对世界各民族作了某种比较研究,这就使他的哲学思想超越了前人。进化论的"三世"说指出,封建专制制度将被资产阶级民主主义制度所取代,是一种客观的必然性;历史不是一治一乱的循环,它有一个发展的方向,这个方向不是回到太古,而是面向未来。这是前所未有的观点,是哲学思想的革命性的改变。

当然,他以"三世"说作为一个模式来套裁历史,是不科学的。他的历史进化观"义取渐进,更无冲突"②,只主张改良而反对革命,只讲相爱、调和,而反对冲突、竞争,所以是一种改良主义理论。如果我们进一步问他社会进化的动因是什么,那么康有为的回答是唯心论的。他把它归结为人的避苦求乐的本能和不忍人

---

① 康有为:《孟子微》卷三,《康有为全集》第 5 集,第 463 页。
② 梁启超:《南海康先生传》,《饮冰室合集》文集之六,第 84 页。

之心。

第二，人性论以及人道之进化：

康有为在人性论上赞成孔子"性相近，习相远"的观点。他说：

> 夫相近，则平等之谓，故有性无学，人人相等，同是食味、别声、被色，无所谓小人，无所谓大人也。①

他认为人性相近，所以人是平等的。如果仅从天性上看，人与禽兽也差不多，两者都是眼能看、耳能听、肢体能运动的，所以他认为告子讲"生之谓性，自是确论"②，人性无善无不善。这样讲人性，是从生物学、人类学来看问题，而从性相近上论证人与人平等，则是有近代意义的命题。

那么人性的具体内容是什么？康有为从人禀阴阳之气来讲人性有爱恶之端，他说：

> 人禀阴阳之气而生也。能食味、别声、被色，质为之也。于其质宜者则爱之，其质不宜者则恶之，儿之于乳已然也。见火则乐，暗则不乐，儿之目已然也。故人之生也，惟有爱恶而已。③

---

① 康有为：《长兴学记》，《康有为全集》第 1 集，第 341 页。
② 同上注。
③ 康有为：《康子内外篇》，《康有为全集》第 1 集，第 100 页。

人一生下地来，便与外物接触，逐渐能辨别各种颜色、声音、滋味等，对自己适宜的就喜爱，对自己不适宜的就厌恶，所以"人之始生，便具爱恶二质"①。康有为认为人类的种种欲望、情感，都可归结为爱恶，而对这种"受天而生，感物而发"的爱恶之情，"不能禁而去之，只有因而行之"②。

康有为所谓爱恶之情，就是求乐、免苦，"适且宜者，则神魂为之乐，……不适不宜者，则神魂为之苦"③。人无不"求乐免苦"，要求满足种种欲望。"人情所愿欲者何？口之欲美饮食也，居之欲美宫室也，身之欲美衣服也，目之欲美色也，鼻之欲美香泽也，耳之欲美音声也，……精义妙道之欲入于心耳也，名书、妙画、古器、异物之欲罗于眼底也，美男妙女之欲得我意者而交之也，……"总之，"人生而有欲，天之性哉"④，从食色之欲、各种感官的享受到精神上的嗜好，都包括在内。

根据这样的人性论，人道应该是怎么样的呢？康有为认为："故夫人道只有宜不宜，不宜者苦也，宜之又宜者乐也，故夫人道者依人以为道。依人之道，苦乐而已，为人谋者，去苦以求乐而已。"⑤人道就是使大家避苦求乐。在他看来，政治、伦理、学问、宗

---

① 康有为：《实理公法全书》，《康有为全集》第 1 集，第 148 页。《实理公法全书》是康有为的佚稿。成稿时间约为 19 世纪 90 年代初期。《全书》模仿欧几里德《几何原本》的编写形式，把他所设计的大同制度，同"几何公理"相比拟。此份佚稿原为康同璧收藏，《中国文化》研究集刊第 1 辑（复旦大学出版社 1984 年版）根据美国斯坦福大学胡佛图书馆的微缩胶卷复制件，并以上海图书馆所藏抄件复核后刊出。现收入《康有为全集》。
② 康有为：《礼运注》，《康有为全集》第 5 集，第 561 页。
③ 康有为：《大同书第一》，《康有为全集》第 7 集，第 6 页。
④ 康有为：《大同书第一》，《康有为全集》第 7 集，第 32 页。
⑤ 康有为：《大同书第一》，《康有为全集》第 7 集，第 6 页。

教，其良否都在于能否使人民得到快乐。他说："立法创教，能令人有乐而无苦，善之善者也；能令人乐多苦少，善而未尽善者也；令人苦多乐少，不善者也。"①善与不善，就看苦乐的多少。因此，康有为反对墨子"非乐"、反对清教徒的苦行，他充分肯定人欲的正当性，把人们追求快乐、幸福看作是道德的基础，这同理学家的"存天理、去人欲"的说教是根本对立的。而且，康有为还以"求乐免苦"为标准来讲人道的进化，他说：

> 尽诸圣之千方万术，皆以为人谋免苦求乐之具而已矣，无他道矣。能令生人乐益加乐，苦益少苦者，是进化者也，其道善。其于生人乐无所加而苦尤甚者，是退化者也，其道不善。②

就是说，圣人讲人道虽有千方万术，都无非是"求乐免苦"之计。在他看来，一切物质生活的改善，一切精神文化的进步，都可归结为"免苦求乐之具"的进化。

不过康有为的人性论还有另一方面。他在《内外篇·爱恶篇》中谈到告子时说：

> 告子曰"食色性也"，"性犹湍水也"，是也；曰"以人性为仁义，犹以杞柳为桮棬"，则未至也。夫人性本有仁义，特非

---

① 康有为：《大同书第一》，《康有为全集》第7集，第7页。
② 康有为：《大同书》，《康有为全集》第7集，第184页。

仁义之至耳。①

他同意孟子"人皆有不忍人之心"的观点,以为正是这点不忍之心,使人"可以为善"。通常所谓仁义,"积人事为之,差近于习,而非所谓性也"②。所以告子讲性无善无不善是对的。但正如顺杞柳之性而为桮棬,顺不忍人之心而为仁义,也应该说人性中"本有仁义"。康有为以为,凡有血气心知之物,莫不爱其类。人都爱同类,都有同情心,这就是仁。他说,人莫不爱其身,因而爱父母,又由此而推及他人,推到爱人类,虽有远近之别,但"为仁一也"③。从这个方面说,康有为也主张人性善。他发挥了孟子的观点,说:

> 一切仁政,皆从不忍人之心生。……一核而成参天之树,一滴而成大海之水,人道之仁爱,人道之文明,人道之进化,至于天下大同,皆从此出。④

可见,康有为的人性论近于告子与孟子两说的折衷;而他讲人道之进化,既指求乐免苦之方的改进,也是不忍人之心的扩充。告子说"生之谓性",重视人的感性要求,有经验论倾向;孟子主张性善,重视人的理性本质,是先验论的学说。康有为把两种说法统一起来,他并不认为其间有什么矛盾,因为在他看来,不忍人之心

---

① 康有为:《康子内外篇》,《康有为全集》第 1 集,第 101 页。
② 同上注。
③ 康有为:《长兴学记》,《康有为全集》第 1 集,第 342 页。
④ 康有为:《孟子微》卷一,《康有为全集》第 5 集,第 414 页。

也是一种欲。人类有合群的本能，无不"喜群而恶独"，所以有"不忍人之欲"。圣贤所作为，出于"不能制断不忍人之欲，亦姑纵之。竭吾力之所能为，顺吾性之所得为而已"①。所以梁启超说，康有为认为"凡圣贤豪杰之救世任事，亦不过自纵其救世任事之欲而已"②。当然，对我来说是自纵其救世之欲，对人来说则是为了"使人人皆得其乐、遂其欲、给其求"。康有为认为这就是大同理想。

第三，大同理想：

根据康有为的"三世"说和人性论，人道进化的最终目标就是大同世界。他以为圣人立法，本意都在使人求乐免苦。但人道必因乎时势。如不随时势变化，即使原来是善法，也会变成不善之法："于是始为相扶植保护之善法者，终为至抑压、至不平之苦趣。至是乎，则与求乐免苦之本意相反矣。"③即是说，"法"变成过时的东西以后，就成为压抑人的工具，所以必须变法。变法必须依据历史进化规律："据乱之后，易以升平、太平，小康之后，进以大同。"④最后达到大同世界，人人都能避苦求乐。大同世界是个极乐世界。

如何实现大同？按照他的理论，就是要扩充人的"不忍人之心"，扩充人的"爱同类"的本性。康有为认为，在据乱世时，只能实行"亲亲"；到了升平世，就能"仁民"，即爱同类；到了太平世，"众生如一，故兼爱物"⑤。就是说，由据乱世到升平世，再到太平

---

① 康有为：《康子内外篇》，《康有为全集》第 1 集，第 104 页。
② 梁启超：《南海康先生传》，《饮冰室合集》文集之六，第 72 页。
③ 康有为：《大同书第一》，《康有为全集》第 7 集，第 6 页。
④ 康有为：《大同书第一》，《康有为全集》第 7 集，第 6 页。
⑤ 康有为：《孟子微》卷一，《康有为全集》第 5 集，第 415 页。

世,是一个扩充人的爱心的过程。由于爱心的扩充,人们就能逐渐破除人世间的种种界限、等级、对立,最后消除苦难的根源。康有为以为,人道之苦"皆因九界":"一曰国界,分疆土、部落也。二曰级界,分贵贱、清浊也。三曰种界,分黄、白、棕、黑也。四曰形界,分男、女也。五曰家界,私父子、夫妇、兄弟之亲也。六曰业界,私农、工、商之产也。七曰乱界,有不平、不通、不同、不公之法也。八曰类界,有人与鸟兽虫鱼之别也。九曰苦界,以苦生苦,传种无穷无尽,不可思议。"①康有为以为,唯有"破除九界",去掉国家、等级、种族的界限,实行男女平等,促使家庭消亡,去私产之业,"凡农工商之业,必归之公",最后达到天下太平,众生如一,才是真正实现大同理想。

当然,这只是一种空想。不过空想也有其真实的历史内容。洪秀全和康有为都向往"天下为公"的大同之世,但按其内容来说却显然不同:太平天国的《天朝田亩制度》勾画了一幅以小农经济为基础的农业社会主义的蓝图,而康有为的《大同书》则详细地展现了以近代人文主义(即人道主义)为内容的资产阶级的社会理想。他说:

> 吾采得大同太平、极乐长生、不生不灭、行游诸天、无量无极之术,欲以度我全世界之同胞而永救其疾苦焉,其惟天予人权、平等独立哉! 其惟天予人权、平等独立哉!②

---

① 康有为:《大同书第一》,《康有为全集》第7集,第25页。此段文字,《康有为全集》之《大同书》正文中未收,见页下注释中。
② 康有为:《大同书第六》,《康有为全集》第7集,第164页。

他认为，到了大同社会，就有了真正的民主权利，人人平等，男女皆具独立人格。《大同书》用资产阶级的天赋人权说和自由平等博爱的学说反对封建主义，是一个人文主义的乌托邦，它反映了资产阶级的要求。

康有为把天赋人权说和封建的纲常教义尖锐地对立起来。他说："君臣也，夫妇也，乱世人道所号为大经也，此非天之所立、人之所为也。"[①]他猛烈抨击"君之专制其国，鱼肉其臣民"，"夫之专制其家，鱼肉其妻孥"的惨苦现象。并认为父母对子女虽有养育之劳，但"人，天所生也，托借父母生体而为人，非父母所得专也"。如果父母对子女实行专制，那也是"失人道独立之义而损天赋人权之理者也"[②]。康有为以为，只要破除"三纲"之说，使大家明白天赋人权之义，于是男女平等独立，"婚姻之事不复名为夫妇，只许订岁月交好之和约而已"，这样家庭便自然消亡。"无有夫妇父子之私矣，其有遗产无人可传，其金银什器皆听赠人。若其农田、工厂、商货皆归之公，即可至大同之世矣。全世界之人皆无家，则去国而至大同易易矣。"[③]这样简易直捷的到达大同之路，是很天真的幻想。但他强调"自去人之家始"，实际上是要求首先破除封建宗法制度，却是有现实意义的。

梁启超在《南海康先生传》中，把康有为哲学的特点概括为如下几点："先生之哲学，博爱派哲学也"；"先生之哲学，主乐派哲学也"；"先生之哲学，进化派哲学也"；"先生之哲学，社会主义派哲

---

① 康有为：《大同书第一》，《康有为全集》第 7 集，第 36 页。
② 同上注。
③ 康有为：《大同书第六》，《康有为全集》第 7 集，第 163 页。

学也"。① 康有为借"三世"说讲历史进化论,以为人性皆避苦求乐,皆有不忍之心,所以讲他是"进化派"、"主乐派"、"博爱派"。至于所谓"社会主义",即指他的大同理想。

以上的论述,大体上是以梁启超的概括为依据的。

四、"以智为先"的先验主义和对方法论近代化的初步探索

在心物、知行的关系上,康有为讲精神贵于身体,知为先。他说:

> 心,有知者也。体,无知者也。物无知而人有知,故人贵于物,知人贵于物,则知心贵于体矣。②

心比体更尊贵,理性比感性更尊贵。心思之官是"魂灵",耳目之官是"魄质",魂比魄更尊贵。③ 他所理解的心是指大脑小脑,人的知觉、记忆、思维、情感等都出于心思之官。他认为,人应"养其魂灵,统御其体魄",这基本上是孟子的"先立乎其大者,则其小者弗能夺也"的观点。与此相联系,在知与行的关系上,他主张先知而后行。他强调"先知而后行"是"天然之理",认为人能预见祸福,早知利害,行为就自然合理了。他说:

> 通古今、别善否曰士,然则士以智为先矣。④

① 梁启超:《南海康先生传》,《饮冰室合集》文集之六,第71—73页。
② 康有为:《春秋董氏学》卷六下,《康有为全集》第2集,第392页。
③ 康有为:《孟子微》卷二,《康有为全集》第5集,第437—438页。
④ 康有为:《春秋董氏学》卷六下,《康有为全集》第2集,第393页。

那么,如何获得知识? 康有为也强调要学习。他说:"之京师者,能为燕语;入吴越者,能作吴言;⋯⋯其外有以灌输之也。"[1]是说:到京师的人能讲北京话,到吴越的人则能讲吴语,这都是由于"灌输",即环境给他的教育造成的。正由于学习,所以人与禽兽相距很远,而且各个不同的人也可以有很大的差别。

值得注意的是,他特别提出"逆而强学者智"[2]。"强学",就是发挥人的能动性来学习。他说:

　　人所以异于人者,在勉强学问而已。夫勉强为学,务在逆乎常纬。[3]

"纬",相对"经"而言,"常纬"指流俗视为常规、奉为圭臬者。康有为认为勉强为学,就不能怕流俗,要敢于违抗潮流。他指出,习俗有很强大的势力。这种势力不是一个人,而是积千万人、亿万人而成;不是一时的,而是积百十年、千万年而形成的。"积习深矣。欲矫然易之,非至逆安能哉? 故其逆弥甚者,其学愈至,其远于人愈甚,故所贵勉强行道也。"[4]愈是敢于逆乎流俗,便愈有智慧,这就是"逆而强学者智"。魏源讲龚自珍"其道常主于逆"。[5]康有为也是如此,他写《新学伪经考》,说西汉经学本无所谓"古文",古文经都是刘歆伪造的,这是非常惊人的理论,给人们的震

———————

[1]　康有为:《长兴学记》,《康有为全集》第 1 集,第 341 页。
[2]　同上注。
[3]　同上注。
[4]　同上注。
[5]　魏源:《定盦文录叙》,《魏源全集》第 13 册,第 214 页。

动很大。接着又写《孔子改制考》，说孔子作《春秋》，是"改制创作之书"，不仅孔子托古改制，而且春秋战国时期的诸子百家都是托古改制。这在当时是很有叛逆性的理论。康有为这些说法很大程度是出于主观武断，但我们要注意到他写的《新学伪经考》、《孔子改制考》在当时确是"逆乎常纬"之书。

"逆而强学者智"这一命题具有唯物主义和经验论的倾向，这种倾向也表现在康有为不止一次地强调"实测"。不过，康有为从泛神论观点出发，又说："人各分天地原质以为灵魂，然后有知识，有知识然后能学。"[1]他以为是人的灵魂（理性）先有知识，然后才能学习，这却显然是先验论的观点。他在解释董仲舒"人之元乃在乎天地之前"的论点时还说：

> 人与天同本，于元犹波涛与沤同起于海，人与天实同起也。然天地自元而分别为形象之物矣。人之性命虽变化于天道，实不知几经百千万变化而来，其神气之本，由于元。溯其未分，则在天地之前矣。[2]

是说，人的神气（灵魂）之本源即人之元，它也就是天之元。元为万物之本，是在天地成形之前就存在的。他以为，"人之所以最贵而先天者"[3]，正在于这一点。

康有为的先验主义观点，贯彻于他的建立理论体系的方法。

---

① 康有为：《实理公法全书》，《康有为全集》第 1 集，第 152 页。
② 康有为：《春秋董氏学》卷六上，《康有为全集》第 2 集，第 373 页。
③ 同上注。

他同哲学史上的某些唯理论者一样，以为数学是最严密的科学，数学方法是最有效的发现真理的方法。据《康南海自编年谱》，他在 1885 年"从事算学，以几何著《人类公理》"[①]。1886 年"又作《公理书》，依几何为之者"。[②] 我们从现存的《实理公法全书》，可以看到他当时如何模仿欧几里得的几何学方法来构造他的理论。[③] 而后来到 19 世纪 90 年代，他建成了以托古改制的"三世"说为核心的体系，则自称是运用了代数方法，这种方法在《春秋董氏学》中得到了比较详细的阐明。不论是模仿几何学还是模仿代数，在康有为那里，虽都成了先验主义的方法，但也是方法论近代化的可贵尝试。

　　欧几里得几何学是一个形式逻辑的公理系统，它从若干定义、公理出发，经过演绎推导和论证，确立一个个定理、公式，形成严密的系统。康有为《实理公法全书》则以若干"实理"（相当于几何学中的定义、公理）为根据，来推导或衡量人类社会中的种种"公法"。他说：

　　　　实理明则公法定，间有不能定者，则以有益于人道者为断，然二者均合众人之见定之。[④]

就是说，以已经考明的"实理"为根据，来确定"公法"是否合理。

① 康有为：《我史》，《康有为全集》第 5 集，第 65 页。
② 同上注。
③ 现收入《康有为全集》。
④ 康有为：《实理公法全书》，《康有为全集》第 1 集，第 147 页。

这有两种情况：如果是从"实理"出发，经演绎推论而得的"公法"，那便是"几何公理所出之法，称为必然之实，亦称永远之实"；如果不是，那便是"人立之法，称为两可之实"①。他以为前者必然有益于人道，而后者则可能有益于人道，也可能无益于人道。而不论哪种情况，都要看它是否合乎公众之见，而不能凭个人独断。

举例来说，在该书《总论人类门》一节，他以"人各分天地原质以为人"和"人各具一魂，故有知识"为两条"实理"；由此推论出"人有自主之权"，为"几何公理所出之法，最有益于人道"；还可推论出"人类平等是几何公理"，因此，"以平等之意，用人立之法"，也是可取的。而在某些制度（如封建制度）下，"人不尽有自主之权"，"以差等之意，用人立之法"②（即根据等级制来立法），那就不合或违背几何公理，一定要产生弊端，造成祸害。

再举一例：在该书《师弟门》一节中，康有为所举的"实理"之一为："地球既生，理即具焉，盖既有气质，即有纹理。人有灵魂，知识生焉，于是能将理之所在而发明之，其发明者日增一日，人立之制度亦因而日美一日。"③以此为根据，他推论出一条"公法"："圣不秉权，权归于众。古今言论以理为衡，不以圣贤为主，但视其言论何如，不得计其为何人之言论。"④这被认为是"几何公理所出之法，且最益于人道"。⑤　而世上有某些宗教，却以为创教的圣人权力无限，"凡奉此圣之教者，所有言论，惟以此圣为主，不以理

---

① 康有为：《实理公法全书》，《康有为全集》第1集，第147页。
② 康有为：《实理公法全书》，《康有为全集》第1集，第148—149页。
③ 康有为：《实理公法全书》，《康有为全集》第1集，第151页。
④ 康有为：《实理公法全书》，《康有为全集》第1集，第152页。
⑤ 同上注。

为衡"①,这便是与几何公理完全违背,成了专制独断了。

如此等等,在形式上是对几何学演绎推理的模仿,而在实质上则是根据泛神论和理性主义的观点,把人视为自然的物和具有天赋理性,来推导和论证资产阶级的自由平等的要求,使之取得"普遍性形式"(如人权天赋、人人平等等)。这在当时历史条件下无疑有其反封建的进步意义,但是从方法论来说,他所列举的"实理"未必经得起"实测"而得到"考明"。(他甚至说"人于死后其魂能再投生"是一条"实理"!)他所说的"几何公理所出之法",也未必具有"必然之实"、"永远之实"的性质,所以他实际上未能做到"实理明则公法定"。

康有为的《春秋董氏学》卷二为《春秋例》,着重讲了他的方法论。他说:"董子之于春秋例,亦如欧几里得之于几何也。"②他以为孔子作《春秋》,董仲舒作《春秋繁露》也是用的数学方法,不过不是几何学,而是代数学。他说:

> 《春秋》以寓改制,其文犹代数,故皆称托,不过借以记号耳。数不能直叙,代以甲子、天元。天下无有怪甲子、天元之诡者,又何疑于《春秋》乎?③

就是说,《春秋》的文字就好像代数,中国古代的代数借用甲子、天元等为符号以记数,春秋讲"三世"、"五始"、"内外"、"三统"等也

---

① 康有为:《实理公法全书》,《康有为全集》第 1 集,第 152 页。
② 康有为:《春秋董氏学》卷二,《康有为全集》第 2 集,第 323 页。
③ 康有为:《春秋董氏学》卷二,《康有为全集》第 2 集,第 329 页。

都是代数符号,这些符号用来寄寓孔子改制的意思。就像国律有例、算法有例、乐有宫商谱、诗有声调谱一样,《春秋》也是一种谱、一些公式,而以事为类例,以寄寓微言大义。他说:"《春秋》之作在义不在事。"事例都是用来寄托义理的,不能把《春秋》看作记事之书,其中"一切皆托,不独鲁为托,即夏、殷、周之三统亦皆托也"①。而"三世"尤其是"孔子非常大义",它寄托于"春秋分十二世以为三等":"所传闻世为据乱,所闻世托升平,所见世托太平。"②也就是说,把春秋 240 年分为"所传闻"、"所闻"、"所见"三世,是以之作为符号,来寄托人类历史由据乱而升平而太平的进化规律。

康有为说:

> 孔子改制举其大纲,其余条目皆任弟子推补,故孔门后学皆有推补之权。③

他以为,重要的是要把握《春秋》托古改制的微言大义。但孔子借用一些符号来讲改制,只是举了大纲,其条目让孔门后学去发挥。如果不懂这一道理,不能把握托古改制的微言大义,那么《春秋》真是"断烂朝报"。如果领会了这道理,那么后学就可以像进行代数演算或填谱一样进行推演、补充,以指导现实。康有为说孔子托古改制,实际上讲的是自己托古改制。他认为"布衣改制,事大

---

① 康有为:《春秋董氏学》卷二,《康有为全集》第 2 集,第 324 页。
② 同上注。
③ 康有为:《春秋董氏学》卷二,《康有为全集》第 2 集,第 329 页。

骇人"，所以要托之于古之圣人，采取宗教的形式。他实际上并不是推补孔子之道，而是利用孔子，利用六经来推行变法维新。他对六经作了一种主观的随意的解释，"三世"、"三统"等被视为是代数符号，凭主观作推导，从方法论上说，这当然是先验主义的。

通常所谓先验主义的方法，是指这样一种思辨方法，它不是从对象本身去认识它的特性，而是从对象构成了概念，便把概念同对象割裂开来，加以形而上学化，即绝对化，而后又颠倒过来，用形而上学的概念去推导和衡量对象，要求对象和概念相适应。康有为的方法正是如此。他从当时中国资产阶级的现实要求（要求民主、自由、变法维新等）中构成概念，随即加以绝对化，使之具有形而上学尊严（"人各具一魂，故有知识"，"三世"说出于"天命"等），然后又模仿几何学和代数学的方法，用天赋理性来论证天赋人权，把"三世"作为固定的模式往历史和现实上套，并说他康有为倡导变法维新是"天命之所归依"等。

这样用先验主义方法构造出来的哲学体系，从整体上说当然是一种虚构。不过从辩证唯物主义和历史唯物主义的观点来看，重要的是看这种哲学思想是不是反映了社会发展的客观要求，是不是包含着人类认识的环节。康有为自己当然不可能意识到这一点。但他的进化论和人文主义思想，确实是包含了中国近代哲学革命的重要环节，反映了在当时虽然很软弱，但却是先进的资产阶级要求。可以说，他凭直觉把握了这种要求，所以他敢于"逆乎常纬"，提出改制的主张。而他的进化论和人文主义思想，作为变法维新的哲学根据，起了推动历史前进的作用。

中国近代哲学革命的进程中间也包括思维方式的变革，即要求用近代的科学思维取代陈旧的经学方法。康有为托古改制,他的学说没有摆脱经学的形式,然而他对方法论的探索,却正是冲破旧思维形式束缚这一深层的历史要求的表现。虽然他的几何学方法和代数学方法实质上是先验主义方法,但也给哲学带来了新鲜气息,预示着:哲学将从近代科学中吸取丰富的营养而取得新的面貌,最终抛弃陈旧的经学外衣。

总起来看,康有为的哲学思想中有关于宇宙演化、历史进化的新观念,其中又反映了资产阶级人文主义与自由、平等、博爱的思想。他讲"逆而强学者智",就是对传统的叛逆和抨击;他还对方法论的近代化作了初步探索。这些在当时有不容忽视的革命意义,这是必须给了肯定的。不过,他的宇宙论的新观念,还束缚在唯心论的本体论和神学学说之中,他的历史观是用经学形式表述的,他建立体系的方法是先验主义的。戊戌变法后,康有为不能跟着历史前进,而是愈来愈趋于保守,其哲学中落后的方面就膨胀起来。他主张保皇、保教,与以孙中山为代表的革命派是对立的,辛亥革命后更成了历史前进的绊脚石。不过我们应该看到,康有为在戊戌变法时期,在中国哲学近代化的方向上,确实跨出了第一步。这一开创者的功绩决不应被忽视。

第二节　谭嗣同:"冲决网罗"之仁学

在康有为领导的戊戌变法运动中,思想比较激进的是谭嗣同,他提出要"别开一种冲决网罗之学"。

谭嗣同(1865—1898),字复生,号壮飞,湖南浏阳人。少年时代就鄙弃科举之路，而注重今文经学，曾经漫游西北、东南各省，体察民情。中日甲午战争以后，感愤于中国的积贫积弱，在浏阳率先创立学会，主张"兼西学"、"裨实用"，倡导新学，立志变法。1896 年结识梁启超，并了解康有为的变法主张。接着囿于父命，入赀为江苏候补知府。在候缺期间，跟从杨文会①学佛学，并著《仁学》②一书。翌年，参与开办时务学堂，编辑《湖南新报》、《湘学报》、《湘报》，积极宣传维新变法。1898 年被任为四品卿衔军机章京，参议新政。戊戌政变以后他拒绝出走而慷慨赴义，年仅 34 岁，是著名的"戊戌六君子"之一。他的著作经今人编为《谭嗣同全集》。

一、破"中外之见"与"冲决网罗"

谭嗣同作为资产阶级维新派中的激进人物，在"古今"之争上，强调不能复古，要面对现实。他说："古而可好，又何必为今之人哉？"③他认为，"欧、美二洲，以好新而兴，……亚、非、澳三洲，以好古而亡。"④

在"中西"之争上，谭嗣同提出要破中外之见。他以地圆说来

---

① 杨文会（1837—1911），字仁山，号深柳堂主人，自号仁山居士，安徽石埭（今石台）人，中国近代著名佛学家。他创立"金陵刻经处"，刊行佛经，并设立祇洹精舍、佛学研究会，又得到日本友人的帮助，从日本得到我国许多佛教逸书，加以翻刻，对近代佛学的复兴，中国和日本、印度等地佛教文化的交流，都有较大贡献。其著述后由金陵刻经处编辑成《杨仁山居士遗著》10 册。
② 《仁学》写于光绪二十二年（1896），在谭氏生前没有发表，一直到他遇难后次年（即 1899 年 1 月）才分别在日本横滨由梁启超主编的《清议报》和在上海出版的《亚东时报》上陆续发表。在维新派的著作中，《仁学》是最激进的。
③ 谭嗣同：《仁学》十八，《谭嗣同全集》下册，第 319 页。
④ 同上注。

论证中国人不应该自居天下之中，不应该把外国人看作是夷狄。地球是圆的，到处都可以说是天下之中。他说："且道非圣人所独有也，尤非中国所私有也。"①有些人老是说，伦常是中国人所独有的，外国人不讲伦常。谭嗣同说，如果外国人不讲伦常，就不能彼此相爱，不能团结，就不能生存下去。他们能举国一心，富强远出于中国之上，怎么能说他们不讲伦常呢？只是他们所说的伦理关系不同于中国的三纲五常罢了。

谭嗣同认为中国的三纲五常，是束缚人的网罗。他大声疾呼要"冲决网罗"，特别是"冲决君主之网罗"、"冲决伦常之网罗"、"冲决天之网罗"等。② 这些口号主要是针对着封建制度、纲常教义、儒家天命论的。他说：

> 俗学陋行，动言名教，敬若天命而不敢渝，畏若国宪而不敢议。③

就是说，俗儒把名教说成如上天的命令、国家的宪法一般神圣，叫人敬畏，以便在上者利用来压制在下者，所以必须冲决名教之网罗。几千年来，"君以名桎臣，官以名轭民，父以名压子，夫以名困妻"④，借三纲五伦之名义，封建统治不知杀害了多少人！

他以为五伦中只有朋友一伦是"最无弊而有益"的，"所以者

---

① 谭嗣同：《思纬壹壹台短书》，《谭嗣同全集》上册，第197页。
② 谭嗣同：《仁学》，《谭嗣同全集》下册，第290页。
③ 谭嗣同：《仁学》八，《谭嗣同全集》下册，第299页。
④ 同上注。

何？一曰'平等'；二曰'自由'；三曰'节宣惟意'。总括其义，曰不失自主之权而已矣。兄弟于朋友之道差近，可为其次。余皆为三纲所蒙蔀，如地狱矣。"①这是说，人们之间的伦理关系，应该都是像朋友那样的平等关系，根据自由意志或自愿原则相结合，彼此尊重自主之权，独立人格。所以，他实际上是主张用资产阶级的自由、平等来破坏封建主义的纲常名教。

谭嗣同特别猛烈地攻击"君臣"之伦。他说："二千年来君臣一伦，尤为黑暗否塞，无复人理，沿及今兹，方愈剧矣。"②他以为从秦王朝开始2000多年来，封建君主的专制统治一代比一代厉害，造成了数不清的祸患，已达到"无可复加，非生人所能任受"③的地步。在他看来，历代专制皇帝都是"独夫民贼"、"窃国大盗"，而那些高唱"君为臣纲"的儒者，则是"卑谄侧媚、奴颜婢膝"的乡愿。他说：

　　……二千年来之政，秦政也，皆大盗也；二千年来之学，荀学也，皆乡愿也。惟大盗利用乡愿；惟乡愿工媚大盗。④

在戊戌变法时期，康、梁一派人物都尊孟抑荀，谭嗣同的言论尤为激烈。他认为孟子讲"民贵君轻"，有民主精神；而荀子则"法后王，尊君统"，维护君主专制制度，他的弟子李斯相秦，就是助纣为

① 谭嗣同：《仁学》三十八，《谭嗣同全集》下册，第350页。
② 谭嗣同：《仁学》三十，《谭嗣同全集》下册，第337页。
③ 谭嗣同：《仁学》三十四，《谭嗣同全集》下册，第343页。
④ 谭嗣同：《仁学》二十九，《谭嗣同全集》下册，第337页。

虐。以后的儒者，从叔孙通、刘歆、韩愈，到标榜"洙泗正传"的理学家，都是只知媚事窃国大盗的乡愿。

谭嗣同又从国家制度的起源来谈君民关系，说：

> 原夫生民之初，必无所谓君臣，各各不能相治，于是共举一人以为君。夫曰共举之，亦必可共废之。故君也者，为天下人办事者，非竭天下之身命膏血，供其骄奢淫纵者也。供一身之不足，又欲为子孙万世之计，而一切酷烈钳制之法乃繁然兴矣。而圣教不明，韩愈"臣罪当诛，天王圣明"之邪说，得以乘间而起，以深中于人心。[①]

就是说，原始人并无君臣之分，都是平等的，都是民；不过因为"民不能相治，亦不暇治"，于是选一个人出来作为君，来为民办事。所以"非君择民，而民择君也"。"君末也，民本也。天下无有因末而累及本者，亦岂可因君而累及民哉？"[②]但过去君主却把这种关系颠倒过来，以一己专制天下，把天下看作是供个人骄奢淫纵的产业，还要传之子孙万代，除用严刑峻法对付人民之外，韩愈之流又用种种邪说来替"君为臣纲"作辩护。谭嗣同这种国家起源学说和民主思想，显然是根据黄宗羲《明夷待访录》加以发挥，同时又和卢梭的《民约论》颇有相似之处。不过据梁启超说，当时谭嗣同并没有读过卢梭的书，"而理想多与暗合，盖非思想解放之效不

---

① 谭嗣同：《书简》，《谭嗣同全集》下册，第462—463页。
② 谭嗣同：《仁学》三十一，《谭嗣同全集》下册，第339页。

及此"①。当然,所谓"思想解放之效",应当理解为谭嗣同把握了时代的脉搏,反映了新兴资产阶级的要求。

此外,谭嗣同与当时维新派中的一些人不同,他对清王朝统治者的罪恶揭露非常尖锐,而且直接攻击清朝统治者为"独夫"。说:"且曰:'宁为怀、愍、徽、钦,而决不令汉人得志'。固明明宣之语言,华人宁不闻而知之耶?"②他认为,志士仁人,应当起来做陈涉、杨玄感,发动农民起义;如果起义办不到,那么"莫若为任侠,亦足以伸民气"③。显然,这已超出了变法维新的范围,与以后的资产阶级革命派的言论很接近了。

二、唯名论观点和"以太说"

那么,谭嗣同所要求"别开一种冲决网罗之学"④的"学"究竟是什么呢? 就是他的"仁学"。他为"仁"作了界说:

> 仁以通为第一义。……通之义,以"道通为一"为最浑括。……通之象为平等。⑤

他以为"仁"的首要涵义就是"通",仁道把"中外"、"上下"、"男女"、"人我"通而为一,达到完全平等。"通"与"塞"相反。名教网

---

① 梁启超:《清代学术概论》,《饮冰室合集》专集之三十四,第 68 页。
② 谭嗣同:《仁学》三十四,《谭嗣同全集》下册,第 343 页。
③ 谭嗣同:《仁学》三十四,《谭嗣同全集》下册,第 344 页。
④ 谭嗣同:《致唐才常》,《谭嗣同全集》下册,第 528 页。
⑤ 谭嗣同:《仁学界说》,《谭嗣同全集》下册,第 291 页。

罗造成"黑暗否塞",这便是所谓"乱于名,故不通"①。所以,为了认识和实现仁道,必须扫除由"名"造成的混乱。

为此,他着重讨论了名实问题,专门写了《释名》、《辨实》两篇文章。他说:"吾是以痛夫世之为名敝也,将以实救之。"②他认为"名"造成了祸害,应以"实"来救世。什么是实? 他说:

> 耳目之所构接,口鼻之所摄受,手足之所持循,无所往而非实者。即彼流质气质,以至太虚洞窅之际,莫不皆有实理实物。③

就是说,感官所接触的,感性活动所把握的,以及非耳目所及的气质、实理、太虚,都是"实"。他认为应该务实、求实。"以实,则一切不为其名,惟择其于今可行者著焉。"④所以变法不是要争变法之名,而要有变法之实,采取适合于当前实际的措施。

那么,为什么会造成"世为名敝"? 他以为是因为"名乱",于是人我相通、彼此平等的"仁"道被扰乱了。他说:

> 仁之乱也,则于其名。名忽彼而忽此,视权势之所积;名时重而时轻,视习俗之所尚。……名本无实体,故易乱。名乱焉,而仁从之,是非名罪也,主张名者之罪也。⑤

---

① 谭嗣同:《仁学界说》,《谭嗣同全集》下册,第 291 页。
② 谭嗣同:《治事篇第一》,《谭嗣同全集》下册,第 436 页。
③ 谭嗣同:《治事篇第二》,《谭嗣同全集》下册,第 436 页。
④ 谭嗣同:《治事篇第一》,《谭嗣同全集》下册,第 436 页。
⑤ 谭嗣同:《仁学》八,《谭嗣同全集》下册,第 299 页。

意思是说，因为名无实体，实是不断变化的，名不能随着实变化，所以易造成混乱。而"主张名者"又视"权势之所积"与"习俗之所尚"为转移，于是使名成为乱之源。谭嗣同这里讲的意思是两层：一是名不能随着实变化，二是有人凭借权势和习尚来用名，从而使仁道遭到破坏。这种祸害并非名之罪，而正是利用名者之罪。有权势的人，"以威刑箝制天下，则不得不广立名为箝制之器"。①专制君主利用忠、孝、廉、节之名责备臣民："尔胡不忠，尔胡不孝，是当放逐也，是当诛戮也。"②这样，名就成了杀人的武器。所以必须冲决网罗，扫除这些名目。

这一理论的政治意义是明显的，而在哲学上则是一种唯名论观点。唯名论是一种有唯物论和经验论倾向的哲学学说。他说："名无实体"，要求"袪名务实"。这种观点是与把概念看做实在的唯实论相对立的。当时占统治地位的理学唯心论就是一种唯实论的观点。谭嗣同以唯名论来反对唯实论。

怎样来破除这些名目？谭嗣同认为，名都是互相对待的，所以就要破对待。如何破对待？他说："对待生于彼此，彼此生于有我。我为一，对我者为人，则生二；人我之交，则生三。"于是朝三暮四、朝四暮三，以至"大小多寡，长短久暂，一切对待之名，一切对待之分别，絺然哄然"③。就是说一切对待之名，归根到底是生于"我"与"人"的对立，所以破对待在于破"我相"。他从运动的绝对性（即生即灭）来论证无我，说："以生为我，而我倏灭；以灭为

———————

① 谭嗣同：《仁学》八，《谭嗣同全集》下册，第 299 页。
② 同上注。
③ 谭嗣同：《仁学》十七，《谭嗣同全集》下册，第 316 页。

我，而我固生。可云我在生中，亦可云我在灭中。"①如此等等，都是相对主义的论调。用相对主义来破对待，是庄子、禅宗用过的老办法。

谭嗣同也有他的独特之处，那就是试图用近代科学来破对待。他说：

> 声光化电气重之说盛，对待或几几乎破矣。欲破对待，必先明格致；欲明格致，又必先辨对待。……辨对待者，西人所谓辨学也。②

他认为，辨对待要用辨学（逻辑）。由辨学而算学，由算学而格致。"格致明而对待破，学者之极诣也。"③他举了好多例子来说明。他说，化学元素组成某化合物，于是有某物的性质；分解它为元素，又可以同其他元素化合为另外一种化合物，于是有另一种物的性质。如氢和氧化合为水，水有水之性；水又可分解为氢气、氧气，各有和水不同的性质；氧和碳化合为二氧化碳，则又不同于氧气、水；等等。可见，懂得化学就懂得了性质是相对的。他说："故论于原质，必不容有寒热云云诸性，明矣。然原质犹有六十四之异，至于原质之原，则一以太而已矣。一故不生不灭；不生故不得言有；不灭故不得言无。"④谭嗣同以为，通常所说的寒热、香臭等等

---

① 谭嗣同：《仁学》十六，《谭嗣同全集》下册，第315页。
② 谭嗣同：《仁学》十七，《谭嗣同全集》下册，第317页。
③ 同上注。
④ 谭嗣同：《仁学》十一，《谭嗣同全集》下册，第306页。

性质，分解成元素（当时的化学讲元素有 64 种），便都不见了，而元素归结为以太，以太不生不灭，非有非无，不可以名状。这样，他利用当时一些科学知识破了对待，这种论证方式是新的。

谭嗣同借科学知识来破对待之词，最后归结到"以太"。他赋予当时物理学所说的"以太"以本体论的意义，建立了一种颇为独特的"以太说"。他说：

> 遍法界、虚空界、众生界，有至大、至精微，无所不胶粘、不贯洽、不筦络，而充满之一物焉，目不得而色，耳不得而声，口鼻不得而臭味，无以名之，名之曰"以太"。其显于用也，孔谓之"仁"，谓之"元"，谓之"性"；墨谓之"兼爱"；佛谓之"性海"，谓之"慈悲"；耶谓之"灵魂"，谓之"爱人如己"、"视敌如友"；格致家谓之"爱力"、"吸力"；咸是物也。法界由是生，虚空由是立，众生由是出。[①]

当然，这里所说，同康有为的某些说法相类似，包含有幼稚可笑的比附，表现出"不中不西，即中即西"的特征。但谭嗣同用西方自然科学的"以太"来代替中国传统哲学的"气"，也是使中国哲学近代化的一种尝试。在他看来，充满宇宙的是以太，以太是天地万物的本源、实体，一切变化都是以太的自己运动。他认为声、光、电等都是"浪"，即波动。那么，"动荡者何物。谁司其动，谁使其荡，谁为其传？"[②]波动的实体是什么？他认为就是"以太"。天文

[①] 谭嗣同：《仁学》一，《谭嗣同全集》下册，第 293—294 页。
[②] 谭嗣同：《以太说》，《谭嗣同全集》下册，第 433 页。

学家讲星球之间有离心力、向心力,造成牵引之势。那么,"牵引者何物? 谁主其牵,谁令其引,谁任其吸? 何以能成可睹之势?"[1] 造成这种势的终极原因是什么? 他认为就是"以太"。以太是"目不得而色,耳不得而声"的体,"其显于用也,为浪、为力、为质点、为脑气"。[2] 从这个意义上说,以太是物质实体。但是他又说:

> 以太也,电也,粗浅之具也,借其名以质心力。[3]

他以为"以太"即是"心力";格致家所谓"爱力、吸力",也即是精神力量的作用。从这个意义上说,以太又是精神实体。在他看来,一切物质不论是金、石、沙砾,都"有知"、"有性情"、"有灵魂"[4]。因此,他的哲学的性质同康有为哲学一样,接近泛神论形态。

总之,谭嗣同以为通过破对待之词,可以达到世界的实体——以太。以太即心力,是"所以通之具"[5],它显为"用",就是"通","通则仁矣";而从仁的观点看,天地万物、古今中外通而为一,上下、男女、人我都是平等的。所以他说:"学者第一当认明以太之体与用,始可与言仁。"[6]以上所说,在总体上当然是思辨的虚构,但它从哲学的高度反映了资产阶级的自由、平等、博爱观念与封建名教的尖锐对立,也包含有某些新的论证方式。

---

① 谭嗣同:《以太说》,《谭嗣同全集》下册,第 433 页。
② 谭嗣同:《以太说》,《谭嗣同全集》下册,第 434 页。
③ 谭嗣同:《仁学界说》,《谭嗣同全集》下册,第 291 页。
④ 谭嗣同:《仁学》十四,《谭嗣同全集》下册,第 310—311 页。
⑤ 谭嗣同:《仁学界说》,《谭嗣同全集》下册,第 291 页。
⑥ 谭嗣同:《仁学》一,《谭嗣同全集》下册,第 295 页。

三、进化论思想和唯意志论倾向

谭嗣同的"冲决网罗之学"又和进化论密切相联系。他通过自己的探索，形成了进化观念，后来又接受了康有为的"三世"说。

谭嗣同早就从王夫之那里吸取了"无其器则无其道"的思想，并加以发挥说：

> 由此观之，圣人之道，果非空言而已，必有所丽而后见。丽于耳目，有视听之道；丽于心思，有仁义智信之道；丽于伦纪，有忠孝友恭之道；丽于礼乐征伐，有治国平天下之道。故道，用也；器，体也。体立而用行，器存而道不亡。……器既变，道安得独不变？变而仍为器，亦仍不离乎道，人自不能弃器，又何以弃道哉？[①]

他在这里提出"器是体、道是用"的论点，强调道依存于器，用依存于体，道器、体用不能割裂。这样，就自然得出结论："不力治今之器，徒虚谈古之道，终何益焉。"[②]顽固派是显然错误的；而对待西学，则当知"彼既有其器矣，道乃得以附之"[③]，所以必须破中外之见，要学西方之器，也要学西方之道，洋务派和早期改良派所认定的"器变道不变"的命题便被否定了。而从哲学理论本身来说，"器既变，道安得独不变？"肯定各类器物有转变，依存于器物的道也随之有转变。把这种观点再进一步地引伸，就发展为进化

---

① 谭嗣同：《思纬壹壹台短书》，《谭嗣同全集》上册，第 197 页。
② 谭嗣同：《思纬壹壹台短书》，《谭嗣同全集》上册，第 221 页。
③ 同上注。

论了。

谭嗣同热心于学习西方科学知识，他根据当时介绍过来的天文学、地质学、古生物学、人类学等所包含的进化思想，来论述自然演化过程，说地球从太阳分离出来，因冷缩而有山岳、河海。产生微生物之后，生物进化之序从地层的化石可以考知：先有螺蚌之属，然后有鱼类、爬虫类、两栖类，然后有鸟类、兽类，最后进化为人。人类本身也经历一个进化过程，得以逐步同野兽区别开来，进而使文明人同野蛮人区别开来。① 他还说："故西书《物类宗衍》中有'争自存宜遗种'之说，谓万物必争，而后仅得自存以绵延其种类也。"② 并指出"今之时，中西争雄，中国日弱而下，西人日强而上"③，如果长此以往，中国人就有亡国灭种的危险。他同严复一样，利用达尔文的生存竞争学说来激励中国人"自强"、"争雄"。不过应该指出，对于物竞、天择之说，严复从哲学上作了充分的发挥，而谭嗣同只不过是附带提及罢了。

关于社会历史的进化过程，谭嗣同吸取了康有为的"三世"说，又把它同《周易》乾卦六爻相配合，形成了"两三世"说。其大意是：初九，太平世也，于时为洪荒太古；九二，升平世也，于时为三皇五帝；九三，据乱世也，于时为三代；以上是"内卦之逆三世"。九四，据乱世也，于时则自孔子之时至于今日；九五，升平世也，于时为大一统（全球群教、群国统一）；上九，太平世也，于时为遍地

---

① 谭嗣同：《仁学》二十五，《谭嗣同全集》下册，第 330—331 页。《石菊影庐笔识》，《谭嗣同全集》上册，第 131 页。
② 谭嗣同：《思纬壹壹台短书》，《谭嗣同全集》上册，第 217 页。
③ 谭嗣同：《石菊影庐笔识》，《谭嗣同全集》上册，第 131 页。

民主（教主、君主均废）；以上是"外卦之顺三世"。[1] 这个"两三世"说当然是一种空想，不过也包含有一点天才的猜测，因为它把人类社会的历史描绘成一个由"逆"而又返"顺"的曲折演化过程：自洪荒太古的太平世，演变而为"渐有教主君主"的三皇五帝时代，进而发展到三代以后，经历了长期的君主统治的据乱世，而后再经全球大一统的升平世，最后达到遍地民主，世界大同："不惟无教主，乃至无教；不惟无君主，乃至无民主。"[2]这样一种描述，已显然接触到螺旋式上升的辩证法思想。

谭嗣同的哲学中包含有较多的辩证法因素，他把自然界的演化看做是一个"日新"之流。他在《仁学》中歌颂运动，赞美日新，着重发挥了《易》"天行健"的观点，批判了老子讲"柔"、讲"静"的倾向。那么，演化的动力、日新的本源是什么？ 他写道：

> 日新乌乎本？ 曰：以太之动机而已矣。[3]

就是说，动因在以太自身，变化日新是以太的自己运动。以天上打雷为例，原来虚空渺无一物，"忽有云雨相值，则合两电，两则有正有负，正负则有异有同，异则相攻，同则相取，而奔崩轰礚发焉"[4]。他以为正负电相吸引（相取）又相排斥（相攻），造成闪电轰雷，这可说明以太（电）本身具有"异同攻取"的动力。"以太之动

---

① 谭嗣同：《仁学》四十八，《谭嗣同全集》下册，第 369—370 页。
② 谭嗣同：《仁学》四十八，《谭嗣同全集》下册，第 370 页。
③ 谭嗣同：《仁学》十九，《谭嗣同全集》下册，第 319 页。
④ 谭嗣同：《仁学》十九，《谭嗣同全集》下册，第 320 页。

机,以成乎日新之变化"①,这是谁也不能阻挡的。"异同攻取",本来是张载、王夫之的用语。不过在张载、王夫之那里是讲气,而谭嗣同则以"以太"代替了"气"。

谭嗣同说以太之体"其显于用也,孔谓之仁,谓之元,谓之性"。以太具变化之动机而生成万物,所以叫作"元",而就人道来说,则变化日新的本源在于"性",性亦即以太之用。他说:"生之谓性,性也。形色天性,性也。……性一以太之用,以太有相成相爱之能力,故曰性善也。"②同康有为相似,谭嗣同的人性论也近乎告子与孟子两说的折衷。但他强调"性善之说,最为至精而无可疑"③,认为以太具"爱力",是性善说的根据,是人道趋向善的动力。从性和情、精神和形体的关系来说,他以为性善情亦善:"生与形色又何莫非善?"④所以他反对理学家"以天理为善、以人欲为恶"之说,但他又认为精神比形体更重要,人类的进化就在于"去其重质,留其轻质,损其体魄,益其灵魂,兼讲进种之学,使一代胜于一代,万化而不已"⑤。他预言人类将"日趋于灵",最后会出现"纯用智,不用力,纯有灵魂,不有体魄"的人格,这是唯心主义者的幻想。

从这样的唯心主义观点出发,谭嗣同在知行关系上强调知。他说:"吾贵知,不贵行也。知者,灵魂之事也;行者,体魄之事

---

① 谭嗣同:《仁学》十九,《谭嗣同全集》下册,第 321 页。
② 谭嗣同:《仁学》九,《谭嗣同全集》下册,第 300 页。
③ 谭嗣同:《思纬壹壹台短书》,《谭嗣同全集》上册,第 200 页。
④ 谭嗣同:《仁学》九,《谭嗣同全集》下册,第 301 页。
⑤ 谭嗣同:《仁学》四十六,《谭嗣同全集》下册,第 366 页。

也。"①又说："能知而不能行者，非真知也，真知则无不能行矣。""行有限而知无限，行有穷而知无穷也。"②他同康有为一样认为要真正使人类获得自由、平等，实现大同理想，就要创立一种宗教，教人一种"求知之方"。凡是创教的教主，都有一套说教，告诉人们如何"求知"，"以先知觉后知，以先觉觉后觉，岂暇问其行不行哉！"③

谭嗣同继龚自珍之后，高度颂扬"心力"，具有唯意志论倾向。他说：

> 人所以灵者，以心也。人力或做不到，心当无有做不到者。……心之力量虽天地不能比拟，虽天地之大可以由心成之、毁之、改造之，无不如意。④

譬如说，射箭不能射穿大石，本是自然之理。然而"至诚所感，可使饮羽"，这便是"理为心所致，亦即天为心所致矣"⑤。就是说，心力能改变规律，创造自然。所以他说："夫心力最大者，无不可为。"⑥

谭嗣同决心要以"心力挽劫运"。他认为当时中国人的苦难，固然是"独夫民贼之罪"，也是由于"人心之多机械"造成的。大劫

---

① 谭嗣同：《仁学》四十八，《谭嗣同全集》下册，第369页。
② 同上注。
③ 同上注。
④ 谭嗣同：《书简》，《谭嗣同全集》下册，第460页。
⑤ 同上注。
⑥ 谭嗣同：《仁学》四十三，《谭嗣同全集》下册，第357页。

将至,如何挽救?他认为应当创立一种宗教,来挽劫运。并说:"各教教主,皆自匹夫一意孤行而创之者也。"①这话表明,谭嗣同在他的变法改革的生涯中感到孤独,找不到依靠的力量,只能"一意孤行"。他被捕之前拒绝出走,说:"各国变法,无不从流血而成,今日中国未闻有因变法而流血者,此国之所以不昌也。有之,请自嗣同始!"②他以自己的实际行动为后人做出了榜样。就这方面来说,他强调心力包含有合理的因素。反动统治力量很强大,革命力量却尚未觉醒过来,集结起来。那么,谭嗣同用什么方法来冲决网罗?理论上,就是用唯名论和相对主义来破对待之辞;实践上,就是强调以心力来挽救劫运,这样就形成了一种唯名论和唯意志论倾向的哲学。唯意志论倾向虽然是错误的,但冲决网罗,反纲常名教,则是反映了当时社会存在的客观要求。当一种思想真正反映了社会发展客观趋势的时候,还需要志士仁人不惜牺牲,坚持用意志的力量来贯彻,而当他没有找到群众支持以前,就以自己英勇奋斗、不惜牺牲生命的行动来唤醒民众。谭嗣同、章太炎和早期的鲁迅都是如此。这些思想家都具有唯意志论倾向。他们的理论之所以能有唤醒民众的积极作用,就是因为在其中包含着符合社会存在的客观要求的合理因素。

第三节　严复的"天演之学"与经验论

在近代哲学革命进入进化论阶段时,严复的贡献是十分突出

① 谭嗣同:《仁学》四十三,《谭嗣同全集》下册,第 357 页。
② 梁启超:《谭嗣同传》,《饮冰室合集》专集之一,第 109 页。

的。他把进化论称为"天演之学"。

严复（1853—1921），字几道，福建侯官（今闽侯）人。少年时考入洋务派创办的福州船政学堂。毕业后在海军工作了几年。随后被派往英国留学。严复在留学期间，注意学习资本主义的经济制度和思想文化。1879年回国，任北洋水师学堂总教习。甲午战争后的严重民族危机，促使严复投身变法维新的活动，连续发表了多篇鼓吹变法的论文。严复一生从事翻译工作。他在梁启超所谓"学问饥荒"的时代把西方资产阶级学术著作系统地介绍到中国来。尤其是他翻译出版了赫胥黎的《天演论》，对中国近代思想界发生了极为重要的影响。辛亥革命以后，严复的思想日趋保守。他的翻译著作主要有"严译名著"八种：除《天演论》外，还有亚当·斯密的《原富》，约翰·穆勒的《名学》和《群己权界论》，斯宾塞的《群学肄言》，甄克斯的《社会通诠》，耶方斯的《名学浅说》，孟德斯鸠的《法意》。他的著作编为《侯官严氏丛刊》，《严几道诗文钞》，《严复集》①。

一、抓住西学命脉来比较中学和西学

严复在中国近代思想史上，首先对中学和西学作了认真的比较。

严复认为要真正地深入比较中学和西学，必须冲破顽固派和洋务派设置的阻碍学习西方先进思想的防线。严复强调要"通中

---

① 《侯官严氏丛刊》4册，1901年南昌读有用书斋校印。《严几道诗文钞》6册，1922年上海国华书局出版。《严复集》5册，王栻主编，中华书局1986年出版，比较全面地搜集了严复的诗文、书信、按语、著译、日记等，为目前最详备的本子。

外之故",他指斥顽固派的闭关自守的政策,说:

> 外物之来,深闭固拒,必非良法,要当强立①不反,出与力
> 争,庶几磨厉玉成,有以自立。②

他也指斥洋务派所说的"自强"、"求富",说他们经营了 30 多年,却"无一实效之可指"③。

当时洋务派的显要人物张之洞④著《劝学篇》⑤,鼓吹"新旧兼学。……旧学为体,新学为用,不使偏废。"⑥并以为,中国之所以为中国,就在于纲常教义,"故知君为臣纲,则民权之说不可行也"⑦。可见他实际上是用"中体西用"论来反对资产阶级民主思想。严复对这种谬说作了有力的反击。他在《与外交报主人书》中说:

---

① "强立"原作"疆立",兹据《严复集》改。
② 严复:《有如三保》,《严复集》第 1 册,第 82 页。
③ 严复:《原富》按语,《严复集》第 4 册,第 888 页。
④ 张之洞(1837—1909),字孝达,号香涛、香岩,又号壹公、无竞居士,晚年自号抱冰。直隶南皮(今属河北)人。洋务派代表人物之一,其提出的"中学为体,西学为用"的主张,是对洋务派和早期改良派基本纲领的一个总结和概括。曾任两广总督、湖广总督和两江总督,以后授军机大臣,兼管学部,兴办过汉阳铁厂等实业,创建广雅书院、北江书院、两湖书院、农务学堂与工艺学堂等各类学校,尤重师范教育。2008 年由武汉出版社出版《张之洞全集》,共 12 册,是目前较完备的版本。
⑤ 《劝学篇》,清光绪廿四年(1898)刊行。为阐述"中体西用",宣传洋务思想的代表作。分内外篇。称"内篇务本,以正人心",强调中学纲常名教为本,以维系世道人心。称"外篇务通,以开风气",主张采用西技西艺,以图富强。光绪帝曾下旨颁行于各省。先后译成英、法文出版,易名为《中国唯一的希望》。有两湖书院,桐庐袁氏刻本,并收入《张文襄公全集》。
⑥ 张之洞:《劝学篇外篇》,苑书义等主编:《张之洞全集》第 12 册,河北人民出版社 1998 年版,第 9740 页。
⑦ 张之洞:《劝学篇内篇》,《张之洞全集》第 12 册,第 9715 页。

　　善夫金匮裘可桴孝廉之言曰：体用者，即一物而言之也。有牛之体，则有负重之用；有马之体，则有致远之用。未闻以牛为体，以马为用者也。……故中学有中学之体用，西学有西学之体用，分之则并立，合之则两亡。[①]

就是说，中学与西学各具体用，两者不能调和折衷。要求得西学之用，必须识西学之体。"中体"、"西用"是无法合而为一的。有人用主辅来代替"体用"，主张"主于中学以西学辅所不足"，严复认为这也是不可能的。一国之政教学术是有机的整体，正如动物的头脑、躯体和四肢，植物的根茎和枝叶，虽有主辅、本末之分，却不能割马的四蹄装到牛的头颈上去。[②]

　　严复在批驳了顽固派和洋务派关于中学和西学这两者关系的错误观点之后，对中学和西学作了较为深刻的比较。这主要表现在下述几个方面：

　　严复认为中学和西学之间最大区别在于两者的世界观。他说：

　　尝谓中西事理，其最不同而断乎不可合者，莫大于中之人好古而忽今，西之人力今以胜古；中之人以一治一乱、一盛一衰为天行人事之自然，西之人以日进无疆，既盛不可复衰，既治不可复乱，为学术政化之极则。[③]

---

① 严复：《与外交报主人书》，《严复集》第 3 册，第 558—559 页。
② 严复：《与外交报主人书》，《严复集》第 3 册，第 559 页。
③ 严复：《论世变之亟》，《严复集》第 1 册，第 1 页。

在他看来,中国人"好古而忽今",西方人"力今以胜古",所以中西之争即古今之争,中学即旧学,西学即新学。而这一古今中西之争的根本分歧,表现为两种不同的世界观。在世界观上,西方人力今以胜古,以日进无疆的观念为准则,以学术促进教化,使国家繁荣昌盛,长治久安;而中国人好古而忽今,或者把历史看作一治一乱的循环,叫人安于天命、天数。西方人以进化论为世界观,认为人力可以战胜自然;中国人以为天命决定一切,身处苦难的境地,却不奋起抗争。所以严复说:"中国委天数,而西人恃人力。"①

严复认为,比较中学和西学,不能像洋务派的"中体西用"论那样停留在船坚炮利之类"技艺"上,而要抓住西学的根本命脉之所在才行。他说:

> 其命脉云何? 苟扼要而谈,不外于学术则黜伪而崇真,于刑政则屈私以为公而已。斯二者,与中国理道初无异也。顾彼行之而常通,吾行之而常病者,则自由不自由异耳。②

中国人要治理好国家,也一定要像西方人那样,在学术上"黜伪而崇真",政治上"屈私以为公"。但这两条为什么在中国却行不通?这是因为存在着自由与不自由之异。他说:

> 夫自由一言,真中国历古圣贤之所深畏,而从未尝立以为教者也。

---

① 严复:《论世变之亟》,《严复集》第 1 册,第 3 页。
② 严复:《论世变之亟》,《严复集》第 1 册,第 2 页。

　　　　中国最重三纲，而西人首明平等。[①]

　　他实际上把中学西学的不同归结为资产阶级自由平等观念同封建的纲常名教的对立，学术和政治制度的差别，是由这根本的对立派生的。

　　在学术上，严复推崇西学"黜伪而崇真"的科学态度，认为这同中国的旧学根本不同。他以"黜伪而崇真"的观点对当时中国的考据、辞章、义理之学，给予了尖锐的批评。指出：烦琐的考据之学和摹仿秦汉唐宋的辞章之学"一言以蔽之曰，无用"；宋明儒家"侈陈礼乐，广说性理"，"一言以蔽之曰，无实"。不论是"无用"还是"无实"，"均之无救危亡而已矣"[②]。至于八股取士，更是摧残人才，造成莫大的祸害。严复痛恨科举制度，指斥它：一"锢智慧"，二"坏心术"，三"滋游手"。认为救亡之道首先在"痛除八股而大讲西学"[③]。

　　在政治制度上，严复推崇西方人"屈私以为公"。他以为中西在政治制度上的差别，在于"中国亲亲，而西人尚贤；中国以孝治天下，而西人以公治天下；中国尊主，而西人隆民"[④]。他把资本主义制度说成是"以公治天下"，显然是不正确的；但他看到了中国的封建宗法的专制制度和西方的资产阶级民主制度之间有着本质的差别，却是很有眼光的。

────────────

① 严复：《论世变之亟》，《严复集》第 1 册，第 2—3 页。
② 严复：《救亡决论》，《严复集》第 1 册，第 44 页。
③ 严复：《救亡决论》，《严复集》第 1 册，第 43 页。
④ 严复：《论世变之亟》，《严复集》第 1 册，第 3 页。

正是基于对中西政治制度的本质差别的认识,严复写了《辟韩》一文,痛斥韩愈宣传君主专制理论的《原道》。韩愈以为,君主颁布法令,通过臣子进行统治,老百姓则从事物质生产,交租纳税以侍奉统治者,这是千古不变的"道";所以"民不出粟米麻丝、作器皿、通货财以事其上,则诛"[1]是理所当然的。严复说,这种理论是"知有一人而不知有亿兆也"[2]! 韩愈心目中没有老百姓,只是一味地替暴君作辨护。严复写道:

> 秦以来之为君,正所谓大盗窃国者耳。国谁窃? 转相窃之于民而已。既已窃之矣,又惴惴然恐其主之或觉而复之也,于是其法与令蝟毛而起,质而论之,其什八九皆所以坏民之才,散民之力,漓民之德者也。斯民也,固斯天下之真主也,必弱而愚之,使其常不觉,常不足以有为,而后吾可以长保所窃而永世。[3]

是说,人民才是"天下之真主",君主从人民那里窃取了国家权力,很怕人民觉悟到这一点而要求归还被窃取的权力。所以君主就用许许多多的法令来压制人民,用以破坏人民的才能、力量、品德,使人民永远处于不觉悟和无能为力的境地,以便自己能保住所窃得的国家权力。这里牵涉到一个理论问题,即国家制度的起源问题。韩愈把人类历史上一切制度、文化和"相生相养之道"都

---

[1] 严复:《辟韩》,《严复集》第 1 册,第 33 页。
[2] 严复:《辟韩》,《严复集》第 1 册,第 34 页。
[3] 严复:《辟韩》,《严复集》第 1 册,第 35—36 页。

归之于古代圣王的创造，把君臣之伦说成是天经地义的"道"。严复则根据卢梭的社会契约说来解释君主制度的起源，认为人民忙于从事工农业生产和交易等活动，没有时间和精力来管理刑政和组织军队以保卫自己的权利，于是根据"通功易事"（分工协作）的原则，推举"公且贤者"为君来替大家办事。这和谭嗣同的说法很相似。严复说：

> 君也臣也，刑也兵也，皆缘卫民之事而后有也。[1]
> 君臣之伦，盖出于不得已也！唯其不得已，故不足以为道之原。[2]

严复以为，君臣制度在人类社会的低级阶段是必要的，但随着社会的进步，人民的才能、力量、品德提高了，便应该用民主制度来替代君主制度。不过，他以为当时中国还不能废除君臣之伦，而只能实行君主立宪，因为"其时未至，其俗未成，其民不足以自治也。""民之弗能自治者，才未逮，力未长，德未和也。"[3]所以他说："今日要政，统于三端：一曰鼓民力，二曰开民智，三曰新民德。"[4]这是个改良主义的方案。

　　严复比较中学和西学，并不是要"尽去吾国之旧，以谋西人之新"，而是为了有分析地对待中国传统哲学，"去其旧染矣，而能择

---

① 严复：《辟韩》，《严复集》第1册，第34页。
② 同上注。
③ 严复：《辟韩》，《严复集》第1册，第34—35。
④ 严复：《原强》，《严复集》第1册，第27页。

其所善者而存之"①。从而将西方的近代哲学和中国传统哲学的"善者"结合起来。这种结合突出地表现于他的"天演之学"。

二、建立在近代科学基础上的"天演哲学"

严复是真正了解西方进化论的人。但他主要不是从生物科学的角度，而是从世界观的高度，介绍和阐发了"天演之学"。下面分四点来论述。

第一，严复着重指出，进化论带来了世界观的变化。

他说：

> 西人有言，十八期民智大进步，以知地为行星，而非居中恒静，与天为配之大物，如古所云云者。十九期民智大进步，以知人道，为生类中天演之一境，而非笃生特造，中天地为三才，如古所云云者。②

18世纪由于哥白尼学说的胜利，否定了地心说，破除了天地相配的旧说，促使民智大进步；19世纪由于有了达尔文学说，知道人是生物进化的一个阶段，否定了天地人为三才的旧说，又促使民智大进步。这两种学说刚出来时，"为世人所大骇"，信奉这两种学说的人甚至有因此遭到守旧派迫害而牺牲了生命的。但是因为证据确凿，愈遭攻击而愈不可动摇，"乃知如如之说，其不可撼如

---

① 严复：《与外交报主人书》，《严复集》第3册，第560页。
② 严复：《天演论》按语，《严复集》第5册，第1345页。

此也"①。他说："古者以人类为首出庶物，肖天而生，与万物绝异。自达尔文出，知人为天演中一境，且演且进，来者方将，而教宗传土之说，必不可信。"②就是说，在西方，有了进化论，基督教上帝造人的说法被推翻了。在中国，把人看作是"肖天而生"、人性出于"天命"这种旧说也将因进化论的传播而被推翻。

严复以为，科学进步引起了世界观的改变，必然要导致社会政治的改变。哥白尼学说破除了天地相配，天尊地卑的旧说，也打击了社会中的贵贱等级秩序，使自由平等之说日益发展。而进化论盛行之后，更明显地影响了社会。他说：

> 天演者，时进之义也……得此以与向之平等自由者合，故五洲人事，一切皆主于谋新，而率旧之思少矣。呜呼！世变之成，虽曰天运，岂非学术也哉！③

就是说，进化论和自由平等之说相结合，使"五洲人事"发生大变化，形成了弃旧谋新的世界潮流。可见严复介绍进化论，目的就是想通过学术思想和世界观的变革，来促成"世变"，使中国走上弃旧谋新（变法维新）的道路，跟上全世界的前进步伐。

第二，关于自然界的演化过程。

严复介绍和倡导的天演哲学，在自然观上是唯物主义的。严复心目中的宇宙，基本上是牛顿力学和康德、拉普拉斯星云假说

---

① 严复：《天演论》按语，《严复集》第 5 册，第 1345 页。
② 严复：《天演论》按语，《严复集》第 5 册，第 1325 页。
③ 严复：《政治讲义》，《严复集》第 5 册，第 1241 页。

所描述的宇宙。他说：

> 大宇之内，质力相推，非质无以见力，非力无以呈质。①

所谓质，指近代科学所讲的具有一定质量的物体、原子（质点）；所谓力，指物体之间的吸引和排斥（"物体之力"），原子之间的化合和分解（"质点之力"）。他认为，质和力不能分割，没有质则不能表现力，没有力也不能体现质，而质力相推，便形成各种形态的运动、变化，这种变化正如斯宾塞所说的那样："翕以合质，辟以出力，始简易而终杂糅。"②

拿天体演化来说，原始星云的弥漫于太空的质点，逐渐收摄凝聚而成太阳和八大行星，这便是"翕以合质"，质点凝聚时，又产生了热、光、声和机械运动，不断消耗自己的能量，这便是"辟以出力"；而这一太阳系的演化总过程，便表现为"由纯而之杂，由流（流体）而之凝（固体），由浑（浑沌）而之画（物体界域分明）"③。

在生物学领域，严复基本上持达尔文学说，其中心思想是生存竞争，自然选择。他介绍达尔文的《物种探原》说：

> 其一篇曰物竞，又其一曰天择。物竞者，物争自存也；天择者，存其宜种也。……民民物物，各争有以自存。其始也，种与种争，群与群争，弱者常为强肉，愚者常为智役。及其有

---

① 严复：《天演论自序》，《严复集》第 5 册，第 1320 页。
② 同上注。
③ 严复：《天演论》按语，《严复集》第 5 册，第 1327 页。

　　以自存而遗种也，则必强忍魁桀，矫捷巧慧，而与其一时之天
　　时地利人事最其相宜者也。[①]

生物之间各为自己的生存而展开竞争，开始是这一种与那一种
争，同一种中这一群与那一群争，弱肉强食，弱者被淘汰了。又经
过自然选择，那些和天时地利人事最相宜的，即最能适应的物种，
就得到繁衍。严复把适应翻译为"体合"，说："体合者，进化之秘
机也。"[②]

　　严复在这里所说的，都是近代西方的实证科学知识和理论，
对于中国人来说，是新鲜的东西。包含在这些实证科学中的唯物
主义思想，比之中国固有的朴素的自然观，是前进了一大步。严
复也借重古人，他称老子"天地不仁，以万物为刍狗"是"天演开宗
语"，说它已"括尽达尔文新理"[③]。但中国古代自然观的主要形态
是气一元论，而"气"这一范畴，如张载《正蒙》的"气坱然太虚，升
降飞扬，未尝止息，《易》所谓'絪缊'，庄生所谓'生物以息相吹'、
'野马'者与"云云，显然具有直观的朴素性质。严复也利用"气"
的范畴来讲天演之学，他对庄子的"夫吹万不同，而使其自已也"
一句，作了这样的批语：

　　　一气之转，物自为变。此近世学者所谓天演也。[④]

① 严复：《原强》，《严复集》第 1 册，第 16 页。
② 严复：《天演论》按语，《严复集》第 5 册，第 1350 页。
③ 严复：《〈老子〉评语》，《严复集》第 4 册，第 1077 页。
④ 严复：《〈庄子〉评语》，《严复集》第 4 册，第 1106 页。

他还说斯宾塞的《第一义谛》①是"通天地人禽兽昆虫草木以为言，以求其会通之理，始于一气，演成万物"。② 他把整个自然界从天体以至生物，人类的自然而然的演化过程，归结为"一气演成万物"，这是对中国古代的气一元论的继承。

但是，严复对"气"又作了新的规定：

> 今夫气者，有质点有爱拒力之物也，其重可以称，其动可以觉。虽化学所列六十余品，至热度高时，皆可以化气。而今地球所常见者，不外淡轻养三物而已。③

意思是说气即一切"有质之物"④，各有其可量度之质，并可以分割为质点（原子），归结为氮、氢、氧等 60 多种元素；元素和其他有质之物皆有"爱拒力"，它们互相吸引和排斥、化合和分解，表现为种种运动形态，可以为人所觉察、认识。这样给"气"作界说，基本上已成了建立在近代实验科学基础上的物质概念。因此，严复用"一气演成万物"来讲天演之学，和前人讲"气化"的宇宙形成论虽有继承关系，但已和古代的朴素形态有了本质的差异。此外，严复也曾译"以太"为"清气"或"刚气"，以为以太之说虽尚"未能为之确证"，但天文学家讲：地球自转在趋缓，彗星则去疾来迟，是

---

① 《第一义谛》，即斯宾塞的《综合哲学体系》的《第一原理》。
② 严复：《原强》，《严复集》第 1 册，第 17 页。
③ 耶方斯著，严复译：《名学浅说》，商务印书馆 1981 年版，第 18 页。严复对这本书，如他自己所说，不是严格地照原书翻译，有些话是严复自己加上去的。
④ 严复：《天演论》导言，《严复集》第 5 册，第 1328 页。

"大宇刚气（译名以太）与诸体互摄，各生阻力之验"。[①] 他根据当时科学的"证"、"验"来解释"以太"或"刚气"，并没有像康有为、谭嗣同那样对"以太"作牵强的比附。这说明严复的"天演哲学"比康、谭有了坚实得多的近代科学基础。

第三，关于社会的进化。

严复把天演之学贯彻到社会历史领域，说：

> 世道必进，后胜于今。[②]

从进化论的观点来看，"民人者，固动物之类也"。[③] 严复以为人类同其他动物一样，也遵循自然选择的规律。但人和动物又有不同，即人能群。他在《原强》中说：

> 斯宾塞尔者……宗天演之术，以大阐人伦治化之事。号其学曰"群学"，犹荀卿言人之贵于禽兽者，以其能群也。……夫民相生相养，易事通功，推以至于刑政礼乐之大，皆自能群之性以生。[④]

人类的生养之道，分工合作，以至于刑政制度，礼乐文化，归根结底是从人能群的本性生发出来的。这是斯宾塞与荀子一致的

---

① 严复：《穆勒名学》按语，《严复集》第 4 册，第 1049 页。
② 严复：《天演论》按语，《严复集》第 5 册，第 1360 页。
③ 严复：《原强》，《严复集》第 1 册，第 16 页。
④ 同上注。

观点。

严复赞同上述观点,对赫胥黎以人心"善相感通"为群道前提的说法则不以为然。赫胥黎以为人类社会靠同情心相联系,他把这种感情的进化叫做伦理过程,以为它对人类社会中的生存竞争具有抑制作用,这就是他所谓"伦理过程"与"宇宙过程"的对抗。严复批评赫胥黎说:

> 盖人之由散入群,原为安利,其始正与禽兽下生等耳,初非由感通而立也。夫既以群为安利,则天演之事,将使能群者存,不群者灭;善群者存,不善群者灭。善群者何?善相感通者是。①

严复认为人类组成社会,是为了安全、利益,而并非由于同情心。原始人和禽兽一样,并不知仁爱,经过自然选择,能群者存,人类的同情心才产生。"善相感通之德,乃天择以后之事,非其始之即如是也。"②所以他批评赫胥黎"倒果为因"。他还写道:"班孟坚曰:不能爱则不能群,不能群则不胜物,不胜物则养不足。群而不足,争心将作。吾窃谓此语,必古先哲人所已发,孟坚之识,尚未足以与此也。"③所谓"古先哲人"可能是指荀子或荀子一派儒者。按荀子的说法,人要"假物以为用",利用和改造自然物作为生活资料。人所以能做到这一点,就在于人能群,即形成社会组织。

---

① 严复:《天演论》按语,《严复集》第 5 册,第 1347 页。
② 同上注。
③ 同上注。

而为了维护社会组织，使人能分工协作，便必须有礼乐刑政，道德规范。反之，如果没有仁义礼乐，不能"明分使群"，人类便不能"胜物"而取得生活资料，于是便要发生争夺而破坏社会组织，使人无法生存下去。这样，经过自然选择和群与群争，善群者存，不善群者灭，维系社会组织的道德发展起来，使人的爱心，即善相感通之情也发展起来了。严复在这里吸取了斯宾塞的观点，并把它同荀子的"明分使群"理论相结合。

第四，关于人和自然的关系。

严复并不完全赞同斯宾塞的学说，他在说明要选择《天演论》来翻译的原因时说：

> 赫胥黎氏此书之旨，本以救斯宾塞任天为治之末流，其中所论，与吾古人有甚合者。且于自强保种之事，反复三致意焉①。

他不满于斯宾塞的"任天为治"而忽视人的能动性，认为中国人要"自强保种"，正用得着赫胥黎这一著作。在他看来，赫胥黎的学说同刘禹锡、柳宗元的思想相合，同宋儒的说教相违。他写道：

> 以尚力为天行，尚德为人治。争且乱则天胜，安且治则人胜。此其说与唐刘、柳诸家天论之言合，而与宋以来儒者以理属天，以欲属人者，致相反矣。大抵中外古今，言理者不

---

① 严复：《天演论自序》，《严复集》第 5 册，第 1321 页。

出二家，一出于教，一出于学。教则以公理属天，私欲属人；学则以尚力为天行，尚德为人治。言学者期于征实，故其言天不能舍形气；言教者期于维世，故其言理不能外化神。[①]

严复虽批评了赫胥黎以同情心为人类进化原则的说法，但赞成他"尚力为天行，尚德为人治"的观点，以为自然界的物竞、天择，是力的较量，而人按规律办事，社会治理得好，大家尚德，那么就能胜天。这同宋明理学家所说的"理属天"、"欲属人"根本不同。严复把宋儒和柳宗元、刘禹锡的区别说成是"教"和"学"的对立，实即唯心主义和唯物主义的对立。理学家重"教"，以为天命之性是一切都具备了的，通过教育修养，存天理，灭人欲，达到"复性"，即可以成为有神明之德的圣贤，对世人进行教化。严复不赞成宋儒这种理论，他批评朱熹"理在气先"的说法，说："无气又何以见理？"[②]所以决不能离开人欲讲天理，他认为正确的说法应当是柳宗元、刘禹锡的："天人不相预"，"天人交相胜"。一方面，自然界力量相互作用，其规律不以人的意志为转移；另一方面，只要人力求"征实"，就可以通过学习来认识自然，培养德性（即"学以成德"），于是人就能凭借社会组织的力量去战胜自然。正如刘禹锡在《天论》中所说：如果"人道明"，人能按规律办事，坚持法制、道德规范，人就能胜天，如果"人道昧"，即人不能认识规律，法制、道德规范都遭破坏，那便"争且乱则天胜"。这种对天人关系的比较正确的解决，是从荀子、柳宗元、刘禹锡到王夫之的优秀传统，是

---

① 严复：《天演论》按语，《严复集》第 5 册，第 1395 页。
② 严复：《天演论》按语，《严复集》第 5 册，第 1389 页。

一种朴素唯物主义和朴素辩证法的观点。严复的特点在于把中国的这种优秀传统和赫胥黎的学说结合起来加以阐明。

总之，严复的天演哲学，一方面是他有所取舍地介绍了西方的进化论学说，既批评了斯宾塞的"任天为治"，也批评了赫胥黎以同情心或天良作社会进化原则。另一方面，又把这种进化理论同中国古代哲学在"理气之辩"，"天人之辩"上的朴素唯物主义传统结合起来（在一定程度上克服了它的朴素性质），批判了占统治地位的理学，这样，就建立了一个在近代科学基础上和中国优秀传统相结合的进化论世界观。

这种世界观反对天命论和复古主义，号召中国人奋起自强保种，以挽救民族之危亡。严复在多篇文章中给中国人敲警钟："岁月悠悠，四邻眈眈，恐未及有为，已先作印度、波兰之续，将斯宾塞之术未施，而达尔文之理先信。……呜呼！吾辈一身无足惜，如吾子孙与四百兆之人种何！"[1]同时他又指出，现在如果奋发图强，还是很有可为的："今者外力逼迫，为我权借，变率之疾，方在此时。……即彼西洋之克有今日者，其变动之速，远之亦不过二百年，近之亦不过五十年已耳，则我为何而不奋发也耶！"[2]严复用进化论来激励中国人奋发图强，为争取民族独立而斗争，以免亡国灭种之祸，表现出满腔的爱国热情。《天演论》能够风行一时，正是因为它抓住了当时中国人要求自强、自立的心理。

当然，严复深受斯宾塞的影响，以为"民之可化，至于无穷，唯

---

① 严复：《原强》，《严复集》第 1 册，第 20 页。
② 严复：《原强》，《严复集》第 1 册，第 27 页。

不可期之以骤"①。还说:"其演进也,有迟速之异,而无超跃之时。故公例曰:万化有渐而无顿。"②他认为只有渐变而无突变,进化过程中并无"超跃"是自然和社会的普遍规律。这是庸俗进化论的观点。他运用生物学规律来解释社会现象,把弱肉强食、优胜劣败看作是人类历史的客观规律,这种理论是不正确的,它在客观上也可以起为帝国主义开脱侵略罪责的作用。

三、经验论的认识论

严复说:"言学者期于征实,故其言天不能舍形气。"③为学一定要求有事实的验证,不能离开气、物质来讲天、天理,这是一种唯物主义的认识论。

严复赞成洛克的白板说,批判王阳明的"良知"说,他写道:

> 智慧之生于一本,心体为白甘,而阅历为采和,无所谓良知者矣。④

就是说,人心如同一张白纸,或一杯甜美的水;阅历就像在白纸上作彩色画,或水中加调味品,所以根本无所谓王阳明的"良知",无所谓天赋观念。他认为即使数学公理也是在经验中发源的。他称先验论为"心成之说",并解释说:"西语阿菩黎诃黎⑤。凡不察

---

① 严复:《原强》,《严复集》第1册,第25页。
② 严复:《政治讲义》,《严复集》第5册,第1265页。
③ 严复:《天演论》按语,《严复集》第5册,1395页。
④ 严复:《穆勒名学》按语,《严复集》第4册,第1050页。
⑤ 阿菩黎诃黎,即 a priori。

事实执因言果，先为一说以概余论者，皆名此种。若以中学言之，则古书成训十九皆然；而宋代以后，陆、王二氏心成之说尤多。"①在戊戌变法时期，康、梁推崇王学，以为变法要靠心力，日本明治维新以王学为向导，中国也应如此。严复则尖锐地抨击了陆、王，他说："陆王之学，质而言之，则直师心自用而已。"②他认为王学反科学，自以为不出户可以知天下，其实是师心自用，向壁虚造。这种主观主义"其为祸也，始于学术，终于国家"，所以必须坚决反对。康、梁和严复对王学的态度上这种分歧，说明在认识论上，康、梁有较多的先验论倾向，而严复则基本上是经验论者。

严复强调，真正要获得知识，首先应"学于自然"③，而不能只是读书。他引赫胥黎的话说："能观物观心者，读大地原本书，徒向书册记载中求者，为读第二手书矣。"④就是说，真正能观察外物和内心的人，是直接去读大自然这本"无字之书"，从中取得第一手材料的；而从那书本求知识的人，只能获得第二手材料。（且不说书本因人心见解不同，常常有误。）

那么人类认识自然的过程是怎样的呢？严复根据穆勒所说，把人的认识过程区分为"元知"与"推知"⑤。元知即直接经验，也叫"接知"；推知即根据经验运用推理而获得的知识，也叫"谟知"。严复说：

①　约翰·穆勒著，严复译：《穆勒名学》夹注，商务印书馆1981年版，第192页。
②　严复：《救亡决论》，《严复集》第1册，第44页。
③　严复：《〈阳明先生集要三种〉序》，《严复集》第2册，第238页。
④　严复：《西学门径功用》，《严复集》第1册，第93页。
⑤　约翰·穆勒著，严复译：《穆勒名学》部首引论，第6—7页。

接知、谟知出《庄子》，接知者直接之知，谟知者间接之知。①

他在《庄子评点》中也说了相似的话，并注明："接知＝know by intuition，谟知＝know by②inference。"他以为一切知识来源于感觉，接知是智慧的"本始"、"首基"；"勿以推知为元知。此事最关诚妄"。但认识不能停留在直接经验，还须进而"据已知以推未知，征既然以睹未然"。③

严复还更详细地论述了"格物穷理"的过程。他说：

大抵学以穷理，常分三际。一曰考订，聚列同类事物而各著其实。二曰贯通，类异观同，道通为一。……中西古学，其中穷理之家，其事或善或否，大致仅此两层。故所得之大法公例，往往多误。于是近世格致家乃救之以第三层，谓之试验。试验愈周，理愈靠实矣。此其大要也。④

他认为科学地认识世界的过程可分为三个步骤：一是在观察、经验中取得事实材料，经"考订"而区别真伪，加以归类；二是异中观同，"会通之以求其所以然之理，于是大法公例生焉"⑤，即经过思考从事实材料中概括出一般理论来；三是用实验来验证由概括所

---

① 斯宾塞著，严复译：《群学肄言》译者注，商务印书馆 1981 年版，第 68 页。
② "by"，原缺，据文意补。
③ 约翰·穆勒著，严复译：《穆勒名学》部首引论，第 7 页。
④ 严复：《西学门径功用》，《严复集》第 1 册，第 93 页。
⑤ 同上注。

得的一般理论，实验愈周密，理论便愈靠得住。严复指出，古代人讲学以穷理，只有前两层工夫，而唯有发展到了近代科学才注重用实验来验证理论，这是一个很大的差别。

四、重视归纳法的逻辑思想

严复超越前人之处，还在于他清楚地意识到，中国人要掌握西方近代科学，在重视实验的同时，还要重视逻辑。严复指出，逻辑学对于西方近代科学来说，"如贝根言，是学为一切法之法，一切学之学"①。而中国传统学术则缺乏形式逻辑作基础。

中国古代学术有个弱点，即许多"名"或概念不够精确。严复举"气"为例，说："老儒先生之言气"，有"正气"、"邪气"、"淫气"、"厉气"等等，还说什么"鬼神者，二气之良能"，而今人则又讲什么"电气"之类（"盖电固非气"）。他慨叹："出言用字如此，欲使治精深严确之科学哲学，庸有当乎？"（他以为应根据近代实验科学对"气"的范畴作新的规定，这点我们在上面已说过。）不但"气"字，"他若心字天字道字仁字义字，诸如此等，虽皆古书中极大极重要之立名，而意义歧混百出，廓清指实，皆有待于后贤也。"②他又说："名者器也，以如此不精之器，以求通专精之学。呜呼难矣！此又学者所不可不知者也。"③那么怎样来改变这种情况？严复以为，要使概念明确，廓清歧义，必须进行分析。他举《庄子》轮扁斫轮的寓言为例说："凡擅一技、知一物而口不能言其故者，此在智识

---

① 严复：《穆勒名学》按语，《严复集》第 4 册，第 1028 页。
② 耶方斯著，严复译：《名学浅说》，第 19 页。
③ 耶方斯著，严复译：《名学浅说》，第 20 页。

谓之浑而不晰。……盖知之晰者始于能析"①。一定要经过分析，认识才能清晰。你若能分析，就可以看出事物之间的异和同、类和别，就可以根据类属关系给名下定义，进而概括出"公例"，获得规律性知识。

同英国经验论者一样，严复在逻辑学上强调归纳法。他说：

> 格致真术，存乎内籀。②
> 内籀者，观化察变，见其会通，立为公例者也。③

他认为真正的科学方法在于归纳（即内籀），而归纳就是要从观察获得的事实材料，概括出一般原理来。严复批评中国古学不讲归纳法。他说，中国人往往是引用古书，从"诗云"、"子曰"出发，进行推演。这是演绎法——外籀④。外籀的步骤也可能是正确的，但以"诗云"、"子曰"作为前提来进行演绎，不可能获得新的知识。他说，"夫外籀之术，自是思辨范围。但若纯向思辨中讨生活，便是将古人所已得之理，如一桶水倾向这桶，倾来倾去，总是这水，何处有新智识来？"⑤而且演绎的前提必须是归纳得来的，如果不是这样而是从臆造的前提出发，就不可能演绎出正确的结论。严复批评"中国九流之学"（如堪舆、星卜等）虽然也有其演绎的顺序，但它们以"五行支干之所分配"、"九星吉凶之各有主"等作为

① 严复：《穆勒名学》按语，《严复集》第 4 册，第 1046 页。
② 耶方斯著，严复译：《名学浅说》，第 66 页。
③ 严复：《译斯氏〈计学〉例言》，《严复集》第 1 册，第 98 页。
④ 耶方斯著，严复译：《名学浅说》，第 64 页。
⑤ 耶方斯著，严复译：《名学浅说》，第 65 页。

"最初之所据"，那都是"根于臆造，而非实测之所会通"①的前提，所以这些"九流之学"不能说是科学。因此，严复认为归纳比演绎更重要。他说：

> 外籀术重矣，而内籀之术乃更重。……惟能此术，而后新理日出，而人伦乃有进步之期。……故曰：生今为学，内籀之术，乃更重也。②

只有归纳法可以获得新的真理。人们的认识要进步，人道要进化，一定要运用归纳法。他十分推崇西方近代归纳法的始祖培根，说"二百年学运昌明，则又不得不以柏庚（培根）氏之摧陷廓清之功为称首"③。

在严复译述的《名学浅说》中，归纳法包括四层功夫：第一"观察法"，即通过观察、试验，收集有关材料；第二"臆度法"，即在详细占有事实材料的基础上，建立假设；第三"外籀法"，即运用演绎法，对假设进行论证、推导，包括设计实验；第四"印证法"，即用事实或实验对假设进行验证，如果得到证实而没有否证，就是定律；如果有否证，假设便被推翻。④

严复的逻辑思想和他介绍的西方逻辑学著作在中国产生了积极的影响。中国人以前对形式逻辑注意不够，也未能周密地制

---

① 严复：《穆勒名学》按语，《严复集》第 4 册，第 1047 页。
② 耶方斯著，严复译：《名学浅说》，第 64 页。
③ 严复：《原强》，《严复集》第 1 册，第 29 页。
④ 耶方斯著，严复译：《名学浅说》，第 67—69 页。

订出近代实验科学方法。可以说自严复以后,中国人不再忽视形式逻辑了,认识到要向西方学习近代科学,一定要学习逻辑和掌握实验科学方法。

但是严复同英国经验论者一样,有一种实证论倾向。实证论者认为人的认识不能超越经验范围,超出经验范围,就无法认识。严复说:"可知者止于感觉。"①所以万物本体是不可知的,他虽然承认由于有"不同地而皆然,不同时而皆合"的自然规律,因而学问还是大有可为的,但认为这些学问"亦尽于对待之域而已"②。就是说,可知的是相对的、有条件的领域,超出这个领域,人就无法认识。科学规律虽然有普遍必然性,但是只限于可能经验的领域,而自在之物是无对待的,超验的,所以不可知。虽然他认为"物因意果"有外物才能产生主观观念,但他以为人的知识是否符合外物,是不可知的。他说:

> 非不知必有外因,始生内果。然因同果否,必不可知。所见之影,即与本物相似可也。抑因果互异,犹鼓声之与击鼓人,亦无不可。是以人之知识,止于意验相符。③

他以为由外物引起人的认识这种因果关系,究竟是如影之随形而相似呢,还是如鼓声与击鼓人的动作相应而互异? 这在理论上是无法解答的,因为人的知识,只限于观念与经验是否相符,并不知

---

① 严复:《穆勒名学》按语,《严复集》第 4 册,第 1036 页。
② 同上注。
③ 严复:《天演论》按语,《严复集》第 5 册,第 1378 页。

观念与外物是否吻合。这是实证论和不可知论的观点。

严复的不可知论包含有"羞羞答答的唯物主义"，因为他肯定"物因意果"，认为外物是独立存在的。但是，他把"天地元始、造化真宰、万物本体"，以至"如宇如宙"（空间、时间）、"万物质点、动静真殊、力之本始、神思起讫之伦"，全部归入"不可思议者"，还说佛家谓涅槃，"寂不真寂，灭不真灭"，是真"不可思议者"等等。[①]这就滑到神秘主义的泥坑里去了。

五、关于人的自由和伦理学上的功利主义

上面说过，严复把中西学术与政治的差别，归结到"自由不自由之异"。严复以"自繇"译 Liberty，又说："其字与常用之 Freedom 伏利当同义。伏利当者，无挂碍也，又与 Slavery 奴隶、Subjection 臣服、Bondage 约束、Necessity 必须等字为对义。"[②]

严复所谓"自由"，不仅是政治概念，而且是哲学范畴。他认为自由是人道进化的动力和目标。他说：

> 斯宾塞《伦理学说公》(Justice in Principle of Ethics) 一篇，言人道所以必得自由者，盖不自由则善恶功罪，皆非己出，而仅有幸不幸可言，而民德亦无由演进。故惟与以自由，而天择为用，斯郅治有必成之一日。……禽兽下生，驱于形气，一切不由自主，则无自由，而皆束缚。独人道介于天物之间，有自由亦有束缚。治化天演，程度愈高，其所得以自由自

---

① 严复：《天演论》按语，《严复集》第 5 册，第 1379—1380 页。
② 严复：《〈群己权界论〉译凡例》，《严复集》第 1 册，第 132 页。

　　主之事愈众。①

　　这段话有两层意思:一层是说自由与束缚相对待,禽兽一切皆受束缚,而人类则处于天(绝对自由的神)与物(禽兽)之间,人道的进化就是一个摆脱束缚而趋向自由的过程,它以自由为目标,进化的程度愈高,自由便愈多。另一层是说人有意志自由是行为可以区分善与恶、功与罪的前提,如果行为不是出于自由意志,对它便不能作道德评价。所以只有给人以自由,让人们在自由交往中,自由竞争,而使自然选择发挥作用,这样才能使人们的品德日益提高,以至演进到理想境界。所以自由是人类进化的推动力。

　　可见,严复的人道进化观是和自由观念密切相联系的。正因他以自由为人道进化的动力和目标,所以他说"自由为体"。他对西方能在经济、刑政、军事、学术等方面都胜过我们的原因作了这样的解释:"苟求其故,则彼以自由为体,民主为用。一洲之民,散为七八,争驰并进,以相磨砻,始于相忌,终于相成,各殚智虑,此既日异,彼亦月新,故若用法而不至受法之弊,此其所以为可畏也。"②认为西方之所以优越于我国,就在于他们以自由为根本动力,表现于民主生活、民主制度之中。欧洲七八个国家自由竞争,互相砥砺,正是在竞争、比赛中,各自发挥其智慧,于是便日新月异地进步,因而他们既有法度而又不会使法度凝固而变成束缚人的枷锁。

　　根据这种观点,严复进而比较了中国和西方的道德观的差

---

① 严复:《〈群己权界论〉译凡例》,《严复集》第 1 册,第 133 页。
② 严复:《原强》,《严复集》第 1 册,第 23 页。

别，说：

> 西之教平等，故以公治众而贵自由。自由，故贵信果。
> 东之教立纲，故以孝治天下而首尊亲。尊亲，故薄信果。[1]

他认为这是两种不同的道德观。讲宗法、纲常，要叫人顺从，上面的命令变了，下面也必须屈己迎合；"言必信，行必果"被认为是"硁硁小人"。但在民主制度下，人人有自由，个人负道德责任，故重视"言必信，行必果"。在封建制度下，在上者把在下者看作奴才，在下者也以奴虏自处，没有独立的人格，所以不贵"信果"。而在民主制度下，"试入其国，而骂人曰无信之诳子，或曰无勇之怯夫，则朝言出口而挑斗相死之书已暮下矣"[2]，因为你侮辱了他的人格。当然，严复的这些说法有美化了西方的自由、平等观念的一面。但这里也包含有一个重要的伦理思想："言必信，行必果"，对自己的言行有高度的道德责任感，是以独立人格、自由意志为前提的。叫人唯命是从，就不可能言必信，行必果。

严复反对对人进行施舍，不赞成"博施济众"。他说："尝谓济人之道，莫贵于使之自立，舍此固必穷之术，于受者又无益也。夫人道之所最贵者，非其精神志气欤？顾世之讲施济者，往往养其躯体矣，而毁其志气，是以禽兽之道待其人也。"[3]真正帮助人，就是要帮助人自立，有独立的人格。如果持恩赐观点进行布施，是

---

① 严复：《原强》，《严复集》第 1 册，第 31 页。
② 同上注。
③ 严复：《法意》按语，《严复集》第 4 册，第 1012 页。

毁其志气,是以对待禽兽之道来对待人,如同养猫狗一般。他要求把人看作有独立、自主、自由人格的人,要尊重人的意志。但既然人人都有独立的人格,在一个群体中,人们自应互相尊重,所以自由并非个人为所欲为,毫无约束。"故曰人得自由,而必以他人之自由为界。"①

在谈到权利和义务时,他说:"义务者,与权利相对待而有之词也。故民有可据之权利,而后应尽之义务生焉。无权利,而责民以义务者,非义务也,直奴分耳。"②权利和义务相对而言,义务要以权利为前提,人们有了权利,才会尽义务;没有自主之权,只要求他尽义务,不是真的尽义务,而是做奴隶。

严复强调道德责任要以意志自由为前提,义务要以自主之权为前提。这有其合理之处。但严复讲有权利才能责以尽义务,实际上包含着尽义务是以利己为出发点的意思。他说:"古之言为善也,以为利人,而己无与也;今之言为善也,以不如是,且于己大不利也。知为善之所以利己,而去恶且不止于利人,庶几民乐从教,而不祸仁义也,亦庶几国法之成,无往而不与天理人情合也。"③他以为近代哲学讲善与古代哲学讲善不同。古代人以为善是利人,不包括自己在内。现在的人则认为,利人而不利己的不是善。懂得了为善去恶正是利己而不止是利人而已,人们就乐于接受道德教育遵循道德规范了。这当然是资产阶级的观念,不过在当时有反封建的意义。

---

① 严复:《〈群己权界论〉译凡例》,《严复集》第 1 册,第 132 页。
② 严复:《法意》按语,《严复集》第 4 册,第 1006 页。
③ 严复:《法意》按语,《严复集》第 4 册,第 1022 页。

　　严复认为，从人的天性说，每个人都是生来就趋利避害、求乐背苦的。他写道：

　　　　有叩于复者曰，人道以苦乐为究竟乎？ 以善恶为究竟乎？ 应之曰：以苦乐为究竟，而善恶则以苦乐之广狭为分。乐者为善，苦者为恶，苦乐者所视以定善恶者也。[①]

归根到底，苦和乐决定善恶。但苦乐有广狭之分，善恶也有程度之差。使最大多数人得最大快乐，就是最大的善，这是英国功利主义者的理论。康有为也认为避苦求乐出于人的天性，但他又说人天生有不忍之心。严复不赞成这种有先验论色彩的不忍之心（他批评赫胥黎所谓"群道由人心善相感应而立"是"倒果为因"），他的功利主义和经验论密切相联系，肯定善恶的内容是利害，而利害可归结为苦乐（首先是感性的）。这种观点，中国古代也有。《墨经》已经这么说过。不过墨家强调的是"爱人若爱其身"，"为彼，犹为己也"，把"爱人"、"为彼"放在第一位。严复倒过来，把"为己"放在第一位，认为为己才能为群、为国，"民虽爱国，而以常情论，终不敌于救其私。私者，切近之灾，而存亡之问题也"[②]。他以为正因为中国人人要求生存，要救其私，所以要救国。在严复看来，人类也是一种生物，自求生存，有食色之欲。人类社会正是建立在这基础上的。他说：

---

① 严复：《天演论》按语，《严复集》第 5 册，第 1359 页。
② 严复：《法意》按语，《严复集》第 4 册，第 1007 页。

> 饮食男女，凡斯人之大欲，即群道之四维，缺一不行，群
> 道乃废，礼乐之所以兴，生养之所以遂，始于耕凿，终于懋迁。
> 出于为人者寡，出于自为者多，积私以为公，世之所以盛也。①

严复真心诚意地认为，个人求生存，求感性快乐，求满足欲望，是
"群道"的基础。社会生产的进步，道德文化的发展都是由于人们
为个人利益打算，"积私以为公"而造成的。因此，他反对把私和
公，利和义对立起来，以为像孟子、董仲舒那样"分义利为二涂"，
只能使人不乐于从善，阻碍社会进步。他说：

> 生学之理，舍自营无以为存。但民智既开之后，则知非
> 明道则无以计功，非正谊则无以谋利。功利何足病，问所以
> 致之之道何如耳，故西人谓此为开明自营。开明自营，于道
> 义必不背也。②

就是说，人人都为求"自存"而"自营"，明道、正谊，正是为了更好
地计功、谋利。"惟公乃有以存私，惟义乃可以为利。"③借道义以
谋功利，便叫"开明自营"，亦即合理的利己主义。

　　严复讲"开明自营"，并不是放纵情欲，而是应以志虑（意志、
思虑）为统帅。他说："圣贤人者，其功夫无他，质而言之，能以志

---

① 严复：《译斯氏〈计学〉例言》，《严复集》第 1 册，第 100—101 页。
② 严复：《天演论》按语，《严复集》第 5 册，第 1395 页。
③ 严复：《原富》按语，《严复集》第 4 册，第 897 页。

虑驭其形气，使循理已耳。"①"以志虑驭其形气"，使行动遵循规范，这就是"操守"。"操守者，所以自别于禽兽，而以拯社会于危亡者也。"②严复虽然强调"自由为惟一无二之宗旨"，但认为对于当时的中国来说，"祛异族之侵横，求有立于天地之间，斯真刻不容缓之事。故所急者，乃国群自由，非小己自由也"③。当然，人们争国群之自由，还是为了救其私，爱国救国还是一定要以人的自立为前提。严复的伦理观念，基本上是英国功利主义的思想。他强调道德行为的自由原则和道德与功利不可分割，有其合理之处。但是，以个人利益为"操守"的基础，以救私为爱国主义的出发点，在理论和实践上都有很大的局限性，所以章太炎在以后对此提出了批评。

总起来看，严复从世界观高度介绍了西方的进化论学说，使之与中国传统相结合，形成了颇具特色的天演之学，以激励中国人自强保种，在当时产生了巨大影响。他用唯物主义的经验论来反对先验论，把西方的形式逻辑和实验科学方法介绍过来，也起了积极作用。他对自由观念和功利主义的阐发，在当时也有反封建意义。不过他用物竞、天择来解释人类历史，在认识论上有实证论和不可知论倾向，在伦理学上鼓吹"开明自营"即合理的利己主义，这些都有其历史和阶级的局限性。严复后来在政治态度上日益趋向保守，在学术上鼓吹尊孔读经，其晚年的哲学思想黯然失色，早先的光彩荡然无存了。但应该指出，经过严复等人的努

---

① 严复:《法意》按语,《严复集》第 4 册,第 1019 页。
② 同上注。
③ 严复:《法意》按语,《严复集》第 4 册,第 981 页。

力,进化论哲学从此深入人心,成为中国近代哲学传统的有机组成部分,这个历史功绩是不可磨灭的。

第四节　梁启超论"我"之自由与"群"之进化

在戊戌变法时期,康、梁并称。青年梁启超以生花之笔,用人道主义冲决封建专制主义,从哲学理论上探讨了"我"之自由与"群"之进化,起了广泛的思想解放的作用。

梁启超(1873—1929),字卓如,号任公。广东新会人。年轻时跟从康有为,协助他撰作和校对《新学伪经考》、《孔子改制考》等著作,深受其影响。在任《时务报》主编和"时务学堂"总教习时,发表《变法通议》等论文,阐发和宣传变法维新思想。与康有为倡导和发动变法维新运动。戊戌政变发生后,逃亡日本,读西书,学东文,思想为之一变。提出"新民说",倡导"道德革命"、"诗界革命"和"小说界革命",反对尊孔复古,批判封建专制制度。但后又主张保皇,投身立宪运动。辛亥革命后,先拥护袁世凯,后反对袁复辟称帝,在护国之役中起了积极筹划的作用。晚年致力于学术研究。"五四"时期,反对马克思主义在中国传播。他学识渊博,著作甚富,主要有《饮冰室合集》。此外还有各种专集(如政论集、讲演集、文抄、诗抄、尺牍等),约20多种,单行本100多种。①

---

① 《饮冰室合集》由林志钧编,中华书局1932年出版,以编年为主,分甲类文集和乙类专集,是目前较完备的梁氏文集。今人李华兴、吴嘉勋编有《梁启超选集》,上海人民出版社1984年出版,其中包括未编入《饮冰室合集》的文章25篇以及未刊稿和信件13篇。1999年,由北京出版社出版《梁启超全集》,共十册,本书将《饮冰室全集》重新标点,按年代重新编排,此外还将相当部分从未发表过的书信搜集、整理编序出版。

梁启超作为资产阶级启蒙思想家，在戊戌维新前后影响很大。用他自己的话来说："梁启超可谓新思想界之陈涉。"①在1903年以前，这称号对他来说是当之无愧的。在本节中，我们主要论述他这一时期的思想，附带也涉及后来的某些著作。

一、"新思想界之陈涉"和康、梁关于"自由"的争论

梁启超起初主要是宣传康有为的变法理论。在湖南时务学堂，他和谭嗣同、唐才常②等人举的是"两面旗帜：一是陆王派的修养论，一是借《公羊》、《孟子》发挥民权的政治论"③，这也是对康有为学说的发挥。当时，反对派编《翼教丛编》，也说："梁启超主讲时务学堂，张其师说，……其言以康之《新学伪经考》、《孔子改制考》为主，而平等民权，孔子纪年诸说辅之。"④

康有为一贯打着"孔教"的招牌。梁启超当时公开著论，托之《公羊》、《孟子》，并声称"启超之学，实无一字不出于南海"⑤。但他实际上不赞成独尊孔教，以为定于一尊只能束缚人的心思才能。在《与严幼陵先生书》（1897年）中，他已表示十分赞赏严复

---

① 梁启超：《清代学术概论》，《饮冰室合集》专集之三十四，第65页。
② 唐才常（1867—1900），字伯平，号黻丞，湖南浏阳人，清末维新派领袖。是中国近代史上著名的政治活动家。1897年，与谭嗣同在浏阳办算学馆，在长沙主编《湘学报》，创办时务学堂。次年，又倡新学，宣传资产阶级民权思想和君主立宪制。1900年在上海任中国国会总干事，拥护光绪当政，并创立"自立会"。又在武汉组成自立军机关，准备起义，事泄被捕就义。哲学上主张"质点配成万物说"，又认为"司大千世界诸微点大脑气者，是为大灵魂"。并认为人的心力可以创造万物。著作有《唐才常集》。
③ 梁启超：《蔡松坡遗事》，丁文江、赵丰田编《梁启超年谱长编》，上海人民出版社2009年版，第55页。
④ 苏舆：《翼教丛编·序》，上海书店出版社2002年版，第1页。
⑤ 梁启超：《汪穰卿先生师友手札》，《梁启超年谱长编》，第65页。

"教不可保，而亦不必保"之说。他向往着百家并作的局面，并以陈胜、吴广自许，说：

> 启超常持一论，谓凡任天下事者，宜自求为陈胜、吴广，无自求为汉高，则百事可办。[1]

他认为，在思想界应该作揭竿起义的叛逆，打破定于一尊的传统；至于要为思想界"缔造一开国规模"，那是以后的事。以后，随着这种"自求为陈胜、吴广"的思想的发展，梁启超和康有为产生了矛盾。

1900 年，康、梁之间发生了关于"自由"之义的争论。梁启超在给康有为的信中写道：

> 来示于自由之义，深恶而痛绝之，而弟子始终不欲弃此义。窃以为于天地之公理与中国之时势，皆非发明此义不为功也。弟子之言自由者，非对于压力而言之，对于奴隶性而言之。压力属于施者，奴隶性属于受者。（施者不足责亦不屑教诲，惟责教受者耳。）中国数千年之腐败，其祸极于今日，推其大原，皆必自奴隶性来；不除此性，中国万不能立于世界万国之间。而自由云者，正使人自知其本性，而不受钳制于他人。今日非施此药，万不能愈此病。[2]

---

[1] 梁启超：《与严幼陵先生书》，《饮冰室合集》文集之一，第 107 页。
[2] 梁启超：《致南海夫子大人书》，《梁启超年谱长编》，第 153 页。

他认为，"自由"既与"压迫"相对，也与"奴性"相对。对于残暴的压迫者（施者），不是批评教育的问题；而对于被压迫者（受者）的奴隶性，则必须用批评教育来加以破除。如何来破除奴性呢？首先必须施自由之药、兴民权之说。但康有为却说"但当言开民智，不当言兴民权。"对此，梁启超加以反驳："弟子见此二语，不禁讶其与张之洞之言甚相类也。夫不兴民权，则民智乌可得开哉？"①兴民权、讲自由，使人有独立自主的人格，敢于去冲决三纲之压制和古学的束缚，这正是开民智的先决条件。所以梁启超又说："故今日而知民智之为急，则舍自由无他道矣。中国于教学之界则守一先生之言，不敢稍有异想；于政治之界则服一王之制，不敢稍有异言。此实为滋愚滋弱之最大病源。"②他将中国之所以愚弱的病源归之于奴隶性，而奴隶性就表现在两点，即政治上"服一王之制"和学术上"守一先生之言"。同时，"一王之制"和"一先生之言"，即压迫者的专制主义，又是造成国民奴性的原因。专制君主对人民"役之如奴隶，防之如盗贼"③，久而久之，人民也"以奴隶盗贼自居"。④孔教独尊，"强一国人之思想使出于一途"⑤，久而久之，"而全国之思想界销沉极矣"！⑥所以他说："专制久而民性漓也"⑦，"学说隘而思想窒也"⑧。

---

① 梁启超：《致南海夫子大人书》，《梁启超年谱长编》，第154页。
② 梁启超：《致南海夫子大人书》，《梁启超年谱长编》，第154页。
③ 梁启超：《新民说》，《饮冰室合集》专集之四，第58页。
④ 同上注。
⑤ 梁启超：《新民说》，《饮冰室合集》专集之四，第59页。
⑥ 同上注。
⑦ 梁启超：《新民说》，《饮冰室合集》专集之四，第58页。
⑧ 梁启超：《新民说》，《饮冰室合集》专集之四，第59页。

梁启超提出用"破坏主义"来摧毁两千年来专制的政治统治和孔教独尊。他说：

> 吾请以古今万国求进步者独一无二、不可逃避之公例，正告我国民。其例维何？曰破坏而已。①

> 必取数千年横暴混浊之政体，破碎而斋粉之，使数千万如虎、如狼、如蝗、如蝻、如蝮、如蛆之官吏，失其社鼠城狐之凭借，然后能涤荡肠胃以上于进步之途也。必取数千年腐败柔媚之学说，廓清而辞辟之，使数百万如蠹鱼、如鹦鹉、如水母、如畜犬之学子，毋得摇笔弄舌舞文嚼字为民贼之后援，然后能一新耳目以行进步之实也。而其所以达此目的之方法有二：一曰无血之破坏，二曰有血之破坏。无血之破坏者，如日本之类是也；有血之破坏者，如法国之类是也。②

他当时以为，中国如果不能像日本那样实行维新变法，那也应该像法国那样实行流血的革命。而要实行"破坏主义"，便须唤起民族精神，把攻击的矛头针对向外国侵略者屈膝投降的清王朝统治者。所以，他也赞成"排满"的口号。梁启超当时在政治上倡导"革命、排满、共和"之论，这是和资产阶级革命派的言论相一致的。

梁启超的"破坏主义"的影响主要在思想界。1902 年他写《保教非所以尊孔论》，反对把孔子视为教主，而主张还孔子以本来面

---

① 梁启超：《新民说》，《饮冰室合集》专集之四，第 60 页。
② 梁启超：《新民说》，《饮冰室合集》专集之四，第 65 页。

目:"孔子者哲学家、经世家、教育家,而非宗教家也。"[1]在他看来,孔子的学说中有"通义",有"别义":通义是"万世不易者",而别义则是"与时推移者"。假使孔子生在今日,他对他的教义一定会"有所损益"。所以后人不能把孔子的学说看作宗教教条。但自汉武帝罢黜百家、独尊儒术之后,2000多年来,"言考据则争师法,言性理则争道统,各自以为孔教,而排斥他人以为非孔教"[2],从董仲舒以来的经学家,以至宋明理学家、清代朴学家,无不"依傍"孔子,不能自开生面,而彼此互相攻讦,"如群猿得一果,跳掷以相攫,如群妪得一钱,诟骂以相夺,其情状抑何可怜哉"!为什么会造成这种可怜的状况呢?"无他,暖暖姝姝,守一先生之言,其有稍在此范围外者,非惟不敢言之,抑亦不敢思之,此二千年来保教党所成就之结果也。"[3]

历史上的保教党是如此,那么今日之言保教者又如何呢?他们花样翻新,取西方近代的新学理来比附,"曰某某者孔子所已知也,某某者孔子所曾言也"[4]。梁启超以为,这种比附的办法虽出于一片苦心,实际上却"重诬孔子而益阻人思想自由之路"[5]。他说:

　　若必一一而比附之纳入之,然则非以此新学新理厘然有当于吾心而从之也,不过以其暗合于我孔子而从之耳。是所

---

[1] 梁启超:《保教非所以尊孔论》,《饮冰室合集》文集之九,第52页。
[2] 梁启超:《保教非所以尊孔论》,《饮冰室合集》文集之九,第55页。
[3] 同上注。
[4] 梁启超:《保教非所以尊孔论》,《饮冰室合集》文集之九,第56页。
[5] 同上注。

爱者仍在孔子，非在真理也。万一遍索之于四书六经，而终无可比附者，则将明知为铁案不易之真理，而亦不敢从矣；万一吾所比附者，有人从而剔之，曰孔子不如是，斯亦不敢不弃之矣。若是乎真理之终不能饷遗我国民也。故吾最恶乎舞文贱儒，动以西学缘附中学者，以其名为开新，实则保守，煽思想界之奴性而滋益之也。①

梁启超原先也持"不中不西，即中即西"之说，也难免"以西学缘附中学"。但他此时认识到这种"比附"的办法是在维护孔教而非热爱真理，所以只能使思想界之奴性滋长。他意识到，为要使思想从孔教的束缚下解放出来，就必须反对"比附"、"托古"。因此，他感到"今是昨非，不能自默"，便"我操我矛以伐我"②。但"伐我"实际上也是攻击老师。他后来在《清代学术概论》中说得很明白：

中国思想之痼疾，确在"好依傍"与"名实混淆"。……康有为之大同，空前创获，而必自谓出孔子。及至孔子之改制，何为必托古？诸子何为皆托古？则亦依傍混淆也已。此病根不拔，则思想终无独立自由之望。启超盖于此三致意焉。然持论既屡与其师不合，康、梁学派遂分。③

康、梁之间的矛盾，就在于梁启超用"自由"反对"奴性"，于是

---

① 梁启超：《保教非所以尊孔论》，《饮冰室合集》文集之九，第56页。
② 梁启超：《保教非所以尊孔论》，《饮冰室合集》文集之九，第50页。
③ 梁启超：《清代学术概论》，《饮冰室合集》专集之三十四，第65页。

倡"革命、排满、共和"之论，反对保教。梁启超当时以一种"平易畅达"、"笔锋常带情感"的新文体，宣传破坏主义，猛烈抨击中国旧思想界之奴性，并主张"将世界学说为无制限的尽量输入"，是具有启蒙作用的。但他总是"随有所见，随即发表"，所以他的著作难免浅薄芜杂，并且多有前后矛盾之处。梁启超颇有自知之明。他批评自己说："尝言：我读到'性本善'，则教人以'人之初'而已。殊不思'性相近'以下尚未读通，恐并'人之初'一句亦不能解。以此教人，安见其不为误人？"[1]然而，正如他自己所肯定的：

> 平心论之，以二十年前思想界之闭塞萎靡，非用此种卤莽疏阔手段，不能烈山泽以辟新局。就此点论，梁启超可谓新思想界之陈涉。[2]

这是他在 1920 年说的话，"二十年前"是指二十世纪初。梁启超的主要功绩，就在于他在二十世纪初发挥了"烈山泽以辟新局"的历史作用。

二、认识论上的"除心奴"说

从哲学来说，这个"新思想界之陈涉"的主旨，就在于颂扬精神之自由，反对精神受奴役。

同严复一样，梁启超用的"自由"一词，既具政治意义，也是哲学范畴。他说："自由者，天下之公理，人生之要具，无往而不适用

---

[1] 梁启超：《清代学术概论》，《饮冰室合集》专集之三十四，第 65 页。
[2] 同上注。

者也。"①"数百年来世界之大事,何一非以'自由'二字为原动力者耶?"②"自由云者,正使人自知其本性,而不受箝制于他人。"③在他看来,自由是人的本性(本质),是人生的一切活动的原动力,所以说它是"天下之公理"。但他认为,真正的自由可归结为"我之自由"、精神之自由。他说:

> 一身自由云者,我之自由也。虽然,人莫不有两我焉:其一,与众生对待之我,昂昂七尺立于人间者是也;其二,则与七尺对待之我,莹莹一点存于灵台者是也。(孟子曰:"物交物,则引之而已矣。"物者,我之对待也,上物指众生,下物指七尺即耳目之官,要之,皆物而非我也。我者何? 心之官是已。先立乎其大者,则其小者不能夺也。惟我为大,而两界之物皆小也。小不夺大,则自由之极轨焉矣。)④

在近代之初,龚、魏便提出"我"和"物"的关系问题。龚自珍说:"天地,人所造,众人自造。……众人之宰,非道、非极,自名曰我。"⑤魏源进而说:"物必本夫我。……善言我者,必有乘于物。"⑥这个"我"与"物"的关系,梁启超明确指出,包含有两个方面问题:一是指我与众生,即我与人、己与群的关系,二是指心与物,即精

---

① 梁启超:《新民说》,《饮冰室合集》专集之四,第 40 页。
② 梁启超:《新民说》,《饮冰室合集》专集之四,第 44 页。
③ 梁启超:《致南海夫子大人书》,《梁启超年谱长编》,第 153 页。
④ 梁启超:《新民说》,《饮冰室合集》专集之四,第 46—47 页。
⑤ 龚自珍:《壬癸之际胎观第一》,《龚自珍全集》,第 12 页。
⑥ 魏源:《皇朝经世文编叙》,《魏源全集》第 13 册,第 172 页。

神与物质的关系。关于前者,待下文讨论历史观、人生观时再来论述。关于后者,梁启超着重从认识论角度作了探讨。在上述引文中,他以"心之官"为我,即以与形体("七尺之躯")相对待之精神、心灵为我。"唯我为大,而两界之物皆小也。"真正的自由在于先立乎其大者,以我役物,而不为物役。他说:"辱莫大于心奴,而身奴斯为末矣。"①精神上的奴隶比之身体受奴役更为可耻。他列举了"心奴隶之种类":诵法孔子,"为古人之奴隶";俯仰随人,"为世俗之奴隶";听从命运安排,"为境遇之奴隶";心为形役,"为情欲之奴隶"②。他说:

> 若有欲求真自由者乎,其必自除心中之奴隶始。③

梁启超特别把他的"除心奴"的学说,同培根、笛卡儿联系起来。他在《近世文明初祖二大家之学说》一文中说:"为数百年来学术界开一新国土者,实惟倍根与笛卡儿。"④又说:"倍氏、笛氏之学派虽殊,至其所以有大功于世界者,则惟一而已,曰:破学界之奴性是也。"⑤在他看来,培根主张打破各种"偶像",笛卡儿运用"系统的怀疑"方法,都在于反对奴性,而倡导一种精神,"即常有一种自由独立、不傍门户、不拾唾余之气概而已"。⑥ 正是这种自

① 梁启超:《新民说》,《饮冰室合集》专集之四,第47页。
② 同上注。
③ 同上注。
④ 梁启超:《近世文明初祖二大家之学说》,《饮冰室合集》文集之十三,第1页。
⑤ 梁启超:《近世文明初祖二大家之学说》,《饮冰室合集》文集之十三,第11页。
⑥ 梁启超:《近世文明初祖二大家之学说》,《饮冰室合集》文集之十三,第12页。

由独立的精神,促进了西方政治学术的迅猛发展。中国如果缺乏这种精神,那么即使天天读西书、讲西语,也依然是"奴性自若"。他召唤说:

> 呜呼! 有闻倍根、笛卡儿之风而兴者乎! 第一,勿为中国旧学之奴隶;第二,勿为西人新学之奴隶。我有耳目,我物我格;我有心思,我理我穷。车驱之,车驱之,何渠不若汉。[①]

梁启超把由培根开创的英国经验主义称为"格物派",把由笛卡儿开创的欧洲大陆理性主义称为"穷理派",而将"我有耳目,我物我格;我有心思,我理我穷"几句话加以综合,也就是把经验和理性统一于"我"、统一于精神。这虽是对培根和笛卡儿的折衷,实际上是偏袒笛卡儿的。如果说严复比较系统地介绍了英国经验主义,那么梁启超从王学出发,就比较偏向于欧洲大陆理性主义了。下面这一段话就是理性主义者的口吻:

> 夫心固我有也,听一言,受一义,而日我思之我思之,若者我信之,若者我疑之。……高高山顶立,深深海底行,其于古人也,吾时而师之,时而友之,时而敌之,无容心焉,以公理为衡而已。自由何如也![②]

就是说,理性(心)是我固有的,我独立思考、高瞻远瞩、深入探索,

---

① 梁启超:《近世文明初祖二大家之学说》,《饮冰室合集》文集之十三,第12页。
② 梁启超:《新民说》,《饮冰室合集》专集之四,第48页。

完全以"公理"为权衡标准，对别人的意见和古人的著作，有的相信、有的怀疑、有的赞同、有的反对。这就是精神的自由。他又说：

> 我有耳目，我有心思，生今日文明灿烂之世界，罗列中外古今之学术，坐在堂上而判其曲直。可者取之，否者弃之，斯宁非丈夫第一快意事耶！①

让理性高踞在审判台上，将中外古今的学说都推到台前来受审——这是近代启蒙学者的革命气概和理性主义精神。它表明中国已到了如黑格尔所说的"世界用头立地的时代"。②

梁启超还说：

> 思想之自由，真理之所从出也。③

他深信，只要破除心中之奴隶，让理性自由活动，真理就会源源不绝地涌出来。他认为，这可以以学术史为佐证，"古今诸学术中，其进化最速者，必其思想辩论，恢恢乎有自由之余地者也"④。数学、物理学进步最快，就是因为在这些领域中，学者能自由发表见解，互相辩诘，无所顾忌，无所束缚。而政治学、宗教学、伦理学等

---

① 梁启超：《保教非所以尊孔论》，《饮冰室合集》文集之九，第 56 页。
② 恩格斯：《社会主义从空想到科学的发展》，《马克思恩格斯选集》第 3 卷，第 719 页。
③ 梁启超：《近世文明初祖二大家之学说》，《饮冰室合集》文集之十三，第 9 页。
④ 同上注。

则进步最慢,原因"大率为古来圣贤经典所束缚,为现今政术风俗所牵掣",于是"意识之自由,未能尽其用也"。[1]

在《近世第一大哲康德之学说》一文中,他也强调说,"康氏以自由为一切学术人道之本"。[2] 又说,康德"以自由之发源全归于良心(即真我)"。[3] 梁启超以为,真我即解脱了一切束缚的我,亦即王阳明所谓"良知"。在他看来,世界第一原理是真我即良知(理性),而自由是真我的本性,一切有价值的文化学术都是理性自由活动的结果。这就引导到先验论的唯心主义去了。

在《唯心》一文中,梁启超写道:

> 境者心造也。一切物境皆虚幻,惟心所造之境为真实。[4]

他论证说:绿黄之色,甜苦之味,"其分别不在物而在我";同一山川风物,"忧者见之谓之忧,乐者见之谓之乐";所以说:"三界唯心",人人"各自占一世界"。[5] 这种主观唯心主义的论证,当然是很陈腐的。但他以为,明三界唯心之理,就能超脱于忧喜苦乐,摆脱心中之奴隶,而成为豪杰之士。他非常推崇豪杰之士的"心力"(如说"卢骚心力之大"等),但这种心力是怎样得来的呢? 他以为来自灵感。但灵感是无法捕捉的,只有至诚专一,捐弃百事,才能激发出来。"至诚所感,金石为开。精神一到,何事不成? ……至

---

[1] 梁启超:《近世文明初祖二大家之学说》,《饮冰室合集》文集之十三,第9页。
[2] 梁启超:《近世第一大哲康德之学说》,《饮冰室合集》文集之十三,第59页。
[3] 梁启超:《近世第一大哲康德之学说》,《饮冰室合集》文集之十三,第62页。
[4] 梁启超:《自由书》,《饮冰室合集》专集之二,第45页。
[5] 同上注。

诚者，人之真面目而通于神明者也。"①这是唯意志论倾向和神秘主义论调。

梁启超从唯心主义的立场来讲哲学史上两大派的对立，说："哲学亦有两大派：曰唯物派，曰唯心派。唯物派只能造出学问，唯心派时亦能造出人物。"②他以为，唯物论与科学密切联系，唯心论与宗教密切联系。科学发达起来，宗教中之迷信必须摧毁，但宗教思想与唯心主义却是不能摧毁的。在他看来，刚毅勇猛的人格，为理想而奋斗终生的志士，能为惊天动地之事业的英雄豪杰，一定要靠宗教信仰和唯心论哲学来培养。他说："日本维新之治，是心学之为用也。心学者，实宗教之最上乘也。"③他还以为，佛教是最有益于中国之"群治"的。他说佛教之信仰"乃智信而非迷信"，"乃平等而非差别"，"乃自力而非他力"，信仰佛教，则"无歆羡，无畔援，无挂碍，无恐怖，独往独来，一听众生之自择"。所以他以为，佛教最能培养独立不羁的大无畏的人格。

梁启超的唯心主义见解显然是芜杂的、肤浅的。但值得注意的是：他由于反对奴性，强调精神的自由和理性的权威，要求培养独立自由的人格，而陷入片面性，导致唯心主义。因此，剥去其唯心主义的外衣，里面有着合理的成分。

三、以社会心理为实体的历史进化论

梁启超是个历史学家，所以在哲学上我们应特别注意他的历

---

① 梁启超：《自由书》，《饮冰室合集》专集之二，第72页。
② 梁启超：《论宗教家与哲学家之长短得失》，《饮冰室合集》文集之九，第45页。
③ 梁启超：《论宗教家与哲学家之长短得失》，《饮冰室合集》文集之九，第46页。

史观。在《新史学》中,他为史学下了三个互有联系的界说:"第一,历史者,叙述进化之现象也";"第二,历史者,叙述人群进化之现象也";"第三,历史者,叙述人群进化之现象,而求得其公理公例者也"。① 这三个界说中的前两个表现梁启超的历史观,后一个则为他的史学方法。这里先依据他对史学的前两个界说来论述其历史观。

第一,历史的进化之像与"革之义"。

梁启超以为,历史学的对象是"进化之现象"。他发展了康有为的历史进化论,把"三世之义"说成是"往古来今天地万物递变递进之理"②。他以为三世是相对的,就自然界来说,"以草木为据乱,则禽兽其升平,人类其太平也"。而就人类由渔猎、畜牧演化为农业社会、工商业社会来说,"打牲为据乱,则游牧其升平,种植其太平也;游牧为据乱,则种植其升平,工商其太平也。而打牲以前尚有不如打牲之世界,则打牲已为太平;工商以后更有进于工商之世界,则工商亦为据乱"③。如此等等,递变不已,历史就表现为一个进化无极的过程。这种进化是老没有完结的,而且"其进步又非为一直线,或尺进而寸退,或大涨而小落,其象如一螺线"④。孟子说"天下之生久矣,一治一乱",(《孟子·滕文公下》)把历史看作是循环的。梁启超批评说:"此言盖为螺线之状所迷,而误

---

① 梁启超:《新史学》,《饮冰室合集》文集之九,第 7、9、10 页。
② 梁启超:《读〈春秋〉界说》,张品兴主编:《梁启超全集》第 1 册,北京出版社 1999 年版,第 157 页。该段文字在《饮冰室合集》收录的该文中没有出现。
③ 梁启超:《读〈春秋〉界说》,《梁启超全集》第 1 册,第 157 页。该段文字在《饮冰室合集》收录的该文中没有出现。
④ 梁启超:《新史学》,《饮冰室合集》文集之九,第 7 页。

以为圆状，未尝综观自有人类以来万数千年之大势，而察其真方向之所在。"①他以为，历史虽有螺线状循环之像，而按其总趋势和发展方向来说，则是进化的。

那么，历史进化的动因是什么？梁启超也归结为物竞天择，说："竞争者，进化之母也。"②以为在人类社会中，竞争愈激烈，则进步愈迅速。而剧烈的竞争必然会导致破坏，破坏旧的才能建设新的，所以他歌颂"破坏主义"，并说："其破坏者，复有踵起而破坏之者。随破坏，随建设，甲乙相引，而进化之运乃递衍于无穷。"③

同破坏主义相联系，梁启超把"革"（改革与革命）的观念引进进化论，他说：

> 革也者，天演界中不可逃避之公例也。凡物适于外境界者存，不适于外境界者灭，一存一灭之间，学者谓之淘汰。淘汰复有二种：曰"天然淘汰"，曰"人事淘汰"。……人事淘汰，即革之义也。④

是说，"革"就是有意识地进行人工选择，不断地去旧更新，以使人的活动、制度等能随时推移，与外境相适应。如果是一部分一部分地淘汰、更新，那便是渐进的改革；如果是"从根柢处掀而翻之，廓清而辞辟之"，那便是顿然的全体的变革，即革命。他以为，革

---

① 梁启超：《新史学》，《饮冰室合集》文集之九，第 8 页。
② 梁启超：《论近世国民竞争之势及中国前途》，《饮冰室合集》文集之四，第 57 页。
③ 梁启超：《新民说》，《饮冰室合集》专集之四，第 62 页。
④ 梁启超：《释革》，《饮冰室合集》文集之九，第 41 页。

命是当时救中国的独一无二的法门，不仅要进行政治革命，而且还要进行经学革命、史学革命、道德革命、诗界革命、小说界革命等等。但梁启超本人不久便反对"革命热"了。他提出的"革也者，天演界中不可逃避之公例"的口号，便被革命派接了过去。

第二，历史的进化"以群为体"（即以"社会心理"为实体）。

梁启超在《说群·序》中写道："启超问治天下之道于南海先生。先生曰：'以群为体，以变为用。斯二义立，虽治千万年之天下可已。'"①继严复用"群与群争"来解释历史进化之后，梁启超进一步断言"群"是历史进化的主体（实体）。他说：

> 欲求进化之迹，必于人群。使人人析而独立，则进化终不可期，而历史终不可起。盖人类进化云者，一群之进也，非一人之进也。②

他以为，就各个人而言，古人的肢体和今人无多大差别，而论性灵，则周公、孔子、柏拉图、亚里士多德的智慧、能力决不比今人差。但今天的乳臭小孩也懂得许多周、孔所不能知、不能行之事，那是为什么呢？是"食群之福，享群之利"，是因为有群体代代相传，所以人类的智慧、才力、道德能够不断进化。他说："一个人，殆无进化也；进化者，则超于个人之上之一人格而已，即人群是也。"③"群"是"超于个人之上之一人格"，亦即所谓"大我"。"大

---

① 梁启超：《说群序》，《饮冰室合集》文集之二，第3页。
② 梁启超：《新史学》，《饮冰室合集》文集之九，第9页。
③ 同上注。

我"指一定人群（社会集团）之共性，体现于所谓社会心理、民族精神、国民意识等之中。他说：

> 历史之一大秘密，乃在一个人之个性，何以能扩充为一时代一集团之共性，与夫一时代一集团之共性，何以能寄现于一个人之个性。申言之，则有所谓民族心理或社会心理者，其物实为个人心理之扩大化合品，而复借个人之行动以为之表现。史家最要之职务，在觑出此社会心理之实体，观其若何而蕴积，若何而发动，若何而变化，而更精察夫个人心理之所以作成之表出之者，其道何由？[1]

他以为，历史的进化过程就是"社会心理之实体"蕴积而成和发动、演变的过程。所以在他看来，"以群为体"，即以"社会心理"为实体；而人群的进化过程则应该从两重关系来进行考察：一是社会历史中的"心"（大我）作为实体与其作用（表现）的关系；二是小我与大我（社会心理）、个性与共性之间的关系。

关于实体及其表现的关系，梁启超说："凡活动，以能活动者为体，以所活动者为相。"[2]人类的活动表现为社会现象（相），而其能活动之"体"即精神。他大概受了外国的社会学的心理学派的影响，于是断言："全世界者，全世界人类心理所造成；一社会者，一社会人之心理所造成。"[3]就是说，社会心理是实体，而社会则是

---

① 梁启超：《中国历史研究法》，《饮冰室合集》专集之七十三，第114—115页。
② 梁启超：《中国历史研究法》，《饮冰室合集》专集之七十三，第1页。
③ 梁启超：《余之死生观》，《饮冰室合集》文集之十七，第2页。

此实体的作用所造成的。他说：

> 　　史迹有以数千年或数百年为起迄者。其迹每度之发生，恒在若有意识若无意识之间，并不见其有何等公共一贯之目的，及综若干年之波澜起伏而观之，则俨然若有所谓民族意力者在其背后。①

是说，历史事迹虽若断若续，若有意识若无意识，但在波澜起伏之中有其共性和一贯性的东西，这是因为有"民族意力"为其动因（或社会心理为其实体）。梁启超并不否认"物"的影响。"物者何？谓与心对待之环境。"②他在《论中国学术思想变迁之大势》中，着重从地理环境的不同来说明先秦学术南北两派精神面貌的差异："北地苦寒硗瘠，谋生不易，其民族销磨精神日力以奔走衣食维持社会，犹恐不继，无余裕以驰骛于玄妙之哲理。"而"南地则反是，其气候和，其土地饶，其谋生易，其民族不必惟一身一家之饱暖是忧，故常达观于世界以外。"③因此，便产生了两派学术思潮的对立：北派"崇实际"，南派"崇虚无"。可见物的势力、社会环境对人类精神有不容忽视的影响。不过他以为，归根到底，历史是"心对于物之征服"，人类文明是精神的创造。他说："文明者，有形质焉，有精神焉。……精神既具，则形质自在；精神不存，则形

---

① 梁启超：《中国历史研究法》，《饮冰室合集》专集之七十三，第100页。
② 梁启超：《中国历史研究法》，《饮冰室合集》专集之七十三，第121页。
③ 梁启超：《论中国学术思想变迁之大势》，《饮冰室合集》文集之七，第18页。

质无附。然则真文明者，只有精神而已。"①

那么，这种精神实体、民族意力又是怎样形成和演变的呢？他以为，进化论所说的物种遗传性，同佛教所说的业报是相一致的。"佛说之羯磨，进化论之遗传性，吾皆欲名之曰精神。"②"国民心理者何？社会心理者何？即前此全国全社会既死之人，以不死者贻诸子孙也。"③他以为，个人的灵魂是"不死者"，群体的精神也是"不死者"。他说："吾精神何在？其一在么匿体，将来经无量劫缘以为轮回，乃至入无余涅槃，皆此物焉，苟有可以为彼之利益者，虽糜其躯壳，不敢辞也。其一在拓都体④，此群焉，此国焉，此世界焉，我遗传性所长与以为缘而糜尽者也，苟有可以为彼之利益者，虽糜其躯壳，不敢辞也。"⑤这里所说，包含有灵魂不灭的荒唐神话和牵强附会。不过，梁启超指出群体意识（民族心理、社会心理等）在人群的进化过程有其"遗传性"即一贯性的东西，却是有意义的。同时，他还指出，群体意识有其变异性，如果社会永远为一种"心理"所支配，那便没有历史进化之可言。他以为，由于一方面人类心理之发动是极自由的，有突变的可能性，另一方面环境的改变也要影响心理，所以便使得史迹"日孳而日新"⑥。梁启超用群体意识的遗传和变异来解释历史的演化，这种唯心主义的进化史观显然是错误的。但他正是在这种唯心史观的形式下，

---

① 梁启超：《国民十大元气论》，《饮冰室合集》文集之三，第 61 页。
② 梁启超：《余之死生观》，《饮冰室合集》文集之十七，第 5 页。
③ 梁启超：《余之死生观》，《饮冰室合集》文集之十七，第 4 页。
④ 斯宾塞著，严复译：《群学肄言·译余赘语》："总曰拓都，译言全体，分曰么匿，译言单位。……国拓都也，民么匿也。"
⑤ 梁启超：《余之死生观》，《饮冰室合集》文集之十七，第 11—12 页。
⑥ 梁启超：《中国历史研究法》，《饮冰室合集》专集之七十三，第 116 页。

对群体意识作了初步探索。

梁启超又从己与群、个性与共性的关系来考察历史人物在人群进化过程中的作用。他说：

> 无论何种政治、何种思想，皆建设在当时此地之社会心理的基础之上，而所谓大人物之言动，必与此社会心理发生因果关系者，始能成为史迹。大人物之言动，非以其个人的资格而有价值，乃以其为一阶级或一党派、一民族之一员之资格而有价值耳。[1]

杰出人物之所以杰出，是因为他的言论、行动体现了当时当地的社会心理，代表了民族精神、阶级意识或党派意识，因而就成为"突出的人格者"，即英雄。梁启超多次讨论英雄和时势的关系问题。他以为，英雄都是时代精神的代表，但"有应时之人物，有先时之人物。……应时人物者，时势所造之英雄；先时人物者，造时势之英雄也"[2]。他说："先时人物者，社会之原动，而应时人物所从出也。"[3]所以，对社会来说，先时人物（如卢梭、康有为）尤为重要。他强调的是英雄造时势，并且认为，数千年来中外之历史，可以看作是百数十英雄人物之传记。这些英雄圣贤以他们的个性影响社会，逐渐演变为一时代一集团之共性。例如，"二千年来之中国，最少可谓为有一部分属于孔子个性之集团化；而战国之政

---

① 梁启超：《中国历史研究法》，《饮冰室合集》专集之七十三，第115页。
② 梁启超：《南海康先生传》，《饮冰室合集》文集之六，第58页。
③ 同上注。

治界,可谓为商鞅个性之时代化,晚明之思想界,可谓为王守仁个性之时代化也。"①

这当然是英雄史观。不过,梁启超讲杰出人物的言行与社会心理之间有"因果关系",却也有其合理因素。他还以为,英雄是人群未开化时代的产物,愈在古代,英雄愈被膜拜。但到了近代,随着"教育的普及",智慧日益平等,由于"分业的精繁",人们各有专长,因此古代那种全知全能的英雄便不可能复见。所以他说:"二十世纪以后将无英雄。何以故? 人人皆英雄故。"②"故'历史即英雄传'之观念,愈古代则愈适用,愈近代则愈不适用也。"③这是民主主义的思想。

四、"新史学"研究方法

前面已经提到,梁启超的《新史学》关于史学的第三个界说是:"历史者,叙述人群进化之现象,而求得其公理公例者也。"梁启超运用这个界说来批评中国之旧史学,以为二十四史不过是二十四姓之家谱,其根本缺点在于"知有朝廷而不知有国家"、"知有个人而不知有群体"、"知有陈迹而不知有今务"、"知有事实而不知有理想"④。他以为,新史学家不能只记载历史陈迹,描述王朝兴替,而"必说明其事实之关系与其原因结果","必探察人间全体之运动进步,即国民全部之经历及其相互之关系"⑤,从而揭示群

---

① 梁启超:《中国历史研究法》,《饮冰室合集》专集之七十三,第 114 页。
② 梁启超:《自由书》,《饮冰室合集》专集之二,第 85 页。
③ 梁启超:《中国历史研究法》,《饮冰室合集》专集之七十三,第 114 页。
④ 梁启超:《新史学》,《饮冰室合集》文集之九,第 3—4 页。
⑤ 梁启超:《中国史叙论》,《饮冰室合集》文集之六,第 1 页。

体进化之规律,为人们指明历史发展的方向,即理想。

他说:

> 群与群之相际,时代与时代之相续,其间有消息焉,有原
> 理焉。作史者苟能勘破之,知其以若彼之因,故生若此之果,
> 鉴既往之大例,示将来之风潮,然后其书乃有益于世界。[①]

只有揭示出群体的历史演变的因果律,才能鉴往知来,"以过去之
进化,导未来之进化",并激发读者"爱其群、善其群之心"。这在
当时是一种新的史学观念。

那么,怎样来探求历史进化的规律或因果律呢?这需要一套
新的史学方法。梁启超对历史研究法作了专门探讨。他既吸取
了乾嘉学派的考证法和浙东学派的历史主义,也吸取了西方近代
实证科学的某些方法,总结自己的治学经验,写了《新史学》、《中
国历史研究法》等著作。他的方法有其超越前人之处。这表
现在:

首先,扩大了历史研究的范围。历史研究要从史料出发,而
对史料的搜集应力求完备,并认真鉴别其真伪。这是以前的学者
一再强调过的。不过到了近代,史料的范围大大扩充了。梁启超
说:"夫欲求人群进化之真相,必当合人类全体而比较之,通古今
文野之界而观察之。"[②]他指出,从民间小团体到世界五大洲之全
局,从地下的化石、古器物、历史文献到昨天今天的新闻,都是史

---

① 梁启超:《新史学》,《饮冰室合集》文集之九,第 4 页。
② 梁启超:《新史学》,《饮冰室合集》文集之九,第 10 页。

料，应把它们联系起来加以比较、考察。梁启超还举了古史上的事例，如"刘项之争与中亚细亚及印度诸国之兴亡有关系，而影响及于希腊人之东陆领土"，"汉攘匈奴与西罗马之灭亡及欧洲现代诸国家有关"等，用来说明"不独一国之历史的'整个的'，即全人类的历史亦为'整个的'"①。虽然梁启超说的"关系"未必是本质的联系，但这样要求从整体上、从相互联系中来把握史料，比之旧史家来，眼界是开阔多了。

其次，注意史学与他学（特别是哲学）之关系。梁启超以为，地理学、地质学、人种学、人类学、语言学、社会学、政治学、宗教学、法学、经济学等等，皆与史学关系很密切，所以史学家必须博学。特别是不能将历史和历史哲学分离，因为一门学问总有客观、主观两方面："史学之客体，则过去现在之事实是也；其主体，则作史、读史者心识中所怀之哲理是也。有客观而无主观，则其史有魄无魂，谓之非史焉可也。"②梁启超要求史学家从心与物、己与群两重关系来研究历史的进化。他虽然对这两重关系作了唯心论的解决，但因他能从哲学（历史进化论）的高度来观察问题，所以他的一些历史著作，确能使人感到"千百年间若断若续之迹"，乃"筋摇脉注之一全案"③。

又次，重视综合的研究。梁启超在认识论上试图调和经验派和理性派，而比较偏向理性主义。在方法论上他也是如此：他既推崇培根的实验、归纳，尤倾心于笛卡儿的演绎、综合。他以为：

---

① 梁启超：《中国历史研究法》，《饮冰室合集》专集之七十三，第 101、102、104 页。
② 梁启超：《新史学》，《饮冰室合集》文集之九，第 10 页。
③ 梁启超：《中国历史研究法》，《饮冰室合集》专集之七十三，第 100 页。

"乾嘉诸老之严格的考证法,亦即近代科学家所应用之归纳研究法也。"①这对于史料的求真辨伪,是必要的。但要把握历史进化的规律,就必须进行综合的研究。史迹有以数百年或数千年为起迄者,研究者便"当以数百年或数千年间此部分之总史迹为一个体,而以各时代所发生此部分之分史迹为其细胞。将各细胞个个分离,行见其各为绝无意义之行动;综合观之,则所谓国民意力者乃跃如也。"②揭示出国民意力或社会心理生动的演变进程,那才是真正把握历史的因果律。更具体地说,这种综合研究的"程序"包括以下环节:从相互联系中把握"史迹集团";认取各该史迹集团之"人格者"(如以戊戌变法为一史迹集团,康、梁等为其代表人物即历史的"人格者");进而从英雄与时势、社会心理与社会坏境的关系进行考察;"以心的奋进程度与物的障碍程度强弱比较,判历史前途之歧向"③,指明将来的可能性;"有可能性谓之因,使此可能性触发者谓之缘"④,"缘"即可能性得以成为事实的种种条件,把握了不同的可能性及其条件,就可以推测未来的结果了。这一套固然是唯心主义的方法论,但其中包含有合理的因素:既"注意于其背景与其交光",又"注意于其来因与其去果","不能仅以叙述毕乃事,必也有说明焉,有推论焉",把历史作为"有生命的、有机能的、有方向的"⑤演化过程来加以阐明。这种历史主义的态度,超过了浙东学派。

① 梁启超:《中国历史研究法》,《饮冰室合集》专集之七十三,第 80 页。
② 梁启超:《中国历史研究法》,《饮冰室合集》专集之七十三,第 101 页。
③ 梁启超:《中国历史研究法》,《饮冰室合集》专集之七十三,第 122 页。
④ 梁启超:《中国历史研究法》,《饮冰室合集》专集之七十三,第 123 页。
⑤ 梁启超:《中国历史研究法》,《饮冰室合集》专集之七十三,第 34—35 页。

　　但是，梁启超对因果律的态度却是矛盾的：他一方面以为"不谈因果，则无以为鉴往知来之资，而史学之目的消灭"；另一方面却又说："历史为人类心力所造成，而人类心力之动，乃极自由而不可方物。"[①]"历史常在此种心物交战的状态中，次第发展，而两力之消长，绝无必然的法则以为之支配。"[②]

　　梁启超后来意识到了自己的说法中有矛盾，他用后一方面（心力极自由，无必然法则）来否定前一方面（因果律）。1923 年他在《研究文化史的几个重要问题》这篇讲演中说："我们既承认历史为人类自由意志的创造品，当然不能又认他受因果必然法则的支配。"[③]在方法论上，他陷入了直觉主义，说："归纳研究法之在史学界，其效率只到整理史料而止，不能更进一步。然则把许多'不共相'堆叠起来，怎么能成为一种有组织的学问？我们常常说历史是整个的，又作何解呢？你根问到这一点吗？依我看，什有九要从直觉得来，不是什么归纳演绎的问题。"[④]这比之 1902 年的《新史学》和 1921 年的《中国历史研究法》，是一个倒退。

五、"新民"说与"道德革命"口号

　　根据上述世界观和历史进化论，梁启超提出了他的培养理想人格的学说，即"新民说"。

　　他在著名的《新民说》中写道："国也者，积民而成"，然而"聚

---

① 梁启超：《中国历史研究法》，《饮冰室合集》专集之七十三，第 111 页。
② 梁启超：《中国历史研究法》，《饮冰室合集》专集之七十三，第 117 页。
③ 梁启超：《研究文化史的几个重要问题》，《饮冰室合集》文集之四十，第 3 页。
④ 梁启超：《研究文化史的几个重要问题》，《饮冰室合集》文集之四十，第 2 页。

群盲不能成一离娄,聚群聋不能成一师旷,聚群怯不能成一乌获"。① 在他看来,中国要建立新国家、新群体,必须先有"新民"。他说:

> 新民云者,非新者一人,而新之者又一人也,则在吾民之各自新而已。②

新民是民之自新,而不是靠他力强迫而新。他以为:"新之义有二:一曰淬厉其所本有而新之;二曰采补其所本无而新之。"③不论是淬厉所固有,还是采补所本无,都是出于民众之"自新"。

"自新"的主要内容就是"新民德",而要"新民德"就要进行"道德革命"。他说:

> 且论者亦知道德所由起乎? 道德之立,所以利群也。故因其群之文野之差等,而其所适宜之道德,亦往往不同。而要之,以能固其群、善其群、进其群者为归。④

道德的起源在于利群,而群是由野蛮而文明进化着的,因此道德也非一成不变:"群之文野不同,则其所以为利益者不同,而其所以为道德者亦自不同。"当时的保守派总是说道德是永恒的,中国

---

① 梁启超:《新民说》,《饮冰室合集》专集之四,第1页。
② 梁启超:《新民说》,《饮冰室合集》专集之四,第3页。
③ 梁启超:《新民说》,《饮冰室合集》专集之四,第5页。
④ 梁启超:《新民说》,《饮冰室合集》专集之四,第14页。

传统的伦理纲常是不能变的。而梁启超却说，道德也"有发达有进步，一循天演之大例"，孔孟生于 2000 多年前，他们怎么能制定适合今日之道德呢？所以就必须进行"道德革命"。而这在当时无疑是一个最为惊世骇俗的口号。他说：

> 呜呼！道德革命之论，吾知必为举国之所诟病。顾吾恨吾才之不逮耳，若夫与一世之流俗人挑战决斗，吾所不惧，吾所不辞。世有以热诚之心爱群、爱国、爱真理者乎？吾愿为之执鞭，以研究此问题也。①

梁启超的"新民"说，当然是要培养资本主义的"新人"，有其历史的局限性。但他勇敢地向传统的封建道德挑战，无疑有进步意义。他的"道德革命"的口号，矛头针对三纲五伦，而且也批判了"让而不争"、"束身寡过"之类的"弱者道德"。梁启超以为，中国儒家教人礼让，本意是对有权力者"导之以让而勿使滥用其强权"②，对无权力者"亦导之以让而勿使撄强权之锋也"。无奈在事实上是"弱者让而强者不让"，所以"但有让而无争，则弱者必愈弱，强者必愈强"③。中国人要自强、自新，就必须摒弃这种让而无争的旧道德，而应该根据"竞争者进化之母"的原理，提倡"争"。

梁启超把道德区分为公德与私德："人人独善其身者谓之私

---

① 梁启超：《新民说》，《饮冰室合集》专集之四，第 15 页。
② 梁启超：《政治学学理摭言》，《饮冰室合集》文集之十，第 67 页。
③ 梁启超：《政治学学理摭言》，《饮冰室合集》文集之十，第 68 页。

德,人人相善其群者谓之公德,二者皆人生所不可缺之具也。"①但他以为,中国旧伦理偏于讲私德,多数人持"束身寡过主义",洁身自好,不关心国家兴亡;他们只注重一私人之所以自处和一私人对于他私人之间的应有的关系,而忽视了私人对群体(社会、国家)的伦理关系。拿君臣之伦来说,君使臣以礼,臣事君以忠,"全属两个私人感恩效力之事",根本不涉及个人对国家应尽的道德责任问题。他以为,中国由于长期的专制主义统治,使得"知有一己而不知有国家之弊,深中于人心",那些持束身寡过主义者,"畏国事之为己累"而成为冷漠的旁观者;而那些"家奴走狗于一姓而自诩为忠者,为一己之爵禄也。势利所在,趋之若蚁,而更自造一种道德以饰其丑而美其名也"②。所以既要批评束身寡过主义,更要反对家奴道德。进行道德革命,就是要树立国家思想、群体观念,让大家以独立自尊的人格来尽"报群报国之义务"。

梁启超从爱国主义立场强调了公德即合群之德,但同时又说:"合群云者,合多数之独而成群也。"③"团体自由者,个人自由之积也。"④就是说,只有各个人独立、自由,才有群体的独立、自由,所以不能把独立与合群、自由与社会制裁(法律、道德规范等)截然对立起来。他说:

欲求国之自尊,必先自国民人人自尊始。⑤

① 梁启超:《新民说》,《饮冰室合集》专集之四,第 12 页。
② 梁启超:《新民说》,《饮冰室合集》专集之四,第 22 页。
③ 梁启超:《十种德性相反相成义》,《饮冰室合集》文集之五,第 44 页。
④ 梁启超:《新民说》,《饮冰室合集》专集之四,第 46 页。
⑤ 梁启超:《新民说》,《饮冰室合集》专集之四,第 70 页。

如果人民缺乏自尊之心，丧失自主之权，成了妾妇、奴隶、机器人、盗贼，那便不可能有独立强盛之国。

梁启超也肯定人都是利己的，也认为一切道德法律，都是在利己的基础上建立起来的。他说：

> 彼芸芸万类，平等竞存于天演界中，其能利己者必优而胜，其不能利己者必劣而败，此实有生之公例矣。西语曰："天助自助者"。故生人之大患，莫甚于不自助而望人之助我，不自利而欲人之利我。[1]

因此，他以为杨朱以"为我"立教，也有道理。但能否说墨子讲"兼爱"是错了呢？也不能。他根据日本加藤弘之[2]的说法，以为"人类皆有两种爱己心，一本来之爱己心，二变相之爱己心。变相之爱己心，即爱他心是也。"[3]因为人不能离开群而生存，"故善能利己者，必先利其群，而后己之利亦从而进焉。……故真能爱己者，不得不推此心以爱家、爱国，不得不推此心以爱家人、爱国人，于是乎爱他之义生焉。凡所以爱他者，亦为我而已"[4]。从这方面

---

[1]　梁启超：《十种德性相反相成义》，《饮冰室合集》文集之五，第48页。
[2]　加藤弘之（1836—1916），日本政治学家。历任东京帝国大学校长、帝国学士院院长、贵族院议员、枢密院顾问官。明治维新后宣传天赋人权说和立宪政治，但认为当时日本还不具备实行自由民权的条件。在哲学上，自称一元主义，认为宇宙是物质与能力的混合体。政治学上，提倡社会有机说，鼓吹国家主义，制造对外侵略理论。著作有《立宪政体论》、《国体新论》、《强者权利的竞争》等。
[3]　梁启超：《十种德性相反相成义》，《饮冰室合集》文集之五，第49页。
[4]　同上注。

说,梁启超也赞成边沁①的功利主义。

不过他又以为,"教育不普及,则乐利主义万不可昌言。"②民智不开,便谈不上求最大多数之最大幸福。他说:

> 幸福生于权利,权利生于智慧。故《诗》曰:"自求多福。"幸福者,必自求之而自得之,非他人之所得而畀也。一群之人,其有智慧者少数,则其享幸福者少数;其有智慧者多数,则其享幸福者多数;其有智慧者最大多数,则其享幸福者亦最大多数。其比例殆有一定,而丝毫不能差忒者。③

他以为,幸福与知识成正比例,人民的知识、觉悟程度提高了,就能自己努力去争取幸福、利益。如果人民多数还处于愚昧状态,便提倡求最大多数之最大幸福,那只能造成像尼采所说的"多数之愚者,压制少数之智者,为今日群治之病"④。所以,归根到底,梁启超的"新民德"在于"开民智"。

在梁启超看来,在由"新民"建立的新的伦理关系中,独立与合群、自利与利他是统一的,权利与义务、道德与知识也是统一

---

① 边沁(Jeremy Bentham, 1748—1832),英国法理学家、功利主义哲学家、经济学家和社会改革家。认为"个人的利益是唯一现实的利益",主张"最大多数的最大幸福"的功利原则,强调有利于资产者的就是有利于社会的,有利于道德的,功利就是道德的标准。哲学上认为一般概念都是"虚构",成为"语义哲学"的理论来源之一。主要著作有《道德和立法原则概论》、《惩罚与奖励的理论》、《义务论或道德科学》等。
② 梁启超:《乐利主义泰斗边沁之学说》,《饮冰室合集》文集之十三,第36页。
③ 梁启超:《政治学学理摭言》,《饮冰室合集》文集之十,第68页。
④ 同上注。

的。他并不认为这些因素之间有矛盾，而以为它们全都出于人的天性。他说：

> 天生人而使之有求智之性也，有独立之性也，有合群之性也。①
>
> 天生人而赋之以权利，且赋之以扩充此权利之智识，保护此权利之能力，故听民之自由焉、自治焉，则群治必蒸蒸日上。有桎梏之、戕贼之者，始焉窒其生机，继焉失其本性，而人道或几乎息焉。②

他以为求智、独立、合群都是人的天性；为要发展合群之性，就必须使个人有独立人格、自主之权，而己与群要争取权利、幸福，又依赖于天赋的知识、能力的发挥。归根结柢，只要使人的天性自由发展，而不窒息其生机，那便如树木岁岁抽芽、水井息息涌泉，人道自会不断进步。这显然近乎对孟子和王学的继承与发挥。

而在梁启超看来，本性即是精神或真我，亦即伦理学上所谓良心。他在介绍康德的道德学说时加按语说：

> 大抵康氏良心说与国家论者之主权说绝相类。主权者，绝对者也，无上者也，命令的而非受命的者也。凡人民之自由，皆以是为原泉，人民皆自由于国家主权所赋与之自由范围内，而不可不服从主权。良心亦然，为绝对的，为无上的，

---

① 梁启超：《中国积弱渊源论》，《饮冰室合集》文集之五，第29页。
② 梁启超：《新民说》，《饮冰室合集》专集之四，第58页。

为命令的。吾人自由之权理所以能成立者，恃良心故，恃真我故，故不可不服从良心，服从真我。服从主权，则个人对于国家之责任所从出也；服从良心，则躯壳之我对于真我之责任所从出也，故字之曰"道德之责任"。由是言之，则自由必与服从为缘。①

按康德所说，良心(真我)发布绝对无上的命令，以之规范行为，所以"道德之责任生于良心之自由"，自由与服从(规范)是统一的。梁启超受了伯伦知理②的国家至上论的影响，以为国家作为"大我"，具有绝对的无上的主权，国民若具有国家观念，一定会自觉服从国家的命令，尽个人对于国家之责任。这也是自由(主权)和服从的统一。这样作比附和引申，便达到了替现存国家辩护的保守的政治结论，为保皇派提供了理论根据。

梁启超于 1902 年 3 月在《新民说·论公德》一文中提出道德革命的口号，但到 1903 年 10 月、11 月发表《论私德》一文时便改变了论调。他说，论道德的本原，良心不变，道德亦不变；论道德的社会性，则"今日所恃以维持吾社会于一线者何在乎？亦曰：吾祖宗遗传固有之旧道德而已。(道德与伦理异，……谓中国言伦理有缺点则可，谓中国言道德有缺点则不可。)"③这岂不是根本否

---

① 梁启超：《近世第一大哲康德之学说》，《饮冰室合集》文集之十三，第 62 页。
② 伯伦知理(Johann Kaspav Bluntschli, 1808—1881)，今译为布伦奇利，德国国际法著作家。曾在苏黎世、柏林和波恩研习法律，并在苏黎世、慕尼黑和海德堡讲授法律。他于 1873 年协助创建了国际法研究所。他所著的《现代战争法》是 1899，1907 年在海牙会议上通过的战争法典的基础。他的主要著作还有《现代国际法》、《现代国家教程》、《一般国家法》、《德意志国家词典》、《国家学(论)》等。
③ 梁启超：《新民说》，《饮冰室合集》专集之四，第 132 页。

定自己首倡的"道德革命"了吗？同时，他也批评了"革命热"，说"国终非以此'瞎闹派'之革命所可得救，非惟不救，而又以速其亡。"①他收起了种种"革命"口号，公开宣布"不惮以今日之我与昔日之我挑战"②，说自己虽"心醉共和政体者亦既有年"，现在涕泪滂沱，决心与之"长别矣"！③ 从此，梁启超失去了作为"新思想界之陈涉"的历史作用。

但梁启超在戊戌变法时期和20世纪初年的历史功绩，是不可磨灭的。在哲学上，当时他提出"除心奴"之说，高度颂扬精神自由，使心与物、己与群的关系问题取得了明确的表述和突出的地位。他把"革"的观念引进进化论，对社会心理、群体意识在历史进化过程中的地位作了初步探索，并提出"新民说"与"道德革命"的口号，指斥封建道德漠视独立人格、缺乏群体观念，这些在当时都是有进步意义的。当然，他往往浅尝辄止，没有形成深刻的系统化的哲学理论，在若干问题上颇有折衷、调和的色彩，其基本倾向则是主观唯心主义的。1903年以后，他在政治上倒退了，此后在哲学方面也缺少新贡献（除了历史观和史学方法）。到了第一次世界大战之后，这位早先的"新思想界之陈涉"转而站在"东方文化派"立场，这突出地表现在"五四"时期的几次论战中。本书第三章中将会对此有所涉及。

---

① 梁启超：《新民说》，《饮冰室合集》专集之四，第133页。
② 梁启超：《政治学大家伯伦知理之学说》，《饮冰室合集》文集之十三，第86页。
③ 梁启超：《政治学大家伯伦知理之学说》，《饮冰室合集》文集之十三，第85页。

第五节　章太炎:"竞争生智慧,革命开民智"
——社会实践观点的萌芽

　　1898 年戊戌变法失败后,1900 年义和团运动爆发,掀起了反帝斗争大风暴。接着,八国联军入侵,清政府屈服于帝国主义列强,1901 年签订了丧权辱国的"辛丑条约",民族危机进一步加深了。腐败的清政府在人民中间威信扫地,越来越多的人意识到,要获得民族解放和自由,必须推翻清王朝的统治。以孙中山为首的资产阶级革命派发动了多次武装起义,还办了不少刊物,进行革命宣传,为推翻封建王朝和建立资产阶级民主共和国大造舆论,章太炎、邹容[①]、陈天华[②]等就是其中杰出的革命民主主义的宣传家、理论家。而以康有为、梁启超为首的资产阶级改良派则成

---

① 邹容(1885—1905),原名绍陶,谱名桂文,字蔚丹。四川巴县人。中国近代著名资产阶级革命宣传家。1901 年入上海广方言学馆学英语,接受"新学",赞同变法图强。次年留学日本,参加留日学生爱国运动,从事反清革命宣传。1903 年回国,在上海爱国学社交识章太炎,撰写《革命军》,宣传革命是"天演之公例"、"世界之公理",主张"欲御外侮,先清内患",号召推翻清朝统治,建立中华共和国。该书由章太炎作序,刊于《苏报》,影响甚大。苏报案发生后,邹容被判刑二年。1905 年卒于狱中。1912 年由南京临时政府追赠为大将军。2011 年,由重庆出版社出版了《邹容集》,这部著作以《邹容文集》(周永林编)为基础,囊括了海内外保存的邹容著作、书信、诗词、书法、篆刻作品和《革命军》版本、邹容传记和相关资料。
② 陈天华(1875—1905),原名星宿,字星台,号思黄。湖南新化人。华兴会创始人之一,同盟会会员,近代民主主义革命家。1903 年留学日本,参与组织拒俄义勇队和军国民教育会,并与黄兴等从事反清革命活动。著有《猛回头》、《警世钟》等书,宣传革命,影响甚大。次年回国组织华兴会,准备在长沙起义未成,逃往日本。1905 年同盟会成立,担任书记部工作和《民报》编辑。12 月在东京参加抗议日本政府"取缔清韩日学生规则"的斗争,愤而投海自杀。陈天华在排满革命、建立民主政体、造就近代国民等一系列问题上的主张在当时达到了一个前所未有的高度,对中国近代民主革命高潮的到来起到极大的推动作用。2008 年,由湖南人民出版社出版《陈天华集》。

为保皇派，反对推翻清政府和建立共和政体。于是，革命派遂和改良派展开激烈的论战。这一革命和改良之争，在哲学上又把进化论推进了一大步。章太炎在《驳康有为论革命书》中提出了"竞争生智慧，革命开民智"的论题。他的进化论思想中已包含有社会实践观点和唯物史观的萌芽。

章太炎（1869—1936），名炳麟，字枚叔，太炎是其别号。浙江余杭人。少时从俞樾习经史，激于民族危机，钦佩康有为等"公车上书"，至上海参加《时务报》编撰，宣传变法维新。1900 年后，倡言革命排满，1903 年撰《驳康有为论革命书》，为邹容《革命军》作序。不久与邹容一同被捕入狱。1906 年出狱后至日本主编《民报》，与改良派论战。五四运动后，渐入颓唐，反对新文化运动和孙中山的三大政策，宣传"尊孔读经"。"九一八"事变后，主张抗日救国。他学问渊博，论著很多，后编为《章氏丛书》①、《续编》、《补编》、《三编》等。今人编辑为《章太炎全集》。

章太炎的哲学思想，如他自己所说，"始则转俗成真，终乃回真向俗"②，前后有比较大的变化。我们对此不作系统的过细的论述，而只打算考察一下：章太炎作为"有学问的革命家"（鲁迅语），从戊戌变法到辛亥革命前后，他在哲学上曾提出一些什么独特的见解，构成了中国近代哲学的革命进程中不容忽视的环节。

---

① 《章氏丛书》：为章太炎于辛亥革命时手定本，于 1915—1919 年刊行。有上海右文社铅字本、浙江图书馆校刊本、上海世界书局石印本。1924 年，上海古书流通处据浙江图书馆本影印本。后又有他的弟子吴承仕、钱玄同校刊的《章氏丛书续编》（1933 年刊于北平），其后又出《章氏丛书补编》。章去世后，章氏国学讲习会于 1936 年又编印《章氏丛书三编》。因《章氏丛书》收录不全，内容又时有削减，上海人民出版社遂于 1982 年开始出版《章太炎全集》，迄今已出 8 卷，成为学术界进行章氏研究对最常依据的基础资料。
② 章太炎：《菿汉微言》，虞云国校点：《菿汉三言》，上海书店出版社 2011 年版，第 72 页。

一、从民族主义立场对待"古今中西"之争

章太炎起初也赞成维新变法,后来才与改良派决裂,走上革命家的路。他在《訄书》①初刻本中曾尊清帝为"客帝",后在《訄书》重订本中,特别写《客帝匡谬》置于卷首,作自我批评说:"余自戊、己违难,与尊清者游,而作《客帝》。饰苟且之心,弃本崇教,其违于形势远矣!"②他还说,当时的进步青年,"未有不经'纪孔保皇'二关者"③。他本人正是经过这两关,认清了保教、保皇的错误,才成为资产阶级革命派的。

章太炎有非常强烈的民族主义思想。他说:"举一纲而众目张,惟排满为其先务。"④"满洲弗逐,欲士之爱国,民之敌忾,不可得也。浸微浸削,亦终为欧美之陪隶已矣。"⑤为了使中国不沦为欧美列强的属地,为了激发士民同仇敌忾的爱国热情,他认为革命者的当务之急就是排满。当然,他并非排斥一切满族人,而是要排斥"满人在汉之政府",排斥其皇室、官僚机构、军队以及为其

---

① 《訄书》:反映章太炎早年政治思想和哲学思想的重要著作。1900 年 7 月出版(该版本称"初刻本")。1902 年,作者又加以增订,删去戊戌变法时期宣传改良主义的文字,增加宣传反清革命和为未来的资产阶级共和国所设计的社会改革方案等方面的文章,给我国资产阶级民主革命提供了一个比较完整的理论体系。1914 年,章太炎被袁世凯软禁在北京时,又对《訄书》加以修订,更名《检论》。《訄书》的三种不同版本,反映了作者思想的演变。其中,最能反映他的革命思想的是 1902 年修订本。中华书局、古典文学出版社 1958 年刊本和上海人民出版社 1975 年刊本都是据此而重印出版。现收入《章太炎全集》。
② 章太炎:《客帝匡谬》,《章太炎全集》第 3 册,第 119—120 页。
③ 章太炎:《致陶、柳二子书》,朱维铮、姜义华编注:《章太炎选集》,上海人民出版社 1981 年版,第 150 页。
④ 章太炎:《排满平议》,《章太炎全集》第 4 册,第 269—270 页。
⑤ 章太炎:《客帝匡谬》,《章太炎全集》第 3 册,第 120 页。

所用之汉族上层官吏。章太炎的民族主义中有大汉族主义的倾向。但排满的口号在当时是进步的。因为清政府已经成为帝国主义的走狗，腐朽到了极点。从中国近代革命的进程来说，当时的主要任务是推翻封建专制政府。

章太炎认为，要排满就要提倡和培养民族主义。他写道：

> 民族主义，如稼穑然，要以史籍所载人物制度、地理风俗之类，为之灌溉，则蔚然以兴矣。不然，徒知主义之可贵，而不知民族之可爱，吾恐其渐就萎黄矣。[①]

就是说，民族主义需要培养，这就好比庄稼需要灌溉和培养一样。要用中国民族文化的优秀传统，用历史上记载的优秀人物的事迹以及制度、地理、风俗来教育人民。1906年，章太炎出狱后到达东京，在东京留学生欢迎会上发表演说，提出要"用国粹激动种性，增进爱国的热肠"。用什么"国粹"呢？他说，不是要人尊信孔教，只是要人爱惜我们汉族的历史和文化传统。他认为，孔子教育弟子是为了使他们成为做官的材料。他说："孔教最大的污点，是使人不脱富贵利禄的思想。……我们今天要想实行革命，提倡民权，若夹杂一点富贵利禄的心，就像微虫霉菌，可以残害全身，所以孔教是断不可用的。"[②]他坚决反对康有为提倡的孔教，多次猛烈抨击孔子之徒唯富贵利禄是图。但他认为，孔子是"古之良

① 章太炎：《答铁铮》，《章太炎全集》第4册，第371页。
② 章太炎：《东京留学生欢迎会演说辞》，汤志钧编：《章太炎政论选集》上册，中华书局1977年版，第272—273页。

史",他不信鬼神,这一点应当肯定。至于章太炎所说的"国粹",
则包括三项:一是民族语言文字;二是古代典章制度有其"优良"
之处(如井田制、均田制,他认为是"合于社会主义"的);三是中国
历史上许多建功立业,有学问的优秀人物的事迹。他主张选几个
这样的优秀人物"时常放在心里",来增进爱国热情,并强调说"这
是最要紧的"[1]。

对西方文化,章太炎认为不能采取欧化主义。他说:"近来有
一种欧化主义的人,总说中国人比西洋人所差甚远,所以自甘暴
弃。"[2]他特别反对基督教,认为中国人信基督教,并不是崇拜上
帝,而是崇拜"西帝"——西方帝国主义。至于凭借教会势力来
"陵轹同类"的人,那更是可恶、可恨!

不过,章太炎是积极主张向西方学习的。他曾任"译书公会"
主笔,自己也曾翻译过斯宾塞的著作和日本岸本能武太写的《社
会学》等书。他认为,生在今日如果不了解"五大洲之册籍",那就
是一个"瞽者"。他说,过去日本得到一个百济的博士王仁,他带
了《论语》、《千字文》等中国典籍去,于是日本人知道要学习中国
的经术艺文,后来他们大大超过了百济。近代欧洲经过文艺复
兴,学习了希腊、罗马文化,后来"文明远过其本"。[3] 同样,今天中
国应该学习西方文化,为我所用,而且要超过他们。总之,对待古
今中外关系问题,章太炎基本上是从民族主义立场出发,一方面
主张要以国粹来激励爱国热情,另一方面又反对欧化主义,强调

---

① 章太炎:《东京留学生欢迎会演说辞》,《章太炎政论选集》上册,第 276—280 页。
② 章太炎:《东京留学生欢迎会演说辞》,《章太炎政论选集》上册,第 276 页。
③ 章太炎:《译书公会叙》,《章太炎政论选集》上册,第 46 页。

有选择地学习西方，而且超过它。

二、包含革命观念的进化论

章太炎的进化论思想的突出之点在于他明确地把革命观念包含在进化论之中。下面分三点来论述。

第一，关于宇宙论和自然界的演化过程。

在宇宙论上，章太炎在《訄书·天论》中提出所谓"视天"之说。后来在《儒术真论·视天论》中又加以发挥，说：

> 昔余尝持视天之说，以为远望苍然者，皆内蒙于空气，外蒙于阿屯以太而成是形，非果有包于各耀而成太圜之体者也。[1]

他根据当时西方天文学的成就[2]和中国古代的"宣夜说"，认为天并不是有形质的实体（即并无"大圆之体"），宇宙无限，包含有无数恒星，恒星外又有行星围绕着转动。这些星球"内蒙于空气，外蒙于阿屯、以太"，"阿屯以太，上薄无际，其间空气复厚，而人视之苍然"[3]。人们把这个看上去是苍苍的叫做天，其实并没有一个实体。这就好像太阳光为水汽折射，人看见彩虹，就给以"虹霓"的

---

[1]　章太炎：《视天论》，《章太炎政论选集》上册，第 125 页。
[2]　主要是德国恒星天文学的创始人赫歇尔（Frederick William Herschel，1738－1822）的《天文学大纲》。赫歇尔用自己制造的大型反射望远镜观察天象，发现天王星及其两颗卫星和土星的两颗卫星，并发现太阳的空间运动，编制出第一个双星表，还研究银河系的结构，并对星团和星云作了系统的观察。
[3]　章太炎：《儒术真论》，《章太炎政论选集》上册，第 120 页。

名称,而其实并没有"虹霓"的实体。

在这以前,谭嗣同讲宇宙论,将以太与孔子的仁、佛教的性海、基督教的灵魂相比附(这实际上也是康有为的学说)。章太炎批评了这种比附的说法,说"盖凡物之初,只有阿屯,而其中万殊。"[①]"以太即传光气,能过玻璃实质,而其动亦因光之色而分迟速。彼其实质,即曰阿屯。……阿屯亦有形可量。以太流动,虽更微于此,而既有迟速,则不得谓之无体。"[②]当时物理学认为,天地间万物都是由原子构成的,以太则充满空间,是传递引力、电磁波的媒质。章太炎指出,原子都是有形体的,可以量度;以太虽比原子更微小,但它作为传播光的媒质,其弹性振动既有快慢之分,也有形体,可以量度。而佛教所说性海则是精神的东西,"尤秋毫之微,芦苇之厚",不可量度。所以二者不能比拟。章太炎给了"以太"以当时自然科学的意义,反对对它作唯心论的解释。

章太炎的无神论思想是很鲜明的。他在《菌说》、《无神论》等文中,都从无神论的观点来驳斥上帝创世说。

> 夫非有上帝之造之,而物则自造之。故曰:咸其自取,怒者其谁耶?[③]

在形神关系上,他指出生命、精神不是上帝所赐予,生命是蛋白质、原生质的属性,精神依存于形体,离开了精气就没有神识。

---

① 章太炎:《菌说》,《章太炎政论选集》上册,第 131 页。
② 章太炎:《菌说》,《章太炎政论选集》上册,第 134 页。
③ 章太炎:《菌说》,《章太炎政论选集》上册,第 131 页。

"精气相离而死,则神亦无存。"①"夫焉有精化既离,而神识能独立者乎?"②这是传统的"神灭论"观点。不过,章太炎把它建立在近代科学的基础上了。

章太炎基本上吸取了牛顿力学的宇宙论,而又使之带有泛神论色彩。他说:"各原质皆有欲恶去就,欲就为爱力、吸力,恶去为离心力、驱力,有此故诸原质不能不散为各体,而散后又不能不相和合。夫然,则空气金铁虽顽,亦有极微之知。"③这和严复说的"翕以合质,辟以出力"是相似的。不过,章太炎又加给元素以精神的属性,以为无机物也有"极微之知"。这显然是一种泛神论的观点。而且,他还用这种"欲恶去就"之"知"来解释自然界演化过程,说:

　　彼其知则欲恶去就而已,不如是不能自成原质,亦不能相引而成草木。夫其桥起而相引也,则于是有雌雄片合,而种类成矣。有种类则又有其欲恶去就,而相易相生相摩,渐以化为异物。……则于是有蠮蛤水母。彼又求明,则递为甲节,为脊骨,复自鱼以至鸟兽而为猿狙猩狒以至为人。④

章太炎在这里根据当时的科学知识勾画了自然界演化的图景:由无机物进化为生物,生物物种("种类")由低级进化到高级,动物

---

① 章太炎:《儒术真论》,《章太炎政论选集》上册,第 121 页。
② 章太炎:《儒术真论》,《章太炎政论选集》上册,第 122 页。
③ 章太炎:《菌说》,《章太炎政论选集》上册,第 131 页。
④ 同上注。

由软体动物、节肢动物进化为脊椎动物,脊椎动物由鸟类、兽类进化为灵长类,等等。进化的动因是什么呢? 他归之于"欲恶去就",即物质元素之间的吸引和排斥、生物与环境、生物与生物之间相互影响和斗争。他并认为,这种"欲恶去就",既是物质力量,也是精神作用("知"、"求明")。他举例说:"下观于深隧,鱼虾皆瞽,非素无目也,至此无所用其目焉。鲸有足而不以夃,羖有角而不以触,马爵有翼而不以飞,三体勿能用,久之则将失其三体。"[1]这是说,深水中鱼虾的目、鲸鱼的足、公羊的角、鸵鸟的翼,这些器官都因为不使用而失去其功能。这固然是受自然环境的影响,但也是这些生物在生存斗争中不能积极使用其器官的结果。章太炎和严复都根据达尔文、拉马克的学说来解释进化原因,但严复比较多的是采用达尔文学说,而章太炎比较多的是采用拉马克学说。他正是对拉马克"用进废退"说加以引申,便把进化动力归结为意志和思想。他说:

> 物苟有志,强力以与天地竞,此古今万物之所以变。[2]
> 夫自诸异物而渐化为人者,此亦以思自造者也。[3]

他以为,物种的进化要靠生物在竞争中发挥主观力量。人之所以能战胜动物,是靠智力。但人的智力如果不用,也会退化。现在的白种人、汉人因为不断地在竞争中运用智力,所以进化水平高,

---

① 章太炎:《訄书》,《章太炎全集》第 3 册,第 28 页。
② 章太炎:《訄书》,《章太炎全集》第 3 册,第 27 页。
③ 章太炎:《菌说》,《章太炎政论选集》上册,第 132 页。

而世界上有些落后的部族由于不求长进，已退化为猿猴了。章太炎把生物之所以能合乎目的地"用进"，归结为发挥了意志力量，以思自造，这就陷入唯意志论了。

第二，人类社会的进化。

人类的"强力以与天地竞"，有什么不同于动物的特点呢？章太炎说：

> 人之相竞也，以器。……石也，铜也，铁也，则瞻地者以其刀辨古今之期者也。[①]

人用工具、武器进行竞争，这是人类的特点。从地下发掘物来看，石器、铜器、铁器是考古学家、地理学家用以辨别历史年代的实物，并以此说明生产工具的演变同历史进化的有机联系。这种说法在当时的西方已成为人所熟知的常识，但在中国却具有启蒙作用。

章太炎又继承了荀子"明分使群"的学说，指出人之所以能战胜动物，是因为人能合群。他说："彼人之自保则奈何？曰：合群明分而已矣。"[②]合群明分，便可以抵御敌人而自保。如果不能合群，那么就无法自立。

但章太炎的独特之处，尤在于他把"竞以器"和"合群"结合起来，用工具的创造和使用来说明"群"与"礼"之起源。他在谈到《世本·作篇》时写道：

---

① 章太炎：《訄书》，《章太炎全集》第 3 册，第 27 页。
② 章太炎：《菌说》，《章太炎政论选集》上册，第 139 页。

其言曰："牟夷作矢，挥作弓。"一器相倚依以行，而作之
者二人。……余读《胡非子》曰："一人曰：'吾弓良，无所用
矢。'一人曰：'吾矢善，无所用弓。'羿闻之曰：'非弓何以往
矢？非矢何以中的？'令合弓矢，而教之射。"以此知古之初作
弓者，以土丸注发；古之初作矢者，以徒手纵送。两者不合，
器终不利。此所谓隐匿良道，不以相教，由民不知群故也。
夫民别而听之则愚，合而听之则圣。故羿合之而械用成矣。①

就是说，一人作弓，一人作矢，第三人"合弓矢而教之射"，所
以弓矢是分工协作、集体创造的成果。此外，如筑城造车，制衣
冠，作宫室，发明历法等，从《世本·作篇》及其他古籍都可得到证
据，证实它们都是多人协作、"相待以成"的产物。可见，"群"是在
"器"的创造和使用过程中形成的。所以章太炎说："苟史官之无
《作篇》，而孰以知合群所自始乎？"②

按照荀子的理论，为要合群，必须建立"礼义法度"来"明分"。
章太炎吸取了荀子这一见解。他说："礼者，法度之通名，大别则
官制、刑法、仪式是也。"③这也合乎荀子的原意。但荀子没有进化
思想，而章太炎则是进化论者。他着重指出：礼器原于兵器，礼制
也是人群进行竞争的工具，都遵循着进化规律。他说：

竞以器，竞以礼，昔之有用者，皆今之无用者也。民无兽

---

① 章太炎：《訄书》，《章太炎全集》第 3 册，第 317 页。
② 章太炎：《訄书》，《章太炎全集》第 3 册，第 319 页。
③ 章太炎：《检论》，《章太炎全集》第 3 册，第 399 页。

　　　　患，则狩苗可以废。社无鬼神，则朱丝、攻鼓可以息。①

就是说，农作物不遭兽害，狩猎的礼便可以废除；人民不信鬼神，
则祭社时用朱丝系祭品和击鼓作乐舞都可以停止了。这只是讲
的仪式。其实，一切礼仪法度都是这样"用进废退"的。

　　章太炎以"竞以器，竞以礼"来说明人群的进化，虽然还不是
唯物史观，但确实包含有唯物史观的思想萌芽（这同社会实践观
点的萌芽是一回事）。比之康、梁的历史进化学说，已向前迈进了
一大步。章太炎批评了康有为的"三世"说：

　　　　世儒或憙言三世，以明进化。察《公羊》所说，则据乱、升
　　平、大平，于一代而已矣。礼俗革变，械器迁讹，诚弗能于一
　　代尽之。②

　　他以为，《公羊传》的"三世"说原是讲的同一历史时代中的变
化，不能用来说明社会的进化。社会进化不只是一代的事，而是
包括有一个时代进化到另一个时代的革命（或突变），"械器"的变
迁和礼俗的变革都是如此。

　　梁启超首先提出"革也者，天演界中不可逃避之公例也"，但
他随即放弃了这个口号。革命派便把这个口号接了过去，运用进
化论作武器来宣传革命。邹容《革命军》写道："革命者，天演之公

────────────

① 章太炎：《訄书》，《章太炎全集》第 3 册，第 27 页。
② 章太炎：《訄言》，《章太炎全集》第 3 册，第 320 页。

例也。革命者,世界之公理也。"①认为革命是世界进化的规律,"去腐败而存良善","由野蛮而进文明","除奴隶而为主人",都要经过革命。章太炎进而在理论上比较深刻地论述了人类的进化要通过革命来实现的道理。当时,康有为认为:"中国今日之人心,公理未明,旧俗俱在",所以"不可革命也"。② 章太炎则针锋相对地说:

> 人心进化,孟晋不已。……公理之未明,即以革命明之;旧俗之俱在,即以革命去之。革命非天雄、大黄之猛剂,而实补泻兼备之良药矣。③

就是说,要看到中国之人心正在迅猛地进化。世界进化的公理,将通过革命而为人们所把握;旧的礼制和政俗,将经过革命而得到根本改造。所以,革命既有破,也有立,是"补泻兼备之良药"。

梁启超认为,社会是由人们的心理造成的,并说:"天地间独一无二之大势力何在乎? 曰:智慧而已矣,学术而已矣。"④章太炎不同意这种说法,认为不是人们的心理造成社会,不是学术左右世界,而应该从社会来说明学术。他说:"视天之郁苍苍,立学说者无所因。各因地齐、政俗、材性发舒,而名一家。"⑤学术的根源

---

① 邹容:《革命军》,周勇主编:《邹容集》,重庆出版社 2011 年版,第 198 页。
② 康有为:《答南北美洲诸华裔论中国只可行立宪不能行革命书》,《康有为全集》第 6 集,第 317 页。
③ 章太炎:《驳康有为论革命书》,《章太炎全集》第 4 册,第 181 页。
④ 梁启超:《论学术之势力左右世界》,《饮冰室合集》文集之六,第 110 页。
⑤ 章太炎:《訄学》,《章太炎全集》第 3 册,第 133 页。

不在于苍苍之天，而是在地球上。能成一家之言者，总可以从地理环境、政治习俗、个人材性三方面的发展来说明原因。但他以为，地理环境的重要性只限于交通不发达的古代；而个别特异天才的才能、智慧的作用，要看它是否与时代要求相符合，如果违背时代，那就不能为众人所接受。所以，章太炎说：

> 故古者有三因，而今之为术者，多观省社会，因其政俗，而明一指。①

就是说，现在从事学术的人，大多是深入观察社会现象，根据政治习俗的实际，来建立和阐发自己的学说。这一说法，包含有实事求是的精神（当然，他还不懂得社会意识反映社会存在的原理）。

同时，章太炎也很重视精神力量在社会革命中的作用。他在《驳康有为论革命书》中说："夫欲自强其国种者，不恃文学工艺，而惟恃其所有之精神。"②他所说的精神，主要是指意志力。康有为用唯心主义的天命论作保皇的根据，说光绪帝"有天命存焉"。章太炎则说："拨乱反正，不在天命之有无，而在人力之难易。"③革命全靠人力，与天命无关。他发展了荀子"治乱非天"的理论，还讨论了"命"的问题。他说："命之为说，公孟只言贫富寿夭，而墨子后增以治乱安危，盖诬儒者矣。治乱安危，惟人所措。至于贫

---

① 章太炎：《訄学》，《章太炎全集》第 3 册，第 134 页。
② 章太炎：《驳康有为论革命书》，《章太炎全集》第 4 册，第 182 页。
③ 章太炎：《驳康有为论革命书》，《章太炎全集》第 4 册，第 179 页。

富寿夭,则固有说。"①这里,章太炎作了区别:社会治乱安危,完全在于人为;而贫富寿夭,则有"命"的问题,但也是在一定范围以内说的。如伯夷不食周粟而饿死,这是志愿,不可言命;"若夫单豹之遇虎,则夭有命矣"。② 这个"命"指个人所无可奈何者。所以他又说:"古之言知命者,谓知其不可如何,而非谓其机祥算数也。要之一人际遇,非能自主,合群图事,则成败视其所措。故一人有命,而国家无命。"③章太炎认为,国家安危是看人民能否团结一致,发奋图强,而与天命根本无关。但是他说个人富贵寿夭有"命",这是什么意思呢?"命固有偶遇者,而亦有由于报酬者。"④所谓命,一是指偶然的遭遇;一是指祖先行善作恶,子孙得到报应。他说:"若夫大儒之说,天无威庆而人有报施,一人则成亏前定,而合群则得丧在我,斯所以异于阴骘下民之说也。"⑤显然,他未能解决偶然和必然的关系问题,还拖了一个因果报应的尾巴。但是,他提出"合群则得丧在我"这个命题,高度重视人群的力量,却表现了革命者的气概。

第三,俱分进化论。

章太炎到东京之后,视野比以前开阔了,看到了帝国主义国家的现实的种种矛盾,也更广泛地接触到了当代各派哲学理论和社会思潮。这时,他提出了一种新学说,即"俱分进化论"。

他指出,近代的进化论开始于黑格尔,"所谓世界之发展,即

---

① 章太炎:《菌说》,《章太炎政论选集》上册,第141页。
② 同上注。
③ 章太炎:《菌说》,《章太炎政论选集》上册,第142页。
④ 同上注。
⑤ 章太炎:《菌说》,《章太炎政论选集》上册,第143页。

理性之发展者,进化之说,已蘖芽其间矣"。① 照黑格尔的说法,自然和社会的进化的终极目标,"必达于尽美醇善之区"。② 章太炎对此提出诘难,说:

> 虽然,吾不谓进化之说非也。……若云进化终极,必能达于尽美醇善之区,则随举一事,无不可反唇相稽。彼不悟进化之所以为进化者,非由一方直进,而必由双方并进,专举一方,惟言智识进化可尔。若以道德言,则善亦进化,恶亦进化;若以生计言,则乐亦进化,苦亦进化。双方并进,如影之随形,如罔两之逐影。③

他认为,只有智识是在一直进化的。但随着智识的提高,人类为善的能力愈大,为恶的能力也愈大;求幸福的本领增长了,造苦难的本领也增长了。譬如说,欧洲近代科学知识进化迅速,同时贵族平民之间的等级消除了,男女平等,这在道德上是一个进步;但是贫富差别悬殊,人类变得越来越势利,所以恶也在进化。人类和其他动物相比,"人类智识,比于他物为进化"④,以道德言,人知扩充父子兄弟之爱,爱其组织团体,是善的进化。但人也有比动物更恶之处。虎豹虽食人,但不食同类,人则同类操戈,残杀无已,"一战而伏尸百万,蹀血千里"。⑤ 他这些言论,实际上是因为

---

① 章太炎:《俱分进化论》,《章太炎全集》第 4 册,第 386 页。
② 同上注。
③ 同上注。
④ 章太炎:《俱分进化论》,《章太炎全集》第 4 册,第 387 页。
⑤ 同上注。

看到资本主义发展到帝国主义,爆发了世界大战,文明成为灾难,到处都是道德败坏现象,所以对社会进化的前景,感到茫然。在东京期间,章太炎具有明显的两重性:他一方面是坚定的革命者,其战斗文章如鲁迅所说:"所向披靡,令人神旺";另一方面,他对中国是否可以避免走西方国家的路子这个问题找不到答案,感到苦恼、彷徨。

从哲学理论来说,章太炎对黑格尔的批评是言之成理的。他说:

> 或窃海格尔说,有无成义,以为宇宙之目的在成,故唯合其目的者为是。夫使宇宙而无所知,则本无目的也;使宇宙而有所知,以是轻利安稳之身,而倏焉生成万物以自蠹。譬诸甘食不休,终生蛲蚘之害,其卒必且自悔,或思得芫华巴豆以下之矣。……且人之在斯世也,若局形气以为言,清净染污,从吾志耳。安用效忠孝于宇宙目的为? 若外形气以为言,宇宙尚无,何有目的?[①]

按黑格尔所说,世界按"有、无、生成","正、反、合"的公式演化着。宇宙的本源是绝对精神或绝对理念,它自在地具备一切。由于异化而产生物质世界,进化到人类,精神又复归自身,达到自在而自为,最终实现宇宙之目的。章太炎用两个二难推论来驳斥这种目的论。其一从宇宙立论:宇宙或无知或有知,无知则无目的,有知

① 章太炎:《五无论》,《章太炎全集》第 4 册,第 439—440 页。

则将因异化而自悔。其二从人类立论：人或局于形气，或已达到解脱，局于形气的个别精神都有自由的意志，无需效法宇宙目的；达到解脱，则"宇宙尚无，何有目的？"他用形式逻辑来驳黑格尔，当然驳不倒对方。但应该指出，章太炎不满于黑格尔"所谓世界之发展即理性之发展者"，主要在于他把理性绝对化了，把宇宙目的看成是理性预定了的，于是意志被降到从属的地位，而自由成了合理、合法的代名词。章太炎说："凡取一物一事，而断其合法与否，此亦惟在自心，非外界所能证也。而人心之断其合法与否者，有时亦无一成之规则。"又说："有生之物，以有自由，而举止率多逾法。"①从主观来说，人心对行为的判断并无一定成规；但就客观来说，出于自由意志的行为往往不合法。他这种说法显然包含有非决定论和唯意志论的成分，而且，他正是从非决定论的观点出发，反对进化有终极目标之说，而主张俱分进化论。那么，能否摆脱"俱分进化"呢？他便诉诸佛教，以为最后应达到"五无"（无政府、无聚落、无人类、无众生、无世界）。这就成了虚无主义了。

三、强调革命行动的认识学说

在认识论上，章太炎早期有比较鲜明的唯物主义观点。他说"陆克（今译洛克）有言，人之精神，有如白纸"②，说明他赞成洛克的白板说。

章太炎提出的"竞争生智慧，革命开民智"的命题，一方面是把革命的观点包含在进化论之中，对历史观是一个发展；另一方

---

① 章太炎：《建立宗教论》，《章太炎全集》第 4 册，第 412 页。
② 章太炎：《〈菌说〉修改稿选录》，《章太炎选集》，第 86 页。

面,从认识论来看,是说知依赖于行,强调人的智慧随着革命活动而增长,驳斥了改良派借口民智未开不能革命的谬论,也批评了知先于行的先验论观点。他说:

> 人心之智慧,自竞争而后发生,今日之民智,不必恃他事以开之,而但恃革命以开之。①

接着他举李自成起义为例,说:"岂李自成生而有是志哉? 竞争既久,知此事之不可已也。"②李自成并不是生来就有革命观念的,而是随着革命斗争的进展,于是,"革命之念起,而剿兵救民、赈饥济困之事兴"。③ 再如义和团,随着斗争的发展,他们的认识提高了,从"扶清灭洋"转变到"扫清灭洋"。又如唐才常起义,由于轻信英国人,乃为其所出卖,遂告失败。后来,广西会党吸取了教训,因而知道"己为主体,以西人为客体矣"(即要依靠自己的力量去推翻清政府,而不要对帝国主义抱有幻想)。他说,今天"以合众共和结人心者,事成之后,必为民主。民主之兴,实由时势迫之,而亦由竞争生此智慧者也"。④ 总之,人的智慧在不断进化,"以名号言,以方略言,经一竞争,必有胜于前者"。⑤ 每经一次竞争,人的概念、思想、行动、策略,都有进步。这里所说,确实已有了认识依赖于社会实践的思想的萌芽。并且,这同上面所说的

① 章太炎:《驳康有为论革命书》,《章太炎全集》第 4 册,第 180 页。
② 同上注。
③ 同上注。
④ 同上注。
⑤ 章太炎:《驳康有为论革命书》,《章太炎全集》第 4 册,第 181 页。

"竞以器"所包含的唯物史观思想的萌芽，是相联系着的。

　　章太炎多次讨论了知行关系问题。他以为从认识的自然过程来说，竞争生智慧，先行而后知；而一旦获得知识，发为自觉、自由的行为，则是知在行先。他说：

> 　　有先行而后知者：人身百体九窍，皆有司存；然婴儿之生，不以目听，不以耳食，彼岂知听必以耳，食必以口哉？稍长乃知其故耳。然则自由之境，知后（在）①行先；必至之涂，知在行后。②

意思是说，自然发生的认识，如食必以口、听必以耳，都经历先行后知的必然过程。而达到了"自由之境"，则是"知在行先"。章太炎同意程颐说的"烛理明，则自乐行"。③ 又说："希腊琐格拉底倡知德合一说，亦谓了解善为何物，自不得不行之，并有先后可序。"④在他看来，王阳明讲"知行合一"，只是讲的"直觉之知，本能之行"，把问题过于简单化了。这是他在《訄书》中的论述。

　　后来在《检论》中，他又就同一认识过程来讨论知行关系问题，说：

> 　　心之精爽乍动，曰作意。未有不作意而能行者。作意则

---

① 原作"后"，疑为"在"字之误。
② 章太炎：《訄书重订本》"编校附记"，《章太炎全集》第3册，第150页。标点有所订正。
③ 章太炎：《訄书》，《章太炎全集》第3册，第149页。
④ 同上注。

行之尚（端）矣。是故本其初位，行先于知也。心所取象为之意言，然后有思。思者，造作也。取象为知，造作为行，是故据其末位，知先于行也。怒斯作气，惭斯赧颜，哀斯陨涕，惧斯振栗，喜斯嫖缫，是故别其情态，知行同时也。[①]

"怒斯作气"等等，是说主体对客体"感而有情"，便立即有所反应和表现。因而，从各种情态来说，感觉（知）和反应（行）是同时发生的。但是，章太炎以为，把主体对客体的认识了解为一个过程，则应该说：在开始时"行先于知"，在完成时"知先于行"。他根据唯识宗的分析，把认识的程序分为"五级"：一曰作意，即注意；二曰触，即感官与外物接触；三曰受，即感觉；四曰想，即由知觉而有表象；五曰思，即形成概念以指导行动。在他看来，作意就是"行之端"，而后才有触、受等，可见是"行先于知"；心灵由知觉取得表象，进而借助语言以形成抽象概念，进行思维，而"思非动变不形"，抽象思维表现为行动，这便又是"知先于行"。

虽然章太炎的说法还掺杂有唯心论因素，如说"作意则行之端"，这同王阳明说的"一念发动处便是行"其实没有什么差别。但是，上述两种分析（一是从知行先后来区分认识的"必至之涂"与"自由之境"，二是把认识过程了解为开始于行而又完成于行的运动），无疑都包含有合理成分。

章太炎还对认识过程中的感性和理性问题，作了多方面的探讨。他根据《荀子·正名》，肯定：通过耳、目、口、鼻、肌骨等感官

---

① 章太炎：《检论》，《章太炎全集》第 3 册，第 460 页。

来分辨事物的形形色色，乃有种种感觉，这是人所共有的。他说："黄赤、碧涅、修广，以目异；徵角、清商、叫啸、喝于，以耳异；……是以人类为公者也。"[1]同时他指出，由感官所获得的认识有局限性，需要进一步提高到理性阶段。他说：

> 五官感觉，惟是现量，故曰五官簿之而不知。心能知觉，兼有非量、比量，初知觉时，犹未安立名言，故曰心征之而无说。征而无说，人谓其不知，于是名字生焉。[2]

这也是对《荀子·正名》的发挥。现量即直接经验。在与外物直接接触的基础上，便产生了知觉。知觉可能错误，还往往包含有推理在内。开始知觉时，还未给事物以名称，不能同别人进行交流。人们之间为要交流思想，便需要立名言，形成概念，进而作判断、推理，这就是比量。他又说："夫物各缘天官所合以为言，则又譬称之以期至于不合，然后为大共名也。虽然，其已可譬称者，其必非无成极，而可恣膺腹以为拟议者也。"[3]人的感官与外物接触而有感觉、知觉，用一个名称来表达知觉到的事物，这时名和物直接相合。再经过比较、推类（譬称），概括出"大共名"，即一般概念或抽象概念，这就不直接同事物相合。不过，这种抽象概念仍然有其客观根据和标准，并不能凭主观随意地加以拟议。以上这些论述，说明章太炎对人的认识从感觉、知觉到理性思维的过程，作

---

① 章太炎：《訄书》，《章太炎全集》第 3 册，第 233 页。

② 章太炎：《诸子学略说》，《章太炎政论选集》上册，第 302 页。

③ 章太炎：《訄书》，《章太炎全集》第 3 册，第 234 页。

了比较细致的考察。

章太炎很重视抽象思维的作用。他虽然肯定颜元是荀子以后的大儒，但在《訄书·颜学》中却批评颜元："独恨其学在物，物物习之，而概念抽象之用少。"①颜元讥刺朱熹"以讲读为求道"，正如"徒以习谱为学琴"，这固然有道理，但却忽视了抽象概念的作用，有狭隘经验论的倾向。章太炎说，学弹琴，不能离琴学谱；但是学了琴谱对学琴则有帮助。又如学算学，人不能离开具体事物学算学公式，但学了公式，"数具矣，而物器未形，物器之差率，亦即无以逃匿"②。所以抽象概念的作用不能忽视。

章太炎批评了颜元的经验论，同时也批评了康有为的先验论，说："夫礼俗政教之变，可以母子更求者也。虽然，三统迭起，不能如循环；三世渐进，不能如推毂；心颂变异，诚有成型无有哉？世人欲以成型定之，此则古今之事，得以布算而知，虽燔炊史志犹可。"③就是说，礼俗政教的历史演变，是可以由因果联系来推求其规律的，但是不能以"三统"、"三世"说作为模式往历史上套。人们的思维形态真有固定的模型吗？有人想用固定的模型来推算古今之事，果能如此，那么所有的历史书都可以烧掉了。章太炎反对今文经学凭主观讲微言大义，而称赞古文经学"长于求是"，④认为"六艺，史也"，⑤把六经当古史看待，"则上世人事污隆之迹，

---

① 章太炎：《訄书》，《章太炎全集》第 3 册，第 151 页。
② 章太炎：《訄书》，《章太炎全集》第 3 册，第 152 页。
③ 章太炎：《征信论》，《章太炎全集》第 4 册，第 59 页。
④ 章太炎：《訄书》，《章太炎全集》第 3 册，第 476 页。
⑤ 章太炎：《訄书》，《章太炎全集》第 3 册，第 472 页。

犹大略可知"①。

　　但是，章太炎批判了康有为的比较粗糙的先验论，却陷入了另一种比较精致的先验论。他在《四惑论》中基本上承袭了康德的学说，写道："如人见三饭颗，若只缘印象者，感觉以后，当唯生'饭颗、饭颗、饭颗'之想，必不得生'三饭颗'之想。今有'三饭颗'之想者，非于尔所饭颗，各各取其印象；亦非以尔所饭颗，和合为一以成一种印象。必有原型观念，在其事前；必有综合作用，在其事后。安得云只以物质对取物质耶？"章太炎所说的原型观念，就是康德的先天范畴。他认为，单凭感觉印象而没有数量概念，就不能有"三饭颗之想"。要有三饭颗的认识，一定要有先天范畴在前，统觉的综合作用在后。科学要认识因果律，而"因果非物，乃原型观念之一端"②。即承认科学有关于因果律的知识，那便承认具体印象以外，还有先天的因果、数量等原型观念，并由统觉把它们综合起来，作出判断。原型观念又是怎么来的？章太炎归之于阿赖耶识的种子。这是先验论的学说。从总体上说，章太炎的认识论比较接近康德主义，他虽认为感性和理性不能偏废，然而两者只是外在的结合。他未能以实践为基础来说明感性与理性的统一，因而有其局限性。

四、重视演绎法的逻辑思想

　　章太炎和严复一样，十分重视逻辑学。他从自己的认识论出发，认为理性与感性的结合是逻辑学的认识论基础。他在谈到

---

①　章太炎：《訄书》，《章太炎全集》第 3 册，第 476 页。
②　章太炎：《四惑论》，《章太炎全集》第 4 册，第 454 页。

"闻知"、"说知"、"亲知"三者关系时,说:

> 凡原物者,以闻、说、亲相参伍,参伍不失,故辩说之术
> 奏。未其参伍,固无所用辩说。[①]

辩说之术即进行论证、辩驳的逻辑方法。只有客观地把直接经验
(亲知)、间接经验(闻知)和推论所得的知识(说知)互相参照、比
较,才能有效地运用逻辑方法。没有闻、亲、说的认识作参照、比
较,也就无所谓逻辑论证。

就逻辑思想说,严复注重归纳,章太炎则注重演绎。章太炎
把亚里士多德的三段论、印度的因明、中国的《墨经》三者,作了比
较研究,对"辩说之道"作出一般的概括,说:

> 辩说之道,先见其旨,次明其柢,取譬相成,物故可形。[②]

就是说,逻辑思维的方法,首先要见其宗旨,即提出论题;第二要
阐明根据、理由;第三要从类进行比较。这样,才可以说明事物的
原因(物故)。按照他的看法,因明的宗、因、喻是最合乎辩说之道
的逻辑思维。首先讲"宗"——"先见其旨";然后是"因"——"次
明其柢";最后是"喻"——"取譬相成,物故可形"。譬如通常举的
例子,"声是无常,所作性故,凡诸所作,见彼无常,譬如瓶等"[③],就

---

① 章太炎:《原名》,张渭毅点校:《国故论衡》,商务印书馆 2010 年版,第 174 页。
② 章太炎:《原名》,《国故论衡》,第 171 页。
③ 同上注。

是这样的过程。西方逻辑的三段论，先是喻体（大前提）——"凡诸所作，见彼无常"；其次是因（小前提）——"声是所作"；最后是宗（结论）——"声是无常"。《墨经》以因为故，其立量次第：初因，次喻体，次宗。"①在章太炎看来，亚里士多德的三段论和墨辩的论式都是"先喻体后宗"，"先喻体者，无所容喻依，斯其短于因明"②。就是说，先提出大前提，而在这个大前提中无喻依，这是西方逻辑的三段论和《墨经》不及因明之处。他认为应当讲喻依，因明在喻体中包含喻依，实际上是体现了演绎法中包含了归纳。"凡诸所作，见彼无常"这个喻体，是从"譬如瓶等"归纳出来的。而亚里士多德三段论和墨辩的论式就不能体现这一点。章太炎推崇因明这种见解是可以讨论的。他对《墨经》的解释也不见得完全正确。但重要的是，他比较了希腊、中国、印度三种逻辑推理，初步揭示了其共同性及差别。这些探讨很有意义，我们现在仍然应当继续作这样的比较研究。

　　章太炎很重视形式逻辑的论证。在《无神论》中，他主要运用形式逻辑作武器来批驳基督教，"基督教之立耶和瓦也，以为无始无终，全知全能，绝对无二，无所不备，故为众生之父。就彼所说，其矛盾自陷者多"。③ 就是说，基督教用来论证耶和华为众生之父的论据（即"无始无终，全知全能，绝对无二，无所不备"四者），在逻辑上都陷于自相矛盾。接着他逐条予以批驳，很有说服力。然后又提出两个论证：其一，"问此耶和瓦者，为有人格乎？为无人

---

① 章太炎：《原名》，《国故论衡》，第 171 页。
② 章太炎：《原名》，《国故论衡》，第 173 页。
③ 章太炎：《无神论》，《章太炎全集》第 4 册，第 396 页。

格乎?"①若无人格,则不得称父;若有人格,则如人间父子,独父何能生众生? 其二,"若万物必有作者,则作者亦更有作者,推而极之,至于无穷。然则神造万物,亦必被造于他,他又被造于他,此因明所谓犯无穷过者"②。这两个论证,原是郭象《庄子注》提出来的,章太炎则用来当作反对基督教的武器了。

但章太炎又认为"体非形气","理绝名言"③真如之体并非名言所能把握。当然,运用名言来交流思想,必须遵守形式逻辑同一律:"白表白相,黑表黑相,菽表菽事,麦表麦事",而不容许指鹿为马,偷换概念;但这只是"随顺故言",以免争论,而不应执着名言而"起是非之见"。④ 在他看来,形式逻辑的职能不外三项"训释":

> 一说义界,二责因缘,三寻实质,皆依分析之言成立自义。然当其成立时,亦即其毁破时。(成即《因明入正理论》所谓能立,毁即《因明入正理论》所谓能破。然彼就局义说,唯在比量;此就广义说,兼三训释。)⑤

为什么说这三项训释都是"当其成立时,即其毁破时"? 首先,"说义界"即下定义:如先把"一"定义为"二之半"或"半之倍",而后在给"二"与"半"下定义时,又释"二"为"一之倍",释"半"为"一分为

① 章太炎:《无神论》,《章太炎全集》第 4 册,第 398 页。
② 章太炎:《无神论》,《章太炎全集》第 4 册,第 398—399 页。
③ 章太炎:《齐物论释》,《章太炎全集》第 6 册,第 3 页。
④ 章太炎:《齐物论释定本》,《章太炎全集》第 6 册,第 77 页。
⑤ 章太炎:《齐物论释定本》,《章太炎全集》第 6 册,第 82 页。

二"，等等；这样互相解释（字典上的释文往往如此），实"与不解同"。第二，"责因缘"即用推理求因果关系：如问人身中细胞何故动？便论证说："万物皆动，细胞是物，故细胞动。"问万物何故皆动？便说"皆含动力故动"。问动力何故动？便说"动力自然，动自尔"。这样推到最后，归之自然，"是则动之依据，还即在动，非有因也。"第三，"寻实质"即寻求实体：如或以实体为"极微"，则是"有方分"（有量、可分），但既可分割，则"剖解不穷，本无至小之倪"，又那里去找原始的实体呢？或以实体为"无方分"（如公孙龙所说的"指"），则非感觉所能把握，既无现量，亦无由成比量，"本在知识之外，实不可得"，所以此说亦难以成立。① 章太炎这些论证，都是前人讲过的。不过，他把它们集中在一起，以说明不能拘守名言，局限于"有分别智"。他说：

> 明则有分别智，神则无分别智。有分别智所证唯是名相，名相妄法所证，非诚证矣。无分别智所证始是真如，是为真证耳。②

这种"有分别智"与"无分别智"的区分，当然也不是他的独创。章太炎在他自称为"一字千金"的《齐物论释》中，把唯识宗、康德、庄子杂糅在一起，把阿赖耶识或真如作为世界第一原理。他一方面以为"第八藏识（即阿赖耶识）本有世识、处识、相识、数识、作用

---

① 章太炎：《齐物论释定本》，《章太炎全集》第 6 册，第 80—81 页。
② 章太炎：《蓟汉微言》，《蓟汉三言》，第 28 页。

识、因果识"①（大体相当康德的时空形式和十三范畴），"第七意根本有我识（自注：人我执、法我执）"②，这些"种子"（世识以至我识）亦即庄子所谓"成心"。"成心之为物也，眼耳鼻舌身意六识未动，潜处藏识意根之中，六识既动，应时显现，不待告教，所谓随其成心而师之也。"③他以为用"成心"或"种子"显现于六识，便可以解释现象界的"有无、是非、自共、合散、成坏等相"，这也就是"有分别智"的领域。而另一方面，他以为，既知名相为"妄法所证"，便可以达到"无相分别，如其自身"的神智。他以为，人的认识除现量、比量之外，还有亲证，即直觉。他说，真如"虽非感觉所知，而无想灭定之时，可以亲证其名，则又非比量所能摧毁也"④。这便成了直觉主义了。

五、突出意志作用的伦理思想

同他的包含革命观念的历史进化论和强调革命行动的认识学说相联系着，章太炎在伦理学上突出了革命意志的作用，强调要凭意志力坚持革命原则，反对功利主义，提倡"依自不依他"之说。

章太炎早年曾说："培根有言，一切道德，皆始自利。"⑤就是说，人是自私自利的，一切道德是在自利的基础上产生的。这是经验论的说法。但是章太炎后来改变了这个观点，他多次批评功

---

① 章太炎：《齐物论释定本》，《章太炎全集》第 6 册，第 73 页。
② 章太炎：《齐物论释定本》，《章太炎全集》第 6 册，第 74 页。
③ 同上注。
④ 章太炎：《无神论》，《章太炎全集》第 4 册，第 402 页。
⑤ 章太炎：《〈菌说〉修改稿选录》，《章太炎选集》，第 86 页。

利主义。

　　严复翻译《社会通诠》①，反对民族主义。说："民族主义将遂足以强吾种乎？愚有以决其必不能者矣。"②章太炎写了《社会通诠商兑》一文，批评严复说：

　　　　光复旧邦之为大义，被人征服之可鄙夷，此凡有心者之所共审。然明识利害，选择趋避之情，孔、老以来，以此习惯而成儒人之天性久矣。会功利说盛行，其意乃益自固，则成败之见，常足以挠是非，诐辞遁说，吾所不暇辩也。所辩者，成败之策耳。③

就是说，人们老是考虑成败，计较利害、得失，这样就会把民族大义丢在一边，只求趋利避害，连歪曲是非、替不道德行为找种种借口的"诐辞遁说"也不去辩驳。造成这种情况的原因，他认为一方面是儒家学说，另一方面就是西方来的功利主义。

　　章太炎前期是坚决反对孔子的。在他看来，孔教的最大污点就是教人谋求富贵利禄："儒家之病，在以富贵利禄为心。"④他以为孔子这个人最慕荣利，老是想做官，因而不讲原则。他说："孔

---

① 《社会通诠》：英国社会学家甄克思著，严复译述，1904 年商务印书馆印行。甄克思将人类社会分为图腾、宗教、军国 3 种形态，而将重视区分民族界限，热中于倡导民族主义，说成宗法社会的思想意识。严复以此理论为依据，反对革命党人所致力的以"反满"为主要目标的民族主义革命。他们 2 人的理论，曾被改良派人士反复援引，用以反对推翻清朝统治革命，反对反帝斗争。1981 年 10 月由北京商务印书馆重新印行《社会通诠》。
② 严复：《社会通诠》按语八，《严复集》第 4 册，第 926 页。
③ 章太炎：《〈社会通诠〉商兑》，《章太炎全集》第 4 册，第 335 页。
④ 章太炎：《诸子学略说》，《章太炎政论选集》上册，第 289 页。

子之教，惟在趋时，其行义从时而变，故曰'言不必信，行不必果'。"①因为想做官，往上爬，便要趋时、投机，当然也就"言不必信，行不必果"。他说孔子这个人讲中庸，最世故，"实无异于乡愿"。②但孔子却公开讲不要做乡愿，其实他自己是"国愿"，"有甚于乡愿者也"③。章太炎尖锐地批评了孔子的中庸之德，他说：

> 　　君子时中，时伸时绌，故道德不必求其是，理想亦不必求其是，惟期便于行事则可矣。用儒家之道德，故艰苦卓厉者绝无，而冒没奔竞者皆是。……用儒家之理想，故宗旨多在可否之间，论议止于函胡之地。……儒术之害，则在淆乱人之思想，此程、朱、陆、王诸家所以有权而无实也。④

权即权变、权术，用儒家中庸之德，时伸时绌，奔竞于富贵利禄而随机应变，这是权变；用模棱两可，含含糊糊的议论，以诈取人，居阴而为阳，这是权术。章太炎在论述孔子和老子的关系时说："孔子之权术，乃有过于老子者。"⑤老子也讲权术，但孔子比老子还要厉害，所以把老子逼出关去了。鲁迅根据这个思想写了小说《出关》，但说"我也并不信为一定的事实"。⑥

　　从理论上说，章太炎用道义论反对功利说，当然也有其片面

---

① 章太炎：《诸子学略说》，《章太炎政论选集》上册，第 290 页。
② 同上注。
③ 章太炎：《诸子学略说》，《章太炎政论选集》上册，第 291 页。
④ 同上注。
⑤ 章太炎：《诸子学略说》，《章太炎政论选集》上册，第 292 页。
⑥ 鲁迅：《且介亭杂文末编》，《鲁迅全集》第 6 卷，人民文学出版社 2005 年版，第 539 页。

性。因为革命者不仅需要讲革命的道义，也需要讲"革命的功利主义"。不过章太炎是有感而发的。他当时批评孔子，是批评康有为；反对功利说，是提倡民族革命的需要。他说："中国士民流转之性为多，而执著之性恒少。"[①]他认为流转之性是儒家学说造成的，从西方来的功利主义也助长了它。而革命必须坚持原则，革命者必须有坚强的意志力，有"执著之性"，所以他要反对孔教，反对功利主义。在《革命之道德》一文中，章太炎说，道德也不必讲很深的道理，"但使确固坚厉、重然诺、轻死生则可矣"。[②] 真正的道德行为就在于坚持原则，言必信，行必果，为革命和民族大义不怕牺牲生命。他说："今之革命非为一己而为中国。中国为人人所共有，则战死亦为人人所当有。"[③]在他看来，戊戌变法之所以失败，就是因为像谭嗣同、杨深秀[④]这样有道德之士太少了。唐才常自立军起义之所以失败，是"党人之不道德致之也。"他说："今之道德大率从于职业而变。"[⑤]他按职业分析了 16 种人，认为贫苦的农民、工人、商贩、下层知识分子，这些人是道德高尚的；而大官僚、买办等地位高有权势的人最无道德，这些人只知道损人利己。可见道德和名利权势是成反比的：越有权势，越是荣华富贵，"则

---

① 章太炎：《箴新党论》，《章太炎全集》第 4 册，第 287 页。
② 章太炎：《革命之道德》，《章太炎全集》第 4 册，第 277 页。
③ 章太炎：《革命之道德》，《章太炎全集》第 4 册，第 279 页。
④ 杨深秀（1849—1898），字漪村，山西闻喜人。清末维新变法人士。光绪进士。精通中西数学。曾任刑部主事、郎中、山东道监察御史。1898 年 3 月，与宋伯鲁等在北京成立关学会，又列名保国会。6 月上疏请定国是，弹劾礼部尚书怀塔布、许应骙阻挠新政事，光绪帝遂将怀塔布等革职。后慈禧太后宣布重新"训政"、他上疏诘问光绪被废之故，遂被捕遇害，为"戊戌六君子"之一。
⑤ 章太炎：《革命之道德》，《章太炎全集》第 4 册，第 280 页。

离于道德也愈远"①。"名利之念不忘,而欲其敌忾致果舍命不渝,
又可得乎?"②

　　章太炎虽然反对严复的功利主义,但和严复一样,认为道德
责任以意志自由为前提。章太炎尤其强调这一点,他提出"依自
不依他"之说,强调道德行为要自己作主,而不依赖于鬼神或他
人,他说:

　　　　盖以支那德教,虽各殊途,而根原所在,悉归于一,曰"依
　　自不依他"耳。……虽虚实不同,拘通异状,而自贵其心,不
　　以鬼神为奥主,一也。③

他认为,中国过去儒道名法各家虽变易万端,但殊途同归,形成一
个好传统,就是"依自不依他","自贵其心,不援鬼神"。他批评孔
子有富贵利禄之心,但是肯定儒家破鬼神之说是不错的。他说:
"昔无神之说,发于公孟;排天之论,起于刘、柳。以此知汉族心
理,不好依他,有此特长。"④而佛教法相宗、禅宗以至明代王学,也
都能"自尊无畏"。一个人能自尊无畏,那么他就可以"排除生死,
旁若无人,布衣麻鞋,径行独往,上无政党猥贱之操,下作懦夫奋
矜之气,以此揭橥,庶于中国前途有益"⑤。因此他说:"所以维持

<hr>

① 章太炎:《革命之道德》,《章太炎全集》第 4 册,第 283 页。
② 章太炎:《革命之道德》,《章太炎全集》第 4 册,第 286 页。
③ 章太炎:《答铁铮》,《章太炎全集》第 4 册,第 369 页。
④ 章太炎:《答铁铮》,《章太炎全集》第 4 册,第 372 页。
⑤ 章太炎:《答铁铮》,《章太炎全集》第 4 册,第 375 页。

道德者，纯在依自，不在依他。"①

这里牵涉到"己"和"群"的关系问题。梁启超强调国家有绝对的无上的主权，有人则说"不与社会相扶助者是违公理"，都认为社会责任是第一位的，而把个人意志看作是从属的。章太炎不赞成这种说法，他说：

> 盖人者，委蜕遗形，倏然裸胸而出，要为生气所流，机械所制；非为世界而生，非为社会而生，非为国家而生，非互为他人而生。故人之对于世界、社会、国家，与其对于他人，本无责任。责任者，后起之事。……即实而言，人本独生，非为他生。而造物无物，亦不得有其命令者。吾为他人尽力，利泽及彼，而不求圭撮之报酬。此自本吾隐爱之念以成，非有他律为之规定。吾与他人戮力，利泽相当，使人皆有余，而吾亦不忧乏匮，此自社会趋势迫胁以成，非先有自然法律为之规定。②

这是说，一个人赤条条地到世界上来，生来具有独立的人格，并不是为社会，为他人而生，更没有上帝对我发布命令。章太炎认为，我与人为善的行为不外乎两类：一是出于天赋的"隐爱之念"，我无所为而为，为他人尽力不是为了求酬报，这叫"审善"；二是"以为道德当然而为之者"，我有所为而为，与他人戮力互助，彼此有利，"虽以尽义，犹选择为之，计度而起，不任运而起"，这叫"伪善"

---

① 章太炎：《答铁铮》，《章太炎全集》第 4 册，第 374 页。
② 章太炎：《四惑论》，《章太炎全集》第 4 册，第 444—445 页。

（伪即人为，同于荀子所说的"善者，伪也"）。① 审善发于天性，当然出于自律，而"非有他律为之规定"；伪善也"非由自然法律为之规定"，它虽由社会趋势所造成，但是由我经过计度，出于自主的选择去作的。总之，不论是审善还是伪善，道德行为都是人格独立，意志自由的活动，所以说"依自不依他"。

章太炎又认为，善与恶是相互依存的，有审善，亦有审恶；有伪善，亦有伪恶。"审善恶者，浮屠以为用性作业；伪善恶者，浮屠以为用欲作业。"②他以为，通常讲人性，是指"生之所以然者，是意根也"，意根亦即末那识，"常执阿赖耶以为我，……我爱，我慢由之起"③。就是说，由于"我执"，就产生"我爱"，即爱心；"我慢"，即好胜心。这便是善恶的根源。一方面，推我爱以爱他人，即是审善；有我慢，求必胜于人，即是审恶。另一方面，有我爱，则"贪无厌，贪即沮善"；"极我慢者耻我不自胜"，于是克己而有礼让。所以爱不等于善，慢不等于恶，而是"爱慢异流，同其根柢"。他说："即彼恻隐心者，亦与好胜心同一根柢。虽甚凶残，无不怜弱者；虽甚仁慈，无不憎怨家。"④他用这种抽象的人性论来为他的"俱分进化论"作根据，并且最后归结到破"我执"，证无生，说："最上者言无我性。亲证其无我性，即审善审恶犹幻化，而况其伪乎！"⑤

但章太炎当时提倡佛教，主观上以为是革命的需要。他真心诚意地认为，要培养革命的道德和理想的人格，就一定要靠宗教。

---

① 章太炎：《辨性上》，《国故论衡》，第 191 页。
② 章太炎：《辨性上》，《国故论衡》，第 192 页。
③ 章太炎：《辨性上》，《国故论衡》，第 189 页。
④ 章太炎：《五无论》，《章太炎全集》第 4 册，第 437 页。
⑤ 章太炎：《辨性上》，《国故论衡》，第 192 页。

他看到德性的形成是同信念相联系的，以为信念要靠宗教培养。他在东京留学生欢迎会上发出号召："用宗教发起信心，增进国民的道德。"①他认为培养人的信念，既不能用孔教，也不能用基督教，而只能用佛教。因为佛教"特不执一己为我，因以众生为我"②，"故一切以利益众生为念"③。当然，佛教中也掺杂了卑鄙恶劣的东西，故应该用华严宗、法相宗教义去"改良旧法"。他说："这华严宗所说，要在普度众生，头目脑髓，都可施舍与人，在道德上最为有益。这法相宗所说，就是万法惟心。一切有形的色相，无形的法尘，总是幻见幻想，并非实在真有。"④他还以为，佛家的道德与康德、叔本华的学说也相通。并说"我所靠的佛祖仍是靠的自心"⑤，因为佛教就是讲"依自不依他"。这也并不是崇拜一个人格神，而只是好比每一行都有个"本师"，便尊礼他，崇拜他，如木匠拜鲁班做祖师爷，衣工拜轩辕做祖师爷，读书人拜孔子做祖师爷等，这并不是说那个创始人真是个神，只不过是祖师爷，大家尊礼他。章太炎的宗教没有崇拜的偶像，是教人"依自不依他"。他说："至于社会相处之间，稍有信仰，犹愈于无执持。今之所志，但欲姬、汉遗民，趣于自觉，非高树宗教为旌旗，以相陵夺。"⑥他的用心，是为了唤醒中国人民，树立一种信心、信念。

用佛教来发起爱国信心，这当然是空想。这种主张不可能付

---

① 章太炎：《东京留学生欢迎会演说辞》，《章太炎政论选集》上册，第 272 页。
② 章太炎：《建立宗教论》，《章太炎全集》第 4 册，第 415 页。
③ 章太炎：《建立宗教论》，《章太炎全集》第 4 册，第 416 页。
④ 章太炎：《东京留学生欢迎会演说辞》，《章太炎政论选集》上册，第 274 页。
⑤ 同上注。
⑥ 章太炎：《答铁铮》，《章太炎全集》第 4 册，第 375 页。

诸实施。但重要的是,章太炎指出,道德责任以意志自由为前提,要凭意志力来培养信念,言行一贯地坚持下去,这样才能培养成人的德性,这是合理的见解。当然,意志具有专一(执著)和自主(自主选择)的双重品格,这是前人(例如荀子)已说过了的。但章太炎在新的历史条件下,站在革命者的立场,突出地考察了意志在培养德性中的作用,这便有了新的时代意义。

总起来看,章太炎提出的"竞争生智慧、革命开民智"确是个很杰出的思想。他用"竞以器"、"竞以礼"来说明人群的进化,阐述了进化要通过革命来实现的道理,强调了革命行动的认识论意义,都是创造性的见解。他对知与行、感性与理性关系的考察,对三段论、因明和墨辩的比较研究,都包含有某些合理因素。他突出意志在培养革命道德中的作用,揭发批判正统派儒家"以富贵利禄为心",这在当时也有进步意义。不过,章太炎试图糅合唯识宗、康德、庄子来建立自己的哲学体系,实际上是流产了[1];他有比较浓厚的唯意志论和非决定论倾向,他的思辨往往把问题引导到虚无主义的结论,他对功利主义的批判有偏激之处,还幻想用佛教来增进国民道德,这些都表现了他的局限性。章太炎的晚年,正如鲁迅所说:先生虽先前也以革命家现身,后来却退居于宁静的学者,"用自己所手造的和别人所帮造的墙,和时代隔绝了"[2]。虽然他始终是爱国者,"并非晚节不终"[3],但他此时的哲学思想确

---

[1] 参见姜义华:《章太炎思想研究》,上海人民出版社 1986 年版。2009 年由中国人民大学出版社再版。该书第六章"一场夭折了的哲学革命",论述了章太炎的"真如"哲学体系的构成及其夭折。
[2] 鲁迅:《关于太炎先生二三事》,《鲁迅全集》第 6 卷,第 565 页。
[3] 鲁迅:《关于太炎先生二三事》,《鲁迅全集》第 6 卷,第 567 页。

实是"颓唐"了。① 他同康有为、梁启超、严复等向西方寻求真理的先行者一样，在晚年转身投回儒家思想的怀抱。

第六节　王国维：哲学学说的"可爱"与"可信"

当革命派和改良派进行激烈的论战时，有一个甘于寂寞的学者却在沉思宇宙人生的问题，为哲学学说的"可爱"与"可信"的矛盾而感到苦恼。他就是王国维。

王国维（1877—1927），字静安，号观堂，浙江海宁人。青年时代即"有志于新学"。1898 年在上海入东文学社，正式学习西学。任通州、苏州等师范学堂教习，讲授哲学、心理学、逻辑学等，后又转而从事中国戏曲史和词曲的研究。辛亥革命后，"尽弃前学"，专攻中国古代史、古器物、音韵学的研究和考订，尤致力于甲骨文、金文的考释。1923 年由逊帝溥仪任命为五品南书房行走。1925 年任清华大学国学研究院教授。1927 年自沉于北京颐和园昆明湖。著作有 62 种，其中 43 种收入《海宁王静安先生遗书》②，译著有海甫定③的《心理学概论》和耶方斯的《辨学》（《逻辑学》）。

---

① 鲁迅：《关于太炎先生二三事》，《鲁迅全集》第 6 卷，第 566 页。
② 《海宁王静安先生遗书》：商务印书馆 1940 年 2 月初版，共 6 函 48 册，收入王国维著作 43 种。哲学上较为重要的有《静安文集》《静安文集续编》《人间词话》等。著名史学家陈寅恪为之作序，称此书"开拓学术之区宇，补前修所未逮"，"可以转移一时之风气，而示来者以轨则也"。2010 年，《王国维全集》由浙江教育出版社和广东教育出版社联合出版，共 20 卷，884 万字，为迄今最全的王国维著述集。
③ 海甫定（Harold Höffding，1843—1931），丹麦哲学家，哥本哈根的哲学教授。著作主要有《心理学大纲》（1882）、《近代哲学史》（1895—1896）、《宗教哲学》（1902）等。其哲学既受康德、叔本华的影响，又受英国实证论和进化论的影响。其《心理学大纲》由王国维介绍到中国，成为中国翻译的第一部西方心理学著作。列入商务印书馆《哲学丛书》（1907），译名为《心理学概论》。

一、"学无新旧也,无中西也"

王国维与维新派和革命派思想家不同,是个为学术而学术的学者。他认为,学术应当脱离政治,而不应该有政治目的。如果为政治而搞学术,就是对学术的神圣性的亵渎。他批评康有为、梁启超这些人对学术并没有"固有之兴味,不过以之为政治上之手段,《荀子》所谓'今之学者以为禽犊'者也"①。他说,正如康德伦理学之格言所说,"当视人人为一目的,不可视为手段",学术也有它本身的目的,"故欲学术之发达,必视学术为目的,而不视为手段而后可"②。在他看来,"若哲学家而以政治及社会之兴味为兴味,而不顾真理之如何,则又决非真正之哲学"③。

从这样一种为学术而学术的观点出发,他主张破中西、新旧之见。他说:

> 学无新旧也,无中西也,无有用无用也。④

为什么"学无新旧"呢? 王国维区分了科学与史学,以为二者立论有所不同。"自科学上观之,则事物必尽其真而道理必求其是。"⑤如果我的理智认为不是真的东西,那么即使是圣贤所说,也

---

① 王国维:《论近年之学术界》,谢维扬、房鑫亮主编:《王国维全集》第 1 卷,浙江教育出版社、广东教育出版社 2009 年版,第 122 页。
② 王国维:《论近年之学术界》,《王国维全集》第 1 卷,第 123 页。
③ 王国维:《文学小言》,《王国维全集》第 14 卷,第 92 页。
④ 王国维:《国学丛刊序》,《王国维全集》第 14 卷,第 129 页。
⑤ 王国维:《国学丛刊序》,《王国维全集》第 14 卷,第 130 页。

不能相信。"自史学上观之，则不独事理之真与是者足资研究而已"①，历史上一切学说不管真与不真，一切制度、风俗、不论好与不好，都是研究的对象，凡是可供参考的材料，即使很细微，也不敢抛弃。从研究对象来说，史学与科学有别，然而治科学有待于史学上之材料，而治史学不可无科学上之知识，二者不可分割。所以学者应该把古今、新旧贯通起来才是。王国维说："今之君子，非一切蔑古，即一切尚古。蔑古者，出于科学上之见地而不知有史学；尚古者，出于史学上之见地而不知有科学。即为调停之说者，亦未能知取舍之所以然。此所以有古今新旧之说也。"②

　　为什么"学无中西"呢？他说："知力人人之所同有，宇宙人生之问题，人人之所不得解也。其有能解释此问题之一部分者，无论其出于本国或出于外国，其偿我知识上之要求，而慰我怀疑之苦痛者则一也。同此宇宙，同此人生，而其观宇宙人生也，则各不同。以其不同之故，而遂生彼此之见，此大不然者也。"③他以为，学术只应讲"是非、真伪之别"，如果把"国家、人种、宗教之见"掺杂进去，那就是以学术为手段，而不是以之为目的。他说："居今日之世，讲今日之学，未有西学不兴而中学能兴者，亦未有中学不兴而西学能兴者。"④他认为，搞中学离不开搞西学，搞西学也离不开搞中学。如研究《毛诗》、《尔雅》，不能不懂博物学、天文学；而治博物学者，也应该懂得《诗经》、《楚辞》中的草木鸟兽之名。所

---

① 王国维：《国学丛刊序》，《王国维全集》第 14 卷，第 130 页。
② 王国维：《国学丛刊序》，《王国维全集》第 14 卷，第 131 页。
③ 王国维：《论近年之学术界》，《王国维全集》第 1 卷，第 125 页。
④ 王国维：《国学丛刊序》，《王国维全集》第 14 卷，第 131 页。

以他说：

> 中、西二学，盛则俱盛，衰则俱衰，风气既开，互相推助。[1]

他还强调，学术只是为了求真理，而不要管它有用还是无用。不要因一些基本理论似乎没有用就不去研究；现在没有用，以后或许有用。他认为，事物不论大小，不论远近，都应研究。"苟思之得其真，纪之得其实，极其会归，皆有裨于人类之生存福祉。……学问之所以为古今中西所崇敬者，实由于此。"[2]

可见，王国维认为学问无所谓中西、新旧，只看它是否是真理；凡是真理，都是对人类有益的。这种观点是比较通达的。从这种观点出发，他强调学术应同政治分家，这也是对当时潮流的反动，如康有为主张学术从属于政治，很主观武断；梁启超确实是"流质易变"，他的学术观点总是跟着其政治主张转。王国维以为，中国人太偏于实际、太重视政治、伦理了。他强调要研究"纯粹之哲学"，发明天下万世之真理。"唯其为天下万世之真理，故不能尽与一时一国之利益合，且有时不能相容，此即其神圣之所存也。"[3]求真理不能囿于"一时一国之利益"，所以"学无新旧也，无中西也"。正是由于这一点，使得他在学术上不随波逐流，而能有比较高的造诣。但是，也正因为他强调学术脱离政治、脱离现实，因此他后来走到与世隔绝，成了遗老，最后酿成悲剧。而他的

---

① 王国维：《国学丛刊序》，《王国维全集》第 14 卷，第 131 页。
② 王国维：《国学丛刊序》，《王国维全集》第 14 卷，第 132 页。
③ 王国维：《论哲学家与美术家之天职》，《王国维全集》第 1 卷，第 131 页。

悲剧也恰恰证明，学术虽不应从属于一时政治需要和随风倒，但终究不能脱离政治、脱离现实。

二、实证论与形而上学的矛盾

王国维是一个对哲学很有兴趣的人。他确实认真地钻研了哲学，然而他在 30 岁时所写的《自序》中说：

> 哲学上之说，大都可爱者不可信，可信者不可爱。余知真理，而余又爱其谬误。伟大之形而上学、高严之伦理学与纯粹之美学，此吾人所酷嗜也。然求其可信者，则宁在知识论上之实证论、伦理学上之快乐论与美学上之经验论。知其可信而不能爱，觉其可爱而不能信，此近二三年中最大之烦闷。[①]

王国维对当时西方传来的两种哲学思潮，作了上述的评价，反映了他内心的矛盾。他说的"可爱者不可信"，是指康德、叔本华哲学。他以为康德、叔本华的哲学是"伟大之形而上学，高严之伦理学，纯粹之美学"。他说的"可信者不可爱"，是指像严复所介绍的实证论的哲学。实证论者通常在伦理学上主张快乐论[②]，在美学上主张经验论。王国维作为科学家，他倾向于实证论，因为实证论是同实证科学相联系的。但在感情上，他觉得叔本华的非

---

① 王国维:《自序二》,《王国维全集》第 14 卷,第 121 页。
② 快乐论:一种伦理学说。认为快乐是人生的最高幸福,追求快乐是人生的目的和道德的标准。最早提出者是古希腊的亚里斯提卜和伊壁鸠鲁等。在近代,这种学说在反封建和反宗教禁欲主义的斗争中有一定的进步作用。主要代表有法国的拉美特利、爱尔维修和英国的边沁、穆勒等。

理性主义和唯意志论更可爱。

经验论和先验论的对立,实证论与形而上学(包括非理性主义)的对立,这是西方近代哲学史中令人注目的现象,也是中国近代哲学史中不容忽视的事实。正是这种对立,使王国维深切地感到可爱与可信的矛盾,产生了思想上的极大苦闷。这当然同他个人的气质有关,但也有着深刻的认识论根源和社会根源。两种哲学思潮的对立,是近代的科学与人生脱节、理智与情意不相协调的集中表现。同时,哲学本身具有意识形态和科学的两重性:作为意识形态,一种哲学学说总是反映一定社会集团的要求,使这一集团的思想代表觉得"可爱";但它只有作为科学知识的概括,才令人觉得"可信"。显然,站在人民立场上来看那既具有人民性又具有科学性的哲学学说,"可爱"与"可信"是可以达到一致的。但王国维既尊重科学,又固执学术超脱政治(即超脱当时维新派与革命派)的立场,所以便感到无法解决这个矛盾了。

王国维在感情上与叔本华的贵族主义、悲观主义发生共鸣。他写了《叔本华之哲学及其教育学说》等文,系统地介绍了叔本华的学说。叔本华认为"意志为吾人之本质"[1],意志也是"世界万物之本质","知力者,意志之奴隶也"[2],理智要服从意志。叔本华所谓意志,就是生活之欲。"生活之本质何? 欲而已矣。"[3]欲望是永远不会得到满足的,一种欲望得到了满足,又会产生新的欲望;人的欲望始终处于不满足状态,所以就老是感到痛苦。"故欲与生

① 王国维:《叔本华之哲学及其教育学说》,《王国维全集》第1卷,第37页。
② 王国维:《叔本华之哲学及其教育学说》,《王国维全集》第1卷,第38页。
③ 王国维:《红楼梦评论》,《王国维全集》第1卷,第55页。

活与痛苦，三者一而已矣。"①如何才能解脱这种痛苦呢？叔本华认为，"惟美之为物，不与吾人之利害相关系；而吾人观美时，亦不知有一己之利害"②。因为在审美时的"我"，是"纯粹无欲之我也"，暂时解脱了利害的桎梏，暂时免除了痛苦。通常的人在审美活动时，在欣赏艺术时，可以得到暂时的解脱，而最终的解脱，则只有达到佛教、吠檀多派所谓的涅槃境界，即生活的欲望完全消灭时，才能实现。王国维说，"故最高之善，存于灭绝自己生活之欲，且使一切生物皆灭绝此欲，而同入于涅槃之境"，"此叔氏伦理学上最高之理想也"。③　王国维早年醉心于叔本华的学说，曾深受其影响。他写《红楼梦评论》，完全以叔本华学说为立足点。不过，文中已经对叔本华学说提出了疑问。后来他进而"悟叔氏之说，半出于其主观的气质，而无关于客观的知识"④。所以他虽觉得叔氏哲学可爱，但是认为不可信。

王国维始终未能解决他所谓的"可爱"与"可信"，即非理性主义与实证论之间的矛盾。不过，既然矛盾的方面存在于一个人身上，当然会互相作用、互相渗透。剥去非理性主义与实证论的哲学形式，我们将看到，在王国维的性格中，既有对思辨哲学（他所谓"纯粹之哲学"）的"酷嗜"，又有尊重"客观的知识"的实证精神。正因如此，他能用实证精神对"概念世界"进行反思，并从哲学的高度来总结治学方法，在分析批判传统哲学范畴和自觉运用实证

---

① 王国维：《红楼梦评论》，《王国维全集》第1卷，第55页。
② 王国维：《叔本华之哲学及其教育学说》，《王国维全集》第1卷，第39页。
③ 王国维：《叔本华之哲学及其教育学说》，《王国维全集》第1卷，第41页。
④ 王国维：《静安文集》，《王国维全集》第1卷，第3页。

方法两方面,作出自己的独特贡献。

三、对传统哲学范畴的分析批判和科学的治学方法

王国维所写的《论性》、《释理》、《原命》等文,其基本立足点虽然没有超出康德、叔本华哲学,但他通过中西哲学的比较,对中国哲学史上的"性"、"理"、"命"等范畴作了系统的考察和分析,是颇有实证精神的。特别是《释理》一篇,对程朱之所谓"理"作了分析批判,确实提供了新的东西。

王国维认为理有广狭二义。广义的理即"理由":就自然界说,一切事物必有所以存在之故,即理由;就人的知识说,一切命题必有其论据,亦即理由。所以充足理由律为"世界普遍之法则"与"知力普遍之形式"。狭义的理即"理性",就是"吾人构造概念及定概念间之关系之作用,而知力之一种也"。王国维根据康德、叔本华的观点,以为理由、理性都是"主观上之物",并无客观的意义。但是,"朱子之所谓理,与希腊斯多噶派之所谓理,皆预想一客观的理存于生天、生地、生人之前,而吾心之理不过其一部分而已"①。这种形而上学意义的"理"是怎么产生的呢? 王国维说:

> 此亦有所自。盖人类以有概念之知识,故有动物所不能者之利益,而亦陷于动物不能陷之误谬。……而概念之不甚普遍者,其离实物也不远,故其生误解也不多。至最普遍之概念,其初固亦自实物抽象而得;逮用之既久,遂忘其所自

---

① 王国维:《释理》,《王国维全集》第 1 卷,第 25 页。

出，而视为表特别之一物，如上所述"有"之概念是也。夫离心物二界，别无所谓"有"。然古今东西哲学，往往以"有"为有一种之实在性，在我中国则谓之曰太极，曰玄，曰道；在西洋则谓之曰神。及传衍愈久，遂以为一自证之事实，而若无待根究者，此正柏庚（培根）所谓"种落之偶像"，汗德（康德）所谓"先天之幻影"。人而不求真理则已，人而唯真理之是求，则此等谬误，不可不深察而明辨之也。理之概念，亦岂异于此；其在中国语中，初不过自物之可分析而有系统者，抽象而得此概念，辗转相借而遂成朱子之"理即太极"说。[1]

就是说，普遍概念本是从具体实物中抽象出来的，如果忘记了它的来源，以为离开具体实物别有一种实在性，如把"有"视为离心物二界的"特别之一物"，那便成了形而上学的概念了。"理"的本义是剖析，"物之可分析而粲然有系统者皆谓之理"。但是，朱熹却把"理"形而上学化，说"理即太极"，并以为"天理"可以体认、"自证"等等，其实不过是培根所谓种族的偶像、康德所谓先天的幻相罢了。这种幻相"不存于直观之世界，而惟寄生于广莫暗昧之概念中"[2]，是求真理者必须加以深察明辨的。

以上所说，大体可看作是戴震对程朱理学的批评的继续。戴震批评理学家不在具体事物上求"分理"、"条理"，"而转其语曰'理无不在'，以与气分本末，视之如一物然，岂理也哉？"[3]王国维

---

[1] 王国维：《释理》，《王国维全集》第1卷，第27—28页。
[2] 王国维：《释理》，《王国维全集》第1卷，第28页。
[3] 戴震：《绪言》卷上，《戴震集》，上海古籍出版社2009年版，第355页。

也批评程朱的根本谬误在于把"理"视为"别若一物",不过他从认识论的角度作了比戴震更为细密的分析。同时,也应指出,他与戴震还有重要不同之处:他以为"理性之作用,但关于真伪,而不关于善恶"①,所以理之概念也不应有伦理学上的意义;而戴震则和朱熹一样,把真与善"尽归诸理之属性"。朱熹说:"有个天理,便有个人欲,盖缘这个天理须有个安顿处,才安顿得不恰好,便有人欲出来。"②戴震则说:"天理云者,言乎自然之分理也。自然之分理,以我之情絜人之情,而无不得其平是也。"③王国维说:

> 朱子所谓"安顿得好",与戴氏所谓"絜人之情而无不得其平"者,则其视理也,殆以"义"字、"正"字、"恕"字解之。于是理之一语,又有伦理学上之价值。其所异者,惟朱子以理为人所本有,而安顿之不恰好者,则谓之欲;戴氏以欲为人所本有,而安顿之使无爽失者理也。④

王国维严格区分了真与善、理性与德性、行为之理由(动机)与行为之标准(善恶),以为"理性者,推理之能力也。为善由理性,为恶亦由理性"⑤,所以"毫无关于伦理上之价值"⑥。这样严格划分认识论与伦理学的界限,当然会带来新的问题和局限性。不过,

---

① 王国维:《释理》,《王国维全集》第 1 卷,第 30 页。
② 朱熹:《朱子语类》卷十三,朱杰人等主编:《朱子全书》第 14 册,上海古籍出版社、安徽教育出版社 2010 年版,第 388 页。
③ 戴震:《孟子字义疏证》,《戴震集》,第 266 页。
④ 王国维:《释理》,《王国维全集》第 1 卷,第 30 页。
⑤ 王国维:《释理》,《王国维全集》第 1 卷,第 33 页。
⑥ 同上注。

在中国哲学近代化的过程中，对传统哲学的重要范畴"理"作细致的分析，确定其认识论的意义（理由、理性），指明其掺杂有形而上学的意义和伦理学的意义，于是使这一范畴的内涵比较清晰了，这无疑是一个进步。

而这也正是严复所倡导的工作。王国维同严复一样，很重视逻辑。他曾翻译耶方斯的《辨学》。他以为中国人过去不重视逻辑与文法，正说明西方科学所擅长的"抽象与分类二者"，是中国人所缺乏的，而也足见"我国学术尚未达自觉（Selfconsciousness）之地位也"①。怎样才能达到自觉？他以为关键在于发展抽象思维能力。他说：

> 夫抽象之过，往往泥于名而远于实，此欧洲中世学术一大弊，而今世之学者犹或不免焉。乏抽象之力者，则用其实而不知其名，其实亦遂漠然无所依，而不能为吾人研究之对象。何则？在自然之世界中，名生于实；而在吾人概念之世界中，实反依名而存故也。事物之无名者，实不便于吾人之思索。②

在他看来，就自然过程来说，名生于实；而就概念领域来说，实被抽象为概念的内容，取得语言的外壳，则是"实依名而存"。所以既不能"泥于名而远于实"，也不能"用其实而不知其名"。中国人的缺点在于缺乏抽象力，所以很需要哲学家结合实证知识来对

---

① 王国维：《论新学语之输入》，《王国维全集》第1卷，第127页。
② 同上注。

"名"即"概念之世界"进行加工,包括对传统的概念进行分析、琢磨,正确地引进新学语,创造出新概念等。王国维对传统哲学范畴理、性、命等的考察,就是他用实证精神对"概念世界"进行反思(加工、琢磨)的工作的一部分。

王国维的治学方法则可以说是自觉地贯彻了他对名实关系的哲学观点:既肯定"名生于实",要求从事实材料出发,又强调抽象的重要,要求从哲学的高度来考虑问题。他继承清代朴学的传统,也汲取了西方实证科学的精神,他的哲学思辨能力帮助了他,使他的治学方法超越前人而有以下几个特点:

第一,与前人不同,他治学很善于运用比较法,熔古今中西于一炉。陈寅恪①在《王静安先生遗书·序》中讲到,王国维治学的方法可概括为三条,这主要是从比较法说的。一是"取地下之实物与纸上之遗文互相释证"。二是"取异族之故书与吾国之旧籍互相补正"。三是"取外来之观念与固有之材料互相参证"。② 王国维研究甲骨文、上古史,是拿地下实物与文字记载互相释证;他研究边疆地理、辽金元史,是拿中外古籍进行互相补正;他写《红楼梦评论》、《宋元戏曲考》、《人间词话》这些著作,则是把西方传来的观念同中国传统的思想资料进行参证。他和梁启超一样,比起前人来,眼界确实要宽广得多,他能看到地下实物、外国典籍,能够拿

---

① 陈寅恪(1890—1969),江西修水人,中国现代最负盛名的集诗人、历史学家、古典文学研究家、语言学家于一身的百年难见的人物。曾任清华大学、西南联大、岭南大学教授。解放后任中山大学教授、中央文史馆副馆长。对魏晋南北朝史、隋唐史、蒙古史、以及梵文、突厥文、西夏文等古文字和佛教经典,均有精湛研究。2009 年 9 月由三联书店出版《陈寅恪集》,共 14 册,收入了现在所能找到的作者全部著述。
② 陈寅恪:《海宁静安先生遗书序》,见《王国维全集》第 20 卷,第 212—213 页。

外国人的思想观点，同中国固有的思想资料进行比较研究。

　　第二，他有比较自觉的历史主义态度。历史主义可以上溯到浙东史学。不过章学诚讲"道不离器"、"时异而理势亦殊"，他所谓"道"、"理"是比较笼统的一般。王国维已受了历史进化论和实证科学的洗礼，他说研究历史在"求事物变迁之迹而明其因果"①，这就是要求比较具体地揭示历史事物的演化规律。在他看来，历史上的一切学说，一切制度、风俗，皆有其所以存在与变化的理由，"即今日所视为不真之学说、不是之制度风俗，必有所以成立之由与其所以适于一时之故。其因存于邃古而其果及于方来"②。虽然王国维有唯意志论倾向，但他以为在经验世界中，自由"不过一空虚之概念"。他说："一切行为必有外界及内界之原因。此原因不存于现在，必存于过去；不存于意识，必存于无意识。而此种原因，又必有其原因，而吾人对此等原因，但为其所决定，而不能加以选择。"③所以，在现象世界、历史的领域，他是个决定论者。怎样来把握历史的因果律？他说：

　　　　欲知古人，必先论其世；欲知后代，必先求诸古；欲知一国之文学，非知其国古今之情状学术不可也。④

就是说，对历史人物和事件，一要研究其社会背景，二要追溯其历

---

① 王国维：《国学丛刊序》，《王国维全集》第 14 卷，第 129 页。
② 王国维：《国学丛刊序》，《王国维全集》第 1 卷，第 130 页。
③ 王国维：《原命》，《王国维全集》第 14 卷，第 62 页。
④ 王国维：《译本琵琶记序》，《王国维全集》第 14 卷，第 133 页。

史渊源;要了解一国之文学,非了解其社会情状与文化学术的古今沿革不可。王国维对历史遵循因果律抱有比较坚定的态度,不像梁启超那么动摇。他的一些名著,如《殷周制度论》、《宋元戏曲考》等都能以丰富的资料作根据,"究其渊源,明其变化之迹",具体探索了历史现象的演化规律,取得了创造性的贡献。当然,他的历史主义也有其局限性,如把周初的政治制度和典礼的变革,归之"皆为道德而设",把元代杂剧发达的原因,归之"元初之废科目"等,这说明他不懂得唯物史观,不可能揭示出历史演变的根本原因。

第三,他强调要从个别与一般的统一来把握事物。他说:

> 无下之事物,非由全不足以知曲,非致曲不足以知全。虽一物之解释,一事之决断,非深知宇宙、人生之真相者不能为也。而欲知宇宙、人生者,虽宇宙中之一现象、历史上之一事实,亦未始无所贡献。[①]

就是说,要从曲和全,即从个别与一般、部分与整体的统一来把握事物。一方面,要深知宇宙人生真相,就要有哲学思想来作指导;另一方面,他认为宇宙间任何一个现象、任何一个历史事件,不分大小、近远,统统都要力求把握其真实。一方面把握全,一方面把握曲,归纳与演绎相结合,并作系统的历史的考察,才有可能把握所考察对象的"所以存在之由与其变迁之故"。这种治学方法,正

---

① 王国维:《国学丛刊序》,《王国维全集》第 14 卷,第 132 页。

如王国华①所说，"虽有类于乾嘉诸老，而实非乾嘉诸老所能范围。其疑古也，不仅抉其理之所难符，而必寻其伪之所自出；其创新也，不仅罗其证之所应有，而必通其类例之所在，此有得于西欧学术精湛绵密之助也"②。就是说，不论是疑古还是创新，一方面尽可能把握丰富的史料，考证其真伪；另一方面要通其类，考察其是否与一般原理相符合。他这样自觉地运用个别与一般、归纳与演绎相结合的方法，显然已吸取了西方实证科学的精神，超过了乾嘉学派。

不过，所谓把握全，由全以知曲，归根结柢是要把握揭示宇宙人生的真相的哲学。从这方面说，他的方法论有其局限性。因为他不懂得唯物史观。他受康德哲学的影响，以为因果律是主观的，断言"理之为物，但有主观的意义而无客观的意义"③。他以为，不论是作为知识的普遍形式（范畴）的理由，还是作为构造概念的知力的理性，都是主观的。这种先验主义观点削弱了他的方法论的科学性。

但王国维能从哲学的高度来讲治学方法，用实证精神来分析传统哲学概念，正说明他在某种意义上已把"可爱"的"纯粹哲学"与"可信"的实证知识统一起来了。他把他认为可爱的"纯粹之美学"与对中国传统的诗词戏曲的研究结合起来，提出了美学上"境界"说，这是一个更为重要的贡献。

---

① 王国华，字哲安。王国维之弟。
② 王国华：《海宁王静安先生遗书序》，见《王国维全集》第20卷，第216页。
③ 王国维：《释理》，《王国维全集》第1卷，第29页。

四、美学上的境界说

王国维写了《人间词话》、《宋元戏曲考》等一系列著作。他从康德、叔本华那里吸取了一些美学观念,将外来观念与中国传统美学思想结合起来,提出了一些创造性的见解。

但是,我们首先要看到,他所爱的"纯粹之美学"是形式主义的美学。他同康德、叔本华一样,以为美和美感是超功利的。他说:"美之为物,不与吾人之利害相关系;而吾人观美时,亦不知有一己之利害。"[①]审美之对象"非特别之物,而此物之种类之形式"[②];而审美之主体又"非特别之我,而纯粹无欲之我也"[③]。所以他说:

> 美术之为物,欲者不观,观者不欲。[④]

他以为,在美感经验中,物和我、主和客的对立都消泯了。人在欣赏自然美和艺术美时,根本不考虑它的实质、内容对人是否有利,而只是直观其"形式",而直观的我,就是"纯粹无欲之我"。(比如说,我们观赏徐悲鸿画的马,不会考虑是否骑上去奔驰;面对齐白石画的虾,不会去考虑它好不好吃。)他不止一次地强调:"文学者,游戏的事业也。"这是德国诗人席勒的说法。[⑤] 这种西方形式

---

① 王国维:《叔本华之哲学及其教育学说》,《王国维全集》第 1 卷,第 39 页。
② 同上注。
③ 同上注。
④ 王国维:《红楼梦评论》,《王国维全集》第 1 卷,第 57 页。
⑤ 席勒在《审美教育书简》第 15 封信中提出:美是游戏冲动的对象。他说:"游戏冲动的对象可以叫做活的形象,这个概念指现象的一切审美的品质,总之,指最广义的美。""只有对于愉快的、善和完好的东西,人才是最严肃的,但是对于美,他却和它游戏。"

主义的美学理论，揭示了在审美活动中的形象直观的特征，把美感和快感区别开来，有其合理之处。但是，它夸大了这种特征和区别，认为美感和快感、功利是绝对对立的，把美和善、美和真完全割裂开来，这就产生了片面性。

王国维根据博克[①]和康德的学说，分别优美和壮美（美和崇高）。他说：

> 一切之美，皆形式之美也。就美之自身言之，则一切优美皆存在于形式之对称变化及调和。[②]

而壮美的对象，康德认为是无形式的，王国维则认为，无形式也是一种形式，"无形式之形式能唤起宏壮之情，故谓之形式之一种，无不可也"[③]。王国维又以为，一切形式之美（不论优美还是壮美）又必须以形式来表现，于是艺术有"第二形式之美"即"雅"。他说，"古雅"是"形式之美之形式之美也"[④]。这些都说明他的美学理论有形式主义的倾向。

王国维在美学上的真正贡献在于，他是第一个沟通了西方艺术典型学说与中国传统的艺术意境理论的人。王国维说：

---

① 博克(E. Burke, 1729—1797)，英国 18 世纪著名政治家和政论家。在哲学家上，他主要继承了英国经验主义的传统。他的美学著作《论崇高与美》，以经验的事实作为出发点。
② 王国维：《古雅之在美学上之位置》，《王国维全集》第 14 卷，第 107 页。
③ 同上注。
④ 王国维：《古雅之在美学上之位置》，《王国维全集》第 14 卷，第 108 页。

> 美术之所写者,非个人之性质,而人类全体之性质也。惟美术之特质,贵具体而不贵抽象。于是举人类全体之性质,置诸个人之名字之下。……善于观物者能就个人之事实,而发见人类全体之性质。[①]

艺术形象虽描写个体,但不限于个人的性质,而是要通过个性来揭示人类全体之性质。艺术把一般性置于具体形象之中,所以人们在欣赏艺术时,可以从个别中看到一般。运用艺术手段从个别来揭示一般,通过具体的个性来揭示人类的普遍性质,这就是塑造典型。西方人很早就提出了艺术上的典型理论,但多半是就造型艺术和戏剧、史诗等叙事作品说的。而中国美学传统却是长期注重于讲意境理论,那主要是关于抒情艺术的理论,首先是就音乐、诗歌说的。王国维讲"境界",开始把典型学说和意境理论结合起来了。他说:

> 夫境界之呈于吾心而见于外物者,皆须臾之物,惟诗人能以此须臾之物,镌诸不朽之文字,使读者自得之,遂觉诗人之言,字字为我心中所欲言,而又非我之所能自言,此大诗人之秘妙也。[②]

就是说,诗人在"须臾之物"中揭示出人人所欲言的共同的东西、普遍的性质,创造出诗的境界。一般人都有悲欢离合、羁旅行役

---

① 王国维:《红楼梦评论》,《王国维全集》第 1 卷,第 76 页。
② 王国维:《清真先生遗事》,《王国维全集》第 2 卷,第 424 页。

之感，但只有"感"而不能"写"；诗人则能抓住呈于心而见于物的"须臾之物"，从个别中发现一般，在有限中抓住无限，在短暂中揭示出不朽。这就是创作的秘密。

王国维还认为境界是理想与现实的统一。他说：

> 有造境，有写境，此理想与写实二派之所由分。然二者颇难分别。因大诗人所造之境必合乎自然，所写之境亦必邻于理想故也。[1]

他认为，自然界事物是互相关联互相限制的，故不能有完全之美。而艺术家描写现实，把它表现于美术、文学，就把自然事物间的关系、限制之处遗落了，作了艺术的概括，这样，写实也就表现了理想，"故虽写实家，亦理想家也"。但不管怎么理想化，不论如何虚构，其材料必皆来源于现实，艺术构思也决不能违背自然原则，"故虽理想家，亦写实家也"。[2]《人间词话》比较好地论述了艺术中的理想主义和现实主义的统一。艺术意境的材料是现实的，艺术家必须忠实于现实，但是艺术的意境又是理想的体现，不是照抄自然之物，所以他说艺术家既"有重视外物之意"，又"有轻视外物之意"。重视外物，所以能与花鸟共忧乐，对一草一木亦有真实之意；轻视外物，故能奴仆风月，借以体现人的理想。艺术意境是体现了理想的真实的情景，是现实和理想的统一。

那么，如何体现理想？王国维认为，如果对体现理想的那个

---

[1] 王国维：《人间词话》，《王国维全集》第 1 卷，第 461 页。
[2] 王国维：《人间词话》，《王国维全集》第 1 卷，第 462 页。

"须臾之物"作分析,便可以看出:

> 文学中有二原质焉,曰景,曰情。前者以描写自然及人
> 生之事实为主,后者则吾人对此种事实之精神的态度也。故
> 前者客观的,后者主观的也;前者知识的,后者感情的也。[1]

文学艺术有两个元素:一个是形象,一个是感情。艺术是在情景
交融中来体现审美理想的,所以理想不是用抽象议论来说明,而
是表现于情感;不是单纯地记述事实,而是要诉诸艺术想象,要像
屈原那样把"北方人之感情与南方人之想像合而为一"[2]。

王国维又在《宋元戏曲考》中写道:

> 古今之大文学,无不以自然胜,而莫著于元曲。盖元剧
> 之作者……但摹写其胸中之感想与时代之情状,而真挚之理
> 与秀杰之气时流露于其间。[3]

这里的所谓"理"即指艺术理想,所谓"气",即指理想在作品中表
现为气韵生动,而这生动的理想,正是通过摹写主观的感想和客
观的情状而自然地流露于其间的。所以,艺术意境的标准,"一
言以蔽之曰,自然而已矣"[4],这也就是他不止一次说的:"其言情

---

① 王国维:《文学小言》,《王国维全集》第 14 卷,第 93 页。
② 王国维:《屈子文学之精神》,《王国维全集》第 14 卷,第 100 页。
③ 王国维:《宋元戏曲考》,《王国维全集》第 3 卷,第 113 页。
④ 同上注。

也必沁人心脾，其写景也必豁人耳目。其辞脱口而出，无矫揉妆束之态。以其所见者真，所知者深也。"①他这话讲的是语言艺术。其他艺术也一样，都要求熟练地、毫无做作地运用艺术手段来表达真挚的感情和生动的形象，在情景交融中自然而然地体现出艺术的理想。六朝人已经提出"自然"原则。王国维称之为"不隔"。写景写情都有"隔"与"不隔"的区别。"如雾里看花，终隔一层"，就不是好的作品。"语语都在目前"，就是好的作品。"池塘生春草"、"空梁落燕泥"等句，"妙处唯在不隔"。②

艺术意境理论是前人已经长期探讨了的理论。但王国维认为他的境界说比之前人来，是更深入地揭示了本质。他说：

> 沧浪所谓"兴趣"，阮亭所谓"神韵"，犹不过道其面目，不若鄙人拈出"境界"二字，为探其本也。③
>
> 言气质，言神韵，不如言境界。境界，本也。气质、格律、神韵，末也。有境界而三随之矣。④

王国维所谓"探本"是指什么？就是他从理想和现实的统一，个别与一般的结合来说明意境的本质。于是，他比前人更明确地指出艺术意境是用想象因素和感情因素的统一来揭示理想，并且借助

---

① 王国维：《人间词话》，《王国维全集》第 1 卷，第 477 页。
② 王国维：《人间词话》，《王国维全集》第 1 卷，第 472 页。
③ 王国维：《人间词话》，《王国维全集》第 1 卷，第 463 页。
④ 王国维：《人间词话手稿》，《王国维全集》第 1 卷，第 501 页。

一定的手段(比如语言)把它表达出来,要求合乎自然的原则。这样,他就把传统的意境理论提高到一个新的水平,给人以耳目一新之感。

意境理论首先是关于抒情艺术的理论。王国维起初认为中国叙事作品和戏剧不及西方人。后来他研究了戏曲,写了《宋元戏曲考》,提出了一个很好的见解,说:"元剧最佳之处,不在其思想结构,而在其文章。其文章之妙,亦一言以蔽之,曰有意境而已矣。"①通常认为戏剧是写典型性格及其矛盾冲突的,性格随矛盾发展而展现,矛盾解决了,戏剧才完成,所以要注意全剧的思想结构。王国维说元剧的最佳处在于有意境,这就把中国戏曲的一个重要特点,即抒情的特色,揭示了出来。

总之,王国维运用西方的典型化学说来解释诗词的意境,使传统的意境理论近代化了。这可以说是中国近代美学的真正开端。但也应指出,他有形式主义、脱离现实的倾向。他片面地强调了严羽②、王士祯③等为艺术而艺术的传统,以致使后人产生一种错觉,以为一讲意境、境界,便是司空图④、严羽那一套。所以,王国维的美学理论也有其消极影响。

---

① 王国维:《宋元戏曲考》,《王国维全集》第 3 卷,第 114 页。
② 严羽(生卒年不详),字仪卿,邵武(今福建邵武)人,南宋有名的文学评论家。与严仁、严参齐名,时称"三严"。严羽著有《沧浪诗话》,分为"诗辨"、"诗体"、"诗法"、"诗评"、"诗证"五部分。他在"诗辨"中提出三点:妙悟说,崇古说,兴趣说。
③ 王士祯(1634—1711),字子贞,一字贻上,号阮亭,晚年又号渔洋山人。山东新城人。清初著名的诗人。他接受严羽论诗的影响,创"神韵"说。
④ 司空图(837—908),字表圣,河中虞乡(今山西永济)人。晚唐诗人、诗论家。主张诗不只要有韵味,还要有"韵外之致,味外之旨","象外之象,景外之景"。他在《诗品二十四则》里,把诗歌分为"雄浑"、"沉着"、"绮丽"等 24 类。

第七节　孙中山的进化理论与知行学说

孙中山是中国民主革命的伟大先行者，向西方寻求真理的杰出代表。他的充满革命乐观主义精神的进化理论，代表了中国近代哲学革命第一阶段的积极成果。

孙中山（1866—1925），本名文，字逸仙，别号中山樵，出生在广东香山县（今中山县）翠亨村的一个农民家庭。青少年时代在檀香山、香港等地读书，接受了西方资本主义思想文化的教育。他曾在 1894 年上书李鸿章，希望他实行"仿行西法"的资本主义改革。甲午战争宣告了洋务运动的破产，在事实面前孙中山放弃了原来的幻想，开始了推翻清朝统治的革命活动。从此以后，他始终站在时代的前面，指导革命。他屡遭挫折，但愈挫愈奋，坚定不移地为中华民族的解放事业奋斗了 40 年，鞠躬尽瘁，死而后已。他的著作被编为《中山全书》、《总理全集》多种。1956 年人民出版社曾出版了《孙中山选集》，并于 1981 年起出版《孙中山全集》①。

一、鲜明的革命民主主义立场

孙中山以鲜明的革命民主主义的立场，回答了"中国向何处

---

① 《孙中山全集》由中华书局于 1981 年开始陆续出版，全书共十一册，收录范围包括（1）孙中山执笔的各种著作，他人执笔经他同意署名的诗文函电，由他签发的公文、命令、委任状、各种证券和收据，以及一部分题词等；（2）收录孙中山所写的意思完整的批语；（3）孙中山翻译的作品，附载于译序之后。

去"的问题。这就是：通过革命的手段，推翻封建专制，建立资产阶级的民主共和国。他在 1905 年成立同盟会时，已经比较完整地提出了这样的思想。同盟会以"驱除鞑虏，恢复中华，建立民国，平均地权"四条为宗旨，民族、民权、民生主义在这里已具体而微。他写道：

> 我等今日与前代殊，于驱除鞑虏、恢复中华之外，国体民生，尚当与民变革。虽纬经万端，要其一贯之精神，则为自由、平等、博爱。故前代为英雄革命，今日为国民革命。[①]

孙中山以为国民革命之不同于历史上的英雄革命、农民起义，就在于它的目标不是改朝换代，而是要贯彻自由、平等、博爱之精神；在革命胜利后，将建立民主国家，"敢有帝制自为者，天下共击之"！并将"改良社会经济组织"，"敢有垄断以制国民之生命者，与众弃之"！[②] 孙中山领导了革命派对改良派的论战，并领导了多次反对清朝统治的武装起义，终于取得了辛亥革命推翻二千余年的封建帝制的胜利。在辛亥革命前后，他一直是中国革命民主派的旗帜。到新民主主义时期，他又把他的革命民主主义进一步发展，把旧三民主义发展为新三民主义。

　　在古今中西之争问题上，孙中山的特点在于他善于从世界潮流的趋势来看中国的发展前途。

　　一方面，他强调指出，中国的封建专制制度给中国造成了极

---

① 孙中山：《中国同盟会革命方略》，《孙中山全集》第 1 卷，中华书局 2011 年版，第 296 页。
② 孙中山：《中国同盟会革命方略》，《孙中山全集》第 1 卷，第 297 页。

大的祸害，他说："不幸中国之政，习尚专制，士人当束发受书后，所诵习者不外于四书五经及其笺注之文字。"①在封建专制统治下，人们只知背四书五经，养成了严重的盲从之性，使得"国民对于现行法律典章，惟有兢兢遵守而已"②。同时，封建专制统治还养成了安于闭关自守的心理。他指出："盖中国之孤立自大，由来已久，而向未知国际互助之益，故不能取人之长，以补己之短。"③他说中国过去就像孤人处于荒岛，自耕而食，自织而衣；现在这个荒岛"成为世界航路之中枢，海客接踵而至"，可是旧势力尚未打破，中国人"尚不能利用外资、利用外才以图中国之富强也"④。他非常坚决地要打破中国这种闭关自守的局面，推翻封建制度，让中国同世界上其他国家"相资为用，互助以成"，以便使中国迅速富强起来。

另一方面，孙中山又有高度的民族自豪感，他说："如果中国人能够自主，他们即会证明是世界上最爱好和平的民族"⑤；"一旦我们革新中国的伟大目标得以完成，不但在我们的美丽的国家将会出现新纪元的曙光，整个人类也将得以共享更为光明的前景"。⑥ 他认为中国革命会影响到全人类，世界的普遍和平与共同繁荣，将会随着中国革命的胜利而实现。他坚信中国人可以超过西方人，中国革命的胜利，将会使中国人对全世界作出空前未有

① 孙中山：《伦敦被难记》，《孙中山全集》第1卷，第51页。
② 孙中山：《伦敦被难记》，《孙中山全集》第1卷，第51—52页。
③ 孙中山：《建国方略》，《孙中山全集》第6卷，第224页。
④ 同上注。
⑤ 孙中山：《中国问题的真解决》，《孙中山全集》第1卷，第253页。
⑥ 孙中山：《中国问题的真解决》，《孙中山全集》第1卷，第255页。

的贡献。孙中山能立足于中国现实,放眼世界,瞻望未来。

孙中山以阔大的胸怀来看中国的问题,他在古今中西之争中的进步观点,随着中国人民革命斗争的步伐而得到了进一步的发展,这反映在他的三大政策和《遗嘱》之中。

二、进化论与"突驾"说

孙中山的革命民主主义的哲学基础,也是进化论。他对达尔文的学说评价很高,并表示赞同。他说:"自达文之书出后,则进化之学,一旦豁然开朗,大放光明,而世界思想为之一变,从此各种学术皆依归于进化矣。"[1]孙中山根据当时的科学理论,把宇宙进化分成三个时期:"其一为物质进化之时期,其二为物种进化之时期,其三则为人类进化之时期。"[2]

其一,"元始之时,太极(此用以译西名伊太也)动而生电子,电子凝而成元素,元素合而成物质,物质聚而成地球,此世界进化之第一时期也。"[3]古代唯物主义者曾以"太极"为"元气凝合之称",孙中山用它来译"以太",认为一切元素与天地万物皆根源于以太的运动变化,并说这种运动变化达到一定阶段形成了地球。

其二,地球上有了生命现象,世界就进入了物种进化时期。"地球成后以至于今,按科学家据地层之变动而推算,已有二千万年矣。由生元之始生而至于成人,则为第二期之进化。物种由微

---

[1] 孙中山:《建国方略》,《孙中山全集》第 6 卷,第 195 页。
[2] 同上注。
[3] 同上注。

而显，由简而繁，本物竞天择之原则，经几许优胜劣败，生存淘汰，新陈代谢，千百万年，而人类乃成。"①孙中山把细胞译为生元，认为从单细胞之始生以至产生人类，物种进化的根本规律是物竞天择。他这种宇宙形成论和生物进化学说，基本上是自然科学的唯物主义观点。不过，他的"生元"说中也有一些不正确的观点。比如，他说，"生元之为物也，乃有知觉灵明者也"，并说孟子先验的"良知良能"是"生元之知、生元之能"②，则是不正确的。

其三，在谈到人类进化时期时，孙中山说："人类初出之时，亦与禽兽无异；再经几许万年之进化，而始长成人性。而人类之进化，于是乎起源。此期之进化原则，则与物种之进化原则不同：物种以竞争为原则，人类则以互助为原则。"③他以为人类的进化先是逐渐摆脱"兽性"而形成"人性"的过程，人性既经形成，人类的进化便不能用物竞天择原则来解释了。"社会国家者，互助之体也；道德仁义者，互助之用也。人类顺此原则则昌，不顺此原则则亡。"④

孙中山这样讲人类历史的进化，当然没有超出唯心史观的范畴，不过我们要进行具体分析，注意以下几点。

首先，孙中山把人类历史分成人同兽争、人同天争、国同国争、国内相争等几个时期。（见《三民主义·民权主义》）他说，远古时，人同兽争，不是用权，是用气力；接着人同天争，讲神权，圣人以神

① 孙中山：《建国方略》，《孙中山全集》第6卷，第195页。
② 孙中山：《建国方略》，《孙中山全集》第6卷，第163页。
③ 孙中山：《建国方略》，《孙中山全集》第6卷，第195—196页。
④ 孙中山：《建国方略》，《孙中山全集》第6卷，第196页。

道设教来维持社会；人同人争，开始是国与国争，讲君权，国家有赖于圣君贤相的引导；然后是国内相争，即人民同君主相争，讲民权，因为人类的知识已很发达，再不需要君主统治了。这基本上是以"社会国家"来划分历史的一种实证论的观点，认为从神权到君权到民权就是社会进化的规律，当然还不是唯物史观的科学理论。重要的是，孙中山认为历史发展有其进化的规律，这个进化的规律，体现着世界潮流的趋势。他说：

> 世界潮流的趋势，好比长江、黄河的流水一样，水流的方向或者有许多曲折，向北流或向南流的，但是流到最后一定是向东的，无论是怎么样都阻止不住的。所以世界的潮流，由神权流到君权，由君权流到民权；现在流到了民权，便没有方法可以反抗。[①]

在这浩浩荡荡的世界潮流面前，清朝皇帝反抗不了，袁世凯、张勋也反抗不了。民主革命无论怎么暂时遭受挫折和失败，最终一定会成功。对浩浩荡荡的世界潮流，终究是顺之者昌，逆之者亡。孙中山对于人类的历史充满着一种乐观主义的态度。他认为人类历史进化的趋向是"大道之行也，天下为公"，大同社会最终必能实现。这说明他的历史进化论是积极进取的，生气勃勃的。

其次，这种世界潮流的趋势，是谁造成的呢？他在《民权主义》中谈到卢梭的《民约论》时指出："就历史进化论的道理说，民

---

① 孙中山：《三民主义》，《孙中山全集》第9卷，第267页。

权不是天生出来的，是时势和潮流所造就出来。"①所谓"天赋民权"，并不符合历史事实。但是为什么《民约论》那么受欢迎？起了那么大的作用呢？他说这是因为卢梭的学说"刚合当时人民的心理，所以当时的人民便欢迎他"。可见孙中山认为是人民的心理、人民的需要，造成了历史的趋势。他在《孙文学说》中写道：

> 一国之趋势，为万众之心理所造成，若其势已成，则断非一二因利乘便之人之智力所可转移也。夫华、拿二人之于美、法之革命，皆非原动者。②

有人区别华盛顿和拿破仑，认为华盛顿有仁让之风，开国之初有黄袍之拒，所以美国一经革命之后，国体便一成不变；而拿破仑野心勃勃，所以他起共和而终帝制，使得法国在革命后大乱相寻。这是把革命的发展归结于领导者个人品德的不同。孙中山不赞同这种说法，认为："华、拿之异趣，不关乎个人之贤否，而在其全国之习尚也。"③他们不是"原动者"，原动者是当时的万众之心。是全国人民的心理，全国人民的习尚，使得华盛顿和拿破仑取舍不同。这是一种时势造英雄的观点。这种看法有其合理成分。当然，孙中山也把群众看作是阿斗，这反映了他并不是真正有了人民群众创造历史的观念。但是可以这样说，他确实从亲身的经验中看到了人民的力量。所以他最后的遗嘱说，"必须唤起民

---

① 孙中山：《三民主义》，《孙中山全集》第 9 卷，第 264 页。
② 孙中山：《建国方略》，《孙中山全集》第 6 卷，第 207 页。
③ 同上注。

众"。

再次，根据上面这两点，即历史发展有其规律和群众心理造成历史趋势，孙中山进而强调人的能动作用，提出"突驾"说。他说：

> 夫事有顺乎天理，应乎人情，适乎世界之潮流，合乎人群之需要，而为先知先觉者所决志行之，则断无不成者也。[①]

革命者一方面遵循规律，适乎世界之潮流，另一方面根据人情，合乎人群之需要，把这两方面结合起来，"决志行之"，就可以凭人力促成革命维新，兴邦建国之大业，使历史实现跃进。

他认为，历史并不如改良派梁启超所说的那样，"断难躐等"，必须"拾级而上"，一定要经过君主立宪，然后才能共和。孙中山反对这种说法。他说："不可谓中国不能共和，如谓不能，是反夫进化之公理也，是不知文明之真价也。"[②]他认为学习西方，要"迎头赶上"，中国可以后来居上，来一个跃进，超越别国。这就是他所说的"突驾"。他举例说，如造火车，最初火车头是很粗劣的，后来经过革新改良。中国人现在修铁路，难道还要把以前那粗劣的火车头搬过来？中国当然应该学习西方最新最好的火车头，这叫迎头赶上。这样，中国人就可以超过别人。他认为中国人不仅可以"突驾"日本，而且可以超过英美。他说中国人有那么悠久的文化，而"近今十年思想之变化，有异常之速度"，这样发展下去，"十

---

① 孙中山：《建国方略》，《孙中山全集》第 6 卷，第 228 页。
② 孙中山：《在东京中国留学生欢迎大会的演说》，《孙中山全集》第 1 卷，第 283 页。

年、二十年之后不难举西人之文明而尽有之，即或胜之焉，亦非不可能之事也"。①

　　这种进化中包含突驾、跃进的观点，是同他强调人力胜天的思想联系在一起的。他认为人把握了自然规律，就能控制自然，如把握了电的规律，就可以利用、控制电；同样，人把握了历史的规律，就能够顺乎天理，应乎人情，促使历史实现跃进。这种人力胜天的观点，是革命家的思想。他不止一次地反对天命论，而且他把天命论同封建思想联系起来，说："占了帝王地位的人，每每假造天意做他们的保障，说他们所处的特殊地位是天所授与的，人民反对他们便是逆天。"②封建帝王胡说自己受天命，反对他就是反对天命；而革命就是要反对天命，革这种天命论。孙中山在反对神权和君权这两方面，旗帜很鲜明。

　　孙中山的历史进化论，以自然科学的唯物主义作为前提，强调历史进化规律的必然性，群众心理造成形势，人若能顺乎天理，应乎人情，就可以凭人力来促成革命的跃进。这个理论，比起前人来，确实是向真理前进了一步。但是，孙中山的进化论，还不是唯物史观。这表现在两方面：一方面他受克鲁泡特金"互助论"的影响，讲人类进化的原则是互助，不是物竞天择，用互助的原则反对阶级斗争学说。另一方面，他"归结到历史的重心是民生，不是物质"③，他以为正如太阳是宇宙的中心一样，民生是社会历史的中心，政治和经济都要归结到民生，归结到人类求生存的问题。

①　孙中山：《在东京中国留学生欢迎大会的演说》，《孙中山全集》第1卷，第282页。
②　孙中山：《三民主义》，《孙中山全集》第9卷，第285页。
③　孙中山：《三民主义》，《孙中山全集》第9卷，第365页。

这仍然是把人看作是人类学、生物学上的种,把人看作抽象的人。

三、"知难行易"学说

孙中山在认识论上主要也是探讨心物、知行问题。他提出了不同于前人的"知难行易"学说,称之为"孙文学说"。

关于心和物的关系问题,孙中山从"名实"、"形神"两个方面来阐明。他认为,"宇宙间的道理,都是先有事实然后才发生言论,并不是先有言论然后才发生事实"①。在"名实"之辩上,孙中山主张先有事实、后有名言的唯物主义观点。而从"形神"之辩来说,孙中山同中国古代的唯物主义者一样,也用"体用"的范畴来说明。他说:"总括宇宙现象,要不外物质与精神二者。精神虽为物质之对,然实相辅为用。……在中国学者,亦恒言有体有用。何为体? 即物质。何为用,即精神。譬如人之一身,五官百骸皆为体,属于物质;其能言语动作者,即为用,由人之精神为之。二者相辅,不可分离。"②用"体用不二"原理来阐明形神关系,基本上是范缜的观点。孙中山对中国传统哲学中形神关系、名实关系的讨论,作了唯物主义的回答。

孙中山从唯物主义观点出发来讲知行关系,肯定了行先于知。他认为中国古代文化的进步,专靠实行。他1922年1月《在桂林学界欢迎会的演说》中,举了好多例子。他说,燧人氏发明火,试问他如不去钻木头,如何知道取火? 神农氏发明医药,试问他如不去尝百草,怎么能知道药的性质? 后稷亲自教民稼穑,大

---

① 孙中山:《三民主义》,《孙中山全集》第9卷,第264页。
② 孙中山:《在桂林对滇赣粤军的演说》,《孙中山全集》第6卷,第12页。

禹亲自去疏九河，他们都是在实行中获得真知的。他说：

> 夫习练也，试验也，探索也，冒险也，之四事者，乃文明之动机也。生徒之习练也，即行其所不知以达其欲能也。科学家之试验也，即行其所不知以致其所知也。探索家之探索也，即行其所不知以求其发见也。伟大杰士之冒险也，即行其所不知以建其功业也。由是观之，行其所不知者，于人类则促进文明，于国家则图致富强也。①

这里说的习练、试验、探索、冒险等等，当然还不是马克思主义的社会实践观点，但是确实包含有社会实践观点的因素。他讲"行其所不知以致其所知"，也包含有认识依赖于实践的意思。他强调行先于知，知依赖于行，说："能实行便能知，到了能知，便能进步。"②他用这样的理论，批评了王阳明的知行合一说，反对了康、梁（当然也反对朱熹）的知先行后说。当时康有为、梁启超一派人错误地认为，中国要变法维新，首先要开民智，然后才能实行改革。孙中山认为，如果按维新派的观点，"中国之变法，必先求知而后行，而知永不能得，则行永无其期也"③。

孙中山不仅唯物主义地肯定知依赖于行，而且也揭示了知和行的辩证关系："行而后知"、"能知必能行"。一方面他认为人类文明发轫于不知而行，说：

---

① 孙中山：《建国方略》，《孙中山全集》第 6 卷，第 222—223 页。
② 孙中山：《在桂林学界欢迎会的演说》，《孙中山全集》第 6 卷，第 69 页。
③ 孙中山：《建国方略》，《孙中山全集》第 6 卷，第 198 页。

　　　且人类之进步，皆发轫于不知而行者也，此自然之理则，
而不以科学之发明为之变易者也。故人类之进化，以不知而
行者为必要之门径也。①

孙中山讲的"理则"，就是逻辑。按照认识的自然逻辑，行而后知，
行其所不知以致其所知，经验先于科学。另一方面，他又讲，人类
获得了科学认识以后，又可以按照科学的逻辑去获得新经验，求
得新知识。

　　　故天下事惟患于不能知耳，倘能由科学之理则以求得其
真知，则行之决无所难。②

就是说，根据科学认识的逻辑进行推演，求得真知，则能知必能
行。孙中山认为："夫科学者，统系之学也，条理之学也。凡真知
特识，必从科学而来也。舍科学而外之所谓知识者，多非真知识
也。"③科学是系统的规律性知识，不是零碎的事实记录。科学是
从事实的考察得来的系统理论。他在《民权主义》中讲大科学家
都考察万事万物，而不是专靠书本。"考察的方法有两种：一种是
用观察，即科学；一种是用判断，即哲学。人类进化的道理，都是
由此两学得来的。"④通过科学的观察获得事实材料，然后再加以

① 孙中山：《建国方略》，《孙中山全集》第 6 卷，第 222 页。
② 孙中山：《建国方略》，《孙中山全集》第 6 卷，第 203 页。
③ 孙中山：《建国方略》，《孙中山全集》第 6 卷，第 200 页。
④ 孙中山：《三民主义》，《孙中山全集》第 9 卷，第 257 页。

哲理分析，作出正确判断，这样来形成系统之学，就是科学。

孙中山也分析了科学理论指导行动的过程，他说：

> 当今科学昌明之世，凡造作事物者，必先求知而后乃敢从事于行。所以然者，盖欲免错误而防费时失事，以冀收事半功倍之效也。是故凡能从知识而构成意像，从意像而生出条理，本条理而筹备计划，按计划而用工夫，则无论其事物如何精妙、工程如何浩大，无不指日可以乐成者也。①

这里他指出了从科学理论到实践的一些环节。先要根据科学理论，并运用想象力，勾画出未来的蓝图，作为行动的奋斗目标，这就是"从知识而构成意像"。要实现这个蓝图，必须准备条件，经历若干步骤，这就是"从意像而生出条理"。而后更具体地订出实施的计划，按这个计划采取措施，努力使理想得到实现。

孙中山的知行理论，基本上是从唯物主义观点出发，肯定行先于知，又讲了知和行的辩证关系。所以，它所包含的基本观点是正确的。当然，孙中山的理论中有一些不正确的提法，如说"心也者，万事之本源也"②，未免夸大了心的力量。他没有科学的社会实践的观点，不能从人的社会性、人的历史发展来考察认识问题。这是马克思主义以前的哲学家共同的局限性。他讲"知难行易"，固然有他的历史理由，但是过分强调了知的艰巨性，他把人类认识史划分为"不知而行"、"行而后知"、"知而后行"三个阶段，

---

① 孙中山：《建国方略》，《孙中山全集》第6卷，第204页。
② 孙中山：《建国方略》，《孙中山全集》第6卷，第159页。

把人分成三类："先知先觉者为发明家,后知后觉者为宣传家,不知不觉者为实行家。"①这样,实际上又把知和行、经验和理论割裂开来了。

四、大同思想与"替众人服务"的人生观

以上述历史进化论和知行学说为基础,孙中山提出他的理想社会与理想人格的学说。

孙中山是个有崇高理想的革命家,他的主张往往被人视为"理想太高",是"理想空谈",而他则百折不挠地为理想而奋斗,并且始终相信,只要用革命学说来唤起民众,"其理想输灌于人心而化为常识,则其去实行也近"②。就是说,能知必能行,有志者事竟成,理想是能够实现的。

三民主义为中国的民主革命规定了一个理想目标。孙中山说:"我们革命的目的是为众生谋幸福,因不愿少数满洲人专制,故要民族革命;不愿君主一人专制,故要政治革命;不愿少数富人专利,故要社会革命。……达了这三样目的之后,我们中国当成为至完美的国家。"③又说:"革命党之誓约曰:'恢复中华,创立民国'。盖欲以此世界至大至优之民族,而造一世界至进步、至庄严、至富强、至安乐之国家,而为民所有、为民所治、为民所享者也。"④这是说,通过民族革命,政治革命和社会革命(他当时所谓

---

① 孙中山:《三民主义》,《孙中山全集》第 9 卷,第 298 页。
② 孙中山:《〈民报〉发刊词》,《孙中山全集》第 1 卷,第 289 页。
③ 孙中山:《在东京〈民报〉创刊周年庆祝大会的演说》,《孙中山全集》第 1 卷,第 329 页。
④ 孙中山:《建国方略》,《孙中山全集》第 6 卷,第 413 页。

社会革命，主要是指实行平均地权①），把专制主义的旧中国改造成为民有、民治和民享的国家，这就是革命的目的。但是不能停留在这一步，还需进而"使中国见重于国际社会，且将使世界渐趋于大同"②。

孙中山继洪秀全、康有为之后，改造和发展了大同思想。孙中山讲大同，先是以林肯所说的"民有、民治、民享"为主要内容，后来又强调它和共产主义的一致性。他说：

> 我们不能说共产主义与民主主义不同。我们三民主义的意思，就是民有、民治、民享。这个民有、民治、民享的意思，就是国家是人民所共有，政治是人民所共管，利益是人民所共享。照这样的说法，人民对于国家不只是共产，一切事权都是要共的。……就是孔子所希望之大同世界。③

> 孔子有言曰："大道之行也，天下为公。"如此，则人人不独亲其亲，人人不独子其子，是为大同世界。大同世界即所谓"天下为公"。要使老者有所养，壮者有所营，幼者有所教。孔子之理想世界，真能实现，然后不见可欲，则民不争，甲兵亦可以不用矣。今日惟俄国新创设之政府，颇与此相似，凡有老者、幼者、残疾者，皆由政府给养，故谓之劳农政府。其

---

① 孙中山在《民生主义与社会革命》(1912)一文中说："若能将平均地权做到，那么社会革命已成七八分了。"民生主义的平均地权学说，有中国古代土地公有学说（井田、均田等）的影响，吸取了美国亨利·乔治在《进步与贫困》一书中的"单一税"方案和英国约翰·穆勒的某些主张。
② 孙中山：《临时大总统宣言书》，《孙中山全集》第2卷，第2页。
③ 孙中山：《三民主义》，《孙中山全集》第9卷，第394页。

主义在打破贵族及资本家之专制。[①]

他把《礼运》中反映原始共产主义的大同观念，资产阶级主张民有、民治、民享的民主主义和无产阶级要求"打破贵族及资本家之专制"的社会主义三者混为一谈，并不科学。但是，孙中山的这些言论，反映了一个显而易见的事实：革命者的社会理想正在转变中。中国近代的革命思想家，总是以宽广的胸怀，把"中国向何处去"的问题同世界的前途联系起来，把中国革命的理想同人类到达大同的路联系起来。而随着革命形势的发展，思想家们所设计的方案，在保留大同理想的形式下改变着时代和阶级的内容。到了孙中山晚年，在他个人身上以及在整个革命队伍中，我们看到，社会理想将由民主主义向社会主义转变，已是大势所趋。

要实现社会理想，就需要有为理想而奋斗的高尚人格。孙中山以为，人类的天职就是"要令人群社会天天进步"，而要使社会天天进步，关键在于"造成顶好的人格。人类的人格既好，社会当然进步"[②]。那么，人格的好与坏，高尚与卑劣又是如何区分呢？他说：

> 人本来是兽，所以带有多少兽性，人性很少。我们要人类进步，是在造就高尚人格。要人类有高尚人格，就在减少兽性，增多人性。没有兽性，自然不至于作恶。完全是人性，

---

① 孙中山：《在桂林对滇赣粤军的演说》，《孙中山全集》第 6 卷，第 36 页。
② 孙中山：《在广州全国青年联合会的演说》，《孙中山全集》第 8 卷，第 315—316 页。

自然道德高尚。①

他以为人类的进化就是用人性克服兽性的过程，恶根源于兽性，善根源于人性，努力"减少兽性、增多人性"，以促使人的道德天天进步，人格就变得高尚了。而在他看来人性的原则是互助，兽性的原则是竞争。反对弱肉强食，反对一切奴役、压迫、侵略，发展人类的团结互助、友好合作，以求实现大同理想，这就是人格高尚者为之毕生奋斗的事业。

这里所说，当然是一种抽象的人性论，不过从己和群的关系来说，它包含有一种充满人道主义精神的人生观。在孙中山那里，人性与兽性的对立，亦即利人与利己的对立。他说：

> 我们可把人类两种思想来比对，便可以明白了。一种是利己，一种是利人。……人人当以服务为目的，而不以夺取为目的。②
>
> 古时极有聪明能干的人，多是用他们的聪明能力，去欺负无聪明能力的人。所以由此便造成专制和各种不平等的阶级。现在文明进化的人类，觉悟起来，发生一种新道德。这种新道德就是有聪明能力的人，应该要替众人来服务。这种替众人来服务的新道德，就是世界上道德的新潮流。③

---

① 孙中山：《在广州全国青年联合会的演说》，《孙中山全集》第 8 卷，第 316 页。
② 孙中山：《三民主义》，《孙中山全集》第 9 卷，第 298 页。
③ 孙中山：《在岭南大学黄花岗纪念会的演说》，《孙中山全集》第 10 卷，第 156 页。

以"利人"思想代替"利己"思想,"以服务为目的"的人生观代替"以夺取为目的"的人生观,也就是以互助原则代替竞争原则,以人性代替兽性。人生以服务为目的,对人便不再是欺侮、专制、掠夺,而是尊重人、平等待人、发挥个人的聪明能力来替众人服务。他以为这就是近代文明进化所带来的人类的"觉悟",是"世界上道德的新潮流"。他说:"天之生人虽有聪明才力之不平等,但人心则必欲使之平等,斯为道德上之最高目的。"①他所谓"使之平等"是指政治上平等,并使各人都有发挥聪明才力的机会。他以为在"实行革命,推翻专制,主张民权,以平人事之不平"②以后,政治地位平等了,人人便都可以也应当尽其所能为众人服务,虽然天生的聪明才力仍然不平等,"人之服务道德心发达,必可使之成为平等了。"③即人人各尽其能为社会服务,便实现道德上的最高目的了。

　　孙中山提倡"替众人服务"的人生观,某些提法虽未必精当,但从总体上说,顺从了当时的革命需要,因而有其重大的进步意义。他以为,树立了这种人生观,便能为革命事业英勇奋斗,像黄花岗七十二烈士那样,虽至牺牲生命,亦在所不惜。他说,人都不免一死,"均一死也,有泰山、鸿毛之别。若因革命而死,因改造新世界而死,则为死重于泰山"④。他还认为,人生观首先表现在"立志"上。从前的青年人读书,只想中举,点翰林,做大官。现在青

---

① 孙中山:《三民主义》,《孙中山全集》第 9 卷,第 298 页。
② 同上注。
③ 孙中山:《三民主义》,《孙中山全集》第 9 卷,第 299 页。
④ 孙中山:《在桂林对滇赣粤军的演说》,《孙中山全集》第 6 卷,第 35 页。

年人不可立志做大官，而要立志做大事。什么是大事？只要替众
人服务，谋国家富强，不论什么事业，把它"从头至尾，彻底做成
功，便是大事"[1]。把孙中山所说的"不可居心发财，想做大官；要
立志牺牲，想做大事"的人生理想，始终如一地贯彻于行为，以之
作为宗旨，在集体中"互相劝勉，彼此身体力行"，这样培养成的高
尚人格，根本不同于"学而优则仕"的封建官僚，也没有熙来攘往
的市侩气息。孙中山本人就是身体力行自己的理想而具有高尚
人格的革命家。

　　如果我们把中国近代哲学革命，理解为中国人民大众的革命
世界观由自在到自为的发展过程，那么，我们可以说，孙中山的革
命世界观，就是从洪秀全到中国共产党人的一个中间环节。孙中
山最后的遗嘱说，"深知欲达到此目的（即求中国之自由平等的目
的）必须唤起民众，及联合世界上以平等待我之民族，共同奋斗"。
就是说，要通过民众自觉的革命斗争来改造中国；并顺应世界潮
流，联合以平等待我之民族，共同奋斗。这个对"中国向何处去"
问题或"古今中西"之争所作的回答，其中所包含的革命世界观的
自觉性，比起太平天国来，已经大大地提高了。当然，孙中山还没
有达到历史唯物论，并没有共产主义者的自觉性。而且他实际上
来不及做哲学的总结。他首先要革命，他是为了革命去寻找哲学
武器，没有时间去对他的观点作深入的论证，作哲学的分析。客
观的形势不允许他停留下来作哲学的思考。他跟着时代的步伐，
进入了新民主主义革命阶段。

---

[1]　孙中山：《在广州岭南学生欢迎会的演说》，《孙中山全集》第 8 卷，第 535 页。

以上我们论述了中国近代哲学革命的第一阶段,即进化论阶段。这时期的进步思想家们虽有维新派与革命派之分,但从"古今中西"之争来说,都认为西学,即西方资产阶级民主主义可以救中国,他们的主要哲学武器是进化论,为了回答"中国向何处去"而突出地考察了历史观和认识论上的知行问题。

从历史观说,康有为改造公羊三世说,托古改制;严复倡导天演哲学,鼓励中国人自强保种,他们开始用历史进化论来代替历史变易观,有力地打击了形而上学的不变论和天命史观。梁启超进而论述历史是群之进化,但把它归结为社会心理的演变。章太炎则用工具的创造和使用来说明群的起源与进化,并论证了革命是进化的规律,但他讲俱分进化,陷入了虚无主义。孙中山的"适乎世界潮流,合乎人群需要"以促成革命跃进的进化论思想,则充满革命乐观主义精神,成了一代人的指导思想,培养了一代人的革命信念。虽然进化论不论是讲"竞争"还是讲"互助"都未能科学地揭示历史发展的动力,但是这些哲学家对历史进化论作了逐步深入和多方面的探索,提出了许多新的思想(群之进化、竞以器、进化包含跃进等),正预示着中国人即将跨进唯物史观的门槛。

从认识论说,康、谭、严都主张知先于行,但是彼此有区别:康有为的哲学包含有感性与理性的矛盾,而其基本倾向是先验论;谭嗣同有唯名论的倾向;而严复则是经验论者。梁启超高度颂扬精神的自由、理性的权威,导致主观唯心主义。王国维痛感哲学学说的"可爱"与"可信"的矛盾,但在某些问题上,他使思辨哲学与实证精神(理性与感性)统一起来了。章太炎提出"革命开民智"的命题，包含有社会实践观点的萌芽，他对知与行、感性与理性的关系作了比较多的探讨，但由于过分重视抽象概念作用而陷入康德主义，由于过分重视道德信念而导致唯意志论倾向。孙中山论知行关系，既讲行先于知，又讲知行的辩证关系，比之前人来又前进了一步。这些考察，虽然还没有达到科学的社会实践观点，还未能完整地揭示认识运动的辩证法，但是或者提出了新的思想（除心奴，革命开民智等）或者是在新的条件下发展了前人已有的合理见解（知与行、感性与理性的统一等），说明中国近代哲学正向着辩证唯物主义认识论迈进。

　　所以可以说，在中国，近代哲学的进化论阶段，为辩证唯物主义与历史唯物主义阶段作了准备。不过，只有无产阶级登上政治舞台，"古今中西"之争有了新的阶级内容和历史意义，唯物史观和辩证唯物主义才可能取得自觉形态。而作为一个时代的世界观的真正自觉，总是要通过百家争鸣才能实现，这是哲学发展的一般规律。因而马克思主义的传播，有待于五四新文化运动来开辟道路，是有其历史必然性的。

第三章
新旧思潮之激战和哲学革命开始进入唯物辩证法阶段

第一节 五四时期各种思想流派的自由争鸣

五四运动标志着中国无产阶级登上政治舞台,中国的民主革命由旧民主主义的阶段转变为新民主主义的阶段。中国近代哲学革命由进化论阶段转变为唯物辩证法阶段。

五四新文化运动的发生是有其历史背景的。

1911年的辛亥革命推翻了封建王朝,结束了二千多年的封建专制的统治,取得了伟大的胜利。但是,封建势力仍然很强大,又有帝国主义作后台,它们勾结起来一再掀起复辟帝制的逆流(最突出的就是袁世凯、张勋的复辟活动)。同政治上的复辟相联系,在意识形态领域内则掀起了尊孔复古的反动思潮,康有为鼓吹"孔教",是尊孔派的代表人物。

1914年,爆发了第一次世界大战。大战期间,帝国主义列强忙于战争,暂时放松了对中国的经济侵略,因而中国的民族资本有了比较快的发展。世界大战的发生也使整个世界的革命形势得到了发展。中国工人阶级的力量也壮大起来了,罢工斗争不断发生，并且开始越出了经济斗争的范围。这时，以陈独秀、李大钊等为代表的一些激进的革命民主主义者敏锐地感到：要在中国建立一个名副其实的民主共和国，首先就要在意识形态领域展开一个反对旧思想、批判旧道德的思想启蒙运动，击退尊孔复古的反动思潮。1915 年 9 月由陈独秀主编的《青年》杂志在上海创刊（后来改为《新青年》，编辑部搬到北京）。陈独秀等高举"德先生"和"赛先生"的旗帜，即民主和科学两面旗帜，提出"打倒孔家店"的口号，掀起了反封建的思想启蒙运动，气势磅礴的新文化运动揭开了序幕。

新文化运动的主将陈独秀、李大钊、鲁迅、胡适、钱玄同、刘半农、吴虞[1]等对尊孔思潮和封建礼教发动了空前猛烈的急风暴雨式的抨击，并大力倡导"文学革命"和提倡白话文，获得了广大知识青年的热烈拥护。这使得林纾、辜鸿铭、刘师培、黄侃等复古派文人学士大为不满，公开站出来反对。于是展开了李大钊所说的"新旧思潮之激战"，它是原来的"中学"与"西学"之争的发展，但显得更为波澜壮阔了。林纾用小说对陈独秀、胡适、钱玄同、蔡元培[2]

[1] 吴虞（1872—1949），原名姬传、永宽，字又陵，亦署幼陵，号黎明老人。四川新繁（今新都区）龙桥乡人。早年留学日本，归国后参加南社，任四川《醒群报》主笔，鼓吹新学。1921年去北京，任教于北京大学。五四运动时期，在《新青年》上发表《家族制度为专制主义之根据论》、《说孝》等文，猛烈抨击旧礼教和儒家学说，影响较大。胡适称他为"中国思想界的清道夫"，"四川只手打到孔家店的老英雄"。著作有《吴虞文录》、《吴虞文续路别录》等，2013 年由中华书局出版《吴虞集》，是目前收录最为完备的文本。
[2] 蔡元培（1868—1940），字鹤卿，又字仲申、民友、孑民，乳名阿培，并曾化名蔡振、周子余，浙江绍兴山阴县（今绍兴）人，原籍浙江诸暨。革命家、教育家、政治家。曾参加创立光复会，后加入同盟会，宣传民主革命思想。1916 年任北京大学校长，使北大成为新文化运动的中心。1931 年与宋庆龄、鲁迅等组织民权保障同盟。思想上深受康德、尼采哲学的影响。著作今编为《蔡元培全集》，1998 年由浙江教育出版社出版。

等进行恶毒攻击。他还在给蔡元培的公开信中，加给北京大学两条罪名：一曰"覆孔孟，铲伦常"；二曰"尽废古书，行用土语为文字。"蔡元培回信逐一加以辩驳，并说他主持北京大学，是"循'思想自由'原则，取兼容并包主义"。"无论有何种学派，苟其言之成理，持之有故，尚不达自然淘汰之命运者，虽彼此相反，而悉听其自由发展"①。蔡元培的这种坚持学术自由、鼓励百家争鸣的主张，有力地推进了新文化运动的发展。

新文化运动激化了古今中西之争，加速了中国哲学近代化的步伐。"打倒孔家店"的口号虽被某些人视为过分激烈了，但在当时是完全必要的。李大钊已作了解释：孔子早被历代权势者奉为"偶像权威"，儒学早成为"专制政治之灵魂"，所以反封建便必须批判儒学，批判那作为纲常名教的理论根据的天命论和经学独断论。至于科学和民主两面旗帜，当然包括多方面的意义，但就哲学的近代化来说，就是要求在思维方式上用科学方法取代经学方法，在价值观念上用近代的自由原则取代封建的权威主义。所以，新文化运动使中国哲学在近代化进程中的批判对象和战斗任务更加明确起来了。

1917 年，俄国十月社会主义革命胜利了。十月革命给中国以非常深刻的影响，它促使中国人重新考虑自己国家的问题。青年人对此特别敏感。1919 年 5 月 4 日，北京青年发动了一个反对帝国主义的爱国民主运动，这一运动也是名副其实的文化革命运动。

---

① 蔡元培：《致〈公言报〉函并附答林琴南君函》，《蔡元培全集》第 10 卷，浙江教育出版社 1996 年版，第 377 页。

正是在这样的历史条件下，世界形势和中国现实的变化使中国人民有了新的觉醒，中国的先进分子找到了马克思列宁主义这一武器，运用它来作为观察自己国家命运的工具。随着工人运动的发展，新文化运动发展成以马克思主义为主导的思想运动。于是中国近代哲学革命开始进入了一个新的阶段，即辩证唯物主义哲学的发展阶段。

"五四"以后，马克思主义哲学（首先是唯物史观）开始在中国传播。一些先进分子，如陈独秀、李大钊、鲁迅，他们或先或后地在政治上经历了由激进的民主主义向科学社会主义的转变，在世界观上经历了由进化论到唯物史观的转变。不仅他们三人，还有毛泽东、周恩来、瞿秋白、李达、蔡和森①、邓中夏②、恽代英③、杨匏

① 蔡和森（1895—1931），又名蔡林彬，字润寰，号泽膺，湖南湘乡人。是中国共产党早期领导人之一，中国共产党早期著名的政治活动家、宣传家、理论家。1913 年进入湖南省立第一师范学校读书，与毛泽东结为挚友。期间，同毛泽东等人一起组织新民学会，创办《湘江评论》，参加五四运动。1919 年法国勤工俭学，在巴黎参与组织"勤工俭学励进会"，并接受共产主义，1921 年回国。1931 年在广州牺牲。专门的哲学著作有《社会进化史》（1924 年上海明智书局出版）。1979 年湖南人民出版社出版《蔡和森文集》，2013 年，出版了新版《蔡和森文集》，对研究蔡和森的生平和思想具有重要的史料价值和出版价值。

② 邓中夏（1894—1933），字仲澥，又名邓康，湖南宜章人。1917 年入北京大学学习，为中国共产党早期领导人之一。1933 年在南京牺牲。遗著有《中国职工运动简史》。2014 年由人民出版社出版《邓中夏全集》，共三册。全书以时间为序，汇编了邓中夏 1912—1933 年这段时间内的文稿，包括诗歌、杂文、传记、信函、工作文稿等，以及邓中夏年谱、曾用名、居住地等相关附录。

③ 恽代英（1895—1931），中国共产党早期青年运动领导人之一，黄埔军校第四期政治教官。原籍江苏武进人，1895 年生于湖北武昌。中华大学毕业。学生时代积极参加革命活动，是武汉地区五四运动主要领导人之一。1920 年创办利群书社，后又创办共存社，传播新思想、新文化和马克思主义。1921 年加入中国共产党。1923 年任上海大学教授。同年 8 月被选为中国社会主义青年团中央委员、宣传部部长，创办和主编《中国青年》。1931 年在南京牺牲。主要哲学论文有：《物质实在论》、《怀疑论》、《唯物史观与国民革命》、《读孙文主义之哲学的基础》等，遗著编为《恽代英文集》，1984 年由人民出版社出版。

安①和其他许多革命者,都在这期间经历了由民主主义到科学社
会主义的转变。这些先进人物之所以能够实现这种转变,有其客
观的社会原因:这时中国工人阶级已经登上了历史舞台;十月革
命以后,殖民地半殖民地的解放运动已经成为世界无产阶级革命
的一个组成部分。现实斗争的发展给人们很大的教育,先进的中
国人认识到:资产阶级共和国的方案在政治上不能回答"中国向
何处去"的问题;进化论也不能从哲学上来回答这一问题。要回
答"中国向何处去"的问题,要回答"古今中西"之争,就需要新的
革命方案,需要新的哲学武器,这就促使当时一些先进的中国人
(他们本来都是真诚的爱国者和激进的民主主义者)转变到马克
思主义的立场上来。而同这种现实的政治态度的转变相适应,在
世界观上,他们从进化论发展为唯物史观,并进而提高到辩证唯
物主义。这大体上就是这一时期先进人物走的道路。

　　同时,"五四"时期是各种思想流派自由争鸣的时期。新文化
运动促进了学术思想的活跃。"五四"以后,在全国各大中城市
中,各种思想理论刊物如雨后春笋般地出现。西方的各种思潮蜂
拥而入。一时鱼龙混杂,泥沙俱下。除了马克思主义之外,各种
社会主义的流派以及无政府主义都被当作"新思潮"介绍过来。

---

① 杨匏安(1896—1931),中国共产党早期优秀的理论家和革命活动家。原名麟焘,又名锦
　焘,笔名匏庵、王洪一,广东香山人。中学毕业后东渡日本横滨求学。归国后在广州时
　敏和道根中学任教,并兼任《广东中华新报》、《东方杂志》的记者。1919 年撰写了近 10
　万字的介绍新文化与马克思主义的文章;近 3 万字的《美学拾零》。1921 年加入中国共
　产党。1927 年出席中国共产党第五次全国代表大会,当选为中共中央监察委员。1929
　年编译了 20 多万字的《西洋史要》,这是我国的第一部用唯物史观叙述国际共产主义运
　动历史的著作。1931 年 7 月被蒋介石政府逮捕,同年 8 月在上海龙华警务司令部英勇
　牺牲。大部分著述编为《杨匏安文集》,由广东人民出版社 1986 年出版。

当代的西方资产阶级哲学流派和改良主义的社会学说也在中国得到广泛的传播，如杜威的实用主义、罗素的新实在论、柏格森的生命哲学、尼采的超人哲学等等。杜威、罗素还先后到中国来讲学。在各种思潮输入之时，人们回顾历史，面对现实，提出种种见解，于是学术争鸣和新旧思潮的激战在更大规模和更深的层次上展开。在自由争鸣中，人们经过比较、鉴别，作出自主的选择。马克思主义正是在与当时形形色色的哲学流派、社会主义流派进行论战中取得了胜利，得到广泛传播的。首先是建党前三次著名的论战：问题与主义论战、社会主义论战和无政府主义论战。通过这些论战，马克思主义就逐渐地被人们所理解、所选择。工人运动和马克思主义相结合，产生了中国共产党。有了党的领导，马克思主义的传播就更加迅速了。在东西文化的论战中，在所谓"科学和玄学的论战"中，马克思主义哲学战胜了当时在中国有较大影响的两个资产阶级哲学流派：实用主义和唯意志论，哲学革命就进一步深入了。

在这以后，马克思主义者和资产阶级学者之间的哲学斗争还不断发生，但是哲学革命的深入，还表现在革命阵营内部，与反对错误的倾向相联系，运用马克思主义哲学来总结群众革命斗争的经验和教训，以求科学地回答"中国向何处去"的问题，并使革命者实现世界观的真正转变。瞿秋白批判了陈独秀的经验主义，鲁迅对"国民性"作了历史唯物主义的分析，都是哲学战线上重大的贡献，不过这已是 1927 年以后的事了[1]。

---

[1] 本书第三章和第四章大体以 1927 年为界限。但哲学史的演变和哲学家个人的思想发展都无法以某一天为界限，作一刀切。为了论述的方便，我把瞿秋白和鲁迅在 1927 年以后的贡献都放在第三章里论述。

　　毛泽东在《新民主主义论》中说过:"在'五四'以后,中国产生了完全崭新的文化生力军,这就是中国共产党人所领导的共产主义的文化思想,即共产主义的宇宙观和社会革命论。"这个文化生力军,联合一切可能的同盟军,向着帝国主义文化和封建文化展开了英勇的进攻。"在社会科学领域和文学艺术领域中,不论在哲学方面,在经济学方面,在政治学方面,在军事学方面,在历史学方面,在文学方面,在艺术方面(又不论是戏剧,是电影,是音乐,是雕刻,是绘画),都有了极大的发展。二十年来,这个文化新军的锋芒所向,从思想到形式(文字等),无不起了极大的革命。"[1]毛泽东在这里所说的,包括从"五四"时期到三四十年代的发展。他讲到文化生力军在社会科学和文学艺术方面的贡献,而马克思主义哲学正是和它们同步前进的。至于自然科学领域,也正是从"五四"时期开始,中国才形成自己的实验科学的队伍,逐渐摆脱了单纯介绍西方科学的局面。这当然同新文化运动高举"赛先生"的旗帜和某些哲学家热心从事逻辑和科学方法的探讨,是密切相联系着的。从世界范围来说,由于 19 世纪末发现电子、X 射线和天然放射性物质,20 世纪初提出相对论和量子论,自然科学经历了一次极深刻的革命,使以牛顿力学为基础的传统自然观从根本上动摇。这一情况,也间接地影响到中国哲学界。

　　这些,就是中国近代哲学由进化论阶段向唯物辩证法阶段转变时期的一般历史情况。

---

[1] 毛泽东:《新民主主义论》,《毛泽东选集》第 2 卷,人民出版社 1991 年版,第 697—698 页。

第二节 李大钊：由进化论到唯物史观
——历史辩证法由自发而自觉

标志着近代哲学革命由进化论阶段转变到唯物辩证法阶段的首要代表人物是李大钊。

李大钊(1889—1927)，字守常，河北乐亭人。他于1913年赴日本，留学期间组织"神州学社"，进行反对袁世凯的斗争。1916年回国，先任北京《晨钟报》编辑，不久到北京大学任教，并参加《新青年》杂志的编辑工作，积极投入新文化运动。在十月革命的影响下，开始由民主主义者向马克思主义者转变，成为中国共产主义运动的先驱者，中国共产党的创始人之一。1927年4月被奉系军阀逮捕，惨遭杀害。著作被编为《守常文集》、《李大钊选集》和《李大钊文集》。①

一、由革命民主主义到马克思主义

李大钊是中国第一个由革命民主主义者转变为马克思主义者的革命家。这是立场和世界观的转变，他这一转变过程具有深刻的时代意义。

李大钊在留学日本时，就表现出是一个具有高度的爱国热忱

---

① 《守常文集》，1949年北新书局出版；《李大钊选集》1959年人民出版社出版。《李大钊文集》1984年人民出版社出版，分上、下两册，收有430多篇文章以及诗歌和书信。《李大钊全集》2013年由人民出版社出版，全书共5卷，是目前收录李大钊著述最完备的版本。

的革命民主主义者。他回国以后，坚决反对复辟思潮，特别强调自由和专制不两立，说："民与君不两立，自由与专制不并存。是故君主生则国民死，专制活则自由亡。"①

他从激进的民主主义的立场来回顾中国的历史，说中国过去的历史就是"以累代之大盗乡愿，假尧、舜、禹、汤、文、武、周、孔之名，所构酝之历史与经传……"②皇帝是窃国大盗，孔子等圣贤是乡愿的代表，他们"尽倾其秽恶之心血"，玷污了整个的历史。这种把中国古代历史看成是乡愿和大盗结合的记录的看法，是对谭嗣同《仁学》、严复《辟韩》和章太炎《论诸子学》的继承和发挥。

李大钊坚决地反孔。他说："孔子者，数千年前之残骸枯骨"，"孔子者，历代帝王专制之护符"。③ 但他对孔子也是有分析的。他说：

　　余之掊击孔子，非掊击孔子之本身，乃掊击孔子为历代君王所雕塑之偶像权威也；非掊击孔子，乃掊击专制政治之灵魂也。④

"五四"时期这些先进人物之所以如此坚决地反对孔子、反对孔教，提出"打倒孔家店"的口号，就是因为孔子早已"非复个人之名称"，而成了"专制政治的灵魂"，保护"君主政治之偶像"。所以反

---

① 李大钊：《民彝和政治》，《李大钊全集》第 1 卷，人民出版社 2006 年版，第 163 页。
② 李大钊：《民彝和政治》，《李大钊全集》第 1 卷，第 154 页。
③ 李大钊：《孔子与宪法》，《李大钊全集》第 1 卷，第 242 页。
④ 李大钊：《自然的伦理观与孔子》，《李大钊全集》第 1 卷，第 247 页。

封建就非要反孔子不可。

当时李大钊期望中国能进行一次法国式的民主革命。他说："法兰西人冒革命之血潮，……而开近世自由政治之轨者，起于孟德斯鸠、卢骚、福禄特尔诸子之声也。"①如果要像法国那样进行比较彻底的民主革命，就必须先发动思想启蒙运动。中国的革命者必须大声疾呼，以惊破群众之沉梦，使人人的"自我"觉醒过来。他以为这就是当时新文化战士的使命。

俄国十月革命使李大钊的思想受到了很大震动。他以巨大的热情欢呼十月革命的胜利。在 1918 年，他发表了《法俄革命之比较观》，说："法兰西之革命，非独法兰西人心变动之表征，实十九世纪全世界人类普遍心理变动之表征。俄罗斯之革命，非独俄罗斯人心变动之显兆，实二十世纪全世界人类普遍心理变动之显兆。"②接着又发表了《庶民的胜利》、《Bolshevism 的胜利》。在后一篇文章中，他说："Bolshevism 的胜利，就是二十世纪世界人类人人心中共同觉悟的新精神的胜利。"③1919 年元旦，他又写了《新纪元》一文，认为世界大战的血和十月革命的血，已开辟了一个新纪元。他说：

> 这个新纪元是世界革命的新纪元，是人类觉醒的新纪元。我们在这黑暗的中国，死寂的北京，也仿佛分得那曙光的一线，好比在沉沉深夜中得一个小小的明星，照见新人生

---

① 李大钊：《〈晨钟〉之使命》，《李大钊全集》第 1 卷，第 169 页。
② 李大钊：《法俄革命之比较观》，《李大钊全集》第 2 卷，第 228 页。
③ 李大钊：《Bolshevism 的胜利》，《李大钊全集》第 2 卷，第 263 页。

的道路。①

李大钊从世界革命新纪元的高度来观察中国的问题,瞥见了曙光的一线,依稀看到了中国的新希望。这是一个根本的转变。在这之前,革命者为了回答"中国向何处去"的问题,总是向孟德斯鸠、卢梭、伏尔泰等人的著作请教;在这之后,革命者知道应该向马克思、列宁去请教了。1919 年 5 月,《新青年》第六卷第五号出了"马克思主义研究"专号,发表了李大钊的《我的马克思主义观》。在这篇文章中,他系统介绍了马克思主义的唯物史观、经济学说和科学社会主义理论。这标志着他已经基本上成为马克思主义者了。而同年"问题与主义"的论战,就更清楚地说明他已经是一个英勇的马克思主义战士了。

李大钊由革命民主主义到科学社会主义、马克思主义的转变,确如"惊秋之桐叶、知运之鹍声",标志着古今中西之争进入新阶段;革命者开始向西方学习马克思主义真理来回答中国的现实问题,立足于无产阶级和人民群众的"今"来回顾中国的历史传统。这是一个根本立场和根本态度的转变。不过,我们也须注意,就李大钊个人来说,不论是前期还是后期,有一个很显著的一贯的个性特点,即在古今之争上坚决地反对复古,而特别强调要崇今,要以今胜古,并把希望寄托于青年。他在 1916 年写了著名的《青春》一文,热情呼唤"以青春之我,创建青春之家庭,青春之国家,青春之民族,青春之人类,青春之地球,青春之宇宙"②。他

① 李大钊:《新纪元》,《李大钊全集》第 2 卷,第 268 页。
② 李大钊:《青春》,《李大钊全集》第 1 卷,第 192 页。

希望青年一代觉醒起来，冲破封建的网罗，超脱利禄、权势这些庸俗的东西，长葆青春之我，来建设新的世界。处处洋溢着青春的热情，始终充满着革命乐观主义的精神，这在李大钊的文章中是很突出的。这就使他的理论在当时的青年中影响很大。他那种永葆青春的气质，为祖国、为共产主义事业而勇猛奋斗，"乐天努进"的精神，为后人树立了榜样。

二、进化论与理性主义

前期的李大钊，以进化论作为他革命民主主义的哲学基础。他以为"天演之迹，进化之理"是自然界和人类社会都不能逃避和违抗的。[①] 他把宇宙理解为是一个生生不已的，不断进化、不断新陈代谢的过程。他说"大实在的瀑流永远由无始的实在向无终的实在奔流。……实在即动力，生命即流转。"[②] 以为整个的宇宙就是一个无始无终的大化流行，变化绝不停留，生命刻刻流转，新陈代谢推动着一切前进："生者不能无死，毁者必有所成，健壮之前有衰颓，老大之后有青春"，新生命是不断地从坟墓、从旧的死亡中产生的。[③] 他呼唤新的不断代替旧的，表现了积极进取的自发的辩证法精神。

李大钊用进化论去观察和说明自然界、人类社会以及道德变迁。在《自然的伦理观与孔子》一文中他写道：

---

① 李大钊：《民彝与政治》，《李大钊全集》第 1 卷，第 152 页。
② 李大钊：《"今"》，《李大钊全集》第 2 卷，第 193 页。
③ 李大钊：《〈晨钟〉之使命》，《李大钊全集》第 1 卷，第 166 页。

> 吾人以为宇宙乃无始无终自然的存在。由宇宙自然之真实本体所生之一切现象，乃循此自然法而自然的、因果的、机械的以渐次发生、渐次进化。道德者，宇宙现象之一也。故其发生进化亦必应其自然进化之社会。而自然变迁，断非神秘主宰之惠与物，亦非古昔圣哲之遗留品也。[①]

在这里他讲了几层意思：第一，从自然观说，宇宙是一个遵循着机械的因果律和进化的法则演变着的客观实在过程；第二，社会历史是一个自然进化的过程（他用了"自然进化"、"自然变迁"这样的字眼）；第三，道德是与自然进化的社会相适应的，应作为宇宙间的自然现象之一来考察；第四，旗帜鲜明地反对神学的宇宙观。他以为道德的进化、社会的自然进化，既不是神秘的主宰——上帝的赐予，也不是圣人的创造。他说，宇宙中没有不可思议的神秘的大主宰，没有什么造物主。过去中国、印度和欧洲的种种宗教与许多哲学派别，都讲宇宙有一个大主宰："曰天，曰神，曰上帝，曰绝对，曰实在，曰宇宙本源，曰宇宙本体，曰太极，曰真如，名称虽殊，要皆指此大主宰而言也。"[②]他认为这些都是不足取的。他既反对上帝创造世界的说法，也反对理学家讲"太极"、佛教讲"真如"，认为上帝或变相的上帝都是没有的，只有"唯一自然之真理"。人类社会和道德规范，都来源于这"唯一自然之真理"，而并无"超乎自然之上"的渊源。根据这种观点，孔孟之道既产生在2000多年以前，随着社会的自然进化，它早就不适应了，早就应该

---

① 李大钊：《自然的伦理观与孔子》，《李大钊全集》第 1 卷，第 246 页。
② 同上注。

淘汰了。

李大钊的进化论具有泛神论的倾向。他认为宇宙就是"我"的扩大。他说宇宙是大实在的瀑流，"吾人的'我'，吾人的生命，也永远合所有生活上的潮流，随着大实在的奔流，以为扩大，以为继续，以为进转，以为发展"①，这样不断扩大、发展，"至无穷极，以达'宇宙即我，我即宇宙'之究竟"②。这种语言与陆王心学的语言十分类似。他以为人的任务就在于不断扩充"我"，随着进化的洪流生生不已。"国家之成，由人创造，宇宙之大，自我主宰。"③这是和龚自珍、梁启超、章太炎等同样的口吻。可见，从思维与存在的关系问题上来考察，李大钊在当时还不是唯物主义者。

李大钊的进化论有一个显著特点，这就是贯串着理性主义的精神。他所讲的"自我"，以理性为其本质。在他看来，法国人的革命之所以能成功，就是因为那些启蒙思想家"振其自我之权威，为自我觉醒之绝叫"。于是把民众从沉梦中唤醒过来，使人民认识了"自我之光明"，即理性。④ 他所谓"自我之光明"，或"民彝之智察"，也就是孟子所说的良知良能。他认为理性是天赋的，人人天生就能分辨是非真妄。"是非真妄宜听民彝之自择"，即应让人们凭良知良能自己来作判断和选择。

李大钊从这种理性主义观点出发，反对做环境奴隶的宿命论。他说：

---

① 李大钊：《今》，《李大钊全集》第 2 卷，第 193 页。
② 李大钊：《今》，《李大钊全集》第 2 卷，第 194 页。
③ 李大钊：《厌世心与自觉心》，《李大钊全集》第 1 卷，第 137 页。
④ 李大钊：《〈晨钟〉之使命》，《李大钊全集》第 1 卷，第 168 页。

> 盖文明云者,即人类本其民彝改易环境,而能战胜自然
> 之度也。文明之人,务使其环境听命于我,不使其我奴隶于
> 环境。太上创造,其次改造,其次顺应而已矣。①

人类根据他们的天赋理性来改造环境、战胜自然所达到的程度,
就是文明。文明的标志,就在于我做环境的主宰,而不作环境的
奴隶;我来命令环境,而不是我听命于环境。所以他强调要"变弱
者之伦理为强者之人生","变'求'之幸福为'取'之幸福"②。而从
这意义来说,就要重视意志的作用,克服一味屈服于环境的宿命
论。他说:

> 故吾人不得自画于消极之宿命说(Determinus),以尼精
> 神之奋进。须本自由意志之理(Theory of free will),进而努
> 力,发展向上,以易其境,俾得适于所志,则 Henri Bergson 氏
> 之"创造进化论"(Creative Revolution [Evelution])尚矣。
> 吾民具有良知良能,乌可过自菲薄,至不侪于他族之列。③

柏格森的生命哲学是一种唯意志论和直觉主义的理论。但李大
钊推崇柏格森的创造进化论,用"自由意志之理"来反对宿命论,
这在当时却具有反封建的意义。李大钊所强调的是:中国人不应
妄自菲薄,而应该自觉起来,发挥良知良能,凭自由意志来建设新

---

① 李大钊:《民彝与政治》,《李大钊全集》第 1 卷,第 163 页。
② 李大钊:《〈晨钟〉之使命》,《李大钊全集》第 1 卷,第 170 页。
③ 李大钊:《厌世心与自觉心》,《李大钊全集》第 1 卷,第 139 页。

社会、新文明。

李大钊在这里所讲的自觉，概括地说有两个方面：第一要唤醒天赋的理性、"自我之光明"；第二要发挥意志的力量，要凭自由意志来进行建设、创造。中国人要凭自己的理性和意志力来创造新世界和新文明，改造旧社会和旧文化，而不应是顺应旧环境，安于命运。这种理论，虽然是唯心主义观点，但包含有尊重真理、尊重群众的理性和意志的合理因素。

李大钊十分强调"真理的权威"。他以为"人生最高之理想，在求达于真理"。① 他说："真理者人生之究竟，而自信者，又人生达于真理之途径也。"②就是说，人要有自信心，相信自己有良知，有天赋的理性、智力，努力加以扩充、发展，就能够达到真理。但这不是说可以凭主观进行判断，"言论之挟有真理与否"，有客观的标准。他说："其当拳拳服膺、严矢勿失者，一在察事之精，一在推论之正。二者交备，则逻辑之用以昭，而二者之中，尤以据乎事实为要。"③第一是对事实材料作去粗取精的工夫，查清事实真相，第二是合乎逻辑地进行推论。二者必须结合，而根据确凿的事实是首要的。这种理性主义的精神，包含有唯物主义的因素。

同时，李大钊讲"民彝之智察"，同笛卡儿颇有相似之处。笛卡儿说："良知是世界上分配得最均匀的东西。""我们称之为良知或理性的那种东西，是人人天然地均等的。"④李大钊也说："秉彝

---

① 李大钊：《真理之权威》，《李大钊全集》第 2 卷，第 103 页。
② 同上注。
③ 同上注。
④ 参见《十六—十八世纪西欧各国哲学》，商务印书馆 1975 年版，第 137、103 页。

之本,无甚悬殊也。"①以为人类天赋的智能是没有大的差别的。这种理性主义观点包含有民主精神。就民众和英雄,凡民和圣智的关系来说,李大钊批评卡莱尔②的英雄史观为"专制政治产孕之思想",而同意托尔斯泰在《战争与和平》中的观点。他写道:

> 托氏(托尔斯泰)之说,则正与加氏(卡莱尔)之说相反,谓英雄之势力,初无是物。历史上之事件,固莫不因缘于势力,而势力云者,乃以代表众意之故而让诸其人之众意总积也。是故离于众庶则无英雄;离于众意总积则英雄无势力焉。③

这是说,"势"是由民众的意志造成的,是众人意愿的积集综合,所以脱离民众,便无英雄。英雄人物当时之所以有力量,是因为他代表了群众的意志。一个英雄如果离开了群众的意愿,他就毫无力量。李大钊还指出,即令英雄、圣智能造福于民,而对民众来说,"一方承其惠恩,一方即损其自性;一方蒙其福利,一方即丧厥天能。"④愈是推崇圣智、抬高英雄的地位,便愈使民众"失却独立自主之人格,堕于奴隶服从之地位"⑤。所以他说:"孔子生而吾华

---

① 李大钊:《民彝与政治》,《李大钊全集》第 1 卷,第 157 页。
② 卡莱尔(Thomas Carlyle, 1795—1881),苏格兰评论家、讽刺作家、历史学家。曾在爱丁堡大学学习,1865 年任该校校长。主要著作有《法国革命》、《宪章运动》、《论英雄、英雄崇拜和历史上的英雄事迹》、《过去和现在》等。马克思和恩格斯 1850 年曾在《新莱茵报》上,批评卡莱尔的英雄史观。(参见《马克思恩格斯全集》第 10 卷,第 311—323 页。)
③ 李大钊:《民彝与政治》,《李大钊全集》第 1 卷,第 156 页。
④ 李大钊:《民彝与政治》,《李大钊全集》第 1 卷,第 157 页。
⑤ 同上注。

衰。"①又说："唯民主义乃立宪之本,英雄主义乃专制之原。"②他反对英雄主义,强调民主主义就是要尊重民众的意志,要让群众"知自重其秉彝"。他说："盖政治者,一群民彝之结晶,民彝者,凡事真理之权衡也。"③他以为民主政治就是民众的理性的结晶,而民众的理性就是一切事理的权衡标准。这种对群众无限信任的态度,是很可贵的。

总之,李大钊前期的进化论包含有自发的辩证法因素,并与理性主义相结合。他的理性主义虽有唯心论的一面,但其中尊重真理、尊重群众的思想,促使他进一步向唯物史观迈进。

三、向唯物史观的转变

李大钊转变为马克思主义者以后,积极热情地宣传唯物史观,并作了多方面的探讨。他在 1920 年写的《史学思想史讲义》中,对形形色色的历史观进行了概括和分类。他认为,"以历史行程的价值的本位为准",可分为"退落的或循环的历史观与进步的历史观"。"以历史进展的动因为准",则又有三种区分:(一)或认为动因"在个人,如英雄、王者是",或认为动因"在社会,如知识、经济是";(二)或认为动因"在精神,如圣神、德化、理念是",或认为动因"在物质,如地理、人种、经济是";(三)或认为动因"在神权,如天命、神意是",或认为动因"在人生,如社会的生产方法,或

---

① 李大钊:《民彝与政治》,《李大钊全集》第 1 卷,第 151 页。
② 李大钊:《民彝与政治》,《李大钊全集》第 1 卷,第 157 页。
③ 李大钊:《民彝与政治》,《李大钊全集》第 1 卷,第 150 页。

社会的知识程度是"。① 他作了这样的分析之后说：

> 历史观本身亦有其历史，其历史亦有一定的倾向。大体言之，由神权的历史观进而为人生的历史观，由精神的历史观进而为物质的历史观，由个人的历史观进而为社会的历史观，由退落的或循环的历史观进而为进步的历史观。神权的、精神的、个人的历史观，多带退落的或循环的历史观的倾向，而人生的、物质的、社会的历史观，则多带进步的历史观的倾向。神权的、精神的、个人的、退落的或循环的历史观可称为旧史观，而人生的、物质的、社会的、进步的历史观则可称为新史观。②

如果用这样的观点来看李大钊自己的历史观，那么，就"历史行程的价值"来说，他本来讲进化论，反对退步的或循环的历史观。就"历史进展的动因"来说，他本来把历史的动因归之于人生，而不是神权；归之于民众，而不是英雄。但是，就物质和精神的关系问题来说，起初他是把动因归之于精神，抽象地归之于民众的意志；而当他转变为马克思主义者以后，则把动因归之于物质，归之于劳动生产了。"不求其原因于心的势力，而求之于物的势力"③，这是一个根本的转变。有了这一转变，进化的、社会的、人生的历史观也随之而被提高到一个新的水平。

---

① 李大钊：《史观》，《李大钊全集》第 4 卷，第 253—254 页。
② 李大钊：《史观》，《李大钊全集》第 4 卷，第 254 页。
③ 李大钊：《唯物史观在现代史学上的价值》，《李大钊全集》第 3 卷，第 218—219 页。

李大钊向唯物史观的转变，首先表现在他运用唯物史观的基本原理，来回答心物关系、群己关系问题。

李大钊在介绍马克思的唯物史观时说：

> 喻之建筑，社会亦有基址（Basis）与上层（Uberbau）。基址是经济的构造，即经济关系，马氏称之为物质的或人类的社会的存在。上层是法制、政治、宗教、艺术、哲学等，马氏称之为观念的形态，或人类的意识。从来的历史家欲单从上层上说明社会的变革即历史而不顾基址，那样的方法，不能真正理解历史。上层的变革，全靠经济基础的变动，故历史非从经济关系上说明不可。[1]

> 新历史观……教吾人以社会生活的动因，不在"赫赫""皇矣"的天神，不在"天亶""天纵"的圣哲，乃在社会的生存的本身。一个智识的发见，技术的发明，乃至把是等发现发明致之于实用，都是像我们一样的社会上的人人劳作的结果。这种生活技术的进步，变动了社会的全生活，改进了历史的阶段。这种历史观，导引我们在历史中发见了我们的世界，发见了我们的自己，使我们自觉我们自己的权威，知道过去的历史，就是我们这样的人人共同造出来的，现在乃至将来的历史，亦还是如此。[2]

显然，从上述两段话中可以看到，关于社会历史中的心物关

---

[1] 李大钊：《马克思的历史哲学与理恺尔的历史哲学》，《李大钊全集》第4卷，第328页。
[2] 李大钊：《史学要论》，《李大钊全集》第4卷，第445页。

系、群己关系这两个互有联系的问题，李大钊的观点较之以前有
了很大的变化。原来他认为要革命，首先要唤醒"自我之光明"、
"民彝之智察"，因为历史的动因在民众个人的理性、意志。但后
来他改变了。他认识到应从社会存在本身去找社会发展的动因，
社会存在决定社会意识，经济基础决定上层建筑，而经济基础的
变动，"乃以其内部促他自己进化的最高动因，就是生产力"①。而
人类赖以满足生活需要的生产的发展和技术的进步，是普通劳动
群众造成的，所以劳动人民是历史的主人。人们有了这种认识，
看到"一切进步只能由联合以图进步的人民造成，他于是才自觉
他自己的权威，他自己在社会上的位置，而取一种新态度"②。这
种"新态度"就是共产主义者的自觉的态度。李大钊这时讲"自
觉"，已不再是唤醒良知、扩大"自我之光明"的意思，而是在于认
识社会存在演变的客观规律，于是"在历史中发见了我们的世界，
发见了我们的自己"，主动地把个人与图进步的人民群众结合在
一起，这样才"自觉我们自己的权威"。所以，"自觉"是在唯物主
义基础上的心与物相符，己与群统一———也可以说是历史辩证法
由自发而开始转变为自觉。

　　李大钊运用唯物史观的原理指出了中国传统思想意识的物
质基础。他说："中国的大家族制度，就是中国的农业经济组织，
就是中国二千年来社会的基础构造。一切政治、法度、伦理、道
德、学术、思想、风俗、习惯，都建筑在大家族制度上作他的表层构

---

① 李大钊：《我的马克思主义观》，《李大钊全集》第 3 卷，第 27 页。
② 李大钊：《唯物史观在现代史学上的价值》，《李大钊全集》第 3 卷，第 220 页。

造。"①中国的封建专制制度之所以如此顽固，儒家的纲常名教之所以能在中国持续 2000 年之久，就是因为中国的农业经济组织一直没有发生大变动。现在中国的农业经济因受了重大的外力压迫而发生变动，大家族制度趋于崩颓粉碎，儒家的纲常教义就根本动摇了。李大钊说："中国的一切风俗、礼教、政法、伦理，都以大家族制度为基础，而以孔子主义为其全结晶体。大家族制度既入了崩颓粉碎的运命，孔子主义也不能不跟着崩颓粉碎了。"②他以唯物史观作理论武器，对新文化运动提出的"打倒孔家店"口号的合理性作了有力的论证，并分析了当时种种新思想和解放运动的反宗法、反孔教的性质。

李大钊进而用唯物史观阐明了大工业生产对群己关系提出的新要求。他说："现代的经济组织，促起劳工阶级的自觉，应合社会的新要求，就发生了'劳工神圣'的新伦理"，这种新伦理同孔门鄙视劳工的说教是根本对立的，所以"中国的劳动，运动也是打破孔子阶级主义的运动"③。这样，他便又把新文化运动和刚开始的走向自觉的工农运动有机地联系起来了。而要使工农群众真正自觉地起来进行斗争，就要有知识分子作先驱。"五四"前夕，李大钊就向青年发出了"到农村里去"的号召④。他大力提倡知识分子与劳动群众结合，说："我们很盼望知识阶级作民众的先驱，民众作知识阶级的后盾。知识阶级的意义，就是一部分忠于民众

① 李大钊：《由经济上解释中国近代思想变动的原因》，《李大钊全集》第 3 卷，第 144 页。
② 李大钊：《由经济上解释中国近代思想变动的原因》，《李大钊全集》第 3 卷，第 147 页。
③ 李大钊：《由经济上解释中国近代思想变动的原因》，《李大钊全集》第 3 卷，第 149 页。
④ 李大钊：《青年与农村》，《李大钊全集》第 2 卷，第 304 页。

作民众运动的先驱者。"①李大钊自己就是一个"忠于民众作民众运动的先驱者"。他为青年树立了"知识阶级与劳工阶级打成一气"②的榜样。

李大钊由进化论转向唯物史观还表现在他提出了唯物史观的社会组织进化论和"崇今"学说。

李大钊说:"马克思的唯物史观有二要点:其一是关于人类文化的经验的说明,其二即社会组织进化论。"③前者就是用社会存在来说明社会意识,用经济来说明文化;后者就是用生产力和生产关系的矛盾运动来说明社会经济形态的进化。

李大钊在介绍马克思的唯物史观时写道:

> 社会组织即社会关系,也是与布帛菽粟一样,是人类依生产力产出的产物。手臼产出封建诸侯的社会,蒸汽制粉机产出产业的资本家的社会。生产力在那里发展的社会组织,当初虽然助长生产力的发展,后来发展的力量到那社会组织不能适应的程度,那社会组织不但不能助他,反倒束缚他、妨碍他了。而这生产力虽在那束缚他、妨碍他的社会组织中,仍是向前发展不已。发展的力量愈大,与那不能适应他的社会组织间的冲突愈迫,结局这旧社会组织非至崩溃不可。这就是社会革命。新的继起,将来到了不能与生产力相应的时

---

① 李大钊:《知识阶级的胜利》,《李大钊全集》第 3 卷,第 174 页。
② 李大钊:《青年与农村》,《李大钊全集》第 2 卷,第 304 页。
③ 李大钊:《我的马克思主义观》,《李大钊全集》第 3 卷,第 27 页。

候，他的崩溃亦复如是。①

中国近代哲学经历了历史进化论反对复古主义和历史循环论的斗争，又经历了在进化论内部的革命反对改良的斗争，到这时，有了唯物史观的社会组织进化论，才使得进化论的历史观真正具有了科学的形态。因为历史进化的动因真正被科学地阐明，社会经济形态演变和社会革命的规律真正被人们把握了。这也意味着：历史辩证法由自发而进于自觉。李大钊说："历史是'社会的变革'。不但过去的历史是社会的变革，即是现在、将来，社会无一时不在变革中。"②用"历史是社会的变革"的观点（或社会组织进化论）来回顾历史，就会发现旧史料有许多谬误，旧历史需要"重作改作"。而"历史的范围不但包括过去，并且包有现在和将来"③，所以尤其重要的是：要努力抓住现在，面向未来，积极投身于"社会的变革"之中。

　　历史的辩证法是在时间中展开的，历史观与时间理论密切联系着。李大钊在前期本已强调历史进化是个新陈代谢过程，指出"'过去'、'未来'的中间全仗有'现在'以成其连续，以成其永远"④，所以要抓住"现在"，"以努力为'将来'之创造"。⑤ 到了后期，他又写了《今与古》和《时》等文，对西方近代崇今派与怀古派的论战作了历史的考察，把唯物史观和"崇今"的时间理论相结

① 李大钊：《我的马克思主义观》，《李大钊全集》第 3 卷，第 27 页。
② 李大钊：《史学概论》，《李大钊全集》第 4 卷，第 358 页。
③ 同上注。
④ 李大钊：《"今"》，《李大钊全集》第 2 卷，第 192 页。
⑤ 李大钊：《"今"》，《李大钊全集》第 2 卷，第 194 页。

合,更深入地从理论上反对了"退落的或循环的历史观"。

李大钊批评过去的哲学家用空间的线来比拟时间的说法。他指出把时间比喻为一条"引而弥长"的线,则"既已引者,悉属过去,未曾引者,当在未来,现今之点,列于何所?"①他以为这种说法等于取消了"现在",所以是说不通的。李大钊以唯物史观作依据,提出了"今是生活,今是动力,今是行为,今是创作"②的思想。他论证说:

> 三世代迁,惟今为重,凡诸过去,悉纳于今,有今为基,无限未来,乃胎于此。……我乃沉思,更得一义:既引的线,确属过去,未引的线,确在未来,然此线之行,实由过去趋向未来,必有力焉,引之始现。此力之动,即为引的行为,引的行为,即为今点所在。过去未来,皆赖乎今,以为延引。今是生活,今是动力,今是行为,今是创作。苟一刹那,不有行为,不为动作,此一刹那的今,即归于乌有,此一刹的生,即等于丧失。③

这里的思辨,使我们很自然地联想起王夫之说的:"前古有一成之迹,后今有必开之先","其当前而谓之现在者,为之名曰刹那,不知通已往将来之在念中者,皆其现在,而非仅刹那也。"④不过,王

---

① 李大钊:《时》,《李大钊全集》第 4 卷,第 350 页。
② 同上注。
③ 同上注。
④ 王夫之:《尚书引义》,《船山全书》第 2 册,第 391、390 页。

夫之讲的是人的思想，而李大钊讲的是人的生活、行为，亦即实践。人的每一实践活动都是现实的、现在的，都是"引的行为"，它纳过去于今，胎未来于此，是推动历史由过去趋向未来的动力。所以"今"不是一个割裂过去与未来的点，不是一个没有内容的刹那，而是当前我们可以抓得住的生活、行为。而现实的行为即是劳作。"一切过去，都是供我们利用的材料。我们的将来，是我们凭借过去的材料、现在的劳作创造出来的。"[①]我们只要抓紧现在的劳作，就能凭借过去，以创造未来。所以说"今"（即现实的活动）是"动力"，是"创作"。

因此，李大钊以为，抓住"今"，便是抓住了"时的首脑"。他说：

> 要知时的首脑，不在古初，乃在现在。……吾人是开辟道路的，是乘在这时的列车的机关车上，作他的主动力，向前迈进他的行程，增辟他的径路的，不是笼着手，背着身，立在旁观的地位，自处于动转以外的。[②]

就是说，人若能抓住"今"，即抓住现在的、现实的活动，就能成为历史的火车头，积极主动地推动历史前进。历史是敢于投身现实斗争的人们创造的，因此，不能对现实采取冷眼旁观的消极态度。

李大钊的上述"崇今"理论，表现了马克思主义的实践观点和历史辩证法思想。从这样的角度来看人类社会的历史，就自然会

---

① 李大钊：《史学要论》，《李大钊全集》第 4 卷，第 444 页。
② 李大钊：《时》，《李大钊全集》第 4 卷，第 352 页。

得出这样的结论：

> 不把人事看作片片段段的东西，要把人事看作一个整个的，互为因果，互有连锁的东西去考察他。[①]

在李大钊看来，时间是"有进无退，一往不返"的，那"纳过去于今，胎未来于此"的"引的行为"必然有"一定的倾向"，这便是进化的规律性。"循环的退落的历史观"不符合"时的本相"。历史的进程虽有循环，但那是"螺旋的进步，不是反复的停滞"[②]。当然，"时"通过"今"来展开，历史的事件与人物都是"一趟过的"，"只演一回的"，所以决不能忽视其个性化的特点。但是也不能像梁启超和新康德主义者那样，用个性化来否认一般，否认历史受因果律支配。

李大钊正确地指出，历史进化的规律和个别历史事件是统一的。他认为，世界上一切现象都要受规律支配，人事界现象也不能例外。他说："在现实个个特殊的时会，种种事情纷纭缠绕，交感互应，实足以妨碍一般的理法以其单纯的形态以为表现。以是之故，此理法常仅被认为一定的倾向。此一定的倾向，有时而为反对的势力所消阻。虽然，此理法的普遍的存在，固毫不容疑，不过在人事关系错综复杂之中，不易考察罢了。"[③]他以为，人类历史有"一般的理法"（即普遍规律）是不容置疑的，但一般即在个别之

① 李大钊：《史学要论》，《李大钊全集》第 4 卷，第 411 页。
② 李大钊：《时》，《李大钊全集》第 4 卷，第 352 页。
③ 李大钊：《史学要论》，《李大钊全集》第 4 卷，第 412 页。

中，个个特殊事件都是一趟过的，错综复杂地互相作用着的，所以历史进化规律就表现为事件相续、"交感"中的"一定的倾向"（即必然的发展趋势）了。

四、社会主义与人道主义统一的新社会理想和革命人生观

李大钊转变为马克思主义者以后，他的社会理想和人生观也都随之建立在唯物史观的基础上。这标志着中国近代哲学关于社会理想和人生理想的探讨提高到了一个新阶段。

李大钊指出，唯物史观的社会理想是社会主义和人道主义的统一。

他在介绍西方的社会主义由空想发展为科学时说：

> 空想的社会主义与科学的社会主义的不同的点，就在两派对于历史的认识的相异——就是历史观的相异。……社会主义的思想，由马克思及恩格斯依科学的法则组成系统，以其被认为历史的必然的结果，其主张乃有强固的根据。社会主义的主张，若只以人的理性为根据，力量实极薄弱，正如砂上建筑楼阁一样。今社会主义既立在人类历史的必然行程上，有具有极大势力的历史为其支撑者，那么社会主义之来临，乃如夜之继日，地球环绕太阳的事实一样确实了。[1]

中国近代同西方一样，社会主义也经历了一个由空想到科学

---

[1] 李大钊：《桑西门的历史观》，《李大钊全集》第 4 卷，第 315—316 页。

的发展过程。康有为、孙中山讲的大同理想以及李大钊本人在转变前讲的"唯民主义",都"只以人的理性为根据",具有空想的性质。李大钊转变到唯物史观立场上来后,运用唯物史观对中国的政治经济情况作了初步研究,认为"中国的经济情形,实不能超出于世界经济势力之外。现在世界的经济组织,既已经资本主义以至社会主义,中国虽未经自行如欧、美、日本等国的资本主义的发展实业,而一般平民间接受资本主义经济组织的压迫,较各国直接受资本主义压迫的劳动阶级尤其苦痛。中国国内的劳资阶级间虽未发生重大问题,中国人民在世界经济上的地位,已立在这劳工运动日盛一日的风潮中,想行保护资本家的制度,无论理所不可,抑且势所不能。……所以今日在中国想发展实业,非由纯粹生产者组织政府,以铲除国内的掠夺阶级,抵抗此世界的资本主义,使社会主义的组织经营实业不可"[①]。就是说,中国走资本主义道路是"理所不可,势所不能",客观形势决定了只有社会主义才能救中国。

那么,怎样才能实现社会主义的理想呢?李大钊根据马克思的学说,强调要通过严重的阶级斗争,并经过一个无产阶级专政的过渡时期,达到阶级的消灭,"那时事物的管理,代替了人身的统治",人类的"前史"结束,才真正实现了大同理想。

在这之前,讲大同理想的如康有为、孙中山都强调"博爱"、"互助",反对阶级斗争学说。李大钊则认为,阶级斗争与"互助"、"博爱",科学的社会主义和人道主义是可以统一的。他说:

[①] 李大钊:《中国的社会主义与世界的资本主义》,《李大钊全集》第3卷,第277—278页。

　　　　这最后的阶级竞争，是改造社会组织的手段。这互助的
　　　原理，是改造人类精神的信条。我们主张物心两面的改造，
　　　灵肉一致的改造。①

　　　　我们主张以人道主义改造人类精神，同时以社会主义改
　　　造经济组织。不改造经济组织，单求改造人类精神，必致没
　　　有结果。不改造人类精神，单就改造经济组织，也怕不能
　　　成功。②

李大钊多次讲到"物心两面的改造，灵肉一致的改造"，以为精神
改造和物质改造两者如"车的两轮，鸟的双翼"，不可偏废，但经济
组织的改造是基本的一面。他认为，通过阶级斗争来消灭阶级，
是"必须经过的，必不能避免的"，只有这样，才能粉碎剥削制度，
"创造一种'劳工神圣'的组织"来代替它，实行"人人都须作工，作
工的人都能吃饭"的原则。到那时，本来受到限制的人道主义精
神便将得到充分发扬，"互助"、"博爱"的道理真正得到贯彻，"使
人人都把'人'的面目拿出来对他的同胞"③。这样一个实现"物心
两面的改造，灵肉一致的改造"的社会，就是大同世界。

　　这样的大同世界，李大钊称之为是既有"个性解放"又有"大
同团结"的新组织。他说：

　　　　现在世界进化的轨道，都是沿着一条线走，这条线就是

① 李大钊：《阶级竞争与互助》，《李大钊全集》第 2 卷，第 356 页。
② 李大钊：《我的马克思主义观》，《李大钊全集》第 3 卷，第 35 页。
③ 李大钊：《少年中国的少年运动》，《李大钊全集》第 3 卷，第 12 页。

达到世界大同的通衢，就是人类共同精神联贯的脉络。……
这条线的渊源，就是个性解放。个性解放，断断不是单为求
一个分裂就算了事，乃是为完成一切个性，脱离了旧绊锁，重
新改造一个普通广大的新组织。一方面是个性解放，一方面
是大同团结。这个性解放的运动，同时伴着一个大同团结的
运动。这两种运动，似乎是相反，实在是相成。①

要求个性解放是人道主义和民主主义的实质，大同团结是社会主
义的理想。不论是西方还是中国，近代社会的进化都遵循着共同
的轨道：开始于要求个性解放的反封建的斗争，随后又兴起了社
会主义的运动，而其目标就在于实现既有个性自由又有大同团结
的社会新秩序，也就是达到《共产党宣言》中所说的"每个人的自
由发展是一切人的自由发展的条件"②的联合体。

李大钊以唯物史观为依据，提出了崭新的革命人生观。

李大钊以为，历史观和人生观是密切联系着的。他说，在无
始无终的历史长河中，"乃有我，乃有我的生活"，我的人生有什么
意义？它的趋向是什么？这些问题只有在明察历史的真象与规
律之后，才能作出正确回答。"故历史观者，实为人生的准据，欲
得一正确的人生观，必先得一正确的历史观。"③

他认为，旧史观与新史观（即唯心史观与唯物史观）给人以截
然不同的人生观：

① 李大钊：《平民主义》，《李大钊全集》第 4 卷，第 122 页。
② 马克思、恩格斯：《共产党宣言》，《马克思恩格斯选集》第 1 卷，第 294 页。
③ 李大钊：《史观》，《李大钊全集》第 4 卷，第 252 页。

一则给人以怯懦无能的人生观，一则给人以奋发有为的人生观。这全因为一则看社会上的一切活动与变迁全为天意所存，一则看社会上的一切活动和变迁全为人力所造，这种人类本身具有的动力可以在人类的需要中和那赖以满足需要的方法中认识出来。①

就是说，唯心史观把历史演变的动因归之天意或变相的天意，只能使人养成懦弱无能的人生态度；而唯物史观从人类的物质生活和物质生活资料的生产方式中认识了历史进化的动力，看到了历史是劳动人民所创造。这就使人们认识到："现在已是我们世界的平民的时代了，我们应该自觉我们的势力，赶快联合起来，应我们生活上的需要，创造一种世界的平民的新历史。"②于是"我"主动地与人民群众结合为一，与历史发展的趋向结合为一，这便有了奋发有为的人生观。

在李大钊看来，由于唯物史观科学地阐明了现实与理想的关系，这就给人生观以双重的影响：一方面，它要求人们以科学的态度对待历史和现实生活，正是"这种科学的态度，造成我们脚踏实地的人生观"③。另一方面，它给人们指明了历史进化的方向，"我们在此进步的世界中、历史中，即不应该悲观，不应该拜古，只应该欢天喜地的在这只容一趟过的大路上向前行走，前途有我们的光明，将来有我们的黄金世界。这是现代史学给我们的乐天努进

---

① 李大钊：《唯物史观在现代史学上的价值》，《李大钊全集》第 3 卷，第 220—221 页。
② 李大钊：《唯物史观在现代史学上的价值》，《李大钊全集》第 3 卷，第 221—222 页。
③ 李大钊：《史学要论》，《李大钊全集》第 4 卷，第 444 页。

的人生观"①。

反对天命而强调人力,强调实事求是和为理想而奋勇前进,这可以说是对中国近代优秀革命传统的继承和发扬。但在李大钊这里,这种革命的人生观已建立在唯物史观的基础上,便有了超越以前的革命家的地方。这突出地表现在他提出了"尊劳主义"和群众"自己解放自己"的观点。

李大钊同许多反封建的思想家一样,肯定"避苦求乐,是人性的自然,背着自然去做,不是勉强,就是虚伪"②。他反对"忍苦的人生观"和假道学,主张"求乐的人生观才是自然的人生观,真实的人生观"。但是,怎样求乐呢? 他说:

> 我觉得人生求乐的方法,最好莫过于尊重劳动。一切乐境,都可由劳动得来,一切苦境,都可由劳动解脱。③

这就是他所谓"尊劳主义"。在他看来,劳动是一切物质财富的源泉,而精神方面的一切苦恼,也可以由劳动来排除。但是,现在的社会却是"少数劳动的人,所得的结果,都被大多数不劳动的人掠夺一空",劳动者成了"最苦痛最悲惨的人"④。因此,必须用革命的手段来推翻剥削制度,建立一种"劳工神圣"的组织,使大家能从劳动中得到快乐。

---

① 李大钊:《史学要论》,《李大钊全集》第 4 卷,第 445 页。
② 李大钊:《现代青年活动的方向》,《李大钊全集》第 2 卷,第 318 页。
③ 同上注。
④ 李大钊:《现代青年活动的方向》,《李大钊全集》第 2 卷,第 319 页。

　　同时，李大钊根据马克思主义观点，强调劳动者要自求解放，不能乞求统治者的恩赐。他说：

　　　　真正的解放，不是央求人家"网开三面"，把我们解放出来，是要靠自己的力量，抗拒冲决，使他们不得不任我们自己解放自己。不是仰赖那权威的恩典，给我们把头上的铁锁解开，是要靠自己的努力，把他打破，从那黑暗的牢狱中，打出一道光明来。[1]

这里所说，包含有后来中国共产党人所十分重视的群众观点。共产党人不能把群众看作阿斗，以诸葛亮自居，而应该启发群众为自己的解放事业进行自觉的斗争。李大钊还指出，对群众决不能用压服的办法："压服的事，由于强力；悦服的事，由于意志；被动的事，操之自人；自由的事，主之自我。"[2]就是说，要使群众心悦诚服地接受马克思主义的教育，认识自己的力量，出于自由意志，积极主动地参加解放事业，这才是"自己解放自己"。

　　以上几个方面可以说明，李大钊不是单纯地介绍唯物史观的基本观点，而是把它同中国近代哲学传统有机地联系起来。由此我们可以看到，中国近代哲学由进化论向唯物史观转变，是一种合乎逻辑的发展，犹如水到渠成。同时，李大钊讲唯物史观，丝毫没有教条气息，而是一种面向现实、切近人生的革命学说。正因为如此，他使马克思主义在中国获得了一个富于生机的开端，显

————————

[1] 李大钊：《真正的解放》，《李大钊全集》第 2 卷，第 363 页。
[2] 李大钊：《平民主义》，《李大钊全集》第 4 卷，第 119 页。

出了强大的生命力。

　　当然,正因为李大钊是从旧营垒转变过来的,他的马克思主义著作中就难免掺杂有一些非马克思主义思想的残余,他对唯物史观的理解也难免有不够精确的地方。例如,他在《由经济上解释中国近代思想变动的原因》一文中讲南道文明与北道文明,未免夸大了地理环境的作用。又如,在《物质变动与道德变动》一文中,他讲道德"乃是社会的本能",而这种社会的本能"也不是人类特有的,乃是动物界所同有的"[1]。这种提法包含有社会达尔文主义的残余。不过,这些都是次要的东西。正如鲁迅早已指出的,李大钊的某些观点在后人看来"未必精当","他的遗文却将永住,因为这是先驱者的遗产,革命史上的丰碑"。[2]

五、在"问题与主义"的论战中批评实用主义

　　在 1919 年,在马克思主义开始在中国传播时,胡适发表了《多研究些问题,少谈些"主义"》一文。他说:"空谈好听的'主义',是极容易的事情,是阿狗阿猫都能做的事,是鹦鹉和留声机都能做的事。"[3]他从实用主义观点出发,说"主义"只是些"抽象名词",认为不去研究人力车夫的生计之类的具体问题而高谈什么"根本解决","这是自欺欺人的梦话! 这是中国思想界破产的铁证! 这是中国社会改良的死刑宣告!"[4]这显然是用资产阶级的改良主义反

---

① 李大钊:《物质变动和道德变动》,《李大钊全集》第 3 卷,第 103 页。
② 鲁迅:《守常全集题记》,《鲁迅全集》第 4 卷,第 540 页。
③ 胡适:《多研究些问题,少谈些"主义"》,季羡林编:《胡适全集》第 1 卷,安徽教育出版社 2003 年版,第 325 页。
④ 胡适:《多研究些问题,少谈些"主义"》,《胡适全集》第 1 卷,第 327 页。

对马克思主义的社会革命论。

胡适的文章发表以后，很快就遭到了李大钊的反驳。李大钊写了《再论问题与主义》。他说：

> "问题"与"主义"，有不能十分分离的关系。……我们的社会运动，一方面固然要研究实际的问题，一方面也要宣传理想的主义。这是交相为用的，这是并行不悖的。[1]

他还说，中国的社会已经达到了一切机能都已闭止的地步，惰性很大，腐朽不堪。这样的社会，"恐怕必须有一个根本解决，才有把一个一个的具体问题都解决了的希望"[2]。这样，他就用马克思主义的社会革命论反对了资产阶级改良主义。

在文章中，李大钊坚持马克思主义唯物史观，提出"经济问题的解决是根本的解决"。如果实现了经济变革，那么其他许多的具体问题如女子解放问题、家族制度问题、法律问题等等就可以跟着解决。李大钊进一步指出经济的变动是必然的，是不能免的，但它必须通过"阶级竞争"，依靠"工人联合的实际运动"才能实现。如果没有工人联合的实际运动，那经济的变动便不能实现。所以，"在根本的解决之前，还须有相当的准备活动才是"[3]，即必须先作发动群众和组织群众的准备。

同时，李大钊还从理论联系实际的观点出发，指出：主义是要

---

① 李大钊：《再论问题与主义》，《李大钊全集》第 3 卷，第 1—2 页。
② 李大钊：《再论问题与主义》，《李大钊全集》第 3 卷，第 6 页。
③ 李大钊：《再论问题与主义》，《李大钊全集》第 3 卷，第 7 页。

灵活运用的。把民主主义或社会主义的理想运用到实际的政治上去，"那就因时、因所、因事的性质情形，有些不同"①。就是说，拿主义作工具，用以指导实际的运动，必须发生一种适应环境的变化。所以，"一个社会主义者，为使他的主义在世界上发生一些影响，必须要研究怎么可以把他的理想尽量应用于环绕着他的实境"②。当然，鹦鹉学舌、假冒牌号的人是存在的，但这不能归罪于主义。他说：

> 王麻子不能因为旺麻子等也来卖刀剪，就闭了他的剪铺。王正大不能因为汪正大等也来贩茶叶，就歇了他的茶庄。开荒的人，不能因为长了杂草毒草，就并善良的谷物花草一齐都收拾了。我们又何能因为安福派也来讲社会主义，就停止了我们正义的宣传？因为有了假冒牌号的人，我们愈发应该一面宣传我们的主义，一面就种种问题研究实用的方法，好去本着主义作实际的运动，免得阿猫、阿狗、鹦鹉、留声机来混我们，骗大家。③

以上这些观点反映了李大钊当时的马克思主义水平，他用马克思主义的社会革命论反对了资产阶级的改良主义，用唯物史观反对了庸俗进化论，用理论联系实际的唯物主义认识论反对了实用主义。这是中国的马克思主义者对非马克思主义学者的第一

---

① 李大钊：《再论问题与主义》，《李大钊全集》第 3 卷，第 3 页。
② 同上注。
③ 李大钊：《再论问题与主义》，《李大钊全集》第 3 卷，第 4 页。

次重要论战（而且是学者之间的一次真正自由的争鸣）。李大钊在批判中简要地阐明了马克思主义哲学的观点，为解决"中国向何处去"的问题指明了方向，所以他的这篇文章具有特别重要的意义。

李大钊英勇就义时，在绞刑架下痛斥反动派："不能因为你们今天绞死了我，就绞死了伟大的共产主义！我们已经培养了很多同志，如同红花的种子，撒遍各地！我们深信，共产主义在世界、在中国，必然要得到光荣的胜利！"[1]共产主义运动在中国才刚开始，然而这是一个生机蓬勃的开始，种子已撒遍各地，壮丽的前景即将展现，它的胜利是必然的。李大钊说过："我们的扬子江、黄河，可以代表我们的民族精神。扬子江及黄河遇见沙漠、遇见山峡都是浩浩荡荡的往前流过去，以成其浊流滚滚，一泻万里的魄势。"[2]哲学是民族精神的精华。我们民族的生命如大江、长河一样，无畏地冲过障碍，战胜险境，向着共产主义的目标浩荡前进；我们民族的哲学也如大江、长河一样，具有"浊流滚滚、一泻万里的魄势"，无畏地奔赴共产主义的真理。这种魄势的造成，是同李大钊等一批杰出的革命思想家的"雄健的精神"分不开的。他们为革命真理而英勇斗争，不惜牺牲自己的生命。他们用鲜血写成哲学诗篇，他们的崇高的人格体现于哲学的传统之中，就使得中国近代哲学的主流，具有特别雄健的精神和战斗的品格。

---

① 《李大钊传》编写组编：《李大钊传》，人民出版社1979年版，第220—221页。
② 李大钊：《艰难的国运与雄健的国民》，《李大钊全集》第4卷，第375页。

第三节　陈独秀：由进化论到唯物史观

在五四新文化运动的主要领导人中，除李大钊外，陈独秀也接受了马克思主义，经历了由进化论到唯物史观的转变。

陈独秀（1879—1942），字仲甫，安徽怀宁（今安庆）人。1913年参加反对袁世凯的斗争，失败后流亡日本。1915年回上海，创办和主编《青年》杂志，提出科学和民主口号，反对尊孔复古思潮和军阀统治，对新文化运动起了极其重要的作用。1916年受蔡元培的聘请，任北京大学文科学长。五四运动后，开始接受马克思主义。1921年中国共产党成立，当选为总书记。在第一次国内革命战争后期，犯了严重的右倾机会主义错误，并进行分裂党的活动。1929年1月被开除出党。1932年至1937年被国民党逮捕监禁。在狱中和出狱后，始终保持革命者的节操。其著作甚多，编为《独秀文存》、《陈独秀文章选编》等①。

一、由革命民主主义到马克思主义

陈独秀在"五四"时期有很高的威望。他也经历了由革命民主主义到马克思主义的转变。不过，他的转变比李大钊要晚一些。陈独秀在《青年》杂志创刊号的《敬告青年》一文中提出了科

---

① 《独秀文存》，共4册，上海亚东图书馆1922年出版，多为《新青年》上发表过的文章。关于陈独秀的著作，现已查到论文、诗歌、演讲辞、信件、电文共1600余篇。1984年三联书店出版《陈独秀文章选编》3册，收入1024篇。2013年人民出版社出版《陈独秀文集》，共4卷，是目前收录陈独秀著述最完备的版本。

学与人权（民主）的口号。他说："国人而欲脱蒙昧时代,羞为浅化之民也,则急起直追,当以科学与人权并重。"[①]他认为,近代西方的文明的精髓在于科学和民主,这两者好比"舟车之有两轮",是不能偏废的。后来,他在 1919 年《〈新青年〉罪案之答辩书》一文中又讲到,《新青年》几年来遭受种种非难,被看作是"离经叛道的异端,非圣无法的叛逆",[②]蒙有破坏孔教,破坏礼法,破坏国粹,破坏旧伦理、旧宗教、旧文学、旧政治等等的罪名。他说:

> 但是追本溯源,本志同人本来无罪,只因为拥护那德莫克拉西（Democracy）和赛因斯（Science）两位先生,才犯了这几条滔天的大罪。[③]

他指出,西洋人由于拥护德先生和赛先生,闹革命、流血牺牲,才得以脱离黑暗,走向光明世界。同样,"我们现在认定只有这两位先生,可以救治中国政治上道德上学术上思想上一切的黑暗"[④]。为了拥护这两位先生,"一切政府的压迫,社会的攻击笑骂,就是断头流血,都不推辞"[⑤]。这表明,陈独秀在当时确实是一个非常勇敢的激进的革命民主主义者。

　　陈独秀站在革命民主主义的立场上来比较中西文化的特点。

---

① 陈独秀:《敬告青年》,任建树主编:《陈独秀著作选编》第 1 卷,上海人民出版社 2009 年版,第 162 页。
② 陈独秀:《〈新青年〉罪案之答辩书》,《陈独秀著作选编》第 2 卷,第 10 页。
③ 同上注。
④ 陈独秀:《〈新青年〉罪案之答辩书》,《陈独秀著作选编》第 2 卷,第 11 页。
⑤ 同上注。

他说:"西洋民族以战争为本位,东洋民族以安息为本位"①;"西洋
民族以个人为本位,东洋民族以家族为本位"②;"西洋民族以法治
为本位,以实利为本位;东洋民族以感情为本位,以虚文为本
位"③。他认为中西民族在文化上的根本差别在于:西方人提倡斗
争,主张人力胜天,而中国人则退缩苟安,顺从命运;西方人追求
个性自由、人人平等,而中国人以家族为本位,受宗法的束缚;西
方人崇尚功利主义,讲究法治,而中国人以伦常关系为唯一准则,
受虚伪的礼教约束。这种东西文化比较的理论,大体上也为李大
钊等人所赞同④,可以说是对严复的观点的继承和发展。不过,陈
独秀比严复有更加强烈的斗争性。他当时迫切盼望在中国实现
一次法国大革命那样的社会革命。他说:"美利坚力战八年而独
立;法兰西流血数十载而成共和,此皆吾民之师资。"⑤

　　陈独秀对社会上尊孔复古的逆流发动了猛烈的攻击,成了打
倒孔家店的先锋。他认为,孔教与帝制有着不可离散之因缘,而
孔教和民主是绝不可以调和的。他说:"盖共和立宪制,以独立平
等自由为原则,与纲常阶级制为绝对不可相容之物,存其一必废
其一。"⑥又说:"吾人倘以新输入之欧化为是,则不得不以旧有之
孔教为非。倘以旧有之孔教为是,则不得不以新输入之欧化为

① 陈独秀:《东西民族根本思想之差异》,《陈独秀著作选编》第 1 卷,第 193 页。
② 陈独秀:《东西民族根本思想之差异》,《陈独秀著作选编》第 1 卷,第 194 页。
③ 陈独秀:《东西民族根本思想之差异》,《陈独秀著作选编》第 1 卷,第 195 页。
④ 李大钊的《东西文明根本之异点》说:"东洋文明主静,西洋文明主动。""一为自然的,一
　 为人为的;一为安息的,一为战争的;一为消极的,一为积极的;一为依赖的,一为独立
　 的;一为苟安的,一为突进的;……"。李大钊:《东西文明根本之异点》,《李大钊全集》第
　 2 卷,第 211 页。
⑤ 陈独秀:《抵抗力》,《陈独秀著作选编》第 1 卷,第 181 页。
⑥ 陈独秀:《吾人最后之觉悟》,《陈独秀著作选编》第 1 卷,第 204 页。

非。新旧之间,绝无调和两存之余地。"①这些言论不仅把欧化与孔教看作决不能两存,而且把中和西、古和今看成是绝对对立,不可调和的。这无疑是把问题绝对化了,有形而上学的倾向。不过,也要看到,在当时为了冲击数千年的传统思想,就需要有这种斗争精神。这是新文化运动前期的陈独秀的主张。

自十月社会主义革命胜利后到五四运动前夕,陈独秀的思想逐渐有了变化,他在 1919 年 4 月发表的《随感录·二十世纪俄罗斯的革命》中讲到:"十八世纪法兰西的政治革命,二十世纪俄罗斯的社会革命,当时的人都对着他们极口痛骂;但是后来的历史家,都要把他们当做人类社会变动和进化的大关键。"②陈独秀当时欢呼十月革命,而且初步有了共产主义的思想。到了 1920 年夏、秋,在他发表《谈政治》这篇论文的时候,已经态度鲜明地站在马克思主义的立场上了。他是当时的社会主义论战和无政府主义论战的实际组织者。他在驳斥张东荪、梁启超等人的社会改良主义和批判黄凌霜等人的无政府主义的斗争中,坚决主张中国应走十月革命的道路,发动无产阶级革命,以求实现无产阶级专政。他在 1920 年 11 月关于劳动专政的通信中说:

> 现在有许多人拿"德谟克拉西"和"自由"等口头禅来反对无产的劳动阶级专政,我要问问他们的是:（一）经济制度革命以前,大多数的无产劳动者困苦不自由,是不是合于"德谟克拉西"?（二）经济制度革命以后,凡劳动的人都得着自

---

① 陈独秀:《答佩剑青年(孔教)》,《陈独秀著作选编》第 1 卷,第 311 页。
② 陈独秀:《随感录》,《陈独秀著作选编》第 2 卷,第 80 页。

由,有什么不合乎"德谟克拉西"?①

陈独秀这时所有的"德先生"这一词,已经超越了资产阶级民主的概念,包含着社会主义民主的内容。可见他已经由激进的革命民主主义转变到了马克思主义的立场。

与此相应,在哲学上,他也经历了由进化论到唯物史观的转变。

二、进化论与现实主义(经验主义)

在新文化运动的前期,陈独秀的激进的革命民主主义也是以进化论作为哲学基础的。他说:"自英之达尔文,持生物进化之说,谓人类非由神造,其后递相推演,生存竞争优胜劣败之格言,昭垂于人类,人类争吁智灵,以人胜天,以学理构成原则,自造其祸福,自导其知行,神圣不易之宗风,任命听天之惰性,吐弃无遗,而欧罗巴之物力人功,于焉大进。"②就是说,进化论反对了宗教,反对了任命听天,教导人们要以智力胜天,自造幸福,自求富强。正是因为有了达尔文的进化论,生存竞争、优胜劣败的理论促进了西方社会文明的进化,于是欧洲的生产和科学都迅速发展。陈独秀也把进化论看作是一种宇宙观。他说,"自宇宙之根本大法言之,森罗万象,无日不在演进之途"③,认为自然界和人类社会、物质现象和精神现象,都遵循着新陈代谢的进化法则。

---

① 陈独秀:《答柯庆施》,《陈独秀著作选编》第 2 卷,第 297 页。
② 陈独秀:《法兰西人与近世文明》,《陈独秀著作选编》第 1 卷,第 165 页。
③ 陈独秀:《敬告青年》,《陈独秀著作选编》第 1 卷,第 159—160 页。

　　陈独秀的进化论思想的特点，首先在于他特别强调了抗争、战斗。他说：

　　　　万物之生存进化与否，悉以抵抗力之有无强弱为标准。优胜劣败，理无可逃。[1]

　　　　世界——战场，人生——恶斗。一息尚存，决无逃遁苟安之余地。[2]

在他看来，万物能否生存，能否进化，全看它是否具有生存斗争的力量。在这优胜劣败、弱肉强食的战场中，"奋斗乃人生之职，苟安为召乱之媒"[3]。所以，他号召：中国的青年应"自居征服地位"，而不要"自居被征服地位"；应做"征服者"，而不应做"被征服者"[4]。他认为，中国人太缺乏斗争精神，甘心于听天由命、安心于被奴役的地位，而造成这种状况的主要原因就在于长期的封建专制统治和孔子学说的灌输，养成了国民的劣根性。不改变这种劣根性，中国人就无法在世界上获得独立、自主的地位。

　　陈独秀运用进化论为武器，指出中国人要培养革命斗争精神，就必须冲破各种传统思想的束缚。他抨击"老尚雌退，儒崇礼让，佛说空无"等等[5]；他也反对基督教，反对鬼神迷信，写了《有鬼论质疑》等文，宣传无神论的思想。这些都表现了启蒙思想家的

① 陈独秀：《抵抗力》，《陈独秀著作选编》第1卷，第178页。
② 陈独秀：《抵抗力》，《陈独秀著作选编》第1卷，第181页。
③ 陈独秀：《抵抗力》，《陈独秀著作选编》第1卷，第180页。
④ 陈独秀：《一九一六年》，《陈独秀著作选编》第1卷，第198页。
⑤ 陈独秀：《抵抗力》，《陈独秀著作选编》第1卷，第181页。

斗争精神。

为了培养斗争精神，陈独秀甚至鼓吹"兽性精神"，断言人不但应有人性，而且应有兽性。他说："强大之族，人性，兽性，同时发展。其他或仅保兽性，或独尊人性，而兽性全失，是皆堕落衰弱之民也。"[1]为什么要讲兽性？兽性的特长是什么呢？他说，所谓兽性就是：一、"意志顽狠，善斗不屈"；二、"体魄强健，力抗自然"；三、"信赖本能，不依他为活"；四、"顺性率真，不饰伪自文"。[2] 他赞美了野兽般的斗志、体力和本能冲动。他以为，按照进化论，"吾人之心，乃动物的感觉之继续。人间道德之活动，乃无道德的冲动之继续。"[3]人的精神是动物感觉的继续和发展，人的道德是动物本能冲动的继续和发展，所以讲道德不能离开本能，讲人性不能离开兽性。这些话是有针对性的，目的在于鼓励人斗争，但在理论上有片面性。因为人性不仅是兽性的继续，而且也是兽性的克服，人性是随社会实践的发展而发展着的。

陈独秀的进化论思想的特点，还在于它是和"现实主义"相联系着的。在《今日之教育方针》一文中，他用生物科学解释人生，以为个体有生灭，物种则遗传，"知吾身现实之生存，为人类永久生命可贵之一隙，非常非暂，益非幻非空"[4]，于是便产生一种现实主义精神。他写道：

---

① 陈独秀：《今日之教育方针》，《陈独秀著作选编》第 1 卷，第 174 页。
② 同上注。
③ 同上注。
④ 陈独秀：《今日之教育方针》，《陈独秀著作选编》第 1 卷，第 172 页。

现实世界之内有事功，现实世界之外无希望。唯其尊现实也，则人治兴焉，迷信斩焉：此近世欧洲之时代精神也。此精神磅礴，无所不至：见之伦理道德者，为乐利主义；见之政治者，为最大多数幸福主义；见之哲学者，曰经验论，曰唯物论；见之宗教者，曰无神论；见之文学美术者，曰写实主义，曰自然主义。一切思想行为，莫不植基于现实生活之上。古之所谓理想的道德的黄金时代，已无价值之可言。①

这里，他把伦理学上的功利主义、快乐论，政治上要求谋取最大多数人的最大幸福，哲学上的经验论、唯物论，宗教问题上的无神论，文艺上的现实主义和自然主义，都看作是具有现实主义精神。他以为，"一切思想行为，莫不植基于现实生活之上"②，这就是欧洲近代文明的时代精神，而理想主义的时代则已不复返了。显然，陈独秀的现实主义的基本倾向是唯物主义的，但他和严复相似，也受了实证论的影响。

陈独秀把现实和理想、科学和想象对立起来。他说："科学者何？吾人对于事物之概念，综合客观之现象，诉之主观之理性而不矛盾之谓也。想象者何？既超脱客观之现象，复抛弃主观之理性，凭空构造，有假定而无实证，不可以人间已有之智灵，明其理由，道其法则者也。"③显然，他未免过于低估了想象的作用，把科学与想象截然割裂开来了。但他正确地肯定科学要"事事求诸证

---

① 陈独秀：《今日之教育方针》，《陈独秀著作选编》第1卷，第172页。
② 同上注。
③ 陈独秀：《敬告青年》，《陈独秀著作选编》第1卷，第162页。

实",肯定真理是客观的,不是凭想象构造出来的。他认为,科学是理性可以把握的,人的智慧能"明其理由,道其法则",可以进行逻辑论证,而决不违背矛盾律。这是唯物主义的态度。不过,陈独秀讲的"理性",与李大钊有所不同。如果说,李大钊的理性主义,主张自我之光明、民彝之智察和自作主宰,比较地接近于自称是"新思想界之陈涉"的梁启超的话,那么,陈独秀的进化论则明显地是严复"天演哲学"的发展。陈独秀的进化论是与经验论结合在一起的,在逻辑上特别重视归纳法。陈独秀说:"今欲学术兴,真理明,归纳论理之术,科学实证之法,其必代圣教而兴欤。"[1]这与严复的思想是多么相似。

　　这种经验论的倾向在伦理学上,就表现在主张功利主义的快乐论。在新文化运动前期,陈独秀以为,要改变那种以亡国贱奴自处的劣根性,关键在于进行启蒙教育,提高人们的伦理觉悟。他说:"伦理问题不解决,则政治学术,皆枝叶问题。纵一时舍旧谋新,而根本思想,未尝变更,不旋踵而仍复旧观者,此自然必然之事也。"[2]而"吾国伦理政治之根本"[3]就是孔教或礼教,所以他主张首先要打倒孔家店,推翻儒家以礼教为中心的伦理学说,而代之以新的伦理学说。他所谓"西洋民族以个人为本位","以实利为本位","东洋民族以家族为本位","以虚文为本位"[4],就是强调以西方为榜样,用主张个性解放的功利主义人生观来取代封建宗

① 陈独秀:《随感录》,《陈独秀著作选编》第 1 卷,第 427 页。
② 陈独秀:《宪法与孔教》,《陈独秀著作选编》第 1 卷,第 248 页。
③ 同上注。
④ 陈独秀:《东西民族根本思想之差异》,《陈独秀著作选编》第 1 卷,第 195—196 页。

法的以纲常教义为中心的人生观。

陈独秀重复着英国功利主义者的说法："人之生也，求幸福而避痛苦，乃当然之天则。……幸福之为物，既必准快乐与痛苦以为度，又必兼个人与社会以为量。"①因此，从人生的归宿来说，人的活动所要达到的目标就是"内图个性之发展，外图贡献于其群"②，既要力求个人幸福，个性自由，又要力图对社会作贡献，对他人有利。他写了一篇题为《人生真义》的论文，最后的结论是：

> 总而言之：人生在世，究竟为的甚么？究竟应该怎样？
> 我敢说道：个人生存的时候，当努力造成幸福，享受幸福；并且留在社会上，后来的个人也能够享受。递相授受，以至无穷。③

这就是当时资产阶级宣扬的合理的利己主义，要求在利己的基础上来利人。严复所倡导的也是这种理论。这种伦理学说认为："社会是个人集成的，除去个人，便没有社会；所以个人的意志和快乐，是应该尊重的。"④——第一，应该尊重个人快乐。每个人按天性都力求避免痛苦，追求幸福、快乐，这是道德的基础。道德行为就是要使自己和别人都获得快乐，使最大多数人获得最大的快乐。第二，应该尊重个人意志。道德责任以意志自由为前提，所

---

① 陈独秀：《新青年》，《陈独秀著作选编》第1卷，第209页。
② 同上注。
③ 陈独秀：《人生真义》，《陈独秀著作选编》第1卷，第387页。
④ 陈独秀：《人生真义》，《陈独秀著作选编》第1卷，第386页。

以要尊重人的意志,亦即尊重个人独立自主的人格。陈独秀批评封建礼教说:"君为臣纲,则民于君为附属品,而无独立自主之人格矣;父为子纲,则子于父为附属品,而无独立自主之人格矣;夫为妻纲,则妻于夫为附属品,而无独立自主之人格矣。"①就是说,按照儒家的三纲说,为臣、为子和为妻的都成了他人的附属品,没有独立的人格,完全失去了自由意志。所以封建礼教只能养成"以己属人之奴隶道德"。他还指出,伦理学上的个人人格独立是以经济上的个人财产独立为基础的。他说:"现代伦理学上之个人人格独立,与经济学上之个人财产独立,互相证明,其说遂至不可摇动。""西洋个人独立主义,乃兼伦理经济二者而言,尤以经济上个人独立主义为之根本也。"②他认为建立在个人财产独立基础上的个人人格独立的伦理、道德,才是自由人的道德。而按纲常教义,"为人子为人妻者,既失个人独立之人格,复无个人独立之财产"③,当然只能培养奴隶的根性。

陈独秀的伦理学说具有反封建的时代意义,但也有其局限性。他说:

> 执行意志,满足欲望,自食色以至道德的名誉,都是欲望。是个人生存的根本理由,始终不变的。此处可以说"天不变,道亦不变"。④

---

① 陈独秀:《一九一六年》,《陈独秀著作选编》第 1 卷,第 199 页。
② 陈独秀:《孔子之道与现代生活》,《陈独秀著作选编》第 1 卷,第 266 页。
③ 同上注。
④ 陈独秀:《人生真义》,《陈独秀著作选编》第 1 卷,第 386 页。

这是说：一是个人有独立人格，自由意志；二是个人所追求的幸福、快乐，能得到满足——这两条是"个人生存的根本理由"。失去这两条，便失去人生意义。他把"执行意志，满足欲望"看作是人性的始终不变的要求，以为这可以说是"天不变，道亦不变"的。这当然是抽象人性论观点。而且，他还把意志形而上学化，认为"众星各葆有其离力而不相并，万物各驱除其灾害而图生存，人类以技术征服自然"①，都是"各从其意志之欲求，以与自然相抗"②。他说："抵抗力者，万物各执着其避害御侮自我生存之意志，以与天道自然相战之谓也。"③在陈独秀看来，人与动物以至星球，都具有意志力，都在那里"从其意志之欲求"，与自然作斗争。这便陷入了唯意志论。

陈独秀的进化论尽管有上述缺点，但由于它富于革命斗争精神，并与现实主义相联系，所以显得生气勃勃。他尊重科学的实证精神，肯定"现实世界之内有事功"，以为哲学、伦理道德、政治、文学艺术，都要"植基现实生活之上"，这里便包含有向唯物史观转化的可能性。

三、向唯物史观的转变

前面已说，大约在 1920 年，陈独秀转变到了马克思主义的立场上来。在社会主义论战和无政府主义论战中，他大力宣传科学社会主义，而科学社会主义的理论基础是唯物史观。

---

① 陈独秀：《抵抗力》，《陈独秀著作选编》第 1 卷，第 178 页。
② 同上注。
③ 同上注。

　　下面着重论述陈独秀是如何运用唯物史观原理来回答心物关系、群己关系这两个问题的。

　　首先，心物关系——进化与革命、自然与人为的关系。

　　在社会主义的论战中，张东荪根据罗素的说法，以为中国唯一病症就是贫穷，所以首先应当开发实业以增加财富，至于谈社会主义，那是日后的事。这其实是用资产阶级改良主义来反对社会主义。陈独秀在《致罗素、张东荪的信》中指出，改良主义在中国是行不通的。"象中国这样知识幼稚没有组织的民族，外面政治的及经济的侵略又一天紧迫似一天，若不取急进的Rcvolution，时间上是否容我们渐进的 Evolution 呢?"①就是说，客观的社会条件和紧迫形势不允许中国走渐进的进化道路，而只能采取急进的革命方式。他认为，中国的贫困和危机，"除了中国劳动者联合起来组织革命团体，改变生产制度，是无法挽救的。"②

　　这里牵涉到进化和革命的关系问题。蔡和森为此写信给陈独秀，说："马克思主义的骨髓，在综合革命说与进化说（Revolution and Evolution）。专持革命说则必流为感情的革命主义，专持进化说则必流为经济的或地域的投机派主义。"陈独秀对此表示首肯，他回信说：

　　　　尊论所谓"综合革命说与进化说"，固然是马克思主义的骨髓，也正是有些人对于马克思主义怀疑的一个最大的要害。怀疑的地方就是：马克思一面主张人为的革命说，一面

①　陈独秀：《关于社会主义的讨论》，《陈独秀著作选编》第 2 卷，第 307 页。
②　同上注。

又主张唯物史观，类乎一种自然进化说，这两说不免自相矛盾。鄙意以为唯物史观是研究过去历史之经济的说明，主张革命是我们创造将来历史之最努力最有效的方法，二者似乎有点不同。唯物史观固然含有自然进化的意义，但是他的要义并不只此，我以为唯物史观底要义是告诉我们：历史上一切制度底变化是随着经济制度底变化而变化的。①

陈独秀指出，按照唯物史观，历史的自然进化可归结为经济制度的演变，其他一切制度都是随着经济制度的变化而变化的；而革命就在于依据这种自然进化的法则来创造未来，人类"创造历史之最有效最根本的方法，即经济制度的革命"②。他从自然和人为、物质和精神的关系来讲进化和革命，以为唯物史观并不是一种"挨板的自然进化说"③，并不是"完全机械论的哲学"④；"我们固然不能忘了自然进化的法则，然同时我们也不能忘了人类确有利用自然法则来征服自然的事实"⑤。人在历史的进化法则面前也不是无能为力，人有主观能动性，能够依据历史法则来对社会进行革命改造。

早期陈独秀的唯物主义倾向，表现在一般地肯定"一切思想行为，莫不植基于现实生活之上"，而这时他已前进了一大步，认识到现实生活的基础是社会经济制度，"一切制度、文物、时代精

---

① 陈独秀：《答蔡和森》，《陈独秀著作选编》第 2 卷，第 411 页。
② 同上注。
③ 陈独秀：《答蔡和森》，《陈独秀著作选编》第 2 卷，第 412 页。
④ 同上注。
⑤ 陈独秀：《答蔡和森》，《陈独秀著作选编》第 2 卷，第 411 页。

神的构造都是跟着经济的构造变化而变化的,经济的构造是跟着生活资料之生产方法变化而变化的"①。并且,他根据唯物史观来论述科学的社会主义,强调了自然和人力的统一、科学和革命方法的统一。一方面,他指出,社会主义将取代资本主义"是能够在客观上说明必然的因果,不是在主观上主张当然的理想,这是马克思社会主义和别家空想的社会主义不同之要点"②,马克思关于通过阶级斗争实现社会主义制度变革的学说"乃指人类历史进化之自然现象,并非一种超自然的玄想"③;另一方面,他又指出:"历史先生仅仅指教我们一条可走的路,并未曾造好一条现成的路给我们去走;因为这条路上荆棘满地,障碍重重;我们努力开辟荆棘,扫除障碍,然后才可以通行。"④

　　他说,我们并不主张"同时一跳,就跳到共产主义的路上去"⑤,而应该根据各民族的不同特点来采取不同的步骤,中国人从组织共产党一直到实现共产主义社会,其间须经过许多步骤,可能有许多曲折,"但每个步骤都必须采用革命的方法,不可采用改良的方法,这是革命的马克思派之特色"⑥。

　　陈独秀原来讲现实主义,有把现实和理想截然割裂的倾向,此时他在一定程度上克服了这种缺点。他说,马克思的学说和行

---

① 陈独秀:《马克思学说》,《陈独秀著作选编》第 2 卷,第 445 页。
② 陈独秀:《马克思学说》,《陈独秀著作选编》第 2 卷,第 446 页。
③ 同上注。
④ 陈独秀:《关于社会主义问题——在广东高师的讲演》,《陈独秀著作选编》第 3 卷,第 80 页。
⑤ 陈独秀:《关于社会主义问题——在广东高师的讲演》,《陈独秀著作选编》第 3 卷,第 83 页。
⑥ 同上注。

为有两大精神：第一，实际研究的精神，第二，实际活动的精神。①
也就是说，马克思主义的真精神在于科学性与革命性的统一。不
过，陈独秀对这一点的理解是不深刻的。他在谈到马克思的科学
精神时说：

> 欧洲近代以自然科学证实归纳法，马克思就以自然科学
> 的归纳法应用于社会科学。马克思搜集了许多社会上的事
> 实，一一证明其原理和学说。所以现代的人都称马克思的学
> 说为科学的社会学，因为他应用自然科学归纳法研究社会
> 科学。②

他以为，马克思的唯物史观和社会主义的科学性，就在于应用了
自然科学归纳法来研究社会现象。虽然陈独秀也讲到归纳法与
演绎法"应该互为应用"，但他片面强调了归纳法，而且完全没有
提到辩证法。从这里可以看出，陈独秀实际上未能克服他的现实
主义中所包含的实证论或经验论倾向。正是这一点，成了他后来
犯错误的重要思想根源。

其次，群己关系——自由与制裁、个人与社会的关系。

在马克思主义与无政府主义的论战中，无政府主义者反对
马克思主义的无产阶级专政学说，主张根本废除国家、法律和一
切社会制裁，宣传无政府主义的社会是自由的联合，人人都可以
自由加入，自由退出。针对这种主张，陈独秀批评说："绝对自由

---

① 陈独秀：《马克思的两大精神》，《陈独秀著作选编》第 2 卷，第 453—454 页。
② 陈独秀：《马克思的两大精神》，《陈独秀著作选编》第 2 卷，第 453 页。

就不能联合,要联合就不能绝对自由。"①就经济来说,"无政府主义者用这种没有强制力的自由联合来应付最复杂的近代经济问题,试问怎么能够使中国底农业工业成为社会化? 怎么能够调节生产致使不至过剩或不足? 怎么能够制裁各生产团体使不至互相冲突?"②就政治来说,"社会制度初变更的时候,应受教育的人而不肯受教育,有劳动能力的人而不肯劳动,要不要加以法律的干涉呢? 监守公物而自盗,强力迫胁不悦己的妇女,这种人无论到何时代恐怕都有,应不应加以法律的制裁呢?"③

这里牵涉到自由和制裁、个人和社会的关系问题。陈独秀说:

> 人类自有二人以上之结合以来,渐渐社会的发达至于今日,试问物质上精神上那一点不是社会底产物? 那一点是纯粹的个人的? 我们常常有一种特别的见解和一时的嗜好,自以为是个性的,自以为是反社会的,其实都是直接、间接接受了环境无数的命令才发生出来的。④

就是说,个性的东西也是社会的产物。所谓"反社会的"主张,"不

---

① 陈独秀:《社会主义批评——在广州公立法政学校演讲》,《陈独秀著作选编》第2卷,第346页。
② 陈独秀:《社会主义批评——在广州公立法政学校演讲》,《陈独秀著作选编》第2卷,第346—347页。
③ 陈独秀:《社会主义批评——在广州公立法政学校演讲》,《陈独秀著作选编》第2卷,第347页。
④ 陈独秀:《随感录》,《陈独秀著作选编》第2卷,第315—316页。

听命于人"的思想,仍然是社会存在的反映。按照这种观点,他认为"个人不能够自己自由解放,就是一团体也不能够自由解放"①。最切实的办法,就是依据马克思主义的唯物史观来努力改造社会。

他从唯物史观来看历史上的伟大人物,指出孔子、释迦牟尼、耶稣等人都是社会的产物。孔子的学说何以不发生在欧洲、印度,而发生在中国? 陈独秀以为,这是因为中国的气候土壤适于农业,农业劳动组织产生家族主义,根据家族主义而有孔子的伦理学说。所以,"孔子的学说思想决不是他自己个人发明的,孔子的学说思想所以发生在中国也决非偶然之事,……这完全是有中国的社会才产生孔子的学说,决不是有孔子的学说才产生中国的社会。"②他说,亚里士多德虽然伟大,但由于生活在古希腊奴隶社会,竟也主张奴隶制度不可废;一个人生活在资本主义制度下,无论道德如何高尚,也会受资产阶级思想影响。杰出人物如此,一般人物就更不用说了。他说:"社会差不多是个人底模型,个人在社会里,方圆大小都随着模型变,所以我敢说如果社会不善,而个人能够独善,乃是欺人的话。"③"模型"云云,有点说得太绝对了。但他的用意在说明:社会支配着个人;要改善个人,就必须改革社会制度,所以应当积极投身社会革命。

但陈独秀也不否认个人努力的作用。他在悼念列宁的文章中说:

---

① 陈独秀:《随感录》,《陈独秀著作选编》第 2 卷,第 316 页。
② 陈独秀:《新教育是什么?》,《陈独秀著作选编》第 2 卷,第 326 页。
③ 陈独秀:《新教育是什么?》,《陈独秀著作选编》第 2 卷,第 327—328 页。

　　个人的意志固然不能创造客观上不可能的东西,而在客观上可能的范围以内,却有个人意志回旋的余地,并且必须有此个人的努力及天才的创见,这客观上的可能才能够适当的实现。人们的意志是人们物质的生活关系造成的;人们的历史是人们贪欲无厌的意志造成的。这是我们所相信之历史的唯物论和机械的唯物论不同之点。……人造的历史和机械的影戏不同,我们决不可陷于机械的唯物之误解,说列宁之生死存殁和俄罗斯革命事业绝无影响。①

这里所说,基本上是符合唯物史观的。不过,对他所说的"人们的意志是人们物质的生活关系造成的,人们的历史是人们贪欲无厌的意志造成的"两句话,却须作一点分析。陈独秀过去讲人都是"执行意志,满足欲望",以为人人"各从其意志之欲求"进行奋斗,而此时他认识到"人们的意志是人们物质的生活关系造成的",所以不能光凭个人意志求自由解放,而应从改造社会着手。这便比他原来的观点前进了一大步。但是,他的改变又是不彻底的,他认为,"历史由人们贪欲无厌的意志造成",这表明他实际上未能克服抽象的人性论和唯意志论的倾向。他批评了无政府主义者的人性皆善的命题,而主张人性(包括天性和习性)有善也有恶,以为人有利他的本能,也有利己的本能,并说:"我看人类无论理

---

① 陈独秀:《列宁之死》,《陈独秀著作选编》第3卷,第202—203页。

性如何发展，本能是不会衰减的。"①所以在他看来，由人们贪欲无厌的意志造成的种种活动，往往是出于本能或习性的盲目冲动，而并不是都合乎理性的。他说：

> 群众心理都是盲目的，无论怎样大的科学家，一旦置身群众，便失了理性，这是心理学说及我们眼见的许多事实可以证明的。用一二人可以利用的群众心理一时感情所造成之公众意见，来代替那经过长久时间理性的讨论及多数议决之法律，不能说不是无政府主义最大的缺点之一。②

他对无政府主义的批评是对的。群众心理确有其盲目和无理性方面，而利用群众心理落后面的"一二人"往往是置身群众之外的野心家；真正的革命者、科学家则必须保持清醒的头脑，不使"个人的意识为群众心理所压迫"，而变为"被动的无意识的随着群众走"。但陈独秀未免过分夸大群众心理的落后方面。他以为，"公众的意见，非万不得已断然不可轻用"。③甚至说："有史以来革命成功的，无一不是少数人压服了多数人。"④陈独秀蔑视群众的力量，低估群众的觉悟，这种独断论的唯意志论倾向，也是他后来犯错误的重要思想根源。

总之，陈独秀在"五四"新文化运动中勇猛无畏地同封建传统

① 陈独秀：《答郑贤宗》，《陈独秀著作选编》第 2 卷，第 296 页。
② 陈独秀：《讨论无政府主义》，《陈独秀著作选编》第 2 卷，第 399 页。
③ 陈独秀：《讨论无政府主义》，《陈独秀著作选编》第 2 卷，第 408 页。
④ 陈独秀：《讨论无政府主义》，《陈独秀著作选编》第 2 卷，第 406 页。

思想斗争,到建党时期已基本上转变成为马克思主义者。他运用唯物史观回答了中国近代哲学史中的心物关系和群己关系问题。但他的转变是不彻底的,在哲学上未能克服经验论和唯意志论倾向。与李大钊相比,陈独秀的马克思主义理论水平要逊色得多。至于他在"科学与人生观论战"中的表现,我们在本章第六节中再加以论述。

第四节 胡适的实验主义

在马克思主义哲学传入中国的同时,当代西方的资产阶级哲学流派也在中国得到了传播。实用主义经胡适的介绍与发挥,在"五四"时期产生了比较大的影响。

胡适(1891—1962),字适之,原名洪骍。安徽绩溪人。早年受到严复、梁启超思想的影响。曾留学美国,从杜威学习哲学,接受了实用主义。1917 年回国后任北京大学教授,讲授中国哲学史。同时参加《新青年》编辑部,成为五四新文化运动的著名人物。但他对马克思主义和中国共产党领导的人民革命一直持批评、反对态度。抗战期间,任驻美大使。1946 年任北京大学校长。1948 年去美国,后回台湾,直至病逝。主要著作有《胡适文存》、《胡适论学近著》、《中国哲学史大纲》(卷上)等[①]。

---

① 《胡适文存》,上海亚东图书馆出版,共三集 17 卷。第一集四卷出版于 1921 年,第二集四卷出版于 1924 年,第三集九卷出版于 1930 年。《胡适论学近著》,上海商务印书馆1935 年出版。《中国哲学史大纲》(卷上),上海商务印书馆 1919 年出版。2003 年,安徽教育出版社出版《胡适全集》,共 44 卷。全集除包含曾发表、出版的胡适论著、创作、书信、日记、译文以及英文写作的文章外,还辑录多种未刊稿。

一、"评判的态度"

在新文化运动初期，胡适倡导文学革命，反对封建文化，是有功绩的。他写《文学改良刍议》，宣称："以今世历史进化的眼光观之，则白话文学之为中国文学之正宗，又为将来文学必用之利器，可断言也。以此之故，吾主张今日作文作诗，宜采用俗语俗字。与其用三千年前之死字，不如用二十世纪之活字；与其作不能行远不能普及之秦、汉、六朝文字，不如作家喻户晓之《水浒》、《西游》文字也。"[1]这确实如他自己所说，是"有意的主张白话文学"，为"古文死了两千年"发了讣告[2]。文学革命的旗帜，主要是由胡适和陈独秀共同举起来的。同时，胡适也参加了反对孔教的战斗。他推崇陈独秀和吴虞为攻击孔教"最有力的两位健将"，并说："正因为二千年吃人的礼教法制都挂着孔丘的招牌，故这块孔丘的招牌——无论是老店，是冒牌——不能不拿下来，槌碎，烧去！"[3]

但是，随着新文化运动的发展，胡适却从反封建的立场倒退了，由鼓吹改良主义进而公开站到反对马克思主义一边去了。在马克思主义开始在中国传播时，胡适便提出"多研究些问题，少谈些'主义'"[4]，反对李大钊提出的中国社会问题要作根本解决的主张。这场"问题与主义"的论战，是资产阶级的改良主义与马克思

---

[1] 胡适：《文学改良刍议》，《胡适全集》第 1 卷，第 15 页。
[2] 胡适：《五十年来中国之文学》，《胡适全集》第 2 卷，第 329 页。
[3] 胡适：《〈吴虞文录〉序》，《胡适全集》第 1 卷，第 763 页。
[4] 胡适：《问题与主义》，《胡适全集》第 1 卷，第 324 页。

主义的社会革命论的论战。对此，前面已经作了论述。

胡适主张对中国传统应采取"评判的态度"，以为这种态度就是新思潮的根本意义。他说，"对于习俗相传下来的制度、风俗"，"对于古代遗留下来的圣贤教训"，"对于社会上糊涂公认的行为与信仰"等，都应采取评判的态度。"重新估定一切的价值"——这八个字"便是评价的态度的最好解释"。① 他宣称：

> 评判的态度只认得一个是与不是，一个好与不好，一个适与不适，——不认得什么古今中外的调和。②

这种评判的态度在当时有其反封建的积极意义，本来无可厚非，但是胡适在同一篇文章又写道：

> 十部《纯粹理性的评判》，不如一点评判的态度；十篇《赢余价值论》，不如一点研究的兴趣；十种"全民政治论"，不如一点独立思想的习惯。③

这就过分强调"评判的态度"、"研究的兴趣"、"独立思想的习惯"而忽视基本理论，陷入了片面性。可见，胡适所说的"评判态度"是具有两重性的。

《新思潮的意义》写于 1919 年，这以后，胡适越来越向右转。

---

① 胡适：《新思潮的意义》，《胡适全集》第 1 卷，第 692 页。
② 胡适：《新思潮的意义》，《胡适全集》第 1 卷，第 698 页。
③ 胡适：《新思潮的意义》，《胡适全集》第 1 卷，第 696 页。

到 1930 年，他发表《我们走那条路》，认为中国人面对的是五大仇敌，或者叫五大恶魔："第一大敌是贫穷。第二大敌是疾病。第三大敌是愚昧。第四大敌是贪污。第五大敌是扰乱。"①他说："这五大仇敌之中，资本主义不在内，因为我们还没有资格谈资本主义。资产阶级也不在内，因为我们至多有几个小富人，那有资产阶级？封建势力也不在内，因为封建制度早已在二千年前崩坏了。帝国主义也不在内，因为帝国主义不能侵害那五鬼不入之国。"②总之，在他看来，中国人民的敌人不是什么封建势力，也不是什么帝国主义，而是贫穷、疾病、愚昧、贪污、扰乱。这"五鬼"确是中国人的大敌。不过，他认为要打倒这些"鬼"，只能"一步一步的作自觉的改革，在自觉的指导下一点一滴的收不断的改革之全功。"③这就是说，只能作社会改良，不能进行政治革命。他还说，"今日所谓'革命'，真所谓'天下多少罪恶假汝之名以行'"④。他攻击当时的革命者"只是抓住几个抽象名词在那里变戏法"⑤，是"'目的热'而'方法盲'"⑥。他说："被孔丘、朱熹牵着鼻子走，固然不算高明；被马克思、列宁、斯大林牵着鼻子走，也算不得好汉。"⑦确实不应被人牵着鼻子走。但是胡适当时说这话，含有对马克思主义的敌意。

---

① 胡适：《我们走那条路》，《胡适全集》第 4 卷，第 458 页。
② 同上注。
③ 胡适：《我们走那条路》，《胡适全集》第 4 卷，第 468 页。
④ 胡适：《我们走那条路》，《胡适全集》第 4 卷，第 465 页。
⑤ 同上注。
⑥ 胡适：《介绍我自己的思想》，《胡适全集》第 4 卷，第 661 页。
⑦ 胡适：《介绍我自己的思想》，《胡适全集》第 4 卷，第 673 页。

就文化上的古今中西之争来说,胡适在《先秦名学史》①中提出了比较通达的见解。他说:

> 真正的问题可以这样说:我们应怎样才能以最有效的方式吸收现代文化,使它能同我们的固有文化相一致、协调和继续发展? ……这个大问题的解决,就我所能看到的,唯有依靠新中国知识界领导人物的远见和历史连续性的意识,依靠他们的机智和技巧,能够成功地把现代文化的精华与中国自己的文化精华联结起来。②

当时胡适主张中西文化汇合论,认为只有把西方现代文化的精华与中国固有文化的精华内在地联结起来,才能建立我们的新文化。如果那西方新文化被看作是从外国输入、强加于中国的,中国人总是感到不自在。所以重要的是要在中国文化中找到那"可以有机地联系现代欧美思想体系的合适的基础"③,只有这样,我们才能"以最有效的方式吸收现代文化"。拿哲学来说,胡适以为,通过中西哲学的比较研究,可以预期:"中国哲学的将来,有赖于从儒学的道德伦理和理性的枷锁中得到解放"④,而在先秦的"非儒学派"(墨家、名家等)中,"可望找到移植西方哲学和科学最

---

① 《先秦名学史》,是胡适留学美国哥伦比亚大学时用英文写成的博士论文,写于1915—1917年。1922年上海亚东图书馆以英文刊行。1983年12月,学林出版社出版由《先秦名学史》翻译组译、李匡武校的《先秦名学史》中文版。
② 胡适:《先秦名学史》,《胡适全集》第5卷,第10—11页。
③ 胡适:《先秦名学史》,《胡适全集》第5卷,第11页。
④ 同上注。

佳成果的合适土壤。关于方法论问题，尤其是如此"①。这是他写《先秦名学史》的指导思想。后来，他在《中国哲学史大纲（卷上）·导言》中也说，"我们今日的学术思想，有这两个大源头：一方面是汉学家传给我们的古书；一方面是西洋的新旧学说。这两大潮流汇合以后，中国若不能产生一种中国的新哲学，那就真是辜负了这个好机会了。"②胡适没有、也不可能建立"中国的新哲学"，但他致力于从先秦墨家、名家的逻辑以及清代汉学家的治学方法中，寻找"移植西方哲学和科学的最佳成果的合适土壤"，是有成绩的；他讲"两大潮流汇合"，并不是"古今中外的调和"，而是要使中西文化的精华有机地结合起来，这种见解也有其合理成分。

但胡适后来对民族文化越来越采取虚无主义的态度。他比较了中西文明，认为"东方的文明的最大特色是知足。西洋的近代文明的最大特色是不知足"③。"一边是安分，安命，安贫，乐天，不争，认吃亏；一边是不安分，不安贫，不肯吃亏，努力奋斗，继续改善现成的境地。"④这里所说的差不多是"五四"时期反封建一派人物的共同观点。可是胡适走到了极端，"赞成全盘西化"⑤。所谓全盘西化，就是主张全盘资本主义化，认为英美、西方的什么都

---

① 胡适：《先秦名学史》，《胡适全集》第 5 卷，第 12 页。
② 胡适：《中国古代哲学史》，《胡适全集》第 5 卷，第 201 页。
③ 胡适：《我们对于西洋近代文明的态度》，《胡适全集》第 3 卷，第 13 页。胡适曾把《我们对于西洋近代文明的态度》用英文改写为《东西文化之比较》，于熙俭将此译为中文，载于台北华欣文化事业中心出版的《胡适》一书。
④ 胡适：《我们对于西洋近代文明的态度》，《胡适全集》第 3 卷，第 12 页。
⑤ 胡适以为，确切的提法应是"充分世界化"。他说："我赞成'全盘西化'，原意只是因为这个口号最近于我十几年来'充分'世界化的主张。"胡适：《充分世界化与全盘西化》，《胡适全集》第 4 卷，第 585 页。

好,中国、东方的什么都坏。在《漫游的感想》(1930年)中,说他到了哈尔滨,看见哈尔滨的"道里"(原租界地区)与"道外"的区别:道外的街道上都是人力车;而一到道里,便只见电车和汽车,不见人力车。"这不是东方文明与西方文明的交界点吗? 东西洋文明的界线只是人力车文明与摩托车文明的界线。"①意思是说,租界地区里是摩托车文明,用机械来代替人力,而中国人管理的地方一直是用人力拉东洋车;被外国人强占的租界是好的,进步的,而中国人自己统治的地方是坏的,落后的。他到了美国,更是赞不绝口,说:"美国是不会有社会革命的,因为美国天天在社会革命之中"②;在美国"人人都可以做有产阶级,故阶级战争的煽动不发生效力"③。还说,美国的劳工代表"站在大庭广众之中歌颂他的时代为人类有史以来最好的时代"④,等等。在胡适看来,我们中国人什么都不如人,而资本主义世界是尽善尽美的。中国的出路只有自己认错,死心塌地效法英美,而决不能搞反帝反封建的社会革命。显然,这种论调虽有激而发,却是错误的。

以上说明,胡适在政治立场和对于古今中西之争的态度上,是具有两重性的。胡适基本上是一个自由主义者。

二、实用主义的世界观和真理论

胡适在哲学上是实用主义者(他自己愿意用"实验主义"这个

① 胡适:《漫游的感想》,《胡适全集》第3卷,第35页。
② 胡适:《漫游的感想》,《胡适全集》第3卷,第39页。
③ 胡适:《漫游的感想》,《胡适全集》第3卷,第40页。
④ 胡适:《漫游的感想》,《胡适全集》第3卷,第41页。

词），以杜威为代表的实用主义是实证论的一个流派。胡适在《五十年来之世界哲学》一文中说：

> 我个人观察十九世纪中叶以来的世界思潮，自不能不认达尔文、赫胥黎一派的思想为哲学界的一个新纪元。自从他们提出他们的新实证主义来，第一个时期是破坏的，打倒宗教的权威，解放人类的思想。所以我们把赫胥黎的存疑主义特别提出来，代表这第一时期的思想革命。第二个时期是新实证主义的建设时期：演化论的思想侵入了哲学的全部，实证的精神变成了自觉的思想方法，于是有实验主义的哲学。这两个时期是五六十年哲学思想的两个大浪。①

这一段话，大体代表了胡适对19世纪中叶以来的世界哲学史的看法。他以为这一时期的世界哲学的主流是实证论，可分为两个阶段，代表人物就是赫胥黎和杜威。所以他说："我的思想受两个人的影响最大：一个是赫胥黎，一个是杜威先生。"②他自以为是继承他们两人的。

赫胥黎是著名的进化论者。胡适说，进化论思想侵入到了哲学的全部。不过他又说，"这六十年来，哲学家所用的'进化'观念仍旧是海智尔（Hegel）的进化观念，不是达尔文《物种由来》的进化观念。到了实验主义一派的哲学家，方才把达尔文一派的进化观念拿到哲学上来应用；拿来批评哲学上的问题，拿来讨论真理，

---

① 胡适：《五十年来之世界哲学》，《胡适全集》第2卷，第381页。
② 胡适：《介绍我自己的思想》，《胡适全集》第4卷，第658页。

拿来研究道德。"①这就是说,他所说的进化论思想侵入哲学的全部,指的是杜威讲的进化,而不是马克思讲的进化。马克思主义的进化观念批判地继承了黑格尔的辩证法的进化观念,而这是胡适所反对的。胡适认为,应该像杜威那样,把"进化"了解为生物学的进化,把"经验"了解为生物应付环境的办法,于是对哲学上的问题采取评判的态度,便见到真理、道德等等都是随环境的改变而改变的。这就是他所谓"进化观念在哲学上应用的结果便发生了一种历史的态度"(The Genetic Method)。②

我们不妨将李大钊、陈独秀、鲁迅来和胡适比较一下:虽然他们都讲进化,但却持两种进化的观点,或者说,是代表了进化观的两个不同的发展方向。在李大钊、陈独秀、鲁迅那里,进化论发展为唯物史观;而胡适讲进化论侵入哲学,则是指实验主义和多元论的历史观。实验主义所谓生物应付环境的经验是在不断变化的,所以道德和真理都是变化的、相对的,须用"历史演化的眼光"来看待它们;至于演化的原因,则是多元的。这显然是一种实证论的观点。

实证论各流派的共同特点就是打着反对"形而上学"的旗号,对哲学的根本问题采取一笔抹煞的态度,断言唯物、唯心的斗争是没有意义的。胡适在《实验主义》一文里说,杜威"把欧洲近世哲学从休谟(Hume)和康德(Kant)以来的哲学根本问题一齐抹煞,一齐认为没有讨论的价值。一切理性派与经验派的争论,一切唯心论和唯物论的争论,一切从康德以来的知识论,在杜威的

---

① 胡适:《实验主义》,《胡适全集》第1卷,第282页。
② 同上注。

眼里,都是不成问题的争论,都可'以不了了之'"①。他还不止一次地引用杜威的话:"如果哲学不弄那些'哲学家的问题'了,如果哲学变成解决'人的问题'的哲学方法了,那时候便是哲学光复的日子到了。"②

　　当然,实证论(包括实用主义)说自己是超越唯物论和唯心论的,其实并没有超越。譬如杜威,他以经验为第一原理,而"经验就是生活,生活就是人与环境的交互行为,就是思想的作用指挥一切能力,利用环境,征服它,约束它,支配它"③。这显然是唯心主义的经验观念。实用主义的特点在于把经验看成是人征服环境的活动,或者说"是人应付环境的事业"。④ 杜威认为,经验不只是记着经过了的事,活的经验是试验的,伸向未来的;经验不是和思想相反的东西,有意识的经验都包含推论的作用。所以,"经验是向前的,不是回想的;是推理的,不是完全堆积的;是主动的不是静止的,也不是被动的;是创造的思想活动,不是细碎的记忆帐簿。"⑤这样的经验观念,比起古典的经验论的观念来,是更具有进取、冒险的性质。但是,以为经验是主观的,而世界是由经验构造出来的,则是同实证论其他流派一样的。胡适引用詹姆士的观点,说:"实在是一个很服从的女孩子,他百依百顺的由我们替他涂抹起来,装扮起来。'实在好比一块大理石到了我们手里,由我

---

① 胡适:《实验主义》,《胡适全集》第 1 卷,第 300—301 页。
② 胡适:《五十年来之世界哲学》,《胡适全集》第 2 卷,第 380 页。
③ 胡适:《实验主义》,《胡适全集》第 1 卷,第 304 页。
④ 胡适:《实验主义》,《胡适全集》第 1 卷,第 302 页。
⑤ 同上注。

们雕成什么像。'"①他进一步说："实验主义（人本主义）的宇宙是一篇未完的草稿，正在修改之中，将来改成怎样便怎样，但是永永没有完篇的时期。……实验主义的宇宙是还在冒险进行的。"②就是说，经验是冒险的活动，人凭主观不断地改变宇宙的草稿，不断地打扮、涂抹实在，世界是由人凭主观来改变的。这显然是一种主观唯心主义的世界观。胡适基本上是重述美国实用主义者的理论，没有什么创造。

实用主义从主观唯心主义出发来讲真理论，提出"有用即真理"的论点。在实用主义看来，"一个观念的意义完全在那观念在人生行为上所发生的效果"③。从皮耳士以来的实用主义者都认为，一切有意义的思想都会在行为上发生效果，转过来，效果就是那思想的意义。所以效果就是真理的标准，有效果的就是真的，没有效果的就是假的，真理就是一些"最适用的假设"。胡适认为，没有客观的、绝对的真理，真理都是一些"人造的最方便的假设"。他说：

真理原来是人造的，是为了人造的，是人造出来供人用的，是因为他们大有用处所以才给他们"真理"的美名的。④

真理不过是对付环境的一种工具；环境变了，真理也随时改变。宣统年间的忠君观念已不是雍正、乾隆年间的忠君

① 胡适：《实验主义》，《胡适全集》第 1 卷，第 298 页。
② 同上注。
③ 胡适：《五十年来之世界哲学》，《胡适全集》第 2 卷，第 365 页。
④ 胡适：《实验主义》，《胡适全集》第 1 卷，第 294 页。

观念了；民国成立以来，这个观念竟完全丢了，用不着了。……我们人类所要的知识，并不是那绝对存在的"道"哪，"理"哪，乃是这个时间，这个境地，这个我的这个真理。那绝对的真理是悬空的，是抽象的，是笼统的，是没有凭据的，是不能证实的。①

这是实用主义和相对主义的真理论。胡适强调观念、知识和真理的相对性，举了政治、伦理上的忠君观念为例，并且指出：古代哲学家追求悬空的绝对的真理，这个人说是"道"，那个人说是"理"，还有人说是"气"、"无"、"太极"或"上帝"等等，都是"没有凭据、不能证实"的。胡适这种相对主义在当时具有反封建教条、反形而上学的意义，有其积极的成分。但是，他所说的"这个时间、这个境地、这个我的这个真理"，无非是对付环境的一种办法；他说"这一类'这个真理'是实在的，是具体的"②，其实是主观唯心主义的"实在"（而非唯物主义的"实在"观念）和经验主义的"具体"（而非辩证法的"具体"观念）。所以从根本上说，胡适的真理论是错误的。

三、以"大胆的假设，小心的求证"为核心的方法论

胡适在"五四"时期的主要贡献，一个是提倡白话文，另一个是提出了一套方法论。方法论固然是受世界观的制约的，但也不能将二者简单地等同起来。胡适在方法论上，既受了西方近代科

---

① 胡适：《实验主义》，《胡适全集》第 1 卷，第 281 页。
② 胡适：《实验主义》，《胡适全集》第 1 卷，第 282 页。

学方法的洗礼，又继承了中国传统，特别是乾嘉学派的方法，他把二者有机地结合起来，使人感到颇为新鲜、亲切，在当时产生了比较广泛的影响。他将此运用于中国哲学史的研究和《红楼梦》的考证等，取得了一定的成绩。虽然他是实用主义者，世界观上是唯心主义的，但我们对他的方法论还应具体分析。

胡适十分重视方法论的研究。他说：

> 哲学是受它的方法制约的，也就是说，哲学的发展是决定于逻辑方法的发展的。①
>
> 一种科学的精神全在他的方法。方法是活的，是普遍的。我们学一种科学，若单学得一些书本里的知识，不能拿到怎样求得这些知识的方法，是没有用的，是死的。……古人说，"鸳鸯绣取从君看，不把金针度与人。"这是很可鄙的态度。我们提倡学术的人应该先把"金针"送给人家，然后让他们看我们绣的鸳鸯，然后教他们大家来绣一些更好更巧妙的鸳鸯。②

就是说，哲学和科学的发展都取决于方法的发展，只有拿到金针，才能绣出鸳鸯，只有掌握了逻辑方法和科学方法，才能在哲学和科学领域里作出创造发明。那么，胡适要"度与人"的"金针"是什么呢？按照他自己的提法，可分三点来说。

第一，"拿证据来"！

---

① 胡适：《先秦名学史》，《胡适全集》第 5 卷，第 6 页。
② 胡适：《国语文法概论》，《胡适全集》第 1 卷，第 444—445 页。

胡适根据赫胥黎的"存疑主义"，提出了"拿证据来"的口号。他说：

> 赫胥黎的存疑主义是一种思想方法，他的要点在于注重证据。对于一切迷信，一切传统，他只有一个作战的武器，是"拿出证据来"。①

> 只有那证据充分的知识，方才可以信仰，凡没有充分证据的，只可存疑，不当信仰。这是存疑主义的主脑。②

我们知道，赫胥黎的不可知论（即存疑主义）曾被恩格斯称为"'羞羞答答的'唯物主义"③。它确实有唯物主义的一面，有它的实事求是精神的一面。而"实事求是"，"无证不信"，也正是清代朴学所一贯强调的。正如梁启超所概括的那样，朴学家学风的首要特色在于"凡立一义，必凭证据；无证据而以臆度者，在所必摈"④。所以，胡适"拿证据来"的口号，正是赫胥黎的存疑主义和乾嘉学派的科学精神的结合。

胡适在《古史讨论的读后感》中说，求得真相的方法只有一条路："就是寻求证据。只有证据的充分与不充分是他们论战胜败的标准，也是我们信仰与怀疑的标准。"⑤他以为有了这一标准，就可以进行"自觉的评判"。胡适当时用"拿证据来"来对待传统的

---

① 胡适：《五十年来之世界哲学》，《胡适全集》第 2 卷，第 366 页。
② 胡适：《五十年来之世界哲学》，《胡适全集》第 2 卷，第 358 页。
③ 恩格斯：《社会主义从空想到科学的发展》，《马克思恩格斯选集》第 3 卷，第 701 页。
④ 梁启超：《清代学术概论》，《饮冰室合集》专集之三十四，第 8 册，第 34 页。
⑤ 胡适：《古史讨论的读后感》，《胡适全集》第 2 卷，第 102 页。

圣贤教训、制度风俗以及公认的行为与信仰等等，这种评判的态度，具有反封建的意义。就方法论本身来说，进行自觉的评判，便要反对主观武断的态度。胡适说：

> 历史家只应该从材料里，从证据里，去寻出客观的条理。如果我们先存一个"理"在脑中，用理去"验"事物，那样的"理"往往只是一些主观的意见。①

这话近乎戴震的口气。胡适认为，是从证据中求理，还是以主观意见为理，这是两种根本对立的方法。梁漱溟在《东西文化及其哲学》一书中说，"我是先自己有一套思想再来看孔家诸经的；看了孔经，先有自己的意见再来视宋明人书的；始终拿自己的思想作主。"②梁漱溟的思想方法是，始终从自己的主见出发来看儒家经典、宋明理学以及中外古今各家学说。他宣称："吾自有见而为此说，今人或未必见谅，然吾亦岂求谅于今人者？"③对此，胡适批评说："凡过信主观的见解的，大概没有不武断的。他既自有见而为此说，又自己声明不求谅于今人，我们还有什么话可说呢？"④胡适指出，梁漱溟关于西洋、中国、印度三系文化的公式只是"闭眼的笼统话"，"他的根本缺陷只是有意要寻一个简单公式，而不知

---

① 胡适：《古史讨论的读后感》，《胡适全集》第 2 卷，第 108 页。
② 梁漱溟：《东西文化及其哲学》，《梁漱溟全集》第 1 卷，山东人民出版社 2005 年版，第 540 页。
③ 梁漱溟：《东西文化及其哲学》，《梁漱溟全集》第 1 卷，第 527 页。
④ 胡适：《读梁漱溟先生的〈东西文化及其哲学〉》，《胡适全集》第 2 卷，第 240 页。

简单公式决不能笼罩一大系的文化"①。梁漱溟凭主观意见来构造文化公式，把这笼统的公式往三大系文化上套，当然要对许多事实材料"闭眼不见"②。胡适对梁漱溟的独断论方法的批评，是有道理的。

不过，"拿证据来"的口号有另一方面的作用。胡适说："从前禅宗和尚曾说，'菩提达摩东来，只要寻一个不受人惑的人'。我这里千言万语，也只是要教人一个不受人惑的方法。"③这话是针对马克思主义而发的。他回顾"问题与主义"的论战，说："我所预料的种种危险，——'目的热'而'方法盲'，迷信抽象名词，把主义用作蒙蔽聪明停止思想的绝对真理——一一都显现在眼前了。"④他攻击辩证法是"玄学方法"，攻击马克思主义是主观武断，"武断的虚悬一个共产共有的理想境界"，⑤只能使人"蒙蔽聪明、停止思想"。他要用他的"科学方法"来反对马克思主义者的"目的热"，说："赫胥黎教人记得一句'拿证据来！'我现在叫人记得一句'为什么？'"⑥以便引导青年人"不受人惑"，"不可再走错了思想的路子"等等⑦。所以，如果说他用存疑主义的"拿证据来"的口号来反对封建教条，批评梁漱溟独断论是有道理的话，那么，他用相对主义和怀疑论来反对马克思主义的唯物辩证法，那就错误了。他的这个口号具有明显的两重性。

① 胡适：《读梁漱溟先生的〈东西文化及其哲学〉》，《胡适全集》第 2 卷，第 246 页。
② 胡适：《读梁漱溟先生的〈东西文化及其哲学〉》，《胡适全集》第 2 卷，第 253 页。
③ 胡适：《介绍我自己的思想》，《胡适全集》第 4 卷，第 673 页。
④ 胡适：《介绍我自己的思想》，《胡适全集》第 4 卷，第 661 页。
⑤ 胡适：《介绍我自己的思想》，《胡适全集》第 4 卷，第 659 页。
⑥ 胡适：《介绍我自己的思想》，《胡适全集》第 4 卷，第 661 页。
⑦ 同上注。

　　在"拿证据来"这一存疑主义的前提下,胡适主张两个基本方法:一是"科学试验室的态度",即他所谓"大胆的假设,小心的求证"的方法;二是"历史的态度"①,即他所谓用历史演变的眼光来研究事物。下面我们分别讲这两条。

　　第二,"科学试验室的态度"。

　　杜威提出,人的思想方法可分为五步:"(一)疑难的境地;(二)指定疑难之点究竟在什么地方;(三)假定种种解决疑难的方法;(四)把每种假定所涵的结果,一一想出来,看那一个假定能够解决这个困难;(五)证实这种解决使人信用;或证明这种解决的谬误,使人不信用。"②胡适介绍了杜威这五步思想法,认为其中"最重要的就是第三步",即提出假设。第一、二步只是要引起种种假设,第四、五步则是对假设进行考察、批评,加以证验。胡适认为这五步,"从第一步到第三步,是偏向归纳法的"③;"从第三步到第五步是偏向演绎法的"④。所以,杜威的方法是归纳法和演绎法的结合。他说:

　　　　(形式逻辑)单教人牢记 AEIO 等等法式和求同求异等等细则,都不是训练思想力的正当方法。思想真正的训练,是要使人有真切的经验来作假设的来源;使人有批评判断种种假设的能力;使人能造出方法来证明假设的是非真假。⑤

---

①　胡适:《实验主义》,《胡适全集》第 1 卷,第 282—283 页。
②　胡适:《实验主义》,《胡适全集》第 1 卷,第 307 页。
③　胡适:《实验主义》,《胡适全集》第 1 卷,第 311 页。
④　同上注。
⑤　胡适:《实验主义》,《胡适全集》第 1 卷,第 312 页。

就是说，三段论的格式和穆勒五法都不足以训练思想力，真正的科学方法就在于提出假设来解决疑难，并且设法加以证实或者否证，所以杜威的五步实际上可概括为两句话："大胆的假设，小心的求证。"这是胡适的名言，也是他全部方法论的核心。

胡适独特的地方就在于把杜威的方法概括为十个字，并且把它和清代学者的治学方法沟通了。他说：

> 他们（清代朴学家——引者注）用的方法，总括起来，只是两点。(1)大胆的假设，(2)小心的求证。假设不大胆，不能有所发明。证据不充足，不能使人信仰。①

胡适以为，自顾炎武、阎若璩、乾嘉学派以至章太炎等，他们的考据、训诂的方法都是"由几个（有时只须一两个）同类的例引起一个假设，再求一些同类的例去证明那个假设是否真能成立：这是科学家常用的方法"②。他比较了汉学和宋学，指出："宋儒讲格物全不注重假设"③，而不能主动提出假设，便决不能有科学的发明。他说："汉学家的长处就在他们有假设通则的能力。因为有假设的能力，又能处处求证据来证实假设的是非，所以汉学家的训诂学有科学的价值。"④胡适认为，汉学家的方法是科学方法，并且着重指出"假设"的重要性。这是有道理的。不过，他以实用主义的

---

① 胡适：《清代学者的治学方法》，《胡适全集》第1卷，第388页。
② 胡适：《清代学者的治学方法》，《胡适全集》第1卷，第380页。
③ 胡适：《清代学者的治学方法》，《胡适全集》第1卷，第367页。
④ 胡适：《清代学者的治学方法》，《胡适全集》第1卷，第380页。

观点来解释乾嘉学派的方法，以为他们都是"大胆假设"，求证得来的真理都是"方便的假设"。这种说法却包含着错误。

如果我们拿近代实验科学的方法和由顾炎武奠定基础的考据方法加以比较，可以看出两者都是用的归纳论证的方法。顾炎武的考据方法，主要是根据对事实和文字资料的比较考订而提出独创的见解，即假设；然后找本证、旁证，看假设能否成立；如果证据多而有力，并无反证，便可信为定论，如果有有力的反证，那便抛弃这个假设。这和近代实验科学方法确是相通的。所以，胡适讲的有一定的道理。但是，实验科学的方法有两个优点：一是运用实验手段，二是运用数学方法。这是考据方法所不及的。

胡适虽讲一般科学方法都要有"实验室的态度"，但也指出了汉学家的考据不能用实验手段这一弱点。他写了一篇《治学的方法与材料》，说：

> 顾炎武、阎若璩规定了中国三百年的学术的局面；葛利略、解白勒、波耳、牛顿规定了西洋三百年的学术的局面。
>
> 他们的方法是相同的，不过他们的材料完全不同。顾氏、阎氏的材料全是文字的，葛利略一班人的材料是实物的。文字的材料有限，钻来钻去，总不出这故纸堆的范围；故三百年的中国学术的最大成绩不过是两大部《皇清经解》而已。实物的材料无穷，故用望远镜看天象，而至今还有无穷的天体不曾窥见；用显微镜看微菌，至今还有无数的微菌不曾寻出。……不但材料规定了学术的范围，材料并且可以大大地影响方法的本身。文字的材料是死的，故考证学只能跟着材

> 料走，虽然不能不搜求材料，却不能捏造材料。从文字的校勘以至历史的考据，都只能尊重证据，却不能创造证据。
>
> 自然科学的材料便不限于搜求现成的材料，还可以创造新的证据。实验的方法便是创造证据的方法。[①]

就是说，由于实验科学研究的是实物，可以利用实验手段去求证据，便不像考据学那样只能被动地跟着材料走。实验科学家可以主动地根据假设的理论来设计实验，在实验室里创造种种条件，"把证据逼出来"。胡适指出，实验的方法比考据的方法优越，就在于它不受现成材料的限制，能通过实验把证据逼出来，所以随着实验手段的进步，发展前途是无限的。胡适的这一论点是正确的。但是，他把中国人在明清之际未能像西方那样开创实验科学的局面简单地归之于运用的材料不同，这是一种比较肤浅的说法。中国当时没有产生像培根、笛卡儿、伽利略、开普勒、波义耳、牛顿那样的哲学家和科学家，这有它深刻的社会原因：当时中国由于封建统治力量的强大，虽有资本主义的萌芽，却未能得到发展。社会没有提供强大的动力，促使人去研究自然科学，物质生产也没有提供足够的实验手段；再加上程朱理学禁锢人的头脑，一般儒生把科学看成是雕虫小技，甚至是"玩物丧志"。所以，当时中国还没有发展近代实验科学的社会条件。胡适把顾炎武，阎若璩等未能制定出实验科学的方法，归之于使用的材料是文字，而不是实物，这未免把问题简单化了。

------

① 胡适：《治学的方法与材料》，《胡适全集》第3卷，第137页。

另外，实验科学方法的优越之处，还在于它运用数学方法。实验科学家在实验、观察中注意掌握确凿的数据，努力对事实材料进行数学的处理，形成数学的模型来表达假设，并且运用数学方法对假设进行严密论证、推导，并设计出可以验证假设的实验方案。当科学家这样做了之后，他的假设虽然还没有被证实，但是，已经是科学的假设了。譬如爱因斯坦提出相对论时，尽管他设计的实验方案还没有付诸实施，但大家已经觉得这是相当可信的科学假设，因为它已经过了严密的数学论证。所以，科学家在提出假设时固然要"大胆"，但并不是像胡适讲的那样只是一味的"大胆假设"。科学家力求使他的假设（假设作为创见，往往是凭直觉一下子获得的）成为"科学的假设"，而为要做到这一点，除了所根据的事实材料要确凿之外，很重要的一条，就是要对假设进行数学的论证，亦即进行形式逻辑的严密论证。如果科学的假设进一步在实验中得到证实，并跟其他已被证实的有关科学原理相一致，那么，假设就转化为科学的定理。

胡适只看到实验科学运用了实验手段这一点，而没有看到数学方法的重要性（至少他没有讲）。运用数学方法就是运用严格的演绎逻辑来进行论证、推导。胡适忽视了演绎逻辑，这说明他所理解的科学方法，即使剔除了他的实用主义，也只是一种经验归纳法。胡适是一个经验论者，尽管他说杜威的五步法是归纳与演绎的统一，但实际上是统一于归纳。前面说过，严复强调归纳法，说归纳法中有演绎工夫；章太炎强调形式逻辑，指出因明三支比量包含归纳。胡适比较接近于严复，主要是讲归纳法，而忽视了数学方法或演绎法。他讲大胆假设，而并不求假设经过演绎逻辑的严密论证而成为科学的假设。这说明他的方法论有经验主义倾向。

第三，"历史的态度"。

胡适所说的"历史的态度"也就是我们通常讲的历史主义的方法。他说：

> 进化观念在哲学上运用的结果，便发生了一种"历史的态度"（The Genetic Method）。怎么叫做"历史的态度"呢？这就是要研究事务如何发生，怎样来的，怎样变到现在的样子：这就是"历史的态度"。①

就是说，事物有一个历史的进化过程，其发生，演变，以至于到今天，经过了若干历史阶段，因而需要历史地加以考察。胡适在他的《中国哲学史大纲·导言》里讲了他的研究方法。他说："哲学史有三个目的"：（一）"明变。哲学史的第一要务，在于使学者知道古今思想沿革变迁的线索"。（二）"求因"。就是要"寻出这些沿革变迁的原因"。（三）"评判"。就是要"把每一家学说所发生的效果表示出来"，从这些效果看这些学说有些什么价值。② 他认为，运用历史的态度研究哲学史，就是要达到这三条。哲学史的研究是这样，其他如对《水浒传》的故事的考证，对包公的传说的研究，对井田制度的演变的考察等等，都要求用历史进化论的观点，来追溯其演变的历程，探索其演变的原因，并加以评判。这就

---

① 胡适：《实验主义》，《胡适全集》第 1 卷，第 282 页。
② 胡适：《中国古代哲学史·第一篇》，《胡适全集》第 5 卷，第 196—197 页。

是他说的历史的态度。

胡适把历史的态度规定为"明变、求因、评判"三个环节,有它的合理之处。这是从黄宗羲、浙东史学派演变下来的历史主义方法的发展,也是对王国维提出的"究其渊源,明其变化之迹"的方法的继承。但胡适明确地把历史的态度说成是进化论在方法论上的运用,并且把它看作一般的科学方法的有机组成部分,这就比前人更具有自觉性。

但是,用历史的态度来"明变,求因",是否能够把握因果的线索和揭示进化的规律,这取决于哲学家的历史观。梁启超要求揭示"人群进化之公理公例",王国维要求"究其渊源,明其变化之迹"。他们能达到哪一步,是受他们各人的历史观制约的。胡适讲哲学史的沿革变迁的原因,他列了三条:(甲)个人才性不同。(乙)所处的时势不同。(丙)所受的思想学术不同。① 他把一些原因并列地举出来,并没有说其中哪一个是主要的,也不认为这些原因之后还有更根本的原因。胡适主张多元论的历史观。他说:

> 我们治史学的人,知道历史事实的原因往往是多方面的,所以我们虽然极欢迎"经济史观"来做一种重要的史学工具,同时我们也不能不承认思想知识等事也都是"客观的原因",也可以"变动社会,解释历史,支配人生观。"②

这样一种多元论的历史观,对原因不分主次,不分根据与条件,不

---

① 胡适:《中国古代哲学史》,《胡适全集》第 5 卷,第 197 页。
② 胡适:《〈科学与人生观〉序》,《胡适全集》第 2 卷,第 224—225 页。

分本质联系与非本质联系，是资产阶级学者反对唯物史观的一种手法，它必然要导致胡适说的那种荒唐结论："他吐一口痰在地上，也许可以毁灭一村一族。他起一个念头，也许可以引起几十年的血战"①等等。而且，胡适以为马克思主义是"比那顽固的黑格尔更顽固"的东西，②因而他自然不可能懂得辩证法关于历史的方法和逻辑的方法相结合的原理。所以，胡适的"历史的态度"是不可能真正抓住历史演变的原因，揭示出历史演变的规律性的。

总之，胡适的方法论，包括"拿证据来"、"科学实验室的态度"和"历史的态度"，把乾嘉学派的治学方法与近代的实验科学方法联系起来，把中国传统的史学方法与进化论的应用联系起来，这就把方法论推进了一步。但是，胡适毕竟是个实用主义者。他离开了唯物主义的前提，忽视了实验科学如何运用数学方法、演绎逻辑以使假设成为科学的假设，他反对唯物史观，不懂得辩证法，当然也就不能真正把握历史发展的规律。因此，他的方法论也有明显的局限性。

第五节　梁漱溟的直觉主义

在"五四"时期的东西文化论战中，梁漱溟的观点和"新青年派"（陈独秀、胡适等）是相对立的。

梁漱溟（1893—1988），广西桂林人。早年潜心佛学，曾在北京大学主讲印度哲学。与辜鸿铭、梁启超等人同属"东方文化

---

① 胡适：《介绍我自己的思想》，《胡适全集》第4卷，第664页。
② 胡适：《介绍我自己的思想》，《胡适全集》第4卷，第659页。

派"。后来从事村治运动,提出改良主义的"乡村建设理论"。他始终是一个有骨气的爱国学者。主要著作有《印度哲学概论》、《东西文化及其哲学》、《中国文化要义》,以及近年出版的《人心与人生》①。

一、"东方文化派"的代表

梁漱溟在"五四"时期写的《东西文化及其哲学》,是"东方文化派"的代表作之一。这本著作试图探讨中西文化的哲学基础,其根本主张是用直觉主义为儒学辩护。这也是他以后一贯的态度。

梁漱溟回顾了西方文化输入中国的历史:起初只看见西洋火炮、铁甲、声、光、化、电的奇妙;进而提出废科举,兴学校,办实业;然后发展到效法西方进行政治制度的变革;到最近才认识到"最应做的莫过于思想之改革——文化运动","已然问到两文化最后的根本"了②。所谓"最后的根本"就是指东西文化的不同,应该从其哲学基础来说明。这确实提出了一个有意义的问题。

梁漱溟以为,当时陈独秀、胡适这些新派人物,都把中西文化的不同看成是同一条路线上的快慢的差别,认为西方人跑得快,东方人跑得慢。而在梁漱溟看来,东方人和西方人走的是不同的

---

① 《东西文化及其哲学》,商务印书馆 1922 年 1 月初版,2010 年 12 月再次由商务印书馆出版。《中国文化要义》,路明书店 1949 年出版,2011 年 6 月由上海人民出版社再次出版。《印度哲学概论》,商务印书馆 1920 年出版,2010 年 2 月由商务印书馆再版。《人心与人生》,学林出版社 1984 年 9 月出版,上海人民出版社 2011 年 6 月再版。今人将梁漱溟著作编为《梁漱溟全集》,由山东人民出版社 2005 年再版。
② 梁漱溟:《东西文化及其哲学》,《梁漱溟全集》第 1 卷,第 335 页。

路。他说："拿西方化的面目来同中国化的面目比较着看：第一项，西方化物质生活方面的征服自然，中国是没有的，不及的；第二项，西方化学术思想方面的科学方法，中国又是没有的；第三项，西方化社会生活方面的'德谟克拉西'，中国又是没有的。"①就是说，西方人在物质生产方面发展快，与此相联系，西方有科学，有民主，而这三者都是中国没有的。他说，从这三项来看，只能看到中国人的"不济"，只能看到中国人的"消极的面目"。但他认为，这不是指西方人走了八九十里，中国人只走了二三十里，不是速度上的差别。他说："假使西方化不同我们接触，中国是完全闭关与外间不通风的，就是再走三百年、五百年、一千年也断不会有这些轮船，火车、飞行艇、科学方法和'德谟克拉西'精神产生出来。"②他以为，中国人和西方人根本上的不同是人生态度不同：西洋人向前进取，把我与自然对立起来，要征服自然，追求物质享乐；而"中国人的思想是安分、知足、寡欲、摄生，而绝没有提倡要求物质享乐的"③。这就是两种根本不同的人生态度。他批评《新青年》一派说：

> 新派所倡导的总不外乎陈仲甫先生所谓"塞恩斯"与"德莫克拉西"和胡适之先生所谓"批评的精神"。……这我们都赞成。但我觉得若只这样都没给人以根本人生态度；无根的

---

① 梁漱溟：《东西文化及其哲学》，《梁漱溟全集》第1卷，第391页。
② 梁漱溟：《东西文化及其哲学》，《梁漱溟全集》第1卷，第392页。
③ 同上注。

水不能成河,枝节的作法,未免不切。[1]

在他看来,新文化运动只是"无根的水"。他特别批评了陈独秀。他说,陈独秀以为时代前进了,孔子的教义不符合现在的社会,并责问人家说:你们"尊崇孔教的理由在那里"?[2] 而那些旧派只知道替孔教抱不平,却说不出道理来回答。梁漱溟自称,他写《东西文化及其哲学》这本书,就是为了回答陈独秀、胡适他们对孔教的责难。他以为,中国人需要继承孔子精神,孔子的学说是不能丢的。将来的世界文化应该是孔子文化的昌兴。当然,他也主张中国人要学西方的科学、民主,认为没有科学和民主,不发展生产,中国就不能立国。但他强调应该沿着孔子的道路前进,吸取西方的文化来作补充。所以,这是一种在新的条件下的"中体西用"论。在陈独秀等已经猛烈打击了孔家店之后,梁漱溟要把孔家店再修复起来。

梁漱溟很坚持他的中西文化不同是道路不同的看法。后来,他又提出中国文化是伦理本位,西洋文化是个人本位和社会本位的说法;并认为中国社会只有职业分途,并无阶级对立,所以不需要革命;还说辛亥革命是留日学生的革命,北伐战争是留俄学生的革命,以为"革命"都是从外国输入的,不合中国的国情,中国人应该坚持走孔子的路,作一些乡村建设之类的改良,等等。

他这种主张的哲学理论根据是什么呢? 就是直觉主义。

① 梁漱溟:《东西文化及其哲学》,《梁漱溟全集》第 1 卷,第 531 页。
② 梁漱溟:《东西文化及其哲学》,《梁漱溟全集》第 1 卷,第 532 页。

二、唯意志论和直觉主义

梁漱溟曾说："我尝叹这两年杜威、罗素先到中国来，而柏格森、倭铿不曾来，是我们学术思想界的大幸；如果杜威、罗素不曾来，而柏格森、倭铿先来了，你试想于自己从来的痼疾对症否？"[1]他认为杜威、罗素来中国讲学，跟新文化运动的精神是一致的，有助于使中国人认识到自己缺乏科学和民主。而如果柏格森、倭铿先来的话，反而不能如此，因为他们讲"生命派哲学"。梁漱溟认为，孔子的思想"与西洋晚近生命派的哲学有些相似"[2]，相似就不能帮助中国人认识自己的痼疾。梁漱溟在哲学上不赞成杜威、罗素，而是极推崇柏格森。他的哲学理论，正是拿柏格森的生命哲学和唯识宗、王学（泰州学派）糅合起来的。

梁漱溟以为，生命和生活是一回事，不过为说话方便，"一为表体，一为表用而已"[3]。其实即体即用，生命就是"活的相续"，而生活相续就创造出宇宙。他说：

> 尽宇宙是一生活，只是生活，初无宇宙。由生活相续，故而宇宙似乎恒在，其实宇宙是多的相续，不似一的宛在。宇宙实成于生活之上，托乎生活而存者也。[4]

这就是柏格森的观点。所谓"生活相续"是怎么形成的呢？梁漱

---

① 梁漱溟：《东西文化及其哲学》，《梁漱溟全集》第 1 卷，第 533 页。
② 梁漱溟：《东西文化及其哲学》，《梁漱溟全集》第 1 卷，第 480 页。
③ 梁漱溟：《朝话》，《梁漱溟全集》第 2 卷，第 92 页。
④ 梁漱溟：《东西文化及其哲学》，《梁漱溟全集》第 1 卷，第 376 页。

溟认为：“生活的根本在意欲”①。生活就是“没尽的意欲”②。这个大意欲（亦即柏格森讲的生命冲动，梁漱溟也把它同唯识宗讲的阿赖耶识相比附），通过眼、耳、鼻、舌、身、意，这六样工具而活动。“凡刹那间之一感觉或一念皆为一问一答的一‘事’。”③“一问一答即唯识家所谓一‘见分’。一‘相分’——是为一‘事’。一‘事’、一‘事’、又一‘事’，……如是涌出不已，是为‘相续’。”④梁漱溟所说的“相分”、“见分”，其实就是阿芬那留斯讲的物理要素、心理要素。“相分”与“见分”“一问一答”，这就构成一“事”。每一刹那间的一个感觉、一个念头，都是“相分”、“见分”的统一，都是一问一答构成一“事”。“问不已答不已，所以‘事’之涌出不已。”⑤事跟着事，涌现不已，就是生活。生活相续构成宇宙。这是用唯识宗来解释柏格森，或者说用柏格森来解释唯识宗。

　　梁漱溟介绍柏格森的学说，写道：“宇宙的本体不是固定的静体，是‘生命’、是‘绵延’，宇宙现象则在生活中之所现，为感觉与理智所认取而有似静体的，要认识本体非感觉理智所能办，必方生活的直觉才行，直觉时即生活时，浑融为一，没有主客观的，可以称绝对。”⑥按照柏格森的说法，生命冲动即“绵延”，是自由的创造意志，其向上运动创造精神，而物质是生命冲动被削弱、被阻塞的结果，是停滞僵化的东西。绝对的绵延，非感觉和理智所能

① 梁漱溟：《东西文化及其哲学》，《梁漱溟全集》第1卷，第382页。
② 梁漱溟：《东西文化及其哲学》，《梁漱溟全集》第1卷，第352页。
③ 梁漱溟：《东西文化及其哲学》，《梁漱溟全集》第1卷，第377页。
④ 梁漱溟：《东西文化及其哲学》，《梁漱溟全集》第1卷，第376—377页。
⑤ 梁漱溟：《东西文化及其哲学》，《梁漱溟全集》第1卷，第377页。
⑥ 梁漱溟：《东西文化及其哲学》，《梁漱溟全集》第1卷，第406页。

把握，一用感觉和理智去认取，就好像是一些静止的物体了，因为感觉只能把握部分，不能把握整体；而理智运用概念，就把事物分解开来了。一纳入理智的形式，一用语言表达，那就不是生命的真相了。所以他说："概念判断只用在相对而不能施于绝对。"①在他看来，只有凭生活的直觉，"直觉时即生活时"，没有主客观之分，才是无对或绝对的境界。

那么，梁漱溟所说的直觉是什么呢？他举艺术欣赏为例：在我们观览名人的书法或绘画时，能"凭直觉以得到这些艺术品的美妙或气象恢宏的意味。"②这种意味既不能靠感觉与概念去获得，也不是那客观事物所固有的。梁漱溟以为，美妙的意味，恢宏的气象，"实客观所本无而主观之所增"③，是"由人的直觉所妄添的"④。是谁添上去的呢？就是"我们内里的生命"。他说：

> 　要晓得感觉与我们内里的生命是无干的，相干的是附于感觉的直觉；理智与我们内里的生命是无干的，相干的是附于理智的直觉。我们内里的生命与外面通气的，只是这直觉的窗户。⑤

梁漱溟所谓"内里的生命"就是指内在于人的生命冲动，亦即人的本能、情感。他以为，只有通过直觉的窗户，使内里的生命与宇宙

---

① 梁漱溟：《东西文化及其哲学》，《梁漱溟全集》第1卷，第414页。
② 梁漱溟：《东西文化及其哲学》，《梁漱溟全集》第1卷，第400页。
③ 同上注。
④ 梁漱溟：《东西文化及其哲学》，《梁漱溟全集》第1卷，第401页。
⑤ 梁漱溟：《东西文化及其哲学》，《梁漱溟全集》第1卷，第468页。

的生命相通,才能达到主客观融为一体的境界,即仁的境界。

梁漱溟用直觉主义来解释孔子的"仁"。他说:

> 此敏锐的直觉,就是孔子所谓仁。①

他认为,孔子讲仁是"完全凭直觉活动自如"。他举例说:《论语》上记载,宰我疑三年之丧似太久,孔子问他:"食夫稻,衣夫锦,于汝安乎?"他回答说:"安。"孔子就说:"汝安则为之。夫君子之居丧,食旨不甘,闻乐不乐,居处不安,故不为也;今汝安则为之。"宰我出,孔子就叹息道:"予之不仁也!"梁漱溟接着说:"这个'仁'就完全要在那'安'字上求之。"②对于"不仁"之事(不居丧),宰我讲"安",就是情感薄、直觉钝的表现,孔子讲"不安",则是情感厚、直觉敏锐的表现。他说:

> "仁"就是本能、情感、直觉,③

凭敏锐的直觉和无私的感情感到"安"就是"仁"。而这正是发自"内里的生命"的本能。他说:"孔家本是赞美生活的,所有饮食男女本能的情欲,都出于自然流行,并不排斥。若能顺理得中,生机活泼,更非常之好的。"④他认为,按照孔子的学说,凭生命的冲动,

---

① 梁漱溟:《东西文化及其哲学》,《梁漱溟全集》第 1 卷,第 453 页。
② 同上注。
③ 梁漱溟:《东西文化及其哲学》,《梁漱溟全集》第 1 卷,第 455 页。
④ 梁漱溟:《东西文化及其哲学》,《梁漱溟全集》第 1 卷,第 454 页。

即凭本能活动,饮食男女的情欲都是好的。问题在于,"理智出来分别一个物我,而打量、计较,以致直觉退位,成了不仁"①。不仁之所以产生,就是因为用理智计较利害关系,损害了直觉。梁漱溟认为,一个人老是打算盘:什么有利,什么有害,这就是不仁。他说:"最与仁相违的生活就是算帐的生活。""仁只是生趣盎然,才一算帐则生趣丧矣!"②他认为,"孔家是要自然活泼去流行的,所以排斥计算。"③只有不计算利害,无所为而为的生活才是"绝关系而超对待",才是"绝对乐的生活。"④

　　梁漱溟以为,这样生趣盎然,一任直觉活动的人才是真正有美德的人。他说:"美德要真自内发的直觉而来才算。非完全自由活动则直觉不能敏锐而强有力。"⑤直觉不敏锐有力,那就失去了美德,失去了快乐。他认为,计较功利成了习惯,就会妨碍直觉的自由活动。所以,修养工夫就在破除这种功利之念与习惯。"修养不过复其本,然此本即不修养,在一般人也并不失。"⑥这一套理论可以说很接近王阳明学派中的泰州学派。梁漱溟说:"于初转入儒家,给我启发最大,使我得门而入的,是明儒王心斋先生。"⑦"惟晚明泰州王氏父子心斋先生东崖先生为最合我意。心斋先生以乐为教,而作事出处甚有圣人的样子。"⑧泰州学派认为

① 梁漱溟:《东西文化及其哲学》,《梁漱溟全集》第1卷,第454—455页。
② 梁漱溟:《东西文化及其哲学》,《梁漱溟全集》第1卷,第461页。
③ 梁漱溟:《东西文化及其哲学》,《梁漱溟全集》第1卷,第462页。
④ 梁漱溟:《东西文化及其哲学》,《梁漱溟全集》第1卷,第464页。
⑤ 梁漱溟:《东西文化及其哲学》,《梁漱溟全集》第1卷,第458页。
⑥ 梁漱溟:《东西文化及其哲学》,《梁漱溟全集》第1卷,第457页。
⑦ 梁漱溟:《朝话》,《梁漱溟全集》第2卷,第126页。
⑧ 梁漱溟:《东西文化及其哲学》,《梁漱溟全集》第1卷,第465页。

人的意欲、情欲都是天然合理的，人心本是乐，凭良知自由活动，人就最快乐了。泰州学派本来就有唯意志论和直觉主义倾向，梁漱溟把它同柏格森哲学结合起来，他的唯意志论和直觉主义理论显得比较体系化了。

但是，梁漱溟这样推崇本能，贬低理智，却是和孔孟的理性主义传统相违背的。为了克服这一理论上的自相矛盾，他后来放弃了把人类心理分为本能、理智的两分法，而从罗素那里吸取了本能、理智、灵性（Spirit）的三分法。不过，他用"理性"一词来代替"灵性"。① 这样，他便把"本能"限制于生物学意义，而把人心的情意方面叫做理性。他说："辨察物理靠理智，体认情理靠理性。""所谓理性，要无外父慈子孝的伦理情谊，和好善改过的人生向上。"② 又说："理性、理智为心思作用之两面：知的一面曰理智，情的一面曰理性。……理性之取舍不一，而要以无私底感情为中心。"③ 无私的感情就是儒家所谓仁。在他看来，正因儒家有见于"理性"，所以以为"人类生命廓然与物同体，其情无所不到"④。"然此无所不到之情，却自有其发端之处，即家庭骨肉之间是。"⑤ 这样，他把"理性"解释为对伦理情谊的体认和实践，并以为扩充之可达到浑然与物同体的境界，即仁的境界，于是他也说："儒家假如亦有其主义的话，推想应当就是'理性至上主义'。"⑥ 显然，

① 参见梁漱溟：《人心与人生》，第七章："我对人类心理的认识前后转变不同。"《梁漱溟全集》第 3 卷，第 610—618 页。
② 梁漱溟：《乡村建设理论》，《梁漱溟全集》第 2 卷，第 186 页。
③ 梁漱溟：《中国文化要义》，《梁漱溟全集》第 3 卷，第 125—126 页。
④ 梁漱溟：《中国文化要义》，《梁漱溟全集》第 3 卷，第 135 页。
⑤ 梁漱溟：《中国文化要义》，《梁漱溟全集》第 3 卷，第 136 页。
⑥ 梁漱溟：《中国文化要义》，《梁漱溟全集》第 3 卷，第 132 页。

《中国文化要义》所谓的"理性至上"，仍然是以神秘的直觉（内里的生命与宇宙大生命融为一体）为至上，不过比之《东西文化及其哲学》来，唯意志论和非理性主义的色彩是有所减少了。

三、唯心主义的文化观

梁漱溟在《东西文化及其哲学》中用唯意志论和直觉主义来看东西文化，他给"文化"下定义说：

> 你且看文化是什么东西呢？不过是那一民族生活的样法罢了。生活又是什么呢？生活就是没尽的意欲。[1]

他把"文化"解释为"民族生活的样法"，是指广义的文化。这并不错。但他以为生活就是没尽的意欲，所以要了解一种文化的根本或源泉，就只要看那"文化根源的意欲"取怎样的方向。这就是他所谓"文化出于人生态度不同说"[2]。

根据这种观点，他反对唯物史观。他说，马克思说生产力是历史的最高动因，但是，为什么要发展生产力呢？他认为这是"由于人的物质生活的欲求"，"但其实这物质生活的欲求，难道不是出在精神上么？"[3]"欲求"就是精神，所以他认为陈独秀等人讲的唯物史观是不通的。他还说，不能够把人类文化看成是"只被动

---

① 梁漱溟：《东西文化及其哲学》，《梁漱溟全集》第 1 卷，第 352 页。
② 梁漱溟：《答胡评〈东西文化及其哲学〉》，《梁漱溟全集》第 4 卷，第 752 页。
③ 梁漱溟：《东西文化及其哲学》，《梁漱溟全集》第 1 卷，第 375 页。

于环境的反射"①（即是说，不能说文化是物质生活的反映）。他强调：

> 其实文化这样东西点点俱是天才的创作，偶然的奇想。②

在梁漱溟看来，生命冲动借天才的奇想表现出来就是文化。有了孔子的奇想，于是产生了中国文化，有了释迦牟尼的奇想，于是产生了佛教的文化。文化就是凭偶然奇想创造出来的。他说，你们说什么客观的原因，其实要论客观，"只有前前后后的'缘'，并没有'因'的"。③他以为，文化是意欲的活动，体现了"意志的趋往"，这才是"因"。他说："我们的意思只认主观的因，其余都是缘，就是诸君所指为因的。却是因无可讲，所可讲的只在缘。"④他认为造成各种文化的"因"归根到底是意欲冲动，即"天才的创作，偶然的奇想"，所以"无可讲"。这样，历史便被他描写成为由几个天才的偶然冲动所规定了的东西。

从这样一种唯心主义观点出发，他用意欲活动的方向来区分文化，说世界的文化有三个类型：首先，西方文化"是以意欲向前要求为其根本精神的"；其次，中国文化"是以意欲自为、调和、持中为其根本精神的"；第三，印度文化"是以意欲反身向后要求为其根本精神的"。⑤他认为，在意欲活动的方向上有三种不同的态

---

① 梁漱溟：《东西文化及其哲学》，《梁漱溟全集》第 1 卷，第 372 页。
② 同上注。
③ 同上注。
④ 同上注。
⑤ 梁漱溟：《东西文化及其哲学》，《梁漱溟全集》第 1 卷，第 383 页。

度,亦即三种人生态度,于是就产生三种类型的文化。西洋人向前追求,崇尚理智,用他的话来说,即"着眼研究者在外界物质",追求现世的物质享受;中国人自为调和,就崇尚直觉,他们"着眼研究者在内界生命",以求得内心精神的安定为目的;而印度人反身向后,则崇尚现量,要求解脱,他们"着眼研究者将在无生本体"。① 在他看来,世界文化就分成这么三个类型,三个类型分别在三个时期得到繁荣,最早是西洋文化,然后应该是中国的文化,最后是印度的文化。这些说法,当然是形而上学的虚构。

梁漱溟认为,西方的文化已经出现了弊病,"现在的世界直觉将代理智而兴"②。他说:"西方思想界已彰明的要求改变他们从来人生态度;而且他们要求趋向之所指就是中国的路,孔家的路。"③虽然他也说,中国人应接受西方的民主、科学,但又认为"对其态度要变一变",民主、科学都得改造,因为"世界未来文化就是中国文化的复兴",就是走"中国的路子,孔子的路子"。这是一个玄学家提出的变相的"中体西用"论。

总之,梁漱溟以为应该看到东西文化各有民族传统,有相当大的差别,而这种差别应深入到哲学的层次上来说明,这是有道理的。他把西方传来的柏格森哲学同中国传统的唯识宗、王学(泰州学派)糅合起来,试图建立一种以直觉主义为特征的新儒学,产生了一定的影响。他为孔教辩护,显然和"五四"时期的进步思潮相违背,不过,由于儒学对民族精神的发展有着非常深远

① 梁漱溟:《东西文化及其哲学》,《梁漱溟全集》第1卷,第504页。
② 梁漱溟:《东西文化及其哲学》,《梁漱溟全集》第1卷,第505页。
③ 梁漱溟:《东西文化及其哲学》,《梁漱溟全集》第1卷,第504页。

的影响，要批判地克服它，从辩证法的意义上扬弃它，那是非常艰巨的事；因此，在战士们充满激情高喊"打倒孔家店"之际，有人出来泼点冷水，唱点反调，这在客观上也是有好处的。它可以使人们对儒学的评价更实事求是一些。

第六节　科学与玄学的论战

1923 年春夏间，学术界发生了一场所谓"科学与玄学的论战"，也叫作"人生观之论战"①。论战是由张君劢②在清华学校给学生作的一篇《人生观》的讲演引起的。他宣称：人生观问题必须由玄学来解决。接着，丁文江③在《努力周报》发表了《玄学与科学》一文。他以"科学"为标榜，说："玄学的鬼附在张君劢身上，我们学科学的人不能不去打他。"④于是就展开了科学与玄学的热烈论战。争论的中心问题是科学能否解决人生观的问题。站在张君劢一边的，是张东荪、梁启超、林宰平等；站在丁文江一边的，是

---

① 关于这场论战的有关文章，主要收入《科学与人生观》（上海亚东图书馆 1923 年版）和《人生观之论战》（上海泰东图书馆 1923 年版）这两本书中。山东人民出版社与黄山书社分别于 1997 年与 2008 年再版。

② 张君劢（1887—1969），原名嘉森，字士林，号立斋，别署"世界室主人"，江苏宝山人（今属上海市）人。近现代学者，早期新儒家的代表之一。曾留学日本、德国，学习政治经济与哲学。推崇柏格森的"生命哲学"、德国杜里舒的"活力论"和倭铿的精神行为主义。为国家社会党、民主社会党的领导人之一，长期从事政治活动。1949 年经澳门去印度，1951 年去美国，1969 年在美国旧金山病逝。

③ 丁文江（1887—1936），字在君，江苏泰兴人。地质学家、社会活动家。先后留学日本、美国。曾参加胡适创办的《努力周报》和《独立评论》，从事政治活动。在哲学上信奉马赫主义。代表作品有《芜湖以下扬子江流域地质报告》、《中国北方之新生界》等。

④ 丁文江：《玄学与科学——评张君劢的〈人生观〉》，张君劢、丁文江等著：《科学与人生观》，山东人民出版社 1997 年版，第 41 页。

胡适、王星拱①、任叔永、唐钺等。这场论战也可以说是东西文化
论战的继续："玄学派"是东方文化派，"科学派"是西方文化派。
从哲学来说，前者鼓吹柏格森的生命哲学（与陆王心学相结合）；
后者鼓吹马赫主义和实用主义（与清代朴学传统相结合）。而从
阶级基础来说，他们大体上是半殖民地半封建社会中的中国资产
阶级两翼的意识形态的代表，其中"玄学派"与封建传统的联系较
多，而"科学派"则与英美资本主义文化的关系较深。

除了上述两派之外，在论战后期，马克思主义者也表明了自
己的观点。我们下面分别对这三派加以论述，也联系到某些在论
战外的有关人物。

一、玄学派的唯意志论

玄学派之兴起，同当时的国际思潮有关系。第一次世界大战
充分暴露了资本主义社会的问题，所以西方有些人想从东方的文
明中寻找精神支柱。而中国某些人也就跟着讲"西方物质文明破
产了"，"东方精神将复兴"。这可以梁启超的《欧游心影录》、梁漱
溟的《东西文化及其哲学》为代表。张君劢讲人生观也是与此同
调。他说："自孔孟以至宋元明之理学家，侧重内心生活之修养，
其结果为精神文明。三百年来之欧洲，侧重以人力支配自然界，
故其结果为物质文明。"②这同梁漱溟的说法如出一辙。

---

① 王星拱(1887—1949)，字抚五，安徽怀宁（今安庆）人。著名教育家、化学家、哲学家。曾
　留学英国。回国后在北京大学任化学教授，同时投身新文化运动。在哲学上主张马赫
　主义。主要论著有《科学方法论》、《科学概论》。
② 张君劢：《人生观》，《科学与人生观》，第38页。

张君劢和梁漱溟一样,也推崇柏格森哲学,也是唯意志论者。他以为,人生观是出于意志自由的选择,而不受科学的支配。他说:

> 人生观之特点所在,曰主观的,曰直观的,曰综合的,曰自由意志的,曰单一性的。惟其有此五点,故科学无论如何发达,而人生观问题之解决,决非科学所能为力,惟赖诸人类之自身而已。①
>
> 科学上之因果律、限于物质,而不及于精神……人类活动之根源之自由意志问题,非在形上学中,不能了解。②

照张君劢的说法,意志具有绝对自由的品格,而完全不受因果律的约束。人类的一切活动,以自由意志为其根源;每个人有一个"我","我"的出于意志自由的活动具有主观的、直觉的、综合的、单一性的特点,所以决非科学所能解释。"甲一说,乙一说,漫无是非真伪之标准。此何物欤? 曰,是为人生。"③张君劢以为,每个人都可凭"自身良心之所命。"而主张某种人生观。他列举了大家族主义和小家族主义、男尊女卑和男女平等、自由婚姻和专制婚姻、私有财产制和公有财产制、守旧主义和维新主义、物质文明和精神文明、个人主义和社会主义、为我主义和为他主义、悲观主义

---

① 张君劢:《人生观》,《科学与人生观》,第38页。
② 张君劢:《〈人生观之论战〉序》,黄克剑、吴小龙编:《张君劢集》,群言出版社1993年版,第72页。
③ 张君劢:《人生观》,《科学与人生观》,第33页。

和乐观主义、有神论和无神论等等项目，以为这些对立的双方都是人们可以自由选择的。例如此时选择君主制，彼时又选择民主制；此时主张资本主义，彼时又主张社会主义，等等。他说：

> 故曰人生者，变也，活动也，自由也，创造也。惟如是，忽君主，忽民主，试问论理学上之三公例（曰同一，曰矛盾，曰排中。），何者能证其合不合乎？论理学上之两大方法（曰内纳，曰外绎。），何者能推定其前后之相生乎？忽而资本主义，忽而社会主义，试问论理学之三大公例，何者能证其合不合乎？论理学上之两大方法，何者能推定其前后之相生乎？[1]

当然，这是颇为粗糙的自由意志的神话。世界上哪有这种"忽君主、忽民主，忽而资本主义、忽而社会主义"的自由意志？一个人自以为可以随心所欲地"忽而这样、忽而那样"，这正是没有意志的自由的表现。坚强的意志具有自由和专一的双重品格，一个人在行动上忽而往左，忽而往右，正说明他既缺乏坚忍不拔的毅力，又缺乏自由选择的胆略。而"忽而君主、忽而民主"云云，其实也并没有违背形式逻辑。因为即使在反复无常者的头脑里，仍然存在着"君主是君主、民主是民主"，这还是遵守着同一律的。

参加论战的其他几个玄学家，说法亦大体相似，有的说"人格是绝对的有自由的"[2]；有的说有个"伟大的智慧"，它是"创造的活

---

① 张君劢：《再论人生观与科学并答丁在君》，《科学与人生观》，第 80 页。
② 菊农：《人格与教育》，《科学与人生观》，第 244 页。

的"①；有的则采取折衷主义态度，说：人生关涉理智方面的事项，要用科学方法来解决，但"生活的原动力，就是'情感'"②，而"关于情感方面的事项，绝对的超科学"③。不管他们用的是什么名字，都是说有一种主观精神，它是绝对自由的创造力，是不受科学的因果律的约束的。

那么，玄学派所说的人生观，其具体内容是什么呢？这可以从他们对义利之辩和群己之辩的看法来说明。张君劢说：

> 若夫国事鼎沸纲纪凌夷之日，则治乱之真理，应将管子之言颠倒之，曰："知礼节而后衣食足，知荣辱而后仓廪实。"吾之所以欲提倡宋学者，其微意在此。④
>
> 孟子之所谓"求在我"，孔子之所谓"正己"，即我之所谓内也。本此义以言修身，则功利之念在所必摈，而惟行己之心之所安可矣。以言治国，则富国强兵之念在所必摈，而惟求一国之均而安可矣。吾惟抱此宗旨，故于今日之科学的教育与工商政策，皆所不满意，而必求更张之。⑤

这位玄学家主张用理学唯心主义来维护传统的"纲纪"、"礼教"，坚决反对功利主义，甚至连洋务派那种富国强兵之术都要摈弃。他以为，国家主义、工商政策、科学教育三者是欧洲文明为人类设

---

① 张东荪：《劳而无功》，《科学与人生观》，第 238 页。
② 梁启超：《人生观与科学》，《科学与人生观》，第 141 页。
③ 梁启超：《人生观与科学》，《科学与人生观》，第 142 页。
④ 张君劢：《再论人生观与科学并答丁在君》，《科学与人生观》，第 119 页。
⑤ 张君劢：《再论人生观与科学并答丁在君》，《科学与人生观》，第 113 页。

置的"三重网罗"，"实为人类前途莫大之危险"，只有竭力提倡"内生活修养之说"①，破除功利主义，回到"均而安"的农业社会去，人类才可以摆脱"阶级战争"和"社会革命"的痛苦，破除"种族（民族）之分立"，达到"德化之大同"。张君劢是用诸如此类的说教，来对青年一代进行"玄学教育"。

张君劢的这些说法，显然和梁漱溟颇为一致。梁漱溟在这之前（1922 年）便已批评了"所谓《新青年》一派（陈独秀、李大钊、胡适等人）的人生观"，"一言以蔽之，总是向外找的，不晓得在自己身上认出了人生的价值"②。就是说，在义利之辩上，他反对"向外找"物质享受的功利主义，而认为应该向里用力，凭直觉来认取自家的宝藏，这样就有了人生的乐趣。而在群己之辩上，梁漱溟后来大讲"伦理本位"，说中国的伦理关系即家庭关系的推广发挥，"消融了个人与团体这两端"。由于儒家"安排伦理名分以组织社会，设为礼乐揖让以涵养理性"，③于是便造成伦理本位的社会，"与西洋之往复于个人本位、社会本位者，都无相似"。④ 他以为，伦理关系即情谊关系，向里用力，体认此情与义，并在行为中加以贯彻，就是合理的人生态度。

显然，梁漱溟和张君劢所鼓吹的人生观，带有浓厚的封建宗法的色彩。不过，他们已不同于封建时代的学者。在中国古代，占统治地位的儒学用天命论来维护封建宗法制度，论证君权出于

---

① 张君劢：《再论人生观与科学并答丁在君》，《科学与人生观》，第 113 页。
② 梁漱溟：《合理的人生态度》，《梁漱溟全集》第 4 卷，第 693 页。
③ 梁漱溟：《中国文化要义》，《梁漱溟全集》第 3 卷，第 110 页。
④ 梁漱溟：《中国文化要义》，《梁漱溟全集》第 3 卷，第 139 页。

天命,要被统治者顺从命运的安排。到了近代,许多进步思想家用唯意志论来反对宿命论,这本是具有反封建的意义的。但到了玄学家手里,唯意志论却成了用来维持"纲纪"、"礼教"的工具了。这一变化,说明纲常名教已失去了现实性的内容,变成不合理的东西,只能凭主观意志加以维护了。唯意志论完全失去了原来的反封建意义,再进一步,便蜕变为法西斯主义的工具了。大概为了表示同法西斯主义的区别,因而梁漱溟后来不得不标榜"理性至上主义"了。

二、"科学"派的实证论

丁文江打着"科学"的旗号,指斥:"玄学家先存了一个成见,说科学方法不适用于人生观。"他说:"假如人生观真是出乎科学方法之外,一切科学岂不是都可以废除了?"[1]胡适后来为"论战"作总结,也指斥玄学家高喊"欧洲科学破产"的荒谬。他说:"我们那里配排斥科学? 至于'人生观',我们只有做官发财的人生观,只有靠天吃饭的人生观,只有求神问卜的人生观,只有《安士全书》的人生观,只有《太上感应篇》的人生观,——中国人的人生观还不曾和科学行见面礼呢。"[2]他"深信人生观是因知识经验而变换的"[3],并认为因果律"笼罩一切",人类社会有其"演进的历史和演进的原因","一切心理的现象都是有原因的","道德礼教是变

---

① 丁文江:《玄学与科学——评张君劢的〈人生观〉》,《科学与人生观》,第 43 页。
② 胡适:《〈科学与人生观〉序》,《科学与人生观》,第 13 页。
③ 胡适:《〈科学与人生观〉序》,《科学与人生观》,第 22 页。

迁的,而变迁的原因都是可以用科学方法寻求出来的"。① 这些话都没有错。

　　但是问题在于:他们所谓用科学方法寻求因果律,是一种实证论(包括马赫主义和实用主义)的观点。丁文江介绍实证论的"存疑唯心论"说:

　　　　凡研究过哲学问题的科学家如赫胥黎、达尔文、斯宾塞、詹姆士(W. James)、皮尔生(Karl. Person)、杜威,以及德国马哈(Mach)派的哲学,细节虽有不同,大体无不如此。因为他们以觉官感触为我们知道物体唯一的方法,物体的概念为心理上的现象,所以说唯心。觉官感触的外界,自觉的后面,有没有物,物体本质是甚么东西:他们都认为不知,应该存而不论,所以说是存疑。②

就是说,实证论是主观唯心主义和不可知论的结合,他们把感觉同物质割裂开来,认定感觉要素是唯一的实在,通常说的物体不过是感觉要素的结构,所以说"物体的概念为心理上的现象"。至于有没有物质实体的问题,既然人类跳不出自己的感觉经验的领域,便只好存疑了。丁文江说:"科学的方法,不外将世界的事实分起类来,求他们的秩序。"③按照存疑唯心论的说法,所谓事实,不过是心理上的现象或主观感觉经验而已。因此,所谓将事实分

① 胡适:《〈科学与人生观〉序》,《科学与人生观》,第24页。
② 丁文江:《玄学与科学——评张君劢的〈人生观〉》,《科学与人生观》,第48页。
③ 丁文江:《玄学与科学——答张君劢》,《科学与人生观》,第188页。

类以求秩序,只不过是主观的安排方式或方便假设,是没有客观性和必然性的。丁文江在《玄学与科学——答张君劢》中说:

> 科学上所谓公例,是说明我们所观察的事实的方法,若是不适用于新发见的事实,随时可以变更。马哈同皮耳生都不承认科学的公例有必然性,就是这个意思。这是科学同玄学根本不同的地方。玄学家人人都要组织一个牢固不拔的"规律"(System),人人都把自己的规律当做定论。科学的精神绝对与这种规律迷的心理相反。①

这是一种相对主义的真理论。他所谓"观察事实的方法",其实就是胡适所谓"对付环境的工具"或"方便的假设"。按照马赫主义和实用主义的观点,科学规律都是一些可变的"假设",它们只具有或然性和相对的真理性,而并没有必然性和绝对真理性;即使是最满意的假设,也难保明天不被推翻。丁文江、胡适和许多实证论者一样,不懂得相对和绝对的辩证法。他们在正确地否定了形而上学把"规律"绝对化的同时,又错误地否定了客观的绝对的真理,导致相对主义的非决定论。用相对主义的非决定论来解决人生问题,同张君劢所谓"甲一说,乙一说,漫无是非真伪之标准",在本质上是没有什么区别的。

至于"科学"派的人生观的具体内容,胡适勾画了一个轮廓,称之为"自然主义的人生观"。他根据生物科学,强调"人不过是

---

① 丁文江:《玄学与科学——答张君劢》,《科学与人生观》,第187—188页。

动物的一种，他和别种动物只有程度的差异，并无种类的区别"①。他肯定人的生物学要求，赞赏吴稚晖的"人欲横流"的人生观；所以在义利之辩上，当然是赞成功利主义、快乐主义的。胡适还把他的人生观称为"健全的个人主义的人生观"。他在《易卜生主义》一文中讨论个人与社会的关系时说：

> 易卜生的戏剧中，有一条极显而易见的学说，是说社会与个人互相损害；社会最爱专制，往往用强力摧折个人的个性，压制个人自由独立的精神；等到个人的个性都消灭了，等到自由独立的精神都完了，社会自身也没有生气了，也不会进步了。②
>
> 自治的社会，共和的国家，只是要个人有自由选择之权，还要个人对于自己所行所为都负责任。若不如此，决不能造出自己独立的人格。社会国家没有自由独立的人格，如同酒里少了酒曲，面包里少了酵，人身上少了脑筋，那种社会国家决没有改良进步的希望。③

《易卜生主义》发表于1918年，这在当时是具有反封建意义的。他痛斥专制主义借"社会"之名来摧残个性；并正确地指出：发展人的个性或造成自由独立的人格，要有两个条件：第一，"要个人有自由选择之权"，即有自由意志；第二，要个人对自己的行为担干

---

① 胡适：《〈科学与人生观〉序》，《科学与人生观》，第23—24页。
② 胡适：《易卜生主义》，《胡适全集》第1卷，第607页。
③ 胡适：《易卜生主义》，《胡适全集》第1卷，第615页。

系,负责任。只有由这样的独立人格组成的社会,才是真正自由的社会。所以,他引易卜生的话说:"你要想有益于社会,最妙的法子莫如把你自己这块材料铸造成器。"①也就是说,实行这种"为我主义",就是"最有价值的利人主义"②。胡适在个人主义基础上讲"为我"与"为人"的统一,是有片面性的,不可能正确地解决群己关系问题。

而且,实用主义者以为,"这个世界是一种真正冒险事业"③,"实在好比一块大理石到了我们手里,由我们雕成什么像"。④ 胡适说:"人生的意味,全靠你自己的工作;你要它圆就圆,方就方,是有意味"⑤,这样的个人主义人生观,虽然打着科学的旗号,但其实是在鼓励人们盲目行动。詹姆士把人生比做一场赌博,虽输赢未卜,但不赌那会赢?"我就大胆的赌去,只当我不会输的!"⑥这种赌博的态度,正是唯意志论。——至此,所谓"科学"派和玄学派也就难以区分了。

三、马克思主义者对两派的批评

在论战结束、双方各自编辑成书的时候,张君劢和胡适都对陈独秀提出了批评。张君劢说:"谚不云乎,思想者,事实之母也。

---

① 胡适:《易卜生主义》,《胡适全集》第 1 卷,第 613 页。
② 同上注。
③ 胡适:《实验主义》,《胡适全集》第 1 卷,第 299 页。
④ 胡适:《实验主义》,《胡适全集》第 1 卷,第 298 页。
⑤ 胡适:《科学的人生观》,杜春和等编:《胡适演讲录》,河北人民出版社 1999 年版,第 302 页。《科学的人生观》一文为胡适 1928 年 5 月在苏州青年会的演讲,《胡适演讲录》编者据 1928 年 6 月 1、2 日上海《民国日报·觉悟》副刊录出。
⑥ 胡适:《五十年来之世界哲学》,《胡适全集》第 2 卷,第 370 页。

此区区一语中，而历史之真理已描写尽净。乃生当今日，而犹守马氏之言若圣经贤传如陈独秀者，岂为求真哉？亦曰政治之手段耳！墨司哥之训令耳！"①这是泼妇骂街式的攻击。胡适则针对陈独秀说的"我们相信只有客观的物质原因可以变动社会，可以解释历史，可以支配人生观，这便是'唯物的历史观'"②这段话，反驳说："其实独秀也只承认'经济史观至多只能解释大部分的问题'。他若不相信思想知识言论教育也可以'变动社会，解释历史，支配人生观'，那么，他尽可以袖着手坐待经济组织的变更就完了，又何必辛辛苦苦地努力做宣传的事业，谋思想的革新呢？"③

陈独秀在这一论战中，基本上是站在唯物史观立场上的。他着重批评了玄学派一方，指出：张君劢列举的那些对立的不同的人生观，社会科学可一一加以分析说明其客观原因，如大家族主义变为小家族主义，"纯粹是由农业经济宗法社会进化到工业经济军国社会之自然的现象"④等等。他根据唯物史观来论述因果律和意志自由的关系，说："在一定范围内，个人意志之活动，诚然是事实，而非绝对自由，因为个人的意志自由是为社会现象的因果律并心理现象的因果律支配，而非支配因果律者。"⑤陈独秀在批评张君劢"思想者事实之母也"的说法时写道："在社会动象中，只看见思想演成事实这后一段过程，而忘记了造成思想背景的事实这前一段过程，这本是各派唯心论之共同的中心的错误。他们

①　张君劢：《〈人生观之论战〉序》，《张君劢集》，第66页。
②　陈独秀：《〈科学与人生观〉序》，《科学与人生观》，第7页。
③　胡适：《答陈独秀先生》，《科学与人生观》，第27—28页。
④　陈独秀：《〈科学与人生观〉序》，《科学与人生观》，第3—4页。
⑤　陈独秀：《答张君劢及梁任公》，《陈独秀著作选编》第3卷，第280页。

只看见社会上一种新制度改革之前,都有一种新思想为之前驱,因此便短视的断定思想为事实之母;他们不看见各种新思想都有各种事实为他所以发生的背景,决非无因而生。……思想明明是这些事实底儿孙,如何倒果为因,说思想是事实之母?"[①]

陈独秀也适当批评了"科学"派一方,指出:丁文江自号存疑唯心论,是"沿袭了赫胥黎斯宾塞诸人的谬误;你既承认宇宙间有不可知的部分而存疑,科学家站开,且让玄学家来解疑"[②]。就是说,不可知论为玄学留了地盘,使得张君劢有空子可钻。陈独秀还批评了胡适的多元论的历史观,认为胡适讲多元论的历史观与马克思主义的一元论的历史观是有根本区别的。他说,胡适"坚持物的原因外,尚有心的原因,——即知识、思想、言论、教育,也可以变动社会,也可以解释历史,也可以支配人生观",这就把物的原因和心的原因并列,不分主次了。他说:"像这样明白主张心物二元论,张君劢必然大摇大摆的来向适之拱手道谢!!!"[③]就是说,胡适主张历史的多元论,只是让张君劢高兴。

陈独秀对两派的上述批评基本上是正确的。不过,陈独秀在这次论战中也暴露出若干理论上的错误。他把实用主义和唯物史观都说成是关于社会历史的科学理论;还说,实证论者孔德把历史分为三个时代:宗教迷信时代、玄学时代、科学时代,这是科学的定律。[④] 可见,他没能完全划清马克思主义和实证论的界限。

---

① 陈独秀:《答张君劢及梁任公》,《陈独秀著作选编》第 3 卷,第 280—281 页。
② 陈独秀:《〈科学与人生观〉序》,《科学与人生观》,第 7 页。
③ 陈独秀:《答适之》,《科学与人生观》,第 32 页。
④ 陈独秀:《〈科学与人生观〉序》,《科学与人生观》,第 3 页。

　　后来，瞿秋白写了《自由世界和必然世界》一文，指出，此次论战中"'所论的问题，在于承认社会现象有因果律与否，承认意志自由与否'，别的都是枝节"。[1] 也就是说，争论中心——科学能否解决人生观问题，实即自由和必然的关系问题。这是马克思主义者所作的概括，对此将在下一节再作论述。

　　马克思主义者对人生观问题中的义利之辩和群己之辩，也提出了自己的见解。陈独秀原来就是主张功利主义的。当他转变为马克思主义者后，便用唯物史观来讲功利主义。例如，对张君劢提出的"守旧主义和维新主义"两种人生观的对立，陈独秀解释说："守旧维新之争持，乃因为现社会有了经济的变化，而与此变化不适应的前社会之制度仍旧存在，束缚着这变化的发展，于是在经济上利害不同的阶级，自然会随着变化之激徐，或激或徐的冲突起来。"[2]他还讽刺了康有为从陕西运皮袍八十件和藏经、唐佛等贵重商品到上海一事，说："圣人得此，以后便可以只忧道不忧贫了！"[3]圣人之徒嘴里讲"忧道不忧贫"，反对功利主义，而事实上，"在商品崇拜的社会里，虽圣人也未能免俗"。他说："因此，我们更相信社会制度可以左右个人的意识，个人的意识不能左右社会制度。因此，我们更希望圣人之徒梁启超、张君劢等，勿再迷信化石的东方文化或宋儒道学足以救济今之世。"[4]

　　在中国早期的马克思主义者中，李大钊对群己关系，即个人

① 瞿秋白：《自由世界与必然世界》，《瞿秋白文集·政治理论编》第 2 卷，人民出版社 2013 年版，第 290 页。
② 陈独秀：《〈科学与人生观〉序》，《科学与人生观》，第 4 页。
③ 陈独秀：《圣人也得崇拜商品》，《陈独秀著作选编》第 3 卷，第 200 页。
④ 陈独秀：《圣人也得崇拜商品》，《陈独秀著作选编》第 3 卷，第 201 页。

和社会的关系问题,作了最正确的解决。他在《自由与秩序》一文中指出,个人与社会原是不可分的,个人主义与社会主义也并非绝对不相容的。他写道:

> 真正合理的个人主义,没有不顾社会秩序的;真正合理的社会主义,没有不顾个人自由的。个人是群合的原素,社会是众异的组织。真实的自由,不是扫除一切的关系,是在种种不同的安排整列中保有宽裕的选择机会;不是完成的终极境界,是进展的向上行程。真实的秩序,不是压服一切个性的活动,是包蓄种种不同的机会使其中的各个份子可以自由选择的安排;不是死的状态,是活的机体。①

李大钊所说的合理的个人主义与合理的社会主义的统一,也就是合乎社会发展规律的个性自由与大同团结的统一。在他看来,真实的自由是"秩序中的自由",是一个不断进展的向上的行程;真实的秩序是"自由间的秩序",是一个能给各个分子以自由选择机会的活的机体。他以为,社会秩序应该是生动活泼的机体,而人的自由则是历史地演进着的过程。这样讲个人与社会、自由与秩序的统一,确实是辩证法的见解,没有一点形而上学的气息。

"五四"时期各种不同的思想流派的自由争鸣,提高了人们的鉴别能力。马克思主义哲学正是在"五四"时期的论战中,显示出了它的真理性,从而赢得了众多先进者的拥护。这里不是依靠行

---

① 李大钊:《自由与秩序》,《李大钊全集》第3卷,第253—254页。

政命令，而是以理论力量来吸引人。在"五四"时期，在中国有较大影响的哲学流派就是本节中所说的三派。在人生观问题的论战（以及其他论战）中，马克思主义者比较正确地阐明了社会历史中的心物关系（因果律和自由意志的关系）、群己关系（社会和个人的关系），显示了唯物史观较之其他哲学学派的优越性，因而得到了更广泛的传播。也就是说，越来越多的人经过比较、鉴别而选择了唯物史观，并进而走上了共产党指引的人民民主革命的道路。然而，正确地选择了马克思主义哲学，并不等于便能运用它来解决中国的实际问题。理论与实际的结合还要经过坎坷崎岖的历程。

第七节　瞿秋白的历史决定论

继李大钊、陈独秀之后，致力于马克思主义的传播和理论研究的有瞿秋白。

瞿秋白（1899—1935），一名霜，江苏常州人。早年与郑振铎等创办《新社会》旬刊。1919年在北京参加五四运动。1920年参加李大钊组织的"马克思学说研究会"，同年以记者身分赴苏俄采访，最早系统地向中国人民介绍苏俄情况。1922年加入中国共产党。1923年1月回国，任党中央机关刊物《新青年》、《前锋》主编和《向导》编辑，翻译介绍了马、恩、列、斯一些重要著作，写了大量政治理论文章，对党的思想理论建设作出了开创性的贡献。长期担负党的主要领导工作，是我党早期探寻中国革命理论和革命道路的最优秀的先行者之一。在1927年大革命失败的严重危急关头,他主持召开了八七会议,结束了陈独秀右倾机会主义在党内的统治。1931 年—1933 年,在上海与鲁迅共同指导反对国民党反动派的文化"围剿"的斗争,推动了左翼文化运动,与鲁迅结成亲密无间的战斗友谊。他在文学创作、文艺评论和翻译方面都有杰出的贡献。1935 年 2 月在福建被俘,在狱中始终坚持革命立场。6 月,慷慨就义。著作编为《瞿秋白文集》①和《瞿秋白选集》②,其若干政治文章并收入《六大以前——党的历史资料》③一书。

一、"新时代的活泼稚儿"

瞿秋白在《赤都心史》中写道:

> "我将成什么?"盼望"我"成一人类新文化的胚胎。新文化的基础,本当联合历史上相对待的而现今时代之初又相补助的两种文化:东方与西方。现时两种文化,代表过去时代的,都有危害的病状,一病资产阶级的市侩主义,一病"东方

---

① 《瞿秋白文集》:1927 年初,瞿秋白曾将自己部分政治理论文章编为《论文集》,交上海商务印书馆排印,因"4.12"事变未能出版。1936 年鲁迅将其文学方面的译文编为《海上述林》(2 卷)出版。1938 年谢澹如曾将瞿本人编就的杂文集《乱弹》作补充,题名《乱弹及其他》出版。1953—1954 年,上海人民文学出版社编辑《瞿秋白文集》8 卷 4 册,但所收限于文学方面的著作。1985 年开始,人民出版社和人民文学出版社新编《瞿秋白文集》,分政治理论编 8 卷和文学编 6 卷。2013 年再版。
② 《瞿秋白选集》:人民出版社 1985 年出版,收入作者在政治理论和文学艺术方面的重要著作 54 篇,其中有 6 篇未曾发表过。
③ 《六大以前——党的历史资料》:中共中央书记处于 1942 年 11 月在延安编,1980 年人民出版社公开出版发行。其中收入瞿秋白的《中国革命之争论问题》、《中国之革命的五月与马克思主义》等重要政治理论文章 9 篇。

式"的死寂。

　　"我"不是旧时代之孝子顺孙，而是"新时代"的活泼稚儿。……

　　"我"的意义：我对社会为个性，民族对世界为个性。①

　　这里讲的"我"，包含个人之"我"与民族之"我"两重意义。因此，"我将成什么"的问题，既是指个人的目标，也指民族的前途。

　　从个人说，在这东西文化相对立、冲突和相交流、补充之际，不作旧时代之孝子顺孙，而要作"新时代的活泼稚儿"。当然，个人是渺小的，但要始终积极为新文化的创建而奋斗。"我自是小卒，我却编入世界的文化运动的先锋队里。"②这就是瞿秋白的个人抱负。他认为，现在投身于"开人类文化的新道路"的斗争中，能同时"实现自我的个性"。从民族来说，中华民族也应成为"新时代的活泼稚儿"。为此，既要反对"东方文化派""盲目固执一民族的文化性，不善融洽适应，自疲其个性，为陈死的旧时代而牺牲"③；也要反对"全盘西化派"醉心于资产阶级文明，"仅知如蝇之附臭，汩没民族的个性，戕贼他的个我"。④ 他盼望中华民族能在中西文化的交流中孕育出"人类新文化的胚胎"，这才"足以光复四千余年文物灿烂的中国文化"⑤，实现民族的个性。

----

① 瞿秋白：《赤都心史》，《瞿秋白文集·文学编》第 1 卷，人民文学出版社 1985—1988 年版，第 213 页。
② 同上注。
③ 瞿秋白：《赤都心史》，《瞿秋白文集·文学编》第 1 卷，第 212 页。
④ 瞿秋白：《赤都心史》，《瞿秋白文集·文学编》第 1 卷，第 212—213 页。
⑤ 瞿秋白：《赤都心史》，《瞿秋白文集·文学编》第 1 卷，第 213 页。

　　这里所说，包含着一种新的文化观。瞿秋白用"文化"一词，是广义的。他说：

　　　　所谓"文化"（Culture）是人类之一切"所作"。[1]

他用"人类之所作"代替了梁漱溟的"民族生活的样法"，这便把文化安置在社会实践的基础上了。从生产力状况、经济关系、社会政治组织以至"依此经济及社会政治组织而定的社会心理，反映此种社会心理的各种思想系统"[2]，都属于人类在一定时间、一定空间中之"所作"。他认为，对于这各个民族、各个时代的"所作"即文化进行研究，只能采取唯物史观的观点，而不能采取唯心史观的"竖蜻蜓"式的头脚倒置的态度。当然，"我们决不否认精神上的力量能回复其影响于物质的基础"[3]，社会意识往往落后于经济的发展而表现出"历史的惰性律"，"然而最根本的动力，始终是物质的生产关系"。[4]

　　瞿秋白从这样的文化观出发，来讨论中西文化问题。他说：

　　　　文化本无东西之别。文化只是征服天行：若是充分的征服自然界，就是充分的增加人类驾御自然界的能力。——此种文化愈高，则社会力愈大，方能自强，方能独立，方能真正

---

[1] 瞿秋白：《东方文化与世界革命》，《瞿秋白文集·政治理论编》第2卷，第20页。
[2] 同上注。
[3] 瞿秋白：《东方文化与世界革命》，《瞿秋白文集·政治理论编》第2卷，第21页。
[4] 同上注。

得自由发展。①

发展文化就是为了增强人类驾御自然界的能力，而这种能力是一切独立、自强的民族所必需的。所以，不能像梁漱溟那样说东西文化是"道路不同"，当然更不容许像戴季陶②那样以维护"民族文化"作幌子来鼓吹"道统"说和反对革命。③ 对中国人来说，应该尽量吸取西方的先进文化；而封建宗法社会的旧传统与帝国主义侵略势力相勾结，则是阻碍中国文化进步的主要力量。为此，必须坚决进行反帝反封建的斗争。从客观形势来说，"帝国主义沟通了全世界的经济脉络，把这所谓东方西方两文化融铸为一；然亦就此而发生全人类的文化，——世界无产阶级得联合殖民地之受压迫的各民族，以同进于世界革命。"④中国的民族民主革命已经是世界无产阶级革命的一部分，前进的方向已非常明确，不过如何具体进行，运用什么方法，经过哪些阶段，却需要"极慎重的研究"。

---

① 瞿秋白：《东方文化与世界革命》，《瞿秋白文集·政治理论编》第2卷，第21页。

② 戴季陶（1891—1949），原籍浙江吴兴，生于四川广汉。本名良弼，又名传贤，字选堂，笔名天仇，晚号孝园。曾留学日本，加入孙中山领导的同盟会。1924年初当选国民党中央执行委员，并兼任宣传部长。孙中山逝世后，连续发表文章，借阐述三民主义来为蒋介石背叛孙中山的革命遗愿提供理论根据。1928年起任国民党政府考试院院长。1949年2月自杀身死。著作编有《戴季陶先生文存》。

③ 1925年，戴季陶打着维护"民族文化"的旗号，反对孙中山的联俄、联共、扶助农工三大政策。他鼓吹孙中山是"孔子以后第一个继往开来的大圣"，说孙中山学说是继承了"尧舜禹汤周孔的道统"，主张用民生哲学的仁慈主义，消弭阶级斗争等等。瞿秋白首先起来批判戴季陶主义，指出"戴季陶等这种思想的根本点，便是一种唯心论的道统说"，他们是资产阶级的民族主义，借"民族文化"的幌子，"讲'中庸'、'调和'、'统一'而反对阶级斗争，其结果是为买办阶级的力量所利用，完全到右派及帝国主义一方面去"。

④ 瞿秋白：《东方文化与世界革命》，《瞿秋白文集·政治理论编》第2卷，第23页。

　　瞿秋白一贯强调现实主义,强调一切从中国的现实生活出发。他运用马克思主义来研究中国国情,提出了许多精辟的见解。例如,他分析了中国资本主义关系的发展程度,指出中国民主革命应由无产阶级来领导;他强调了必须坚决支持农民运动,发挥农民的革命作用,又指出要注意克服革命队伍中"农民意识笼罩一切"的危险;他也论述了武装斗争的作用,等等。特别值得注意的是,他多次强调,在中国要警惕"死鬼抓住活人"而造成的祸害。他说:

　　　　"死鬼常常会抓住活人的。"过去时代的意识往往会残留在现代,何况统治阶级总是些"骸骨迷恋者",时常想利用"死鬼"来钳制"活人",而一些小资产阶级的文人学者,也会无意之中做了死鬼的爪牙。①

　　　　"死人抓住了活人。"……袁世凯的鬼,梁启超的鬼,……的鬼,一切种种的鬼,都还统治着中国。尤其是孔夫子的鬼,他还梦想统治全世界。②

虽已经过辛亥革命,推翻了封建王朝,然而专制主义的鬼、玄学鬼、孔教鬼,仍然统治着中国。瞿秋白把这叫做"僵尸统治",并且指出:这些僵尸还会改变形态。比如,"在他们这些僵尸的血管里,注射一些'欧化'的西洋国故,……再加上一些洋场流氓的把戏,然后僵尸可以暂时'复活'";而"这些欧化绅士和洋场市侩,后

---

① 瞿秋白:《马克思文艺论底断篇后记》,《瞿秋白文集·文学编》第3卷,第131—132页。
② 瞿秋白:《画狗罢》,《瞿秋白文集·文学编》第1卷,第357页。

来就和'革命军人'结合了新的帮口"，成为新的统治集团。^① 瞿秋白在 30 年代提出的"死鬼抓住活人"的这一论点，是十分深刻的。

瞿秋白在《论文集·自序》中说，中国无产阶级一开始自己的运动，便不得不直接参加政治斗争，因此"很急切的催迫着无产阶级的思想代表，来解决中国革命中之许多复杂繁重的问题"^②。但中国无产阶级的思想代表都是幼稚的，"'没有牛时，追得狗去耕田'，这确是中国马克思主义者的情形"^③。这是瞿秋白在 1927 年说的话。他当时自称是"马克思主义的小学生"^④，但已是党的领导人之一。他说："应用马克思主义于中国国情的工作，断不可一日或缓。"^⑤他认真地这样做了，对革命事业作出了不可磨灭的贡献。但是，作为"新时代的活泼稚儿"和"马克思主义的小学生"，总有些稚气，难免在理论上有某些不成熟或不正确的论点，在工作上有某些失误，这是完全可以理解的。而且应该说，他犯错误也是出于对革命事业的满腔赤诚。他一旦认识了便勇于承担责任，坚决改正。他始终怀着一颗革命者的"赤子之心"。

二、"社会的有定论"与"历史工具"说

瞿秋白于 1923 年到上海大学讲课，并根据讲稿写成《现代社会学》、《社会哲学概论》。1924 年又根据在上海夏令讲习会上的讲稿写成《社会科学概论》。以上著作均于 1924 年发表，首次在我

---

① 瞿秋白：《〈鲁迅杂感选集〉序言》，《瞿秋白文集·文学编》第 3 卷，第 107 页。
② 瞿秋白：《〈瞿秋白论文集〉自序》，《瞿秋白文集·政治理论编》第 4 卷，第 408 页。
③ 同上注。
④ 同上注。
⑤ 同上注。

国系统地传播了马克思主义哲学基本理论。他这些著作主要是介绍马克思主义经典著作(如《反杜林论》等)中的哲学原理,以及当时苏联哲学界(包括布哈林等)的见解,对中国的青年是具有启蒙意义的。瞿秋白当时把辩证唯物论称为"互辩律的唯物论"。他基本上依据布哈林的见解①来阐述唯物史观,说:"社会乃包含人类之一切经常的互动(相互作用——引者注)而且依据于人类的劳动联系上的最广大的'系统'"②,并强调指出:唯物史观主张"社会的有定论"(即决定论),而反对"目的论"和"无定论"③。

这时瞿秋白又写了《自由世界和必然世界》一文。上面已经提到,这篇文章可以看作是对"科学与玄学论战"的批判的总结。当时玄学派诬蔑唯物史观是宿命论,而"科学"派则宣传非决定论。瞿秋白的这篇论文用唯物史观比较正确地阐明了意识与存在、自由与必然、理想与现实的关系。这就既驳斥了玄学派的诬蔑,又批判了非决定论。瞿秋白写道:

> 社会现象是人造的,然而人的意志行为都受因果律的支配;人若能探悉这些因果律,则其意志行为更切于实际而能得多量的自由,然后能开始实行自己合理的理想。
>
> 因此,"必然论"是社会的有定论(determinisme),而不是"宿命论"(fatalisme)。社会的有定论说明"因果的必然",只有不知道"因果的必然"的人,方趋于任运的宿命主义,或者

---

① 布哈林著,李光谟等译:《历史唯物主义理论》,人民出版社1983年版。
② 瞿秋白:《现代社会学》,《瞿秋白文集·政治理论编》第2卷,第460页。
③ 瞿秋白:《现代社会学》,《瞿秋白文集·政治理论编》第2卷,第401—432页。

行险的侥幸主义。①

瞿秋白在这里所说的"社会的有定论"，包含有几层意思：首先，从意识和存在的关系来说，"社会现象是人造的"，而人的活动都是有意识有目的的活动，人的意识、意向确是"历史发展的一因素"；然而归根到底，社会存在决定人的意识，人们的种种意向都是经济发展的结果，再回过来成为影响社会发展的因素。其次，从自由和必然的关系来说，社会现象都受因果律的支配，"唯知此因果律之'必然'，方能得应用此因果律之'自由'"②；"不知因果律，便无从决定行为，只有孤注一掷的赌博的侥幸心，而绝无所谓自由意志"③。再次，从理想和现实的关系来说，"社会的有定论以科学方法断定社会现象里有因果律；然后能据此公律推测'将来之现实'——就是'现时之理想'"④。当前的现实是过去的果，也是将来的因。真正的社会理想是合乎规律地产生的"将来之现实"，是必然可以达到的目标。瞿秋白说："先知道中国'是什么？'然后说'怎么样？'……至于'我们''要什么？'且放在最后再说。"⑤首先要认识中国国情（是什么），然后来确定革命道路（怎么样），以求最后达到共产主义理想（要什么）。这就是他所谓"实际的论证方法"、"唯实的、历史的唯物论"态度。

瞿秋白根据社会的有定论的观点，讨论了社会和个性的关系

---

① 瞿秋白：《自由世界与必然世界》，《瞿秋白文集·政治理论编》第2卷，第298页。
② 瞿秋白：《自由世界与必然世界》，《瞿秋白文集·政治理论编》第2卷，第303页。
③ 瞿秋白：《自由世界与必然世界》，《瞿秋白文集·政治理论编》第2卷，第293页。
④ 瞿秋白：《自由世界与必然世界》，《瞿秋白文集·政治理论编》第2卷，第303页。
⑤ 瞿秋白：《赤都心史》，《瞿秋白文集·文学编》第1卷，第248页。

问题。他说：

> 社会发展之最后动力在于"社会的实质"——经济；由此
> 而有时代的群众人生观，以至于个性的社会理想；因经济顺
> 其客观公律而流变，于是群众的人生观渐渐有变革的要求，
> 所以涌出适当的个性，……由个性而阶级而人类，由无意识
> 而有意识——成为群众的实际运动。[1]

瞿秋白指出，不论是英雄人物还是一般群众，他们的人生观归根
到底是"因经济顺其客观公律而流变"[2]的，所以人生观是一历史
的范畴。社会理想虽然是由杰出人物、思想代表提出来的，但"无
不根据于当代的社会心理（时代的人生观）"[3]，任何人都"不能跳
出当代社会而以他'绝对自己'的观点为立足地"[4]，只不过杰出人
物能"先见"社会心理中的新东西，首先觉察到了历史流变的必然
趋势，于是提出新的社会理想（个性的人生观），成为"群众动机的
先锋、阶级动机的向导"[5]。这种合乎必然规律的社会理想、先进
理论，"由个性而阶级而人类"地扩展，使得革命的群众运动由自
发而成为自觉。

瞿秋白以为，在这社会与个性的交互作用过程中，杰出的个
性都只是"历史的工具"。他说：

---

① 瞿秋白：《自由世界与必然世界》，《瞿秋白文集·政治理论编》第 2 卷，第 303 页。
② 瞿秋白：《自由世界与必然世界》，《瞿秋白文集·政治理论编》第 2 卷，第 299 页。
③ 瞿秋白：《自由世界与必然世界》，《瞿秋白文集·政治理论编》第 2 卷，第 300 页。
④ 瞿秋白：《自由世界与必然世界》，《瞿秋白文集·政治理论编》第 2 卷，第 301 页。
⑤ 瞿秋白：《自由世界与必然世界》，《瞿秋白文集·政治理论编》第 2 卷，第 302 页。

> 　　每一个伟人不过是某一时代、某一地域里的历史工具。
> 历史的演化有客观的社会关系，做他的原动力，——伟人不
> 过在有意无意之间执行一部分的历史使命罢了。①

伟人无非是先觉的个性，而这种先觉的个性都是应社会斗争的需
要而产生的历史工具，"他是历史发展的一因素，他亦是历史发展
的一结果"②。正因有此历史工具能运用历史必然规律以武装群
众，于是群众斗争发展为自觉运动，这就开始了"从'必然世界'进
于'自由世界'的伟业"③。

　　在瞿秋白看来，这一由个性而社会、由自发而自觉的演变，也
就是由利己而利他的过程。他认为个性动机总是利己的，而社会
中的个性动机实际上（客观上）又是社会的和阶级的。"人类往往
以利己主义出发而得利他主义的结果，一切利他互助主义都产生
于利己斗争的过程里。"④原始人出于利己的动机而向自然进攻，
使得他们逐渐认识一些自然规律，并且结成"共产部落而同进于
较自由之域，——实在是利他"。⑤同样的道理：

> 　　无产阶级的"阶级个性"依利己主义而向现存制度进攻；
> 阶级斗争的过程里发现社会现象的公律，能使无产阶级觉
> 悟："非解放人类直达社会主义不能解放自己"，——实在亦

---

① 瞿秋白：《历史的工具——列宁》，《瞿秋白文集·政治理论编》第 2 卷，第 477 页。
② 瞿秋白：《自由世界与必然世界》，《瞿秋白文集·政治理论编》第 2 卷，第 302 页。
③ 瞿秋白：《自由世界与必然世界》，《瞿秋白文集·政治理论编》第 2 卷，第 304 页。
④ 瞿秋白：《自由世界与必然世界》，《瞿秋白文集·政治理论编》第 2 卷，第 301 页。
⑤ 瞿秋白：《自由世界与必然世界》，《瞿秋白文集·政治理论编》第 2 卷，第 302 页。

是利他。个性之于阶级,亦与阶级之于人类的关系相同。①

就是说,由个性而阶级,由"阶级个性"而人类,都是由利己而利他的过程。瞿秋白在这里用"利己主义"一词,并无贬意。他同李大钊一样,强调个人与社会,利己与利他的统一,以为在社会主义条件下,"不但各民族的文化自由发展,而且各个人的个性亦可以自由发展"②。瞿秋白根据马克思、恩格斯的学说,描绘了大同社会的图景,说:"社会主义的文明是热烈的斗争和光明的劳动所能得到的;人类什么时候能从必然世界跃入自由世界,——那时科学的技术文明便能进于艺术的技术文明。那不但是自由的世界,而且还是正义的世界;不但是正义的世界,而且还是真美的世界!"③社会主义文明将使人类真正获得对于自然的解放,形成人与人之间新的关系,而有真正高尚的道德,并且技术将进而具有艺术的性质,劳动"或竟如剧院的移易布景,小孩子的搬弄玩意儿,——纯粹只要求美感"④了。瞿秋白的这种描绘,洋溢着乐观主义的情绪和信心,表现了赤子之心的天真。

瞿秋白的"社会有定论"培养了革命者坚定的信念,他的"历史工具"说指出领导者不应以"先知先觉"自居,这在当时无疑是有进步意义的。

不过也应指出,瞿秋白的理论也包含有某些片面性。他说:

---

① 瞿秋白:《自由世界与必然世界》,《瞿秋白文集·政治理论编》第 2 卷,第 302 页。
② 瞿秋白:《东方文化与世界革命》,《瞿秋白文集·政治理论编》第 2 卷,第 24 页。
③ 瞿秋白:《现代文明的问题与社会主义》,《瞿秋白文集·政治理论编》第 2 卷,第 280 页。
④ 瞿秋白:《现代文明的问题与社会主义》,《瞿秋白文集·政治理论编》第 2 卷,第 279 页。

"一切历史现象都是必然的。——所谓历史的偶然,仅仅因为人类还不能完全探悉其中的因果,所以纯粹是主观的说法。决不能因为'不知因果'便说'没有因果'。"①这里的"历史的偶然……纯粹是主观的说法"云云,等于否定了偶然性的客观性,把必然性了解为完全摆脱偶然性的光溜溜的规律了。这是不正确的。这样的"有定论"不可避免地要导致教条主义。同时,他在强调杰出人物是历史工具时,没有适当地指明:在历史过程中,每个人既是工具又是目的。而忽视了人本身是目的,便会忽视作为主体的人在历史发展中的作用,造成片面性。从群己关系来说,瞿秋白起初讲利己与利他的统一,后来又强调个人是集体的一分子,要"自己对于自己的个人主义的斗争",要依靠群众来"克服他的个人主义"②——把集体主义与个人主义对立起来,要求用集体主义来克服个人主义(而不是像李大钊那样强调"合理的个人主义"与"合理的社会主义"的统一),成了30年代以后的马克思主义者的共同观点。这固然有其历史的理由,但对于个性自由和人是目的这方面未免有些忽视了。

三、对实用主义、经验主义的批判

瞿秋白在哲学上的贡献,还在于他批判了胡适派实用主义以及党内以陈独秀为代表的经验主义。

瞿秋白在1924年写的《实验主义与革命哲学》一文,运用"互辩律的唯物主义"对在当时颇有影响的实验主义作了比较深入的

---

① 瞿秋白:《自由世界与必然世界》,《瞿秋白文集·政治理论编》第2卷,第293页。
② 瞿秋白:《普洛大众文艺的现实问题》,《瞿秋白文集·文学编》第1卷,第478页。

分析。他指出：中国五四运动前后，出现胡适的实验主义，实在不是偶然的。在欧美，实用主义已"纯粹是维持现状的市侩哲学"[1]，但用之于中国，有其革命的一面，也有其反动的一面。他说：

> 实验主义不愿意做锁闭的系统。他要成一种新的研究方法，——有这方法可以研究现实生活，并且改革现实生活。他的根本精神——就是使一切"思想"都成某种行动的"动机"；他时时刻刻注重现实生活的实用方面及积极性质。这都是实验主义的优点。
>
> 然而实验主义的弱点，却亦在他的轻视理论，——因为实验主义的宇宙观根本上是唯心论的。[2]

瞿秋白肯定实验主义倡导"新的研究方法"，注意"改革现实生活"和反对封建的"锁闭的系统"，这在中国当时是有积极意义的。所以他说，实验主义这种"行动的哲学"，适应了"中国'第三阶级'（指资产阶级）发展时的思想革命"的需要。同时，他又指出，实验主义是唯心主义，它和互辩律的唯物主义是根本对立的。实验主义"轻视理论"，因此它所谓"方法"，不过是怎样应付环境罢了。"市侩所需要的是'这样亦有些，那样亦有些'：一点儿科学，一点儿宗教，一点儿道德，一点儿世故人情，一点儿技术知识，色色都全，可是色色都不澈底。这样才能与世周旋。"[3]可见，实用主义决

---

[1] 瞿秋白：《实验主义与革命哲学》，《瞿秋白文集·政治理论编》第 2 卷，第 607 页。
[2] 瞿秋白：《实验主义与革命哲学》，《瞿秋白文集·政治理论编》第 2 卷，第 608—609 页。
[3] 瞿秋白：《实验主义与革命哲学》，《瞿秋白文集·政治理论编》第 2 卷，第 607 页。

不是革命哲学，它所谓"改革"，不是要根本变革现存制度，而是"只要琐琐屑屑，逐段应付"①，作点滴的改良罢了。它不赞成用革命的方法改造社会，亦即根本反对马克思主义的实践观点。所以瞿秋白说，"实验主义是多元论，是改良派。"②（他用"多元论"一词，主要是指折衷主义。）

瞿秋白着重批评了实用主义的真理论。他指出，实用主义者以为一切理论自身本无何等价值，对人有用才是真理。这种观点是根本错误的。在实用主义者看来，现实世界是人的种种色色的感觉之总和，人们凭自己的利益和需要来选择感觉的内容，以形成观念，因此真理都是主观的，都是为我们行为的方便而设。这完全是主观唯心主义理论。瞿秋白在批判实用主义的同时，阐述了辩证唯物主义的反映论，说：

> 　　互辩律的唯物论的根本观念，是承认我们对于外物的概念确能与外物相符合。因此，我们要利用外物，只能尽他实际上所含有的属性，来满足我们的需要，达到我们的目的。客观的现实世界里所没有的东西，不能做我们行动的目标。现实只有一个，真理亦只有一个。……
>
> 　　某种意见是真理——并不因为他对于我们有益；这种意见对于我们有益——却因为他是真理，换句话说，就是因为他切合于客观的现实世界。③

---

① 瞿秋白：《实用主义与革命哲学》，《瞿秋白文集·政治理论编》第2卷，第608页。
② 同上注。
③ 瞿秋白：《实验主义与革命哲学》，《瞿秋白文集·政治理论编》第2卷，第612页。

就是说,我们的见解与客观现实相符合才是真理。因为是真理,所以能为我们的行动提供目标,对我们有益;而不能倒过来说,对我们有益的意见就是真理。当然,人总是根据自己的需要和利益而行动,因此"在心理方面说来,每一社会阶级对于自己有益的真理,对于那种能够做自己阶级斗争的好工具的学说——格外接近些"①,但这却不是说人的愿望和目的可以做"外物的标准,真理的规范"②。我们不能愿望什么便做成什么,"现实生活处处时时矫正我们的行动"③,只有当我们的观念正确地反映客观现实时,我们的行动才不致于"碰钉子"。实用主义者以有用为真理,便强调真理是可变的。瞿秋白说:客观的现实世界确是变易不息的,但科学要在变易之中求"不易",而不能以暂时有益于我们的便算真理。我们获得了科学的真理——确定的真理,才能彻底地改造社会,而不安于"琐屑的应付"。

上面已说,陈独秀在接受了马克思主义之后,并未能划清马克思主义与实用主义的界限,因而他没有清除实证论、经验主义对自己的影响。1927 年,陈独秀、彭述之等犯了严重的右倾错误,瞿秋白首先起来进行揭发和批判,写了《中国革命中之争论问题》的小册子,后在党的"五大"上散发给代表们。瞿秋白的批评是相当全面的。在政治上,他着重批评陈独秀、彭述之放弃革命领导权。他对当时中国社会政治及阶级关系作了具体分析,指出:"争取无产阶级对于国民革命的领袖权之客观条件是具备的了,必须主

---

① 瞿秋白:《实验主义与革命哲学》,《瞿秋白文集·政治理论编》第 2 卷,第 612 页。

② 同上注。

③ 同上注。

观上明了这一革命中的战术计划,应当以无产阶级、手工工匠及农民的联盟做进攻统治者阶级的主力军,并且要征(争)取一般小资产阶级群众,而使民族资产阶级的妥协主义丧失其作用。"①而陈独秀、彭述之却不懂得这些,因为他们根本轻视理论,"主观上没有真正分析中国实际状况而宣传主义的意志",因此就犯了一系列严重错误。从哲学上说,这种错误是什么性质的呢? 瞿秋白指出:

> 彭述之主义②,本是唯心主义的多元论的敷衍涂砌的实验主义的。③

为什么说他们是实用主义或经验主义的? 瞿秋白举彭述之的文章为例,说:"彭述之'解释'辛亥革命的现象,排列了:(一)商贾铁路,(二)商办矿务,(三)农民抗捐,(四)贫民失业(天灾),可是不能以一贯之追求正象的因果;他在《谁是中国革命的领导者》一篇文章里,亦是排列着资本家、工人、农民、小商人等许多阶级,而不能研究各阶级自身的流变及各阶级间之相互关系。这真正是一种多元论(Eclectics)。"④,就是说,他们只是折衷主义地列举各种现象、不同社会集团,而不能把握其间的因果联系,揭示隐蔽在现象背后"以一贯之"的规律性。这便是经验主义。他们不认

---

① 瞿秋白:《中国革命中之争论问题　第三国际还是第零国际?》,《瞿秋白文集·政治理论编》第4卷,第488页。
② 瞿秋白在当时批评"彭述之主义",实际上是反对陈独秀等的右倾机会主义错误。
③ 瞿秋白:《中国革命中之争论问题　第三国际还是第零国际?》,《瞿秋白文集·政治理论编》第4卷,第530页。
④ 瞿秋白:《中国革命中之争论问题　第三国际还是第零国际?》,《瞿秋白文集·政治理论编》第4卷,第466页。

识"各阶级自身的流变及各阶级间之相互关系"，当然就一定"不能指示前途，而只是逐段应付环境"，这便成了实用主义。他们起初一口咬定民族资产阶级"几等于零"，是似有实无的"鬼"，所以领导权天然在工人阶级手里；后来又说买办阶级戴着民族资产阶级的假面具，霸占了国民革命军的军权；最后又主张利用上海大商人抵制国民党新右派的军队势力，以为上海大商人是"代表些须民族资产阶级意识的"①。因此，瞿秋白讽刺彭述之："他可以今天说：'这人没有，已经成鬼'，明天又说，'这人确有，然仅系其思想存在。'如此合成其有鬼论。"②

　　党在幼年时期，既缺乏经验，又缺乏理论，因而难免犯错误。但重要的是要从错误中总结出教训，从经验中概括出理论来，而不要主观主义地从零碎经验和书本中构造出死公式来"教"大家。瞿秋白指出，陈独秀、彭述之本来是"'好为人师'的书生，一则喜欢打人家手心，二则喜欢充博学"③。像这样的领导者，在党内和群众中进行宣传教育，只能是注入式的，而不会是启发式的。他们根本不愿意适合群众的一般水平来作宣传工作。因为他们自认为"我即列宁，我即主义，我已经懂了，放在肚子里，逐段的抽出来，按公式教导党部下级人员及群众……"④一个领导者具有这种

① 瞿秋白：《中国革命中之争论问题　第三国际还是第零国际?》，《瞿秋白文集·政治理论编》第 4 卷，第 481—483 页。
② 瞿秋白：《中国革命中之争论问题　第三国际还是第零国际?》，《瞿秋白文集·政治理论编》第 4 卷，第 530 页。
③ 瞿秋白：《中国革命中之争论问题　第三国际还是第零国际?》，《瞿秋白文集·政治理论编》第 4 卷，第 526 页。
④ 瞿秋白：《中国革命中之争论问题　第三国际还是第零国际?》，《瞿秋白文集·政治理论编》第 4 卷，第 527 页。

蔑视群众(实际上也畏惧群众)的心理,当然只能抑制群众的自动创造力,而去利用落后分子的盲从,把革命事业拉向后退。这种领导方式及其所推行的右倾的政治路线,"不但是非马克思主义,并且客观上简直是卖阶级。"①而从理论根源来说,这当然是唯心史观。

瞿秋白对陈独秀的这两点批评(实用主义,蔑视群众),确是击中要害的。不过,面临着大革命失败后的严峻形势,在克服了陈独秀的右倾机会主义之后,党内却又滋长了左倾盲动情绪,瞿秋白自己就犯了这样的错误。当时,党还是在幼年时期,接受共产国际领导,全面学习苏联的理论和经验,这是必要的。但因此也助长了教条主义倾向,终于导致了以王明为代表的左倾路线在党内占据统治地位,而瞿秋白则受到了残酷打击。

瞿秋白在1935年英勇就义前写下了《多余的话》②这一篇颇有争议的著作,其真实意图是什么呢? 作者引《诗·黍离》:"知我者,谓我心忧;不知我者,谓我何求"③作为题词,说明他是想在向自己的同志作最后告别时谈谈内心的隐忧。但他身在监狱,无法使他的"心忧"为同志们所"知",于是便采取了自我检讨的形式,估计这样也许"能够到得读者手里"④。在文中,他表示他愿意把自己的躯壳交给医学校的解剖室,这正说明他愿意把自己的灵魂

---

① 瞿秋白:《中国革命中之争论问题　第三国际还是第零国际?》,《瞿秋白文集·政治理论编》第4卷,第530页。
② 《多余的话》,瞿秋白于1935年5月在长汀狱中写成。这篇近两万字的自传性的文章落入敌人手中,曾刊于1937年出版的《逸经》半月刊第25、26、27期。现通行本据国家档案馆藏手抄本排印。
③ 瞿秋白:《多余的话》,《瞿秋白文集·政治理论编》第7卷,第692页。
④ 瞿秋白:《多余的话》,《瞿秋白文集·政治理论编》第7卷,第693页。

解剖开来给自己的同志作参考。他作检讨说，他对这几年的党中央的领导，"始终没有勇气说出自己的怀疑来"[1]。他衷心以为，教条主义的泛滥，他也有一定的责任，因为正是他首先把苏联的一套"一知半解"地搬了过来。他讲自己是个"文人"、"书生"，由于"历史的误会"而做了党的领导者，其实是不称职的。他说："书生对于宇宙间的一切现象，都不会有亲切的了解。往往会把自己变成一大堆抽象名词的化身。"[2]但是他所从事的文学事业却使他要求"亲切的了解人生和社会，了解各种不同的个性，而不是笼统的'好人'、'坏人'，或是'官僚'、'平民'、'工人'、'富农'等等。摆在你面前的是有血有肉有个性的人，虽则这些人都在一定的生产关系、一定的阶级之中。"[3]总之，他通过解剖自己，鞭挞自己，从而曲折地说出了自己的"心忧"：抽象的名词代替了实感，教条主义在扼杀个性，这就是当时党和革命事业的最大危险。

马克思主义哲学在中国的传播和发展经历着曲折的历程：在克服了经验主义（实用主义）之后，又面临着对教条主义的斗争。瞿秋白作为"新时代的活泼稚儿"，他期望在开辟人类新文化的道路上"实现自我的个性"。他用历史决定论为人类将由必然世界进于自由世界的信念作了论证，并着重批判了实用主义、经验主义的非决定论以及"轻视理论"的错误。但他后来发现：理论成了教条，并在摧残个性。他为这种悲剧性的后果感到很痛苦，而这正说明：他已多少意识到了他的历史决定论是包含有某种片面

---

① 瞿秋白：《多余的话》，《瞿秋白文集·政治理论编》第 7 卷，第 712 页。
② 瞿秋白：《多余的话》，《瞿秋白文集·政治理论编》第 7 卷，第 714 页。
③ 瞿秋白：《多余的话》，《瞿秋白文集·政治理论编》第 7 卷，第 715 页。

性的。

不过，不但瞿秋白未能在他生前纠正这种理论偏颇，而且，教条主义在中国革命乃至后来的经济建设中一再造成危害，并严重地压抑个性自由，阻遏个性发展，都同带机械论性质的历史决定论与带宿命论倾向的个人是历史工具的理论有关。这里包含有深刻的理论思维的教训。

第八节　鲁迅：战斗的唯物主义在文化战线的胜利

伟大的文学家鲁迅也是个伟大的思想家。他的著作反映了战斗的唯物主义在文化战线的胜利，代表了中华民族新文化的发展方向。

鲁迅（1881—1936），原名周树人，字豫山，后改豫才。1918 年为《新青年》杂志撰稿时开始用笔名鲁迅。鲁迅早年就接受了严复、梁启超等宣传和介绍的进化论和民主主义思想。东渡日本留学期间，放弃了医学救国的道路，立志以文学来挽救中国人的灵魂并进而解救危亡的中国，从此走上了文学的道路。1911 年，他在浙江积极参加了辛亥革命。新文化运动后期，参与《新青年》的编辑工作。1918 年 5 月，发表了《狂人日记》。这是中国现代文学史上第一篇猛烈抨击"吃人"的封建礼教的小说。除了创作小说以外，鲁迅还写了大量的杂文，批判封建文化，抨击军阀以及后来的国民党反动派的统治。通过长期的革命实践，鲁迅从一个革命民主主义者转变为马克思主义者，并与瞿秋白等在 30 年代初在上海领导了左翼文化运动。著作编为《鲁迅全集》[1]。

一、反帝反封建的"精神界之战士"

鲁迅是经过自己独特的道路，由一个爱国主义者和革命民主主义者转变为马克思主义者的。这可以从他对"古今中西"之争的态度来说明。

鲁迅在青年时便满腔爱国热情，决心要把自己的热血献给祖国、献给中华民族。他在 22 岁时作的《自题小像》写道：

> 灵台无计逃神矢，风雨如磐暗故园。
> 寄意寒星荃不察，我以我血荐轩辕。[2]

最初，他想走"科学救国"的道路。在日本学医时，正值日俄战争。有一次课间看新闻片，他见到一个纪录日本人在东北的暴行的镜头：一个据说是充当俄国侦探的中国人正要被日军砍头示众，许多在一边围观的中国人身体健壮，但神情麻木，无动于衷。看新闻片的日本学生却对此拍手喝采。此情此景，使鲁迅受到很大的刺激。他认识到，凡是愚弱的国民，即使体格健壮，也只能做

---

① 《鲁迅全集》有 3 种版本：最早在 1938 年，由鲁迅先生纪念委员会编印，除日记、书信和少数作品外，全部创作、翻译和编校的作品都收集在内，共 20 卷；1956 年人民文学出版社出版了 10 卷本，专收作者的创作、评论、文学史论著和部分书信（翻译和编校的作品另编）；1980 年，人民文学出版社在 10 卷本的基础上增收著作 3 种和日记及全部书信，并对 10 卷本的注释作了一些修订和增补，出版了 16 卷本。2005 年，人民文学出版社在 16 卷本的基础上，作了一些修订和增补，现总共出版 18 卷，吸纳了迄今鲁迅研究的新成果，是目前最为完备的《鲁迅全集》新版本。
② 鲁迅：《自题小像》，《鲁迅全集》第 7 卷，第 447 页。

"示众的材料和看客"①。因此，他感到中国人首先需要的不是医学。他说："第一要着，是在改变他们的精神，而善于改变精神的是，我那时以为当然要推文艺，于是想提倡文艺运动了。"②就是说，为了唤醒中国人，使中国人振作起来，他选择了文艺这个武器。这是 1904 年的事。

鲁迅当时认为，要改变中国人的精神面貌，就要提倡具有反抗精神的文艺。他写《摩罗诗力说》，着重介绍拜伦、雪莱等浪漫派革命诗人。"摩罗之言，假自天竺，此云天魔，欧人谓之撒但，人本以目裴伦（G. Byron）。"③鲁迅把"凡立意在反抗，指归在动作"，而被人视为叛逆、异端一派诗人都归之摩罗诗派。这派人不肯为"顺世和乐之音"，而敢于与神圣的传统相敌对，这正是中国所迫切需要的。鲁迅指出，顺着中国的传统，"安弱守雌，笃于旧习，固无以争存于天下。"④中国人有保守旧习惯，安于柔弱的地位，并心神向往唐虞太古的"无为之治"，"谓其时万祸不作，人安其天"⑤。这种复古主义的理想，完全是和人类进化的事实背道而驰的。他说：

> 中国之治，理想在不撄。……有人撄人，或有人得撄者，为帝大禁，其意在保位，使子孙王千万世，无有底止，故性解（Genius）之出，必竭全力死之；有人撄我，或有能撄人者，为

① 鲁迅：《呐喊》，《鲁迅全集》第 1 卷，第 439 页。
② 同上注。
③ 鲁迅：《坟》，《鲁迅全集》第 1 卷，第 68 页。
④ 鲁迅：《坟》，《鲁迅全集》第 1 卷，第 57 页。
⑤ 鲁迅：《坟》，《鲁迅全集》第 1 卷，第 69 页。

　　民大禁,其意在安生,宁蜷伏堕落而恶进取,故性解之出,亦
　　必竭全力死之。①

所谓"不撄",就是不要触动人心,不要让人起来斗争。皇帝要绝
对禁止所谓"撄",要人民无欲,无为,目的为了保住自己的统治地
位,使得子子孙孙能把王位传下去。而民众长期受专制主义的统
治,麻木怯懦,大家只求安生,厌恶进取,所以也反对"撄"。这样
上下夹攻,天才都被扼杀了。鲁迅认为,要改变这种传统,就需要
摩罗诗人。"盖诗人者,撄人心者也。"②拜伦、雪莱、普希金、莱蒙
托夫以至裴多菲等人,都是"精神界之战士"。他们刚健不挠,力
抗流俗,"发为雄声,以起其国人之新生,而大其国于天下"③。鲁
迅大声疾呼:

　　　　今索诸中国,为精神界之战士者安在?④

他没有听到回声,因此不免感到深深的孤独和寂寞。
　　经过辛亥革命后的思想界的大分化,激进的革命民主主义者
以《新青年》为阵地,发动了新文化运动。鲁迅这时才摆脱了孤独
的"沉思",积极投身于战斗,以他的著作,"显示了'文学革命'的
实绩","颇激动了一部分青年读者的心"⑤。然而,"撄人心"的不

---

① 鲁迅:《坟》,《鲁迅全集》第1卷,第70页。
② 同上注。
③ 鲁迅:《坟》,《鲁迅全集》第1卷,第101页。
④ 鲁迅:《坟》,《鲁迅全集》第1卷,第102页。
⑤ 鲁迅:《且介亭杂文二集》,《鲁迅全集》第6卷,第246页。

是青年拜伦式的诗，而是成年果戈理式的小说。鲁迅在文学上已经历了由浪漫主义到现实主义的发展，在对中国传统文化和"国民性"的认识上也大大深化了。鲁迅在《新青年》上发表的第一篇小说《狂人日记》，正如他自己所说："意在暴露家族制度和礼教的弊害"①，令人感到"忧愤深广"。小说这样写道：

> 我翻开历史一查，这历史没有年代，歪歪斜斜的每叶上都写着"仁义道德"几个字。我横竖睡不着，仔细看了半夜，才从字缝里看出字来，满本都写着两个字是"吃人"！②

鲁迅猛烈地抨击"吃人的礼教"，并指斥当时那些封建的卫道士是"现在的屠杀者"，他们用"僵死的语言"来维护"腐朽的名教"，实是对"现在"的"屠杀"，而"杀了'现在'，也便杀了'将来'。——将来是子孙的时代"。③ 这些，都反映了鲁迅激进的革命民主主义的立场。

后来，鲁迅把他的《呐喊》等著作称为"遵命文学"，说："不过我所遵奉的，是那时革命的前驱者的命令，也是我自己所愿意遵奉的命令。"④他在《新青年》发表的《随感录》中，旗帜鲜明地主张宣传"新主义"⑤，讽刺了那些害怕俄国"过激主义"⑥的人。但鲁迅

---

① 鲁迅：《且介亭杂文二集》，《鲁迅全集》第6卷，第247页。
② 鲁迅：《呐喊》，《鲁迅全集》第1卷，第447页。
③ 鲁迅：《热风》，《鲁迅全集》第1卷，第366页。
④ 鲁迅：《南腔北调集》，《鲁迅全集》第4卷，第469页。
⑤ 鲁迅：《热风》，《鲁迅全集》第1卷，第371页。
⑥ 鲁迅：《热风》，《鲁迅全集》第1卷，第363页。

并没有像李大钊那样迅速地转变成为马克思主义者。鲁迅是作家,他需要通过自己的亲身感受、思索和创作实践,来实现这种转变。他引屈原的《离骚》说:

> 路漫漫其修远兮,吾将上下而求索。①

鲁迅确实经历了一个"上下求索"的艰苦历程。"中国向何处去?"他一时还找不到明确的答案,于是感到彷徨。《野草》中的《过客》篇就表达了他内心的苦闷。那倔强而困顿的过客只是不停息地往前走,他不清楚前面能达到一个什么目的地。老翁告诉他"前面是坟",小女孩告诉他"那里有许多野百合,野蔷薇"。② 对两种截然不同的回答,过客都采取存疑态度,因为他以为:"绝望之为虚妄,正与希望相同。"那么,是否因此而停止前进,回转身去呢?"那不行!"过客说,"我只得走。回到那里去,就没一处没有名目,没一处没有地主,没一处没有驱逐和牢笼,没一处没有皮面的笑容,没一处没有眶外的眼泪。我憎恶他们,我不回转去!"③就是说,虽然前途未可预料,但还是要坚决前进,而决不能回到封建的旧时代去。

　　中国思想界从"五四"、"五卅"到 1927 年,又经历了一次大分化。随着革命斗争的发展,鲁迅接受了无数"事实的教训",加上他努力学习马克思主义理论,又严于解剖自己,所以一步一个脚

---

① 鲁迅:《彷徨》题辞,《鲁迅全集》第 2 卷,第 3 页。
② 鲁迅:《野草》,《鲁迅全集》第 2 卷,第 195 页。
③ 鲁迅:《野草》,《鲁迅全集》第 2 卷,第 196 页。

印,终于实现了立场的根本转变。关于这种转变,鲁迅在自己的著作中讲过多次。在《二心集·序》里,他写道:"我时时说些自己的事情,怎样地在'碰壁',怎样地在做蜗牛,好像全世界的苦恼,萃于一身,在替大众受罪似的:也正是中产的智识阶级分子的坏脾气。只是原先是憎恶这熟识的本阶级,毫不可惜它的溃灭,后来又由于事实的教训,以为惟新兴的无产者才有将来,却是的确的。"①

鲁迅早期常有一种孤独之感和彷徨的情绪,"两间余一卒,荷戟独彷徨"。但等到他世界观转变以后,他便充满信心:"惟新兴的无产者才有将来。"他在新兴的无产者身上看到了中国的前途,在共产党人身上看到了中国的脊梁。他说:

> 我们从古以来,就有埋头苦干的人,有拚命硬干的人,有为民请命的人,有舍身求法的人,……这就是中国的脊梁。
>
> 这一类的人们,就是现在也何尝少呢? 他们有确信,不自欺;他们在前仆后继的战斗,不过一面总在被摧残,被抹杀,消灭于黑暗中,不能为大家所知道罢了。②

中华民族就是靠这些埋头苦干、不屈不挠的战斗者作"筋骨和脊梁",才有她光荣的过去,才有她光明的前途。鲁迅后来在好多篇文章中表达了这种坚定的信念。当他看到了革命的依靠力量之后,就再也不感到孤独和寂寞了。

---

① 鲁迅:《二心集》,《鲁迅全集》第 4 卷,第 195 页。
② 鲁迅:《且介亭杂文》,《鲁迅全集》第 6 卷,第 122 页。

正如瞿秋白所说,鲁迅终于"从绅士阶级的逆子贰臣进到无产阶级和劳动群众的真正的友人,以至于战士"。① 他反戈一击,对旧社会的揭发批判更加深刻了。直到晚年,他在《在现代中国的孔夫子》一文中还是反对孔教,不过与"五四"时期的打倒孔家店有所不同。鲁迅对孔子那一套作了具体分析,说:"孔夫子之在中国,是权势者们捧起来的,是那些权势者或想做权势者们的圣人,和一般的民众并无什么关系。"② 又说:"孔夫子曾经计划过出色的治国的方法,但那都是为了治民众者,即权势者设想的方法,为民众本身的,却一点也没有。"③ 他指出,孔子的学说本来是为权势者们服务的。不过,在权势者把孔子捧为"圣人"之后,又利用他作为"敲门砖",利用孔子的书作为升官发财的工具,或者利用它来装饰自己。比如像张宗昌那样的军阀,连字也不识几个,却重刻《十三经》,提倡尊孔读经等等,鲁迅的分析既揭示了孔子学说的阶级性以及时代局限性,也指出后来统治阶级将孔子作为偶像、作为"敲门砖"而产生的恶劣影响。这确实是马克思主义的具体分析。

鲁迅热心地介绍西方文化,一生做了大量翻译工作。他起初译科学的著作,译东欧那些弱小的、被压迫民族的小说,后来又着重译苏联的作品,都是为了唤醒中国人民。他翻译卢那察尔斯基的《艺术论》、普列汉诺夫的《艺术论》等,说这是"从别国窃得火来,本意却在煮自己的肉"④,就是说,他翻译这些书,是为了掌握

---

① 瞿秋白:《〈鲁迅杂感选集〉序言》,《瞿秋白文集·文学编》第 3 卷,第 115 页。
② 鲁迅:《且介亭杂文二集》,《鲁迅全集》第 6 卷,第 327 页。
③ 鲁迅:《且介亭杂文二集》,《鲁迅全集》第 6 卷,第 329 页。
④ 鲁迅:《二心集》,《鲁迅全集》第 4 卷,第 214 页。

马克思主义的理论武器，改造自己的世界观，并运用唯物史观于文艺领域。他后来用马克思主义观点来对待西方文化，写了一篇《拿来主义》。在这篇文章里，他强调要"运用脑髓，放出眼光，自己来拿"[①]，就是说，要自己作主，把西方东西拿来，"或使用，或存放，或毁灭"[②]。他以为，这样学习西方文化，"主人是新主人，宅子也会成为新神乎其神宅子"[③]。但是，他又强调，要成为新主人，首先要求"这人沉着，勇猛，有辨别，不自私"[④]。就是说，要无私地为中国人民吸取外来文化，经过分析辨别，有所取舍，这样我们才能成为新文化的新主人。

总之，鲁迅随着时代前进，经过自己的艰苦探索，从反帝反封建立场，对古今中西之争作出了马克思主义的回答。所以鲁迅的方向，确实是中华民族新文化的方向。鲁迅的著作是中国人民反帝反封建新文化的瑰宝。

二、从"意力主义"到战斗的唯物主义

鲁迅在辛亥革命前写的文章，有若干篇被保留在《坟》、《集外集》、《集外集拾遗》中。从这些文章中可以看出，当时他是一个进化论者，在自然观上是自然科学的唯物主义者。他写了不少自然科学论文，翻译科学幻想小说，宣传生物进化学说。在人生观上，他当时的进化论思想是与尼采哲学相联系的，有唯意志论倾向。

---

① 鲁迅：《且介亭杂文》，《鲁迅全集》第 6 卷，第 40 页。
② 鲁迅：《且介亭杂文》，《鲁迅全集》第 6 卷，第 41 页。
③ 同上注。
④ 同上注。

为什么鲁迅在当时赞成尼采的思想？瞿秋白在《鲁迅杂感选集·序言》中解释了这个问题。他写道：

> 鲁迅当时的思想基础，是尼采的"重个人非物质"的学说。这种学说在欧洲已是资产阶级反动的反映，他们要用超人的名义，最"先进"的英雄和贤哲的名义，去抵制新兴阶级的群众的集体的进取和改革，说一切群众其实都是守旧的，阻碍进步的"庸众"。可是鲁迅在当时的倾向尼采主义，却反映着别一种社会关系。固然，这种个性主义，是一般的知识分子的资产阶级性的幻想。然而在当时的中国，城市的工人阶级还没有成为巨大的自觉的政治力量，而农村的农民群众只有自发的不自觉的反抗斗争。大部分的市侩和守旧的庸众，替统治阶级保守着奴才主义，的确是改革进取的阻碍。为着要光明，为着要征服自然界和旧社会的盲目力量，这种发展个性、思想自由、打破传统的呼声，客观上在当时还有相当的革命意义。①

鲁迅在《文化偏至论》一文中说，中国人要求生存，要和列强角逐，"其首在立人，人立而后凡事举"。如何立人？"乃必尊个性而张精神。"②他认为，要救亡国存，就必须培养具有斗争精神的人格，必须要有"绝大意力之士"和"勇猛奋斗之才"③，能始终刚毅不屈、

---

① 瞿秋白：《〈鲁迅杂感选集〉序言》，《瞿秋白文集·文学编》第 3 卷，第 100—101 页。
② 鲁迅：《坟》，《鲁迅全集》第 1 卷，第 58 页。
③ 鲁迅：《坟》，《鲁迅全集》第 1 卷，第 56 页。

毫不动摇地作为社会的骨干，然后可望"国人之自觉至，个性张，沙聚之邦，由是转为人国。"①所以，他是从爱国热情出发来提倡尼采的"意力主义"（唯意志论）的。

而且，鲁迅当时还有一点和尼采根本不同之处。他推崇拜伦更甚于尼采。他说："尼伐欲自强，而并颂强者；此（指拜伦）则亦欲自强，而力抗强者，好恶至不同，特图强则一而已，"尼采歌颂强者，认为强者压迫弱者是合理的。弱者被打败了，把压迫称为恶，"故恶实强之代名"。但拜伦则以"恶为弱之冤谥"②，弱者被打败，才被称为恶，所以弱者应该起来反抗强者，不应该安于屈辱的地位。鲁迅称赞拜伦有"义侠之性"：

> 重独立而爱自繇，苟奴隶立其前，必哀悲而疾视，哀悲所以哀其不幸，疾视所以怒其不争。③

当时的鲁迅就是这样一种心理状态。他对中国的"庸众"安于奴隶地位的情况，一方面感到悲哀，另一方面感到愤怒。他对这种人怒目而视，是希望能激发他们的自尊，敢于起来斗争。鲁迅以为"庸众"之所以保守、麻木，是由于他们鼠目寸光，只求眼前"实利"。他批评说："人人之心，无不泐二大字曰实利，不获则劳，既获便睡。纵有激响，何能撄之？"④就是说，这些人心上刻着"实利"

---

① 鲁迅：《坟》，《鲁迅全集》第1卷，第57页。
② 鲁迅：《坟》，《鲁迅全集》第1卷，第80页。
③ 鲁迅：《坟》，《鲁迅全集》第1卷，第82页。
④ 鲁迅：《坟》，《鲁迅全集》第1卷，第71页。

二字,唯利是图,而不关心其他,哪怕有很大的声响,也无法使他们激动起来。中国古代虽然有灿烂的文化,但长期的闭关自守,"以孤立自是,不遇校雠,终至堕落而之实利"。① 大家都讲"实利",为时既久,便都老于世故,这样,民族精神就沦亡了,以致受到外来的打击,也不起来反抗。中国人的惰性实在太大,所以一定要精神界战士无情地予以揭露、批判。鲁迅曾就学于章太炎。章太炎主张"依自不依他",反对功利说;鲁迅当时也持这种看法。他和章太炎一样,有唯意志论倾向,这不能简单地归之于尼采哲学的影响,而应从当时社会关系来解释。在当时的历史条件下,革命者为了鼓舞斗志,冲击顺从命运安排的奴隶心理,因而偏向唯意志论,这是完全可以理解的。

鲁迅早期"掊物质而张灵明,任个人而排众数"②。这显然是对社会历史观上的"心物、群己"之辩作了唯心主义和个性主义的回答。但是,包裹在"意力主义"的外衣下,是一个叛逆的性格、一种无畏的战斗精神,这却是非常可贵的。正是这个叛逆性格后来经百炼而成钢,战斗精神成为"韧"性的了,他便克服了唯意志论倾向,成为战斗的唯物主义者。

鲁迅在投身新文化运动时便已是一个主张文艺为人生的现实主义者。《狂人日记》虽有《查拉图斯特拉如是说》的影响,但并无"尼采的超人的渺茫"③。青年鲁迅寄希望于天才的摩罗诗人。但到 1924 年,鲁迅在《未有天才之前》的讲演中,却说:"天才并不

① 鲁迅:《坟》,《鲁迅全集》第 1 卷,第 101 页。
② 鲁迅:《坟》,《鲁迅全集》第 1 卷,第 47 页。
③ 鲁迅:《且介亭杂文二集》,《鲁迅全集》第 6 卷,第 247 页。

是自生自长在深林荒野里的怪物，是由可以使天才生长的民众产生，长育出来的，所以没有这种民众，就没有天才。……所以我想，在要求天才的产生之前，应该先要求可以使天才生长的民众。"①他打譬喻说，民众好比泥土，天才好比是乔木，艺术好比是花。如果没有土，便不可能有花木。"所以土实在比花木还重要。花木非有土不可。"②他希望大家来做培养文学的泥土，"做土的功效，比要求天才还切近。"③要不怕做小事业，能创作的自然可以创作，翻译、介绍也都需要，培养民众的艺术兴趣也需要。鲁迅和下层群众有比较巩固的联系。他乐于做"泥土"，做切切实实的工作，这是唯物主义精神的表现。

　　然而他对"庸众"依然持"怒其不争"的态度。只是在以前他把"庸众"的"不争"归之"实利"二字，这时却改变了看法，认为是因为这些人不敢正视现实，不肯"睁了眼看"。他说："中国人的不敢正视各方面，用瞒和骗，造出奇妙的逃路来，而自以为正路。在这路上，就证明着国民性的怯弱，懒惰，而又巧滑。"④他一再强调要改变"国民性"，即改变国民的精神面貌。为此，他认为必须揭穿一切"瞒和骗"的方式，揭发和批判一切虚伪的名目、巧滑的逃路。《野草》中有一篇《这样的战士》，说："要有这样的一种战士"⑤：他敢于举起投枪向一切虚伪的东西（"无物之物"）挑战。对"那些头上有各种旗帜，绣出各样好名称：慈善家，学者，文士，长

---

① 鲁迅：《坟》，《鲁迅全集》第 1 卷，第 174 页。
② 鲁迅：《坟》，《鲁迅全集》第 1 卷，第 175 页。
③ 鲁迅：《坟》，《鲁迅全集》第 1 卷，第 177 页。
④ 鲁迅：《坟》，《鲁迅全集》第 1 卷，第 254 页。
⑤ 鲁迅：《野草》，《鲁迅全集》第 2 卷，第 219 页。

者,青年,雅人,君子……头下有各样外套,绣出各式好花样:学问,道德,国粹,民意,逻辑,公义,东方文明……"①。战士都举起了投枪。这是从谭嗣同以来的"冲决网罗"的战斗精神。要反对各种各样的名目,要与虚伪的名教作战斗,必须咬住不放,坚持不懈。不管那"各种旗帜、各种外套"如何变花样,如何装正经,如何加给你"戕害慈善家"②之类罪名,如何装死逃脱,如何使你遭受暂时挫折、失败,……你作为战士,总是"举起了投枪"!③ 这就是鲁迅所谓"韧"的战斗精神。正是这种精神,使鲁迅痛恨儒家的中庸之道,痛恨那种"折中、公允、调和、平正之状可掬"的哈巴狗。他从事实的教训里总结出"费厄泼赖应该缓行",要痛打落水狗。

进行"韧"的战斗是为了什么? 是为了我有所爱、有所追求。鲁迅说:

> 无论爱什么,——饭,异性,国,民族,人类等等,——只有纠缠和毒蛇,执着如怨鬼,二六时中,没有已时者有望。④

> 我们目下的当务之急,是:一要生存,二要温饱,三要发展。苟有阻碍这前途者,无论是古是今,是人是鬼,是《三坟》《五典》,百宋千元,天球河图,金人玉佛,祖传丸散,秘制膏丹,全都踏倒他。⑤

---

① 鲁迅:《野草》,《鲁迅全集》第2卷,第219页。
② 同上注。
③ 同上注。
④ 鲁迅:《华盖集》,《鲁迅全集》第3卷,第52页。
⑤ 鲁迅:《华盖集》,《鲁迅全集》第3卷,第47页。

这里所说的人们要求有生存、温饱和发展的前途，追求着食物、异性以至祖国、民族和人类的自由，基本上是进化论的观点。但鲁迅的韧性的战斗精神与清醒的现实主义相结合，却正是战斗的唯物主义的态度，这使他随着革命斗争的发展而愈来愈倾向于马克思主义。他在《三闲集·序》中说：

> 我一向是相信进化论的，总以为将来必胜于过去，青年必胜于老人。……然而后来我明白我倒是错了。这并非唯物史观的理论或革命文艺的作品蛊惑我的，我在广东，就目睹了同是青年，而分成两大阵营，或则投书告密，或则助官捕人的事实！我的思路因此轰毁。①

就是说，进化论不能解释为什么青年会分成两大阵营。事实教育了他，使他明白，对现实的人，包括青年在内，都应作阶级分析。这说明他已由进化论前进到唯物史观，实现了世界观的根本转变。

鲁迅说："人们是的确由事实而从新省悟，而事情又由此发生变化的。"②又说："文学与社会之关系，先是它敏感的描写社会，倘有力，便又一转而影响社会，使有变革。这正如芝麻油原从芝麻打出，取以浸芝麻，就使它更油一样。"③显然，关于存在与意识（事实与省悟、社会与文学）的关系问题，他通过自己的独特道路，达

---

① 鲁迅：《三闲集》，《鲁迅全集》第4卷，第5页。
② 鲁迅：《且介亭杂文》，《鲁迅全集》第6卷，第11页。
③ 鲁迅：《致徐懋庸》，《鲁迅全集》第12卷，第525页。

到了与唯物辩证法相一致的结论。

三、对"国民性"的分析以及对自由人格的描述

鲁迅是个作家,他由进化论转变到唯物史观,首先表现在他将唯物史观理论运用于文艺领域,用阶级学说反对抽象的人性论。当时,梁实秋[①]和所谓"第三种人"鼓吹文艺是表现人性的,是超阶级的。梁实秋以为,马克思主义文学理论的错误,首先在于"把阶级的束缚加在文学上面"。他说:"一个资本家和一个劳动者,……他们的人性并没有两样,他们都感到生老病死的无常,他们都有爱的要求,他们都有怜悯与恐怖的情绪,他们都有伦常的观念,他们都企求身心的愉快。文学就是表现这最基本的人性的艺术。"[②]鲁迅驳斥了梁实秋的观点,说:"文学不借人,也无以表示'性',一用人,而且还在阶级社会里,即断不能免掉所属的阶级性,无需加以'束缚',实乃出于必然。自然,'喜怒哀乐,人之情也',然而穷人决无开交易所折本的懊恼,煤油大王那会知道北京检煤渣老婆子身受的酸辛,饥区的灾民,大约总不去种兰花,像阔人的老太爷一样,贾府上的焦大,也不爱林妹妹的。"[③]鲁迅还指出:

---

① 梁实秋(1903—1987),原名梁治华,笔名子佳、秋郎、程淑等。中国著名的散文家、学者、文学批评家、翻译家。北京人,原籍浙江余杭。在清华学校毕业后,赴美留学。1926年回国,是"新月社"以及该社创办的《新月》杂志的主要成员。主张文学创作有独立的美学目标,反对文学的阶级性,同鲁迅等左翼作家发生激烈论争。抗战爆发后,曾在重庆《中央日报》编辑副刊。1949年迁往台湾,任教于台湾省立师范大学。译述甚多,还曾主编《远东英汉大字典》,代表作《莎士比亚全集》(译作)等。

② 梁实秋:《文学是有阶级性的吗?》,《梁实秋文集》第1卷,鹭江出版社2002年版,第322页。

③ 鲁迅:《二心集》,《鲁迅全集》第4卷,第208页。

若据性格感情等，都受"支配于经济"（也可以说根据于经济组织或依存于经济组织）之说，则这些就一定都带着阶级性。但是"都带"，而非"只有"。所以不相信有一切超乎阶级，文章如日月的永久的大文豪，也不相信住洋房，喝咖啡，却道"唯我把握住了无产阶级意识，所以我是真的无产者"的革命文学者。①

鲁迅说"'都带，而非'只有'"，既反对了鼓吹抽象人性论的资产阶级作家，也反对了那些把"阶级性说"绝对化而自封为"革命文学家"的空头文人。

鲁迅的独特之处，尤在于运用唯物史观于"国民性"的分析。他从青年时代便开始研究"国民性"。不过，当时的研究不免有些抽象。后来他总结辛亥革命以来的教训，说："最初的革命是排满，容易做到的，其次的改革是要国民改革自己的坏根性，于是就不肯了。所以此后最要紧的是改革国民性，否则，无论是专制，是共和，是什么什么，招牌虽换，货色照旧，全不行的。"②但这时（1925 年），他已明白，"国民"可分为不同集团，须作分析。他说：

我们要革新的破坏者，因为他内心有理想的光。我们应该知道他和寇盗奴才的分别；应该留心自己堕入后两种。③

---

① 鲁迅：《三闲集》，《鲁迅全集》第 4 卷，第 128 页。
② 鲁迅：《两地书》，《鲁迅全集》第 11 卷，第 31—32 页。
③ 鲁迅：《坟》，《鲁迅全集》第 1 卷，第 204 页。

就是说,应该把革新者和寇盗、奴才加以区别,并努力使自己摆脱寇盗和奴才的影响。在他看来,旧制度就是由寇盗和奴才组成的秩序,而国民的"坏根性"既是这种秩序的产物,又是使这种秩序难以摧毁的原因,所以真正要革新中国社会,就必须改革国民性。

鲁迅深刻地揭露了中国旧社会中的寇盗(即上等人)和奴才的真实性格。他非常愤慨地说:"一面制礼作乐,尊孔读经,'四千年声明文物之邦',真是火候恰到好处了,而一面又坦然地放火杀人,奸淫掳掠,做着虽蛮人对于同族也还不肯做的事。……全个中国,就是这样的一席大宴会!"①这些"坦然地杀人放火"的"上等人",讲什么礼乐、尊孔、保存国故、维持公埋等等,并非出自内心,只不过是"做戏"罢了。做戏,便有两个特点:一是"戏场小天地,天地大戏场"②,既然是一出戏,便用不着认真;二是"一做戏,则前台的架子,总与在后台的面目不相同。"③鲁迅说:

> 看看中国的一些人,至少是上等人,他们的对于神,宗教,传统的权威,是"信"和"从"呢,还是"怕"和"利用"? 只要看他们的善于变化,毫无特操,是什么也不信从的,但总要摆出和内心两样的架子来。要寻虚无党,在中国实在很少;和俄国的不同的处所,只在他们这么想,便这么说,这么做,我们的却虽然这么想,却是那么说,在后台这么做,到前台又那么做……。将这种特别人物,另称为"做戏的虚无党"或

---

① 鲁迅:《华盖集续编》,《鲁迅全集》第 3 卷,第 350 页。
② 鲁迅:《华盖集续编》,《鲁迅全集》第 3 卷,第 344 页。
③ 鲁迅:《华盖集续编》,《鲁迅全集》第 3 卷,第 345 页。

"体面的虚无党"以示区别罢，虽然这个形容词和下面的名词万万联不起来。①

中国的"上等人"对于他们所公开宣传的一套，其实是全不信奉的，所以也可以说是"虚无主义者"，但不是俄国历史上的那种心口如一的虚无主义者，而是心口不一、表里相反的"做戏的虚无党"。到了后台卸下戏装，实际上是刽子手，暴君，或者如瞿秋白所说，是僵尸，"僵尸还要做戏，自然是再可怕也没有了。"②

暴君的统治当然需要有一批奴才、走狗相配合。鲁迅指出，奴才和奴隶是有区别的。奴隶总是不安于被奴役的地位。虽打熬着要活下去，却总不平着、挣扎着。而奴才则不同，他们安于奴隶生活，甚至"从奴隶生活中寻出'美'来，赞叹，抚摩，陶醉，……使自己和别人永远安住于这生活"③。奴才还往往兼流氓。例如，不仅上海租界的流氓，而且惯于耍流氓手段的官僚，都是受帝国主义者宠爱的奴才："这流氓，是殖民地上的洋大人的宠儿，——不，宠犬，其地位虽在主人之下，但总在别的被统治者之上的。"④

同时，鲁迅又指出，主子和奴才是可以一身而二任的，也可以互相转化。他说：

> 专制者的反面就是奴才，有权时无所不为，失势时即奴

---

① 鲁迅：《华盖集续编》，《鲁迅全集》第 3 卷，第 346 页。
② 瞿秋白：《〈鲁迅杂感选集〉序言》，《瞿秋白文集·文学编》第 3 卷，第 107 页。
③ 鲁迅：《南腔北调集》，《鲁迅全集》第 4 卷，第 604 页。
④ 鲁迅：《二心集》，《鲁迅全集》第 4 卷，第 319 页。

性十足。孙皓是特等的暴君，但降晋之后，简直像一个帮闲；宋徽宗在位时，不可一世，而被掳后偏会含垢忍辱。做主子时以一切别人为奴才，则有了主子，一定以奴才自命：这是天经地义，无可动摇的。[①]

孙皓、宋徽宗是由专制者变为奴才，而朱元璋则是由奴才变为专制者。鲁迅说："奴才做了主人，是决不肯废去'老爷'的称呼的。"[②]过去痛骂官僚的学生，一旦做了官，和老官僚又有什么两样呢？"思想言论举动丰采都没有什么大区别。"[③]可见这种由主—奴制度养成的国民的劣根性是多么的顽固！

正是在这种主—奴等级制度的基础上，形成了中国人的礼教和"面子"观念。在美国人斯密斯写的《中国人的气质》一书中[④]，以为"面子"问题是"打开中国人许多最重要特性这把暗锁的一把钥匙"。鲁迅曾多次提到此书，并特别写了《说"面子"》一文，指出："面子"是"中国精神的纲领"。他说："第一种身份，就有一种'面子'，也就是所谓'脸'。"[⑤]可见"面子"观念确是礼教的重要内容，是用来巩固封建等级制度的。然而演变到后来，"体面"和"丢脸"的界限却模糊起来了。例如偷钱袋而被人发现，是"失面子"的；而上等人大捞一批金珠珍玩，却仿佛不算"丢脸"。在"体面的虚无党"那里，礼教、仁义以至"模范监狱"之类，都不过是装装门

---

① 鲁迅：《南腔北调集》，《鲁迅全集》第4卷，第557页。
② 鲁迅：《二心集》，《鲁迅全集》第4卷，第309页。
③ 鲁迅：《呐喊》，《鲁迅全集》第1卷，第561页。
④ 参见张梦阳：《鲁迅与斯密斯的〈中国人的气质〉》，载《鲁迅研究资料》总第11期。
⑤ 鲁迅：《且介亭杂文》，《鲁迅全集》第6卷，第130页。

面罢了。所以鲁迅说：

> 可惜的是这"面子"是"圆机活法"，善于变化，于是就和"不要脸"混起来了。长谷川如是闲[①]说"盗泉"云："古之君子，恶其名而不饮，今之君子，改其名而饮之。"也说穿了"今之君子"的"面子"的秘密。[②]

为了维护这种主—奴等级制度，古代的圣人还发明了天命论，以美化统治者和叫被压迫者安于奴隶的命运。这也是中国人的重要观念。鲁迅在《说"面子"》之后，紧接着写了《运命》一文，指出：中国人的确是相信运命的，但又认为，不论"命凶"或"命硬"，总有方法可以"禳解"。只要舍得化钱，请道士来画符咒、旋法术，便可以把那"命中注定"的改变了。当然，讲"定命论"的哲学家，也可辩解说，包括种种禳解的方法在内，都是命中注定的。但这样讲"定命"，也就很不确定了。所以鲁迅说，中国人对运命虽"相信"，却好像很少"坚信"。[③]

"面子"观念和"运命"观念（它们同儒家的礼教和天命论联系着），确实是维护主—奴等级制度的重要精神力量，对国民性或民族心理产生了重大的影响。但是，在封建制度已完全腐朽的时候，上等人成了"做戏的虚无党"，奴才惯耍流氓手段。他们都以

---

① 长谷川如是闲（1875—1969），现代日本评论家，著有《日本的性格》、《社会批评》、《现代国家批判》、《一颗心的自传》等。著作编成《长谷川如是闲选集》。
② 鲁迅：《且介亭杂文》，《鲁迅全集》第6卷，第132页。
③ 鲁迅：《且介亭杂文》，《鲁迅全集》第6卷，第134页。

"无特操"为特点,也就是自己在破坏着礼教和天命论,使"面子"成了虚有其表,"运命"也不足以使人相信。这种情况,从对人民群众的影响来说,有弊也有利。鲁迅说:

> 不负责任的,不能照办的教训多,则相信的人少;利己损人的教训多,则相信的人更其少。"不相信"就是"愚民"的远害的堑壕,也是使他们成为散沙的毒素。①
>
> 人而没有"坚信",狐狐疑疑,也许并不是好事情,因为这也就是所谓"无特操"。但我以为信运命的中国人而又相信运命可以转移,却是值得乐观的。不过现在为止,是在用迷信来转移别的迷信,所以归根结蒂,并无不同,以后倘能用正当的道理和实行——科学来替换了这迷信,那么,定命论的思想,也就和中国人离开了。②

鲁迅的这些分析是辩证的。他既看到了群众所受的毒害,也看到了群众中蕴藏着的革命力量。他从群众的"不相信"中窥见了值得乐观的因素,并指出了用科学来代替迷信的前途。

鲁迅本来就和下层群众有着血肉相关的联系。到了晚年,他有了更为鲜明的群众观点。他在许多文章中谈到,历史上的文物,大多是无名氏所逐件地造成的,建筑、烹调、渔猎、耕种是如此,医药也是如此。他特别指出,过去的民歌,如《子夜歌》等,曾给文学输入新鲜的血液;现在的民歌、民间故事,也将给文学以巨

---

① 鲁迅:《且介亭杂文》,《鲁迅全集》第 6 卷,第 53 页。
② 鲁迅:《且介亭杂文》,《鲁迅全集》第 6 卷,第 135 页。

大的力量。他在《朝花夕拾》里介绍的若干民间故事，如《目连救母》等，都具有刚健、清新的风格。这些大众的创作，不是枯坐在房间里的知识分子所能写出的。不过，他也不轻视知识分子的作用。他在《门外文谈》中讲语言文字的改革问题时，一方面指出，人民大众"并不如读书人所推想的那么愚蠢。他们是要智识，要新的智识，要学习，能摄取的。"①另一方面，他也指也，知识分子有他的作用，说："由历史所指示，凡有改革，最初，总是觉悟的智识者的任务。"②由觉悟的智识者作"先驱"，和大众相结合，共同努力，才能实现改革。

那么，这些"先驱"即觉悟的智识者应具有怎样的品格呢？鲁迅说：

> 这些智识者，却必须有研究，能思索，有决断，而且有毅力。他也用权，却不是骗人，他利导，却并非迎合。他不看轻自己，以为是大家的戏子，也不看轻别人，当作自己的喽罗。他只是大众中的一个人，我想，这才可以做大众的事业。③

鲁迅这段话，言简意赅地描绘了一个自由人格（即他心目中的理想人格）的精神面貌。首先，一个先驱者要既有实事求是的研究，又有不屈不挠的毅力。他把清醒的理智和强毅的意志统一起来，表现了战斗的唯物主义精神。其次，从群己关系来说，这个人格

---

① 鲁迅：《且介亭杂文》，《鲁迅全集》第 6 卷，第 104 页。
② 同上注。
③ 鲁迅：《且介亭杂文》，《鲁迅全集》第 6 卷，第 104—105 页。

具有群体意识与自我意识统一的特点。在他处于领导岗位时，决不以权谋私；他善于对群众采取因势利导的办法，但并不是迎合落后心理；他把自己看作大众中的一员，既尊重自己，也尊重别人。所以，既不会前台一套，后台又一套地"做戏"，也决不会把别人看作是听命的小喽罗。"做戏"而用权骗人，是寇盗，唯命是从的小喽罗是奴才。革新或革命，旨在破坏这由寇盗、奴才组成的秩序，所以一定要有完全清除寇盗心和奴才气的自由人格。

至于鲁迅自己，正如瞿秋白所说，"他从来没有摆过诸葛亮的臭架子"[1]。他不以导师自居，而是把心交给群众，设法利导、改进。他既信赖群众的创造力，也深知习惯势力的顽固。习惯是第二天性，由千百年习惯势力形成的国民性，是根深蒂固的。鲁迅在《习惯与改革》一文中说：

> （列宁）是将"风俗"和"习惯"，都包括在"文化"之内的，并且以为改革这些，很为困难。我想，但倘不将这些改革，则这革命即等于无成，如沙上建塔，顷刻倒坏。……
>
> 倘不深入民众的大层中，于他们的风俗习惯，加以研究，解剖，分别好坏，立存废的标准，而于存于废，都慎选施行的方法，则无论怎样的改革，都将为习惯的岩石所压碎，或者只在表面上浮游一些时。[2]

现在回头看看，鲁迅的警告是多么深刻啊！遗憾的是，后人

---

① 瞿秋白：《〈鲁迅杂感选集〉序言》，《瞿秋白文集·文学编》第 3 卷，第 99 页。
② 鲁迅：《二心集》，《鲁迅全集》第 4 卷，第 229 页。

竟把它忘记了！从理论来说，鲁迅对国民性的分析，即运用唯物史观来研究国民意识或民族心理，这是一个杰出的贡献。他对中国传统思想的腐朽一面作了深入的揭发批判，也勾画了新时代的自由人格的精神面貌。他的分析充满辩证法的光辉，为我们作出了典范。

四、现实主义的美学思想

鲁迅不仅将唯物史观运用于文艺，而且在美学上也有其独特贡献。鲁迅的美学思想具有现实主义（唯物主义）倾向，在典型性格理论和意境理论方面都提出了一些很好的见解。以下分三点讲。

第一点，文艺为人生的思想。

文艺必须是为人生的，这是"五四"时期启蒙思想家共同的观点。鲁迅在《我怎么做起小说来》一文写道："说到'为什么'做小说罢，我仍抱着十多年前的'启蒙主义'，以为必须是'为人生'，而且要改良这人生。"①他说：他深恶先前的称小说为"闲书"，其实文艺不是无所为而为的，所谓"为艺术的艺术"②，不过是"'消闲'的新式的别号"③。鲁迅在《艺术论译本序》中，同意普列汉诺夫关于劳动先于艺术生产的观点，并说：

　　蒲力汗诺夫之所究明，是社会人之看事物和现象，最初

① 鲁迅：《南腔北调集》，《鲁迅全集》第 4 卷，第 526 页。
② 同上注。
③ 同上注。

　　是从功利底观点的,到后来才移到审美底观点去。在一切人
类所以为美的东西,就是于他有用——于为了生存而和自然
以及别的社会人生的斗争上有着意义的东西。功用由理性
而被认识,但美则凭直感底能力而被认识。享乐着美的时
候,虽然几乎并不想到功用,但可由科学底分析而被发现。
所以美底享乐的特殊性,即在那直接性,然而美底愉快的根
柢里,倘不伏着功用,那事物也就不见得美了。并非人为美
而存在,乃是美为人而存在的。①

这是从美与美感的起源来论证美为人而存在,艺术是为人生的,
而并不是无所为而为的。由于人们在欣赏自然美和艺术美时,往
往不想到它的功用,于是,唯心论者便认为审美活动、艺术创作是
无所为而为的,是超功利的,还说游戏的本能先于劳动等等。其
实,艺术的功利性质,是可通过科学的分析而加以发现的。这种
唯物论的观点,同唯心主义的形式主义美学观点是相对立的。

　　第二点,关于艺术的形象思维和典型化。

　　鲁迅在许多文章中讲到这个问题。在《漫谈"漫画"》一文
中说:

　　　　漫画的第一件紧要事是诚实,要确切的显示了事件或人
物的姿态,也就是精神。②

---

① 鲁迅:《二心集》,《鲁迅全集》第4卷,第269页。
② 鲁迅:《且介亭杂文二集》,《鲁迅全集》第6卷,第241页。

他所谓诚实，就是要如实地反映现实；但也不能只求形似，重要的是画出精神来，要形神兼备。漫画常常要用夸张的手法，夸张是为了显示精神，而不违背诚实。他举"燕山雪花大如席"为例，说这句诗是夸张，"但燕山究竟有雪花，就含着一点诚实在里面，使我们立刻知道燕山原来有这么冷"。[①]鲁迅又在讨论讽刺的文章中指出：讽刺作品，大都是写实，"非写实决不能成为所谓'讽刺'；非写实的讽刺，即使能有这样的东西，也不过是造谣和诬蔑而已"[②]。讽刺既不是"捏造"，也不是"诬蔑"，而是把一些司空见惯的、在大庭广众之间谁也不觉得奇怪的事情，用艺术夸张的手法表现出来。但这却能产生打动人的艺术感染力。例如，洋服青年撅着屁股拜佛，道学先生皱着眉心发怒，都是平常事，但勾画出来，都成讽刺。鲁迅同时指出，"讽刺作者虽然大抵为被讽刺者所憎恨，但他却常常是善意的，他的讽刺，在希望他们改善，并非要捺这一群到水底里。"[③]鲁迅以为，讽刺不同于"冷嘲"，它包含有善意的批评。他说："一个作者，用了精炼的，或者简直有些夸张的笔墨——但自然也必须是艺术的地——写出或一群人的或一面的真实来，这被写的一群人，就称这作品为'讽刺'。"[④]所以，讽刺既是对现实的艺术概括，又是对某一群人的善意批评，讽刺作品是现实因素和理想因素的统一。

　　要体现形神兼备，现实和理想的统一，就要用典型化的艺术

---

① 鲁迅：《且介亭杂文二集》，《鲁迅全集》第6卷，第242页。
② 鲁迅：《且介亭杂文二集》，《鲁迅全集》第6卷，第287—288页。
③ 鲁迅：《且介亭杂文二集》，《鲁迅全集》第6卷，第341页。
④ 鲁迅：《且介亭杂文二集》，《鲁迅全集》第6卷，第340页。

手段。鲁迅谈到，他是怎样创作小说的：

> 所写的事迹，大抵有一点见过或听到过的缘由，但决不全用这事实，只是采取一端，加以改造，或生发开去，到足以几乎完全发表我的意思为止。人物的模特儿也一样，没有专用过一个人，往往嘴在浙江，脸在北京，衣服在山西，是一个拼凑起来的脚色。[①]

这是讲他如何运用艺术的形象思维来塑造典型的经验。他说，他这种办法也是中国艺术的传统方法。"例如画家画人物，也是静观默察，烂熟于心，然后凝神结想，一挥而就，向来不用一个单独的模特儿的。"[②]在谈到运用艺术手段来塑造这种典型形象时，他又说："中国旧戏上，没有背景，新年卖给孩子看的花纸上，只有主要的几个人。……我深信对于我的目的，这方法是适宜的，所以我不去描写风月，对话也决不说到一大篇。[③] 鲁迅在这里讲了中国传统的塑造典型性格的艺术手法：一是在大量观察的基础上进行艺术概括，成竹在胸，一挥而就；二是在表达时，尽量用简练的笔墨把典型人物的性格描写出来，以体现主题思想。鲁迅以为这种传统的典型化的手段，最宜于激发人们对社会痛苦的认识，"引起疗救的注意"。鲁迅主张文艺为人生，所以要求从众多的模特儿中概括出典型，以反映生活的本质，并且要求以明快的语言加

---

① 鲁迅：《南腔北调集》，《鲁迅全集》第 4 卷，第 527 页。
② 鲁迅：《且介亭杂文末编》，《鲁迅全集》第 6 卷，第 538 页。
③ 鲁迅：《南腔北调集》，《鲁迅全集》第 4 卷，第 526 页。

以表达，尽量把无关紧要的东西略去。这样做，是为了更有效地发挥文艺的教育作用。同时，这也说明了鲁迅自己的艺术风格以及他和中国传统的关系。造型艺术、叙事文学要塑造典型性格。中国古代的作家艺术家在事实上也是这样做的，而且也有自己的民族特色，只不过在美学理论上探讨得不够充分。（虽然金圣叹、李渔等也对典型性格问题作了一些考察。）而鲁迅则受了西方美学理论的启发，研究了小说史和中国传统艺术，特别是总结了自己的创作经验，对塑造典型性格的理论作了探讨，从而在美学上作出了重要贡献。

第三点，关于艺术意境的具体分析。

鲁迅在谈到文学的永久性和相对性问题时说：

> 文学有普遍性，但有界限；也有较为永久的，但因读者的社会体验而生变化。北极的遏斯吉摩人和菲洲腹地的黑人，我以为是不会懂得"林黛玉型的"；健全而合理的好社会中人，也将不能懂得，他们大约要比我们的听讲始皇焚书，黄巢杀人更其隔膜。一有变化，即非永久，说文学独有仙骨，是做梦的人们的梦话。[①]

就是说，对艺术品的欣赏是有条件的，与欣赏者的社会体验有关。艺术价值的永久性、普遍性只能是相对的、有条件的，林黛玉不是什么无条件的永恒的典型。因此，他说："普遍，永久，完全，这三

---

① 鲁迅：《花边文学》，《鲁迅全集》第 5 卷，第 560 页。

件宝贝，自然是了不得的，不过也是作家的棺材钉，会将他钉死。"①

鲁迅根据这样的观点，批评了朱光潜。朱光潜认为："艺术的最高境界都不在热烈"，而在于和平静穆；古希腊人大都"把和平静穆看作诗的极境"②，而"这种境界在中国诗里不多见。屈原、阮籍、李白、杜甫都不免有些金钢怒目，愤愤不平的样子。陶潜浑身是'静穆'，所以他伟大。"③朱光潜不止一次地宣传这种观点。鲁迅在《题未定草（六至九）》中批评道：艺术趣味本来有种种不同，艺术意境也有多样性。有的爱读《江赋》、《海赋》那样描写大江大海的赋，有的则欣赏《小园》、《枯树》那样的小赋，这没有什么不好。但是，把和平静穆作为诗的最高境界，而厌恶那种金刚怒目，忿忿不平的样子，这实际上反映了某种文人自己的心情。

鲁迅又说："凡论文艺，虚悬了一个'极境'，是要陷入'绝境'的。"他以为，虚悬一个"静穆"之境，摘一些"曲终人不见，江上数峰青"，"采菊东篱下，悠然见南山"等诗句来加以证明，那就是陷入"绝境"④。他说：

> 倘要论文，最好是顾及全篇，并且顾及作者的全人，以及他所处的社会状态，这才较为确凿。⑤

---

① 鲁迅：《且介亭杂文》，《鲁迅全集》第 6 卷，第 151 页。
② 朱光潜：《诗的主观与客观》，《朱光潜全集》第 3 卷，安徽教育出版社 1987—1989 年版，第 366 页。
③ 朱光潜：《说"曲终人不见，江上数峰青"》，《朱光潜全集》第 8 卷，第 396 页。
④ 鲁迅：《且介亭杂文二集》，《鲁迅全集》第 6 卷，第 442 页。
⑤ 鲁迅：《且介亭杂文二集》，《鲁迅全集》第 6 卷，第 444 页。

例如，钱起"曲终人不见，江上数峰青"之句，放在全篇中看，就不见得那么静穆。朱光潜摘引了陶渊明的"采菊东篱下，悠然见南山"，说他"浑身是静穆"，而未"顾及作者全人"。其实，陶渊明还写了《闲情赋》、《读山海经》和《咏荆轲》等，他还写了一篇大概是政治诗的《述酒》，"可见他于世事也并没有遗忘和冷淡"。陶渊明《读山海经》写道："精卫衔微木，将以填沧海，形天舞干戚，猛志固长在。"这是金刚怒目式的诗篇。鲁迅说：这"猛志固长在"和"悠然见南山"是同一个人写的，"倘有取舍，即非全人，再加抑扬，更离真实"。他说"陶渊明正因为并非'浑身是静穆'，所以他伟大"。①

鲁迅要求把艺术和艺术家放在特定的社会历史条件下具体地加以考察，反对虚悬一个艺术上的"极境"，然后寻章摘句加以论证一番。这里提出了一个研究意境理论的方法论问题，即是根据唯物史观加以具体分析，还是形而上学地作孤立的考察。而且，鲁迅认为"金刚怒目"式的艺术意境更应当引起人的注意，因为那是为人生的艺术。文艺家要敢于面对现实，对社会的不平表示愤怒、抗争，以激励人们起来进行改革。这是从屈原、司马迁、韩愈到黄宗羲一脉相承的传统，即要求文学艺术反映社会矛盾的传统。中国古代美学的"言志"说和艺术意境理论是源远流长、丰富多采的，其中有"温柔敦厚"的诗教，有"羚羊挂角，无迹可求"的传统，也有"金钢怒目"式的传统。司马迁说："《诗》三百篇，大抵贤圣发愤之所为作也。此人皆意有所郁结，不得通其道也，故述

① 鲁迅：《且介亭杂文二集》，《鲁迅全集》第 6 卷，第 439—441 页。

往事,思来者。"①韩愈进而提出"不平则鸣"之说。黄宗羲赞美"风雷之文",以为"豪杰之精神,不能无所寓","苟不得其所寓,则若龙挐虎跳,壮士囚缚,拥勇郁遏,坌愤激讦,溢而四出,天地为之动色,而况于其他乎!"②他以为,正是由于这种剧烈的矛盾冲突,产生了伟大的艺术。所以,鲁迅实际上是叫人注意,中国古典美学有一个比"和平静穆"、"羚羊挂角"更为重要的"不平则鸣"的传统。

鲁迅的晚年已是 20 世纪 30 年代。从中国近代哲学的革命进程来说,五四时期开始由进化论阶段转变为唯物辩证法阶段,到 30 年代已进入了马克思主义的反对教条化和实现中国化时期。鲁迅晚年的著作充满辩证法的光辉。他运用唯物史观具体分析国民意识,把中国近代哲学对主体性的考察推向前进了;他对典型性格理论和艺术意境理论的探讨,为建立中国化的马克思主义美学做了开拓性的工作。可以说,在鲁迅身上首先体现了马克思主义与中国革命实践(包括中国优秀传统)的结合。因而,他在中国近代哲学史上有着重要的地位。

---

① 司马迁:《史记》卷一百三十,第 10 册,中华书局 1959 年版,第 3300 页。
② 黄宗羲:《靳熊封诗序》,吴光主编:《黄宗羲全集》第 10 册,浙江古籍出版社 2012 年版,第 62 页。

第四章
马克思主义哲学的中国化与专业哲学家的贡献

　　1927 年大革命失败后，中国人民相继经历了十年内战、八年抗日战争和四年解放战争，终于在 1949 年 10 月取得了新民主主义革命的胜利，建立了中华人民共和国。在这期间内，和政治革命相联系，文化战线也展开了复杂的斗争。以马克思主义理论武装起来的理论新军，向帝国主义、封建主义的文化进行了英勇的斗争，在文学、艺术、社会科学等众多领域都取得了巨大成就。人民大众反帝反封建的文化，即新民主主义文化，获得了迅速的发展。哲学是民族文化的精华，中国新民主主义文化的胜利，正意味着马克思主义哲学中国化的胜利。

　　中国人之所以需要马克思主义哲学，是为了用它来回答"中国向何处去"的问题。而要做到这一点，就必须把马克思主义哲学同中国革命的具体实践密切结合起来，使之为中国人民所掌握；就必须使它取得民族的形式，使它与中国优秀传统结合起来，也就是说，使它成为具有中国特色的哲学。但这不是一蹴而就的，而要经历一个艰苦的过程。马克思主义哲学在中国的胜利和马克思主义哲学的中国化，是一个理论和实践相结合、哲学为群众所掌握的过程，也可以说，是中国人民大众的革命世界观由自在到自为的过程。

马克思主义哲学的中国化又是一个在斗争中发展的过程。这种斗争包括两条战线或两个方面：一方面，要展开对革命阵营内部的一切错误倾向的斗争，反对"左"的和右的机会主义，克服教条主义和经验主义。中国共产党人在批判了陈独秀右倾机会主义之后，又经历了与王明"左"倾教条主义的更严重的斗争。这些都是在马克思主义与中国革命实践相结合的过程中不可避免地要发生的斗争。另一方面，要和国民党内反动派的理论和资产阶级学者的唯心论、形而上学展开斗争。当然，从政治上说，还必须把国民党内的反动派和资产阶级学者区别开来。许多资产阶级学者是爱国的，要求进步的，而国民党内的反动派实际上代表了帝国主义和封建主义反革命联盟的利益。在第一次国内革命时期的戴季陶主义，最初是属于统一战线内部的，但它确实为蒋介石反革命叛变作了理论准备。国民党内的反动派的理论后来取得了所谓"力行哲学"的形态，成为法西斯统治的工具。因为这种腐朽的东西并没有在理论上提供有价值的东西，所以本书不予论述。

通过上述两个方面的理论斗争，并不断总结革命实践的经验和各个文化领域的成就，马克思主义哲学逐步地中国化了。毛泽东用能动的革命的反映论对中国近代哲学的"心物"之辩（主要是历史观和认识论两个领域中的哲学论争）作了总结，对"中国向何处去"的问题，作出了科学的回答。

除了马克思主义哲学的中国化这一特点之外，我们还须注意这时期的另一个特点，即专业哲学家建立中西结合的体系的尝试。"五四"以来，出现了哲学群众化和专业化并进的趋势。一方面，同用白话文代替文言文的总趋势相联系，哲学语言近代化了，这也意味着哲学在趋向通俗化、群众化。特别是对马克思主义者说；因为要动员和组织群众参加革命斗争，哲学的群众化便显得尤其重要。另一方面，从 20 世纪 20 年代开始，不论是在马克思主义者还是非马克思主义者中，都产生了一批专业从事哲学的学者。他们在大学里讲课，并著书立说，在学术研究上有一定贡献（例如在中国思想史、中国哲学史、中国佛学、魏晋玄学、先秦名学以及中国古典美学等领域）。当然，对于这些学术成就，本书不可能详细地一一加以论述。我们要特别注意的是：有一些专业的马克思主义理论家，他们对马克思主义哲学中国化有所贡献；还有些非马克思主义者，试图融合中西哲学，建立自己的独特的体系，他们的体系在形式上是近代的，有别于古代，在内容上也有某些合理见解，所以他们对中国哲学的近代化也是有贡献的，不容忽视。

马克思主义哲学的中国化以及专业哲学家的这些贡献体现了中西哲学在中国土地上开始合流的总趋势。这就是中国近代哲学革命的主要成果。

第一节　李达：马克思主义哲学在普及 与应用中走向中国化

马克思主义哲学传入中国后，经过普及（为群众所掌握）与应用（和实际相结合）的过程，才逐步走向中国化。李达在这方面作出了重要贡献。

李达（1890—1966），号鹤鸣，湖南零陵人。早年在日本留学期间，开始接触马克思主义，并翻译了《唯物史观解说》等介绍马克思主义的著作，在国内出版。在建党时期已是重要的理论家和宣传家之一，积极参加了关于社会主义的论战和关于无政府主义的论战。他毕生从事马克思主义理论（首先是哲学理论）的研究和传播工作。20 世纪 50 年代后任湖南大学、武汉大学校长等职。著作主要有《现代社会学》、《中国产业革命概观》、《社会之基础知识》、《经济学大纲》和《社会学大纲》等，现编为《李达文集》。[①]

一、要求"建立普遍与特殊统一的理论"

中国无产阶级由于所处的时代条件，一开始便不得不直接参加激烈的政治斗争。又由于客观的革命形势发展非常迅速，提出了许多复杂繁重的问题，催迫着无产阶级的政治思想代表去解决，所以中国共产党人从一开始便主张行动中的马克思主义，而反对书斋里的马克思主义。这是个优点，但同时也包含着一个缺点，即党的理论准备不足。所以，有一批像李达这样的同志去专门从事理论工作，这正是革命事业的客观需要。

而且，李达决不是关在书斋里的学者。他在《马克思学说与中国》一文中已经强调指出："马克思学说之在中国，已是由介绍的时期而进到实行的时期了。"[②]为此，他着重讨论了如何"应用马

---

① 《李达文集》：人民出版社 1980 年起陆续出版，至 1988 年全部 4 卷出版完成。
② 李达：《马克思学说与中国》，《李达文集》第 1 卷，人民出版社 1980—1988 年版，第 202 页。

克思学说改造社会"①的问题。而在他看来，真正要应用马克思学说来改造中国社会，便必须：一方面，系统地掌握马克思主义理论；另一方面，具体地研究中国的国情；并且还要努力把这两个方面有机地统一起来。李达所著的《现代社会学》，系统地阐述了唯物史观和科学社会主义原理。他所著的《社会学大纲》，系统地阐述辩证唯物主义与历史唯物主义。但这并不能代替对中国国情的研究。他在《社会学大纲·序》中说：

> 本书……是研讨世界社会的一般及特殊发展法则的。至于中国社会，却自有其特殊的形相和固有的特征，决不是一般原理之单纯的例证。②

他在《经济学大纲·绪论》中又说：

> 要获得那种客观的正确的指导的理论，就必须把捉住一般根本路程上的经济的进化之客观的法则，同时具体的考察中国经济的特殊的发展法则，以期建立普遍与特殊之统一的理论。③

李达从事理论工作，目标就是要"建立普遍与特殊之统一的理论"，以求能正确地指导中国社会的改造，这无疑是正确的途径。

---

① 李达：《马克思学说与中国》，《李达文集》第1卷，第203页。
② 李达：《社会学大纲》，《李达文集》第2卷，第5页。
③ 李达：《经济学大纲》，《李达文集》第3卷，第24页。

李达既研讨了马克思主义的普遍原理，又考察了中国的特殊国情，所以他的理论著作在反对经验主义和反对教条主义的斗争中都起了积极的作用。他把自己的《社会学大纲》推荐给英勇的战士们，认为它能帮助人们"建立科学的宇宙观和历史观，并锻炼知识的和行动的方法"[①]。他对自己在马克思主义哲学方面的理论成就很有自信，他说："对于斯学之体系，自信已略具规模。"[②]又说："基于数年的研究，自信还有一些新的收获。"[③]这些话并非是夸口自吹，而是符合实际的。

下面先论述李达如何运用唯物史观来认识中国的国情，然后再论述他对马克思主义哲学作了一些什么新的发挥，提出了一些什么新的见解。

二、以唯物史观认识中国国情

中国的革命者要运用马克思主义作为武器来回答"中国向何处去"的问题，就必须了解中国的国情。只有真正了解了中国的国情，即对中国的社会性质有一个科学的认识，才能认清中国革命的性质和任务，规划中国革命的道路，制订出正确的战略和策略。在马克思列宁主义的理论著作中，并不能找到解决中国问题的现成答案。中国和西方差别很大，真正要用马列主义的理论来回答"中国向何处去"的问题，就需要经过十分艰苦的努力和复杂曲折的斗争。在这个过程中，当然难免会发生这样或那样的错

---

① 李达：《社会学大纲》，《李达文集》第 2 卷，第 7 页。
② 李达：《论社会学的阶级性》，《李达文集》第 1 卷，第 237 页。
③ 李达：《社会学大纲》，《李达文集》第 2 卷，第 6 页。

误。当时党的领导人陈独秀犯了右倾机会主义的错误，导致了1927年大革命的失败。失败促使人们反省，促使人们对革命的性质、任务和道路这些问题重新加以探讨。这些问题归结到一点，就是如何认识中国社会的性质。对于这个根本性的问题，当时在国际共产主义运动内部，在中国共产党内部，都有激烈的争论。

1928年6月，在莫斯科举行了党的"六大"。大会肯定了中国社会是半殖民地、半封建社会，中国当时的革命依然是资产阶级民主革命。这个论断基本上是正确的。不过，"六大"对中国半殖民地、半封建社会的具体特点还缺乏深入的研究。

1929年初，李达的《中国产业革命概观》一书出版了。作者学习列宁写《俄国资本主义的发展》的方法，搜集了大量有关中国近代经济的统计资料，运用唯物史观进行具体的分析，有力地阐明了中国近代社会的半殖民地半封建性质。

从哲学史的角度来看，这本书（以及同时期发表的其他一些著作）可以说是运用唯物史观作为方法的研究成果。这种方法的特点在于：

第一，普遍与特殊相结合。李达在那本书的一开始便说："要晓得现代的中国社会究竟是怎样的社会，只有从经济里去探求。……（必先）就中国经济发展的倾向作正确的分析，才能了解革命的理论，树立建设的计划。"①这种要求从经济分析入手来认识国情和建立革命理论的观点，是唯物史观的普遍原理。按唯物史观的观点，不论西方还是中国，都是因为发生了产业革命才有

---

① 李达：《中国产业革命概观》，《李达文集》第1卷，第388页。

近代社会各种特征:如工场制度和资本主义的勃兴,民主革命和无产阶级革命运动的高涨等。但是,李达又说:

> 中国的产业革命,和欧洲的产业革命,就其原因和内容说,颇不相同。就大体上说,欧洲的产业革命是自力的,是因自力的充实由国内而逐渐展开以及于世界,中国的产业革命是外力的,是因外力的压迫由世界而渗入于国内。①

因此,中国的产业革命与近代社会就有很大的特殊性。李达以为,半殖民地中国的资本主义的发展,"只是国际帝国主义的发展的助因"②:一方面,在国际帝国主义的卵翼下,中国民族资本有一定程度的发展;另一方面,它又受国际帝国主义的控制,绝没有从其手掌中翻出筋斗来的可能。这种"半殖民地的资本主义的发展的必然性"③,便是由中国产业革命是"外力的"这一特点所规定的。

第二,历史的方法。李达在《现代社会学·序》中谈到社会学的研究方法(实即历史主义的方法)时说:

> 社会学者,社会科学之一,其研究之目的在探求社会进化之原理;其研究之方法,在追溯过去以说明现在,更由现在以逆测将来。惟其追溯过去以说明现在,斯不能不穷究现时

---

① 李达:《中国产业革命概观》,《李达文集》第 1 卷,第 392 页。
② 李达:《中国产业革命概观》,《李达文集》第 1 卷,第 393 页。
③ 李达:《中国产业革命概观》,《李达文集》第 1 卷,第 394 页。

社会之根柢，以发现阶级对抗之本源；惟其说明现在以逆测
将来，斯不能不推论未来社会之理想，以确立人类平等之
原则。[1]

追溯过去以说明现在，更由现在以逆测将来，这是历史主义的一
般要求。马克思主义的历史主义的特点，在于它运用唯物史观穷
究了社会进化的根柢，从经济的矛盾运动来阐明阶级对抗的本
源，于是便真正科学地说明了社会历史由过去而现在而将来的演
变的规律性。在《中国产业革命概观》、《中国现代经济史观》等著
作中，李达分析了中国近代经济的矛盾，系统地考察了三个互相
交错的过程，即国际帝国主义的侵略过程，封建农业的瓦解和挣
扎的过程，民族资本主义的形成和萎缩过程。他指出：中国产业
迟迟不发展的"主要原因"，是"国际帝国主义之侵略、封建势力和
封建制度的存在"[2]，而如资本之缺乏、企业者智识能力之缺乏等
只是"附带的原因"。与此相联系，中国近代的阶级对抗、劳动运
动，都显出其半殖民地半封建社会的特殊性，而和先进国家有显
著差别。最后，他得出结论："中国一面是半殖民地的民族，同时
又是半封建的社会。所以为求中国的生存而实行的中国革命，一
面要打倒帝国主义，一面要铲除封建遗物，前者是民族革命的性
质，后者是民主革命的性质，其必然的归趋，必到达于社会革命，
而与世界社会进化的潮流相汇合。"[3]这样的结论，就是他所谓"由

① 李达：《论社会学的阶级性》，《李达文集》第 1 卷，第 236 页。
② 李达：《中国产业革命概观》，《李达文集》第 1 卷，第 478 页。
③ 李达：《社会之基础知识》，《李达文集》第 1 卷，第 558 页。

现在以逆测将来"了。

第三,阶级分析。李达指出,正因为历史科学要揭示阶级对抗的本源,指明未来社会的理想,所以他对各种历史现象和各种社会学说,都注意运用阶级观点进行分析批判。例如:李达把洋务运动放在"封建势力反抗侵入中国的资本主义的时期"①中来考察,对洋务运动的两重性作了分析:一方面,曾国藩、左宗棠、李鸿章一流人还知道举办军事工业,比那些顽固的满族权贵或陈腐的文人学士更高明些;而且,由于军事工业的兴办,就逐渐输入了新技术,为后来的民族资本工业准备了前提;另一方面,"因为技术器械都仰给于外国,从事经营的人,又是毫无能力的官僚。……工业的基础既不能确立,军事工业的精神亦不能了解。所以不但没有造出好成绩,而且种下了后来的种种祸根"②。这样的具体分析,在今天看来也仍然是有说服力的。至于应该用什么"主义"来发展中国产业的问题,李达说:"中国革命是为了解决那一部分人民的生活问题? 那一部分人民能为中国革命而奋斗? 我们只要了解这两点,就可以知道中国发展产业所必须采用的主义了。"③接着,他便对产业劳动者、农民、手工工人、商业店伙、失业者等阶级、阶层作了分析,最后提出通过反帝反封建的革命来"树立民众的政权,发展国家资本,解决土地问题"④的方案。

当李达发表《中国产业革命概观》等著作时,陈独秀和党的意

① 李达:《中国现代经济史概观》,《李达文集》第 1 卷,第 643 页。
② 同上注。
③ 李达:《中国产业革命概观》,《李达文集》第 1 卷,第 489 页。
④ 李达:《中国产业革命概观》,《李达文集》第 1 卷,第 495 页。

见分歧扩大了。陈在1929年给党中央的三封信中，认为资产阶级民主革命经过1927年的大革命已经结束了，当时中国已是资本主义社会。根据这样一种看法，他认为中国无产阶级只有积聚力量，等到将来资本主义高度发展之后再进行革命。

　　这种意见分歧不久就从内部的争论转变为公开的理论界的论战。这就是30年代初发生的关于中国社会性质的论战。当时以《新思潮》杂志为代表的一派被称为"新思潮派"，他们基本上拥护和阐明党的"六大"观点。以《动力》杂志为阵地的一派被称为"动力派"，宣传陈独秀一派的观点。还有所谓"新生命派"，即国民党改组派陶希圣①等人，也参加了论战。争论的中心是当时中国的社会性质是什么？是半殖民地、半封建社会，还是资本主义社会？从哲学理论来说，就是如何运用唯物史观来认识中国的国情问题。通过论战，党的观点取得了胜利，这也是肯定李达在理论上的正确。

　　要认识中国的今天，便必须认识中国的昨天和前天。所以，同中国社会性质论战相联系，在1932年至1933年便形成了关于中国社会史论战的高潮。论战中主要争论的问题是：亚细亚生产方式性质是什么？中国历史上是否存在过奴隶社会的阶段？中国秦汉以后是不是有所谓"商业资本主义社会"或"前资本主义社会"？这三个问题归根到底就是如何运用唯物史观来研究中国历

---

① 陶希圣（1899—1988），湖北黄冈人。毕业于北京大学。1928年在上海主编《新生命》月刊，之后与周佛年、樊仲云等创办新生命书局。1934年创办《食货》杂志，反对马克思主义和中国革命。1941年太平洋战争爆发后去重庆，任蒋介石侍从秘书，起草《中国之命运》，任《中央日报》总编。主要代表作品有《中国社会现象拾零》、《中国社会之史的分析》、《中国社会与中国革命》、《中国政治思想史》等。

史？或者说，唯物史观所说的人类社会发展的规律是不是适用于中国历史？

社会史论战的前两个问题都是郭沫若①在《中国古代社会研究》一书中首先提出来的。郭沫若自称他的著作是"恩格斯的《家族、私有财产及国家的起源》的续篇"②，"研究的方法便是以他（恩格斯）为向导，而于他所知道了的美洲的印第安人、欧洲的古代希腊、罗马之外，提供出来了他未曾提及一字的中国的古代"③。就是说，他用唯物史观作向导来研究中国古代社会，也用中国古代史的资料来证明唯物史观的普遍真理性。所以，他同李达一样，也是从普遍和特殊相结合来运用唯物史观。李达本人虽没有参加社会史论战，但他积极支持他的学生吕振羽④参加了。吕振羽对中国古代史的分期问题，同郭沫若的见解有分歧。不过从方法论来说，则并无二致。正如李达指出的，吕振羽"先把中国史和世界史作比较的研究，以探讨其一般性；又从中国史本身所具有的

---

① 郭沫若（1892—1978），原名郭开贞，字鼎堂，号尚武，笔名沫若。四川乐山人。中国现代文学家、诗人、考古学家、古文字学家、历史学家、社会活动家。同时他也是甲骨学四堂之一，新诗奠基人之一，中国历史剧的开创者之一。曾留学日本，早年受泛神论影响，1924年后，接受马克思主义。他的著作颇丰，与哲学有关的主要著作主要有：《奴隶制时代》、《青铜时代》、《中国古代社会研究》和《十批判书》等。全部作品编成《郭沫若全集》，共38卷，由人民文学出版社出版。郭沫若学术成就极高，但在建国后一系列政治运动中的表现不堪，使其在品格上受到广泛质疑。
② 郭沫若：《中国古代社会研究》，《郭沫若全集·历史编》第1卷，人民出版社1982—1985年版，第9页。
③ 同上注。
④ 吕振羽（1900—1980），曾署名"晨光"、"何民魂"，又化名"柳岗"。湖南武冈（今属邵阳）人。1921年进湖南工业专门学校，后受李达影响，开始接受唯物史观。著有《史前期中国社会研究》、《殷周时代的中国社会》等书，提出"西周封建说"。1936年加入中国共产党。著作还有《中国政治思想史》、《中国社会史诸问题》等。2014年，《吕振羽全集》由人民出版社出版，全书共10卷，是研究吕振羽思想最完备的基础性材料。

种种固有的独特之点，以指出其特殊性"①。吕振羽也同样主张从普遍和特殊相结合来运用唯物史观。

自李大钊以后，经过瞿秋白、李达、郭沫若、吕振羽等人的努力，经过关于社会性质和社会史的论战，在运用唯物史观来认识中国国情和研究中国历史方面，取得了初步成绩。这便把如何用马克思主义来回答"中国向何处去"的问题引向深入了。

三、对唯物辩证法的几点发挥

李达的《社会学大纲》被毛泽东称为"中国人自己写的第一部马列主义的哲学教科书"②。这本著作比较系统地阐述了马克思主义哲学基本原理，概念明确，条理清楚，资料充实，贯彻了理论联系实际的精神，从哲学的高度反对了"左"的和右的错误倾向，确是一本好的教科书。李达是在认真钻研了马克思主义的经典著作，参考了苏联学者编写的教材，又经过多年的教学实践之后，融会贯通地写成这本书的。所以，他在系统的论述之中，也往往有所发挥，这就是他所谓"新的收获"。

如果我们把它放在马克思主义哲学中国化的过程中来考察，可以看出李达的"新的收获"主要有以下几点。

首先，关于实践的唯物论或能动的反映论。李达说：

　　辩证法的唯物论，以劳动的概念为媒介，由自然认识的领域扩张于历史认识的领域，使唯物论发生了本质的变化，

---

① 李达：《吕振羽〈中国社会史纲〉序》，《李达文集》第 1 卷，第 606 页。
② 《李达同志生平事略》，《李达文集》第 1 卷，第 17 页。

变成了实践的唯物论。当作劳动、物质的生产和社会斗争看的实践，规定着表象、概念等等之精神的生产。在这种见解之下，实践不单是社会科学的范畴，并且是哲学的认识论的范畴。①

　　人是意识体，是积极的能动的变造自然以维持其生存的动物，是从事于物质的生产的社会的动物。人类之实践的物质的能动性，在观念的形式上反映出来，就成为意识的能动性或认识的能动性。所以人类在意识上反映外物的那种反映，是能动的反映。②

这里的基本观点当然是马克思主义经典作家早已提出了的，但李达强调指出："人类之实践的物质的能动性"表现于意识的能动性，所以，不论自然认识领域还是历史认识领域都是能动的反映过程。他所谓实践的唯物论，亦即能动的反映论，既是指辩证唯物主义的认识论，也是指历史唯物主义关于社会存在与社会意识的学说。就认识论来说，应当把在实践的基础上产生的表象、概念等等了解为能动的反映过程；就历史唯物论说，也应当看到不仅是社会存在决定社会意识，而且那近似地正确地反映了社会存在的社会意识，也能动地给社会存在以反作用。这种强调辩证唯物主义和历史唯物主义统一于实践的唯物论或能动的反映论的观点，经过毛泽东的发挥，成为中国化的马克思主义哲学的显著特点。

---

① 李达：《社会学大纲》，《李达文集》第 2 卷，第 60 页。
② 李达：《社会学大纲》，《李达文集》第 2 卷，第 235 页。

第二，关于认识的圆运动。李达写道：

> 所以关于客观世界的认识，是采取如下的过程，即："实践→直接的具体→抽象的思维→媒介的具体→实践"——这是采取圆形运动而发展的。由直接的具体到媒介的具体——这是出发点与到着点之间的辩证法的统一。媒介的具体，是在思维上正确的反映出来的直接的具体。……这个统一，是在实践的基础上完成的。换句话说，媒介的具体与直接的具体之结合点，就是实践。可以说，认识的运动是圆运动。这个圆运动，不是形而上学的循环，而是辩证法的发展。[①]

这里所说，是对马克思在《政治经济学批判·导言》中所说的"由具体到抽象，由抽象再上升到具体（辩证法的具体）的认识运动"的发挥。李达把作为出发点的直观的具体叫作"直接的具体"，把辩证思维所把握的具体叫作"媒介的具体"，以为由直接的具体到抽象的思维，再到媒介的具体，便是在实践基础上达到了思维与存在、主观与客观的统一，完成了一个认识的圆运动。而这种圆运动是随着实践的发展而不断反复的辩证运动，构成了列宁在《谈谈辩证法问题》中所说的"无限地近似于一串圆圈，也近似于螺旋的曲线"[②]，虽然每一个圆圈或螺旋仿佛是向出发点复归，而实际上是由低级阶段向高级阶段发展了。因此，这曲线并不是黑

① 李达：《社会学大纲》，《李达文集》第 2 卷，第 266 页。
② 列宁：《谈谈辩证法问题》，《列宁选集》第 2 卷，人民出版社 1995 年版，第 560 页。

格尔式的封闭的曲线,而是开放的、无限前进的螺旋运动。对此,李达接着解释说:"认识随着客观世界的发展而发展,随着社会的实践的发展而发展。在社会的实践之历史的过程中,不断的暴露出客观世界的新矛盾、新关联、新属性和新侧面。这些新的矛盾、关联、属性和侧面,不断的闯进于人类的意识中,形成客观与主观的新矛盾,促进认识的新运动,使认识进到反映客观世界发展的新阶段,更深刻的更完全的更具体的把捉客观世界。……所以认识的这种圆运动是一个历史的发展过程,是由相对真理到绝对真理的发展过程。"[1]李达的这些发挥,和毛泽东在《实践论》中所阐发的"主观和客观、理论和实践、知和行的具体的历史的统一"[2]的真理学说是基本一致的。

第三,关于矛盾分析的方法。李达根据马克思和列宁的见解,肯定对立统一的法则是辩证法的根本法则,是认识事物的根本法则。如何运用这个法则去认识事物呢？首先要从联系、发展的观点去把握对象,努力去发现"最单纯最根本的关系,即本质的矛盾",并进而从矛盾的展开中来考察对象的全过程。李达写道:

> 我们抓住了这个本质的矛盾之后,就开始探寻这个本质的矛盾自始至终的发展的全过程、对象发展的全生涯。于是我们追求这矛盾的发展怎样准备解决矛盾的条件而变化为新的矛盾,出现为新的阶段,新的形态;追求过程的各阶段各方面的质的变化,充满矛盾的各方面的运动的相互的特殊的

---

[1] 李达:《社会学大纲》,《李达文集》第 2 卷,第 266—267 页。
[2] 毛泽东:《实践论》,《毛泽东选集》第 1 卷,第 296 页。

质，矛盾的各方面的互相渗透及互相推移；追求这对象在其内在的对立物的斗争的过程中如何转化为它的反对物的必然性，说明这必然性所由形成的全部条件及其可能性，并指出这种可能性如何转变为现实性，而由新的形态所代替。照这样研究，我们就能认识客观对象的发展法则，在思维上再造出对象。①

李达在这里用了三个"追求"，来说明三个层次的矛盾分析：一是考察对象的矛盾发展如何由于条件的变化而推陈出新，统一的过程便分为不同阶段；二是进一步考察各阶段矛盾的各个方面的质的特点及其相互作用；三是连贯起来考察对象由于内在矛盾引起的必然运动提供了什么发展的可能性，并指明如何促使这种可能性转变为现实性。通过这样一层比一层深入的矛盾分析，就能说明这个本质的矛盾如何展开为"对象的全生涯"，亦即真正把握了对象的发展法则。李达在这里所说的，是他研究《资本论》的逻辑的体会，和毛泽东在《矛盾论》中所阐发的对矛盾要实行"具体的分析"的方法，也是基本一致的。

　　以上讲了李达对唯物辩证法的几点发挥，这些在马克思主义哲学的中国化的过程中是起了显著作用的。当然，李达的《社会学大纲》主要是一本系统地阐述马克思主义哲学的教科书，其蓝本是苏联学者的著作。所以，它不可避免地带有浓厚的苏联色彩，而在马克思主义哲学中国化方面，只能说是很初步的。

---

① 李达：《社会学大纲》，《李达文集》第2卷，第133—134页。

第二节　艾思奇:马克思主义哲学在
普及与应用中走向中国化

在 20 世纪 30 年代,随着革命形势的发展和马克思主义的广泛传播,在革命者和进步青年中间,掀起了学习辩证唯物主义的热潮。在这热潮中,艾思奇的《哲学讲话》即《大众哲学》一书有很大的影响,有力地推动了马克思主义哲学在普及与应用中走向中国化。

艾思奇(1910—1966),原名李生萱,云南腾冲人。曾两度赴日本求学。"九一八"事变后回国。曾任上海《读书生活》杂志编辑。1935 年加入中国共产党。1937 年到达延安,在抗日军政大学任教。20 世纪 50 年代后,任中共中央高级党校副校长等职,一直从事马克思主义哲学的研究和宣传教育工作。他的重要著作和论文编为《艾思奇文集》。[①]

一、通俗化是"中国化现实化的初步"

哲学,被许多人认为是玄妙的、深奥的,令人望而生畏。艾思奇《大众哲学》的第一篇是《哲学并不神秘》,开宗明义便说:"哲学的踪迹可以在日常生活里找到。"[②]他举了当时青年经常遇到的失业和生活难的问题为例,指出:不同的人可能有不同的感想,"而每一种感想里,就都潜伏着一种哲学的根底。第一种人感到人生

[①]《艾思奇文集》分为 2 卷,分别于 1981 年和 1982 年由人民出版社出版。2006 年,人民出版社出版《艾思奇全书》,共八卷。

[②] 艾思奇:《大众哲学》,《艾思奇全书》第 1 卷,人民出版社 2006 年版,第 440 页。

无聊,世界不值得留恋,这根底里就有'厌世主义'的哲学思想;第二种人以为困难是命中注定的,主张忍受,这里就有宿命论的哲学思想;第三种人认为人们只要看清楚客观事实,就可以努力克服前面的困难,这里就有了现实主义的思想,也可以说是唯物论的哲学思想;第四种人把人生看做游戏,把职业看作享受虚荣的手段,这是享受主义,或享乐主义,也是与一种哲学思想有关系的。"①这就说明,人们对生活中的问题态度不同,是自发地受着不同的世界观的支配。只有学习了正确的哲学,才能克服自发性,自觉地力求正确解决生活中的问题。艾思奇说:"哲学不能单只是说得好听的东西,还要能指导我们办事。它的'重要的问题是在于要改变世界'!"②这样通俗生动地讲哲学,确是娓娓动听,引人入胜。这种通俗化、大众化的工作,看似容易,其实是只有那真有理论造诣,并与大众同甘共苦、与青年心连心的哲学家才能做到的。《哲学讲话》于 1934—1935 年在《读书生活》杂志连续发表,于 1936 年 1 月结集成书出版,到 1948 年出到 32 版。这本书之所以能风行一时,主要是因为掌握了时代的脉搏,用哲学的理论深入浅出地回答了当时(抗战前夕)爱国青年与革命群众中切身感受到的那些问题。因此,它在理论联系实际特别是联系当时群众的思想方面,取得了显著的成就。

　　艾思奇把马克思主义哲学的通俗化看作是"中国化现实化的初步"③。他以为,通俗化的成功,正说明已有"几分(虽然很少),

---

① 艾思奇:《大众哲学》,《艾思奇全书》第 1 卷,第 447 页。
② 艾思奇:《大众哲学》,《艾思奇全书》第 1 卷,第 450 页。
③ 艾思奇:《哲学的现状和任务》,《艾思奇全书》第 2 卷,第 491 页。

做到了中国化现实化",但是不能在这"初步"上停留,而要继续前进,扩展为一个"哲学研究的中国化、现实化的运动"①。按他的设想,这一运动的中心就是对辩证唯物论的研究。他说:

> 辩证法唯物论是人类哲学史最高的总结,一切哲学对于它都有相互的贡献,对于其他的哲学,它并不采取绝对否定的态度,它会以它的极大的包含性吸取一切哲学的精华。这就是为什么它可以成为中心的理由,论争是不是容许呢? 自然容许的,而且也是不可免的,然而在存精去芜的立场上,论争是有善意的、互相发展的作用,而不是绝对的互相排斥。最重要的还是实践,辩证法唯物论是最和实践一致的哲学。②

就是说,应该密切结合中国革命实践、通过百家争鸣、自由讨论来发展辩证唯物论,以促使马克思主义哲学中国化。这无疑是正确的主张。那么,如何具体地从事哲学研究的中国化工作呢? 艾思奇以为,那就要精通马克思主义哲学理论,并做到两点:"第一要能控制中国传统的哲学思想,熟悉其表现方式;第二要消化今天的抗战实践的经验与教训。"③也就是说,要运用马克思主义哲学来总结当前的实践经验,并使之与中国传统结合起来,取得民族的形式。

当时(1938—1939),中国共产党已经历了(并正在继续着)反

---

① 艾思奇:《哲学的现状和任务》,《艾思奇全书》第 2 卷,第 491 页。
② 艾思奇:《哲学的现状和任务》,《艾思奇全书》第 2 卷,第 491—492 页。
③ 艾思奇:《关于形式论理学与辩证法》,《艾思奇全书》第 2 卷,第 623 页。

对王明教条主义的斗争。毛泽东说："使马克思主义在中国具体化，使之在其每一表现中带着必须有的中国的特性，即是说，按照中国的特点去应用它，成为全党亟待了解并亟须解决的问题。洋八股必须废止，空洞抽象的调头必须少唱，教条主义必须休息，而代之以新鲜活泼的、为中国老百姓所喜闻乐见的中国作风和中国气派。"①艾思奇在马克思主义哲学通俗化、中国化方面所作的努力，也就是毛泽东所说的"使马克思主义在中国具体化"的工作的一部分。

二、对当代哲学思潮的分析批判

艾思奇认为，要使马克思主义哲学中国化、现实化，就不仅需要研究中国的历史、当前环境以及总结中国革命的经验，而且须充分研究"中国人的思想意识，中国过去和现在的各种哲学派别"②。他一贯关心着中国当代哲学思潮的演变，做了大量的研究批判工作。例如，在1933年，他写了《二十二年来之中国哲学思潮》，对辛亥革命以来的哲学斗争作了"横的解剖"和"纵的展望"③；在1935年，又写了《论黑格尔哲学的颠倒》等文，对当时所谓的"唯物辩证法论战"作了评论④；在1941年，还写了《抗战以来的几种重要哲学思想的评述》，将辩证唯物论哲学的发展和国民党哲学的演变作了对比、分析，等等。从这些文章中可以看出：艾

---

① 毛泽东：《中国共产党在民族战争中的地位》，《毛泽东选集》第2卷，第534页。
② 艾思奇：《抗战以来的几种重要哲学思想评述》，《艾思奇全书》第3卷，第260页。
③ 艾思奇：《二十二年来之中国哲学思潮》，《艾思奇全书》第1卷，第110—121页。
④ 艾思奇：《论黑格尔哲学的颠倒》，《艾思奇全书》第1卷，第403—412页。

　　思奇一方面力求运用辩证唯物主义和历史唯物主义作为方法来剖析当代哲学思潮，另一方面又力求通过分析批判来阐述马克思主义哲学的基本原理。下面从这两个方面来具体加以论述。

　　一方面，从方法论来说，艾思奇以为，"研究中国哲学，必须明了中国文化。欲明了中国文化，又必须了解中国的社会构造及经济关系。"①这就是说，要运用唯物史观来研究哲学思潮。在这一基本前提下，他进而提出对哲学思潮作"横的解剖"和"纵的展望"。所谓"横的解剖"，就是要用阶级分析方法来考察同一时代出现的各种哲学思潮：在半殖民地半封建的中国，有"种种输入底资本主义型之哲学"②，有"封建底哲学传统之不断的复归"③，到1972年，又有"辩证唯物论的洪流席卷了全国"④。所谓"纵的展望"，就是要用历史主义方法来考察各种哲学思潮如何先后相继，并拿"中国哲学与欧洲哲学史随时作一个对比的说明"⑤。艾思奇提出在唯物史观基础上作"纵""横"结合、东西对比的考察，这一方法论的基本原则无疑是正确的。

　　他运用这种方法来研究哲学思潮，对某些问题和某些人物作

---

① 艾思奇：《二十二年来之中国哲学思潮》，《艾思奇全书》第1卷，第107页。
② 艾思奇：《二十二年来之中国哲学思潮》，《艾思奇全书》第1卷，第111页。
③ 艾思奇：《二十二年来之中国哲学思潮》，《艾思奇全书》第1卷，第113页。
④ 艾思奇：《二十二年来之中国哲学思潮》，《艾思奇全书》第1卷，第114页。艾思奇认为，1927年是个界线，此后"唯物辩证法风靡了全国。……学者都公认这是一切任何学问的基础，不论研究社会学、经济学、考古学，或从事文艺理论者，都在这哲学基础中看见了新的曙光，许许多多旧的文学者及研究家都一天一天的'转变'起来。人道主义者的鲁迅先生抛弃了人道主义，李石岑先生撇开了尼采，朱谦之先生听说也一时地成为辩证法唯物论者。"李石岑曾大量介绍尼采、柏格森哲学，1927年赴欧洲考察西方哲学，1930年归国，转而推崇"新唯物论"即辩证唯物论。朱谦之曾以提倡"唯情论"著名，1929年到日本研究马克思主义，一度声称从此之后"由玄学而进向科学"。
⑤ 同上注。

了比较实事求是的分析。例如，他把中国的"五四"新文化运动与欧洲的文艺复兴以至启蒙运动相对比，认为从哲学上看，"两者同是以新的科学方法之建立为基础"①，与封建的经院哲学相对抗。正因为此，他对"五四"时期的胡适作了适当的评价。他说：

> 实验主义的治学方法在某种意义上可以说是与封建迷信针锋相对，因此就成为五四文化中的天之骄子。在这种意味上，与其说胡适对于新文化有何种新的创见，不如说他的功绩仅仅在于新底思想方法之提出。否则，就实验主义的应用方面来说，在胡适不过用以"整理国故"，成就了中途夭折的《哲学史大纲》，政治上只落得一个一塌糊涂的好人政府的空想，要问积极的业迹，是丝毫说不上的。②

这是将胡适放在当时的历史条件下作具体分析，既指出了其实验主义方法的反封建意义，也指出了它有极大局限性。在艾思奇看来，真正能"开辟新的科学的天地"③的方法，则是辩证唯物论。当然，艾思奇在运用他的"纵横结合、东西对比"的方法时，也难免有简单比附之处，他的某些具体看法后来也有改变。但可贵的是，他当时的这些分析批判，并无教条主义气息。

另一方面，关于他如何从分析批判中来阐述马克思主义哲学的基本原理，我们仅举他对 20 世纪 30 年代所谓的"唯物辩证法论

---

① 艾思奇：《二十二年来之中国哲学思潮》，《艾思奇全书》第 1 卷，第 115 页。
② 艾思奇：《二十二年来之中国哲学思潮》，《艾思奇全书》第 1 卷，第 113 页。
③ 同上注。

战"①的评论为例。

所谓"唯物辩证法论战"，是张东荪②挑起的。他从 1931 年起就连续发表了若干文章，直接攻击辩证唯物主义。1934 年，他把别人反对辩证唯物论和历史唯物论的十多篇文章，加上他自己撰写的《唯物辩证法之总检讨》一文，编辑成《唯物辩证法论战》一书。③ 与此同时，叶青④冒充马克思主义者，以批判张东荪、胡适的哲学思想为幌子，实际上他是用"哲学消灭论"来篡改和反对马克思主义，也编辑出版了《哲学论战》、《新哲学论战》的集子。叶青、张东荪的谬论遭到了艾思奇和其他同志的批判。

张东荪的哲学思想无非是新康德主义的变种。他认为，可以不要康德的"自在之物"，所谓外物"本来只是一个构造方式，本不必要有内容"，就是说，"物"全是人主观构造出来的。他主张用物理代替物，用生理代替生，用心理代替心，而所谓自然条理都是在认识以内的，所谓外界只是空的架构，并没有什么实质，亦即只有

① 唯物辩证法论战：1930 年至 1936 年中国哲学理论界就哲学消灭与否、本体论与认识论的关系和唯物辩证法的实质等问题的一次论战。在论战中，艾思奇、邓云特（邓拓）、沈志远等马克思主义者批判了张东荪和叶青的哲学思想。

② 张东荪（1886—1973），原名万田，字东荪，曾用笔名"圣心"，晚年自号"独宜老人"，浙江杭县（今余杭）人。现代哲学家，政治活动家、政论家、报人。曾为研究系、中国国家社会党、中国民族社会党领袖之一，曾任中国民盟中央常委、秘书长。早年毕业于日本东京帝国大学，回国后曾在中国公学、北京大学任教。在"五四"时期，宣传基尔特社会主义，与当时的马克思主义者进行了"社会主义论战"。在哲学上提出"架构论"和"多元认识论"，反对马克思主义哲学理论。主要哲学著作有：《新哲学论丛》、《认识论》、《唯物辩证法总检讨》等。

③ 《唯物辩证法论战》，1934 年北平民友书局出版。

④ 叶青（1896—1990），原名任卓宣，四川南充人。曾赴法勤工俭学，入中共旅欧支部，又去莫斯科中山大学深造。1926 年回国后在广东、湖南一带作党的宣传工作，次年在长沙被捕叛变。后极力反对共产主义，宣扬法西斯，受到蒋介石赏识，曾任国民党中央宣传部副部长，大陆解放前夕去台湾。

物理而无物质。这是一种主观唯心主义的论调。

叶青提出所谓"哲学消灭论"，认为哲学到黑格尔已经达到最高峰，已经终结了，黑格尔以后只有科学了。叶青和张东荪一样都是"借哲学的名义来施舍折衷主义残羹剩汁"（恩格斯用语），而且叶青是一个江湖骗子，根本不是搞学问的。马克思主义者在哲学上没有碰到什么强大的对手，而只是遇到折衷主义者和江湖骗子的挑战，理应加以蔑视。所以，马克思主义者无须花大力气进行针锋相对的回击，而是更多地注意从正面阐明自己的观点，以教育群众。从艾思奇等人的批判文章可以看出，正是通过对这次"论战"的评论，使某些理论界线得到了一定程度的廓清。

首先，辩证唯物主义的诞生是划时代的哲学革命，这牵涉到马克思主义哲学与黑格尔的关系。

张东荪说："马克思的辩证法所以错误到不可救药，其原因一半在黑格尔本身。换言之，即黑格尔本身就有错误与糊涂处，马克思不过再加一些新的错误罢了。"①这是张东荪对马克思主义的攻击。叶青则说，马克思"只是辩证法的检证者，创立者是黑格尔。"以为马克思与黑格尔虽有唯物论与唯心论的不同，但两者的"运动的逻辑公式无不相同，并且完全是一个"。叶青和张东荪一样，都认为马克思辩证法不过是现成地从黑格尔那儿搬过来。艾思奇在《论黑格尔哲学的颠倒》一文里批判了这种谬论。他指出，

---

① 张东荪：《唯物辩证法之总检讨》，《唯物辩证法论战》上卷，民友书局 1934 年版，第 143—144 页。

辩证唯物论是"一个划时代的新哲学"[1]，即它的诞生是一次哲学革命，这是由"当时欧洲社会里新的现实条件和要求"[2]决定的，"没有新的条件和要求，新哲学决不会从黑格尔的旧卵壳里孵化出来。"[3]他还写道：

> 由黑格尔到新唯物论，是不但要破壳，连内容也得经过一番成熟的改造才行。单单弃了壳，没有内容的改造，那卵还是卵，决不会有新生命。[4]

就是说，辩证唯物主义不仅粉碎了黑格尔哲学唯心论的外壳，而且在辩证法的内容方面也作了根本的改造。他说："批判与宰割不同。批判的接受是要经过一番改造的。"[5]所谓把黑格尔哲学"颠倒"过来，就是批判地加以改造，决不是只需把黑格尔哲学的唯心主义剥掉，便可把辩证法原封不动地搬来，而是既要抛弃它的唯心论，又要"改正那被压歪在黑格尔哲学里的辩证法的公式"[6]，这样才能把辩证法建立在唯物论的基础上，实现划时代的哲学变革。

　　其次，关于哲学的党派性和马克思主义哲学的科学性问题。

　　张东荪公开反对哲学的党派性，认为"使'哲学'二字与'党

① 艾思奇：《论黑格尔哲学的颠倒》，《艾思奇全书》第1卷，第403页。
② 同上注。
③ 同上注。
④ 同上注。
⑤ 艾思奇：《论黑格尔哲学的颠倒》，《艾思奇全书》第1卷，第408页。
⑥ 同上注。

派'二字联缀成一句，即等于取消哲学而只留党派。这种在党派之下的哲学，虽名为哲学，而其实并不是哲学。"①即是说，讲党派性，就不是哲学。他以为哲学论争无所谓胜负，例如科学和玄学的论战，即丁文江和张君劢的论战，所讨论的问题"乃是千古不决的问题。人类有一天，这一类问题就存在一天。"②在张东荪看来，哲学的问题是永远不能得到解决的问题，是永恒的问题，所以哲学是玄学而不是科学。而叶青则提出一个公式：所谓"黑格尔—费尔巴哈—马克思"，便是"观念论—物质论—观念论—物质论（即新物质论）"③。他以为新物质论就等于物质论和观念论的统一。这种论调是江湖骗子的论调，但同样是否认哲学的党派性，否认哲学上唯物主义和唯心主义两大阵营的对立。艾思奇当时在一些著作（包括《哲学讲话》）中论述了哲学按照对思维和存在的关系问题的不同回答而划分为两大阵营的观点，坚持了哲学的党派性。并指出，社会是分为不同集团的：一部分人希望保守现状，另一部分人则在努力变革社会。而变革社会的实践必然要求唯物论。他说："最进步的哲学，一定是代表着最进步的实践的立场，没有进步的立场，决不能得到进步的真理，我们常听说所谓哲学要有党派性，不外是这个意思。"④

　　同时，他也阐明了马克思主义哲学的科学性。针对张东荪把哲学视为"千古不决"的玄学和叶青的"哲学消灭论"（叶说"哲学

---

① 张东荪：《唯物辩证法之总检讨》，《唯物辩证法论战》上卷，第206页。
② 张东荪：《唯物辩证法之总检讨》，《唯物辩证法论战》上卷，第204页。
③ 沈志远：《叶青哲学往何处去?》，钟离蒙、杨凤麟主编：《中国现代哲学史资料汇编》第二集第一册，《哲学论战》上，辽宁大学哲学系，1982年，第332页。
④ 艾思奇：《大众哲学》，《艾思奇全书》第1卷，第500页。

是没有独立的领域了"），艾思奇指出："要像从前一样，想保持一种超乎科学之上的哲学或玄学，是不正当的，但同时，要把哲学这一门学问，完全消灭掉，使它没有一个自己特有的领域和对象，也是机械论的错误。"①辩证唯物主义的研究对象是自然、社会和人类经验的总法则，这就是哲学特有的领域。当然，这个总法则不是凭空而来的，它必须以各门科学的研究为基础，同时又转过来指导各门科学的研究。

应该说，通过艾思奇对所谓"唯物辩证法论战"的评论，上述问题的理论界线比较清楚了。此外，张东荪和叶青都攻击辩证法。张东荪认为，辩证现象并不是天下万物所共有，所谓扬弃，只是逻辑思维的变，而不是空间上时间上的变，不是事物的变。叶青把马克思辩证法简单地归结为一个数学公式："正＋反＝合"②。他认为这个公式可以概括一切。艾思奇指出：张东荪把辩证法说成是主观的，以为辩证法讲"是就是否、否就是是"③是随意的，这实际上是把辩证法歪曲成了诡辩。叶青则"固执着黑格尔的观念的公式"④，"迷离于黑格尔哲学的'纯逻辑的探讨'"⑤，实际上他跟张东荪一样，都是"不问内容而单看重形式"⑥。这些评论也是有道理的。

不过，当讨论到逻辑思维的形式与内容问题时，便涉及形式

---

① 艾思奇：《几个哲学问题》，《艾思奇全书》第 1 卷，第 397 页。
② 叶青：《辩证法的公式问题——答艾生》，《中国现代哲学史资料汇编》第二集第二册，《哲学论战》下，第 196 页。
③ 艾思奇：《论黑格尔哲学的颠倒》，《艾思奇全书》第 1 卷，第 407 页。
④ 艾思奇：《论黑格尔哲学的颠倒》，《艾思奇全书》第 1 卷，第 408 页。
⑤ 同上注。
⑥ 艾思奇：《论黑格尔哲学的颠倒》，《艾思奇全书》第 1 卷，第 412 页。

逻辑和辩证法的关系问题。在批判了张东荪、叶青之后，马克思主义者之间（主要是潘梓年①与艾思奇、李达之间）发生了一场如何改造形式逻辑问题的争论②。30 年代的中国的马克思主义者，既未能划清形式逻辑与形而上学的界限，也未能正确阐明形式逻辑与辩证逻辑的关系，并且一般地说，对形式逻辑有否定过多的倾向（这种倾向也存在于当时苏联哲学界，并可追溯到黑格尔）。艾思奇等的这种否定形式逻辑的倾向，到解放后得到了纠正。

三、对唯物辩证法的几点发挥

艾思奇同李达一样，在努力从事普及与应用马克思主义哲学的工作中，也往往有所发挥，提出一些新见解，促进了马克思主义哲学的中国化。

首先，关于实践和主观能动性。艾思奇在阐发马克思《费尔巴哈论纲》中的实践观点时说：

在社会条件之下，加劳动于一定的对象，以改变对象克

---

① 潘梓年（1893—1972），江苏宜兴人，是中国著名的哲学家和杰出的新闻斗士。1927 年加入中国共产党，长期从事文化宣传的领导工作。哲学论著有《逻辑与逻辑学》，译作《时间和自由意志》。创办了《自然辩证法通讯》，推动了全国的哲学研究。

② 潘梓年在其所著的《逻辑与逻辑学》一书中说："形式逻辑的三个思维律，即同一律、矛盾律、拒中律已绝对不能用；概念论、判断论、推理论、分析与综合、演绎与归纳等等则须加以根本的改作而构成思维方法的一部分；关于词、命题、三段论的各种规定以及密勒五规则以及统计法等等，则全部收编过来，叫它们充当技师而列为思维技术。"艾思奇以为，这种"把形式论理学硬截做几个不同部分，用不同的方法来处理"的办法是错误的。他说："像对于三个思维律一样，对于形式论理学的全部构造，我们都同样可以'收编'，然而都要同样经过改编才能'收编'，就是说把它改造成辩证法的有机要素，才能够收编。"（《形式论理学和辩证法》）此外，在艾思奇的《抗战以来的几种重要哲学思想评述》一文中，也有关于这一争论的评论。

服对象,这就是人类的历史活动。主观与客观的差别,到在"有对象性活动"中具体地显现着的,人类不仅仅是从内的自觉上看的主观,作为与对象对立地活动着的主体,这才是现实的主观。主客的统一中,不仅是抽象地有差别,而且是在实际上有对立、有矛盾、有斗争。主观对于客观是能动地作用着的,是能于将客观施以加工改造的。①

这是说,人类的实践是改变对象的具体的历史活动。人首先是"与对象对立地活动着的主体",然后才是有意识(有内的自觉)的主体。旧唯物论把主客的差别看作是内的意识与外的客体的差别,那是"静态的、抽象的"②;其实,在"有对象性的活动"③即实践中,主客的对立统一是动态的,具体的,那是一个主客观交互作用的过程。当然,唯物论者都肯定"思想是客观世界的反映",但辩证唯物论者认为,也不能忽视主观能动性。艾思奇说:"如果没有客观世界,当然没有我们的思想,在这一点,客观是重要的,但同时,如果没有实践的活动,如果主观不能自动地去改变客观,思想也不会有的,即使有思想,也不会进步的。在这一点,我们又看见主观也同样重要。"④他以为,这种客观与主观、存在与意识关系的观点,不仅是辩证唯物主义的认识论,而且也是马克思主义的历史观。他与李达一样,也强调辩证唯物主义与历史唯物主义的

---

① 艾思奇:《从新哲学所见的人生观》,《艾思奇全书》第1卷,第230页。
② 艾思奇:《从新哲学所见的人生观》,《艾思奇全书》第1卷,第229—230页。
③ 艾思奇:《从新哲学所见的人生观》,《艾思奇全书》第1卷,第230页。
④ 艾思奇:《客观主义的真面目》,《艾思奇全书》第1卷,第286页。

统一。

第二，关于认识的螺旋式发展。艾思奇的《大众哲学》在阐述了"从感性到理性，又由理性到实践"的认识过程之后，又写道：

> 我们的认识，也并不是经过实践一证明后就完全满足了。在实践中，一面矫正了主观的错误，一面又得到新的感性的认识，所以又有新的认识过程发生了，……因此，从感性到理性，从理性到实践，又由实践得到新的感性，走向新的理性，这种过程，是无穷地连续下去，循环下去，但循环一次，我们的认识也就愈更丰富，所以这种循环，是螺旋式的循环，而不是圆圈式的循环，它永远在发展、进步，决不会停滞在原来的圈子里。①

艾思奇把认识过程了解为开放的、无限前进的螺旋运动，这和李达是一致的。不过李达着重讲实践基础上的由具体到抽象、由抽象再上升到具体的真理发展过程，而艾思奇着重讲的是实践基础上的感性和理性循环往复的前进运动。后来毛泽东吸取了他们两人的见解，对人类认识运动的秩序作了更全面的理论概括。

第三，关于必然、偶然与自由。这几个互有联系的范畴，在中国近代哲学中有其特别重要的地位。"科学与玄学的论战"就是围绕这些范畴展开的争论。共产党人反对右的和"左"的倾向，也牵涉到这些范畴。上面说过，瞿秋白讲历史决定论，把偶然性说

---

① 艾思奇：《大众哲学》，《艾思奇全书》第1卷，第495页。

成"纯粹是主观的说法"，显然是不正确的。艾思奇批评了这种"机械论"的观点，指出偶然性是客观的，它的产生也是有原因的。他说：

> 外来的原因所引起的偶然性，只是偶然性的一种，其偶然性在事物内部的变化中，也是无一处不钻到的。它和必然性是紧紧的结合着，不，一切事物的必然性，都是从许许多多的偶然事件中发展出来的。[①]

他举当时社会中许多人破产失业为例，指出这是必然的，但张三、李四等又各有其特殊的偶然的遭遇，所以必然性正是通过无数的偶然性而展开的。他认为引起偶然事件的原因不只是外来的，而且是出于事物内部运动的表现。这是对恩格斯《费尔巴哈论》中的观点的发挥。

同时，他也对恩格斯《反杜林论》中关于自由与必然的思想作了发挥。他认为，决不能"像斯宾诺莎一样地将自由解消在必然性中"[②]，单纯认识和顺应必然性还不等于自由，"意志的自由也就是改变对象和克服对象的自由"[③]。他说：

> 有人说：社会科学预言将来的社会是必然要到来的，既是社会的必然，人何必要为着它的到来而多事地努力和争斗

---

① 艾思奇：《大众哲学》，《艾思奇全书》第 1 卷，第 580 页。
② 艾思奇：《从新哲学所见的人生观》，《艾思奇全书》第 1 卷，第 232 页。
③ 同上注。

呢？其实必然性本身是有矛盾的。社会的进步是必然，而进步过程中必有保守的阻力，这也是一种内在的必然，进步的必然性不进而克服了这保守的必然，进步就必不能成为现实性，这里，就说明为什么需要人的努力。于是可以知道，自由不仅是顺应必然性就能成立，而是要依着必然性去克服必然性的体系自身的矛盾，才能显现的。[1]

意思是说，根据事物内在的必然，发展的可能性不止一个，进步人类的理想虽是客观必然法则提供的可能性，但同时也存在着保守势力阻挠社会进步的可能性。为要使理想变为现实，必须经过进步人类的努力和斗争，"克服必然性的体系自身的矛盾"。艾思奇认为，必然性包含矛盾是内在的，进步的必然性（可能性）与保守的必然性（可能性）在斗争着，所以革命者必须充分发挥主观能动性，抓住时机，依据规律来创设条件，努力去争取那有利于进步人类的可能性化为现实。这个论点，在辩证逻辑上具有重要意义。本书以下在讲到毛泽东《论持久战》的方法论时将会说明这一点。

同李达一样，艾思奇对唯物辩证法的几点发挥，都是对马克思主义哲学中国化的贡献。艾思奇虽然反对王明的教条主义，不过他的著作也保留有苏联的影响。苏联的著作（首先是斯大林的著作）包含有许多僵化的教条。当时的中国人主要是通过苏联的著作来学习马克思主义的，而对马克思主义所赖以产生的西方文化背景及其历史发展缺乏全面系统的研究，这便不可

---

[1] 艾思奇：《从新哲学所见的人生观》，《艾思奇全书》第 1 卷，第 232 页。

避免地带来一些消极的影响,如把阶级斗争观点绝对化,过分强调集中和夸大领袖的作用,把《联共党史》(特别是第四章第二节)视为神圣的经典等;又如,上面提到的否定形式逻辑的倾向,也是一例。

第三节　熊十力的"新唯识论"

在 20 世纪 30 年代的非马克思主义的哲学家中,熊十力首先建构成自己的哲学体系——"新唯识论"。

熊十力(1885—1968),原名继智,又名升恒,号子真,湖北黄冈人。早年曾参加辛亥革命和护法运动。20 世纪 20 年代初,在金陵刻经处跟从欧阳竟无研习佛学,接着在北京大学讲授"新唯识论",以后长期从事学术研究,是一个热爱祖国的正直学者。三四十年代,他对蒋介石集团借"训政"为名,造成"国败官邪、强贪巨污、剥削百姓,以成乎官僚资本主义"(《十力语要》卷一)的局面痛心疾首。50 年代后,他衷心拥护社会主义。著作主要有《新唯识论》、《十力语要》、《佛家名相通释》等。①

一、在玄学立场上会通中西

"新唯识论"是一个立足于东方学术的玄学体系。熊十力曾说:

---

① 《新唯识论》文言文本于 1932 年由浙江省立图书馆印行;语体文本于 1944 年由重庆商务印书馆出版。2001 年由湖北教育出版社出版《熊十力全集》,涵盖了目前所知的熊十力所有著述。

> 今日人类渐入自毁之途，此为科学文明一意向外追逐、
> 不知反本求己、不知自适天性，所必有之结果。吾意欲救人
> 类，非昌明东方学术不可。惜乎吾国人亦自不争气，吾侪留
> 得一口气，当时时刻刻有船山亭林诸老的精神，慎勿稍息。
> 今日比诸老时代所负责任更大得无比。[1]

他要发扬王夫之、顾炎武的爱国精神，以维护民族传统为自己毕
生的使命。这种民族自豪感和时代责任感是可贵的。但他以为
"东方学术"的精髓就是"反本求己、自适天性"的玄学，而西方的
文明则是科学文明。科学文明片面地发展，就造成了世界大战和
人类自相残杀；现在只有提倡东方的玄学，才能拯救危机。这是
第一次大战后的东方文化派的论调。

关于中西学术的比较，熊十力和张东荪等信札来往，进行了
反复的讨论。张东荪以为，中国人求学的动机是求善，而西方人
求学的动机是求真；中国人把学问当作修养，而西方人把学问当
作知识。熊十力肯定这是"真见到中西文化和哲学根本不同
处"[2]，但对张东荪由此得出"中西可以分治而不堪融合"之说却表
示反对。[3] 他说自己"唯见到中西之异，因主张观其会通而不容偏
废。"[4]他认为，中学与西学、玄学与科学、知识的与非知识的（即修
养的），虽然性质不同，方法各异，但"道并行而不相悖"，"终无碍

---

① 熊十力:《十力语要》卷二,萧萐父主编:《熊十力全集》第 4 卷,湖北教育出版社 2001 年
　　版,第 294 页。
② 熊十力:《十力语要》卷一,《熊十力全集》第 4 卷,第 107 页。
③ 同上注。
④ 熊十力:《十力语要》卷一,《熊十力全集》第 4 卷,第 110 页。

于殊途同归"①。他说：

> 驰求知识者，反己自修，必豁然有悟"众里寻他千百度，回头蓦见那人正在灯火阑珊处"。专事修养者，大本既立，毋须"绝圣弃智"；将见一切知识皆是称体起用，所谓左右逢源是也。严又陵云：行履五洲，学穷千古，亦将但见其会通而统于一而已矣。又陵尚有此识量，不审今人何故自狭自小乃尔！②

就是说，知识与修养，西学与中学是可以互相补充、互相促进的。这种会通古今、中西的主张有其合理之处。不过，熊十力是站在玄学的立场上来讲"会通"的。他以为，自己毕生的使命就在于"殚精竭力以从事于东方哲学之发挥"③。他写《新唯识论》，"实欲以东方玄学思想对治西洋科学思想"④。他虽说中西可以会通，但应以玄学为主，科学为辅。这是一种变相的"中体西用"论。

二、"万法唯识"，"翕辟成变"

熊十力在 20 世纪 30 年代写了《新唯识论》（文言文本），该书一开始就说：

> 今造此论，为欲悟诸究玄学者，令知实体非是离自心外

---

① 熊十力：《十力语要》卷一，《熊十力全集》第 4 卷，第 115 页。
② 同上注。
③ 熊十力：《十力语要》卷一，《熊十力全集》第 4 卷，第 110 页。
④ 熊十力：《十力语要》卷二，《熊十力全集》第 4 卷，第 294 页。

在境界，及非知识所行境界，唯是反求实证相应故。[①]

可见，他写《新唯识论》是为了让研究玄学的人认识到：实体不是离开心的外在境界，实体即自心；它不是知识的对象，不是人的经验、科学知识所能获得的；只有反求于自己，用实证即直觉，才能获得。这是《新唯识论》的基本宗旨。

熊十力以为实体即本心。他说："唯吾人的本心，才是吾身与天地万物所同具的本体。"[②]他用大海里的水和众沤来比喻本体和万物（众人）的关系：大海水显现为众沤，而每一沤都以大海水为体，是大海水的全整的直接的显现。同样道理，他认为，各人本心即具"大全"（即本体），所以不可离开自己的心到外面去追求实体。他区分"性智"和"量智"。他讲"实证相应"是性智，一般知识是量智，亦即理智。理智所得的科学知识，是从经验出发，对事物进行分析、研究获得的知识。他认为，量智不能获得玄学真理，实体只有凭性智，即自性觉悟，自己认识自己，才能把握。他说："本体不是外在的物事，更不是思惟中的概念，或意念中追求的虚幻境界。唯反己深切体认，便自识本来面目。"[③]这显然是禅学、心学的观点。

熊十力在《新唯识论》中论证了"万法唯识"。有人提出责难：现在科学上讲的自然界的定律、公则，纯为客观事实，不管人是否认识到，它总是实有、自在的，你怎么能说"境不离识"呢？熊十力

---

① 熊十力：《新唯识论》（文言文本），《熊十力全集》第 2 卷，第 10 页。
② 熊十力：《新唯识论》（语体文本），《熊十力全集》第 3 卷，第 18 页。
③ 熊十力：《新唯识论》（语体文本），《熊十力全集》第 3 卷，第 11 页。

回答说:"唯识不谓无境,即所云定律公则等等,何尝不许有此事实,只是不必问此事实耳。(这些事实底研究,可以让诸科学,故玄学不必问也。)"[1]他认为,玄学不必过问自然规律,因为那是科学的事。自然的定律在被了解的时候,那就是"境不离识";在未被了解时,它只是"沉隐于识野之阴",没有显现而已。在他看来,"凡所有境,当了别不及时,实未曾离识独在。"[2]他接着引《传习录》里王阳明与学生的对话:王阳明游南镇,有学生指着花树问,你说天下无心外之物,你看这花在深山里自开自落,与我心有何相关? 王阳明说:"汝未看此花时,此花与汝心同归于寂,汝来看此花时,则此花颜色一时明白起来。便知此花不在汝心外。"[3]熊十力同意王阳明的这一论证,并称赞"其持说精到如此"。此外,他也利用了《成唯识论》的一些论证。他用以论证"万法唯识"的论点,基本上都是前人所讲过的。

在"万法唯识"的主观唯心主义前提下,熊十力力求贯彻"体用不二"的传统观点,提出了"翕辟成变"的学说。《新唯识论》之"新",正在于此。

贯彻体用不二,便要双离空有。熊十力以为,空宗用缘起说来破除诸法,这是对的,但也不能偏于空寂之体,而忽视大用流行。唯识宗说"恒转",强调阿赖耶识是永恒地运动着的,但他们说阿赖耶识藏着诸法种子,种子是因,现行是果,以为种子(因缘)具有造作的功能,它仗托作具(别的缘)而显其作用,从而产生结

---

① 熊十力:《新唯识论》(文言文本),《熊十力全集》第 2 卷,第 23 页。
② 同上注。
③ 王守仁:《传习录下》,《王阳明全集》上册,第 122 页。

果，即形形色色的现象。这样，唯识宗的缘起理论就成为构造论（即用种子化为现行来构造现象世界）。熊十力不满于唯识宗的构造论，指斥他们的理论漏洞百出，既把种子与现行割裂为"两重世界"，又以种子与真如为"二重本体"，这都是错误的。那么，应该怎样从体用不二观点来讲宇宙论呢？熊十力吸取了《易传》的"一阖一辟之谓变"的思想和柏格森的生命哲学来讲转变。他说：

> 一翕一辟之谓变。原夫恒转之动也，相续不已。动而不已者，元非浮游无据，故恒摄聚。惟恒摄聚，乃不期而幻成无量动点，势若凝固，名之为翕。翕则疑于动而乖其本也。然俱时由翕故，常有力焉，健以自胜，而不肯化于翕。以恒转毕竟常如其性故。唯然，故知其有似主宰用，乃以运乎翕之中而显其至健，有战胜之象焉。即此运乎翕之中而显其至健者，名之为辟。一翕一辟，若将故反之而以成乎变也。夫翕凝而近质，依此假说色法。夫辟健而至神，依此假说心法。以故色无实事，心无实事，只有此变。[①]

这段话的大意是说：本体显现为大用，即是永恒的流转，绝对的运动，刹那生灭，相续不已。但这种无间断的运动"元非浮游无据"。在运动中常有"摄聚"的趋势，于是幻成无数的动点（语体文本不用"动点"一词，而改用"点滴"），并由这些点滴形成所谓原子、电子乃至物质世界。这种凝固物化的趋势，就叫做"翕"。而恒转按

[①] 熊十力：《新唯识论》（文言文本），《熊十力全集》第2卷，第41—42页。

其本性来说，它总是至健不息，"不肯化于翕"，"乃以运乎翕之中而显其至健"。这样一种作用，叫做"辟"。他认为翕是物质化的趋势，辟则是精神力量，"辟以运翕"，就是精神战胜物质。他说："依大用流行的一翕一辟，而假说为心和物。"①"把物的现象和心的现象看做称体显现的大用之两方面。所以，心和物根本没有差别，也都不是实在东西。"②唯一实体是本心，而不是和物相对的心。实体的恒转有翕有辟，于是就表现为物质现象和精神现象，现象非实事，但依此假说为色法、心法，归根结底是实体的分殊大用，是统一于实体的。

同时，他认为"一翕一辟之谓变"体现了"相反相成的大法则"。在他看来，《易》每卦三爻，也就是老子说的"一生二、二生三"的意思。他说："恒转是一，恒转之现为翕，而几至不守自性，此翕便是二，所谓一生二是也。然恒转毕竟常如其性，决不会物化的。所以，当其翕时，即有辟的势用俱起。这一辟，就名为三，所谓二生三是也。"③所以他说三包含一和二，"于三而识全体大用"④。这说明，他讲"翕辟成变"，是用"对立统一"、"相反相成"的辩证法原理来解释恒转。

熊十力又说："恒转者，功能也。"⑤他所说的"功能"，仍是唯识宗的术语，但与之又有所不同。唯识宗说种子具有功能，为现行的因，而现行又转过来使潜在的"种子"受到熏习，所以种子与

---

① 熊十力：《新唯识论》(语体文本)，《熊十力全集》第 3 卷，第 177 页。
② 熊十力：《新唯识论》(语体文本)，《熊十力全集》第 3 卷，第 154 页。
③ 熊十力：《新唯识论》(语体文本)，《熊十力全集》第 3 卷，第 99 页。
④ 熊十力：《新唯识论》(语体文本)，《熊十力全集》第 3 卷，第 100 页。
⑤ 熊十力：《新唯实论》(文言文本)，《熊十力全集》第 2 卷，第 53 页。

现行是互为因果的。熊十力讲功能"但依实性立称，不以因缘相释"①。"功能者，即宇宙生生不容已之大流"，"能极万变而莫测"②。他所说的"功能"，就是一翕一辟的大用流行。大用流行，生生不已，分化为万物，故称之为"功能"。他以为，天地万物人类皆资生于功能，功能即"宇宙之大生命力"③。"天得之以成天，地得之以成地，人得之以成人，物得之以成物。芸芸品类，万有不齐。自光线微分，野马细尘，乃至含识，壹是皆资始乎功能之一元而成形凝命，莫不各足，莫不称事。"④在他看来，自细尘以至人类，都是生生不容已的大流的分化，都是宇宙大生命力的表现。大用流行也就是生命，所以宇宙不是机械的。"宇宙只此生命发现，人生只此生命活动。"⑤不过，生命力表现为"物"、分化为个体，便"受物质缠锢"⑥。但生命力潜滋默运，能改造物质，于是自然界就由无机物、植物、动物，逐渐进化为人类。人类"心灵焕发"⑦，有力量克服这种物质化的趋势。人类能够做物质的主宰，"乃足以用物而不为物用，转物而不为物转"⑧。

这一"翕辟成变"的宇宙论学说，从整体上说，当然是唯心主义的虚构，不过它也包含有一些辩证法因素，我们应给以恰当的评价。

---

① 熊十力：《新唯识论》(文言文本)，《熊十力全集》第2卷，第54页。
② 熊十力：《新唯识论》(文言文本)，《熊十力全集》第2卷，第58页。
③ 熊十力：《新唯识论》(文言文本)，《熊十力全集》第2卷，第85页。
④ 同上注。
⑤ 熊十力：《新唯识论》(文言文本)，《熊十力全集》第2卷，第83页。
⑥ 熊十力：《新唯识论》(文言文本)，《熊十力全集》第2卷，第84页。
⑦ 同上注。
⑧ 同上注。

　　熊十力把中国传统哲学中的体用不二观点和对立统一原理突出地提了出来，这是具有积极意义的。他反复强调王阳明的话："即体而言，用在体。即用而言，体在用。"①这确实是对"体用不二"（即"实体自己运动"）观点的极好表述。他又说："大《易》谈变化的法则，实不外相反相成。"②并解释说：

　　　　说到变化，就是有对的、是很生动的、有内在矛盾的，以及于矛盾中成其发展的缘故。……变化决不是单纯的事情，这个道理是不难理解的（此中"单纯"一词，"单"者，单独而无对，"纯"者统一而无矛盾）。如果说有单纯的事情，那就没有变化，除非有个死的世界，不会如此的，所以说变，决定要循着相反相成的法则。③

这样解释《周易》，确实窥到了它的根本之点。在他看来，"翕辟成变"，翕和辟是不可分离的两极，构成具有内在矛盾的整体，而成其变化发展。所以他说："每一功能都具有内在的矛盾"④，"是浑一的全体，但非一合相的，亦非如众粒然。"⑤就是说，变化发展的动力在于内在矛盾，所以世界的本原既不是无矛盾的单纯的"一合相"，也不是各各独立的粒子。在中国哲学史上，由《周易》演变而来的朴素辩证法的宇宙观，源远流长，集中地体现了民族思维

---

① 熊十力：《新唯识论》（语体文本），《熊十力全集》第3卷，第179页。
② 熊十力：《新唯识论》（语体文本），《熊十力全集》第3卷，第97页。
③ 熊十力：《新唯识论》（语体文本），《熊十力全集》第3卷，第96页。
④ 熊十力：《新唯识论》（语体文本），《熊十力全集》第3卷，第250页。
⑤ 熊十力：《新唯识论》（语体文本），《熊十力全集》第3卷，第249页。

方式的特点，是需要我们研究再研究，并继续加以发扬光大的。熊十力的著作在发掘中国古代的朴素辩证法传统方面作了努力，因而有其值得肯定之处。

更值得注意的是，熊十力在一定程度上超越了朴素辩证法。中国古代的朴素辩证法未能克服循环论，这是从《周易》到王夫之所共同具有的局限性。而到熊十力时，中国近代哲学已经历了进化论阶段，进化观念已深入人心，他不能不受到影响。他说：

> 循环法则实与进化法则交相参，互相涵。道以相反而相成也。①

他用循环与进化的交参互涵来解释"相反相成"之道，"进化之中有循环，故万象虽瞬息顿变，而非无常轨；循环之中有进化，故万象虽有往复而仍自不守故常。"②这里所谓的"不守故常"、"而非无常轨"，就是说，循环往复而创新不已的宇宙进化过程是有规律的；或者说，由于矛盾而引起的进化合乎规律地表现为螺旋式上升的运动。这是一种近代观念。

但熊十力讲"翕辟成变"的进化过程，吸取了柏格森的"创造进化论"的某些观点（主要是生命之流不断创新，而又有被削弱、被阻塞而有物质化趋势的观点），用以解释《易》、《老》，把"相反相成"归结为物质与精神对立和精神战胜物质。这不仅是唯心主义，而且实际上把"易学"丰富的辩证法内容简单化了。《易传》所

---

① 熊十力：《十力语要》卷一，《熊十力全集》第4卷，第41页。
② 熊十力：《十力语要》卷一，《熊十力全集》第4卷，第42—43页。

说的"一阴一阳之谓道","一阖一辟之谓变",不是讲心物关系,而是讲运动变化的动力和规律。这种规律贯串于《易》的范畴体系中,为古代科学家提供了方法论原理。易学的取象、运数的方法,与科学有密切联系。而熊十力则把科学与玄学、逻辑思维与直觉(实证)截然对立起来,他继承陆王的直觉主义和"心即理"之说,写道:

> 故即此真体而以理名之。此理是一真实体,非是思维中之一概念,非是离真实体而为一空洞的型式,此与西洋人理型的观念,自是判若天渊。吾学归本证量,乃中土历圣相传心髓也。理型世界则由思维中构画而成,……实则彼(指西洋人——引者注)未得证会此真实流,而只依生生化化之流的迹象强为构画,以图摹之而已。①

虽然熊十力声明自己不反科学、不反理智,以为"图摹究不可废"②! 但他认为,画师图摹山水之形,"终不可得山水之真"③;人们运用逻辑思维来形成概念,构画"理型",也决不能得真体实用;真理(实体)以及生生化化的真实流只能靠直觉(证量)来把握。从辩证法看来,理性的直觉在科学研究中有重要的作用,不应该把直觉和逻辑思维截然对立起来。但熊十力却强调直觉超乎科学,高于辩证思维,这就成了直觉主义了。诸如王夫之所说的"汇

---

① 熊十力:《十力语要》卷三,《熊十力全集》第 4 卷,第 360 页。
② 同上注。
③ 同上注。

象以成《易》、举《易》而皆象"的辩证法思想，黑格尔和马克思主义者所说的客观辩证法、认识论和逻辑统一的原理，熊十力是无法理解的。

三、"性修不二"

熊十力从宇宙论推演到人性论，认为人的天性即本体，个人生命力即宇宙大生命力。不过，本体之流行，不能不"翕而成物"，于是"人物之气质有通塞不齐。（通者，如大脑发达者是。塞者，通之反。）……通者，足以显发其天性，即全乎固有之善；塞者，难以显发其天性，斯成乎不善"[1]。但不管气质如何偏塞，当人们发挥了精神的力量，通过学习、习行，则"气质可以转化，而不至障碍其天性"[2]。这便是"翕随辟运"。

熊十力探讨了中国传统哲学中的"天人（性习）"关系问题。他说：

> 功能者，天事也。习气者，人能也。[3]
> 习之于性，有顺有违。顺性为净，违性为染。[4]

他认为，习气有净有染，这还是唯识宗的用语。区别在于，唯识宗认为，功能既是种子具有的，又是习气熏染成的；而按照熊十力的

---

① 熊十力：《新唯识论》（语体文本），《熊十力全集》第3卷，第488—489页。
② 熊十力：《新唯识论》（语体文本），《熊十力全集》第3卷，第489页。
③ 熊十力：《新唯识论》（文言文本），《熊十力全集》第2卷，第60页。
④ 熊十力：《新唯识论》（文言文本），《熊十力全集》第2卷，第63页。

说法,功能是天事,习气是人能。"无事于性,有事于习。增养净习,始显性能,极有为乃见无为,尽人事乃合天德。习之为功大矣哉!"①人要发挥能动作用,不断地增养净习,克服染习,就能让天赋的功能显发出来,达到与天地合德的境界。他以为,中国古代圣贤教人在伦理实践中用操存涵养之功,超脱小己利害计较之心,这就是培养净习,以求认识自己的"光明宝藏"。"斯乃翕随辟运,物从心转,于是还复其本体而无所亏欠,终由剥而复矣。"②

可见,熊十力既重视"天事",又重视"人能";既强调"复性",又强调"习"的作用。他主张"性修不二"之说。《新唯识论·明心下》写道:

> 天人合德,性修不二故,学之所以成也。《易》曰:"继之者善,成之者性。"全性起修名继,全修在性名成。本来性净为天,后起净习为人。故曰:"人不天不因;天不人不成。"③

意思是说,天与人、本体(性)与工夫(修)是统一的。人若没有天然具足的本性,便不能因之而为善;而若不尽人力,则天性也不能充分显发。天性具足,因之而起修(从事学习、修养工夫),便叫"继";而努力修习,以求把固有的德性充分扩展,便叫"成"。所以在他看来,"成性"即是"复性"。

在中国古代哲学中,唯心主义者大多讲本性一切具足,以为

① 熊十力:《新唯识论》(文言文本),《熊十力全集》第 2 卷,第 67 页。
② 熊十力:《新唯识论》(文言文本),《熊十力全集》第 2 卷,第 86 页。
③ 熊十力:《新唯识论》(文言文本),《熊十力全集》第 2 卷,第 144 页。

学习、修养的工夫就在于"复性"或"复心之本体"；而唯物主义者则讲"习与性成"，以为人是环境和教育的产物，德性是在学习、修养中形成的。"复性"说与"成性"说经过长期论争，后来王守仁提出"知行合一"、"即工夫即本体"之说，把"复性"（复良知之体）看作是随工夫（致良知）而展开的过程；而王夫之则进而提出"性日生而日成"之说，以为"继善成性"之"继"，是指"命日受，性日生"，一方面人不断地接受自然界给予的能力，另一方面，人在实践、学习中也能主动地权衡取舍，择其善者"自取自用"，所以德性的形成是人和自然界交互作用的日新不已的过程。

　　熊十力讲"性修不二"，大体上是继承了王阳明"即工夫即本体"的理论，又吸取了王夫之"性日生而日成"的思想，而自成一说。他说："吾人初生之顷资生于宇宙之大生命力，既生以后，迄于未尽之期，犹息息资生于宇宙之大生命力，吾生与宇宙始终非二体。故吾之生也，息息与宇宙同其新新，而无故故之可守。命之不穷，化之不息也如是。斯理也，船山王子，盖先我发之矣。"[1]他对王夫之"命日受、性日生"之说作了唯心主义的改造，特别强调了生命是个不断创新的过程。他也不满于王阳明致良知说，以为王阳明片面讲良知为固有具足，是"纯依天事立言"，而忽视了人的明智"亦赖人之自创"[2]。他说：

　　　　有生之日，皆创新之日，不容一息休歇而无创，守故而无新。使有一息而无创无新，即此一息已不生矣。然虽极其创

---

[1]　熊十力：《新唯识论》（文言文本），《熊十力全集》第2卷，第85页。
[2]　熊十力：《十力语要》卷四，《熊十力全集》第4卷，第494页。

新之能事,亦只发挥其所本有,完成其所本有,要非可于本有者有所增也。夫本有不待增,此乃自明理,无可疑者。故谓之复初耳。①

　　先儒多半过恃天性,所以他底方法只是减,……他们以为只把后天底染污减尽,天性自然显现。这天性不是由人创出来。若如我说,成能才是成性,这成的意义就是创。而所谓天性者,恰是由人创出来。②

他说性由人创,把人生看作是一个一息不停地创新和不断发挥其本有之生命力的进取、追求的过程。这个过程虽然也可说是"复初",却不是凭宋明儒者所谓"去人欲"或"减"的工夫便可达到的。熊十力说"成能才是成性",以为只有凭借"人能"不断创新,才能使本性得以发挥,达到完成。无论何人,不管气质多么偏塞,天性决不会剥丧至尽,总还留着生命力萌蘖,这便是人们可依据以创新的力量。

　　熊十力以为创新是一个"从微至显"(使隐微的萌蘖借引发而显著)和"变染成净"(创起净习、克服染习)的过程。从创新观点看,染习并非完全消极的。他说:

　　夫染虽障本,而亦是引发本来之因。由有染故,觉不自在。不自在故,希欲改造,遂有净习创生。由净力故,得以引发本来而克成性。……苟不安于昏愚,夫何忧乎弱丧。故学

---

① 熊十力:《新唯识论》(文言文本),《熊十力全集》第2卷,第87—88页。
② 熊十力:《十力语要》卷四,《熊十力全集》第4卷,第492页。

者首贵立志，终于成能。①

一个人只要不安于昏愚，立志上进，那么他便会由于犯了错误而感到内疚，积极要求改造自己，于是变染成净，使隐微的本性得以引发而显著起来。熊十力很强调意志的力量。他以为，意志就是作为一身主宰的心体或生命力，它是有"定向"的，"定向云何，谓恒顺其生生不息之本性以发展，而不肯物化者是也"②。意志作用正体现在"辟以运翕"、"变染成净"的前进方向中。所以，一个人首贵立志，"有志愿即有真力量，故其对于学问或事功的趋向，能终始贯彻而无所辍。譬若电之走尖端，行所无事，而势不容已也"③。

从以上的论述中，可以看到熊十力高度颂扬了人的主观能动性，包含有辩证法的因素。同时，也可以看到他的思想和柏格森的"创造进化论"有密切的联系，如他自己所承认的那样：西方生命派哲学"其所见足与《新（唯识）论》相发明者自不少"④。但是，熊十力对柏格森也有批评。他说：

> 柏氏言直觉不甚明了，时与本能混视。本能即是习气。……柏氏犹在习气中讨生活，实未证见自性也。其言生之冲动，冲动即习气也。⑤

---

① 熊十力：《新唯识论》（文言文本），《熊十力全集》第2卷，第145页。
② 熊十力：《新唯识论》（文言文本），《熊十力全集》第2卷，第96页。
③ 熊十力：《十力语要》卷一，《熊十力全集》第4卷，第133页。
④ 熊十力：《十力语要》，《熊十力全集》第4卷，第10页。
⑤ 熊十力：《十力语要》卷三，《熊十力全集》第4卷，第440页。

晚世哲家有言盲目的意志者,有言生之冲动者,此皆内观习心而见为如是,其去东土哲人体认之功,奚啻万里![1]

这些话包含着对唯意志论的批评。熊十力认为,叔本华讲盲目的意志,柏格森讲生命冲动,都只是看到了与形骸俱始的习心(欲望、本能冲动),便认作是生命力的本质,而其实并未实证本心。什么是实证呢？他说:"哲学家如欲实证真理,只有返诸自家固有的明觉,即此明觉之自明自了,浑然内外一如而无能所可分时,方是真理实现在前,方名实证,前所谓体认者即是此意。"[2]熊十力讲实证或体认,是指唤醒理性固有的明觉,直觉到我与天地浑然一体。这是直觉主义,而非唯意志论。熊十力对柏格森哲学有所吸取,也有所否定。他不赞同所谓生命冲动,也不像梁漱溟那样讲"生活是没尽的意欲"。

熊十力以为,意志作用决不是盲目的冲动。他说:"志愿是从自觉自了的深渊里出发的。"[3]他反复强调"此心是明觉的",它"备万理而无妄,具众德而恒如"[4],它作行为的主宰就表现为"意有定向",必定是合理的,而非盲动的。熊十力在唯心主义前提下讲德性培养中的明智与意志,自觉原则与自愿原则的统一,基本上复活了孟子和王守仁的观点,使之近代化了。在法西斯主义者提倡"力行哲学"、鼓吹"权力意志"时,熊十力批评唯意志论,强调志愿

---

① 熊十力:《十力语要》卷二,《熊十力全集》第4卷,第211页。
② 熊十力:《十力语要》卷二,《熊十力全集》第4卷,第199页。
③ 熊十力:《十力语要》卷一,《熊十力全集》第4卷,第133页。
④ 熊十力:《新唯识论》(语体文本),《熊十力全集》第3卷,第18页。

是从自觉的本心发出的，有其积极的意义。

不过，熊十力讲自觉，是指"返诸自家固有的明觉"。他以为，"觉者，自明自见自证"①，既不靠科学知识，也不靠社会实践。在他看来，科学不外乎对事物进行剖析、度量、推测，所以本体"非知识所行境界"，而通过自觉达到自识本来面目，与本体合一，则具有"超知识的"性质。这种贬低科学认识在培养人的德性中的作用的说法，是不正确的。他强调"创新"，高度重视了主观能动性，"能动的方面发展了，但只是抽象地发展了"②，因为他作为唯心主义者，"当然是不知道现实的、感性的活动本身的"③。他不可能理解精神主体所具有的一切能力、德性，固然也以其自然的禀赋为前提，但主要是在实践中锻炼、教育成的，是凭着相应的对象（为我之物）而形成和发展起来的。同人类不断地化自在之物为为我之物的历史相适应，精神主体经历着由自在而自为、由自发而自觉的螺旋式地前进的运动——这种辩证法的运动显然在他的视野之外。

总之，对熊十力的"新唯识论"应该一分为二。尽管它在整体上是一个唯心主义的玄学体系，但其"翕辟成变"和"性修不二"之说，包含有一些辩证法思想因素，确实给人以"新"的感觉，有其值得肯定之处；它在努力发掘中国传统哲学的积极成果并使之近代化方面，也有一定贡献。从理论思辨来说，《新唯识论》比较精致，这是由于作者受过唯识宗辨析名相的训练，他的概念是清晰的，理论比较体系化了，取得了近代的形式。因此，熊十力的著作对于后人，在

---

① 熊十力：《十力语要》卷一，《熊十力全集》第4卷，第97页。
② 马克思：《马克思论费尔巴哈》，《马克思恩格斯选集》第1卷，第58页。
③ 马克思：《关于费尔巴哈的提纲》，《马克思恩格斯选集》第1卷，第54页。

吸取理论思维教训和培养理论思维能力方面,也是有帮助的。

第四节 朱光潜:美学上的表现说

继熊十力之后,朱光潜会通中西,建构自己的美学体系。他也属于直觉主义流派。

朱光潜(1897—1986),字孟实,安徽桐城人。香港大学毕业后,曾先后在英、法等国学习和研究文学、哲学、美学、心理学和艺术史。回国以后,曾在北京大学、四川大学、武汉大学任教,并主编过商务印书馆《文学杂志》。他一生著述丰厚、主要有《悲剧心理学》、《文艺心理学》、《谈美》、《变态心理学》、《诗论》、《谈文学》、《克罗齐哲学述评》和《西方美学史》等①。

作为一个爱国学者,朱光潜一生从事美学的研究工作。他的美学思想前后有较大变化:在 20 世纪三四十年代,他的观点是唯心主义的;50 年代后,他作了自我批评,转变到了马克思主义的立场,在美学方面有新的成就。本书只论述他三四十年代的美学"表现说"。

一、自由主义者的文化观

朱光潜认为,文学艺术都有其时代的文化思想的背景。他

① 以上诸书,连同《谈美书简》,全部译著后记及部分单篇论文,一并收入上海文艺出版社从 1982 年开始出版的五卷本《朱光潜美学文集》。1987 年出版《朱光潜全集》,收入朱光潜先生的全部著作、译文,共二十卷,由安徽教育出版社出版。2012 年中华书局出版了《朱光潜全集》(新编增订本),是对安徽教育出版社版本的增补和修订,增补了《全集》出版后近二十年来新发现的近百篇文章,并对全部内容进行了重新编排,共 30 集。

说："从历史的教训看，文化思想的进展大半可略分为两期，——生发期与凝固期。"①例如，在西方，纪元前六世纪至四世纪是希腊文化思想的生发期，亚历山大时代与罗马时代是它的凝固期；十四五世纪文艺复兴为近代欧洲文化思想的生发期，十七八世纪为它的凝固期；在中国，先秦是中国古代文化的生发期，从汉一直到清，都可以说是儒家文化思想的凝固期，直到清末，才开始有了转变。他说：

> 现在我们新受西方文化思想的洗礼，几千年来儒家文化思想的传统突遭动摇，几千年来根深蒂固的社会制度也在剧烈地转变，这种一发千钧的时会应该是中国新文化思想生发期的启端。②

他以为，中国正处于新文化思想生发期的开端，而这种生发期是愈延长愈好。因为在生发期中，剧烈的社会变动与崭新的外来影响给人们带来了活力；在中西传统、新旧文化的分歧冲突之中，只要各派思想能"保持独立自由的尊严"③，便能"自己努力前进而同时也激动敌派思想努力前进"④。为要使这生发期尽量延长，就要采取"自由生发、自由讨论"⑤的态度，提倡"思想言论的自

---

① 朱光潜：《理想的文艺刊物》，《朱光潜全集》第3卷，第434页。
② 朱光潜：《理想的文艺刊物》，《朱光潜全集》第3卷，第435页。
③ 朱光潜：《理想的文艺刊物》，《朱光潜全集》第3卷，第434页。
④ 同上注。
⑤ 朱光潜：《理想的文艺刊物》，《朱光潜全集》第3卷，第437页。

由"①,而不能把思想言论"纳入一个固定的模型"②。他说:"在今日,我们还谈不到,而且也不应该谈到'思想统一',无论希图'统一思想'的势力是'右'还是'左'。"③朱光潜的这种言论自由、学术自由的主张,既反对当时(1937年)法西斯的文化专制主义,也不赞同当时思想学术界的左派,表明他是一个自由主义者。

用上述文化观来看文学艺术,朱光潜反对"文以载道"说。他以为,文艺固然要从文化思想背景吸取营养,但不能拿文艺做工具去宣传政治的、道德的或宗教的信条。他说:

> 许多人欢喜从道德的观点来谈文艺,从韩昌黎的"文以载道"说起,一直到现代"革命文学"以文学为宣传的工具止,都是把艺术硬拉回到实用的世界里去。……他们不知道道德是实际人生的规范,而艺术是与实际人生有距离的。④

他强调艺术与人生的距离,把"革命文学"归入"文以载道"的传统,说当时共产党人提出的文艺"为大众"、"为革命"、"为阶级意识",都是"文以载道"传统观念的"复活"⑤。这些说法显然是错误的。当然,他也认为不应该因为看到"文以载道"说的浅陋就走到

---

① 朱光潜:《理想的文艺刊物》,《朱光潜全集》第3卷,第437页。
② 朱光潜:《理想的文艺刊物》,《朱光潜全集》第3卷,第436页。
③ 朱光潜:《我对于〈文学杂志〉的希望》,《朱光潜美学文集》第2卷,上海文艺出版社1982年版,第499页。本文为《文学杂志》的发刊词,原题为《我对本刊的希望》。作者收入《我与文学及其他》时改为《理想的文艺刊物》,并略作修改,删去了"在今日……"一语。现《朱光潜全集》第3卷按修改后的题目和文字收入。
④ 朱光潜:《谈美》,《朱光潜全集》第2卷,第18页。
⑤ 朱光潜:《理想的文艺刊物》,《朱光潜全集》第3卷,第432页。

另一极端，便自封在象牙之塔里，对现实采取"超然的、漠不关怀"的态度。他当时的真实状况是：想与人生保持距离而又不能完全超然，左右为难，心情是颇为苦闷的。所以鲁迅批评他是"徘徊于有无生灭之间的文人，对于人生，既惮扰攘，又怕离去"[①]，于是便激赏"曲终人不见，江上数峰青"，"只在此山中，去深不知处"等等诗句，从中去寻求"抚慰"[②]。鲁迅的这种分析大体上是切合实际的。

二、对审美经验的分析

朱光潜在他的第一部美学著作《悲剧心理学》中说："研究悲剧快感问题最好的方法是公平地检查从前的理论，取其精华。这样，我们就有希望形成一种全面系统的看法，消除偏见，解除矛盾。"[③]把前人的各种理论作批判的研究，经过分析而后综合起来，以形成关于这个问题的整体观念，这就是朱光潜研究悲剧快感问题的方法，也是他研究整个美学的方法。

但是，在力求"公平地检查从前的理论"以"形成全面系统的看法"时，朱光潜实际上已有一种先入之见。他在《文艺心理学作者自白》中说："从前，我受从康德到克罗齐一线相传的形式派美学的束缚。"[④]虽然他对形式派美学也有批评，但是又认为形式派美学所肯定的一些基本原理是不可磨灭的。他说：

---

① 鲁迅：《且介亭杂文二集》，《鲁迅全集》第 6 卷，第 440 页。
② 鲁迅：《且介亭杂文二集》，《鲁迅全集》第 6 卷，第 439—440 页。
③ 朱光潜：《悲剧心理学》，《朱光潜全集》第 2 卷，第 220 页。
④ 朱光潜：《文艺心理学》，《朱光潜全集》第 1 卷，第 197—198 页。

> 我们在分析美感经验时,大半采取由康德到克罗齐一线相传的态度。这个态度是偏重形式主义而否认文艺与道德有何关联的。把美感经验划成独立区域来研究,我们相信"形象直觉"、"意象孤立"以及"无所为而为地观赏"诸说大致无可非难。①
>
> 我们把美感经验解释为"形象的直觉",否认美感只是快感,排斥狭义的"为道德而文艺"的主张,肯定美不在物也不在心而在表现,都是跟着克罗齐走。②

这些话的主要意思是:第一,把审美经验解释为"形象的直觉";第二,认为美不在物不在心,而在主客观统一的"表现";第三,反对以功利态度来对待艺术,反对为人生而艺术,为道德而艺术,否认美感只是快感,认为艺术的创作和欣赏是"无所为而为"的。这些是以克罗齐为代表的形式主义和直觉主义美学的基本点。虽然朱光潜对克罗齐有些批评,认为克罗齐太极端,但是上述基本点他都是赞成的。

他认为,"在美感经验中,心所以接物者只是直觉而不是知觉和概念;物所以呈现于心者是它的形象本身,而不是与它有关系的事项,如实质、成因、效用、价值等等意义。"③例如欣赏一树梅花,全神贯注地观赏它的形象,无暇思索它的意义、它和其他事物的关系、对人们有没有用等等,这时梅花呈现于你心中的形象,是

---

① 朱光潜:《文艺心理学》,《朱光潜全集》第1卷,第314页。
② 朱光潜:《文艺心理学》,《朱光潜全集》第1卷,第359页。
③ 朱光潜:《文艺心理学》,《朱光潜全集》第1卷,第209页。

完整而单纯的，"你仍有所觉，就是梅花本身形象（form）在你心中所现的'意象'（image）。这种'觉'就是克罗齐所说的'直觉'"①。朱光潜认为，在直觉中只有一个完整而单纯的意象占住你的意识，不但忘记了欣赏对象以外的世界，并且忘记了我们自己的存在，达到了物我两忘。他认为，在美感经验中只是直觉，既不用知觉，也不用概念，也没有意志欲望；既不像一般人那样对事物抱着实用的态度，也不像科学家那样去寻求事物的原因，考察对象（如梅花）属于哪一科，哪一属等等。

朱光潜认为，在直觉中，"我的生命和物的生命往复交流，在无意之中我以我的性格灌输到物，同时也把物的姿态吸收于我"②。这样就创造了美。根据克罗齐的观点，直觉即创造，也就是说，在形象的直觉中，人创造了美。朱光潜说："美是创造出来的，它是艺术的特质，自然界中无所谓美。在觉自然为美时，自然就已造成表现情趣的意象，就已经是艺术品。"③一般人认为，美是一种物的属性，自然物本身就有美；而有些唯心论哲学家则以为美在精神、在理念。朱光潜则说，美既不在物也不在心，而是在心与物的关系上，"它是心借物的形象来表现情趣"。④ 他说：

> "美"是一个形容词，它所形容的对象不是生来就是名词的"心"或"物"，而是由动词变为名词的"表现"或"创造"。⑤

① 朱光潜：《诗论》，《朱光潜全集》第 3 卷，第 51 页。
② 朱光潜：《文艺心理学》，《朱光潜全集》第 1 卷，第 214 页。
③ 朱光潜：《文艺心理学》，《朱光潜全集》第 1 卷，第 347 页。
④ 同上注。
⑤ 同上注。

就是说,直觉即表现,表现即创造,即艺术,即美。这是美学上的
一种唯心主义的"表现说"。"表现说"不一定是唯心论的,但朱光
潜在当时关于美感与美的理论,基本上是唯心主义表现说的
观点。

　　但朱光潜当时对从康德到克罗齐的形式主义也有所不满。
他认为,克罗齐美学的毛病在"太偏",因此需要做一种"补苴
罅漏"的工作。他在《悲剧心理学》中已经说过,布洛①的"心理
距离"说提供了比"纯粹形式的直觉"更为广阔的准则②。在审美
经验中,无所为而为地观照,便"超然物表",显得和实际生活有
"距离"。但是,他说:"艺术能超脱实用目的,却不超脱经验。"③
审美主体一方面要从实际生活中跳出来,另一方面又总要拿自
己的经验来印证,这就产生布洛所说的"距离的矛盾"。朱光潜
说:"创造和欣赏的成功与否,就看能否把'距离的矛盾'安排妥
当,'距离'太远了,结果是不可了解;'距离'太近了,结果又不免
让实用的动机压倒美感,'不即不离'是艺术的一个最好的
理想。"④

　　与此同时,朱光潜还引进了立普斯⑤的"移情作用"说和谷鲁

①　布洛(Edward Bullough,1880—1934)。瑞士心理学家、语言学家。1902 年任英国剑桥
　　大学教授,主讲意大利文学,兼通包括中文在内的六种语言。1912 年发表《作为艺术的
　　一个要素与美学原理的"心理距离"》一文,提出"心理距离说",用"心理距离"来解释审
　　美现象。
②　朱光潜:《悲剧心理学》,《朱光潜全集》第 2 卷,第 233 页。
③　朱光潜:《文艺心理学》,《朱光潜全集》第 1 卷,第 221 页。
④　同上注。
⑤　立普斯(Theodor Lipps,1851—1914)德国心理学家、美学家,德国"移情派"美学主要代
　　表。慕尼黑大学教授,曾任该大学心理系主任 20 年。著有《空间美学和几何学·视觉
　　的错误》、《美学》、《论移情作用,内摹仿和器官感觉》、《再论移情作用》等。

斯①的"内模仿"说。他用近代心理学的一些成就来补充形式派美学，对前人理论加以批判研究、融会贯通，确实形成了一种比较系统的看法。当然，他的理论总体上是一种唯心主义，并且，他的工作主要是介绍西方的学说。不过，这种介绍使中国读者开了眼界、知道西方美学在讨论一些什么问题，这是有意义的。

三、用表现说解释艺术意境

如果说，朱光潜对审美经验的分析，主要功绩在于介绍的话，那么，他将表现说运用于艺术意境理论的研究，便可说是继王国维之后，把西方美学与中国传统美学进一步沟通起来了。下面分三点来叙说。

第一，关于艺术意境。

朱光潜的《诗论》是关于"诗学"的专著。书中着重讨论了诗的意境问题。他说，艺术给人一个完整的形象，"它便成为一种独立自足的小天地"②。

从前诗话家常拈出一两个字来称呼诗的这独立自足的小天地。严沧浪所说的"兴趣"，王渔洋所说的"神韵"，袁简斋所说的"性灵"，都只能得其片面。王静安标举"境界"二

---

① 谷鲁斯(Karl Gross，1861—1946)，德国哲学家、心理学家和美学家。曾任吉森大学、巴塞尔大学、杜宾根大学教授。他从心理学和生理学的角度研究美学，受丁·席勒"游戏冲动"说影响，以"内摹仿"为一切审美活动的核心，提出"内摹仿说"。代表作有：《美学导论》(1892年)、《动物的游戏》(1898年)、《人类的游戏》(1901年)、《审美欣赏》(1902年)等。

② 朱光潜：《诗论》，《朱光潜全集》第3卷，第50页。

字,似较概括。①

朱光潜认为,其他人的说法都带有片面性,所以他采取王国维的境界说。他正是沿着王国维的路子,把意境理论的探讨引向深入的。

　　王国维指出文学有两个原质:一是情,二是景。朱光潜也说:"每个诗的境界都必有'情趣'(feeling)和'意象'(image)两个要素。"②情趣即情,意象即景。要形成一艺术意境就必须具备两个条件:一个是形象的直觉,欣赏者或创造者在直觉中把握独立自足的意象,它是完整的形象,是一下子凭灵感、凭艺术的想象把握到的整体。另一个是要求"所见意象必恰能表现一种情趣"③。他说:

　　　　凝神观照之际,心中只有一个完整的孤立的意象,无比较,无分析,无旁涉,结果常致物我由两忘而同一,我的情趣与物的意态遂往复交流,不知不觉之中人情与物理互相渗透。④

这种互相渗透表现为:一方面"以人情衡物理"⑤,这就是移情的作用。另一方面是"以物理移人情"⑥,这就是内模仿作用。内在的

---

① 朱光潜:《诗论》,《朱光潜全集》第3卷,第50页。
② 朱光潜:《诗论》,《朱光潜全集》第3卷,第54页。
③ 朱光潜:《诗论》,《朱光潜全集》第3卷,第53页。
④ 同上注。
⑤ 同上注。
⑥ 同上注。

情趣和外来的意象相融合而互相影响。一方面,情随景而变化,"睹鱼跃鸢飞而欣然自得,闻胡笳暮角则黯然神伤"。[①] 另一方面,景也随情而变化,"惜别时蜡烛似乎垂泪,兴到时青山亦觉点头"[②]。总之,在诗、艺术的境界中,情感表现于意象。被表现者是情感,表现者是意象。情感、意象经心的综合(即直觉)而融贯为一体,就构成意境。

朱光潜还讨论了"表现"与"传达"的关系。他指出,在构成意境时,"每个艺术家都要用他的特殊媒介去想象"[③]。媒介即艺术手段。如画家用形色、音乐家用声音、文学家用语言,艺术想象当然离不开这些媒介。诗人在酝酿诗意时,他要把情趣、意象和语言打成一片;画家在酝酿画稿时,他要把情趣、意象和形色打成一片。所以,"表现"和"传达"不是先后悬隔的两个阶段,"'表现'中已含有一部分'传达',因为它已经使用'传达'所用的媒介。"[④]

根据上述理论,朱光潜把中国古诗的演变分为三个阶段。他说,"首先是情趣逐渐征服意象,中间是征服的完成,后来意象蔚起,几成一种独立自足的境界,自引起一种情趣。第一步是因情生景或因情生文;第二步是情景吻合,情文并茂;第三步是即景生情或因文生情。"[⑤]他以为,汉魏以前是第一步,自《古诗十九首》到陶渊明是第二步,六朝开始是第三步,而前后转变的关键是赋:"从赋的兴起,中国才有大规模的描写诗;也从赋的兴起,中国诗

---

① 朱光潜:《诗论》,《朱光潜全集》第3卷,第54页。
② 同上注。
③ 朱光潜:《诗论》,《朱光潜全集》第3卷,第95页。
④ 同上注。
⑤ 朱光潜:《诗论》,《朱光潜全集》第3卷,第71页。

才渐由情趣富于意象的《国风》转到六朝人意象富于情趣的艳丽之作。"①而从体裁方面说,中国诗之所以走上"律"的路(讲究排偶、对仗等),也是赋的影响。朱光潜关于中国古诗分期的说法,我们不一定完全同意,但它不失为一种比较系统的见解。

第二,古典的与浪漫的——两种人生理想。

朱光潜在运用表现说来解释诗的意境时,从意象与情感两因素的分别来讨论古典派和浪漫派的对立。他说:"古典派偏重意象的完整优美,浪漫派则偏重情感的自然流露,一重形式,一重实质。"②他认为"古典的"与"浪漫的"是艺术领域中的一个基本分别,这也就是尼采所说的日神精神和酒神精神的对立。他写道:

> 阿波罗是日神,他的光辉普照,一切事物才呈现形象,如明镜摄影,而他自己却寂然不动。这种精神产生了史诗,图画和雕刻。达奥倪索斯是酒神,他常在沉醉的状态中,如疯如狂地投在生命的狂澜中随着它旋转,想于不断的变化中忘去生命的苦恼。这种精神产生抒情诗,音乐和舞蹈。这两种精神的分别可以说是静与动,冷与热,想象与情感,观照与活动的分别。人在心理原型上有偏向于前一类的,有偏向于后一类的。③

就是说,意象是阿波罗的观照,情感是达奥尼苏斯的活动,两者虽不可分,但可有所侧重。侧重前者,产生了叙事诗和造型艺术,这

---

① 朱光潜:《诗论》,《朱光潜全集》第 3 卷,第 71 页。
② 朱光潜:《诗论》,《朱光潜全集》第 3 卷,第 64 页。
③ 朱光潜:《诗的难与易》,《朱光潜全集》第 9 卷,第 249 页。

些艺术最能体现古典派的特色；侧重后者，产生了抒情诗和音乐，这些艺术最能表现浪漫主义精神。

由此，朱光潜又引申出"两种人生理想"的说法，以为艺术所表现的人生理想，不外乎"看戏"与"演戏"两种。演戏要热要动，是达奥尼苏斯精神的表现；看戏要冷要静，是阿波罗精神的表现。他说："演戏人为着饱尝生命的跳动而失去流连玩味，看戏人为着玩味生命的形象而失去'身历其境'的热闹"①，两者往往难以兼顾。

他以这样的观点来讲中国古代文艺是如何表现儒道两家的人生理想的：

就大体说，儒家能看戏而却偏重演戏，道家根本藐视演戏，会看戏而却也不明白地把看戏当作人生理想。②

他认为，从《论语》的"子在川上曰，逝者如斯夫，不舍昼夜！""天何言哉？四时行焉，百物生焉，天何言哉！"等等记载中，可以看出孔子很能作阿波罗式的观照；然而，孔子不满足于看戏，而以为人生的最终目的在于行。他终身周游奔走，热中于要扮演一个角色。而老子法自然，尚无为，庄子讲"心斋"，还说"至人之用心若镜"，却正是看戏人的态度，只是未明白地说出以此为人生归宿罢了。

朱光潜认为，"人生理想往往决定于各个人的性格"③。所以，有人生来喜欢演戏，倾向于儒；有人生来喜欢看戏，倾向于道。不

---

① 朱光潜：《看戏与演戏》，《朱光潜全集》第9卷，第257页。
② 朱光潜：《看戏与演戏》，《朱光潜全集》第9卷，第258页。
③ 朱光潜：《看戏与演戏》，《朱光潜全集》第9卷，第269页。

过,他又指出,决不能把这种分别绝对化。"第一流文艺作品必定同时是古典的与浪漫的,必定是丰富的情感表现于完美的意象。"①莱辛的"诗画异质"说只有相对的意义。而从戏剧艺术来说,不论是演员还是观众,都应该既是"分享者"又是"旁观者","好的表演以及正确的鉴赏,都要求既有感情又有判断,既要把自己摆进去,又要能超然地观照"②。归根结底,一切艺术无论是抒情诗还是造型艺术,都以情趣与意象恰相契合为目标,都要求"演"与"看"的统一。

第二,所谓"实现自我"。

朱光潜讲诗的意境和人生理想,都归结到"自我"。他不赞成王国维《人间词话》中作"有我之境"与"无我之境"的分别,以为"严格地说,诗在任何境界中都必须有我,都必须为自我性格、情趣和经验的返照"③。他以为,演戏和看戏两种态度虽有分别,却都在"实现自我"。他说:

　　演戏要置身局中,时时把"我"抬出来,使我成为推动机器的枢纽,在这世界中产生变化,就在这产生变化上实现自我;看戏要置身局外,时时把"我"搁在旁边,始终维持一个观照者的地位,吸纳这世界中的一切变化,使它们在眼中成为可欣赏的图画,就在这变化图画的欣赏上面实现自我。④

① 朱光潜:《看戏与演戏》,《朱光潜全集》第 9 卷,第 268 页。
② 朱光潜:《悲剧心理学》,《朱光潜全集》第 2 卷,第 281 页。
③ 朱光潜:《诗论》,《朱光潜全集》第 3 卷,第 60 页。
④ 朱光潜:《看戏与演戏》,《朱光潜全集》第 9 卷,第 257 页。

　　诗如其人，诗人在诗的意境中表现性格、表现自我，这是大家都承认的。问题在于这个"自我"的本质是什么？朱光潜早年受了叔本华、尼采、柏格森等人的影响，以为人都有"求生意志"、"生命力"，正是这种力量推动生命前进，而生命也就是这种力量的自我实现。他说："一切活动都可以看作生命力的表现，这种表现的成功或失败就决定伴随这些活动产生的情调的性质。当生命力成功地找到正当发泄的途径时，便产生快感。所以，任何一种情绪，甚至痛苦的情绪，只要能得到自由的表现，就都能够最终成为快乐。"[①]他用这种观点来解释悲剧快感问题：在观赏悲剧时，正是由于痛苦的情绪得到自由表现而唤起一种生命力感，使得痛感转化为快感；而这种转化之所以能实现，则是同悲剧艺术能"引发痛苦和恐惧，以达到让这类情感得以净化的目的"[②]，以及悲剧作为艺术品还具有形式美是相联系着的。

　　朱光潜对悲剧快感的问题的探讨是有启发意义的。但是他用活力论（vitalism）来解释艺术，却是唯心主义的观点。

　　他从唯心主义出发，反对唯物主义的反映论，不赞成亚里士多德以来的"艺术模仿自然"的理论。他说：

　　　　要明白艺术的真性质，先要推翻它们的"依样画葫芦"的办法，无论这个葫芦是经过选择，或是没有经过选择。[③]

①　朱光潜：《悲剧心理学》，《朱光潜全集》第 2 卷，第 373 页。
②　亚里士多德：《论诗》，苗力田主编：《亚里士多德全集》第 9 卷，中国人民大学出版社 1994 年版，第 649 页。
③　朱光潜：《谈美》，《朱光潜全集》第 2 卷，第 53 页。

他认为,艺术上的自然主义、写实主义主张艺术是模仿,这是没有经过选择的依样画葫芦;而理想主义则是"精炼的写实主义"。因为理想主义要把握类型,"类型就是最富于代表性的事物,'代表性'就是全类事物的共同性"①,这是有选择地依样画葫芦。朱光潜以为,不论是现实主义,还是理想主义,都主张模仿,因而都是不对的。西方的现实主义和理想主义的美学理论有它的发展过程,关于典型化的理论也有其发展过程。古典主义讲类型,现实主义则讲典型化,二者是有区别的。不过总起来看,西方美学的主流正是发展了关于典型性格的理论。黑格尔说:"性格是理想艺术表现的真正中心"②。恩格斯说:现实主义"除细节的真实外,还要真实地再现典型环境中的典型人物"③。朱光潜反对这种观点。他讲艺术是"自我实现",既脱离了现实主义的前提,也忽视了典型性格理论。

朱光潜主要探讨了艺术意境理论。他细致地分析了情趣与意象这两种要素,进而说明意境如何体现人生理想,表现自我性格。这比之王国维,确实是更深化了。如果我们将朱光潜与同时代的另一个美学家宗白华④比较一下,则可以看出两人的意境理论有相同之处,但也有相异之点。

----

① 朱光潜:《文艺心理学》,《朱光潜全集》第 1 卷,第 331 页。
② 黑格尔著,朱光潜译:《美学》,第 1 卷,商务印书馆 1996 年版,第 300 页。
③ 恩格斯:《恩格斯致玛格丽特·哈克奈斯》,《马克思恩格斯选集》第 4 卷,第 683 页。
④ 宗白华(1897—1986),雅号"佛头宗",中国现代哲学家、美学大师、诗人,江苏常熟人。1918 年毕业于上海同济大学语言科,后留学德国学习哲学、美学,回国后历任东南大学、中央大学、南京大学、北京大学等校哲学系教授。著译由林同华等编成 4 卷本《宗白华全集》,安徽教育出版社 1994 年出版,2008 年再版。

　　宗白华也说"意境是'情'与'景'（意象）的结晶品"[①]，而这结晶品无非是借自然景象的色相、秩序、节奏、和谐，"使人类最高的心灵具体化、肉身化"[②]。这显然和朱光潜的说法相似。但宗白华更重视意境的理想性。他说："艺术意境之表现于作品，就是要透过秩序的网幕，使鸿蒙之理闪闪发光。"[③]又说："道尤表象于艺。灿烂的'艺'赋予'道'以形象和生命，'道'给予'艺'以深度和灵魂。"[④]什么是"艺中之道"或"鸿濛之理"？就是艺术理想。在宗白华看来，自我的心灵和宇宙的生命是同一的，艺术家的妙悟，"不外乎于静观寂照中，求返于自己深心的心灵节奏，以体合宇宙内部的生命节奏。"[⑤]这是泛神论的观点，强调了"宇宙意识"，却对意境的多样性有所忽视。相比之下，朱光潜讲"情趣与意象恰相契合"是多样化的，对意境的理想品格却未免有所忽视。

　　宗白华还从诗、画、书法、音乐、园林艺术等多方面探讨中国传统美学的特点，对中西美学作了比较研究。他指出，谢赫论画"六法"以"气韵生动"为第一，次之以"骨法用笔"，而把"应物象形"、"随类赋彩"之模仿自然，及"经营位置"之研究和谐、秩序、比例、匀称等形式美问题放在三四等地位。然而在西方，"模仿自然"与"形式美"却是从希腊以来的美学思想发展中的二大中心问题。[⑥]这说明中西美学传统有很大不同。不过他不像朱光潜那样

[①] 宗白华：《中国艺术意境之诞生》，林同华主编：《宗白华全集》第 2 卷，安徽教育出版社 1994 年版，第 361 页。
[②] 同上注。
[③] 宗白华：《中国艺术意境之诞生》，《宗白华全集》第 2 卷，第 366 页。
[④] 宗白华：《中国艺术意境之诞生》，《宗白华全集》第 2 卷，第 367 页。
[⑤] 宗白华：《论中西画法的渊源与基础》，《宗白华全集》第 2 卷，第 109 页。
[⑥] 宗白华：《论中西画法的渊源与基础》，《宗白华全集》第 2 卷，第 103 页。

反对"艺术模仿自然"之说,而是认为,中西美学各具特色,各有其哲学基础。他认为,中国艺术意境的特征,"可以说是根基于中国民族的基本哲学,即《易经》的宇宙观。……伏羲画八卦,即是以最简单的线条结构表示宇宙万相的变化节奏。"①而宇宙生命的节奏和自我心灵的韵律是同一的,所以"外师造化,中得心源"是创作艺术意境的基本途径。而对西洋人来说,从希腊人"以目睹的具体实相融合于和谐整齐的形式"为理想,到近代"思戡天役物,申张人类的权力意志",他们的宇宙观总是包含有"'人'与'物'、'心'与'境'的对立相视"。② 宗白华的这些见解,是富于启发意义的。

但不论是宗白华还是朱光潜,他们都赞赏中国古典美学的"超以象外,得其环中","羚羊挂角,无迹可求"的传统,都把艺术看作是"自我实现",因而有脱离现实、脱离群众的倾向。当然,在50 年代以后,他们的这种倾向都有了改变。

第五节　金岳霖:"以经验之所得还治经验"
——在实在论基础上的感性与理性、事与理的统一

在当时的专业哲学家中,最值得注意的是金岳霖。他的"实在论"颇有唯物主义倾向,他在认识论和逻辑理论上有独特贡献。

金岳霖(1895—1984)字龙荪,湖南长沙人。是个一贯热爱祖国和崇尚民主的学者。1914 年毕业于清华学堂,赴美国留学,获

---

① 宗白华:《论中西画法的渊源与基础》,《宗白华全集》第 2 卷,第 109 页。
② 宗白华:《论中西画法的渊源与基础》,《宗白华全集》第 2 卷,第 110 页。

博士学位。回国后，主要从事哲学和逻辑学的教学和研究，历任清华大学、西南联合大学等校教授。他早年曾研究政治思想史，后来专业从事哲学研究，他以为由于近代劳动分工，政治家和政治理论家已难得兼而为之，更不用说哲学家了。他本来是个自由主义者①，然而他怀着强烈的爱国热情献身于哲学事业，使他越来越倾向进步势力。解放后，他比较快地接受了马克思主义，1956年成为共产党员。他的著作主要有《知识论》、《论道》和《逻辑》等。② 本书所说，限于他在50年代以前的哲学思想。

一、对中西哲学的比较和会通

金岳霖在《中国哲学》③一文中对中西哲学传统作了比较，认为西方从希腊人以来便有了比较发达的逻辑和认识论意识，而中国思想家的这种意识则不发达，无意于把观念安排成严密的系统。这是中国哲学的一个弱点，是近代科学在中国不发达的一部分原因。但是，这同时也造成了中国哲学的一个优点，即非常简洁，观念富有暗示性。金岳霖还说：在中国传统中，哲学和伦理不可分，哲学家和他的哲学合一，"中国哲学家都是不同程度的苏格

---

① 参见《On Political Thought》，用英文发表于 1939 年《Tien Hsia Monthly》(《天下月刊》)9 卷 3 期。

② 《知识论》完成于 1948 年，1983 年由商务印书馆出版，2011 年由商务印书馆重印。《论道》于 1940 年由商务印书馆出版，1985 年重印，2010 年由中国人民大学出版社再次印刷出版。《逻辑》于 1935 年清华大学出版部出版，三联书店在 1961 年和 1982 年重印，2011 年由中国人民大学出版社再次出版。2013 年人民出版社出版《金岳霖全集》，共六卷，全书收入了金岳霖大部分著述和翻译。

③ 《中国哲学》一文于 1943 年用英文撰写，公开发表于 1980 年《中国社会科学》英文版创刊号，中译文发表于《哲学研究》1985 年第 9 期。现《中国哲学》一文的英文收入《金岳霖全集》，第 5 卷；中译文收入《金岳霖全集》，第 6 卷。

拉底式人物"①,而在现代西方,"苏格拉底式的人物已经一去不复返"②了。

金岳霖的这些观点,别人也讲到过,是否确切也是可以讨论的。但重要的是他这些关于哲学上的"古今中西"之争的见解,贯彻在他本人的哲学活动中。他从爱国主义出发,感到中国急需发展科学,所以必须使逻辑和认识论意识发达起来。为此,他系统地把西方的形式逻辑、特别是罗素的数理逻辑介绍到中国来,并对西方近现代的认识论(主要是休谟、康德到罗素的传统)作了深入研究。他说:罗素的书使他想到:

> 哲理之为哲理不一定要靠大题目,就是日常生活中所常用的概念也可以有很精深的分析,而此精深的分析也就是哲学。③

此所谓分析即逻辑分析方法。金岳霖认为正是由于有了这种方法,"表达工具有了改进,思路得以分明的技术发达了",从而"使哲学比以前更能接受积累"④。冯友兰曾说:"西方哲学对中国哲学的永久性贡献,是逻辑分析方法。"⑤这话从某种意义说是对的。经过从严复到金岳霖、冯友兰等人的努力,中国人向西方学习了形式逻辑的工具,使哲学概念变得明晰起来了。金岳霖的《论道》和《知识论》,把概念编织成为秩序井然的系统,提出命题都是经

---

① 金岳霖:《中国哲学》,《金岳霖全集》第 6 卷,人民出版社 2013 年版,第 388 页。
② 金岳霖:《中国哲学》,《金岳霖全集》第 6 卷,第 386 页。
③ 金岳霖:《论道》,《金岳霖全集》第 2 卷,第 6 页。
④ 金岳霖:《中国哲学》,《金岳霖全集》第 6 卷,第 387 页。
⑤ 冯友兰:《中国哲学简史》,《三松堂全集》第 6 卷,河南人民出版社 2001 年版,第 277 页。

过严密论证的。这正是哲学近代化的一个标志。

不过，金岳霖当时的心情是矛盾的，他感到近代专业哲学家由于过分重视技术性问题，而使哲学脱离了人生，远离了现实，失去了理想的光辉。他说他们"推论、论证，但是并不传道"，"懂哲学，却不用哲学"①。他慨叹苏格拉底式的人物（即身体力行，热心传道的哲学家）一去不复返，使世界失去了绚丽的色彩。他在理智上重视逻辑分析，而在情感上十分留恋着中国哲学的传统。他这种情感与理智的矛盾，有点类似王国维所谓"可爱"与"可信"的矛盾。怎样来解决这个矛盾呢？金岳霖区分了"知识论的态度"和"元学的态度"。他在《论道·绪论》中写道：

> 研究知识论我可以站在知识底对象范围之外，我可以暂时忘记我是人，凡问题之直接牵扯到人者我可以用冷静的态度去研究它，片面地忘记我是人适所以冷静我底态度。研究元学则不然，我虽可以忘记我是人，而我不能忘记"天地与我并生，万物与我为一"，我不仅在研究底对象上求理智的了解，而且在研究底结果上求情感的满足。虽然从理智方面说我这里所谓道，我可以另立名目，而另立名目之后，这本书底思想不受影响；而从感情方面说，另立名目之后，此新名目之所谓也许就不能动我底心，怡我底情，养我底性。知识论底裁判者是理智，而元学底裁判者是整个的人。②

---

① 金岳霖：《中国哲学》，《金岳霖全集》第 6 卷，第 387 页。
② 金岳霖：《论道》，《金岳霖全集》第 2 卷，第 21 页。

金岳霖以为名言既包含有"意义"，也蕴藏着"意味"。从求理智的了解来说，要求名词所表示的概念有明确的意义，所以要用逻辑分析方法，冷静地加以研究，客观地加以规定。而从求情感的满足来说，则又需利用名言中所蕴藏着的意味，而这是和民族传统分不开的。金岳霖以为，"道"是中国传统思想中"最崇高的概念，最基本的原动力"。因此他把他的元学著作叫作《论道》，并且还引进了"无极、太极、几、数、理、势、情、性、体、用"①等名词，这都是为了使他的著作与中国传统相衔接，使哲学不只是理论的思辨，还能给人以行动的动力和情感的满足。

金岳霖区分"知识论的态度"和"元学的态度"不见得完全正确，因为理智并非"干燥的光"，认识论也不能离开"整个的人"，它也要给人理想，研究理想人格的培养问题。

金岳霖不仅是在天道观上复活了"理气"之辩，接上了中国传统；而且他在认识论上的重要贡献——在实在论的基础上阐明感性与理性、事与理的统一，也正是中国哲学的认识论传统发展的结果。因为从孔、墨、荀子到王夫之、戴震等中国古代认识论的主流，正是主张感性与理性、事与理的统一的。金岳霖在天道观和认识论两个领域都做了会通中西哲学的工作。

二、"所与是客观的呈现"

金岳霖说：《知识论》一书的"主旨是以经验之所得还治经验"②。这一主旨是建立在肯定感觉能给予客观实在的基础上的。

---

① 金岳霖：《论道》，《金岳霖全集》第 2 卷，第 21 页。
② 金岳霖：《知识论》，《金岳霖全集》第 3 卷下，第 756 页。

感觉能否给予客观实在？这是哲学史上争论了几千年的老问题。在西方近代，这问题更突出了。从贝克莱、休谟、康德到罗素以及现代实证论各流派，都以"主观的或此时此地的感觉现象"作为认识论的出发点，断言感觉不能给予客观实在。这种"出发方式"被金岳霖称为"唯主方式"（即主观唯心主义），他花了很大的篇幅对此进行评论，指出：这种唯主方式有两大缺点：一是"得不到真正的共同的客观和真假"，必然导致否认客观真理；二是从主观经验无法"推论"或"建立"外物之有，必然导致否认独立存在的外物。金岳霖认为：

> "有外物"这一命题和"有官觉"这一命题至少同样地给我们以真实感。这两命题都是知识论所需要的。[①]

就是说，作为认识论的出发点不仅要肯定有感觉经验，而且要把"有感觉"和"有外物"两个命题统一起来，肯定感觉能给予客观实在。

金岳霖的《知识论》否定了"唯主方式"，主张从常识即从朴素的实在主义出发，肯定经验能获得"对象的实在感"，以之作为前提。他所谓"对象的实在感"是什么呢？

首先，"被知的不随知识底存在而存在"[②]。就是说，被知的对象的存在是独立于知识和知识者的，而并不是由于人知道它了才存在。存在和知道存在是两码事。当我们不知觉到某物存在的

---

① 金岳霖：《知识论》，《金岳霖全集》第 3 卷上，第 86 页。
② 金岳霖：《知识论》，《金岳霖全集》第 3 卷上，第 112 页。

时候,我们不能作"某物存在"的判断,但某物的存在既不依赖于我们的知觉,也不依赖于我们的判断;无论我看到它还是不看到它,认识它还是不认识它,都不影响它的存在。

其次,"对象底性质不是官觉者所创造的"①。在他看来,颜色、声音等等性质在关系之中,是相对于某一类的感官的。例如,当对象发出波长 760 毫微米的光波,有某种正常眼睛构造的感觉者(如并非色盲的人)与之接触,这样发生了一种关系,对象就呈现出红颜色来。但红颜色就是那 760 毫微米的光波,红的性质虽在关系之中,却并不是感觉者所创造的。"它不是凭知识者底意志心思所能左右、修改、产生等的。"②所以对象的性质是客观的、独立的。

第三,被知的对象"各有其自身的绵延的同一性"③。这也不是人的知识所创造的。比如说,一个人去买一张画,如果买回来的那张画,不是与原来看到的那张同一的,即那幅画没有自身绵延的同一性,他就决不会买这幅画。当然,如果买画的人得不到画的存在和性质的独立感,他也不会买这张画。

金岳霖分析对象的实在感包括三点要求或三个条件:对象的存在是不依赖于人的认识的;对象的性质虽在关系网中,却独立于人的意识;对象具有自身绵延的同一性,亦即在一定时间内具有相对稳定状态。他认为这种对象的实在感是认识论首先必须肯定的前提,而不能从感觉经验去建立或推论对象的实在。如果

---

① 金岳霖:《知识论》,《金岳霖全集》第 3 卷上,第 117 页。
② 金岳霖:《知识论》,《金岳霖全集》第 3 卷上,第 118 页。
③ 同上注。

一个朋友只是由我的感觉内容去建立或推论出来的"他人"，这个朋友对我就缺乏实在感了。我认定他是我的朋友，就首先肯定他是实在的，离开我的意识而独立存在的。所以他说：

> 在实在主义底立场上，"有独立存在的外物"是一无可怀疑的命题。①

这种实在主义立场已突破了一般的实证论的界限，具有明显的唯物主义的倾向。

正是由此出发，《知识论》提出了"所与是客观的呈现"的理论。"所与"（Given）即感觉所给予的形色、声音等，它是客观事物在人们正常感觉活动中的呈现，是知识的最基本的材料。金岳霖说：

> 我们称正觉底呈现为"所与"以别于其它官能活动底呈现。所与就是外物或外物底一部分。所与有两方面的位置，它是内容，同时也是对象；就内容说，它是呈现，就对象说，它是具有对象性的外物或外物底一部分。内容和对象在正觉底所与上合一。②

这里他用"正觉"这个词是指正常的感觉。在正常的感觉活动中，人们看到的形色、听到的声音，既是见闻的内容，又是见闻的对

---

① 金岳霖：《知识论》，《金岳霖全集》第 3 卷上，第 134 页。
② 金岳霖：《知识论》，《金岳霖全集》第 3 卷上，第 147 页。

象,既是呈现,又是外物。所以在正常感觉中,"所与是客观的呈现"。

关于呈现(感觉内容)和外物(感觉对象)的关系,旧唯物主义者通常用"因果说"与"代表说"来解释,并以为原因(外物)与结果(呈现)、代表(呈现)与被代表者(外物)是两个项目或两个个体。这种学说遭到了贝克莱、休谟等人的诘难:既然呈现与外物是两个项目,而一个在意识中,一个在意识外,那么,你怎么能证明感觉是由外界对象引起而不是由别的原因引起的呢? 或者,你怎么能证明颜色、声音这些观念作为外物的"摹本"是和那"原本"相似的呢? 这样的问题应当由经验来解决,而经验对此却沉默着,而且不得不沉默着。因为,凡是意识中的东西都来自感觉,而感觉到的东西到底是不是意识外(即感觉外)的对象所引起,并与之相符合,经验无法回答。贝克莱、休谟等人为唯物主义设置了一个障碍:既然人的认识不能超越经验的范围,感觉便为人的认识划定了界限,越出这界限是非法的,所以经验不能在意识和对象之间建立任何直接的联系。从贝克莱、休谟到现代实证论,一直用这种划界的办法向唯物主义提出种种诘难。

金岳霖关于"所与是客观的呈现"的理论,肯定"内容和对象在正觉的所与上合一",克服了旧唯物主义者以呈现(内容)与外物(对象)为两个项目的理论上的困难,冲破了实证论所设置的障碍,在认识论上是一个重要贡献。按照金岳霖这一理论,感觉不是把主体与客体分隔开来的墙壁(如实证论者所说);相反,正是通过感觉,外物即对象不断地转化为经验的内容。所以感觉是沟通主客观的桥梁。按他的见解,所与是外物的一部分,不过是相对于感觉类或官能类的外物，颜色、声音等外界现象都处于与官能类相对的关系中。可以把人类视为一官能类。就个体来说，各个人的官能及感觉活动的条件都有差异；但就作为官能类的人类来说，那么在正常官能及正常的感觉活动的条件下，外物的形色状态是客观的。这所谓"客观"不是"无观"，而是"类观"，即在这一类的眼界中。相对于正常官能的人类，"耳得之而为声，目遇之而成色"①，外物的形形色色是相对于人类公共的呈现，就叫做客观的呈现，即所与。所与虽在关系之中，其性质并非感觉者所创造，而是客观的，独立的。"任何知识，就材料说，直接或间接地根据于所与，就活动说，直接地或间接地根据于正觉。"②肯定正常的感觉能提供客观的呈现，即所与，人类的知识大厦便有了坚实的基础。这正是唯物主义的态度。

当然，金岳霖曾声明"本知识论既不是唯心，也不是唯物的知识论"③，他当时自称为实在主义者。确实，《知识论》关于感觉的学说虽有唯物主义倾向，但不是彻底的唯物主义，还包含有一些烦琐哲学成分，因为当时金岳霖还没有马克思主义的实践观点，不懂得对象的实在感首先是由实践提供的。他没有把感性活动了解为实践，不懂得人是在变革现实的活动中感知外物的。不过，如果我们进一步把"所与是客观的呈现"的理论放在社会实践基础上加以阐发，那么，我们可以把唯物主义的感觉论推进一步。

---

① 金岳霖引用的两句话，出于苏轼《前赤壁赋》。
② 金岳霖：《知识论》，《金岳霖全集》第 3 卷上，第 206—207 页。
③ 金岳霖：《知识论》，《金岳霖全集》第 3 卷上，第 22 页。

三、概念对所与的双重作用

在概念论上，金岳霖提出了概念对所与具有"摹状与规律"双重作用的学说。[①] 这一学说突出地表明了《知识论》一书的主旨。

金岳霖说："所谓知识就是以抽自所与的意念还治所与。"[②]就是说，从所与抽象出概念，转过来又以概念还治所与，这便是知识。所与是具体的和特殊的，从所与获得的印象被保留下来，并由联想改造成意象，是类似具体的、特殊的，而意念或概念则是抽象的、普遍的。

所谓抽象作用，"一方面是执一以范多，另一方面执型以范实"[③]。假如一个乡下人从来没见过火车，你领他到火车站指点说："这是火车"，所指的当然是一辆具体的火车，但是告诉他"这是火车"，是要求乡下人把这辆火车看作一个典型，一个符号。"只要典型抓住，具体的表现底大小轻重长短等都不相干。"[④]而乡下人回家之后，他要把他心中的"典型"传达给亲友，使用一串的语言（也就是用一串的意念）进行描述，并试图对火车下一定义以揭示其本质特征，如说"那是可以在两条铁轨上行驶的车子"之类。而下次他到别的地方去，见到那铁路上的车辆，不论是停着的，开动的，装货的，载客的，他都会说"那是火车"。这就是能够

---

① 金岳霖对意念与概念、意念图案与概念结构作了区分，本书把这种区分忽略了。"摹状与规律"，大体相当英文的 description 和 prescription，金岳霖在《论道·绪论》中将此称作"形容和范畴"。我通常把概念的双重作用称为"摹写和规范"。
② 金岳霖：《知识论》，《金岳霖全集》第 3 卷上，第 207 页。
③ 金岳霖：《知识论》，《金岳霖全集》第 3 卷上，第 254 页。
④ 金岳霖：《知识论》，《金岳霖全集》第 3 卷上，第 255 页。

"以一范多"、"以型范实"了。乡下人最初抓住的"典型"，可能还是一个意象，但当他能够用语言来说明火车和给火车下定义并能正确地引用"火车"于新对象时，他就已有了"火车"的抽象意念。因为意象是类似具体的，如果停留在意象，他就不能"以一范多"，"以型范实"。金岳霖说：

> 原来所执的一（指典型）由意象跳到意念，抽象的程序才能算是达到主要点。这一跳是由类似具体的跳到完全抽象的。①

就是说，抽象作用包含有一个"跳跃"或"飞跃"，概念和意象有着质的差别。

金岳霖认为，抽象是人类用以收容和应付所与的最主要的工具。相对于所与，抽象概念有双重作用，这就是"摹状和规律"。

那么，什么是摹状？金岳霖说：

> 所谓摹状，是把所与之所呈现，符号化地安排于意念图案中，使此所呈现的得以保存或传达。②

他以为意念都是意念图案，具有互相关联的结构。比如说，指着当前一所与作判断说："那是一只狗。"就是用"狗"这个意念去安排所与之所呈现，而这就是把它安排在一个意念图案中了，因为

---

① 金岳霖：《知识论》，《金岳霖全集》第 3 卷上，第 255 页。
② 金岳霖：《知识论》，《金岳霖全集》第 3 卷上，第 391 页。

当你说"那是一只狗"时，你引用的"狗"概念是和"家畜"、"动物"、"有四只脚"、"是长毛的"等等相关联着的，实际上"狗"这个概念是个图案，是有结构的。概念都是有结构的，所以引用一概念于所与，就是把它安排在一个意念图案里面。而这种安排是"符号化地安排"，因为概念是抽象的符号，而非类似具体的意象。但正是这种"符号化地安排"能使所与得以保存和传达。所与被保存于意念中即成为一经验的事实，并被用命题陈述而得以传达。例如"那是一只狗"是一命题，可以用来陈述一事实，传达给别人。当我作"那是一只狗"的判断，陈述了一经验事实时，就是把"那"（所与之所呈现）安排在"狗"的意念图案之中，这就是用"狗"摹写了"那"。

什么是规律？他说：

> 所谓规律，是以意念上的安排，去等候或接受新的所与。①

"规律"（规范）的意思就是用概念去接受对象。意念作为接受方式，是抽象的，而被接受的所与是具体的，特殊的。用意念去规范现实，同引用法律的条文或某某章程的规则有相似之处。例如，法律上有"杀人者死"的条文，它没有规定人的行动，不能担保不发生杀人的事，它只规定一办法，如果有杀人的事发生，政府便以"处死"的办法去应付那杀人者。当然，这只是一个比喻，法律、章

---

①　金岳霖：《知识论》，《金岳霖全集》第 3 卷上，第 400 页。

程等都包含社会的人的主观要求，它们规范人的行为，与意念之规范所与有很大不同。不过，同法律条文等相似，意念之规律（规范）"不是规定所与如何呈现，它所规定的，是我们如何接受"①。

摹状和规律是不能分的。金岳霖指出，引用概念（意念）于所与，总是既摹写又规范。从传达方面来说，如果不摹写而规范，别人就会觉得太抽象，不好懂，会叫你举个例子。举个例子，就是要你提供摹写成分。如果不规范而摹写，那么也不能表达清楚，因为只有真正能够运用某概念作为接受的方式，才是真正能用这概念去摹写。所以概念的双重作用是不可或缺的。

金岳霖又说：

> 知识经验就是以所得还治所与。以得自所与的意念还治所与就有觉，……如果意念运用得不错的时候，结果就是发现事实。事实是知识直接对象。②

他所谓"有觉"，就是指有意识，用得自所与的意念规范和摹写所与，即以所与之道还治所与之身，这从对象方面说，就是所与化为事实；而从主体来说，便是主体有意识，知觉到一事实。"事实是加上关系的原料而不是改变了性质的原料。"③即是说，所与加上概念的既摹写又规范的关系，就化为事实，但摹写和规范无非是以得自所与者还治所与，所与并不因此而改变了性质。

---

① 金岳霖：《知识论》，《金岳霖全集》第3卷上，第402页。
② 金岳霖：《知识论》，《金岳霖全集》第3卷上，第516页。
③ 金岳霖：《论道》，《金岳霖全集》第2卷，第9页。

　　金岳霖关于概念双重作用的理论,是他在深入地批判了休谟、康德之后得出的结论。他指出,休谟所说的"idea"是比较模糊的印象,实即意象。休谟的哲学"只让他承认意象不让他承认意念;意象是具体的,意念是抽象的;他既不能承认意念,在理论上他不能有抽象的思想,不承认抽象的思想,哲学问题是无法谈得通的"①。金岳霖对休谟的这个批评是中肯的,休谟的毛病确在于"出发点太窄(指唯主方式),工具太不够用(不承认抽象概念)"②。康德比休谟前进了一步,说"思维无内容是空的,直观无概念是盲的",以为只有当感性和知性、直观和概念联合起来时才能产生知识。但是他把质料和形式归之于两个来源,未免把两者截然割裂开来。金岳霖也批评了康德的先验的唯心论。他用概念具有摹写和规范双重作用来说明知识经验就是以得自所与(经过抽象)来还治所与,便克服了休谟、康德的缺点,比较辩证地解决了感觉和概念的关系问题,这在认识论上也是个重要贡献。

　　不过,也需指出,《知识论》关于概念的学说还不是彻底的辩证法,因为金岳霖当时只承认"抽象概念",而不承认辩证法所说的"具体概念"。他不承认科学可以而且应该把握具体真理,而认为具体(全体与个体)非名言所能表达,非抽象概念所能把握。他看不到科学的抽象是一个不断深化、不断扩展而趋于具体的辩证运动,科学由抽象上升到具体(辩证法的具体)的运动在他的视野之外。尽管如此,金岳霖提出的概念双重作用的理论,无疑是包含有真理的成分的。

---

① 金岳霖:《论道》,《金岳霖全集》第 2 卷,第 7 页。
② 金岳霖:《论道》,《金岳霖全集》第 2 卷,第 6 页。

四、知识经验的必要条件:逻辑与归纳原则

按金岳霖的观点,相对于人类这个知识类而言,事实界就是同人类知识经验同样广大的领域。人们即以所与之道还治所与之身,不断地化所与为事实,这个程序就是知识经验,而"道"即科学理论,或概念结构的秩序,亦即事实界的秩序。就摹写作用说,此秩序来自经验,它有"后验性";就规范作用说,它被用来接受所与,又有"先验性"[①]。随着经验的开展,所与源源不断地涌现出来,事实界的秩序被看作是我们对所与的安排,是随着知识经验发展着的"动的程序",这个程序是与经验同始终的。可是,"把这秩序视为静的结构,它无所谓与经验同始终底问题。同时事实底秩序也是所与底秩序,而所与底秩序也是本书所谓现实的历程中的事,它既有共相底关联也有殊相底生灭"[②]。因为事实、所与本来是外物的一部分,所以事实的秩序、所与的秩序也就是现实历程或自然界中的秩序,而这秩序总是共相与殊相的统一。共相的关联就是理。而理即在事中,事都是特殊的,各有其殊相的生灭。事实的秩序是事与理,共相与殊相的统一。知识的进步就在于随着经验的开展不断地在"事中求理"[③],"理中求事"[④],即从大量事实中概括出条理或规律性的知识,又以理论作为工具去发现事实。

---

① 金岳霖:《知识论》,《金岳霖全集》第 3 卷上,第 442 页。
② 金岳霖:《论道》,《金岳霖全集》第 2 卷,第 10—11 页。
③ 金岳霖:《知识论》,《金岳霖全集》第 3 卷下,第 853 页。
④ 金岳霖:《知识论》,《金岳霖全集》第 3 卷下,第 854 页。

　　既然人类有许多科学知识揭示了自然界（事实界）的秩序，认识论便要问：由知识经验提供的普遍必然的科学知识何以可能？科学所揭示的秩序有理论上的担保吗？金岳霖认为"理论上的担保"（即必要条件）首先在于思维遵守逻辑，其次在于归纳原则永真。

　　金岳霖在《知识论》中说：

> 　　逻辑命题是摹状和规律底基本原则，……是摹状底摹状和规律底规律，……是意念所以能成为接受方式底条件。①

意思是说，逻辑命题本身虽对事实无所表示，但任何概念及概念结构，必须遵守形式逻辑，才能成为接受方式，才能对现实起摹写和规范的作用。

　　金岳霖把形式逻辑的同一律、排中律、矛盾律称为"思议原则"，对它们的性质作了深入探讨。他说：

> 　　三思议原则之中，同一原则的确基本。……它是意义可能底最基本的条件。②

这是说，如果违背同一原则，概念没有确定意义，思维便无法进行。如果桌子可以不是桌子，四方可以不是四方，那么"桌子是四方"就不能有意义。如果在一定论域里，概念可以偷换，那么人们

---

① 金岳霖：《知识论》，《金岳霖全集》第 3 卷上，第 449 页。
② 金岳霖：《知识论》，《金岳霖全集》第 3 卷上，第 455—456 页。

就无法交流思想。所以是否遵守同一律，这是名称能否有意义的根本条件。同一律并不是讲一件东西与它本身的同一。就客观事物来说，天下无不变的事体，事物间的关系更是总在不断地变化。然而"关系"、"变化"等概念也都遵守同一律。

关于排中律，金岳霖说：

> 排中律是一种思议上的剪刀，它一剪两断，它是思议上最根本的推论。[1]

对任何一所与，我们总可以说它或者是甲，或者非甲，可以说，排中律揭示了"逻辑的必然"（这里讲的是形式逻辑的必然，就是指穷尽可能的必然）。拿命题来说，对一命题引用二分法，有真假两可能 $p \lor \bar{p}$（这可视为排中律）就穷尽了可能；对两命题引用二分法，那就有四可能，$pq \lor p\bar{q} \lor \bar{p}q \lor \bar{p}\bar{q}$ 就穷尽了所有的可能。依次类推，对 n 个命题引用二分法就有 2^n 可能。把 2^n 可能析取地全部列举出来，也就体现了排中原则。维特根斯坦等已经阐明：所有的逻辑命题都具有重言式的结构，都可以化为析取地穷尽可能的范式，而这就可以说明逻辑命题都是必然的。金岳霖吸取了这种成果，说："必然的命题从正面说是承认所有可能的命题，从反面说是拒绝遗漏的命题。逻辑所保留的是必然命题，所以它所保留的是表示'排中'原则的命题。"[2]同时，逻辑命题都是推论形式，

---

① 金岳霖：《知识论》，《金岳霖全集》第 3 卷上，第 456 页。
② 金岳霖：《逻辑》，《金岳霖全集》第 1 卷，第 294 页。

所以他又说排中律是"思议上最根本的推论"。当然,以 $p \vee \bar{p}$ 为排中律的形式,不适用于三值系统、多值系统。但金岳霖认为以析取地穷尽可能为必然,这种原则是不管什么逻辑系统都适用的。

至于矛盾律,金岳霖认为是"排除原则"。他说:

> 思议底限制,就是矛盾,是矛盾的就是不可思议的。是矛盾的意念,当然也是不能以之为接受方式的意念。①

思维若有逻辑矛盾,内容就不能成为结构。所以概念结构必须排除逻辑矛盾,才可以成为接受方式。必然是逻辑所要取,矛盾是逻辑所要舍。排中原则的实质是以析取地穷尽可能为必然,"矛盾原则可以说是表示可能之拒绝兼容"②,"'排中'与'矛盾'都是划分逻辑界限的原则"③。

金岳霖关于形式逻辑基本规律的性质的讨论是深刻的。他指出,正因为"'同一'是意义的条件"④,"必然为逻辑之所取,矛盾为逻辑之所舍"⑤,所以逻辑是"意念之所必须遵守的基本条件",是"摹状和规律底基本原则"⑥。因此,在以概念摹写和规范所与时,"所与绝对不会有违背逻辑的呈现,这就是说,我们底接受方式底引用总是可能的。"⑦他说,这一点"我们可以担保",而这也就

---

① 金岳霖:《知识论》,《金岳霖全集》第 3 卷上,第 457 页。
② 金岳霖:《逻辑》,《金岳霖全集》第 1 卷,第 294 页。
③ 金岳霖:《逻辑》,《金岳霖全集》第 1 卷,第 296 页。
④ 同上注。
⑤ 金岳霖:《逻辑》,《金岳霖全集》第 1 卷,第 294 页。
⑥ 金岳霖:《知识论》,《金岳霖全集》第 3 卷上,第 449 页。
⑦ 金岳霖:《知识论》,《金岳霖全集》第 3 卷上,第 512 页。

是担保事实界"至少有这种最低限度的秩序，或消极的秩序（即不违背逻辑的秩序）"①。同时，从逻辑和科学的关系说，逻辑的功用则在于：

> 一方面它排除与它的标准相反的思想，另一方面因为它供给能取与否的标准，它又是组织其它任何系统的工具。各种学问都有它自己的系统，各系统虽有严与不严程度不同的问题，而其为系统则一，既为系统就不能离开逻辑。②

就是说，各门学问要系统化，都必须遵守逻辑，所以逻辑对各门科学都具有方法论的意义。不过在各门科学中，命题之取与不取，承认与否，除逻辑标准之外，还有其他标准。

在对命题作取舍的其他标准中，金岳霖认为，最重要的是归纳方面的证据。"而引用这一方面的证据，当然也就是引用归纳原则。"③《知识论》提出"归纳原则是接受总则"的论点，说：

> 我们从所与得到了意念之后，我们可以利用此意念去接受所与。在此收容与应付底历程中，无时不引用归纳原则。……凡照样本而分类都是利用归纳原则，所以引用意念就同时引用归纳原则。④

---

① 金岳霖：《知识论》，《金岳霖全集》第 3 卷上，第 515 页。
② 金岳霖：《逻辑》，《金岳霖全集》第 1 卷，第 294—295 页。
③ 金岳霖：《知识论》，《金岳霖全集》第 3 卷上，第 503 页。
④ 金岳霖：《知识论》，《金岳霖全集》第 3 卷上，第 503—504 页。

所谓归纳,就是从若干特殊的事例得出一普遍的结论,并进而用新的特殊事例来加以证实或否证。所以,以一事例作"类"的样本,而把新的事例归入"类"中去,也就是归纳。母亲教小孩子说:"这是桌子","那是桌子"。这里就利用了归纳原则。因为她引用"桌子"于"这"、"那",实际上是要小孩子以"这"、"那"为特殊例证即样本,来把握"桌子"的类概念,使他以后碰见别的桌子时,也能用"桌子"去应付它,归入"桌子"一类中去。所以,"任何意念底引用都同时是归纳原则底引用"。金岳霖在《知识论》和《论道·绪论》中详细论证了归纳原则的永真。他说,除非时间停止,经验打住,归纳原则才失效。"我们决不至于经验到时间打住,所以我们也决不至于经验到归纳原则底失效。只要有经验,所与总是源源而来,归纳原则总是继续地引用。"①他以为,这一点也是"我们可以担保"的。

《知识论》关于归纳原则的探索是富于启发意义的。不过,在我看来,接受总则虽包含归纳,却不只是归纳。显然,以概念规范事实,也包含由普遍到特殊的演绎。人们以得自所与的概念还治所与,概念作为接受方式引用于所与,实际上已具体而微地体现了分析与综合相结合,归纳与演绎相结合的辩证过程。金岳霖在谈到科学方法时说:

　　所谓科学方法即以自然律去接受自然,或以自然律为手段或工具去研究自然。……所谓利用自然律以为手段,就是

---

① 金岳霖:《知识论》,《金岳霖全集》第 3 卷上,第 504 页。

引用在试验观察中所用的方法底背后的理，以为手段或工具。①

这里讲到了方法论的基本原理：在实验观察中运用自然律作为接受方式，即以自然过程之"理"还治自然过程之身，科学理论便转化为方法。此所谓科学方法，在本质上是辩证的，不止于归纳而已。而这种辩证方法的原则，在以得自所与的意念还治所与的日常经验中，已经具有了胚胎。所以，应该说，形式逻辑和辩证逻辑（即作为逻辑的辩证法）是知识经验的必要条件；正因为思维按其本性遵守形式逻辑和辩证逻辑，便使科学所揭示的秩序有了"理论上的担保"。

金岳霖不只是在关于科学方法的基本原理的探讨中接触到了辩证逻辑的思想，而且在《逻辑》一书中，也不自觉地揭示出普通逻辑思维所包含的某些辩证法的因素。例如他根据 Lewis Carrol 对推论提出的诘难来讨论推论和蕴涵的关系，指出：推论要根据蕴涵，而蕴涵可以成为一串无穷的连续的链子，又必须用"所以"来打断他。例如甲蕴涵乙，乙蕴涵丙……可以成为一无穷的链条，人们根据蕴涵关系进行推论，由前提得出结论，断定前提是真的，"所以"结论是真的，这个"所以"就把链子打断了。② 可见，从前提推出结论的思维活动既是连续的，又是间断的，推论正体现了间断和连续的统一。所以普通逻辑讲的推理包含有辩证法的因素。不过金岳霖尽管揭示了推论的辩证因素，却是不自觉

①　金岳霖：《知识论》，《金岳霖全集》第 3 卷上，第 558 页。
②　金岳霖：《逻辑》，《金岳霖全集》第 1 卷，第 304—305 页。

的,他当时并不认为辩证法是逻辑,他认为唯一的逻辑是演绎逻辑,即形式逻辑(因为归纳得到的结论是或然的,形式逻辑要保留必然,所以他把归纳法也排斥在逻辑之外)。[①]

　　这里再讨论一下金岳霖关于"先天"、"先验"的说法。他从概念对所与的双重作用来说明概念具有先验性和后验性,这说法本来无可厚非。概念都来自经验,但用理论指导实践的时候,概念又先于经验。但金岳霖进而说逻辑是"先天形式",归纳原则是"先验原则",这是什么意思呢? 他说:

　　　　先天的原则无论在什么样的世界总是真的,先验原则,在经验老在继续这一条件之下,也总是真的。可是,假如时间停流,经验打住,先验命题也许是假的。[②]

他以为虽然逻辑对一件一件的事实毫无表示,但是,逻辑却是任何可以思议的世界所不能违背的。他在《论道》里说,逻辑好比如来佛的手掌,任凭孙行者怎么跳,也跳不出如来佛手掌的范围。所以他称逻辑为先天原则。即使在时间停流,经验中止的情况下,世界仍可以思议,因为它是不矛盾的世界(如他《论道》中说的"无极"),因此,逻辑还是真的。但在这种情况下,没有任何经验,归纳原则却失效了。人们从所与中抽象出概念,运用概念去摹写

---

① 金岳霖在后期已改变了他的观点:肯定逻辑应包括归纳法;在《客观事物的确实性和形式逻辑的三个基本规律》一文(《哲学研究》1962 年第 3 期)中,明确地主张有形式逻辑和辩证逻辑。

② 金岳霖:《论道》,《金岳霖全集》第 2 卷,第 15 页。

和规范所与，即以所与之道还治所与之身，这就是知识经验。一有知识经验，就包含一个接受总则，即归纳原则。时间不会停流，所与源源而来，不断地化为事实。"以抽自所与者还治所与"，经验总是遵守归纳原则，而决不会违背归纳原则，所以归纳原则是知识经验之所以可能的先验原则。金岳霖以为先天原则和先验原则都有其本体论的根据："逻辑的泉源"是《论道》中的"式"，而先验原则可归源于"能有出入"。这就导致先验论的形而上学了。

五、"居式由能，莫不为道"

金岳霖的《论道》是论述天道观的（即他所谓"元学"）。《论道》第一章的第一条是："道是式——能"，最后一条是："居式由能，莫不为道。"他所谓的"道"是"式"与"能"的统一，而"式"接近于朱熹的"理"或亚里士多德的"形式"，"能"则接近于朱熹的"气"或亚里士多德的"质料"。

中国传统哲学中的天道观上的"理气"之辩，在近代久被忽视了，直至金岳霖、冯友兰，才又把理气关系问题重新提出来，作了新的探索。金岳霖所说的"式"与能，已经是建立在近代科学的基础上，和宋明哲学家所说的"理"与"气"有了很大不同。

金岳霖给"式"定义为：

> 式是析取地无所不包的可能。①

---

① 金岳霖：《论道》，《金岳霖全集》第 2 卷，第 27 页。

　　此所谓可能,是指逻辑上没有矛盾的可能,包括一切实的共相和空的概念。把所有的可能,"包举无遗地,用'或'的思想排列起来",就是"式"。这个"式"的思想显然是从现代数理逻辑吸取来的。至于"能",是指纯粹的质料。金岳霖以为,不论是宏观事物的变更还是微观粒子的转化,都是"能"在改变其形态,在由甲变乙,由乙变丙……的变化程序中,有 X 由甲形态变成乙形态,由乙形态变成丙形态……等等。形态有殊相,可以感觉,有共相,可以用名词表达,而这 X 则非感觉和概念所能把握,但金岳霖以为"可以在宽义的经验中(有推论有想象的经验)抓住它"[1],并给它一个名字:"能"。他说"能"是一很好的名字:

　　　　它可以间接地表示 x 是活的、动的,不是死的、静的,一
　　方面它有"气"底好处,没有"质"底坏处;另一方面它又可以
　　与"可能"联起来,给"可能"以比较容易抓得住的意义。[2]

金岳霖以为"能"是永恒地活动的,这说明"能"接近于中国传统的气一元论者(如张载,王夫之等)所说的"气",而和亚里士多德所说的"质"不同。在亚里士多德那里,动力因是形式,而非质料。金岳霖则认为"式常静,能常动",动力因是能,而非式。金岳霖还说"能无生灭,无新旧,无加减"[3],并把这一思想同 Indestructibility of matter energy 的原则联系起来,说明他讲"能",也是试图对近代

---

① 金岳霖:《论道》,《金岳霖全集》第 2 卷,第 24 页。
② 金岳霖:《论道》,《金岳霖全集》第 2 卷,第 25 页。
③ 金岳霖:《论道》,《金岳霖全集》第 2 卷,第 31 页。

自然科学关于物质—能量的理论作哲学的概括。同时金岳霖又把"能"与"可能"联系起来，"所谓可能是可以有而不必有'能'的'架子'或'样式'"①，而"能"的活动就是不断地出入于"可能"："能"之入于一"可能"即一类事物或一具体事物的生，"能"之出于一"可能"即一类事物或一具体事物的死，因为式包括所有的可能，所以能有出入，而老在式中。"无无能的式，无无式的能"②，式与能不能分离，而"'居式'由'能'莫不为道。"③

金岳霖从"可能底现实"（即"可能"有"能"而成为现实）和"现实底个体化"来讲现实世界的演变，认为川流不息的现实的历程中既有共相的关联，也有殊相的生灭。共相的关联即实理，殊相的生灭则形成他所谓"势"。他说：

> 个体底变动，理有固然，势无必至。④

传统的说法是"理有固然，势有必至"，"在势之必然处见理"，强调现实的发展有其必然趋势，那正是规律性的体现。金岳霖所说的"势"不同于通常说的"趋势"。他以为"普通所谓'趋势'（请注意这两字在此处是连在一块的），不过是我们所不甚知道的理"⑤。他赋予了"势"以新的含义。"势无必至"，是说殊相生灭有其偶然性。所谓偶然性，不是不能理解的意思。从理（即共相的关联）方

---

① 金岳霖：《论道》，《金岳霖全集》第 2 卷，第 26 页。
② 金岳霖：《论道》，《金岳霖全集》第 2 卷，第 29 页。
③ 金岳霖：《论道》，《金岳霖全集》第 2 卷，第 48 页。
④ 金岳霖：《论道》，《金岳霖全集》第 2 卷，第 238 页。
⑤ 金岳霖：《论道》，《金岳霖全集》第 2 卷，第 235 页。

面来说,"无论个体如何变动,我们总可以理解(事实成功与否当
然是另一问题)。"但从势(即殊相的生灭)方面来说,则"无论我们
如何理解,我们也不能完全控制个体底变动"①。为什么不能完全
控制呢? 因为殊相生灭本来就是一"不定的历程",而这"不定"包
含两层意思,即"以往历程底不确定与将来开展底不固定"②。以
往的历史事实虽已成陈迹,无法改变,但从认识来说"已往虽已决
定,而我们绝对不能完全知道,所以仍为不确定"③。至于所谓"将
来开展底不固定",则不仅指我们在认识上不能预测将来有什么
样的殊相出现,而且是说在实际上根本就没有决定什么样的殊相
出现。金岳霖说:"知道经验上所有的既往是办不到的,……即令
我们知道所有的既往,我们也不能预先推断一件特殊的事体究竟
会如何发展。"④所以说"势无必至"。但他又说:

> 势虽无必至而有所依归。势未成我们虽不知其方向,势
> 既成我们总可以理解。势未成无必至,势既成,乃依理
> 而成。⑤

金岳霖这一"理有固然,势无必至"的理论,既肯定了现实的演化
遵循客观规律,世界不是没有理性的世界,也承认现实的历程中
有"非决定"的成分,这一论点,基本上是正确的。

_____

① 金岳霖:《论道》,《金岳霖全集》第 2 卷,第 198 页。
② 金岳霖:《论道》,《金岳霖全集》第 2 卷,第 195 页。
③ 金岳霖:《论道》,《金岳霖全集》第 2 卷,第 196 页。
④ 金岳霖:《论道》,《金岳霖全集》第 2 卷,第 240 页。
⑤ 金岳霖:《论道》,《金岳霖全集》第 2 卷,第 245 页。

　　不过，他把问题简单化了。从辩证法看来，事物之间的联系是复杂的、多样的，要区分本质联系与非本质联系，在本质联系中要区分不同层次，区分根据与条件，等等。如果我们能全面地把握所考察对象的本质联系，把握其发展的根据与条件，那是可以把握其发展的必然趋势的。当然，必然和偶然不可分割，必然趋势中同时总有不确定的成分，无法全部预知。所以应该说，"势"之"趋"与"至"是必然而又偶然的。必然，所以可以理解（用理论思维来把握）；偶然，则正如金岳霖所说，"就生灭而言，我们只能在生生灭灭程序中去生活"①。就是说，也需要用"非理性"（情、意）的方式去把握。这里涉及现代科学、现代文化中的一个重要问题，即必然、偶然和自由、理性和非理性的关系问题，不能说金岳霖已解决了这问题，但他提出了自己的独特见解，对人们作进一步探索是有启发的。

　　《论道》最后一章讲"无极而太极"，金岳霖以为，道无始无终，但虽无始，追溯既往，无量地推上去，其极限可以叫无极；虽无终，瞻望未来，无量地向前进，其极限可以叫作太极。他以为无极是天地万物之所从生的混沌，而太极则是"至真、至善、至美、至如"的理想境界。他说：

　　　　无极而太极是为道。②
　　　现实底历程是有方向的，现实底方向就是无极而太

<hr />

① 金岳霖：《论道》，《金岳霖全集》第 2 卷，第 196 页。
② 金岳霖：《论道》，《金岳霖全集》第 2 卷，第 261 页。

极。……整个底现实历程就在这"而"字上。①

"无极而太极"就是宇宙洪流或自然演化的方向，而且它不仅表示方向，也表示目标，表示价值。金岳霖以为，万物都是情求尽性，用求得体，势求归于理，其终极目标就是"绝逆尽顺，理成而势归"的"至真、至善、至美、至如"的太极。这种目的论的宇宙观，当然是形而上学的虚构。

　　总起来看，金岳霖在实在论的基础上讲感性与理性、事与理的统一，提出"所与是客观的呈现"，"概念具有摹写与规范双重作用"的理论，对形式逻辑的基本规律和科学方法的原理作了深入探索，作出了创造性的贡献。他联系现代科学来重新探讨理气（式、能）关系问题，对后人也有启发。他运用逻辑分析方法于哲学研究，取得了显著成绩，他的著作和讲演具有精深的分析和严密的论证的特色，形成一种独特的、谨严的学风，对后学产生了积极影响。但他也有其明显的局限性。他当时还缺乏实践观点，不能从人的社会性，人的历史发展来考察认识问题，而只是对知识作了多层次的静态分析。他当时也没有辩证法的具体观念，他强调抽象作用，以为抽象是一次完成的，他把抽象概念与可能（或共相）的对应关系绝对化了，把形式逻辑的原则作为世界观的基本原则，因而便导致形而上学。他的"式"，是析取地无所不包的可能，显然是把形式逻辑的必然（包含排中原则的必然）形而上学化的结果；他的"能"，非感觉和概念所能

---

① 金岳霖：《论道》，《金岳霖全集》第2卷，第256—257页。

把握，则包含有不可知论倾向。不过这些缺点，在他 60 年代写的《罗素哲学》①等著作中，已在很大程度上得到克服。

第六节　冯友兰的"新理学"

同金岳霖相似，冯友兰也很重视逻辑分析，他称自己的哲学体系为"新理学"。

冯友兰（1895—1990），字芝生，河南唐河人。1918 年毕业于北京大学文科中国哲学门。次年赴美留学，1924 年获美国哥伦比亚大学哲学博士学位。回国后任清华大学、西南联合大学等校教授，长期从事哲学和中国哲学史的研究和教学。主要著作在 20 世纪 50 年代前有《中国哲学史》（两卷本）、《新理学》、《新事论》、《新世训》、《新原人》、《新原道》、《新知言》②等，50 年代后有《中国哲学史史料学初稿》、《中国哲学史新编》等，合编为《三松堂全集》。

冯友兰的"新理学"在三四十年代有较大的影响，受到的批评也较多。50 年代后，他作了多次自我批评，并努力转变到马克思主义的立场上来继续进行中国哲学史研究，作出了新的贡献。本书只论述他 50 年代前的哲学思想。

---

① 《罗素哲学》系金岳霖的一部遗著，写于 20 世纪 60 年代，现经整理，已由上海人民出版社于 1988 年出版。现收入于《金岳霖全集》。
② 《中国哲学史》（两卷本）于 1933 年由商务印书馆出版，20 世纪 50 年代后曾重印。《新理学》、《新事论》、《新世训》、《新原人》、《新原道》、《新知言》，初版于 1937—1946 年，合称为"贞元之际所著书"或"贞元六书"。1991 年，华东师范大学出版社重版《贞元六书》。2001 年河南人民出版社、2014 年中华书局分别出版了《三松堂全集》。

一、"继往开来"，建立"新统"

冯友兰从爱国主义立场出发，以为自己一生的使命就是在哲学上做"继往开来"的工作。他不止一次地引张载的话："为天地立心，为生民立命，为往圣继绝学，为万世开太平"，以为此"乃吾一切先哲著书立说之宗旨"①，也是当今"哲学家所应自期许者也"②。

正是为了"继往开来"。冯友兰系统地研究中国哲学史。他在 30 年代初出版的《中国哲学史》一书，是继胡适《中国哲学史大纲》（卷上）之后的又·重要著作，把中国哲学史的研究提高到一个新水平。胡适批评冯友兰此书的主要观点是正统派的，冯友兰替自己辩护说："吾之正统派的观点，乃黑格尔所说之'合'，而非其所说之'正'也。"③他认为，以传统的"信古"为"正"，"五四"时期的"疑古"为"反"，现在需要进一步做"合"的工作，亦即"释古"的工作。他说：

> 吾作此书，见历史上能为一时代之大儒自成派别者，其思想学说大多卓然有所树立，即以现在之眼光观之，亦有不可磨灭者。其不能自成派别者，则大多并无新见，其书仍在，读之可知。于是乃知，至少在此方面言，历史中之"是"与"应该"，颇多相合之处。④

① 冯友兰：《中国哲学史》（下），《三松堂全集》第 3 卷，第 3—4 页。
② 冯友兰：《新原人》，《三松堂全集》第 4 卷，第 463 页。
③ 冯友兰：《中国哲学史》（下），《三松堂全集》第 3 卷，第 3 页。
④ 同上注。

所谓"历史中之'是'与'应该'颇多相合"，与黑格尔说的"现实的是合理的，合理的是现实的"含义相似，这是一种历史主义的态度。冯友兰认为，历史是合理的，"能为一时之大儒自成派别者"，都可以从此派学说本身及其时代条件来说明其历史的合理性。一方面，从学派本身来看，他认为，大哲学家的思想都有其"一以贯之"的系统，就像一棵树那样，枝叶扶疏而自成整体。但中国古代哲学家不重视形式上的系统，所以"讲哲学史之一要义，即是要在形式上无系统之哲学中，找出其实质的系统"①。找出了其实质的系统，就可以看清哲学家之所"见"何在，看清他的"特别精神、特别面目"。另一方面，他以为，必须"知其人，论其世"。要了解哲学家的人格，还要注意研究"时代之情势及其各方面之思想状况"对哲学家的影响。他说："一时代有一时代之精神；一时代之哲学即其时代精神之结晶也。"②冯友兰把中国过去的哲学史分为两个时代：自春秋迄汉初为"子学时代"，那是社会大变动，思想大解放的时代；自董仲舒至康有为为"经学时代"，这期间社会制度没有根本的变化，哲学依附于经学，哲学家们都用旧瓶装新酒的办法来阐发各自的见解。他认为，中国现在又到了社会大变动时代，"故中国哲学史中之新时代，已在经学时代方结束之时开始。所谓'贞下起元'，此正其例也。不过此新时代之思想家，尚无卓然能自成一系统者。故此新时代之中国哲学史，尚在创造之中"③。

---

① 冯友兰：《中国哲学史》（上），《三松堂全集》第 2 卷，第 252—253 页。
② 冯友兰：《中国哲学史》（上），《三松堂全集》第 2 卷，第 254 页。
③ 冯友兰：《中国哲学史》（下），《三松堂全集》第 3 卷，第 436 页。

显然,体现于冯友兰《中国哲学史》中的历史主义方法,比之胡适是前进了一步。这主要是因为,冯友兰已多少受了唯物史观的一些影响,知道应该从社会经济制度的变化来看各派哲学系统的历史演变。在《秦汉历史哲学》(1935 年)一文中,他借论述汉代的"五德"说、"三统"说和"三世"说,进而对唯物史观作了公开而明白的肯定。他指出,近人所谓东西文化之分,不过是古今之异,而古今之异即社会类型不同,这种不同是可以用唯物史观来说明的。

但是,冯友兰并没有完整地理解和接受马克思主义的唯物史观。这主要表现在:

一、他正确地肯定了:"唯物史观的看法,以为社会政治等制度,都是建筑在经济制度上的,"而"一种经济制度之成立,要靠一种生产工具之发明",同时也指出,不能忽视人力及领袖人物在历史上的作用。[1] 但是,他不讲阶级观点,不讲必须通过革命群众的斗争来实现社会制度的变革。实际上,他是忽视了唯物史观的阶级斗争学说和社会革命理论。

二、他正确地肯定了:"历史之演变是辩证的。我们把循环及进步两个观念合起来,我们就得辩证的观念。"[2]"在历史的演进中,我们不能恢复过去,也不能取消过去。我们只能继续过去。历史之现在,包含着历史的过去。这就是说历史的演变,所遵循的规律是辩证的。"[3]但是,如何"继续过去"呢? 冯友兰强调"别共

---

① 冯友兰:《哲学文集(上)》,《三松堂全集》第 11 卷,第 323—324 页。
② 冯友兰:《哲学文集(上)》,《三松堂全集》第 11 卷,第 326 页。
③ 冯友兰:《哲学文集(上)》,《三松堂全集》第 11 卷,第 327 页。

殊"。他在谈到哲学给予人们以人生理想时说：

> 　　某民族或某时代的哲学所给予的那种理想，有一部分必
> 定只属于该民族或该时代的社会条件所形成的这种人生。
> 但是必定也有一部分属于"人生一般"，所以不相对而有长远
> 价值。[①]

这是从形式逻辑的"类"的观点来论证，哲学传统以及文化传统中
除了可变的相对的成分之外，还有不变的绝对的成分。他以为，
中国古代哲学中有些思想要随社会条件的改变而淘汰，而其中有
关"人生一般"、"社会一般"、"存在一般"的思想，那是具有长远价
值而不会被时间淘汰的。显然，这样讲的"一般"，是"抽象的一
般"，而并非辩证法所说的"具体的一般"（即展开为过程的一般）。
冯友兰正是从"抽象的一般"陷入了形而上学。

　　就古今中西之争来说，冯友兰的观点具有两重性。这突出地
反映在他的《新事论》一书中。该书把古今之分看成是"以家为本
位"和"以社会为本位"两种社会制度的差别。《辨城乡》一章，阐
发了《共产党宣言》中的"资产阶级使农村屈服于城市的统
治，……使东方从属于西方"[②]的论点，以为"在工业革命后，西方
成了城里，东方成了乡下。乡下既靠城里，所以东方亦靠西方。"[③]
他说，如果想改变这种情况，使作为乡下的东方不受作为城里的

---

① 冯友兰：《中国哲学简史》，《三松堂全集》第 6 卷，第 28 页。
② 马克思、恩格斯：《共产党宣言》，《马克思恩格斯选集》第 1 卷，第 276—277 页。
③ 冯友兰：《新事论》，《三松堂全集》第 4 卷，第 223 页。

西方的盘剥,唯一的办法是进行产业革命,以机器生产代替手工生产。这是富有启发意义的论点,是正确的。但是,冯友兰片面强调发展生产力,却回避了必须通过阶级斗争来实现生产关系变革的问题。他在评论清末洋务运动和"五四"新文化运动时说:

> 清末人以为,我们只要有机器,实业等,其余可以"依然故我"。这种见解,固然是不对底。而民初人不知只要有了机器,实业等,其余方面自然会跟着来,跟着变。这亦是他们底无知。如果清末人的见解,是"体用两橛";民初人的见解,可以说是"体用倒置"。从学术底观点说,纯粹科学等是体,实用科学,技艺等是用。但自社会改革之观点说,则用机器,兴实业等是体,社会之别方面底改革是用。这两部分人的见解,都是错误底,不过清末人若照着他们的办法办下去,他们可以得到他们所意想不到底结果;民初人若照着他们的想法想下去,或照着他们的说法说下去,他们所希望底结果,却很难得到。[①]

冯友兰虽说"两部分人的见解都是错误的",其实他偏袒洋务派。他"对于清末人表示敬意",而批评民初人(即"五四"时期人)学习西方的科学(以及民主)是毫无结果的。他以为按照洋务派的办法办下去,有了工业,有了技术,别方面的改革就会跟着来,就会获得意外的结果。这话好像有些道理,但他在 20 世纪 30 年代末

---

① 冯友兰:《新事论》,《三松堂全集》第 4 卷,第 226 页。

讲这话，客观上起了阻碍社会革新的作用。

　　他还对"中体西用"论作了新的解释。他说，像清末人那样"以五经四书为体，以枪炮为用"，那当然是"体用两橛"。但是，

> 　　如所谓中学为体，西学为用者，是说：组织社会的道德是中国人所本有底，现在所须添加者是西洋的知识，技术，工业。则此话是可说底。我们的《新事论》的意思，亦正如此。[①]

就是说，道德是中国人本来有的，现在要增加的是西洋的技术、工业。这也无非是"东方精神文明，西方物质文明"的论调：道德是中国的好，工业是西洋的好，所以要"中体西用"。虽然他认为有的道德，如忠、孝等，有新旧之分，是可变的，相对的；但是，仁、义、礼、智、信是所谓"五常"。"此五常是无论什么种底社会都需要底。这是不变底道德，无所谓新旧，无所谓古今，无所谓中外。"[②]就是说，五常是关于"社会一般"的道德，是绝对的，永恒不变的。他以为，就仁义礼智信之"道"来说，"天不变，道亦不变"这话是对的。这样讲"中学为体"便成了典型的形而上学了。

　　冯友兰运用他的变相的"中体西用"论来做"继往开来"的工作，在"释古"的基础上创立他的会通中西的"新理学"体系。他说，中国哲学的主流，就是一个"极高明而道中庸"的传统，这种哲学讲求他所说的"天地境界"而又不离人伦日用之常，这就是经孔孟、老庄、名家、董仲舒、玄学、禅宗到程朱理学达到集大成这样一

---

① 冯友兰：《新事论》，《三松堂全集》第 4 卷，第 332 页。
② 冯友兰：《新事论》，《三松堂全集》第 4 卷，第 327 页。

个唯心主义的传统。冯友兰认为，这一"道统"现在传到了他，他"接着"这道统而建立了"新统"。他所说的"新统"是什么呢？就是用"中体西用"的方式，继承中国封建时代的唯心论传统中的"一般的"、"不变的"东西，给它施以西方新实在论和逻辑实证主义的洗礼，使之取得"新"面貌。这便是他"贞元之际所著书"的基本精神。

二、"最哲学的形上学"

冯友兰与金岳霖本来都赞成新实在论，不过又有很大的不同。金岳霖很重视科学，而且深入地研究了逻辑。他后来突破了新实在论的界限，具有唯物主义的倾向。冯友兰则把科学和哲学严格地区分开来，强调哲学的玄虚。他也突破了新实在论的界限，自称其新理学是"最哲学的形上学"。

冯友兰从实证主义观点出发，在《论"唯"》一文里说："所谓唯心唯物的那个'唯'字，是要不得底，一个大哲学家的思想，或一个大底哲学派别，都不是一个'唯'字可以把他唯住底。"[1]他说他的"新理学"是超乎唯物唯心的，是最哲学的哲学，或者说是最哲学的形上学。他认为，普通所谓唯物论和唯心论，都对实际有所肯定，有所主张，这种肯定或主张是无法得到充分证明的。而他的"新理学"的命题都是形式的、逻辑的命题，这种形式的或逻辑的命题对实际无所肯定，无所主张。他还认为，实际世界是科学研究的对象，哲学和科学是种类的不同，哲学不研究实际，最哲学的

---

① 冯友兰：《南渡集》，《三松堂全集》第 5 卷，第 330 页。

哲学并不以科学为根据。像公孙龙的哲学、程朱的哲学，"不是以当时之科学底理论为根据，亦不需用任何时代之科学底理论为根据，所以不随科学理论之变动而变动"①。他强调，哲学无须依靠做实验，不像科学那样需要实验手段。哲学靠人的思辨，而思维能力古今如一，很少变化。所以冯友兰以为，没有全新的哲学，古代哲学中如公孙龙的学说和程朱理学，是中国哲学传统中最哲学的部分，现在仍然是哲学。哲学不会随时代变化而变化，而只会随时代的前进产生出较新的哲学。他认为，他的"新理学"是"上继往圣，下启来学"，继承了中国哲学里程朱这一传统，"接着讲"而不是"照着讲"，成为"最哲学的形上学"。

他的最哲学的形上学可以分下面三点加以论述。

第一点，"新理学"的基本观念：理、气、道体和大全。

冯友兰同意程朱理学，以为实际事物是理和气的结合。冯友兰说："凡实际底存在底物皆有两所依，即其所依照，及其所依据。"②按照他的说法，实际事物所依照的是理，也就是柏拉图说的理念或亚里士多德说的形式；所依据的是气，也就是质料。比如实际存在的红颜色，它必有红之所以为红者，就是红之理、红的形式，这是实际的红颜色之所依照。事物必依照这红的形式、红之理，才成为红颜色。红之物，红颜色的粉笔，红颜色的桔子，这是具体的，而红之所以为红者，红之理，则是抽象的。抽象和具体的区分就是形而上和形而下之分。而形而上者是无形无象的，形而下者是有形有象的，用朱熹的话来说，形而上者是"道"，形而下者

---

① 冯友兰：《新理学》，《三松堂全集》第4卷，第14页。
② 冯友兰：《新理学》，《三松堂全集》第4卷，第43页。

是"器"。冯友兰又根据亚里士多德的说法,分析了事物之所依据,即质料方面。比如一栋房子,假使把它的房屋性(房屋性亦即房屋之理)抽去的话,那么房屋就不成其为房屋,而只是一堆砖瓦。砖瓦是房屋的材料,是其依据以存在的基础。但是砖瓦作为房屋的材料,"是相对底料,而非绝对底料"[①]。如果我们再把砖性及瓦性抽去,那么砖就不成其为砖,瓦也不成其为瓦,只是一堆泥土而已。泥土是砖瓦的材料,我们又可从中将泥土性抽去。如此逐次抽去,将分子、原子、电子等性质也抽去,抽到无可再抽,这样便得到绝对的料。这绝对的质料,冯友兰用程颐的"真元之气"来称呼它。"真元之气"没有任何形式,所以它不可思,不可说。

照冯友兰的说法,实际事物都是依照理和依据气而形成,但实际事物在时空中,而理则是超时空的。理的总和称为"真际",亦即柏拉图的理念世界或朱熹的太极。他以为,实际蕴涵真际,有某事物就一定有某类之理,但有某理不一定有某理的实例。所以他主张"理先于其实际底例而有"[②](不是时间上在先,而是从逻辑说,理先于其实际的例)。他批评王夫之"无其器则无其道"之说:

　　照无其器则无其道之说,则无弓矢即无弓矢之道。如此则创制弓矢者,不但创制实际底弓矢,并弓矢之所以为弓矢之理亦创制之。然理若何可以创制? ……弓矢之理,是本有

---

① 冯友兰:《新理学》,《三松堂全集》第 4 卷,第 43 页。
② 冯友兰:《新理学》,《三松堂全集》第 4 卷,第 54 页。

底。创制弓矢者，发现其理，依照之以制弓矢。①

　　他以"理不能创制"为理由来论证理是"本有底"，在真际中本来具备、本来如此，实际事物都是依照理而产生或创制出来的。这是一种柏拉图式的客观唯心主义的论点，它同主张"理在事中"、规律依存于物质运动的唯物主义是相对立的。

　　冯友兰又以为"真元之气"没有任何形式，故可以叫做"无极"。总一切理叫做"太极"。实际世界包括由气至理之一切程序，亦即"无极而太极"。他说："就无极而太极说，太极是体，'而'是用，一切底用，皆在此用中，所以此用是全体大用。"②大用流行，就是所谓"道体"。

　　他又把"无极，太极，及无极而太极，换言之，即真元之气，一切理，及由气至理之一切程序"③，总括起来，从动的方面说，名之曰"道"；从静的方面说，名之曰"宇宙"或"大全"④。大全也是不可思、不可说的。

　　所以，他的"新理学"体系有四个主要观念：理、气、道体、大全。

　　第二点，形而上学的方法。

　　这样一个形而上学的体系，是用什么方法建立起来的呢？

---

① 冯友兰：《新理学》，《三松堂全集》第 4 卷，第 51 页。
② 冯友兰：《新理学》，《三松堂全集》第 4 卷，第 64 页。
③ 冯友兰：《新理学》，《三松堂全集》第 4 卷，第 63 页。
④ 《新理学》中"大全"一词有两种用法：一是以为实际蕴涵真际，真际即大全（见该书第一章）；二是把无极、太极以及由气至理的一切程序总括起来，名之曰"大全"（见该书第三章）。在《新原人》《新知言》中便只有后一种用法了，如说"天是大全，是万有之总名，所以太极亦在天中"（《新原人》第七章）。

冯友兰在《新知言》第六章中说：

> 康德的批评底哲学的工作，是经过休谟的经验主义而重新
> 建立形上学。它"于武断主义及怀疑主义中间，得一中道"。新
> 理学的工作，是要经过维也纳学派的经验主义而重新建立形
> 上学。它也于武断主义及怀疑主义中间，得一中道。[①]

冯友兰认为，他不是简单地重复朱熹的理学，而是在经过维也纳
学派的批判之后，重新建立了形而上学。维也纳学派是逻辑实证
论者，主张取消形而上学。因为按休谟的观点，学问不外乎两种：
一种是关于事实的，那就是科学；一种是关于概念或语言的，那就
是逻辑和数学。科学的事实和理论，用综合命题来陈述；而逻辑
则用分析命题来表示。科学命题可以诉诸经验得到证实或者否
证，是或然的；而逻辑命题可以从形式上加以证明，是必然的。按
照维也纳学派的观点，形而上学命题是综合的，但这些命题却是
无法用经验来证实的。因而这种命题是无意义的虚妄命题。而
冯友兰认为，正是经过维也纳学派的批判，他找到了一种形上学
的方法。他的形上学命题只有四组，表示四个观念，即理、气、道
体、大全。这四个观念无非是对经验作了形式上的解释，和逻辑
相似，所以是不会假的。

冯友兰说，他的形上学"对于实际所作底第一肯定，也是惟一
底肯定，就是：事物存在"[②]。而这句话也只是形式的肯定，只是说

---

① 冯友兰：《新知言》，《三松堂全集》第 5 卷，第 194 页。

② 冯友兰：《新知言》，《三松堂全集》第 5 卷，第 195 页。

有实际，并未肯定实际有什么。他从这一点出发，进而作分析与总括。他说：

> 事物存在。我们对于事物及其存在，作形式底分析，即得到理及气的观念。我们对于事物及存在作形式底总括，即得到大全及道体的观念。此种分析及总括，都是对于实际作形式底释义，也就是对于经验作形式底释义。[1]

他以为，他的四个形上学观念都是对实际作形式的释义。这四个观念可以用四组命题来表示。例如，第一组命题是："凡事物必都是什么事物。是甚么事物，必都是某种事物。某种事物是某种事物，必有某种事物之所以为某种事物者。"[2]这无非是说：存在蕴涵类，类蕴涵理。他以为，这样的命题，除了肯定主词的存在之外，对实际事物既没有积极地说什么，也没有作任何积极的肯定，它不给人们增加任何关于实际事物的知识。所以，这四个观念或四组命题是假的可能性是非常之小，因为它们不对实际作任何肯定，因而便不会被实际经验所否定。冯友兰指出，这样的形上学命题真可以说是"一片空灵"。

这种形而上学的方法无非是冯友兰自己说的"过河拆桥"的方法。他从对经验或事实命题的分析中获得形式、质料的概念，把它们形而上学化而为真际（理世界）和真元之气（绝对的料），于是"过河拆桥"，把原有的一点经验事实的根据完全抛弃，"理"、

---

① 冯友兰：《新知言》，《三松堂全集》第 5 卷，第 195 页。
② 同上注。

"气"以及理气结合成"道体",总括为"大全",都成了对实际无所肯定的一些空的观念。这个形而上学思辨的路子,把从经验抽取出来的概念加以绝对化,使之与事实割裂开来而成为"形而上者",其实是老而又老的路子。

冯友兰写《新理学》时,用的就是上述逻辑分析方法,即他所谓"正的方法"。后来,他又认为,"负的方法",如道家、禅宗所用的"破"的方法也很重要,甚至更重要。他说:"一个完全的形上学系统,应当始于正的方法,而终于负的方法。如果它不终于负的方法,它就不能达到哲学的最后顶点。"[1]他以为,负的方法就是"神秘主义的方法"。他以逻辑分析为始,而以神秘主义为终,这就成为地地道道的"玄学派"了。

第三点,对中国哲学范畴作逻辑分析。

冯友兰的《新理学》一书发表后,朱光潜写了一篇书评[2]。他以同情的态度既肯定了冯友兰的成就,又提出了种种诘难,指出其体系中破绽颇多。后来,胡绳、陈家康、杜国庠等,又以马克思主义的观点对"贞元六书"作了评论。大体说来,批评者对冯友兰的理性主义都有所肯定,同时又指出《新理学》在理论上有一些难以自圆其说之处,而其根本的困难其实是老而又老的问题。哲学史上凡是肯定超验的超时空的"真际"为本体者,在沟通超验与经验、真际与实际(现实世界)问题上,都有其难以克服的困难:一方面,从认识论来说,如何由经验而达到超验? 人们由经验到事实

---

① 冯友兰:《中国哲学简史》,《三松堂全集》第 6 卷,第 288 页。
② 朱光潜:《冯友兰先生的〈新理学〉》,载《文史杂志》第 2 期(1940 年)。现收入于《三松堂全集》第五卷附录部分。

而知"类"知"理"，怎么一下子能跳到超验的"理世界"去呢？既然没有由此岸达彼岸的"桥"，又何从"过河拆桥"呢？另一方面，从天道观来说，如何由真际而产生实际？所谓"无极而太极"，整个实际世界都在"而"字上，这"而"的动因是什么？是没有任何形式的"气"吗（如金岳霖说"能有出入"）？是无所谓动静的"理"吗（如朱熹说太极是"造化之枢纽"）？还是别有一个"上帝"作第一推动力（如柏拉图所说）？不论哪一种说法，都难以自圆其说，而冯友兰近乎回避了这个问题。

虽然如此，"新理学"也仍然给人以"新"的感觉。它不完全是老路子，老问题。"新理学"的真正贡献，在于它将逻辑分析方法运用于中国哲学，使得蕴藏在中国传统哲学中的理性主义精神得到了发扬。所以它在中国近代哲学史上有其一定地位。

上面说过，金岳霖在运用逻辑分析方法方面有显著的成绩。冯友兰则着重把这种方法运用于对中国传统哲学概念的分析，给人以耳目一新之感。自严复以来的许多人都指出，中国传统哲学的术语不够明晰。冯友兰通过对中国和西方哲学思想的比较研究，说：

> 希望不久以后我们可以看到，欧洲哲学观念得到中国直觉和体验的补充，中国哲学观念得到欧洲逻辑和清晰思想的澄清。[1]

---

[1] 冯友兰：《哲学文集（上）》，《三松堂全集》第 11 卷，第 270 页。原文是英文，涂又光译。该文亦名《当代中国哲学》。《Philosophy of Contemporary China》，1934 年冯友兰在国际哲学会议上的发言。收入 W. Baskin 编的《Classics in chinese philosophy》。

这里且不谈欧洲哲学是否需要用中国人的直觉来补充,冯友兰提出要运用逻辑分析方法(它是从西方传入的)来净化中国的哲学概念,而且在实际上已做了不少工作,这是应该肯定的。他说:中国传统哲学的素朴性必须通过清晰思想的作用来加以克服。"清晰思想不是哲学的目的,但是它是每个哲学家需要的不可缺少的训练。它确实是中国哲学家所需要的。"[1]他的这番话,我们也表示赞同。

例如"气"字,严复已经说它意义歧混,有待廓清。冯友兰经过分析,对"气"字的用法作了如下区别:(一)他说:"绝对底料,我们名之曰真元之气,有时亦简称曰气。"[2]这在"新理学"系统中,完全是一逻辑的观念,它不可名状,"气"之名应视为私名。(二)程朱所说的气,是质料的意义,但"不似一完全逻辑底观念",如他们常说清气、浊气等。冯友兰以为,"气之有清浊之说者,即不是气,而是气之依照清之理或浊之理者"[3]。(三)张载等气一元论或唯物论者所说的气,是一种实际的物,"主张此说者,多以为一件一件底实际底物之成毁,由于其所谓气之聚散"。这"完全是一科学底概念"[4]。(四)至于孟子所谓"浩然之气",它与"勇气"、"士气"之气,"在性质上是一类底,其不同在于其是浩然"。这是指一种精神状态,"有浩然之气,则可以堂堂立于宇宙间而无惧"[5]。

再如"道"字,冯友兰经过分析,指出"道"有六义:(一)道字之

① 冯友兰:《中国哲学简史》,《三松堂全集》第 6 卷,第 288 页。
② 冯友兰:《新理学》,《三松堂全集》第 4 卷,第 44 页。
③ 冯友兰:《新理学》,《三松堂全集》第 4 卷,第 45 页。
④ 冯友兰:《新理学》,《三松堂全集》第 4 卷,第 50 页。
⑤ 冯友兰:《新原道》,《三松堂全集》第 5 卷,第 21 页。

本义为路,引申为"人在道德方面所应行之路"。此指"人之道",亦即当行之路。(二)指真理或最高真理,如孔子说:"朝闻道,夕死可矣。"(三)道家所谓道,无形无名,有似于"新理学"的真元之气。但冯友兰说:"道家所说之道,靠其自身,即能生万物,而我们所说真元之气,若无可依照之理,则不能成实际底事物。"①(四)"真元之气,一切理,及由气至理之一切程序"②,总而言之,统而言之,"新理学"名之曰道。此道即指动的宇宙。(五)"无极而太极,此'而'即是道。"③这是指宋儒所谓道体。也就是《易系辞》说的"一阴一阳之谓道",包括实际世界的阴阳变化的一切程序。(六)道亦指"宇宙间一切事物所依照之理",天道即天理,如程朱所说的"形而上者谓之道"④。

　　经过这样的逻辑分析,一方面力求说明历史上各派哲学在使用"气"、"道"等等范畴时的本来意义如何,另一方面又为这些范畴在"新理学"中的涵义作了明确的规定。这样,哲学概念便比较"净化"了,而《新理学》等著作对读者来说,确实具有"清晰思想的作用"。从整体上说"新理学"的体系无疑是流产了,但逻辑分析对中国哲学的近代化是有作用的。正是由于从严复、王国维到汤用彤、冯友兰等许多学者的分析研究,使得中国传统哲学的许多重要范畴的涵义清晰起来了。

---

① 冯友兰:《新理学》,《三松堂全集》第4卷,第46页。
② 冯友兰:《新理学》,《三松堂全集》第4卷,第63页。
③ 冯友兰:《新理学》,《三松堂全集》第4卷,第64页。
④ 冯友兰:《新理学》,《三松堂全集》第4卷,第65页。

三、人生境界说

冯友兰认为,他的哲学是最哲学的形上学。那么这个形上学有什么用呢? 他说,他的哲学对实际无所肯定,当然于实际没有用。不过又说:"哲学只观而不用",他的哲学能使人们"以心静观真际",使人们对真际有一番理智的同情的了解,这种了解可以作为"人道"的根据,可以作为入"圣域"的门路。从这个意义上来说,哲学有"无用之用",而且是"大用"①。

他所谓"入圣域",就是指进入圣贤的"境界"。冯友兰在早期著作《人生哲学》中,已经讲到儒家"合内外之道"为"一至善之境界"。后来写《新原人》,更系统地提出了"人生境界"说。冯友兰以为,人之所以异于禽兽者,在于人有觉解。人做一件事情,他了解这是怎么回事,了解就是"解";而且,人在做这件事情时,自觉他在做这件事,自觉就是"觉";了解是一种运用概念的活动,自觉则是一种心理状态,了解而又自觉,就合称为"觉解"。他说:

> 若问:人生是怎样一回事? 我们可以说,人生是有觉解底生活,或有较高程度底觉解底生活。这是人之所以异于禽兽,人生之所以异于别底动物的生活者。②

有人认为,人和别的动物的区别就在于人有文化。冯友兰以为,鸟兽、蜜蜂、蚂蚁也可以说有文化,如它们也会筑巢造窝,但它们

---

① 冯友兰:《新理学》,《三松堂全集》第 4 卷,第 13 页。
② 冯友兰:《新原人》,《三松堂全集》第 4 卷,第 472 页。

筑巢造窝都出于本能，而人的文化则是有觉解的。他说："人的文化，是心灵的创造，而鸟或蜂蚁的文化，是本能的产物。"①他又引朱熹的话说："天不生仲尼，万古常如夜。"并解释道，这是拿孔子作为人类的代表，以为宇宙间如果没有人类，确实可以说"万古常如夜"②。如果没有觉解，也就没有光明。所以，有人的宇宙与没有人的宇宙是大不相同的。

不过，人对宇宙人生的觉解程度是有差别的，由此，宇宙人生对人的意义也有差别。冯友兰以为，正是这种差别，使人生的境界不同。他说：

> 人对于宇宙人生在某种程度上所有底觉解，因此，宇宙人生对于人所有底某种不同底意义，即构成人所有底某种境界。③

这是说，宇宙人生对于人的意义构成人的思想境界。他以为"一件事的意义，则是对于对它有了解底人而后有底。"④此种意义包括人所了解的这件事的性质，它和别事物的关系，它所可能达到的目的或其所可能引起的后果等。一个人一生"做各种事，有各种意义，各种意义合成一个整体，就构成他的人生境界。"⑤

冯友兰以为，同一宇宙人生，按照人的觉解不同，可以分为四

---

① 冯友兰：《新原人》，《三松堂全集》第 4 卷，第 474 页。
② 冯友兰：《新原人》，《三松堂全集》第 4 卷，第 474—475 页。
③ 冯友兰：《新原人》，《三松堂全集》第 4 卷，第 496 页。
④ 冯友兰：《新原人》，《三松堂全集》第 4 卷，第 466 页。
⑤ 冯友兰：《中国哲学简史》，《三松堂全集》第 6 卷，第 284 页。

种境界,这就是自然境界、功利境界、道德境界、天地境界。在自然境界的人,"凿井而饮,耕田而食,不识不知,顺帝之则",种田啊,凿井啊,都是自发的,是近乎凭本能在那里活动,都是"顺习"、"顺才"而行,而很少有自觉。功利境界中的人,其行为以求自己的利益或快乐为目的;求财富,求荣誉或者求发展自己的事业,都是出于对自己的利益的觉解。道德境界中的人,其行为都求"尽伦尽职",在他所处的伦理关系和社会职务中遵循着当然之则;他能对道德的当然之则有觉解,于是就尽伦尽职,不计成败。天地境界中的人,自同于大全。冯友兰认为,"新理学"中的几个重要观念,可以使人得到天地境界:理和气两个观念使人"游心于物之初",大全和道体两个观念使人"游心于物之全"。人们用理、气、道体、大全来观,便可以知天、事天、乐天以至于同天,这就达到了最高境界。这样的人,他知有大全,又知大全不可思议,"其肉体虽只是大全的一部分,其心虽亦只是大全的一部分,但在精神上他可自同于大全"①。这就是冯友兰所讲的四种境界。

对冯友兰的人生境界说,我们应该怎样来看待呢? 他讲天地境界,认为一有那么四个观念,就能自同于大全,达到一种神秘境界,这是谁也不会相信的。但人生境界说作为一种人生哲学,作为一种道德理论,对它应作具体分析。中国古代儒家已反复阐明,道德行为必同时是有觉解的行为。必须对道德价值有觉解,自觉遵循道德的准则行动,才是真正道德的行为。就是说,道德行为必须出于理性认识,如果没有理性认识,没有自觉性,那么,

---

① 冯友兰:《新原人》,《三松堂全集》第4卷,第570页。

善行就只是自发地合乎道德的行为。所以，同样做一件事，对做这件事是否自觉，是否理解，意义是不同的，思想境界是有差别的。这种看法，是孔、孟、荀以来的儒家反复论述过的。孔子讲仁智统一，说："未知，焉得仁？"孟子说"人之所以异于禽兽者几希"，人与动物的区别就在于人有理性，而禽兽没有理性。他接着说："舜明于庶物，察于人伦。由仁义行，非行仁义也。"舜对于事物、人伦有"明察"、有理性认识，所以他"由仁义行"，即能自觉地依照仁义而行动，而不是自发地"行仁义"。孟子区别了有明察和没有明察、自觉和不自觉。以后的儒家大都强调道德行为的自觉原则，这是儒家的理性主义精神，它在民族历史上有持久的影响。在三四十年代，在法西斯主义者大肆鼓吹唯意志论的时候，冯友兰强调理性精神和自觉原则，也是有积极意义的。

　　冯友兰说，由于人们对宇宙人生的觉解程度不同，因而思想境界就有差别。这话也是有道理的。从辩证的观点来看，人的思想境界的提高和德性的形成要经历由自在而自为、自发而自觉的过程（而且是反复的螺旋式的前进运动）。它以自在状态为出发点，因正确地解决了义和利，群和己的关系而有自觉的人生观，并进而要求提高到科学的宇宙观。冯友兰并不理解这种辩证发展过程，但他的人生境界说涉及了这一过程中的一些基本问题，因而对后人有参考价值。

　　但是，冯友兰的人生哲学也有其明显的局限性。除了缺乏辩证观点之外，主要有下面两个缺点：

　　首先，他忽视了社会实践。唯物辩证法认为，知不能离开行，真正的自觉和理解必须见之于行动，必须在实践中培养，而决不是嘴上能讲一通就算是有觉悟。孟子讲"由仁义行",知而且行,这才是真正的觉悟、真正的理解。孔子讲"知之者不如好之者,好之者不如乐之者",要乐于实行,真正自觉地身体力行,这才是有"德"。明察是重要的,但只有明察而又力行,才能真正提高人的道德和思想境界。从马克思主义的观点来看,只有革命的人生观和革命的实践相结合,才有崇高的精神境界。而冯友兰离开社会实践来谈觉解、学养,正是接受了道学家的空谈心性、修养以求"受用"的境界的传统思想。

其次,他片面地强调了自觉原则而忽视了自愿原则,由此滑向了宿命论。从义利之辩和群己之辩说,冯友兰肯定正统派儒家的观点:"所谓义利的分别,是公私的分别。"①所以他既赞成董仲舒说的"其义不谋其利,明其道不计其功",也同意朱熹说的"道心为主,而人心每听命焉"。这种非功利主义的态度,不仅贬低了人的欲望,而且要求"人心听命",忽视了道德行为自愿原则。冯友兰和过去某些哲学家一样,讲两种"命":一是"天命之谓性"之命,一是命运之命。按照他的说法,理赋予物为性,这就是天命。一切事物,不论自然的还是人为的,均依照天命而有其性,这就是"天命之谓性"。对天命,人不能违抗,只能认识它,自觉地依照着它。就人的行为说,"无论在何种社会之内,其分子之行为,合乎其社会之理所规定之规律者,其行为是道德底,反乎此者是不道德底"②。他以为,社会之理规定了社会中人们的道德规范,一切社会有其共同的社会之理,规定了一切人们有其共同的道德规

① 冯友兰:《新原人》,《三松堂全集》第 4 卷,第 550 页。
② 冯友兰:《新理学》,《三松堂全集》第 4 卷,第 107 页。

范,即仁义礼智信等永恒的道德。某种社会(如以家为本位之社会)有某种社会之理,规定此社会中的人们有其共同的道德规范(如孝、节)。"理"不变,道德规范也不变,这就是"天不变,道亦不变"。所以人只能顺从天命,循规蹈矩,在自己的位分上尽伦尽职。至于命运之命,即偶然遭遇。他以为人生好像打牌,不像下棋,下棋可以计算,打牌还要碰运气,"人的一生的不期然而然的遭遇",①只能"知其不可奈何而安之"。所以他说:"命是人所只能顺受,不能斗底。"②两种意义的命,都是只能"顺受"的(或自觉地顺受,或无可奈何地顺受),这是中国历史上很有势力的传统的宿命论观点。中国近代史上进步的思想家,几乎无一不反对这种宿命论的传统。例如严复说:"中国委天数,西人恃人力",他要求用人力来反对天数;章太炎讲"自尊无畏",鲁迅歌颂"摩罗诗力",也都是反对宿命论。当然他们的理论阐述是否正确,这是另外一回事。在中国近代史上有这么一种进步思潮:强调人力胜天,每个人要有独立人格,以自由意志来反对顺从命运的安排。冯友兰的人生境界说,要人们乐天安命,这是与上述进步思潮相违背的。至于他为韩愈说的"臣罪当诛,天王圣明",以及道学家说的"天下无不是底父母","饿死事小,失节事大"等语所作的辩护③,更是公开同"五四"时期的启蒙思想家唱反调了。

值得注意的是,冯友兰、熊十力、朱光潜、宗白华这些专业哲学家都好讲"境界",而含义颇不相同。我们不妨来作点比较。

---

① 冯友兰:《新原人》,《三松堂全集》第 4 卷,第 599 页。
② 冯友兰:《新原人》,《三松堂全集》第 4 卷,第 601 页。
③ 冯友兰:《新原人》,《三松堂全集》第 4 卷,第 555 页。

熊十力说:"实体非是离自心外在境界,及非知识所行境界,唯是反求实证相应故。"①以为真理唯在反求实证,自己认识自己;如果向外求理,用思议去勾画,"以影响求之,以封畛测之",于是妄立离自心外在境界,那便成了戏论。在熊十力那里,境界即有封畛之外境,出于思议之构造,是虚妄的。不过,他又以为,自心是主宰,"色声等境界皆不足以溺心,而心实仗之以显发其聪明之用,是心于境界能转化之而令其无碍"②。熊十力讲境界,其旨趣在辨真妄。

朱光潜、宗白华讲的则是艺术境界,其旨趣在论美的创造。不过宗白华还说:"艺术家要在作品里把握天地境界!"③"人类这种最高的精神活动,艺术境界与哲理境界,是诞生于一个最自由最充沛的深心的自我。"④他以为,在艺术境界中实现自我,同时也就是使"道"(真理)具象化,肉身化了。

而冯友兰的人生境界说,其旨趣在论善有等级。他说意义构成境界,而一件事的意义不但是它为人所了解的性质及其关系,而且包括它所可能达到的目的或其所可能引起的后果等。这样讲意义,包含有人的要求在内,便是有关"好"与"善"的问题了。

所以,虽然熊十力、冯友兰和朱光潜、宗白华都讲"境界",但实际上他们分别考察了真、善、美的领域。熊十力认为境界是"自心"的变现,朱光潜和宗白华把艺术境界归结到"实现自我",这是

① 熊十力:《新唯识论》(文言文本),《熊十力全集》第 2 卷,第 10 页。
② 熊十力:《新唯识论》(文言文本),《熊十力全集》第 2 卷,第 29 页。
③ 宗白华:《中国艺术意境之诞生》(增订稿),《宗白华全集》第 2 卷,第 368 页。
④ 同上注。

主观唯心主义或泛神论学说。冯友兰以为道德规范为社会之理所规定，而理之赋予物（包括社会）即是天命，则是客观唯心主义学说。这些都是差别。

金岳霖不大使用"境界"一词，但他说《论道》中太极是"至真、至善、至美、至如"①，"太极不是不舒服的境界，它不仅如如，而且至如"。②"至如"即绝对自由。他所说的"太极"是永远达不到的极限，是个形而上学的观念。但他以为这个理想的境界就是真、善、美和自由的统一，也可以说，真正的自由是达到真、善、美的统一。这是一个很好的论点，可惜语焉不详。

人的自由和真、善、美三者的关系是价值论中的重大问题，这个问题在中国近代哲学中没有得到充分的展开。

第七节 马克思主义者对传统思想的批判研究

当上述专业哲学家在尝试建立自己的近代化的哲学体系的时候，马克思主义哲学的中国化已取得了重大进展。毛泽东提出的马克思主义的普遍真理与中国革命的具体实践相结合的方针越来越深入人心，而为要实现这种结合，那就必须研究理论、研究现状、研究历史、包括研究民族的历史遗产。毛泽东说：

> 学习我们的历史遗产，用马克思主义的方法给以批判的总结，是我们学习的另一任务。……从孔夫子到孙中山，我

---

① 金岳霖：《论道》，《金岳霖全集》第 2 卷，第 252 页。
② 金岳霖：《论道》，《金岳霖全集》第 2 卷，第 254 页。

们应当给以总结,承继这一份珍贵的遗产。这对于指导当前的伟大的运动,是有重要的帮助的。①

但是,在如何承继历史遗产的问题上却充满着斗争:蒋介石声称自己继承了从孔夫子到孙中山的"道统",冯友兰也说自己"接着"理学的传统建立了"新统",这同马克思主义者要批判总结历史遗产无疑是大不相同的。所以,马克思主义者既必须批判地总结历史上的传统思想,也必须批判地审查当前现实中的自称为接上了"传统"的思想。

一、驳斥新专制主义的"道统"说

用唯心主义道统说作为"孙文主义的哲学基础",反对唯物史观,这是戴季陶的发明。他在 1925 年就说过这样的话:"中山先生的思想,完全是中国的正统思想,就是继承尧舜以至孔孟而中绝的仁义道德的思想。"②当时瞿秋白写了《中国国民革命与戴季陶主义》,进行了针锋相对的批判。③

后来蒋介石提倡所谓"力行哲学"④,陈立夫宣传"唯生论"⑤,还是继续鼓吹这种道统说。1943 年,蒋介石发表《中国之命运》一书,阐发他的新专制主义即法西斯主义的思想体系。在此书中,

---

① 毛泽东:《中国共产党在民族战争中的地位》,《毛泽东选集》第 2 卷,第 533—534 页。
② 戴季陶:《孙文主义之哲学的基础》,民智书局 1925 年版,第 36 页。
③ 参看本书第三章第七节。
④ "力行哲学"即"行的哲学",其代表作是蒋介石所著的《力行哲学》一书,于 1939 年出版。
⑤ "唯生论",亦称"唯生哲学",30 年代初由陈立夫提出。其代表作是陈立夫所著的《唯生论》,该书上卷于 1934 年出版,下卷(即《生之原理》)于 1944 年出版。

蒋介石大讲"一个主义、一个党、一个领袖"，要取消解放区的"武力割据"。他打着"民族至上，国家至上"的旗号，反对自由主义与共产主义，说"自由主义与共产主义之争，则不外英美思想与苏俄思想的对立"，它们都"违反了中国固有的文化精神"，失去了中国人的立场，等等①。蒋介石的这种理论，正是以唯心主义道统说为其哲学根据的。

周恩来在《论中国的法西斯主义——新专制主义》②一文中说：

> 蒋介石的哲学思想是极端的唯心论。他最喜欢引这几句古话："人心惟危，道心惟微，惟精惟一，允执厥中。"同时，又强调了"心"的作用，将孙中山的"吾心信其可行，则移山填海之难，终有成功之日。吾心信其不可行，则反掌折枝之易，亦无收效之期也"的话，完全解释成为极端唯心论。……
>
> 蒋介石的历史观，是一套复古的封建思想，反映着浓厚的传统的剥削阶级意识。在《中国之命运》中，有所谓"孟子起而以孔子之道定义利王霸之分，……辟杨墨，正人心，由此遂奠定中国三千年来一脉相传的正统思想之基础"的话。③

蒋介石以传承孟子自许，所谓"辟杨墨"，就是反对自由主义与共

① 蒋介石：《中国之命运》，正中书局 1944 年版，第 71—72 页。
② 该文发表于 1943 年，与周恩来另一重要的哲学著作《学习毛泽东》，一并收入《周恩来选集》。
③ 周恩来：《论中国的法西斯主义——新专制主义》，《周恩来选集》上卷，人民出版社 1980 年版，第 145—147 页。

产主义。中国的法西斯主义虽也有其西方的思想来源（如纳粹的唯意志论），但它的特点是以继承中国道统自居。这个所谓的一脉相承的道统，按理学家所说，就体现在"十六字心传"上。这种区分道心、人心，讲"存天理、灭人欲"的唯心论，最利于专制统治者来施行愚民政策。蒋介石所谓"正人心"，所谓"'诚'就是无伪无妄，精益求精的力行"，"发挥我们的良知良能，决心力行，一往无前"等等，是一种极端的唯心论或唯意志论。正如周恩来所揭露，"其中心是要人民于不识不知之中，盲目地服从他，盲目地去行"①。而其实，他自己却言行不一，往往夸下海口而从未实行，耍尽流氓手段却满口礼义廉耻。所以周恩来又说："他的力行哲学，不止是唯心的愚民哲学，也是牛皮哲学，流氓哲学，与希特勒如出一辙！"②

　　毛泽东在党的七大的开幕词中说："在中国人民面前摆着两条路，光明的路和黑暗的路。有两种中国之命运，光明的中国之命运和黑暗的中国之命运。"③经过剧烈的斗争，光明战胜了黑暗，中国人民争取到了光明的前途与光明的命运，这就宣告了法西斯主义与唯心论的道统说的破产，而马克思主义中国化的胜利也就意味着马克思主义与中国的优秀传统开始结合了。

二、对唯心主义学者的哲学史观的批判

　　法西斯主义既反对共产主义，也反对自由主义。而在 20 世纪

---

① 周恩来：《论中国的法西斯主义——新专制主义》，《周恩来选集》上卷，第 146 页。
② 同上注。
③ 毛泽东：《两个中国之命运》，《毛泽东选集》第 3 卷，第 1025 页。

三四十年代的非马克思主义的专业哲学家，则大多数是自由主义者。金岳霖、朱光潜、宗白华、熊十力等都很强调个性自由，反对专制主义；冯友兰推崇理性精神，也不赞成鼓励盲目"力行"的唯意志论。但是在抗日救亡时期，这些思想家出于爱国热情，又都感到迫切需要继承和发扬民族的传统。因此，他们不再提"打倒孔家店"的口号。而熊十力、冯友兰、贺麟①等都自称接上了中国的传统思想，以复兴儒学为自己的使命。他们在学术上激发了民族自豪感，是有贡献的，但他们的哲学史观是唯心主义的，受到了马克思主义者的批判。

熊十力在 20 世纪 40 年代说："中国哲学思想，要不外儒佛两大派（佛虽外来，而自汉迄今，已成固有。道家宗《易》，实儒氏之旁支，其崇无，亦有近于佛，故不别提），而两派又同是唯心之论。吾故汇通儒佛及诸子，析其异而观其通，舍其短而融其长，于是包络众言而为《新论》。始信象山'心同理同'之说无可议。"②又说："顿超直悟人，当下亲体承当，不由推求，不循阶级，宗门大德，皆此境界，颜子、蒙庄、僧肇、辅嗣、明道、象山、阳明诸先生，虽所造有浅深，要同一路向也。"③意思是说，他的《新唯识论》会通了儒道佛各家唯心论，而这无非是"本心之自觉自证"，顿悟"千圣同符"

---

① 贺麟（1902—1992），字自昭，四川金堂人。中国著名的哲学家、哲学史家、黑格尔研究专家、教育家、翻译家。在 20 世纪 40 年代，就建立了"新心学"思想体系，成为中国现代新儒家思潮中声名卓著的重镇。贺麟学贯中西，在中国哲学方面有极高造诣，是"新心学"的创建者，被尊为现代新儒家八大家之一。2009 年开始，《贺麟全集》由世纪出版集团、上海人民出版社陆续出版。《全集》包含贺麟先生的专著、译著、学术论文、学术讲义以及其他重要的文章、札记、书信、日记等等。
② 熊十力：《新唯识论》（语体文本），《熊十力全集》第 3 卷，第 522 页。
③ 熊十力：《新唯识论》（语体文本），《熊十力全集》第 3 卷，第 528 页。

之理，所以他说自己是与禅宗、陆王心学一派"同一路向"的。

　　冯友兰于 1944 年写了《新原道》(一名中国哲学之精神)。这时他对中国哲学传统的看法，已颇不同于其旧作《中国哲学史》。《新原道》宣称："新理学"是"接着中国哲学的各方面的最好底传统，而又经过现代的新逻辑学对于形上学的批评，以成立底形上学"。一方面，它是"接着宋明道学中底理学讲底，所以于它的应用方面，它同于儒家的'道中庸'"。另一方面，"它说了些虽说而没有积极地说什么底'废话'，有似于道家、玄学及禅宗。所以它于'极高明'方面，超过先秦及宋明道学"。① 在他看来，中国哲学的主要传统，"中国哲学的精神"，就在求一种不离人伦日用的最高境界，亦即"极高明而道中庸"。这种精神"在汉朝受了逆转，经过了三四百年，到玄学始入了正路"，"在清朝又受了逆转，又经过了二三百年，到现在始又入了正路"。他的"新理学"就是"中国哲学的精神的最近底进展"。②

　　熊、冯二人的哲学虽有显著差别，但都认为中国传统哲学的主流是唯心论和形而上学，现在由他们来继承和发展了。这种看法对不对呢？杜国庠③认为需要用马克思主义的观点来审查。他写了多篇文章，着重对"新唯识论"、"新理学"与传统思想的关系，对他们的唯心主义哲学史观进行了分析批判，其要点如下。

---

① 冯友兰：《新原道》，《三松堂全集》第 5 卷，第 126—127 页。
② 冯友兰：《新原道》，《三松堂全集》第 5 卷，第 126 页。
③ 杜国庠(1869—1961)，曾用杜守素、林伯修等笔名，广东澄海人。是中国马克思主义哲学家、历史学家，早年留学日本，是我国较早接触马克思主义学说的学者之一。建国前，他除了从事马克思主义理论著作的翻译工作、对"新理学"等作了比较系统的批判外，还从事中国古代哲学的研究。著有《先秦诸子的若干研究》、《先秦诸子思想概要》、《便桥集》等，均收入《杜国庠文集》(1962 年人民出版社出版)。

　　其一，杜国庠指出，熊、冯二人实际上都是用了"六经注我"的独断论方法。例如，《新唯识论》引用了"《春秋》建元"和《易》曰'大哉乾元'"[1]，解释说："由元言之，则万物一体，故世界终归大同。元者，万物之本真，纯粹至善者也。其在于人，则为本心，而抉择是非或善恶者，即此本心为内在的权度。"[2]对此，杜国庠批评说：这样用《春秋》和《易》来做自己讲"本心"的注脚，显然是"断章取义，任意附会，不惜强使古人以就自己"[3]，"这样的作风，从学术上说来，终是不妥。至于以'本心'为'抉择是非或善恶'的'内在的权度'，势必至'其所谓理无非意见也，未有任其意见而不祸斯民者'（戴东原语）。可见主观主义必然又是独断论的"[4]。冯友兰也是同样的作风，他独断地按自己的形而上学所要求的来剪裁中国哲学史中的各重要学派，"歪曲附会，使它符合自己既定的标准；实在无可附会的，便行舍弃，甚至抹煞了整个历史时代的哲学（如汉代、清代——引者注），以保持其所谓'主流'"[5]。杜国庠认为，必须改变这种"参据经言"进行附会的经学方法。两千多年来的经学，使中国人"'思想束缚于一点，不能自开生面'，且也不敢自开生面。"现在应该卸下经学外衣，"直截了当地表现自家的思想"，而对历史上的学派，则应"还它的本来面目"[6]。他说：

①　熊十力：《新唯识论》（语体文本），《熊十力全集》第 3 卷，第 180 页。

②　熊十力：《新唯识论》（语体文本），《熊十力全集》第 3 卷，第 181 页。

③　杜国庠：《红棉屋札存》，《杜国庠文集》，人民出版社 1962 年版，第 477 页。

④　杜国庠：《红棉屋札存》，《杜国庠文集》，第 478 页。

⑤　杜国庠：《玄虚不是中国哲学的精神——评冯友兰〈新原道〉》，《杜国庠文集》，第 406 页。

⑥　杜国庠：《红棉屋札存》，《杜国庠文集》，第 513 页。

如果把时代还时代，各人还各人这一初步的工夫做好，那么，什么断章取义，牵强附会，以及门户道统等等谬见，自可不发生，就使发生了，也容易纠正。——这不但是接受文化遗产的必要工作，而且在输入外来思想上，也是极必要的初步工作。没有这步工作，学术中国化就不易做得好。①

其二，杜国庠指出，中国哲学的优秀传统不在于唯心论和玄学，而在于实事求是的精神。熊十力和冯友兰都继承了宋明理学（包括心学）的传统，力求加以发扬。杜国庠写了一篇《论"理学"的终结——由明清之交黄、顾、王、颜的哲学看到"理学"的终结》，认为黄宗羲、顾炎武、王夫之、颜元这几位杰出的思想家，"虽然出身不同，性格不同，造诣不同，但其间却在反理学上表现出共同的特点，这不能不说是时代的要求，社会发展的结果。由此可见，理学再也没有复活的可能了"②。至于从整个中国哲学史来看，那就更不能说只有一个唯心论或"玄虚"的传统。杜国庠说：

> 思潮的发展，确如社会阶级的代兴一样，唯物论与观念论也迭为盛衰，时有偏倚，或继承或批判，交织而成一条总流。其间实有一脉之潜通，但无道统的独霸。……魏晋的玄学，唐代的禅宗，宋明的道学，这些都是所谓"经虚涉旷"的，但同时也有相反的实事求是的思想。及至有明末叶，王学势

---

① 杜国庠：《红棉屋札存》，《杜国庠文集》，第 515 页。
② 杜国庠：《论"理学"的终结——由明清之交黄、顾、王、颜的哲学看到"理学"的终结》，《杜国庠文集》，第 384 页。

衰，明清之交，黄顾王颜都重"致用"。前清朴学大盛，戴氏哲学也痛斥宋学的玄虚，控诉"人死于理，其谁怜之"。这些都是实事求是的。[①]

就是说，应该把哲学史看作是唯物论与唯心论互相斗争、互相作用的历史，决不能把哲学史说成是唯心论道统独霸天下。对马克思主义者来说，当然要着重研究那实事求是的即唯物主义的传统，但也要实事求是地对待唯心论各流派，还给它们以历史的本来面目。

其三，杜国庠特别指出，冯友兰把中国哲学的主流归纳为"极高明而道中庸"的"宇宙人生观"，在当时有其"实际上的弊害"。这可以从两方面来看：一方面，对统治者来说，冯友兰以为，中国哲学无论哪一家哪一派，都自称是讲"内圣外王之道"，都认为圣王能不离世务而游心于玄虚。他还说："只有圣人，最宜于作王。所谓王，指社会的最高底首领。"对此，杜国庠批评说："实际上擅权窃国的大奸巨憝，未有不被其狐群狗党誉为'圣明神武，首出庶物'的"[②]；冯友兰这种"圣人最宜作王"的说法，"势将助桀为虐，而误尽天下苍生"[③]。另一方面，对一般人来说，冯友兰宣称人人安分守己，"即其所居之位，乐其日用之常"，都可做到圣人。对此，杜国庠批评说：这是"在精神上麻醉被压迫者，而松懈其斗

---

① 杜国庠：《玄虚不是中国哲学的精神——评冯友兰〈新原道〉》，《杜国庠文集》，第413—414页。
② 杜国庠：《玄虚不是人生的道路——再评冯友兰〈新原道〉》，《杜国庠文集》，434页。
③ 同上注。

志,直接地替压迫者维持其腐败惨酷的统治,间接地阻碍了社会的革新。"①——不管冯友兰自己的主观意图如何,在客观上确有这样的弊害。所谓"内圣外王之道"与"极高明而道中庸"的传统,无非是把统治者说成是"天纵之圣",而叫老百姓乐天安命,所以它本来就是一种维护主—奴等级秩序的意识形态。由这种传统的意识形态培养成的习惯势力,在中国是根深蒂固的。鲁迅毕生为破除这种习惯势力而进行韧性的战斗。而冯友兰的新理学,却使这种习惯势力取得了理论的形式,所以它是保守的,有害的。

三、对中国传统哲学的开拓性研究

批判离不开研究。在批判专制主义的道统说和唯心论的哲学史观的同时,一些马克思主义者着手系统地研究中国思想学说史,在 20 世纪 40 年代发表了几种重要著作,包括郭沫若的《青铜时代》《十批判书》,侯外庐②、杜国庠等的《中国思想通史》等,他们确实可说是"筚路蓝缕,以启山林",在哲学史领域做了开拓性工作。杜国庠的批判文章包含有一种新的哲学史观,这种新的哲学史观也贯串在郭沫若、侯外庐等人的著作中。对此,这里也举其要点加以论述:

其一,运用唯物史观来研究中国传统思想,要着重探讨社会

---

① 杜国庠:《玄虚不是人生的道路——再评冯友兰〈新原道〉》,《杜国庠文集》,第 434—435 页。

② 侯外庐(1903—1987),原名兆麟,又名玉枢,山西平遥人。中国现代历史学家、思想家、教育家。一生主要从事社会史、思想史的学术研究。曾从事《资本论》的翻译,抗日战争后,研究哲学和中国古代史、中国思想史。著作有《中国古典社会史论》《中国古代思想学说史》《中国近代思想学说史》等,并与杜国庠等合著《中国思想道史》(5 卷本)。

史和思想史的关系。郭沫若在总结他的研究经验时说：

> 我尽可能搜集了材料，先求时代与社会的一般的阐发，于此寻出某种学说所发生的社会基础，学说与学说彼此间的关系和影响，学说对于社会进展的相应之或顺或逆。[1]

在马克思主义者看来，思想是现实的反映，社会意识是社会存在的反映，所以学说的演变应该从它所由产生的社会根源来说明。历史上种种学说之间有其"纵的承借和横的感染（或反拨）的关系"，有其"自身的逻辑的发展"，但是，"这种关系和发展，归根结柢仍须从它的社会根据去找它的原因和说明：这里我们便看到了'逻辑的'和'历史的'之一致。"[2]马克思主义者从这样的观点出发来研究中国传统思想，提出了许多创见。如郭沫若经长期研究，论证了西周是奴隶社会，春秋战国是奴隶制向封建制过渡时期，他说："有了这个结论，周、秦之际的一个学术高潮才能得到说明；而那个高潮期中的各家的立场和进展，也才能得到正确的了解。"[3]再如，《中国思想通史》的作者认为中国古代的文明是东方型"早熟"的文明，走的是维新的路线，氏族制的遗留，规定了国民思想的晚出；自秦以后，儒家处于一尊，其社会根据就在于专制帝王的土地所有制；地主阶级可区分为身份性地主和非身份性地主，也就是豪族地主和庶族地主，庶族地主往往和劳动人民利益

---

① 郭沫若：《青铜时代》，《郭沫若全集·历史编》第1卷，第617页。
② 杜国庠：《魏晋清谈及其影响》，《杜国庠文集》，第337页。
③ 郭沫若：《青铜时代》，《郭沫若全集·历史编》第1卷，第611页。

有相关联的一面,不同于豪族地主,这种区分,可以解释封建社会中正统思想和异端思想之间的斗争,等等。这些论点,在 20 世纪 40 年代都是新见解,虽不一定为大家所同意,还需要继续研究。但是他们运用唯物史观和阶级分析的方法来研究中国思想史,为后人开辟了道路。

其二,为了还给传统思想以历史的本来面目,需要进行双重的分析批判,既批判传统思想本身,又批判前人在研究传统思想中的观点。郭沫若说:

> 民主的待遇对于古人也应该给予。我们要还他个本来面目。一切凸面镜、凹面镜、乱反射镜的投影都是歪曲。我们并不要因为有一种歪曲流行,而要以另一种歪曲还它。如矫枉常过正,依然还是歪曲。答复歪曲的反映,只有平正一途。①

传统思想之反映历史事实,都是或多或少地歪曲了的。那么,如何才能还它个本来面目? 一方面要看到,思想家本人并不自觉到他是"凸面镜"或"凹面镜",而且在马克思以前,人们也不懂得社会意识是社会存在的反映的道理。现在我们要给古人以"民主的待遇",那就必须从唯物史观来"知人论世",历史地去寻求思想根源,这样才可以对思想家及其学说,对思想范畴的演变,作出正确的分析批判。而另一方面,还要注意批判学说史、思想史研究工

---

① 郭沫若:《青铜时代》,《郭沫若全集·历史编》第 1 卷,第 617 页。

作中的封建主义和资产阶级观点。因为前人在学说史、思想史方面的研究工作中掺杂着他们各自的观点，如胡适的实用主义观点，冯友兰新理学的观点等。他们从自己观点出发，对哲学史作了这样那样的歪曲，这就必须加以清理。总之，只有做好双重的分析批判工作，才能还传统思想以本来面貌。所以，郭沫若在写《孔墨的批判》之前，写了批评胡适的《驳〈说儒〉》①；而侯外庐等则对胡适、冯友兰所论及的每一个人物，都逐一进行了分析和研究。当然，如何才是真正纠正过去"歪曲"而出于"平正一途"，这在力求运用马克思主义观点来进行分析批判的人们之间，也有不同的见解。例如，杜国庠很推崇墨子，而郭沫若则对墨子评价甚低，这一类问题，需要研究再研究，并通过自由讨论，百家争鸣，以求越来越接近历史的真实。

　　其三，在清理中国传统思想的过程中，要善于剔除其腐朽的糟粕，而把那民主性、科学性的精华和唯物主义的传统发掘出来。郭沫若写《十批判书》，以为是非曲直应根据"人民为本位"的思想来判断。他说："我之所以比较推崇孔子和孟轲，是因为他们的思想在各家中是比较富于人民本位的色彩。荀子已经渐从这种中心思想脱离，但还没有达到后代儒者那样下流无耻的地步。"②郭沫若推崇孔子，是同他把孔子看作是"由奴隶社会变为封建社会的那个上行阶段中的前驱者"③分不开的，他把先秦儒家和"后代

---

① 胡适于 1934 年 5 月发表《说儒》一文，认为孔子是同耶稣基督一样的圣人，对当时的尊孔读经起了推波助澜的作用。郭沫若于 1936 年在《中华公论》上发表《质问胡适》，驳斥《说儒》，后改名为《驳〈说儒〉》，此文后收入《青铜时代》一书。
② 郭沫若：《十批判书》，《郭沫若全集·历史编》第 2 卷，第 482 页。
③ 郭沫若：《蜥蜴的残梦——〈十批判书〉改版书后》，《郭沫若全集·历史编》第 3 卷，第 78 页。

儒者"区别开来，还说要破除当代"'新儒家'的迷执"①。他对"儒"作了这样的区分，这比"五四"时期笼统地喊"打倒孔家店"是进步了。与郭沫若的重视发掘民主性精华有些不同，《中国思想通史》的作者则更注意传统哲学中的科学性因素。如先秦部分，他们突出地考察了孔墨显学、墨辩、荀子的认识论与逻辑思想，指出其中合理的科学成分。他们还一贯强调哲学史中的唯心主义和唯物主义、正统思想与异端思想的对立，说：

> 有正统思想的"法度"化和庸俗化，就会产生反抗正统思想的"异端"，这二者中间的对立，正如恩格斯说的，通过中世纪历史的延续中有一条红线贯注着，这基本上就是唯心主义和唯物主义的斗争。②

《中国思想通史》着重发掘了封建社会中被目为"异端"、"非法"的思想，如王充、范缜、李贽等对正统思想的批判，也发掘了一些不被一般思想史、哲学史著作所论述的唯物主义者，如嵇康、刘禹锡、柳宗元、王安石、方以智等。侯外庐的《中国早期启蒙思想史》（即《中国思想通史》第五卷），发掘得尤其多。他对明末清初的思想作了广泛深入的研究，使许多长期被埋没了的思想家重新得到重视。《中国思想通史》证明了：中国哲学史有一个反对正统思想的异端的传统，那是一个富于实事求是精神的唯物主义的传统，是真正可宝贵的思想遗产。

---

① 郭沫若：《十批判书》，《郭沫若全集·历史编》第 2 卷，第 478 页。
② 侯外庐等著：《中国思想通史》第 2 卷，人民出版社 2011 年版，第 141—142 页。

马克思主义者重视发掘历史遗产中的民主性和科学性的因素，正是对"五四"精神的继承和发扬。但是，20世纪三四十年代的马克思主义者比"五四"新文化运动的战士前进了一步，他们强调对传统作历史的分析，认为应该肯定孔子的历史地位，而对汉以后的维护封建专制主义的正统派儒学则批评较多。就当前的思潮来说，他们坚决反对新专制主义的道统说，也有分寸地批评了推崇唯心论和玄学传统的学者，这些学者或者"接着"程朱理学讲，或者与陆王心学"同一路向"；而马克思主义者则在明清之际的大思想家身上找到了实事求是的优秀传统。20世纪40年代马克思主义者对新理学和新心学的批评，在某种意义上是在重复黄、顾、王、颜对宋明理学的批判。前面已经说过，新唯识论是心学和生命派哲学的结合，新理学是理学与新实在论的结合，它们可以说是西方现代两大非马克思主义的哲学思潮（非理性主义与实证论）与中国传统结合的产物。所以，辩证唯物主义对它们的批判，也有其国际哲学思潮的背景。而正是通过了这种批判以及对中国传统思想的研究，马克思主义者开始找到了辩证唯物主义与中国优秀传统的结合点，把马克思主义哲学的中国化向前推进了。

不过，马克思主义者在20世纪40年代对传统思想的研究还是初步的，有些论断未必精当，许多问题还需继续探讨。数千年的文化传统是既与的，非接受不可的，而精华与糟粕、积极作用与消极影响往往互相联系着，难分难解，所以必须作细致的具体分析，而不能简单化。真正要从社会史和思想史的统一，逻辑和历史的统一来系统地研究传统思想，以求建立科学的中国哲学史，是一项有待于许多学者(马克思主义者和非马克思主义者)共同努力的艰巨工作。

第八节　毛泽东:能动的革命的反映论
——对历史观与认识论中的"心物"之辩的总结

中国近代哲学经历了一百多年的发展,由毛泽东作了历史的总结(即一定历史阶段上的总结)。

毛泽东(1893—1976),字润之,湖南湘潭人。曾就读于湖南第一师范学校。青年时代即开始革命活动,在"五四"期间,创办《湘江评论》,积极投身新文化运动,并开始接受马克思主义。建立了湖南共产主义小组,并作为它的代表出席了中国共产党的第一次全国代表大会。从事过工人和农民运动。在陈独秀的右倾机会主义使大革命遭到失败之后,根据党的"八七"会议,在井冈山地区创立了工农红军和革命根据地。1935 年遵义会议后,开始担任党中央的主要领导工作,结束了王明左倾教条主义在党中央的统治。先后担任过党中央书记处书记、主席和军委主席。建国后,曾任中央人民政府主席、中华人民共和国主席。在领导中国新民主主义革命和社会主义革命、社会主义建设中,写下了很多具有指导意义的著作,结集为《毛泽东选集》。

这一节的任务不是阐述毛泽东思想的哲学基础,而是阐述毛泽东的哲学思想,且主要限于1949 年以前毛泽东著作中的中国化的马克思主义哲学。毛泽东在青年时代曾经历了由革命民主主义到马克思主义、由唯心主义到辩证唯物主义的转变,但在晚年却犯了严重错误；他的早期著作和晚年著作也包含有某些哲学思想。这些，在本节中将不加论述。同时，因为本书主旨在论述"中国近代哲学的革命进程"，所以我们无需对马克思主义哲学原理作一般的阐述，而只着重从历史的进程来考察：毛泽东如何以独创性的理论丰富和发展了辩证唯物主义与历史唯物主义，从而对中国近代哲学革命作出了巨大贡献。当然，也要涉及他的哲学理论的某些不足之处。

一、对"古今中西"之争的历史总结

中国近代哲学革命之所以能达到历史的总结，首先是因为以毛泽东为代表的中国共产党人对民主革命时期的古今中西之争作出了科学的总结。

马克思主义传入中国，经过了多次论战，驳斥了全盘西化论、中国本位文化论①以及变相的"中体西用"论等，战胜了形形色色的资产阶级的观点，成了革命者用来回答"中国向何处去"的有力武器。同时，在革命阵营内部，也展开了反对各种"左"的和右的、教条主义和经验主义错误倾向的斗争。马克思主义是西方传来的真理，它必须与中国的实际相结合，取得民族的形式。为了实现这种结合，那就不仅不能脱离现实，而且不能割断历史。所以，必须正确解决古今中西的关系问题，只有在这个问题上克服各种错误倾向，才能实现马克思主义与中国革命实践结合，回答"中国

---

① 中国本位文化论：1935年1月，王新命、陶希圣等10位教授联名发表《中国本位的文化建设宣言》，提出所谓"中国本位的文化建设"，实质上是为国民党反对马克思主义服务的。

向何处去"的问题。

　　同反对陈独秀的右倾机会主义相联系，党的"六大"之后，展开了关于中国社会性质的论战，马克思主义者批判了右倾的观点。接着，党内又展开了反对王明"左"倾教条主义的斗争。王明等人搬弄马克思列宁主义的词句，把共产国际决议和苏联经验神圣化，这种教条主义几乎使中国革命陷于绝境。毛泽东领导了这场反教条主义的斗争，给全党极深刻的教育。正是在同错误倾向的斗争中，中国共产党人运用马克思列宁主义的理论具体分析中国的情况，总结中国革命的经验，从而对中国革命的性质和中国革命的道路，有了越来越清楚的认识。什么是中国社会的性质及其特点？或者说，什么是中国的国情？中国是一个半殖民地、半封建的社会，它具有地大、物博、人口众多、政治经济发展不平衡等现实特点，还有悠久的文化、农民革命的历史传统等等。根据这一国情，中国革命应走什么样的道路呢？中国当时的革命是反帝反封建的民主革命，这个革命应由无产阶级领导，建立以工农联盟为主体的民主统一战线，通过武装斗争的形式，走农村包围城市的道路；而在民主革命完成之后，中国革命将及时地转变为社会主义革命。这种对于国情，对于中国革命道路的认识，是中国共产党人经过艰苦奋斗，克服种种错误倾向，总结了革命经验而获得的。这就是毛泽东在《新民主主义论》等一系列著作中所作的总结。这是对一百年来政治思想上的古今中西之争的历史的总结。中国向何处去？答案是：经过无产阶级领导的反帝反封建的新民主主义革命，向社会主义转变。

　　同政治革命相适应，《新民主主义论》还提出要建设"民族的科学的大众的文化",也就是"人民大众反帝反封建的文化"。毛泽东认为,帝国主义文化和半封建文化结成的反动同盟,是文化革命的对象,不把这种反动的东西打倒,是建立不起新文化来的。而要建立新文化,又必须批判地吸取外来文化和中国传统文化。毛泽东说:

> 对于外国文化,排外主义的方针是错误的,应当尽量吸收进步的外国文化,以为发展中国新文化的借镜;盲目搬用的方针也是错误的,应当以中国人民的实际需要为基础,批判地吸收外国文化。……对于中国古代文化,同样,既不是一概排斥,也不是盲目搬用,而是批判地接收它,以利于推进中国的新文化。[1]

就是说,对外国文化和中国传统文化都要采取一分为二的态度,剔除其糟粕,吸取其精华;取舍的根本立足点,是"以中国人民的实际需要为基础"。新文化是为人民大众服务的,是人民大众的革命武器。用周恩来的话说,新文化要具有"民族的形式,科学的内容,大众的方向"[2],民族形式和科学内容是在大众的方向上统一的。

　　总之,中国共产党人对民主革命时期的古今中西之争从政治上、文化上作出了科学的回答。

---

① 毛泽东:《论联合政府》,《毛泽东选集》第 3 卷,第 1083 页。
② 周恩来:《人民政协共同纲领草案的特点》,《周恩来选集》上卷,第 370 页。

二、能动的革命的反映论之基本观点

在中国近代,哲学论争首先是受古今中西之争制约的,所以关于思维和存在关系的论争(心物之辩),首先集中在历史观和认识论领域。以毛泽东为代表的中国共产党人总结古今中西之争,对历史观和认识论中的心物之辩作出正确的回答,所凭借的哲学武器是毛泽东明确提出的能动的革命反映论。

> 一定的文化(当作观念形态的文化)是一定社会的政治和经济的反映,又给予伟大影响和作用于一定社会的政治和经济;而经济是基础,政治则是经济的集中的表现。这是我们对于文化和政治、经济的关系及政治和经济的关系的基本观点。……马克思说:"不是人们的意识决定人们的存在,而是人们的社会存在决定人们的意识。"他又说:"从来的哲学家只是各式各样地说明世界,但是重要的乃在于改造世界。"这是自有人类历史以来第一次正确地解决意识和存在关系问题的科学的规定,而为后来列宁所深刻地发挥了的能动的革命的反映论之基本的观点。①

在这里,毛泽东用"能动的革命的反映论"既概括了辩证唯物主义认识论关于思维和存在关系问题的基本观点,也概括了唯物史观关于社会存在和社会意识关系问题的基本观点。所以,它集中体现了辩证唯物论和历史唯物论的统一。

---

① 毛泽东:《新民主主义论》,《毛泽东选集》第 2 卷,第 663—664 页。

　　曾经有很多人把中国近代的民族灾难归结为东西两种文化的冲突。他们认为，中国文化自成一套，西方文化也自成一套，两种文化在中国的土地上发生了冲突，因此造成了中国社会的大动乱。这种说法对不对呢？应作具体分析。"文化"一词有广义狭义之分，文化观有唯物唯心之分。梁漱溟说文化是"民族生活的样法"，胡适说"文化是一种文明所形成的生活的方式"，都是广义的用法；虽然一个是东方文化派，一个有全盘西化倾向，但就文化观来说，都是唯心论者。马克思主义者主张唯物主义的文化观，但瞿秋白说"文化是人类之一切所作"，"文化只是征服天行"，对文化一词采取了广义用法；而毛泽东讲"作为观念形态的文化"，则是狭义的用法。在毛泽东看来，能动的革命的反映论是唯物史观的核心。按照能动的革命的反映论，既然社会意识是社会存在的反映，作为观念形态的文化的根据是经济，而经济的集中表现是政治；那么，文化的冲突当然应该从社会经济基础来解释，而要对社会经济进行根本变革，那就要进行政治革命。所以，中国的前途，首先必须通过政治革命来实现社会变革；而文化是在观念形态上反映政治和经济革命的要求，并转过来为它们服务的。这就是用唯物史观来回答"中国向何处去"的问题。

　　那么，如何进行革命呢？这就要解决马克思列宁主义的普遍真理与中国革命的具体实践相结合的问题，要学会运用马克思列宁主义原理来认识中国社会，形成适合中国国情的革命理论，来指导革命实践。而在这一过程中，既要反对"左"的和右的错误倾向，又要克服教条主义和经验主义。这些错误倾向，从其认识论的基础来说，是唯心论和机械唯物论。毛泽东说："唯心论和机械唯物论,机会主义和冒险主义,都是以主观和客观相分裂,以认识和实践相脱离为特征的。以科学的社会实践为特征的马克思列宁主义的认识论,不能不坚决反对这些错误思想。"①就是说,要正确地运用马克思列宁主义来指导中国革命,那就首先必须按照能动的革命的反映论的观点,正确解决意识和存在的关系问题,以求达到主观和客观、理论和实践的具体的历史的统一。

正是在力求运用马克思列宁主义来回答"中国向何处去"问题(亦即回答古今中西之争)的过程中,中国共产党人经历了一系列的斗争,战胜了形形色色的资产阶级哲学流派,克服了革命阵营内部的错误倾向,才越来越深刻地领会了辩证唯物主义和历史唯物主义,使中国近代哲学革命达到了新的高度。

毛泽东说:"这是自有人类历史以来第一次正确地解决意识和存在关系问题的科学的规定。"②之所以说"第一次"作出"科学的规定",就在于马克思提出了"科学的社会实践"的观点,把基于实践的社会历史和认识活动了解为客观过程的反映和主观能动性的作用,从而唯物地和辩证地解决了意识和存在、社会意识和社会存在的关系问题。这里包含着三个互相联结的环节,即客观过程的反映、主观能动性的作用和革命的实践。革命的实践可说是主观和客观之间的桥梁:必须通过革命的实践,物质的东西才能反映到人的头脑,转化为观念的东西;也只有通过革命的实践,主观才能见之于客观,表现出意识的能动作用。毛泽东用"能动的革命的反映论"一词把三个环节统一起来,对认识论和历史观

---

① 毛泽东:《实践论》,《毛泽东选集》第 1 卷,第 295 页。
② 毛泽东:《新民主主义论》,《毛泽东选集》第 2 卷,第 664 页。

中的心物之辩作出科学的规定，这在中国哲学史上也是"第一次"。就历史观说，在马克思主义之前，没有科学的社会实践的观点，不了解"社会生活在本质上是实践的"，不可能有"社会存在"和"社会意识"的科学概念，不可能把唯物主义的反映论原则贯彻到社会历史领域。就认识论说，则正如毛泽东所指出的："马克思以前的唯物论，离开人的社会性，离开人的历史发展，去观察认识问题，因此不能了解认识对社会实践的依赖关系，即认识对生产和阶级斗争的依赖关系。"[①]只有把唯物史观贯彻到认识论，才能从人的社会性和人的历史发展去观察认识问题；也只有把辩证唯物主义认识论贯彻到社会历史领域，才能对社会存在和社会意识的关系作出科学的规定。中国近代哲学的演变以历史观和认识论的心物之辩为中心，"能动的革命的反映论"的提出，标志着实现了一个革命的飞跃。

毛泽东在阐述能动的革命的反映论时，强调了它和机械唯物论的区别。他在谈到矛盾的主要方面与非主要方面互相转化问题时写道：

> 我们承认总的历史发展中是物质的东西决定精神的东西，是社会的存在决定社会的意识；但是同时又承认而且必须承认精神的东西的反作用，社会意识对于社会存在的反作用，上层建筑对于经济基础的反作用。这不是违反唯物论，正是避免了机械唯物论，坚持了辩证唯物论。[②]

---

① 毛泽东：《实践论》，《毛泽东选集》第1卷，第282页。
② 毛泽东：《矛盾论》，《毛泽东选集》第1卷，第326页。

毛泽东认为,在物质和精神相互作用的过程中,物质的东西一般地表现为主要的决定的作用,但精神对物质的反作用在一定条件下也可以表现为主要的决定作用。当然,两个"决定作用"是有区别的:前者是就物质第一性、意识第二性来说的,物质决定精神贯串于历史发展的全过程;而后者则是就发展过程中的某个环节说,精神的反作用具有了决定意义。精神的反作用总是存在的,但只有在一定条件下才成为有关全局的主要的决定的东西。而且,科学的革命的思想之所以具有巨大的能动作用,正在于它植根于现实生活,是客观存在及其规律的正确反映,正在于它同群众的革命实践相联系,因而能够从主观转化为客观;脱离现实、脱离实践的思想,在任何时候、任何条件下都不会起促进现实发展的决定作用或能动作用。

能动的革命的反映论的观点,体现在党的实事求是的思想路线之中。毛泽东对"实事求是"一语作了新的解释:

> "实事"就是客观存在着的一切事物,"是"就是客观事物的内部联系,即规律性,"求"就是我们去研究。我们要从国内外、省内外、县内外、区内外的实际情况出发,从其中引出其固有的而不是臆造的规律性,即找出周围事变的内部联系,作为我们行动的向导。①

这就是说,运用马克思主义的立场、观点、方法来解决中国革命问

---

① 毛泽东:《改造我们的学习》,《毛泽东选集》第 3 卷,第 801 页。

题，一方面要坚持唯物主义，从社会实际情况出发，力求把握客观事物固有的规律性；另一方面要尊重辩证法，要发挥人的自觉的能动性，在详细占有材料的基础上来引出规律性的认识，并用这种认识来指导实践。所以"实事求是"的思想路线，必然要求我们在一切工作中贯彻能动的革命的反映论的基本观点。

中国共产党人就是依据这个基本观点，贯彻了实事求是的路线，才科学地认识了中国的国情，找到了中国革命的道路，正确地回答了"中国向何处去"的问题。中国历史已经证明中国共产党人的回答是正确的，这也就证明了能动的革命的反映论的观点是解决思维和存在关系问题的颠扑不破的真理。"能动的革命的反映论"、"实事求是"，这是以毛泽东为代表的中国共产党人对中国近代哲学中的历史观和认识论中的心物之辩的科学总结，是马克思主义哲学中国化了的科学概括，是中国近代哲学革命发展的最基本的积极成果。

三、关于认识运动秩序的理论

毛泽东在《实践论》的结尾写道：

通过实践而发现真理，又通过实践而证实真理和发展真理。从感性认识而能动地发展到理性认识，又从理性认识而能动地指导革命实践，改造主观世界和客观世界。实践、认识、再实践、再认识，这种形式，循环往复以至无穷，而实践和认识之每一循环的内容，都比较地进到了高一级的程度。这就是辩证唯物论的全部认识论，这就是辩证唯物论的知行统一观。①

这里讲的辩证唯物论的知行统一观,包括三个内容:第一,实践是认识的基础,真理是在实践过程中发现,并在实践中证实和发展起来的;第二,一个完整的认识过程要经过由感性认识到理性认识,由理性认识到实践的两次能动的飞跃,达到认识世界和改造世界、改造客观世界和改造主观世界的统一;第三,认识运动的总秩序是实践、认识,再实践、再认识……螺旋式的无限前进的运动。这三个基本观点是马克思、恩格斯、列宁已经提出来了的。毛泽东全面地系统地加以论述和发挥,使之取得中国化的形式,对中国哲学史(尤其是中国近代哲学史)经过长期探讨的认识论上的知行关系问题作了科学总结。

毛泽东在辩证唯物主义的知行统一观上的贡献,特别在于他在阐明认识运动的总秩序时作出了新的理论概括,这可以从下面几点来说明。

第一点,实践和认识反复的螺旋式前进运动。

《实践论》的最后一段阐明了认识运动的总秩序:"实践、认识,再实践、再认识,这种形式,循环往复以至无穷,而实践和认识之每一循环的内容,都比较地进到了高一级的程度。"②这里说实践和认识的每一反复,是指从实践取得感性认识,进而发展到理性认识,又转过来指导革命实践这一个过程。但是,一般地说来,这个实践和认识的循环往复,不能看成是一次完成的,因为人们

———————

① 毛泽东:《实践论》,《毛泽东选集》第 1 卷,第 296—297 页。
② 同上注。

受着许多的限制，"不但常常受着科学条件和技术条件的限制，而且也受着客观过程的发展及其表现程度的限制（客观过程的方面及本质尚未充分暴露）"①。因此，当着人们用他们的理论来指导实践的时候，部分错了或全部错了的事，是常常有的。所以，毛泽东说："许多时候须反复失败过多次，才能纠正错误的认识，才能到达于和客观过程的规律性相符合，因而才能够变主观的东西为客观的东西，即在实践中得到预想的结果。"②这里包含着这样的思想：实践和认识的每一次反复，都是实践对认识的检验。而这种检验就是指人们经过成功和失败的比较，能够证实真理的成分和发现错误成分。对于特定的客观过程来说，人们往往要经过实践和认识的多次反复、成功与失败的往复比较，才达到主观认识和客观规律的基本相符，解决主观和客观、理论和实践的矛盾。这样，人们对于某一发展阶段的某一客观过程的认识运动就算完成了，也就是获得了对这一客观过程的真理性的认识。当然，这种真理性的认识是相对真理。但相对之中有绝对，绝对真理正是通过无数的相对真理而展开的。毛泽东说：

　　客观现实世界的变化运动永远没有完结，人们在实践中对于真理的认识也就永远没有完结。马克思列宁主义并没有结束真理，而是在实践中不断地开辟认识真理的道路。我们的结论是主观和客观、理论和实践、知和行的具体的历史

---

① 毛泽东：《实践论》，《毛泽东选集》第1卷，第294页。
② 同上注。

的统一,反对一切离开具体历史的"左"的或右的错误思想。①

就是说,客观真理是永远不可穷尽的。已经获得的真理(包括马克思列宁主义)为进一步探索真理开辟道路,正是通过一次又一次的"主观和客观、理论和实践、知和行的具体的历史的统一",人们对于客观真理的认识就一次又一次地深化,一次又一次地扩展,认识运动的总秩序就表现为实践、认识、再实践、再认识的螺旋式的无限前进的运动。毛泽东这一对认识运动总秩序的表述,把人类认识世界的过程看成是无限前进的运动,其中包含着无数次实践和认识的反复,无数次主观和客观的具体的历史的统一;人类获得的每一具体的历史的真理都是相对的,而绝对寓于相对之中,绝对真理的长河就展现为无限前进的运动。

第二点,特殊和一般反复的螺旋式前进运动。

毛泽东在《矛盾论》中写道:

　　就人类认识运动的秩序说来,总是由认识个别的和特殊的事物,逐步地扩大到认识一般的事物。人们总是首先认识了许多不同事物的特殊的本质,然后才有可能更进一步地进行概括工作,认识诸种事物的共同的本质。当着人们已经认识了这种共同的本质以后,就以这种共同的认识为指导,继续地向着尚未研究过的或者尚未深入地研究过的各种具体的事物进行研究,找出其特殊的本质,这样才可以补充、丰富

① 毛泽东:《实践论》,《毛泽东选集》第 1 卷,第 296 页。

和发展这种共同的本质的认识，而使这种共同的本质的认识不致变成枯槁的和僵死的东西。这是两个认识的过程：一个是由特殊到一般，一个是由一般到特殊。人类的认识总是这样循环往复地进行的，而每一次的循环（只要是严格地按照科学的方法）都可能使人类的认识提高一步，使人类的认识不断地深化。[①]

实践和认识的反复，也就是由感性认识到理性认识又由理性认识到实践的反复。人们在实践中间所接触的和所变革的，总是一个一个的物质的个体。所以，在实践中获得的感性经验总是个别的。而理论则要把握一般的东西。所以，理论从实践中来，又回到实践中去，同时也就是从个别概括出一般，又由一般来指导个别的过程。但是一般的东西又是可以分为等级的。相对于高一级的一般来说，低一级的一般就成了特殊，而一般又寓于特殊之中。因此，基于实践的理论认识的深化的运动，就必然是由特殊到一般，又由一般到特殊反复进行的。而总起来看（从它的发展方向来看），这种循环往复的运动就表现为"由认识个别的和特殊的事物，逐步地扩大到认识一般的事物。"[②]实践经验所提供的是客观事物在运动中的许多个别特性、个别现象，理论认识才进一步来解决事物运动的本质的问题。但是，运动的本质就是事物的内部矛盾，既包含矛盾的特殊性（一种事物区别于他种事物的特殊的本质），又包含矛盾的普遍性（诸种事物的共同的本质）；而

---

① 毛泽东：《矛盾论》，《毛泽东选集》第 1 卷，第 309—310 页。
② 毛泽东：《矛盾论》，《毛泽东选集》第 1 卷，第 309 页。

普遍性即寓于特殊性之中。理论认识把握了若干事物的特殊本质，从中概括出共同本质；又以这种共同本质的认识作指导，进而研究其他事物的特殊本质，这样便又可以使这种共同本质的认识得到补充而更加丰富和发展起来。所以，理论认识经过特殊到一般又由一般到特殊的反复，就能够越来越深刻地揭示出事物变化发展的一般的本质，以至于达到对物质运动的最一般规律、即唯物辩证法的规律的认识。

　　人们通常说，个别事物是具体的，一般概念是抽象的；经验是具体的，理论是抽象的。但从辩证法的意义说，经过特殊与一般的反复而达到的一般本质的认识，才是真正具体的，所以说："没有抽象的真理，真理总是具体的。"①毛泽东讲"主观和客观、理论和实践、知和行的具体的历史的统一"②，也正是在这一意义上使用"具体"一词的。他提出要"系统地而不是零碎地、实际地而不是空洞地"学会马克思列宁主义③，也就是要求把马克思列宁主义作为具体真理来掌握的意思。唯物辩证法所谓具体包含着双重意义：一是坚持理论联系实际的原则，反对教条主义以空洞的理论为"抽象"；二是要把握关于客观过程的全体的、本质的、内部联系的认识，亦即系统的完整的科学见解，反对经验主义以零碎现象为"具体"。认识由特殊到一般、又由一般到特殊的反复的运动，也就是由具体到抽象、又由抽象到具体的反复的过程。人们在实践中接触和变革的对象是具体事物，所以认识总是开始于具

---

① 列宁：《进一步，退两步》，《列宁全集》第 8 卷，人民出版社 1986 年版，第 412 页。
② 毛泽东：《实践论》，《毛泽东选集》第 1 卷，第 296 页。
③ 毛泽东：《中国共产党在民族战争中的地位》，《毛泽东选集》第 2 卷，第 533 页。

体的东西,而后随着实践的深入,经过科学的分析、比较和研究,逐步揭露出事物的本质属性和因果联系,才在人的头脑里形成抽象的概念。这就是认识由具体到抽象的运动。但抽象的东西是包含着矛盾的:一方面,因为它是抽象的,所以能比低级的具体的认识更深刻地反映现实;另一方面,也正因为它是抽象的,所以又包含着"变成枯槁和僵死的东西"的可能。为了防止这种可能转化为现实,也为了促使认识再往前发展,认识必须由抽象再回到具体。这样,就使具体事物的研究由于有了科学的抽象概念的指导而避免了盲目性;而抽象的东西也由于充实了生动的内容而变得具体化了,变成了具有真正的"完备的客观性"的东西。概念有了完备的客观性,那就是主观与客观达到"具体的历史的统一",这是可以由实践来证实的。实践和认识反复不已,特殊和一般反复不已,抽象化和具体化的矛盾运动也永远没有完结。因此从它的发展方向来看,认识的总过程就是一个不断地由(低级的)具体到抽象,又由抽象到(高级的)具体的螺旋式的无限前进运动。

第三点,认识论和群众路线的统一。

毛泽东的"能动的革命的反映论"的理论概括表明,辩证唯物主义和历史唯物主义是一个有机的整体。因此,他关于认识过程的理论具有深刻的历史感。他把人民群众是历史创造者的原理运用于认识论,提出了实践观点和群众观点统一、辩证唯物主义认识论和群众路线统一的理论。他认为,认识从实践中来,又到实践中去,就是从群众中来,又到群众中去的过程。他后来在《工作方法六十条》中说:"概念、判断的形成过程、推理的过程,就是'从群众中来'的过程;把自己的观点和思想传达给别人的过程,

就是'到群众中去'的过程。"①这种从群众中来,到群众中去的认识过程,对于领导者来说,就要求工作方法上走群众路线。他说:

　　在我党的一切实际工作中,凡属正确的领导,必须是从群众中来,到群众中去。这就是说,将群众的意见(分散的无系统的意见)集中起来(经过研究,化为集中的系统的意见),又到群众中去作宣传解释,化为群众的意见,使群众坚持下去,见之于行动,并在群众行动中考验这些意见是否正确。然后再从群众中集中起来,再到群众中坚持下去。如此无限循环,一次比一次地更正确、更生动、更丰富。这就是马克思主义的认识论。②

群众路线之所以要求从群众中集中起来,再到群众中坚持下去这样无限循环,是因为认识过程本身是一个从群众中来,到群众中去不断反复的螺旋式无限前进的运动。群众的实践经验是人类智慧的唯一源泉,它有着科学理论所不可比拟的生动丰富的内容。不过,它是粗糙的东西,可以说,是一个庞杂的库藏,是由无数分散的、良莠不齐、精粗不分的经验构成的。群众的实践经验反映在人们的思想、言论中,就表现为形形色色的意见。客观现实世界是无限多样的,而认识又要受千差万别的条件的限制,因此,群众的意见必然是丰富而多样,但也分散而无系统。就一定领域说,为要形成理论以指导革命实践,就必须把这种分散的、无

---

① 毛泽东:《工作方法六十条(草案)》,《毛泽东文集》第 7 卷,人民出版社 1999 年版,第 358 页。
② 毛泽东:《关于领导方法的若干问题》,《毛泽东选集》第 3 卷,第 899 页。

系统的意见经过比较和鉴别，分析和综合，然后概括起来，形成科学的概念和判断，并运用推理的方法，作出合乎逻辑的结论。这样就把来自群众的那些原料、半成品，经过加工制作而为成品，即成为科学的论断了。这种科学论断比之群众意见更高，更有集中性和系统性，因此也就更正确、更深刻、更完全地反映了客观事物的本质。但是，要使科学的理论、计划变为群众的行动，就必须以恰当的方式对群众作宣传、教育。不论是科学研究还是实际工作领域，通常总是由个别的人从群众的实践中，当然也从自己的科学实验中，概括出科学的理论。而群众中比较先进的分子，首先接受这种理论，用他们的言论、行动来为真理开辟道路。然后经过一段时间的宣传、教育，经过逻辑论证和事实验证，科学的论断才会为多数人所接受，成为多数人所公认的意见。理论为群众所掌握，就会在现实中发挥出它的力量。从实际工作来说，由于贯彻了这种群众路线的工作方法，当集中起来的科学论断化为群众自己的意见时，就使群众能够在共同的目标下团结起来，在统一领导下，齐心协力地克服困难或战胜敌人。这样就可以使理论化为现实，真正达到主观和客观、理论和实践的具体的历史的统一。

　　实践和认识的辩证运动是无穷的，那么，从群众中来，到群众中去的辩证运动也是无穷的。一种系统的集中的意见，一种科学的理论、计划，为群众掌握了，贯彻于实践了，群众必然又在工作实践中依各自的条件而创造出丰富多样的新经验来；这种新经验又表现为新的分散的无系统的意见，又需要加以集中，加以提高，使之上升为新的理论；然后又回到实践中去，指导实践。这是一个由多样到统一，又由统一到多样循环往复的运动，或用《易传》

的话说,就是"百虑"转化为"一致","一致"又转化为"百虑"的反复过程。经过这样的反复,认识的内容(就其发展的方向来说),就由浅入深,由片面到更多的方面,以至越来越接近列宁说的"全面性要求"了。科学理论的研究,革命工作的方法都(自发地或自觉地)遵循着这一个认识运动的秩序。

　　毛泽东在讲群众路线的工作方法的时候指出:"我们共产党人无论进行何项工作,有两个方法是必须采用的,一是一般和个别相结合,二是领导和群众相结合。"①他认为这两个方法是统一的,从群众中来又到群众中去,也即是从个别到一般,又从一般到个别。而从认识运动的秩序来说,分散和集中的反复、特殊和一般的反复,也就是实践、认识、再实践、再认识的循环往复的螺旋式的前进运动。毛泽东用了三个"循环往复"来表述认识运动的总秩序,这在马克思主义文献中是新的理论概括。毛泽东的概括说明:以群众的实践为基础的认识的运动,是一个从多样到统一,又从统一到多样的反复过程;也是一个由特殊到一般,由一般到特殊的反复过程;而总起来从它的发展方向来看,则表现为从片面发展到更多的方面,从个别、特殊上升到一般,从具体到抽象又由抽象上升到(辩证法的)具体这样一个无限前进的运动。

四、客观辩证法与主观辩证法的统一

　　毛泽东在《矛盾论》中系统地论述了对立统一法则,其主要之点是:

---

① 毛泽东:《关于领导方法的若干问题》,《毛泽东选集》第3卷,第897页。

首先，他指出："和形而上学的宇宙观相反，唯物辩证法的宇宙观主张从事物的内部、从一事物对他事物的关系去研究事物的发展，即把事物的发展看做是事物内部的必然的自己的运动。"①他说："外因是变化的条件，内因是变化的根据，外因通过内因而起作用。"②就是说，矛盾是运动的源泉，内部矛盾是事物变化发展的根据，但内部根据和外部条件又是互相联结着的。

其次，他考察了矛盾的普遍性和矛盾的特殊性。针对教条主义的错误，他特别详细地考察了矛盾的特殊性，包括：物质各种运动形式、各个发展过程和各个发展阶段皆有其矛盾的特殊性，矛盾的各方面以及它们在各阶段上的变化皆有其特殊性；并强调不同质的矛盾要用不同质的方法来解决，事物的各种矛盾和矛盾的各个方面还有主要、次要之分，等等。

第三，他考察了矛盾诸方面的统一性和斗争性的关系，并用"相反相成"一语来说明："'相反'就是说两个矛盾方面的互相排斥，或互相斗争。'相成'就是说在一定条件之下两个矛盾方面互相联结起来，获得了同一性。"③还指出：矛盾的转化表现为新陈代谢的过程，"新陈代谢是宇宙间普遍的永远不可抵抗的规律。"④

这就是作为客观辩证法的对立统一法则的基本点，是马克思、恩格斯、列宁已经提出了的。毛泽东全面地、系统地加以论述，使之取得中国化的形式，同时也是对中国近代哲学长期考察

---

① 毛泽东：《矛盾论》，《毛泽东选集》第 1 卷，第 301 页。
② 毛泽东：《矛盾论》，《毛泽东选集》第 1 卷，第 302 页。
③ 毛泽东：《矛盾论》，《毛泽东选集》第 1 卷，第 333 页。
④ 毛泽东：《矛盾论》，《毛泽东选集》第 1 卷，第 323 页。

的发展观(首先是社会发展观)作了科学的总结。这是中国近代从进化论发展到唯物史观,又克服了片面讲联合的右的倾向和片面讲斗争的"左"的倾向而达到的一般发展观的总结。

但是毛泽东在辩证法方面的贡献,尤其在于其著作极好地体现了宇宙观和方法论、客观辩证法和主观辩证法的统一。他说:"这个辩证法的宇宙观,主要地就是教导人们要善于去观察和分析各种事物的矛盾的运动,并根据这种分析,指出解决矛盾的方法。"①这是说宇宙观即方法论。又说:"什么方法呢? 那就是熟识敌我双方各方面的情况,找出其行动的规律,并且应用这些规律于自己的行动。"②这是讲认识论即方法论。他又说:"客观矛盾反映人主观的思想,组成了概念的矛盾运动,推动了思想发展,不断地解决了人们的思想问题。"③概念的矛盾运动即逻辑。唯物辩证法是客观辩证法、认识论和逻辑的统一。逻辑是客观辩证法的反映和认识史的总结,而方法无非是逻辑的运用。《矛盾论》和《实践论》所阐明的辩证法和认识论,也就是《论持久战》、《新民主主义论》中所运用的逻辑。

对立统一规律作为逻辑思维的根本规律来运用,就是分析和综合相结合的方法。毛泽东在他的很多著作中熟练地运用了这种方法。这可以举《论持久战》为例。毛泽东在驳斥亡国论与速胜论时写道:

---

① 毛泽东:《矛盾论》,《毛泽东选集》第 1 卷,第 304 页。
② 毛泽东:《中国革命战争的战略问题》,《毛泽东选集》第 1 卷,第 178 页。
③ 毛泽东:《矛盾论》,《毛泽东选集》第 1 卷,第 306 页。

我们和亡国论者不同，我们客观地而且全面地承认亡国和解放两个可能同时存在，着重指出解放的可能占优势及达到解放的条件，并为争取这些条件而努力。……

我们客观地并全面地估计到一切敌我情况，指出只有战略的持久战才是争取最后胜利的唯一途径，而排斥毫无根据的速胜论。我们主张为着争取最后胜利所必要的一切条件而努力，条件多具备一分，早具备一日，胜利的把握就多一分，胜利的时间就早一日。我们认为只有这样才能缩短战争的过程，而排斥贪便宜尚空谈的速胜论。[1]

这里所说，包含有三个环节：

第一，必须从实际出发，客观地全面地考察现状和历史，把握变化发展的根据。这种变化发展的根据是从考察事物的原始的基本关系中得到的，如《论持久战》的根据是由中日双方互相矛盾着的全部基本要素规定的。毛泽东指出：论军力、经济力和政治组织力，敌强我弱；论战争的性质，我们是进步的和正义的，敌人是退步的和野蛮的；再加上我地大、物博、人多、兵多，国际上得道多助，对比之下，敌人恰恰相反。这样客观地全面地分析了战争的基本要素，就把握了规定战争的持久性和最后胜利属于中国的根据。

第二，通过对矛盾的分析来指出各种发展的可能性，并且揭示发展的必然趋势。根据是事物的矛盾；对矛盾作具体分析，就

---

[1] 毛泽东：《论持久战》，《毛泽东选集》第 2 卷，第 459 页。

是要求分别考察每个矛盾方面,看它们如何互相关联、互相作用,矛盾在实际中是如何发展,达到解决的。经过这样的分析和综合,就能揭示事物发展的不同可能性及其主要趋势。譬如《论持久战》中,具体考察了中日双方在战争中各种矛盾的展开,指出战争发展有亡国和解放两种可能性,而经过持久战以获得民族解放,则是占优势的可能性。毛泽东指出:战争是敌我双方的特点的比赛,矛盾运动的发展将使开始时的不平衡(敌强我弱)转变为平衡(敌我相持)再转变到新的不平衡(敌弱我强),于是持久战将分为三个阶段,中国将由战略防御阶段,经战略的相持阶段,达到战略反攻阶段,"这是战争的自然逻辑"。这样就有说服力地阐明了为什么最后的胜利是中国的,同时也就批驳了亡国论、速胜论等谬论。

第三,阐明如何创造条件,使有利于人民的可能性变为现实,以达到革命的目的。《论持久战》后半部分就是讲"怎样做",即中国人民怎样依据规律有计划地来创造条件,经过持久战取得最后胜利,实现"驱逐日本帝国主义,建立自由平等的新中国"[1]的目的。这就要求发挥人的自觉的能动性,把自然逻辑和主观努力结合起来,进行政治动员,在战争中采取正确的战略和战术等。毛泽东说:"客观因素具备着这种变化的可能性,但实现这种可能性,就需要正确的方针和主观的努力。这时候,主观作用是决定的了。"[2]

《论持久战》的逻辑结构和它所运用的分析与综合相结合的

---

① 毛泽东:《论持久战》,《毛泽东选集》第 2 卷,第 481 页。
② 毛泽东:《论持久战》,《毛泽东选集》第 2 卷,第 487 页。

方法，大体就是如此，这里包含的三个基本环节是："开始、进展、目的。"黑格尔在《小逻辑》中已提到分析和综合结合的方法包括"开始、进展、目的"三个环节。他只是猜测到的，作了抽象的而且是唯心主义的说明。《论持久战》、《新民主主义论》则非常清晰而完整地体现了辩证逻辑的分析和综合相结合的过程。可以说，继《资本论》之后，毛泽东的著作为我们提供了运用辩证逻辑的典范。

列宁曾说《资本论》对商品的分析包括"两种分析：演绎的和归纳的，——逻辑的和历史的"[①]。也就是说，辩证逻辑的分析和综合相结合方法，是包括演绎和归纳统一、逻辑和历史统一两种方法的。毛泽东在运用对立统一规律对事物作矛盾分析时，也正是如此。

演绎和归纳的统一就是一般与个别相结合。毛泽东说矛盾的共性与个性的道理是"关于事物矛盾的问题的精髓"[②]。依据矛盾的普遍性和特殊性相互联系的原理，逻辑和方法论上的主要要求是什么呢？毛泽东说："当着我们研究一定事物的时候，就应当去发现这两方面及其互相联结，发现一事物内部的特殊性和普遍性的两方面及其互相联结，发现一事物和它以外的许多事物的互相联结。"[③]就是说，首先要求从普遍和特殊的互相联结来考察事物的内部矛盾与外部条件；而在具体考察矛盾运动时，既要分析地把握矛盾着的各方面及其相互关系，又要综合地把握矛盾的总

---

① 列宁：《哲学笔记》，《列宁全集》第 55 卷，人民出版社 1990 年版，第 291 页。
② 毛泽东：《实践论》，《毛泽东选集》第 1 卷，第 320 页。
③ 毛泽东：《矛盾论》，《毛泽东选集》第 1 卷，第 318 页。

体,这都是需要从普遍和特殊的互相联结来把握的。

例如在《新民主主义论》中,毛泽东指出,中国近代的革命,按其社会性质说,是资产阶级民主主义的革命,不是无产阶级社会主义的革命。但是从第一次世界大战和十月革命以来,中国的资产阶级民主主义革命已成了无产阶级社会主义的世界革命的一部分;自"五四"以后,中国无产阶级已迅速成长为一个觉悟了的独立的政治力量,所以中国已进入了新民主主义革命阶段。这就是从普遍和特殊互相联结上来考察中国的内部矛盾和外部条件,进而说明中国的新民主主义革命的历史特点。而为此历史特点所规定的新民主主义的政治、经济和文化各方面,也都要从普遍和特殊的互相联结来进行分析。

逻辑和历史的统一,作为客观辩证法,是说规律是随着历史发展的,矛盾运动的逻辑体现在新陈代谢的历史过程中。毛泽东在论述新陈代谢的规律时说:"依事物本身的性质和条件,经过不同的飞跃形式,一事物转化为他事物,就是新陈代谢的过程。任何事物的内部都有其新旧两个方面的矛盾,形成为一系列的曲折的斗争。斗争的结果,新的方面由小变大,上升为支配的东西;旧的方面则由大变小,变成逐步归于灭亡的东西。而一旦新的方面对于旧的方面取得支配地位的时候,旧事物的性质就变化为新事物的性质。"①依据这个新陈代谢的规律,在方法论上便要求从逻辑和历史的统一来分析事物的矛盾转化过程,考察事物如何由于新旧力量的斗争而不断地推陈出新,由量变引起质变,由低级阶

---

① 毛泽东:《矛盾论》,《毛泽东选集》第1卷,第323页。

段发展到高级阶段。

例如在《新民主主义论》中，毛泽东说："中国社会的新旧斗争，就是人民大众（各革命阶级）的新势力和帝国主义及封建阶级的旧势力之间的斗争。这种新旧斗争，即是革命和反革命的斗争。"①他对新旧势力作了具体的历史的分析，指出：在"五四"以后，虽然中国民族资产阶级继续参加了革命，但中国资产阶级民主革命的政治领导者，已经不再属于资产阶级，而是属于无产阶级了。这便规定了中国革命的自然逻辑：第一步进行新民主主义革命，由无产阶级领导人民大众进行反帝反封建的斗争；第二步，到条件具备时，发展为社会主义革命。这就是从逻辑和历史的统一来考察中国近代社会如何由于矛盾斗争而展开新陈代谢的过程，中国革命将如何合乎逻辑地由新民主主义阶段转变为社会主义阶段。

《论持久战》和《新民主主义论》等著作所提出的关于抗日战争和中国新民主主义革命进程的科学预见，都早已为实践所证实。这也就证明了这些著作中的辩证思维的现实性和力量。毛泽东没有写辩证逻辑的专门著作，但他的一些重要著作却正体现了概念辩证法和客观辩证法的统一，这是值得后人研究的。不过，毛泽东的辩证逻辑也存在着某些不足之处。这主要表现在两方面：一是他的辩证逻辑思想基本上是从社会历史领域中概括出来的，同近现代自然科学的联系较薄弱；二是他的辩证逻辑思想虽然有反对教条主义的作用，但是没有能够明确地揭示出教条主

---

① 毛泽东：《新民主主义论》，《毛泽东选集》第2卷，第696页。

义是封建经学方法在马克思主义外衣下的重演,因而对经学方法的批判是不力的。这两方面的不足,也是值得后人注意的。

五、经过人民民主专政到达大同之路

同中国近代许多先进思想家一样,毛泽东也讨论了社会理想问题。他把马克思的科学共产主义理论中国化了,为中国的社会革命勾画了理想的前景,特别在他的关于人民民主专政的理论中,提出了到达大同之路。

首先争取民族独立,进而实现世界大同,这是洪秀全、康有为、孙中山等先进中国人的共同愿望。但是,只有到李大钊,这种愿望才开始由空想变为科学。中国共产党成立后,又经过 28 年的斗争,中国人民才取得了民族独立和民主革命的基本胜利。在中华人民共和国成立的前夕,毛泽东发表了《论人民民主专政》一文,回顾了自从 1840 年以来,先进的中国人为了使国家复兴,如何经过千辛万苦,向西方寻找真理,提出过种种方案,经历了多次失败,最后,马克思列宁主义和中国革命实践相结合,终于找到了一条正确的道路。毛泽东说:

　　资产阶级的民主主义让位给工人阶级领导的人民民主主义,资产阶级共和国让位给人民共和国。这样就造成了一种可能性:经过人民共和国到达社会主义和共产主义,到达阶级的消灭和世界的大同。康有为写了《大同书》,他没有也不可能找到一条到达大同的路。资产阶级的共和国,外国有过的,中国不能有,因为中国是受帝国主义压迫的国家。唯

一的路是经过工人阶级领导的人民共和国。[1]

经过无产阶级专政的过渡时期来"创设条件，使阶级、国家权力和政党很自然地归于消灭，使人类进到大同领域"，这是马克思的理论。毛泽东根据马克思的理论来回答"中国向何处去"的问题，指出：经过工人阶级领导的人民共和国、即人民民主专政到达社会主义和共产主义，是唯一正确的路。

　　什么是人民民主专政？他说："对人民内部的民主方面和对反动派的专政方面，互相结合起来，就是人民民主专政。"[2]专政，是对敌人说的。国家机器"对于敌对的阶级，它是压迫的工具，它是暴力，并不是什么'仁慈'的东西"[3]。而民主，是对人民说的。"有了人民的国家，人民才有可能在全国范围内和全体规模上，用民主的方法，教育自己和改造自己。"[4]这就是运用人民民主专政来正确处理两类社会矛盾的学说，毛泽东后来在《关于正确处理人民内部矛盾的问题》中更详细地论述了这一学说。

　　在中国古代，儒家和法家曾展开所谓"王霸（德力）之争"，即治理国家主要是施行仁政、德教呢，还是依赖暴力、刑法？论争的结果是：地主阶级国家需要以"霸王道杂之"，即把德教和暴力两手结合起来，发挥牧师和刽子手的双重职能来对付劳动人民。旧时代的国家机器掌握在少数剥削者手里，它实质上是镇压人民大

---

① 毛泽东：《论人民民主专政》，《毛泽东选集》第4卷，第1471页。
② 毛泽东：《论人民民主专政》，《毛泽东选集》第4卷，第1475页。
③ 毛泽东：《论人民民主专政》，《毛泽东选集》第4卷，第1476页。
④ 同上注。

众的暴力工具,所谓"仁政"、"德教"只是用来掩盖暴力的欺骗手段。人民共和国则掌握在人民大众手里,它对少数反动派是暴力,而对人民来说,则是保护人民用民主的方法进行自我教育的工具。过去的"王霸(德力)"之争,这才真正获得了解决。当然,这是在理论原则上的解决。在实践中人民如何当家作主人翁,如何正确区分和处理两类不同性质的社会矛盾,如何由群众自主地用民主的方法进行自我教育,都是复杂的问题。

前面说过,中国近代哲学革命的进程,可以说是中国人民的革命的世界观由自在而自为的发展过程,这突出表现在"通过群众的革命斗争来实现理想社会"这种观念的发展上。这种观念在太平天国那里是潜在的、包裹在神学外衣中的,经康有为、孙中山,到共产党人才达到自觉,取得了科学的形态。毛泽东关于经过人民共和国来消灭阶级、实现大同理想的学说,把近代哲学关于理想社会的探讨推进了一大步。不过,理想与现实的交互作用表现为复杂的、曲折的进程,不像人们在新中国即将诞生时预想的那样简单;毛泽东关于人民民主专政理论的某些提法,应该随着现实的发展而有所改进。比如,他正确地指出"严重的问题是教育农民"[①];但他当时没有指明(后来也未能阐明),问题的严重性特别在于:在一个以农民为主体的国家里,行政权力支配社会的现象和农业社会主义的空想是极难克服的,因此经过人民共和国来实现大同理想的学说,容易受到小农眼界的歪曲。又如,毛泽东说:"有了人民的国家,人民才有可能在全国范围内和全体规

---

① 毛泽东:《论人民民主专政》,《毛泽东选集》第 4 卷,第 1477 页。

模上，用民主的方法，教育自己和改造自己，使自己脱离内外反动派的影响。"①这个论断在建国初期是正确的，但是在宣布社会主义改造基本完成之后，仍然执着这一论断，把人民内部的种种矛盾都看作是"内外反动派的影响"或阶级斗争的反映，并且用"全国范围内和全体规模上"的急风暴雨式的群众性斗争的方法来处理，这就导致了阶级斗争的严重扩大化。

六、革命的功利主义和群众观点

为要实现共产主义的社会理想，当然需要有一批共产主义者作先锋队，带领群众作不懈的奋斗；而所谓用民主的方法进行群众自我教育，也就是要不断提高人的德性，培养出一代又一代的社会主义、共产主义的新人。毛泽东描绘了共产主义的自由人格的精神面貌。

首先，他应该是马克思主义者。而真正的马克思主义必定是理论和实践统一、理想和现实统一的。所以毛泽东说："共产党员应是实事求是的模范，又是具有远见卓识的模范。"②也就是说，共产主义者应该把握能动的革命的反映论的观点。

其次，毛泽东说："共产党人的一切言论行动，必须以合乎最广大人民群众的最大利益，为最广大人民群众所拥护为最高标准。"③他又把共产党人比作种子，人民比作土地，强调共产党人要

---

① 毛泽东：《论人民民主专政》，《毛泽东选集》第 4 卷，第 1476 页。
② 毛泽东：《中国共产党在民族战争中的地位》，《毛泽东选集》第 2 卷，第 522 页。
③ 毛泽东：《论联合政府》，《毛泽东选集》第 3 卷，第 1096 页。

和人民结合起来，"在人民中间生根、开花。"[1]

这就是党的三大作风中的前两条，是共产主义精神面貌的根本特征，而从人生观的理论来说，这两条也意味着对中国近代哲学中的义利之辩与群己之辩作出了马克思主义的回答。

关于义利之辩，毛泽东提出革命的功利主义。他说：

> 世界上没有什么超功利主义，在阶级社会里，不是这一阶级的功利主义，就是那一阶级的功利主义。我们是无产阶级的革命的功利主义者，我们是以占全人口百分之九十以上的最广大群众的目前利益和将来利益的统一为出发点的，所以我们是以最广和最远为目标的革命的功利主义者，而不是只看到局部和目前的狭隘的功利主义者。……任何一种东西，必须能使人民群众得到真实的利益，才是好的东西。[2]

这是说，对于无产阶级和广大群众，革命的道德以革命的利益为基础，二者是统一的。而且毛泽东的革命功利主义还有更广泛的含义。他认为，一切"好"的东西，归根到底都以人民的利益为内容。这最广义的"好"、亦即价值，包括道德的善、艺术的美、科学理想的真以及一切有益的制度、设施等等，都是为了使人民群众能得到真实利益。这里包含有一种价值观，它涉及到价值判断的根据是效果还是动机的问题。同义利之辩相联系，志功（动机与效果）之辩也是哲学史上争论不休的问题，功利主义者多主张效

---

① 毛泽东：《关于重庆谈判》，《毛泽东选集》第 4 卷，第 1162 页。
② 毛泽东：《在延安文艺座谈会上的讲话》，《毛泽东选集》第 3 卷，第 864—865 页。

果论,而非功利主义者则主张动机论。毛泽东说:

> 这里所说的好坏,究竟是看动机(主观愿望),还是看效果(社会实践)呢? 唯心论者是强调动机否认效果的,机械唯物论者是强调效果否认动机的,我们和这两者相反,我们是辩证唯物主义的动机和效果的统一论者。为大众的动机和被大众欢迎的效果,是分不开的,必须使二者统一起来。[①]

毛泽东把能动的革命的反映论贯彻于价值领域,一方面指出,"社会实践及其效果是检验主观愿望或动机的标准"[②],行为的好坏、作品的美丑,都要看社会效果。另一方面,他又指出动机与效果的统一是一个过程,"真正的好心,必须顾及效果,总结经验,研究方法",[③]发现了错误,就作诚恳的自我批评,决心改正。只有在这种力求动机与效果统一的"严肃的负责的实践过程中,才能一步一步地掌握正确的立场"[④]。而掌握了(或转变到)正确的立场、即无产阶级的立场,才真正开始有了共产主义者的德性。

关于群己之辩,毛泽东提出群众观点,反对个人主义。他说:

> 共产党员无论何时何地都不应以个人利益放在第一位,而应以个人利益服从于民族的和人民群众的利益。[⑤]

[①] 毛泽东:《在延安文艺座谈会上的讲话》,《毛泽东选集》第 3 卷,第 868 页。
[②] 同上注。
[③] 毛泽东:《在延安文艺座谈会上的讲话》,《毛泽东选集》第 3 卷,第 874 页。
[④] 同上注。
[⑤] 毛泽东:《中国共产党在民族战争中的地位》,《毛泽东选集》第 2 卷,第 522 页。

> 全心全意地为人民服务，一刻也不脱离群众；一切从人民的利益出发，而不是从个人或小集团的利益出发……这些就是我们的出发点。①

20世纪三四十年代的马克思主义者，包括毛泽东、刘少奇等在内，再不像李大钊那样主张"合理的个人主义与合理的社会主义的统一"，而是强调个人主义与集体主义的对立，以为个人主义把个人利益放在第一位，把党和群众的利益放在第二位，对革命事业有极大危害。但毛泽东是把个性发展和个人主义区别开来了的，反对个人主义而鼓励个性发展。他说：

> 解放个性，这也是民主对封建革命必然包括的。有人说我们忽视或压制个性，这是不对的。被束缚的个性如不得解放，就没有民主主义，也没有社会主义。②
>
> 民族压迫和封建压迫残酷地束缚着中国人民的个性发展，束缚着私人资本主义的发展和破坏着广大人民的财产。我们主张的新民主主义制度的任务，则正是解除这些束缚和停止这种破坏，保障广大人民能够自由发展其在共同生活中的个性，能够自由发展那些不是"操纵国民生计"而是有益于

---

① 毛泽东：《论联合政府》，《毛泽东选集》第3卷，第1094—1095页。
② 毛泽东：《毛泽东书信选集·致秦邦宪》，中央文献出版社2003年版，第216页。《毛泽东书信选集》：中共中央文献研究室编辑，人民出版社1983年出版，收入毛泽东在1920年至1965年期间的372封书信。2003年，中央文献出版社对本书进行重印，同时在1983年版的基础上作了少量的修订，主要是关于人物的注释，改正了书信正文中极个别的错字。此外，还增加了毛泽东十九封书信的手迹。

国民生计的私人资本主义经济，保障一切正当的私有财产。①

个性的发展是和近代商品经济的发展互相联系着的。从革命的过程来说，只有经过民主主义，才能到达社会主义。所以毛泽东说，在中国这个半殖民地半封建社会的废墟上，若没有"几万万人民的个性的解放和个性的发展"，就要想建立起社会主义社会来，"那只是完全的空想"。②

　　正是因为要解放个性，所以群众观点中包含有尊重群众的个性的意思。所谓"全心全意地为人民服务"③，不是以诸葛亮自居，把群众看作完全被动的阿斗，而是要像刘少奇所说的："一切为了人民群众"④，"一切向人民群众负责"⑤，"相信群众自己解放自己"⑥，"向人民群众学习"⑦。只有信任人民群众，热爱人民群众，虚心做群众的学生，才能根据群众的自觉和自愿来引导他们前进，做群众的先生。毛泽东说："在一切工作中，命令主义是错误的，因为它超过群众的觉悟程度，违反了群众的自愿原则，害了急性病。……在一切工作中，尾巴主义也是错误的，因为它落后于群众的觉悟程度，违反了领导群众前进一步的原则，害了

---

① 毛泽东：《论联合政府》，《毛泽东选集》第 3 卷，第 1058 页。
② 毛泽东：《论联合政府》，《毛泽东选集》第 3 卷，第 1060 页。
③ 刘少奇：《论党》，《刘少奇选集》上卷，人民出版社，1981 年，第 343 页。《论党》：1945 年 5 月刘少奇在党的第七次全国代表大会上所作的关于修改党章的报告。这个报告，1950 年 1 月经作者改名为《论党》，由人民出版社出版，后编入《刘少奇选集》。
④ 刘少奇：《论党》，《刘少奇选集》上卷，第 348 页。
⑤ 刘少奇：《论党》，《刘少奇选集》上卷，第 349 页。
⑥ 刘少奇：《论党》，《刘少奇选集》上卷，第 350 页。
⑦ 刘少奇：《论党》，《刘少奇选集》上卷，第 352 页。

慢性病。"①这是说,一方面要群众出于自觉和自愿,自己下决心,而不是由领导者去包办代替;另一方面又要善于把群众的意见集中起来,领导群众不失时机地前进。这两方面相结合,就是群众路线的工作方法,也是能动的革命的反映论的贯彻。而从政治体制来说,就是民主集中制。毛泽东说:

> 只有民主集中制的政府,才能充分地发挥一切革命人民的意志。②

要发挥革命人民的意志,那便要尊重每个人的意志,使各个人都发表出于内心自愿的意见,而又集中起来,形成统一意志成为集体行动的动力。这就是毛泽东后来说的"又有集中又有民主,又有纪律又有自由,又有统一意志、又有个人心情舒畅、生动活泼,那样一种政治局面"③。这同李大钊所说的"个性解放和大同团结的统一"是一个意思。当然,如何来实现这种近乎理想的政治局面,那是一个很复杂的问题。

毛泽东关于培养共产主义理想人格的理论,十分强调提高自觉性,克服盲目性。他指出,党的三大作风还有一个重要方面,即认真的批评和自我批评。他认为经常地检讨工作,进行认真的批评与自我批评(必要时还进行整风),是"抵抗各种政治灰

---

① 毛泽东:《论联合政府》,《毛泽东选集》第 3 卷,第 1095 页。
② 毛泽东:《新民主主义论》,《毛泽东选集》第 2 卷,第 677 页。
③ 毛泽东:《一九五七年夏季形势》,《毛泽东选集》第 5 卷,人民出版社 1977 年版,第 456—457 页。

尘和政治微生物侵蚀我们同志的思想和我们党的肌体的唯一有效的方法"①。三大作风是不能分割的，只有养成了自我批评的作风，才能更自觉地贯彻理论和实践相结合的方针，更自觉地和人民群众紧密地联系在一起；进行批评和自我批评，正是为了提高这种自觉性。

为了提高自觉性，克服盲目性，毛泽东提倡"放下包袱"，"开动机器"②。他说：

> 所谓放下包袱，就是说，我们精神上的许多负担应该加以解除。有许多的东西，只要我们对它们陷入盲目性，缺乏自觉性，就可能成为我们的包袱，成为我们的负担。③

他列举了是否犯过错误、工作有无成绩、斗争历史长短、工农分子或知识分子、各种业务专长、年龄差别等等情况，指出，如果缺乏自觉性，这些都会成为人们的负担或包袱。他说："检查自己背上的包袱，把它放下来，使自己的精神获得解放，实在是联系群众和少犯错误的必要前提之一。"④精神解放了，还须学会"开动机器"即"要善于使用思想器官，……学会分析事物的方法，养成分析的习惯"⑤。这样既放下包袱，又开动机器，便能不断地增强自觉性了。

---

① 毛泽东：《论联合政府》，《毛泽东选集》第3卷，第1096页。
② 毛泽东：《学习与时局》，《毛泽东选集》第3卷，第947页。
③ 同上注。
④ 同上注。
⑤ 毛泽东：《学习与时局》，《毛泽东选集》第3卷，第948—949页。

毛泽东在《学习与时局》中引了孟子"心之官则思"的话,说:"他对脑筋的作用下了正确的定义"①。以为使心灵解除束缚,理性不受蒙蔽,于是"多想出智慧",便能不断提高自觉性——这种主张可说是对孔、孟、荀以来的崇尚理性自觉的儒家传统的发挥。孔、孟、荀都讲仁智统一,认为真正的道德行为应该是自觉的,而这种自觉性出于理性认识;正是根据这一点,他们认为通过教育、修养和身体力行,人人可以成为有道德的人;而修养的任务就在于"解蔽"和提高理性的自觉性。儒家重视道德行为的自觉原则的学说,在历史上产生了积极的影响,中国共产党人批判地继承了这一传统。

刘少奇的《论共产党员的修养》②突出地表现了中国共产党人对这一传统的批判继承。他指出,"古代许多人的所谓修养,大都是唯心的、形式的、抽象的、脱离社会实践的东西"③;并说:"我们是革命的唯物主义者,我们的修养不能脱离人民群众的革命实践"④,这是根本不同之点。但他同时也肯定了孔、孟讲锻炼和修养有合理成分,以为儒家讲"三省吾身"、"慎独"、勇于公开和改正错误,有如"日月之食"等等自我修养方法,都有可取之处。他还说共产主义的道德表现在对同志的"忠诚热爱",能够"'将心比心',设身处地为人家着想,体贴人家",这便是讲的无产阶级的

① 毛泽东:《学习与时局》,《毛泽东选集》第3卷,第948页。
② 《论共产党员的修养》:是刘少奇1939年7月在延安马列学院的演讲。1943年编入解放社出版的《整风文献》。1962年经作者修订,由人民出版社再版,后编入《刘少奇选集》。
③ 刘少奇:《论共产党员的修养》,《刘少奇选集》上卷,第109页。
④ 同上注。

"忠恕之道"。他又说共产党员要有"先天下之忧而忧，后天下之乐而乐"的胸怀，要有"'富贵不能淫、贫贱不能移、威武不能屈'的革命坚定性和革命气节"①，并认为"'杀身成仁'、'舍生取义'，在必要的时候，对于多数共产党员来说，是被视为当然的事情。这不是由于他们的个人的革命狂热或沽名钓誉，而是由于他们对于社会发展的科学的了解和高度自觉。"②虽然共产党人的"高度自觉"和"革命气节"有别于过去历史上的志士仁人，但自觉地坚持原则、保持气节，则是一致的。体现这一可贵传统的人，正是鲁迅称颂的，我们"民族的脊梁"。

毛泽东以及刘少奇关于理想人格或共产主义者的德性的理论，也是马克思主义哲学中国化的重要方面，包含有富于创造性的见解。

但是，他们的上述学说也有不足之处，那就是对道德的自愿原则不够重视。毛泽东正确地指出要解放个性，要相信群众能够自己解放自己，一切工作要出于群众的自觉和自愿。刘少奇也说："人民群众的解放，必须由群众的自觉与自愿。"③但是自觉是理智的品格，自愿是意志的品格，两者是有区别的。在战争的年代，需要党员自觉服从党的纪律，而不可能什么事都出于自愿。所以毛泽东特别写了《反对自由主义》，强调了组织纪律的重要。这虽有其历史的理由，但在理论上和实践上不免对自愿原则有所忽视。传统的儒家一直重视道德行为的自觉原则（这是优点）而

---

① 刘少奇：《论共产党员的修养》，《刘少奇选集》上卷，第132页。
② 刘少奇：《论共产党员的修养》，《刘少奇选集》上卷，第134页。
③ 刘少奇：《论党》，《刘少奇选集》上卷，第351页。

忽视自愿原则（这是缺点），共产党人也受了它的影响。刘少奇在《论党员在组织上和纪律上的修养》①中说："应当说：'工作重要不重要'；不应该说：'我愿意不愿意'。……愿意与强迫是相反相成的，是矛盾的统一，要使愿意与强迫在自觉的基础上统一起来。人觉得天冷就要穿衣，肚饿就要吃饭。这都是强迫的。但是因为人都自觉地去做，便成为愿意的了。如果党员自觉到哪种工作的重要，是革命的必需，他就会努力去担负那种工作，这样便成了自愿的了。"②就是说，一切客观需要的人都是一种强迫，但一经认识其为客观需要，有了自觉性，强迫便变成自愿了。这等于完全忽视了自愿原则，在理论上有片面性。道德行为不仅要自觉，而且要以意志自由为前提（党员宣誓入党出于自愿，便是接受党的任务的基本前提）。当然，自觉和自愿都有一个随实践、教育和修养而提高的过程，亦即不断克服盲目性和被动性的过程，而在这过程中，理智和意志互相促进，是不可偏废的。如果陷入片面性，忽视自愿原则，忽视意志自由和独立人格的前提，实际上也就是忽视了个性解放，忽视了每个人本身都是目的。这不但违背了"个性解放和大同团结统一"的原理，而且鼓励了把群众视为阿斗的习惯势力，为"个人迷信"开辟了道路。

　　总起来看，毛泽东用"能动的革命的反映论"来概括辩证唯物

---

① 《论党员在组织上和纪律上的修养》：这是刘少奇 1941 年在华中局党校的讲演。1981 年中央党校将这一演讲和作者另一篇《民主精神与官僚主义》的演讲汇编成书，定名为《论党员在组织上和纪律上的修养》，1991 年编入由中央文献出版社出版的《刘少奇论党的建设》一书。

② 刘少奇：《论党员在组织上和纪律上的修养》，《刘少奇论党的建设》，中央文献出版社 1991 年版，第 358—359 页。

主义和历史唯物主义的基本原理，对中国近代哲学中的历史观和认识论中的"心物（知行）"之辩作出了科学的总结，对认识运动的秩序作出了新的理论概括，在运用矛盾法则研究事物的逻辑方法上作出了典范，关于到达大同之路和人生观理论方面也提出了创造性的见解。这些，都是马克思主义哲学中国化所取得的重大发展，也是中国近代哲学革命的最主要的成果。当然，他也有欠缺之处，例如，他说拿阶级斗争观点解释历史就叫做历史唯物主义[1]，这并不符合马克思的原意[2]；而过分强调阶级斗争（政治斗争、意识形态的斗争）的作用，则潜伏着向独断论的斗争哲学和唯意志论转化的可能。在方法论上，他对经学方法的批判不力；在自由理论上，他对自愿原则有所忽视，实际上把自己说过的"没有个性解放就没有民主主义，也没有社会主义"的话丢到脑后去了。这些，同他后来鼓励个人崇拜，犯严重错误，有一定联系，包含有深刻的理论思维的教训。

建国前夕，周恩来在《学习毛泽东》一文中指出："毛泽东是中国的土壤中生长出来的巨大人物"[3]，而不能把他"当成一个孤立的神"[4]；还特别说明，在人民民主国家中，人民大众有充分的思想自由，共产党当然要以马克思主义思想教育大家，但不能像观音菩萨的紧箍咒那样硬加在孙悟空头上，而是"你可以听，也可以不听，可以接受，也可以不接受，可以自由选择。这才是一个教育的

---

① 毛泽东：《丢掉幻想，准备斗争》，《毛泽东选集》第4卷，第1487页。
② 参见《马克思致约·魏德迈》，《马克思恩格斯选集》第4卷，第547页。
③ 周恩来：《学习毛泽东》，《周恩来选集》上卷，第331页。
④ 周恩来：《学习毛泽东》，《周恩来选集》上卷，第332页。

态度。……"①但是,毛泽东自居于导师的地位,却缺乏这种民主的教育态度。他后来发动一次又一次的批判斗争,力求使他的思想"定于一尊",而他自己也就由"中国的土壤中生长出来的巨人"变成了"孤立的神"。这便是1949年以后经过曲折发展而最终达到"文革"的所谓"毛泽东时代"。但那已不属于本书的范围了。

---

① 周恩来:《学习毛泽东》,《周恩来选集》上卷,第341页。

小　结

中国近代经历了一次伟大的哲学革命,取得了丰富的成果,也提供了重要的理论思维的经验和教训。以下对这些成果和教训作一个小结,在某些问题上也作一点引申,并对哲学的进一步发展简单地作一点展望。

一、从中西比较看中国近代哲学革命的规律性

我们先来看看中国近代哲学革命体现了一些什么规律性,它与西方近代的哲学革命相比较有些什么共同点和差异点? 这主要可从以下三点来说明:

第一,社会阶级斗争制约着哲学的发展,哲学革命又转过来作了政治变革的"前导"。这一哲学革命的规律,是恩格斯在《费尔巴哈论》中所揭示的。在近代西方,英、法、德、俄的革命都体现了这个规律,都是哲学革命作了政治变革的"前导"。中国近代也是如此。但是各国情况不同,都有它的特殊性,中国尤其有它的特殊性。中国的政治革命是一个民族解放运动,是中国人民反帝反封建的斗争,这与西方很不一样。中国的时代中心问题是"中国向何处去",反映在政治思想和哲学领域是"古今中西"之争,这也与西方不一样。在中国近代,中国人民反帝反封建的斗争由自

发到自觉,与之相适应,中国人民的革命的世界观由自在而自为。这样的一个过程,在哲学领域就表现为一场哲学革命。这个哲学革命的胜利成果,实际上就是根源于中国人民的实践的革命世界观取得了科学的形态,从而为中国人民的民主主义革命和社会主义革命,作了理论的准备。

在哲学革命时代,经济上落后的国家,在理论上可以像恩格斯所说的"演奏第一提琴",可以后来居上。不妨说,"后来居上"是哲学革命时代的一个规律性的现象。在 18 世纪,法国原来较英国落后,但当时法国人如伏尔泰等,以极大的热情介绍英国的哲学,介绍洛克、牛顿,为法国革命寻找理论武器,并产生了一代的启蒙思想家,使唯物论在法国获得了比英国更大的发展。到 19 世纪,德国本来落后于英、法,但德国人向英、法寻找理论武器,向英、法的启蒙思想家学习,后来德国古典哲学却成了欧洲近代哲学发展的高峰,并从这里产生出马克思主义哲学。同样,俄国原来比西欧落后,但他们向西欧学习,俄国的革命民主主义者发展了费尔巴哈的学说,列宁又进而发展了马克思主义的理论。近代中国比之欧洲各国更要落后得多,但是中国人向西方寻求真理,经过一百多年的艰苦努力,确实也使哲学获得了很大发展。中国人学习了进化论,使进化论在中国的土地上得到了发展,又学习了马克思主义哲学,使马克思主义哲学中国化了,使中国近代哲学革命结出了丰硕的成果。和西方相比较,中国近代哲学革命尤其有它特殊的重大意义。中国近代哲学革命不仅为民主革命的胜利作了"前导",而且为社会主义革命作了准备。在这一点上,中国与英、法、德诸国不同,而中、俄两国则较为相近。但是,俄国文化还是属于西方文化的传统，中国文化和西方文化本来是两个各自独立发展的系统，差别很大。中国近代哲学革命就使西方的先进思想和中国的优秀传统结合起来了。可以说，由于中国近代的哲学革命，中西哲学、中西文化在中国的土地上开始汇合了，预示着中国哲学将成为统一的世界哲学的重要组成部分。当然，这只是一个发展趋势的开始，但它是一个具有重大历史意义的可贵的开始。这个成就，后代的人可能要给予很高的评价，认为这是一个非常重大的事件。

第二，恩格斯在《反杜林论》中指出：西方哲学史由古代的朴素唯物论和朴素辩证法相结合的阶段，经过近代的机械唯物论阶段，发展到辩证唯物论和历史唯物论的阶段。这是一个哲学发展的否定之否定的过程。所以，整个哲学史就表现为一个仿佛向出发点复归的大的圆圈或者说大的螺旋形。这方面，中西哲学的发展有共同的规律性，但是又各有其特殊性。

同西方比较，中国古代经历了一个特别长的朴素唯物论和朴素辩证法的阶段，出现了战国和明清之际两个发展高峰。所以，中国哲学中有着特别深厚的朴素唯物论和朴素辩证法的传统。

而到了近代，与西方的机械唯物论的阶段相当，中国哲学则是经历了一个进化论的阶段。为什么在中国近代是进化论阶段代替了机械唯物论阶段？这是可以从自然科学的发展和中国社会需要来解释的。当中国资产阶级登上政治舞台时，即 19 世纪末，从世界范围来说，最发展的科学是达尔文的进化论，而不是与机械唯物论相联系的牛顿力学。中华民族要解放，也正需要进化论来鼓励中国人"自强保种"，来反对维护封建传统的天命论和复古主义。所以，进化论在当时成了先进的中国人手中的哲学武器。

中国近代哲学在进入辩证唯物主义和历史唯物主义阶段之后，也有着显著的民族特色。这不仅表现在毛泽东运用了"实事求是"、"相反相成"这一类传统的哲学术语，更重要的是在内容上，马克思主义哲学已经与中国的优秀传统结合了。中国古代一些杰出的哲学家，在哲学根本问题上提出了一些很好的见解。例如，关于"天人"之辩，荀子提出"明于天人之分"和"制天命而用之"的学说，王夫之提出"天之天"转化为"人之天"（大体相当于我们现在说的由"自在之物"转化为"为我之物"）和人能"相天"、"造命"的理论，等等；这些见解都是既坚持了唯物主义的前提，又重视了人的主观能动作用，体现了朴素唯物主义与朴素辩证法的统一。荀子和王夫之对知行关系问题也提出了朴素的辩证法的见解，而且在他们那里也已经有了辩证逻辑的雏形。经过近代哲学一百多年的发展，当毛泽东运用马克思主义哲学来对历史观和认识论中的心物之辩作总结的时候，仿佛是在向荀子、王夫之复归。因为"能动的革命的反映论"的思想，可以说，已经潜在地包含在荀子、王夫之的理论中。当然，古代人的思想是朴素的，而现在我们讲能动的革命的反映论、辩证唯物主义的知行统一观、矛盾法则以及辩证逻辑的环节等，已经具备了科学的形态，因而就与过去的朴素观念有着本质的区别。尤其是马克思主义的社会实践的观点、历史唯物主义的基本原理、群众观点和群众路线等，是过去不可能有的。所以，这个"仿佛复归"，实际上是实现了一次前所未有的哲学革命。

　　第三，列宁在《谈谈辩证法问题》中对欧洲哲学发展的规律性作了科学的概括，认为从文艺复兴时期到近代是经历了三个发展的圆圈。[1] 我认为，列宁讲的这三个圆圈是包含了三个对立：一是唯理论和经验论的对立，那就是伽桑狄对笛卡儿到斯宾诺莎这个圆圈；二是独断论和怀疑论的对立，那就是指从霍尔巴赫经过贝克莱、休谟、康德到黑格尔这个圆圈；三是直观唯物论和唯心辩证法的对立，那就是从黑格尔经费尔巴哈到马克思这个圆圈。而在克服了这些哲学体系之后，我们可以看到，哲学史作为根源于人类的社会实践、主要围绕着思维和存在的关系问题而展开的认识的辩证运动，是通过感性和理性、绝对和相对、唯物主义和辩证法（包括客观规律和主观能动性）这样的一些环节而展开的。总起来看，它就表现为一个近似于螺旋式上升的前进运动。

　　中国近代哲学是否重复了列宁所说的欧洲近代哲学的发展规律？对此不能拿西方的模式来套，而要具体地分析中国近代哲学的发展，同时将中国和西方作比较。从龚自珍、魏源提出某些具有近代意义的命题开始，后来康有为建立了一个先验论的体系，严复主张经验论，章太炎的思辨哲学则从唯理论走向唯意志论。到"五四"时期，那些唯意志论和直觉主义者，如梁漱溟、张君劢等，他们讲玄学，是独断论的；而那些实证论者，如胡适、丁文江等，则有相对主义、不可知论的倾向。最后达到辩证唯物主义和历史唯物主义，并实现唯物主义和辩证法的统一。所以，我们粗略地回顾一下，也可以说，中国近代哲学是近似地重复了欧洲近

———————

[1] 列宁：《谈谈辩证法》，《列宁选集》第 2 卷，第 559 页。

代哲学发展的一些环节。但是,中国近代虽然有经验论和唯理论的对立、独断论和相对主义的对立,但和欧洲近代是有差别的。英国的经验论(包括唯物主义的经验论和唯心主义的经验论)在培根、霍布士、洛克、贝克莱、休谟,还有法国的伽桑狄等那里,曾得到了充分的发展。欧洲大陆的理性主义(包括唯物的理性主义和唯心的理性主义)在笛卡儿、斯宾诺莎、莱布尼茨、沃尔夫等那里,也得到了充分的发展。经验论和唯理论在中国近代并没有这样充分发展。而且中国既没有像法国霍尔巴赫等那样具有独断论倾向的哲学家建立机械唯物主义体系,也没有像休谟、康德那样的哲学家,成为不可知论、怀疑论的典型的代表。在中国近代,没有产生斯宾诺莎,没有产生黑格尔。中国近代的特点是在一百年内走完西方几百年走过的历程。所以,必须像孙中山所说那样,要"迎头赶上",要尽可能快地接受西方的新的真理(当然,只有在中国社会条件需要时才能接受)。正因为这样,所以前一阶段的哲学没有得到充分发展,还来不及总结,就很快进入了后一阶段。这种情况类似于学生受教育的过程。学生在教师的指导之下受教育,教学过程不能违背认识的自然过程。认识的自然过程经历的那些必要环节是不能跳越的。比如说,要学高等数学,总得先学初等数学;要学达尔文进化论,总得先学动植物分类学;要理解爱因斯坦相对论,总得先学牛顿力学。但是,教学过程是在教师的指导之下进行的,学习是一种在外力诱发之下产生的认识的运动,其中的某些具体环节不一定都要充分地展开。在近代,因为中国人要迎头赶上,所以西方近代哲学的某些环节在中国确实没有充分展开,并且也不需要充分展开。但是,列宁所说的"每一种思想等于整个人类思想发展的大圆圈（螺旋）上的一个圆圈"①——这也是黑格尔的意思，仍然是正确的。按黑格尔和列宁的论点，每一种哲学思想都只有经过曲折的发展，经过一些对立的环节而展开，最后达到了对立的统一，才是相对地完成。中国近代哲学革命所达到的成果，就是马克思主义哲学和中国革命的具体实践（包括和中国的优秀传统）相结合，从而完成了一个发展的圆圈。这个圆圈正是通过感性和理性、绝对和相对、客观规律和主观能动性这样一些互相联系的环节而达到的。它没有越过必要的环节。前人来不及批判地总结，马克思主义者则补上了这一课。

在马克思主义哲学中国化的过程中，在革命阵营内部既批评了经验主义和教条主义，又反对了右倾和左倾的错误。在中国，右倾的思想往往表现为相对主义和折衷主义，讲矛盾调和论而忽视斗争，强调客观条件而忽视主观能动性；而左倾的思想往往表现为独断论，讲"斗争哲学"而忽视统一，强调主观能动性而忽视客观条件。所以，克服这种"左"的和右的倾向，克服经验主义和教条主义的倾向，实际上也就是对于感性和理性、绝对和相对、客观规律和主观能动性以及对立面的斗争和统一等等环节，经过批判的总结而达到比较全面的把握，这样就使哲学思想变得比较完整，也就是相对地完成了一个发展的圆圈。马克思列宁主义与中国革命实践的结合，确实使马克思主义哲学中国化而成为一种相对完备的思想，达到了主观和客观、理论和实践、知和行的具体的

---

① 列宁：《黑格尔〈哲学史讲演录〉一书摘要》，《列宁全集》第55卷，第207页。

历史的统一。所以,在一定意义上,我们可以说,中国近代哲学是重复了西方从文艺复兴到近代的哲学发展的那些环节。正是通过这些环节,中国近代哲学完成了一个发展的圆圈,取得了革命的胜利成果。

不过,相对地完成一个发展的圆圈,正是新的发展的开始。古今、中西之争和哲学革命并没有结束,在新的历史条件下,它正以新的方式在继续着。

二、哲学革命的最主要成果——能动的革命的反映论

本书"绪论"中已说过,中国近代哲学演变的主要线索是:历史观和认识论两个领域的哲学论争,后来在心物之辩上结合为一,由马克思主义者用能动的革命的反映论作了科学的回答。这就是中国近代哲学革命的最主要的积极成果。

心物之辩在中国和西方都由来已久,问题是这一论争在中国近代有些什么特色? 这可以从正反两面来说明。

从反面、即从哲学革命要批判和反对的主要对象来看,孔子首先提出"君子有三畏,畏天命,畏大人,畏圣人之言"。以后正统派儒学从董仲舒到程朱,都讲天命史观,在认识论上都以圣人之是非为是非,所以是一种经学的独断论(权威主义)的学说。一旦这种圣贤的教训被戳穿,变成了骗人的把戏,独断论便走向反面,转化为相对主义或虚无主义(虚无主义其实是变相的独断论)。这种唯心主义的天命论和经学的独断论形成了中国哲学中的腐朽的传统。它在古代也曾遭到进步思想家的多次冲击,但在封建专制的统治下,不可能真正被冲破。近代的进步思想家经过艰巨

而复杂的斗争，用进化论和唯物史观反对天命史观，用唯物辩证法反对独断论和虚无主义，最后归结到能动的革命的反映论，在认识论和历史观（以及一般的发展观）上深刻批判了这个腐朽的传统。

从正面、即从能动的革命的反映论对心物之辩的解决来看，其特点就在于把认识论和历史观结合为一。中国古代的心物之辩主要是天道观和认识论的论争，古代哲学没有社会存在和社会意识的观念，不会讨论这两者的关系（在历史观上，一些唯物主义者讲"仓廪实则知礼节，衣食足则知荣辱"之类，不等于考察了社会存在和社会意识的关系）。在西方近代，认识论也首先是和自然观相联系着的。而在中国近代，为了回答中国向何处去的问题，社会历史观的问题突出了，它和认识论问题互相影响，历史观渗透到认识论中，认识论又渗透到历史观里，最后达到能动的革命的反映论的结论。

能动的革命的反映论把基于实践的社会历史和认识活动了解为客观过程的反映和主观能动性的作用，它把唯物主义的反映论同重视主观能动性的观点和实践的观点统一起来了。所以对认识论和历史观中的心物之辩的科学的规定，是同对主体性的考察和实践观点的提出分不开的。

近代开始，龚自珍提出"众人之宰，自名曰我"的命题，便突出了对主体性的考察。龚、魏讨论"我"和"物"的关系问题，梁启超进而明确指出：它包括有两方面的内容：一是己和群的关系，一是心和物的关系。这个"心物"、"群己"之辩既是社会历史观（以及人生观）的问题，也是认识论的问题。梁启超在唯心论的形式下，既着重考察了认识论中的自我(他说:"我有耳目,我物我格;我有心思,我理我穷"),也对社会心理或群体意识(即社会历史的主体性)作了第一次认真的探讨。

同时,自魏源提出"及之而后知"以来,认识论上的知行之辩经历了经验论和先验论的分别发展,发生了"知先于行"还是"行先于知"的争论。章太炎和孙中山在这一争论中对知行关系的论述都包含有某些辩证的见解。章太炎提出了"竞争生智慧"的命题,又用"竞以器,竞以礼"来说明人群的进化。在他的进化论的"竞争"观念中,有了社会实践观点和唯物史观的胚芽,也体现了认识论与历史观的结合。

"五四"时期,李大钊首先由进化论者转变为马克思主义者。他的历史进化论具有理性主义的特色,强调要认识"自我之光明"即理性,以"振其自我之权威"。后来他接受了唯物史观,便开始用社会存在来说明社会意识、用生产力和生产关系的矛盾运动来说明社会形态的进化。这是反映论的理论。他指出:正是因为有了唯物史观这种理论,才使得我们这些普通人"在历史中发现了我们的世界,发现了我们自己",认识到历史就是我们劳动者创造出来的,于是便把个人和求进步的人民群众结合在一起,这才是真正"自觉我们自己的权威"。李大钊认为历史的火车头是敢于投身现实斗争的人们,他提出"今是生活,今是动力,今是行为,今是创作"的著名论点,认为人们只要抓住"今"、即现在的劳作,便能凭借过去,以创造未来,能动地推动历史前进。李大钊把握了马克思主义的实践观点,高度颂扬了主体的能动性,他对心物、群己、知行关系问题的解决,已包含有能动的革命的反映论的基本点，不过他较多地论述历史观，而较少论述认识论。

以后，马克思主义哲学随着中国革命实践的发展而经历了一系列的斗争：在党外，批判了唯意志论、实用主义、新理学、新心学等哲学流派；在党内，瞿秋白着重反对了经验主义和右的错误倾向，毛泽东、刘少奇着重反对了教条主义和"左"的错误倾向。马克思主义的普遍真理和中国革命的具体实践相结合，回答了"中国向何处去"的问题，也使历史观和认识论中的心物之辩达到科学的总结，这个总结由毛泽东用"能动的革命的反映论"一词作了概括。毛泽东根据能动的革命的反映论来阐明认识运动的秩序（包括吸取了李达、艾思奇等的某些贡献在内），把认识的辩证运动描述为实践、认识，再实践、再认识，这种形式，循环往复以至无穷，而实践和认识之每一循环（如果是相对地完成的螺旋），都是达到主观与客观、理论与实践、知与行的具体的历史的统一，都使人对真理的认识比较地进到了高一级的程度。这种辩证唯物主义的知行统一观，把基于实践的认识过程理解为螺旋式的无限前进的运动，并从这样的观点来考察认识过程中的感性与理性（个别与一般）的反复、意见与真理（把群众的意见经过分析批判而集中起来，形成正确的结论以指导群众）的反复，认为绝对的东西即寓于相对的东西之中，绝对真理正是不断地在相对真理中展开，而表现为无数次的主观与客观、理论与实践、知与行的具体的历史的统一的螺旋式上升运动。毛泽东的认识论具有强烈的历史感。同时，他又把历史观提高到一般的辩证发展观，多层次地考察了矛盾的普遍性和特殊性的互相联结，内因与外因的互相联结；着重指出事物的各种矛盾和矛盾的各个方面有主要、次要之分,现实的进化规律内在于新陈代谢的历史过程中;并强调不同质的矛盾要用不同质的方法来解决,因此决不可混淆两类不同性质的社会矛盾,等等。——毛泽东的这些理论概括体现了认识论和历史观(以及一般的发展观)的统一,是同他对心物、知行、群己关系问题作了唯物主义和辩证法统一的回答相联系着的。

哲学是时代的精神的精华。历史观和认识论上的心物之辩,集中地反映了时代的问题。所以对它作出正确答复,也就找到了解决时代的中心问题的钥匙。能动的革命的反映论体现在党的实事求是的思想路线之中,正是在它的指引下,中国人民取得了新民主主义革命的胜利,解决了"中国向何处去"的问题。

时代的精神也曲折地反映在某些专业哲学家身上。例如,金岳霖在《知识论》中论证了感觉能给予客观实在,提出"所与是客观的呈现"、"概念具有摹写与规范的双重作用"的理论,阐明了感性与理性、事与理的统一,并用"以得自经验之道还治经验之身"来概括他的全部认识论,也正是把认识了解为客观过程的反映和主观能动性的作用。当然,金岳霖当时未能像马克思主义者那样把认识论和历史观在社会实践基础上统一起来,但他循着自己独特的道路前进,其发展的趋向也正是能动的革命的反映论。

能动的革命的反映论原理体现了时代的精神,也是马克思主义与中国哲学的优秀传统结合的结果。它批判地继承了朴素唯物主义与朴素辩证法的传统,经过革命的飞跃,而达到了新的高度。它作为中国近代哲学革命的最主要的成果,是历史观和认识论中心物之辩的科学的总结,也为方法论的近代化与探讨人的自由问题提供了理论依据。

但是，有了能动的革命的反映论这一原理，并不等于万事大吉了。把这一原理从各方面加以阐发，特别是贯彻到方法论和自由理论的领域，还有待哲学工作者的努力。从批判的主要对象来说，天命史观和经学的独断论（以及虚无主义）的思想影响是非常顽固，并且像变色龙那样善于变换色彩的。所以，如何运用能动的革命的反映论的原理（或者说实事求是的思想路线）来识别它们，同它们进行韧性的战斗，仍然是很艰巨的任务。

三、对方法论的探索

哲学革命包括着逻辑思想和方法论的革命。这方面，中国近代的哲学家作了很多的探索，有积极成果，也有不足之处。

方法论革命的最本质的要求，是要用近代的科学方法取代古代的经学方法。正统派儒学认为，孔孟之道和四书五经已具备了全部的真理，后人只能对这些经典作注释，如果提出什么新见解，也一定要引经据典来作论证（所谓"六经注我"）。这种经学方法严重地束缚了人们的思想，阻碍着中国走向近代化的道路。康有为是个过渡性人物，他的哲学虽然还保留着经学形式，但他已在一定程度上看到了方法论需要近代化的问题。他尝试将几何学和代数学的方法运用于社会历史领域，这虽然导致了先验论，却也预示着：哲学将从近代科学吸取丰富的营养而取得新的方法，最终抛弃陈旧的经学外衣。

梁启超反对把一切"依傍比附"于孔子的经学传统。他提出"除心奴"的学说，强调思想的自由是真理之源，认为理性一旦获得自由,真理就会如泉水般源源不绝而来。到了五四新文化运动时期,陈独秀高举"民主"和"科学"两大旗帜,打倒孔家店的呐喊震天动地。新文化运动的主将们都强调百家争鸣,他们意识到,科学和民主不可分割,要用科学方法取代经学方法,一定要"循思想自由原则",反对"定于一尊"的独断论。李大钊特别指出要反对对英雄、圣智的崇拜,认为即令圣人能造福于人民,对圣人的崇拜也会产生很大的副作用;受了圣人的恩惠,就会使群众失去独立人格而堕于奴隶服从之地位。所以他说:"孔子生,吾华衰。"

那么,为要取代经学方法,应当用什么样的科学方法呢?

严复第一个比较自觉地介绍了西方的逻辑学。他批评了中国人从"诗云"、"子曰"出发的"论辩常法",认为真正要获取新知识必须用归纳法。他说归纳法包括四层功夫:一是观察、试验,收集有关的事实材料;二是在有事实材料的基础上建立假设;三是运用演绎法对假设进行论证、推导;四是用事实或实验来印证假设。这四点大体包含了近代实验科学方法的基本环节。这确实是中国人需要的新工具。不过严复注重的是归纳法,他把演绎看作是从属于归纳法的。章太炎与严复不同,他注重演绎法。他认为"辩说之道"即逻辑论证的方法在于:首先是提出论题,其次是阐明根据或理由,再次是依据类进行比较。这就是因明的宗、因、喻三支作法,而因明的喻体包含了喻依,也就是演绎法中包含了归纳。梁启超、王国维也都重视逻辑学的研究,不过他们的贡献主要在历史主义的方法。他们视野开阔,在学术研究中能进行中西的比较、考古发现的实物和历史文献的比较等,并将历史进化论作为理论基础,"求变化之迹而明其因果",因而超越了浙东史学家们。

　　胡适试图把前人的探索加以总结，他提出的方法论，首先一条是"拿证据来"，没有论据便只能"存疑"，在这个前提下，他讲两个基本方法——"科学试验室的态度"和"历史的态度"。所谓"科学试验室的态度"就是"大胆的假设，小心的求证"。胡适把清代朴学的考据方法和西方科学方法相沟通，认为两者都是根据事实材料，提出假设，然后进行验证，证据多而有力遂为定论，若有有力反证则被否定。他指出，自然科学家比考据学家优越之处，在于可以用实验的方法"创造证据"，而不是被动地跟着材料走。但他讲"大胆的假设"，未免忽视了数学的论证和推导在形成科学假设中的重要性，表明他和严复一样，是偏向归纳法的。至于胡适所谓"历史的态度"，就是要求用进化论的观点寻求历史演变的线索、演变的原因，并加以评判。这有其合理之处，不过他主张多元论的历史观，因而并未能真正阐明历史的因果律。

　　金岳霖又和胡适不同，他把罗素的数理逻辑介绍到中国，并对方法论的原理作了比较深入的探讨。他指出，形式逻辑的规律是思维必须遵守的基本条件，为各种科学提供了取舍标准，任何科学要构成严密的系统，都需要运用形式逻辑作工具。因此，形式逻辑就有了一般的方法论的意义。希腊人早就注意到了形式逻辑对科学系统化的重要性（欧几里得几何学最能说明这一点），而这是过去中国人所忽视的。金岳霖对此作了比较透彻的理论说明。同时，他还指出："所谓科学方法，即以自然律去接受自然，或以自然律为手段或工具去研究自然"。就是说，科学家在观察、试验中运用自然律作为接受方式，即以自然过程之"理"还治自然过程之身,科学理论便成了工具,转化为方法了。这样讲实验科学方法的基本原理,已接近辩证法的观点。但金岳霖当时把接受总则归结为归纳原则则是不够正确的。

在马克思主义哲学中国化的过程中,历史主义方法获得了很大发展。如果说,浙东史学主张即事而求道(笼统的一般的道),进化论者提出明变而求因(实证科学的因果律),那么唯物史观则进而要求从历史和逻辑的统一中来揭示发展的真正根据,把握矛盾发展的全过程。毛泽东很重视方法论的研究,他讲了调查研究的方法、群众路线的工作方法、军事研究的方法等等,也指出了认识论、辩证的发展观和方法论的统一。从他的著作中,我们可以概括出辩证逻辑方法论的一般环节,这大体包含以下的要点:

第一,从实际出发,客观地全面地考察历史和现状,把握事物的原始的基本的关系,从而把握事物变化发展的根据。

第二,运用对立统一规律作为根本的方法,其核心是分析与综合相结合。这包含着"开始、进展和目的"三个环节;要求通过对"根据"作矛盾分析来指出不同的发展的可能性,其中什么是占优势的可能性(亦即发展的必然趋势);并说明如何依据规律来创造条件,使有利于人民的可能性变为现实。

第三,归纳和演绎相结合。

第四,历史和逻辑相结合。

第三、第四点是分析和综合相结合的组成部分。对事物矛盾的研究,如果着重横的剖析,归纳和演绎的结合便成为主要的;如果着重纵的考察,历史和逻辑的统一便成为主要的。

第五,每一步都要用事实来检验,对现实的矛盾分析要联系到对不同意见、不同观点的评论。理论和实际相联系贯串于整个过程中。

上述简要的概括，既是根据唯物辩证法的观点，也是把中国近代哲学家对方法论的探索的成果批判地包含在其中了。前人提出的用科学方法取代经学方法的要求，归纳方法、演绎方法和历史主义方法的精华，类（一般）、故（根据）、理（规律、逻辑）范畴作为方法来运用，都已被有机地结合在一起，安置在唯物辩证法的基础上。当然，形式逻辑作为思维必须遵守的基本条件和组织任何科学系统的工具，仍然保持着它的独立性，那不是辩证逻辑所能取代的。运用形式逻辑的分析方法于哲学研究（包括对中国传统哲学的研究），使概念明晰，论证严密，也是必要的。

但这是今天在作历史的回顾时得出的粗略的概括（我作了一些引申）。在实际上，直到 1949 年止，对近代哲学家在方法论上的探索并没有进行系统的总结。正因为如此，就使得马克思主义者在方法论问题上的偏差没有被揭示出来。这种偏差主要有两条：一是同夸大阶级性相联系，有把阶级分析的方法简单化、绝对化的偏向；二是对中国传统思维方式的分析很不够，尤其表现在对经学方法的清算不力，甚至披着革命的外衣来贩卖经学方法。所以，在十年动乱期间，个人迷信代替了民主讨论，引证语录代替了科学论证，但大家没有意识到这是封建主义的遗毒。

四、对人的自由问题的探讨

哲学革命归结到社会的改造和人的改造，亦即归结到人的自由的问题，这方面，中国近代的哲学家也作了很多的探索，有积极成果,也有不足之处。

　　人的自由问题也可从正反两面来说明。

　　从反面、即从批判的对象说,近代意义的自由首先就在挣脱封建的权威主义和纲常教义的束缚。自龚自珍对"衰世"进行揭露批判开始,近代的进步思想家不断地批判旧世界:如谭嗣同猛烈抨击名教、冲决网罗;梁启超提出"道德革命"的口号,反对在上者的专制压迫,也批评在下者的奴性。"五四"新文化运动时期,对旧礼教、旧道德更展开了空前的暴风雨般的袭击。鲁迅毕生从事"国民性"的分析,他看到了社会的改造和人的改造的复杂性和艰巨性。在他看来,中国旧社会是一个主—奴等级秩序,维护这一秩序的工具是儒家的礼教和天命论。正由于长期受儒家教义支配,便养成了中国人的"面子"观念和"运命"观念。但随着封建制度的日趋崩溃和受了洋奴、市侩流氓意识的影响,统治者及其奴才已变成"无特操"的"做戏的虚无党"[①]。他们这种"虚无主义"也影响社会,它是使社会成为散沙的毒素,使得许多人缺乏"坚信",狐狐疑疑。鲁迅认为由千百年习惯势力形成的"坏根性"是非常顽强的,"倘不将这些改革,则这革命即等于无成,如沙上建塔,顷刻倒坏。"[②]

　　从正面、即从人类所追求的目标来说,自由就是要建立理想的"自由王国"和养成理想的自由人格,达到合乎人性的真、善、美统一的境界。下面分三点来说:

　　首先,从社会理想来说,近代思想家认为理想在未来,反对复

---

① 鲁迅:《华盖集续编》,《鲁迅全集》第 3 卷,第 346 页。
② 鲁迅:《二心集》,《鲁迅全集》第 4 卷,第 229 页。

古主义。洪秀全重新提出《礼运》的"大同"观念，鼓吹通过革命群众的斗争在地上建立"天国"。康有为的"大同之世"则是一个自由平等博爱的人道主义的乌托邦。孙中山讲"天下为公"，先是以"民有、民治、民享"为主要内容，后又强调它和共产主义的一致性。中国近代同西方一样，社会主义也经历了由空想到科学的发展。李大钊开始把大同理想建立在唯物史观的科学基础上，并着重指出科学的社会主义和人道主义的统一。他说："一方面是个性解放，一方面是大同团结。这个性解放的运动，同时伴着一个大同团结的运动。这两种运动，似乎是相反，实在是相成。"[1]这也就是《共产党宣言》所说的："代替那存在着阶级和阶级对立的资产阶级旧社会的，将是这样一个联合体，在那里，每个人的自由发展是一切人的自由发展的条件。"[2]

其次，从人生理想来说，近代哲学家提出平民化的自由人格来取代封建时代的圣贤。龚自珍已强调众人自作主宰。严复、章太炎在伦理学上虽有功利主义和非功利主义的对立，却都肯定每个人有独立人格、自由意志是行为可以区分善恶、功过的前提。在封建制度下，讲纲常名教，在上者可以主观武断，在下者只能唯命是从，所以不必讲"言必信，行必果"。而在民主制度下，个人有独立人格、自由意志，对自己的言行有高度道德责任感，便重视"言必信，行必果"了。这种对道德行为的自愿原则（出于自由意志）的强调，具有反封建的意义，也是后来新文化运动中许多人的共同观点。不过若强调过分，忽视了自觉原则，便可以引导到独

① 李大钊：《平民主义》，《李大钊全集》第4卷，第122页。
② 马克思、恩格斯：《共产党宣言》，《马克思恩格斯选集》第1卷，第294页。

断论的唯意志论和相对主义的非决定论去。所谓"科学与玄学的论战",就是非决定论和唯意志论两派的论战。此后有一个时期,鉴于法西斯主义者鼓吹唯意志论,马克思主义者和某些专业哲学家便都比较强调了道德行为的自觉原则。瞿秋白讲历史决定论和"人是工具"说,虽有其历史的理由,也包含有理论上的片面性。而冯友兰从觉解来区分人生境界,虽也有一点合理成分,同时是在替正统派儒学作辩护。

但鲁迅已描绘了一个真实的自由人格的精神面貌。他指出,一个先驱者要能够把清醒的理智和强毅的意志力统一起来,为大众的利益进行韧性的战斗。他说,真正的先驱者始终把自己看作大众中的一员,"他也用权,却不是骗人,他利导,却并非迎合。他不看轻自己,以为是大家的戏子,也不看轻别人,当作自己的喽罗。"①用权骗人的"做戏的虚无党"是寇盗,唯命是从的小喽罗是奴才。革新或革命,旨在破坏这由寇盗、奴才组成的秩序,所以一定要有完全清除寇盗心和奴才气的自由人格。鲁迅所说的这种人格,同真正具有实事求是精神和三大作风的共产党人是一致的。这样的人格具有革命功利主义的态度,在他的活动中,义和利、动机和效果,是在人民大众的立场上统一的。他自尊无畏,也尊重别人,对己对人都体现了自愿原则和自觉原则的统一,比较正确地解决了群己关系问题。

再次,人的自由问题涉及人性理论和价值学说。

正统派儒家讲"天命之谓性",认为人的自由就在"顺命"、"复

---

① 鲁迅:《且介亭杂文》,《鲁迅全集》第6卷,第104—105页。

性"。近代进步思想家反对这种宿命论观点，而从进化论和唯物史观来说明人性。进化论者把人看作生物学上的"种"，虽是抽象的人性论（或说感性、或说理性、或说意欲），但讲人人平等，具有反封建意义。马克思主义者则认为，"人的本质不是单个人所固有的抽象物，在其现实性上，它是一切社会关系的总和。"①所以，"只有具体的人性，没有抽象的人性"②。这种唯物史观的人性论，虽吸取了过去"习与性成"说的合理因素，但在社会实践的基础上来理解环境的改造和人性的发展的一致——亦即自由，已超过了以往一切人性学说。

　　马克思主义认为劳动是人的最本质的特征，所以在价值观上，肯定自由劳动是合理的价值体系的基石；并从劳动者的观点出发，认为"任何一种东西，必须能使人民群众得到真实的利益，才是好的东西。"③人民群众的真实利益是最基本的"好"，在此基础上产生真、善、美的理想，那是和人的本质力量——理智、意志、情感相联系着的。理想的"自由王国"和理想的自由人格都应是真、善、美的统一。这是个古老的观念，不过能动的革命的反映论已为它提供新的理论前提。如果我们作一点引申，可以这样来说明哲学上的自由概念：自由意味着理想化为现实。从认识论说，自由是对必然的认识以及根据这种认识改造世界，也就是真理性的认识作为科学理想而得到实现；从伦理学上说，自由是人们自觉自愿地在行为中遵循"当然之则"（道德规范），也就是体现了进

---

① 马克思：《马克思论费尔巴哈》，《马克思恩格斯选集》第 1 卷，第 60 页。
② 毛泽东：《在延安文艺座谈会上的讲话》，《毛泽东选集》第 3 卷，第 870 页。
③ 毛泽东：《在延安文艺座谈会上的讲话》，《毛泽东选集》第 3 卷，第 864—865 页。

步人类道德理想的准则在人们的社会行为和伦理关系中得到实现;从美学上说,自由就如马克思说的在"人化的自然"中直观人自身,也就是人的本质力量在人化的自然或艺术品中对象化了、形象化了,于是审美理想在灌注了人的感情的生动形象中得到实现。这是我们从辩证唯物主义观点出发给自由下的几个定义。在不同的领域,自由有不同的含义;并且自由作为一定理想的实现,都是历史地有条件的。同时,政治上的自由概念与哲学上的自由概念虽有差别,但两者又是密切相联系着的。

马克思主义者关于人的自由问题的探索已取得了多方面的成果:李大钊提出大同团结和个性解放统一的社会理想来作为全民族奋斗的目标,是根据真理性的认识来争取自由。鲁迅要求培养平民化的自由人格,这种人格在人民的立场上解决义利、群己关系问题,体现了自觉原则与自愿原则的统一,这是一种新的伦理关系中的自由。鲁迅还从革命的功利主义出发来讲美学,对典型性格理论作了探讨,并着重指出中国艺术中有个勇于揭发现实矛盾的"金刚怒目"式的传统,为建立中国化的马克思主义的美学作了开拓性的工作。

一些专业哲学家分别对认识论、伦理学、美学作了研究,也有所贡献。金岳霖对真理问题作了较深入的探讨,不过,他把自由问题归之于"元学的题材"了。冯友兰讲"觉解"和熊十力讲"性修不二",对儒家伦理思想中的合理因素有所发掘,也是有意义的。至于美学,中西方传统本来各具特色,西方人比较早地发展了关于艺术描写典型性格的理论,中国人则比较早地发展了关于抒情艺术的意境理论。进入近代,中国人和西方的艺术与美学理论接触了，便极自然地感到其间的差别，而试图把它们沟通起来。王国维借鉴西方的典型学说来解释中国的意境理论，使人感到耳目一新；朱光潜运用表现说来说明：在意境中意象与情趣两要素如何结合而表现了自我；宗白华则更重视"艺中之道"，强调了意境的理想性；虽然都引导到唯心论去了，但他们已使传统的美学思想取得了近代的形式。

　　尽管有以上这些成果，但应该指出，近代哲学关于人的自由和价值理论的探索是没有得到系统的总结的。正因为如此，所以某些理论问题上的偏差没有被揭示出来。这种偏差主要也有两条：首先，人的自由问题归结到人的本质或人性的理论。马克思对人性已作了科学的说明，但是，在我国近代，在阶级斗争十分尖锐的历史条件下，马克思主义者有一种把人性简单化为阶级性的偏向，既忽视了个性，也忽视了对民族心理、国民意识等的探讨。鲁迅对"国民性"的深刻研究后来被遗忘了，对千百年的传统思想影响和习惯势力的顽固性失去了警惕。忽视个性，也就忽视道德行为的自愿原则，群众成了被动的"工具"，助长了"个人迷信"，终于造成了像"文革"那样的"运动群众"（非群众运动）。其次，宿命论和唯意志论的对立，没有从理论上和实践上加以解决。共产党人由此陷入盲目性，犯了右的和"左"的错误，发展到"大跃进"、"文革"，更是片面地夸大主观能动性和上层建筑的作用，鼓吹独断论的斗争哲学和唯意志论；而唯意志论走向反面，便又成了宿命论、虚无主义。在十年动乱中，唯意志论泛滥，宿命论也泛滥，而一旦"迷信"被粉碎，许多人便成了虚无主义的俘虏，产生所谓"信仰危机"了。

五、缺点和重要理论思维教训

以上我们简要说明了中国近代哲学革命的积极成果（当然远不止这些）。它们是无数爱国志士、革命者和学者的智慧的结晶，是植根于人民大众的土壤的精神创造物，是富有生命力的。它同我们的民族一样，具有雄健的气魄和远大的发展前途。

但是，中国近代哲学革命也有着缺点。我们把哲学史了解为根源于社会实践而相对独立地发展着的过程。因此，我们也从哲学的根源和哲学的相对独立发展这两方面来分析近代哲学革命的缺点。

从哲学的根源来说，社会实践一方面通过政治思想领域的斗争，另一方面通过科学（自然科学和人文科学）来促进哲学的发展，两者不可偏废。中国近代首先要解决"中国向何处去"的问题，这是关系到民族的生死存亡的问题。这个非常迫切的问题，在政治思想领域表现为"古今中西"之争，推动着中国近代哲学的发展。因而中国近代哲学有个显著的优点：从社会政治斗争中获得动力和革命精神，并有力地为政治斗争服务。但是，在这同时也带来了缺点：中国近代先进的思想家（包括马克思主义者）过分注意了哲学作为意识形态的政治功能，对于哲学作为理论思维的科学性质及其与具体科学的联系则未免有所忽视。

正由于中国近代哲学革命有这样的缺点，所以中国近代的思想家没有像欧洲近代的思想家那样，使哲学和自然科学结成紧密的联盟。西方近代的许多哲学家同时就是自然科学家，对自然科学发展有很大贡献。培根、笛卡儿、莱布尼茨、康德都是如此，马克思、恩格斯也对当时的自然科学作了深入的哲学研究。中国近代的哲学家是关心自然科学的，他们的世界观和近代自然科学是有联系的；但由于他们以极大的热情关注着最具迫切性的政治问题，也由于近代自然科学在中国非常薄弱，所以，他们并没有能给哲学提供深厚的自然科学基础。从康有为、孙中山到毛泽东都是如此。无论是中国近代的资产阶级哲学家还是马克思主义者，在自然观方面都没有取得比较大的成就。

从哲学的相对独立的发展来说，中国近代哲学的思想资料来自西方及中国的传统。这里也存在着古与今、中与西的关系。中国近代哲学革命在解决这两个关系上也有着缺点。

在"中西"关系上，中国近代绝大多数的思想家对于西方思想的吸取存在着急功近利的倾向，常常在急切的政治斗争的催促下，迫不及待地将西方某种理论搬来，运用于指导社会改革。他们对于西方文化的理解和吸取往往是肤浅的。马克思主义哲学中国化是中西哲学合流的伟大成果，但中国人主要是通过苏联的著作（这些著作里有不少僵化的教条）来学习马克思主义的，而对马克思主义所赖以产生的西方文化背景及其演变缺乏全面的了解和系统的研究。某些教条主义者甚至把马克思主义中国化与学习西方文化对立起来，他们所说的马克思主义中国化便成了封闭的体系。

在"古今"关系上，中国近代的先进思想家急于解决当前实际斗争中的问题，在为了要打破强大封建传统对于人们的束缚的时候，往往容易提出比较激烈的抨击传统文化的口号和主张，而在需要激励人们的民族自信心的时候，又常常较多地肯定传统文化。这说明在中国近代哲学革命的过程中，对悠久的文化传统及其现实影响，缺乏深入的具体分析。中国近代有一个可注意的现象：很多向西方寻求真理，而对传统文化作过猛烈批判的先行者，在其晚年却回归于故纸堆里。这正是对传统陷入盲目性的表现。中国的马克思主义者虽然对传统文化作过一些分析研究，但从总体上说，也只是初步的研究，并且对传统的惰性力量未免估计不足，以至于在十年动乱中，传统文化中的腐朽的东西，可以在马克思主义的旗号下得到泛滥。

可见，从"源"和"流"来考察，在中国近代哲学的革命过程中是有缺点的。正是这些缺点，使得中国近代哲学革命的理论成果有其不足之处。以上讲到的马克思主义者在方法论问题上的两方面偏差和在人的自由问题上的两方面的偏差，就是最明显的不足。

近代哲学革命的缺点及其成果的不足之处，在"文革"中已充分暴露了出来。事实上，近代哲学革命的积极成果，包括能动的革命的反映论（以及实事求是的思想路线），在"文革"中都遭到了肆意践踏。民族经历了像"文革"那样的巨大灾难，是应该认真总结历史教训，让子孙万代永远铭记着的。但研究"文革"不属于本书的范围。这里只想指出一点，在经历了十年动乱之后来回顾历史，使我们比较清醒地看到了中国传统文化在近代哲学演变中的消极影响。对于这种影响，过去是估计不足的。这里包含有重要的理论思维的教训。它可以从以下三方面来说明。

首先，近代哲学革命的主要批判对象——天命论和经学独断论（以及它走向反面成为虚无主义），不仅是哲学的理论，而且体现于一种历史悠久和善于伪装的社会势力，所以要真正克服它，决不是轻而易举的事。

自汉代以来，儒学定于一尊，而实际上是王霸杂用、儒法合流。封建专制主义者惯用董仲舒所谓"居阴而为阳"的统治术，公开标榜天命垂教，尊孔崇经，而把暴力刑罚那一手掩盖起来。这样，在儒学独尊的传统下，却造成了王夫之所说的"其上申韩，其下佛老"的情况。专制统治者打着"礼教"、"天命"的招牌，实行"以理杀人"，庶民（包括一般儒生）无力与"天命"、"天理"相对抗，就变成或者是麻木不仁，随波逐流，或者是消极厌世，看破红尘。天命论、独断论与虚无主义互相补充，这就是两千多年来专制统治下形成的腐朽传统。

到了近代，这种腐朽传统有了新的特点。随着封建制度的日趋崩溃，名教、经学、天命都已成了"僵尸"。但僵尸披上戏装，还能继续用"居阴而为阳"的办法进行讹诈、欺压。这就是鲁迅所说的"做戏的虚无党"。近代那些善于"做戏"的"上等人"（官僚、买办），他们作为权力与金钱结合成的异化力量的代表，把"居阴而为阳"的权术与流氓手段结合起来了。什么礼乐、尊孔，说得天花乱坠，甚至还接过爱国、革命、振兴实业等口号，而在骨子里却是什么都不信奉的，除了权力迷信和拜金主义。在他们那里，一切庄严的口号都成了伪装的外套，而裹在外套里面的是价值的虚无主义者和实用主义者。这些人对社会起了极大破坏作用。因为他们不仅居于统治地位，直接干祸国殃民的事；而且他们和他们的御用文人，以其所作所为（表里不一、言行相悖、看风使舵、毫无操守），在社会上广泛散播虚无主义影响和引起普遍"狐疑"情绪。

可以说,"其上做戏,其下狐疑",就是"其上申韩,其下佛老"在近代的发展。年深月久,社会上便形成了一种以"无特操"为特征的习惯势力或国民心理,即鲁迅所说的"坏根性"。

鲁迅说的是旧社会的情况。但新社会是从旧社会演变过来的。千百年来形成的社会习惯势力非常顽固,它能使马克思主义也变成"戏装",把独断论与虚无主义互相补充的腐朽传统乔装打扮,登台表演。"文革"掀起个人崇拜的狂热,一小撮"居阴而为阳"的野心家、文痞趁此兴风作浪,终至造成了严重的"信仰危机",止说明了这一点。

第二,农民意识的两重性给中国近代哲学以深刻影响。近代哲学的革命进程,作为中国人民的革命世界观由自在而自为的发展过程,突出地表现在"通过群众的革命斗争来实现社会理想"这种观念的发展上。这种观念在太平天国那里是潜在的,到共产党人才逐渐取得科学形态,达到了自觉。中国的民众(其主体是农民),正如鲁迅所说,既相信运命而又相信运命可以由人的想法来改变,这是值得乐观的。只不过原来想用迷信的办法(从请道士"禳解"到信拜上帝教等)来改变,所以毫无结果。等到科学取代了迷信,自觉代替了自发,人民革命便取得了胜利。这就是由洪秀全经康有为、孙中山到共产党人的发展过程。

但是任何"自觉"都是相对的,科学与神话往往以不同比例交织在一起。中国共产党依靠革命的农民,走农村包围城市的道路,取得了革命的成功。但革命的、勤劳的农民和保守的、迷信的农民是同一个农民阶级。与自然经济相联系的小农,不是新生产力的代表,他们怀着农业社会主义的空想,迷信那高高站在他们上面的权威，而在失去权威时便如一盘散沙，受自发势力的支配。这种小农意识非常顽强，它与上面说的长期专制统治下形成的国民心理相结合，使近代中国一直处于矛盾的境地：在散漫的小农经济条件下，为了要抵抗外侮，进行革命和建设，必须有集中的权力来把分散的革命力量组织起来，这就难免造成行政权力支配社会的现象；而由于旧体制缺乏民主，加之习惯势力的影响，掌权者极易成为言行不一、无特操的官僚，转过来又助长了一盘散沙的状态和自发势力的泛滥，使得集中的力量趋于瓦解。从晚清以来，中国几度经历了这样的反复，虽然有所前进，却始终未能摆脱这种困境。

这种反复反映到理论领域，便使得革命的世界观由自在而自为的发展表现为曲折的历程：前进中有后退，成就后有挫折。近代哲学革命在取得重大积极成果之后，却遭到"文革"那样的严重破坏，这同农民意识具有两重性是相联系着的。

第三，中国的马克思主义者由于革命斗争的需要和国际共产主义运动的影响，产生了过分强调阶级斗争（政治斗争、意识形态的斗争）的偏向；这种偏向，因为受了儒家重视政治、伦理的传统的影响而得到加强。20世纪30年代以后，马克思主义者有忽视个性解放和自愿原则的倾向，对经学方法清算不力，都显然是同儒家的思想影响分不开的。特别是在建国后，利用行政手段多次发动批判斗争，以求意识形态领域"定于一尊"，这实际上在变相地重复"罢黜百家、独尊儒术"的办法（虽然它可以以"批儒"的面目出现），使得"百花齐放、百家争鸣"的方针受到严重歪曲（甚至变成"引蛇出洞"的"阳谋"！），而最后竟演变为"文革"那样的意识形态领域的"全面专政",达到了"万马齐暗"的地步。

以上说明对传统文化在近代哲学发展中的消极影响,决不可低估。这就是重要教训。传统是个庞杂的库藏,精华与糟粕难分难解。中国固有的优秀传统——朴素唯物主义与朴素辩证法的理论,历代进步思想家(他们是"民族的脊梁")的深厚的爱国热忱和不屈不挠地为真理而战斗的精神,人民大众中潜在的革命的世界观,等——在近代哲学革命和马克思主义中国化的过程中,起了极重要的作用;但是传统文化中的糟粕——天命论、独断论与虚无主义,儒学独尊下的"居阴而为阳"的统治术,小农的狭隘眼界与迷信,等——也继续在起作用。随着近代哲学革命的展开,精华有了发展,显得前途无量;糟粕也在演变,并不自行消亡。腐朽的东西还要挣扎、反抗、伪装骗人、散播毒素,直至最后被消灭。这里正体现了新陈代谢的必然规律。而必然性是通过偶然性而展开的。不能否认,像毛泽东这样的杰出人物的个性特点和文化修养,在历史发展中有其重要影响。毛泽东自称有"虎气",也有点"猴气"。他敢于藐视权威,真正深入地把握了中国传统文化的精髓,所以能在马克思主义中国化的过程中作出巨大的贡献。但他在后期鼓励个人崇拜,正说明他也难免受了传统文化中的糟粕的浸润,吸取了其中的毒汁。当个人崇拜的狂热达到沸点,以致全民族只许一个头脑思考时,这种腐朽传统的破坏作用就达到史无前例的规模了。

对传统文化及其在近代的变形作历史的反思与分析,需要许多门学科共同协作;对"文革"造成的后遗症,以及至今仍在社会中广泛起作用的腐朽传统的毒害,也需要人们从经济、政治、文化、思想等各方面来共同研究和综合治理。我们这里只是就"文革"来回顾传统文化对近代哲学的影响，粗略地谈了一下理论思维的教训。

认识中国近代哲学革命的缺点及其在理论上的不足之处，吸取其中的理论思维的教训，对发展哲学革命是非常必要的。

六、进一步发展哲学革命

中国近代哲学革命并没有因为人民革命的胜利而结束。《周易》在"既济"之后，"受之以'未济'终焉"，说明一切完成（既济）是相对的，发展是无止境的。中国近代哲学达到马克思主义哲学中国化而相对地完成了一个发展的圆圈（螺旋）。但是"完成"之中包含着"未济"。唯物辩证法并不自封为终极真理，它将随着实践和科学的发展而不断发展；它决不是一个封闭的体系，而是永远开放着的。

历史已经翻开新的一页。时代的中心问题已经由"中国向何处去"的革命问题，转变为"如何使我国现代化"的建设问题。我们在改革、开放中建设有中国特色的社会主义，古今中西之争有了新的历史内容。如果说近代哲学要研究"革命的逻辑"，那么当代哲学便应研究"建设的逻辑"了。现代化建设是个巨大的系统工程，包括进行经济改革和提高生产力，促进政治民主化和实行法治，发展文化教育和提高人民素质等多方面，它们是不可偏废而互相制约、互相作用着的。建设正迫切需要唯物辩证法，那么，在新的历史条件下，如何进一步发展哲学革命？我们在回顾过去的基础上，谈谈对未来的展望。以下分三点来说。

　　第一，要积极发展已经取得的成果，认真吸取理论上失足的教训。

　　能动的革命的反映论作为近代哲学革命的最主要成果，必须进一步加以发展。我们要根据国情来逐步实现现代化，逐步实现李大钊所说的社会主义和人道主义统一的理想，使社会发展成为能够自我调节、自我改善的富有活力的机体，便必须实事求是地来认识新情况，解决新问题，总结新经验，以求正确地回答新的历史条件下的"古今中西"之争。而真正要发扬实事求是的精神，就必须发展能动的革命的反映论原理，使之取得新的面貌。这不只是对中国近代哲学革命成果的继承，而且是时代的新课题提出的要求。

　　同时，也要认真吸取历史的教训，继续深入地批判和清算腐朽的传统。中国已经前进了，但是半殖民地半封建社会遗留下来的权力与金钱结合而成为异化力量的现象还会出现，天命论、独断论与虚无主义互相补充的传统还在起作用（当然，有了新的特点）。真正要从理论上和实践上加以克服，还须进行韧性的战斗。

　　哲学革命的成果之所以遭到破坏，从主观方面说，也是由于没有自觉地运用能动的革命的反映论的观点对逻辑方法和自由理论进行总结，从而未能对经学方法以及唯意志论和宿命论观点进行彻底清算。经过历史的反思，我们可以体会到，为了要由群众自主地用民主的方法进行自我教育，克服习惯势力，中国人在逻辑思维方式和伦理价值观念上的民族特点（优点和弱点）需要进一步作深层次的探讨；逻辑和方法论的一些基本原理（如形式逻辑和辩证逻辑的关系，逻辑范畴的认识论意义以及它们和方法论的关系,思想解放和科学方法的关系等),关于人的自由的理论(如社会理想和人生理想的统一,伦理学上的自觉原则和自愿原则的统一,合理的价值体系的基本原则,人的自由本质和真、善、美三者的关系等),都有待深入的研究。这些都是关系到建设社会主义精神文明的重要理论问题,对发展我国科学文化和培养社会主义的新人是有重要意义的。我们若能吸取过去的教训,总结近代哲学在逻辑方法和自由理论方面的成果而补其不足,那就会推进哲学革命,使马克思主义哲学得到更大的发展。

第二,要加强哲学和科学、特别是自然科学的结合。

由于中国近代哲学革命存在着和自然科学联系薄弱的缺点,所以,辩证的发展观主要是从社会历史领域概括出来的。这在进化论哲学和《矛盾论》这部著作中都可以明显地看到。近代哲学的这一缺点,在建国以后"以阶级斗争为纲"的"左"的影响下,不仅没有得到克服反而得到了强化。但是,我国已进入社会主义现代化建设的新时期,运用现代科学技术是发展经济、提高生产力的决定因素。而且当前正面临着世界范围的新的技术革命,自然科学发展非常迅速,对辩证唯物主义提出了许多新问题,需要回答。所以,加强哲学和自然科学的结合,尤其显得重要。

中国古代的哲学,特别是朴素唯物主义的传统,与自然科学本来是紧密联系着的。但是,中国古代哲学家的自然观与西方古代哲学家的自然观颇有不同。中国人比较早地发展了气一元论形态的自然观,以为万物的本源是气,气分阴阳,阴阳的对立统一形成天地万物。这种自然观包含有朴素的辩证法,"气"这一观念比较接近于现代自然科学中的"场"。而西方人则是比较早、比较长期地发展了原子论的思想。原子论对近代自然科学的发展影响很大。在机械唯物论的阶段,原子论是占支配地位的。中国近代和西方的自然科学相接触,对原子论也作了介绍,但是,在中国近代哲学中,"以太"显得比原子更加受到重视,这多半是因为"以太"这一观念比较接近于"气"。一般地说,传统哲学的天道观上的"理气"之辩,在近代是被冷落了。金岳霖、冯友兰对此作了探讨,但引导到形而上学去了。熊十力讲的"翕辟成变",则缺乏近代科学的基础。但某些当代的杰出的科学家,却从中国古代的朴素的辩证法自然观得到启发,最新的科学从古代东方的哲学汲取到了智慧。所以,我们一方面要运用唯物辩证法来概括现代自然科学的成就,回答现代自然科学提出来的问题,另一方面,也要研究中国传统的自然观,对它进行分析、批判;将这两方面结合起来,发展唯物辩证法的自然观。这对于我国社会主义现代化建设,特别是发展科学文化,是至关重要的。

第三,开辟"同归而殊途,一致而百虑"的唯物辩证法的新阶段。

"同归而殊途,一致而百虑",表达了一个认识的规律:只有通过不同意见的讨论、不同观点的争论(当然要用逻辑论证、实践检验),才能明辨是非,达到一致的正确结论,获得科学的真理性认识。所以,要发展真理,就要贯彻百花齐放、百家争鸣的方针。而这对于彻底克服经学方法和培养平民化的自由人格也都是必要的。

"五四"以后,正是通过百家争鸣,中国的先进分子经过比较、鉴别而选择了马克思主义,并促使马克思主义哲学逐步中国化而取得了重大发展。建国以后，某些领域（如逻辑、美学）尚比较有自由讨论的气氛，才使得金岳霖、朱光潜等专业学者接受马克思主义，并作出了新的贡献。而旨在"定于一尊"的历次批判运动却阻碍了马克思主义的发展，打击了专业学者的积极性。"定于一尊"的变相的经学时代已经结束，马克思主义哲学将通过"殊途百虑之学"而获得多样化的发展，不断丰富自己的积累。为要对哲学命题作精深的分析和严密的论证，并使哲学与科学和其他文化部门保持巩固的联系，这是需要有一批人专门从事哲学研究的。虽专职从事，但是不要脱离人生，不要忘了"传道"（要给人以智慧、理想和信念）；虽热心"传道"，但也不要流于简单的说教，而要用清晰的概念作严密论证，不断概括各方面的新的科学文化的成就来丰富和发展马克思主义哲学。这也是"同归而殊途"。

　　从世界范围来看，今天我们正处于一个东西文化互相影响、趋于合流的时代。为此，需要全面而系统地了解西方文化，也需要全面而系统地了解东方文化，并深入地作比较研究。这就需要有许多人从不同方面、不同领域去做工作，于是见仁见智，必然会产生不同意见，形成不同学派。所以，应该说，我们正面临着世界性的百家争鸣。中西文化、中西哲学在中国土地上已开始汇合（当然仅仅是开始），这不仅表现在马克思主义哲学的中国化，而且表现在某些专业哲学家尝试建立中西结合的哲学体系。今后也还会如此，中国土地上还会出现这样那样的中西哲学的结合，结合得好的，便有生命力，而且可以在世界范围内独树一帜，成一家之言。辩证唯物主义要通过世界范围内的百家争鸣发展自己，要以平等的自由讨论的态度，而不能以"定于一尊"的态度来对待各家(不论是马克思主义的学派还是非马克思主义的学派)。不过由于"同归于殊途,一致而百虑"是认识的辩证规律,通过争鸣、自由讨论,必然会促进唯物辩证法的发展。这是马克思主义者应有的自信。

中国近代哲学革命已为社会变革作了"前导",中国的民主革命和民族解放运动已经取得胜利,这是具有世界意义的大事情。中国的社会主义现代化建设正在进行之中。在中国这么一个有几千年历史的大国,在占世界人口近四分之一的土地上,要实现现代化和实现社会主义和人道主义统一的理想,这也是具有世界意义的大事。同时,中西方的文化,中西方的哲学在中国的土地上已开始趋于合流,有待于进一步推进,这也是一件具有世界意义的大事。所以,社会的实践和哲学本身都要求继续发展哲学革命。实践唯物主义的辩证法将在"同归而殊途,一致而百虑"的新阶段中取得新的更大的发展,是可以预期的。

后　记

　　本书是《中国古代哲学的逻辑发展》的续篇。它同样是我早已计划要写的著作,经历了十年浩劫,现在又复活过来的。那原委,已在《古代哲学》的"后记"中说过了。

　　中国近代哲学史以"五四"为界可划分为两个时期。对"五四"以前时期,早已有不少同志作了研究。而对"五四"以后时期,过去研究者甚少,这多半是由于看到它是个荆棘丛生、难以涉足的领域。在20世纪50年代,我对新文化运动中的几次论战作了初步考察,发表了一点议论,便立刻碰上了钉子,也不免感到胆怯起来。但在踌躇了一阵之后,我又决定默默地继续前进。因为我感到,把"中国近代哲学的革命进程"勾画出来,是我应负的历史责任。

　　我的前半生是在民主革命时期度过的,在那如火如荼的革命岁月中,许多进步思想家用鲜血、用生命写下了哲学的诗篇,曾使我深受感动和鼓舞。在这时期从事哲学的知名学者中,还包括有我曾亲聆教诲的老师。我对这一逝去的历史时代的思想家们是精神相通、血脉相连,有着特别的亲密关系和亲切之感的。这种亲切之感,现在的青年同志可能就不容易获得了。自然,亲切、亲密也会造成片面性,如产生偏爱或不自觉地"为亲者讳"之类。但只要注意力求客观,便会因亲切而生同情的了解,而哲学的意蕴

（意义和意味），正是要有同情的了解才能充分揭示出来。所以，我把写作本书看作是我的不容推卸的责任。现在经整理后能公开出版，使我了却一桩心愿，感到莫大欣慰。

我为"古代哲学"和"近代哲学"取了不同的书名：一叫《逻辑发展》，一叫《革命进程》。这是因为，虽然两书都是运用逻辑和历史统一的方法，但所取视角稍有不同，选材颇有些差别。在古代，我比较注重把握哲学家的体系，把它们放在当时历史条件下进行分析，以揭示其中所包含的认识环节，前后联系起来考察其逻辑发展。在近代，由于现实经历着剧烈变革，思想家们一生变化较大，往往来不及形成严密的哲学体系。因此，我认为对近代哲学不要在体系化上作苛求，而应注重考察思想家们在一定历史阶段上的独特贡献，看他们在当时提出了什么新观念来反对旧观念，从而推进了中国近代哲学的革命进程。

不过，两书还是前后衔接，一以贯之的。"哲学是哲学史的总结，哲学史是哲学的展开"是其共同的指导思想。把两书视为"哲学的展开"，贯串在其中的基本原理，就是我所理解的马克思的实践唯物主义的辩证法，同时也是中国传统哲学合乎逻辑的发展的产物和中国近代社会变革在哲学理论上的集中表现。但我在本书"小结"中已指出，中国近代哲学革命在"既济"（完成）中包含有"未济"（未完成），因此作为"哲学史的总结"的"哲学"，迫切要求进一步加以发展。鉴于中国近代哲学革命的成果在逻辑方法和自由理论这两个方面没有得到很好的总结，我在 50 年代便考虑从这两者着手做一些研究，计划写两种著作：《逻辑思维的辩证法》和《人的自由和真善美》，这两种著作现正在整理，盼望不久能与读者见面。

在整理本书期间，我接受了国家哲学社会科学"六五"规划重点项目《中国近代哲学史》主编的任务，这是由中国社会科学院哲学研究所、吉林大学哲学系、上海社会科学院哲学研究所和华东师范大学哲学系几个单位的十多位同志协作的项目。他们分工作了专题研究，共同编写成两卷本的著作。《中国近代哲学史》（上、下）也将由上海人民出版社出版，它的基本框架和本书是一致的，但那是集体劳动的成果，内容比本书要丰富得多，我在统稿时曾从中得到许多启发。

本书在1984年上半年由华东师范大学研究生整理成讲课记录稿，曾打印若干份，供教学研究参考和征求意见之用。1986年起我花了一年半时间把它修改成书。在整理过程中，季甄馥同志帮我做了大量资料工作，并随时有所切磋。在修改定稿时，又得到陈卫平、李志林、高瑞泉等同志的协助，他们提出了不少修改意见，为本书增写了哲学家的简要生平，作了许多注释，并分工核对资料，编了三种"索引"作为附录。在付印前，老友陈旭麓教授通读了全书，有所指正。在此谨向上面提到的同志们表示谢意！还衷心希望专家和读者们赐教指正！

上海人民出版社在经济十分困难的条件下，积极支持本书的出版，并做了十分细致的工作。在此谨志谢忱。

作者

1987年7月

本卷征引文献要目

（先秦诸子典籍的点校通行本较为普及，这里不再列出）

《马克思恩格斯选集》，北京：人民出版社，1995 年。

《马克思恩格斯全集》第 10 卷，北京：人民出版社，1998 年。

《列宁选集》，北京：人民出版社，1995 年。

《列宁全集》第 1 卷，北京：人民出版社，1984 年。

《列宁全集》第 8 卷，北京：人民出版社，1986 年。

《列宁全集》第 55 卷，北京：人民出版社，1990 年。

《毛泽东选集》，北京：人民出版社，1991 年。

《毛泽东选集》第 5 卷，北京：人民出版社，1977 年。

《毛泽东文集》第 7 卷，北京：人民出版社，1999 年。

《毛泽东书信选集》，北京：中央文献出版社，2003 年。

《刘少奇选集》，北京：人民出版社，1981 年。

《刘少奇论党的建设》，北京：中央文献出版社，1991 年。

《周恩来选集》，北京：人民出版社，1980 年。

董仲舒著，钟肇鹏主编：《春秋繁露校释》，石家庄：河北人民出版社，2005 年。

司马迁：《史记》第 10 册，北京：中华书局，1959 年。

朱熹著，朱杰人等主编：《朱子全书》，上海：上海古籍出版社，合肥:安徽教育出版社,2010 年。

陈亮著,邓广铭点校:《陈亮集》,北京:中华书局,1987 年。

王守仁著,吴光等编校:《王阳明全集》,上海:上海古籍出版社,2011 年。

黄宗羲著,吴光主编:《黄宗羲全集》,杭州:浙江古籍出版社,2012 年。

王夫之著,《船山全书》编辑委员会编校:《船山全书》,长沙:岳麓书社,2011 年。

戴震:《戴震集》,上海:上海古籍出版社,2009 年。

段玉裁著,钟敬华点校:《经韵楼集》,上海:上海古籍出版社,2008 年。

章学诚著,叶瑛校注:《文史通义校注》,北京:中华书局,1985 年。

龚自珍著,王佩诤校:《龚自珍全集》,上海:上海古籍出版社,1999 年。

魏源著,《魏源全集》编辑委员会编校:《魏源全集》,长沙:岳麓书社,2011 年。

贺长龄、魏源编:《清经世文编》,北京:中华书局,1992 年。

冯桂芬著,戴扬本评注:《校邠庐抗议》,郑州:中州古籍出版社,1998 年。

李善兰:《重学》,金陵机器制造局本,1866 年。

曾国藩著,李瀚章编,李鸿章校:《曾文正公全集》,北京:中国书店出版社,2011 年。

洪秀全:《原道救世歌》、《原道觉世训》、《原道醒世训》、《天朝田亩制度》,中国史学会主编:《中国近代史料丛刊:天平天国》,上海:

上海人民出版社,1957 年。

洪仁玕:《英杰归真》,中国史学会主编:《中国近代史料丛刊:太平天国》,上海:上海人民出版社,1957 年。

王韬:《弢园尺牍》,大文书局清光绪十三年版。

王韬:《弢园文录外编》,上海:上海书店出版社,2002 年。

张之洞著,苑书义等主编:《张之洞全集》,石家庄:河北人民出版社,1998 年。

郑观应著,夏东元编:《郑观应集》,上海:上海人民出版社,1982 年。

严复著,王栻主编:《严复集》,北京:中华书局,1986 年。

康有为著,姜义华、张荣华编校:《康有为全集》,北京:中国人民大学出版社,2007 年。

谭嗣同著,蔡尚思、方行编:《谭嗣同全集(增订本)》,北京:中华书局,1981 年。

孙中山著,广东省社会科学院历史研究所等合编:《孙中山全集》,北京:中华书局,2011 年。

蔡元培著,中国蔡元培研究会编:《蔡元培全集》,杭州:浙江教育出版社,1996 年。

章太炎著,汤志钧编:《章太炎政论选集》,北京:中华书局,1977 年。

章太炎著,朱维铮、姜义华编注:《章太炎选集》,上海:上海人民出版社,1981 年。

章太炎著,沈延国等点校:《章太炎全集》,上海:上海人民出版社,1982—1994 年。

章太炎著，张渭毅点校：《国故论衡》，北京：商务印书馆，2010 年。

章太炎著，虞云国校点：《菿汉三言》，上海：上海书店出版社，2011 年。

梁启超著，林志钧编：《饮冰室合集》，北京：中华书局，1989 年。

梁启超著，张品兴主编：《梁启超全集》，北京：北京出版社，1999 年。

苏舆编：《翼教丛编》，上海：上海书店出版社，2002 年。

王国维著，谢维扬、房鑫亮主编：《王国维全集》，杭州：浙江教育出版社，广州：广东教育出版社，2009 年。

陈独秀著，任建树主编：《陈独秀著作选编》，上海：上海人民出版社，2009 年。

鲁迅著，《鲁迅全集》修订编辑委员会编注：《鲁迅全集》，北京：人民文学出版社，2005 年。

熊十力著，萧萐父主编：《熊十力全集》，武汉：湖北教育出版社，2001 年。

邹容著，周勇主编：《邹容集》，重庆：重庆出版社，2011 年。

张东荪：《唯物辩证法论战》，北京：民友书局，1934 年。

张君劢著，黄克剑、吴小龙编：《张君劢集》，北京：群言出版社，1993 年。

张君劢、丁文江等著：《科学与人生观》，济南：山东人民出版社，1997 年。

丁文江、赵丰田编：《梁启超年谱长编》，上海：上海人民出版社，2009 年。

蒋介石：《中国之命运》，重庆：正中书局，1944 年。

李大钊著，中国李大钊研究会编注：《李大钊全集》，北京：人民出版社，2006 年。

杜国庠著，《杜国庠文集》编辑小组编：《杜国庠文集》，北京：人民出版社，1962 年。

李达著，《李达文集》编辑组编：《李达文集》，北京：人民出版社，1980—1988 年。

胡适著，季羡林编：《胡适全集》，合肥：安徽教育出版社，2003 年。

胡适著，杜春和等编：《胡适演讲录》，石家庄：河北人民出版社，1999 年。

郭沫若著，郭沫若著作编辑出版委员会编：《郭沫若全集·历史编》，北京：人民出版社，1982—1985 年。

梁漱溟著，中国文化书院学术委员会编：《梁漱溟全集》，济南：山东人民出版社，2005 年。

金岳霖著，金岳霖学术基金会编：《金岳霖全集》，北京：人民出版社，2013 年。

冯友兰：《三松堂全集》，郑州：河南人民出版社，2001 年。

朱光潜著，《朱光潜全集》编辑委员会编：《朱光潜全集》，合肥：安徽教育出版社，1987—1989 年。

朱光潜：《朱光潜美学文集》，上海：上海文艺出版社，1982 年。

宗白华著，林同华主编：《宗白华全集》，合肥：安徽教育出版社，1994 年。

瞿秋白著，《瞿秋白文集》编辑组编：《瞿秋白文集·政治理论编》，北京：人民出版社，2013 年。

瞿秋白著，《瞿秋白文集》编辑组编：《瞿秋白文集·文学编》，北京：人民文学出版社，1985—1988 年。

梁实秋著，《梁实秋文集》编辑委员会编：《梁实秋文集》，厦门：鹭江出版社，2002 年。

侯外庐等著：《中国思想通史》，北京：人民出版社，2011 年。

艾思奇著，艾思奇著作编委会编：《艾思奇全书》，北京：人民出版社，2006 年。

杜石然等著：《中国科学技术史稿》（修订版），北京：北京大学出版社，2012 年。

北京大学哲学系外国哲学史教研室编译：《十六—十八世纪西欧各国哲学》，北京：商务印书馆，1975 年。

亚里士多德著，苗力田主编：《亚里士多德全集》，北京：中国人民大学出版社，1994 年。

黑格尔著，朱光潜译：《美学》，北京：商务印书馆，1996 年。

约翰·穆勒著，严复译：《穆勒名学》，北京：商务印书馆，1981 年。

斯宾塞著，严复译：《群学肄言》，北京：商务印书馆，1981 年。

耶方斯著，严复译：《名学浅说》，北京：商务印书馆，1981 年。

傅兰雅辑：《格致汇编》，清光绪十八年版。

布哈林著，李光谟等译：《历史唯物主义理论》，北京：人民出版社，1983 年。

索　引

初版整理后记

本书初版于 1989 年 8 月（上海人民出版社）。收入《冯契文集》时，对原书内容未作任何改动，只校正了书中引文的差错和错别字。书前"提要"由陈卫平撰写。

冯契先生遗著编辑整理工作小组

1996 年 4 月

增订版整理后记

《冯契文集》（10卷）出版于 1996—1998 年。近 20 年来，冯契的哲学思想越来越受到国内外学术界的关注。为了给学术界研究冯契哲学思想提供更好、更完备的文本，华东师范大学哲学系发起并承担了《冯契文集》增订版的编辑整理工作。这项工作得到了华东师范大学出版社的大力支持。

此次增订工作主要有以下几项：1. 搜集、整理了原先没有编入文集的有关作品，编为《冯契文集》第十一卷；2. 订正了原书字句上的一些错漏；3. 对于先秦以后的典籍引文，尽可能参照近些年出版的整理点校本，加注了页码、出版社、出版年份（详见"本卷征引文献要目"）；4. 重新编制了人名、名词索引。

负责、参与各卷增订的教师，分别是：第一卷，郁振华；第二卷，晋荣东；第三卷，杨国荣；第四、五、六、七卷，陈卫平；第八卷，刘梁剑；第九卷，贡华南；第十卷，方旭东；第十一卷，刘晓虹。协助上列教师的研究生有：安谧、韩菲、胡建萍、胡若飞、黄家光、黄兆慧、蒋军志、刘翔、王海、王泽春、张靖杰、张瑞元、张腾宇、张盈盈、周量航。

刘晓虹负责第十一卷的文献搜集以及整理，相对其他各卷，工作更为繁重。这卷同时是他承担的上海市哲社项目"冯契文献整理"的部分成果。同时,本增订版是国家社科基金重大项目"冯契哲学文献整理及思想研究"的阶段性成果。本文集的项目编辑朱华华尽心尽责,对于确保增订版的质量起到了重要作用。

　　出版《冯契文集》增订版,是纪念冯契百年诞辰系列学术活动的重要内容。整个纪念冯契百年诞辰的学术活动,得到上海社会科学界联合会和上海社会科学院的资助,我们在此致以衷心的感谢!

冯契先生遗著编辑整理工作小组

2015 年 12 月

图书在版编目(CIP)数据

中国近代哲学的革命进程/冯契著. —增订本. —上海：华东师范大学出版社,2015.4
(冯契文集;7)
ISBN 978－7－5675－3496－4

Ⅰ.①中…　Ⅱ.①冯…　Ⅲ.①哲学史－中国－近代
Ⅳ.①B25

中国版本图书馆 CIP 数据核字(2015)第 095120 号

本书由上海文化发展基金会图书出版专项基金资助出版

冯契文集(增订版)·第七卷
中国近代哲学的革命进程

著　　者　冯　契
策划编辑　王　焰
项目编辑　朱华华
特约审读　李　腾
责任校对　高士吟
装帧设计　卢晓红　高　山

出版发行　华东师范大学出版社
社　　址　上海市中山北路 3663 号　邮编 200062
网　　址　www.ecnupress.com.cn
电　　话　021－60821666　行政传真 021－62572105
客服电话　021－62865537　门市(邮购) 电话 021－62869887
地　　址　上海市中山北路 3663 号华东师范大学校内先锋路口
网　　店　http://hdsdcbs.tmall.com

印　刷　者　上海中华商务联合印刷有限公司
开　　本　890 毫米×1240 毫米　1/32
印　　张　22.5
插　　页　6
字　　数　479 千字
版　　次　2016 年 1 月第 1 版
印　　次　2024 年 11 月第 4 次
书　　号　ISBN 978－7－5675－3496－4/B·939
定　　价　98.00 元

出版人　王　焰

(如发现本版图书有印订质量问题,请寄回本社客服中心调换或电话 021－62865537 联系)